Herzlich willkommen!
Das ist dein persönliches MEHR!-Buch.

Aktiviere dein MEHR!-Buch online und nutze es mit zusätzlichen Inhalten und Funktionalitäten.

lernenwillmehr.at

64787CJZLA2B

Hier ist dein persönlicher Start-Code.

Autorenteam: Wolfgang Höglinger, Wolfgang Pachatz, Annemarie Baharek, Carolina Grasser-Hippe, Günter Kepencuge, Wolfgang Nurscher, Veronika Palm-Thaler
Redaktion: Magdalena Sturm, Ulrike Zdimal; eng. Head of Design: Gundula Schedl; Grafik: Silvia Renhart und Lena Web, Andrea Jahn, Irmi Walli
E-Publishing: Joanna Szakacs; Lektorat:
Strategische Beratung, Kommunikation und Design: GuWi, Wien

Dieses Arbeitsbuch wurde vom Bundesministerium für Bildung mit Bescheid vom 04.03.2020, Geschäftszahl BMB-5.025/0021-Präs/14/2019, für den Unterricht an Höheren technischen und gewerblichen Lehranstalten im Unterrichtsgegenstand Wirtschaft und Recht für geeignet erklärt.

Dem Hölzel Verlag ist es ein grundlegendes Anliegen, Chancengleichheit wo immer möglich zu fördern. Frauen und Männer werden in den Texten und Beispielen dieses Buches gleichberechtigt behandelt. Um den Lesefluss nicht zu stören, wird aber – wo nötig – auf das Nebeneinander weiblicher und männlicher Formen verzichtet.

Hier ist dein MEHR!-Buch, gedruckt und digital …

Das MEHR!-Buch ist ein Multimedia-Schulbuch.
Es steht sowohl gedruckt als auch online zur Verfügung.

Das bietet dir dein MEHR!-Buch

Zusatzinhalte als PDF-Download

Externe Links zu weiteren Informationen

Lernkarten mit den wichtigsten Inhalten

Interaktive Übungen

Kompetenzchecks zur Selbsteinschätzung

Leicht verständliche Infografiken

Optimale Lesbarkeit auch auf kleinen Bildschirmen

Gedruckt und digital

Mit deinem MEHR!-Buch lernst du, wo du willst. Im gedruckten Buch und auf allen deinen Bildschirmen.

… und so aktivierst du dein MEHR!-Buch online

Mit der Aktivierung deines MEHR!-Buchs kannst du alle Vorteile des Multimedia-Schulbuchs nutzen.

1 Browser öffnen und lernenwillmehr.at aufrufen

2 Oben rechts auf ANMELDEN klicken und neu registrieren oder mit bereits vorhandenen Zugangsdaten anmelden

3 Im Menü LERNRAUM oder links unten am Bildschirm auf MEINE MEHR!-MEDIEN klicken

4 Auf das Feld „Start-Code eingeben" klicken

5 Den Start-Code von der ersten Seite deines MEHR!-Buchs eingeben

6 Aktiviertes MEHR!-Buch starten

Der MEHR!-Lernraum ist deine smarte Lernplattform …

Hier kannst du selbständig lernen und mit deinen Lehrern/Lehrerinnen online zusammenarbeiten: **lernenwillmehr.at**

So lernst du online im MEHR!-Lernraum

 1

MEHR!-Bücher aktivieren

Sobald du deine MEHR!-Bücher unter MEINE MEHR!-MEDIEN aktiviert hast, kannst du sie öffnen und darin spannende Erklärvideos, interaktive Übungen und interessantes Zusatzmaterial nutzen.

 2

MEHR!-Kursen beitreten

Im LERNRAUM können deine Lehrer/innen MEHR!-Kurse anlegen und ihnen MEHR!-Bücher zuordnen.

Deine Lehrer/innen erhalten KURS-CODES, die sie an dich weitergeben.

Mit diesen Codes kannst du deinen MEHR!-Kursen gleich beitreten.

 3

Aufgaben bearbeiten

In den MEHR!-Kursen stellen dir deine Lehrer/innen Aufgaben. Du kannst diese Aufgaben online bearbeiten und abgeben.

Deine Lehrer/innen beurteilen die von dir abgegebenen Aufgaben direkt in den MEHR!-Kursen.

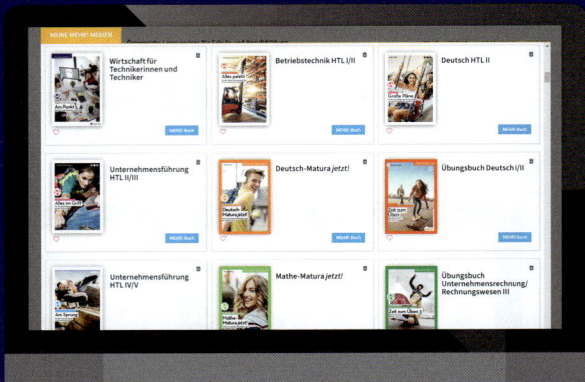

MEINE MEHR!-MEDIEN

In deiner persönlichen MEHR!-Medienbibliothek aktivierst du deine MEHR!-Bücher mithilfe von START-CODES.

MEINE MEHR!-KURSE

Deine Lehrer/innen legen MEHR!-Kurse an und stellen dir darin Aufgaben, die du löst und zur Bewertung abgibst.

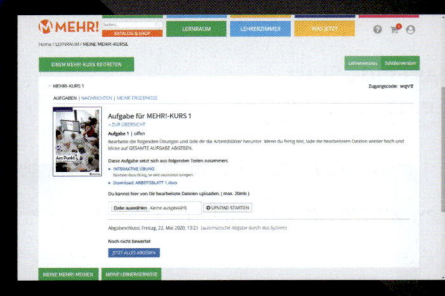

MEINE LERNERGEBNISSE

Unter MEINE LERNERGEBNISSE siehst du alle deine Ergebnisse nach MEHR!-Büchern und MEHR!-Kursen geordnet.

… und so nutzt du deine MEHR!-Kurse im MEHR!-Lernraum

Hier kannst du schnell und effizient Aufgaben bearbeiten, abgeben und beurteilen lassen.

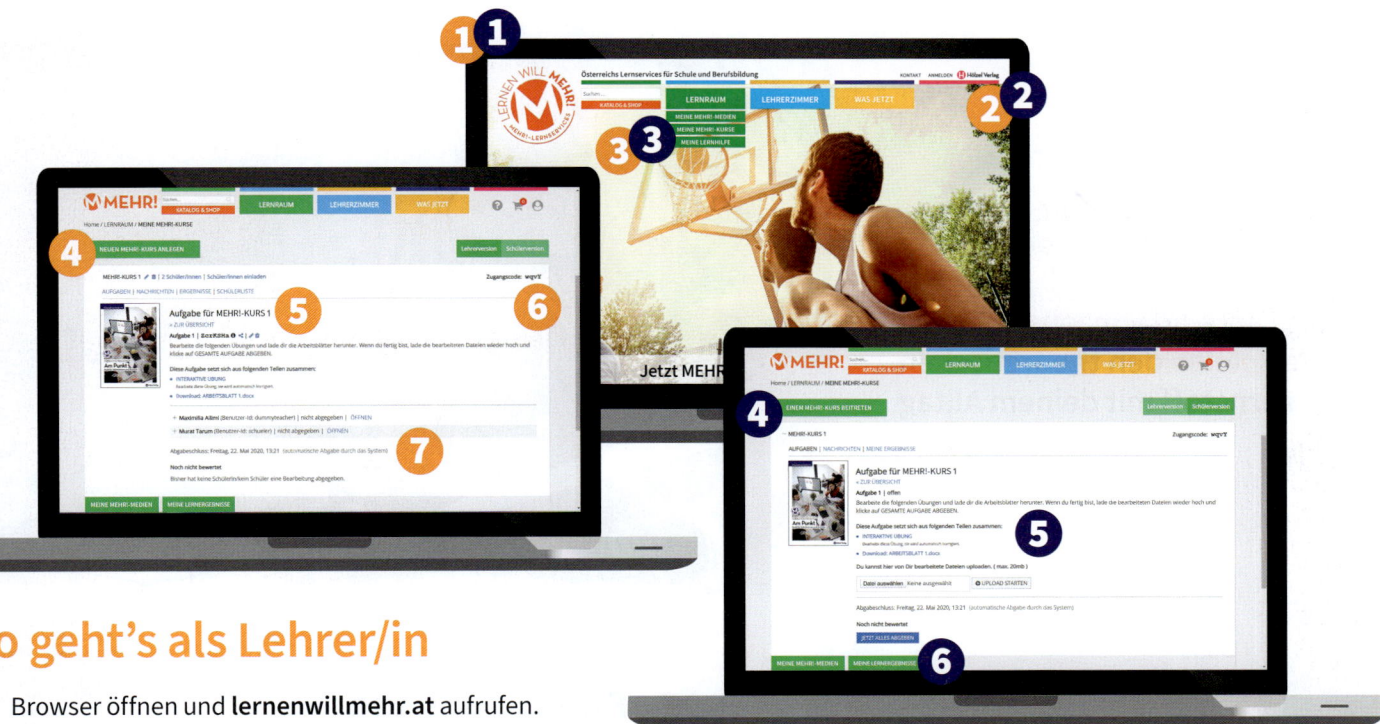

So geht's als Lehrer/in

Browser öffnen und **lernenwillmehr.at** aufrufen.

Oben rechts auf **ANMELDEN** klicken und als Lehrer/in neu registrieren oder sich mit bereits vorhandenen Zugangsdaten anmelden.

Im Menü **LERNRAUM** auf **MEINE MEHR!-KURSE** klicken.

Auf **NEUEN MEHR!-KURS ANLEGEN** klicken und einen MEHR!-Kurs mit einem Namen eigener Wahl anlegen, dabei das zuvor aktivierte MEHR!-Buch zuordnen.

Im neuen MEHR!-Kurs selbst Aufgaben erstellen oder auf **AUFGABE IMPORTIEREN** klicken, mit **Aufgaben-Codes**[1)] vorgefertigte Aufgaben importieren und Abgabetermine festlegen.

Den **Kurs-Code** an die Schüler/innen **weitergeben,** die dem MEHR!-Kurs beitreten und die Aufgaben bearbeiten sollen.

Nach der Abgabe der Aufgaben durch die Schüler/innen die **Arbeiten beurteilen.**

So geht's als Schüler/in

❶ Browser öffnen und **lernenwillmehr.at** aufrufen.

❷ Oben rechts auf **ANMELDEN** klicken und als Schüler/in neu registrieren oder sich mit bereits vorhandenen Zugangsdaten anmelden.

❸ Im Menü **LERNRAUM** auf **MEINE MEHR!-KURSE** klicken.

❹ Auf **EINEM MEHR!-KURS BEITRETEN** klicken und mit dem **Kurs-Code** (wird von der Lehrperson bekannt gegeben) dem MEHR!-Kurs beitreten.

❺ Im MEHR!-Kurs die **Aufgaben bearbeiten** und abgeben.

❻ Nach der **Beurteilung** durch die Lehrperson die Beurteilung anschauen.

[1)]Aufgaben-Codes

Alle Detail-Infos zum Importieren von fertigen Aufgaben mit Aufgaben-Codes gibt es unter **lernenwillmehr.at/aufgaben-codes**

Mit deinem neuen MEHR!-Buch kannst du …

Dein MEHR!-Buch bietet dir viele Lernhilfen
und Zusatzmaterialien – gedruckt und digital.

… anhand von lebensnahen Beispielen den theoretischen Lernstoff mit deinem Alltag verknüpfen.

… in kurzen Lernschritten die Inhalte kennenlernen und mit vielen Übungen und Aufgabenstellungen selbst aktiv werden.

LERNEN

1 Einführung ins bürgerliche Recht

Kauf eines Tablets
Kann sich ein 14-Jähriger rechtsgültig ein Tablet kaufen? Was passiert, wenn es nicht einwandfrei funktioniert? Diese und viele andere Fragen des täglichen Lebens sind im Privatrecht geregelt.

Alle Regelungen, die das Zusammenleben privater Personen untereinander gestalten, nennt man „bürgerliches Recht" oder auch „Privatrecht".

Ü 2.1 Marco (14) hat ein Tablet von seinen Ersparnissen gekauft. Nach ein paar Wochen muss er feststellen, dass es nicht einwandfrei funktioniert. Er ärgert sich und fragt sich, welche Rechte ihm nun zustehen. Welche Möglichkeiten hat er? Was würdest du ihm raten?

1 Verschiedene Bedeutungen von Recht

Der **Begriff „Recht"** hat folgende Bedeutungen:

private law
Privatrecht

Privatrecht	Öffentliches Recht
regelt die Rechtsverhältnisse der Einzelpersonen eines Staates untereinander	regelt die rechtliche Beziehung des Staates zu einzelnen Personen und umfasst die Ausübung hoheitlicher Gewalt

Wir unterscheiden zwischen **objektivem** und **subjektivem Recht**:

Objektives Recht	Subjektives Recht
generelle Rechtsvorschriften, die in einer Rechtordnung für gelten	Rechtsansprüche, die sich aus dem Gesetz für die einzelne Person ableiten
Das Privatrecht ist eine Fülle von Rechtsvorschriften, die für alle Menschen gleichermaßen gelten, z. B. das Konsumentenschutzgesetz. Es ist daher objektives Recht.	Wenn eine gekaufte Ware nach einigen Wochen nicht mehr einwandfrei funktioniert, hat der bzw. die Käufer/in als einzelne Person das Recht auf Gewährleistung. Dieser Rechtsanspruch ist subjektives Recht.

Recht für Technikerinnen und Techniker

... englische Fachvokabeln lernen. Am Ende des Buches findest du dann alle Begriffe noch einmal zusammengefasst.

2 Rechtsquellen und Einteilung des Privatrechts

Ein großer Teil der Regelungen des Privatrechts ist im **Allgemeinen Bürgerlichen Gesetzbuch (ABGB)** zu finden. Das ABGB ist am 1. Jänner 1812 in Gesetzeskraft getreten und wurde wiederholt <u>novelliert</u>.

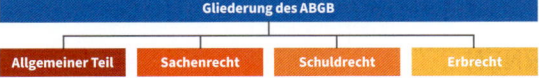

Dieses Schulbuch geht nicht nach der Gliederung des ABGB vor, sondern nimmt aus Gründen der Übersichtlichkeit eine **genauere Einteilung des Privatrechts** vor: Es werden hier das Personenrecht, Familienrecht, Erbrecht, Sachenrecht, Schuldrecht, Schadenersatzrecht, die Produkthaftung, der Konsumentenschutz und das Mietrecht behandelt.

Neben dem ABGB gibt es noch eine Reihe wichtiger **Sondergesetze**, z. B.:

- das Ehegesetz (gilt nur für Verheiratete)
- das Konsumentenschutzgesetz (gilt nur für Verbraucher/innen)
- das Mietrechtsgesetz (gilt nur für Mieter/innen bzw. Vermieter/innen)
- das Wohnungseigentumsgesetz (gilt nur für Wohnungseigentümer/innen)

M Einteilung des Privatrechts: Viele Regelungen für Privatpersonen, die jede/n betreffen, sind im ABGB zu finden. Regelungen, die nur bestimmte Personengruppen betreffen (z. B. Mieter/innen), finden sich in Sondergesetzen (z. B. Mietrechtsgesetz).

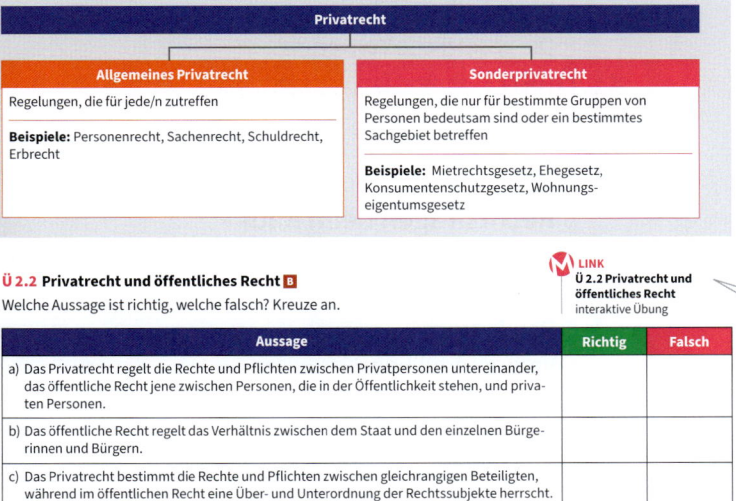

Austrian Civil Code
ABGB (Allgemeines bürgerliches Gesetzbuch)

novelliert
geändert, ergänzt

1696 Seiten Gesetze
Das Allgemeine Bürgerliche Recht wird auch als Allgemeines Privatrecht bezeichnet.

... Fachbegriffe kennenlernen und sie dann selbst richtig anwenden.

... das Wichtigste auf Lernkarten nachlesen und sie online einzeln durchklicken.

Ü 2.2 Privatrecht und öffentliches Recht B

Welche Aussage ist richtig, welche falsch? Kreuze an.

M LINK
Ü 2.2 Privatrecht und öffentliches Recht
interaktive Übung

Aussage	Richtig	Falsch
a) Das Privatrecht regelt die Rechte und Pflichten zwischen Privatpersonen untereinander, das öffentliche Recht jene zwischen Personen, die in der Öffentlichkeit stehen, und privaten Personen.		
b) Das öffentliche Recht regelt das Verhältnis zwischen dem Staat und den einzelnen Bürgerinnen und Bürgern.		
c) Das Privatrecht bestimmt die Rechte und Pflichten zwischen gleichrangigen Beteiligten, während im öffentlichen Recht eine Über- und Unterordnung der Rechtssubjekte herrscht.		

Recht für Technikerinnen und Techniker 31

... über die M-LINKS Zusatzmaterial im MEHR!-Buch online finden.

→ Löse Übungen auch interaktiv und lass deine Eingaben sofort auswerten.

→ Folge externen Links zu weiteren Informationen.

→ Lade dir Zusatzinhalte als PDF-Datei herunter.

Inhalt

Recht und Staat. In vielen alltäglichen Situationen kommt man mit der Rechtsordnung in Berührung.

Bürgerliches Recht. Welche Ansprüche der Käufer einer Sache, die einen Mangel hat, geltend machen kann, ist im bürgerlichen Recht geregelt.

Rechtsfragen beim Kauf. Wir schließen täglich Kaufverträge ab. Wir bezahlen einen bestimmten Geldbetrag und bekommen dafür eine bestimmte Ware.

Rechte und Pflichten der Mitarbeiter/innen. Ein Betriebsrat wird nur gegründet, wenn die Belegschaft initiativ wird.

Kapitel 3
Rechte und Pflichten der Mitarbeiter/innen

Zivilrechtliche Vorschriften für Unternehmen. Das Unternehmensrecht regelt u.a., wie sich mehrere Personen zusammenschließen können, um ein Unternehmen zu betreiben.

Wirtschaftsrecht. Das Gesetz soll Kunden, Umwelt und Mitbewerber vor unlauteren Geschäftspraktiken schützen.

Gewerberecht. Wer eine gute Geschäftsidee hat und ein Unternehmen gründen will, muss sich über die Voraussetzungen informieren.

Zivilverfahren. Der Oberste Gerichtshof ist in Österreich die letzte Instanz in Zivil- und Strafverfahren. Er befindet sich im Justizpalast in Wien.

Steuerrecht. Mit unseren Steuern finanzieren wir den Bau von Straßen, Krankenhäusern, Schulen und vielem mehr.

Abgabenverfahren. Das Finanzamt ist für die Festsetzung und Erhebung der Steuern zuständig.

Drei Phasen zum Lernerfolg

1. LERNEN
Wissen & Verstehen
In der ersten Phase erklärt dir dein MEHR!-Buch die Lerninhalte.

2. ÜBEN
Probieren & Trainieren
Die zweite Phase bietet dir zusätzliche Übungsbeispiele.

3. KÖNNEN
Anwenden & Vernetzen
In der dritten Phase zeigst du, was du kannst, und wendest das Gelernte gleich an.

Handlungskompetenzen

Du siehst bei jeder Aufgabe, welche Handlungskompetenz
du für die Lösung brauchst.

A Wiedergeben

Du kannst grundlegende Inhalte,
die du gelernt hast, wiedergeben,
beschreiben und einordnen.

C Anwenden

Du kannst praxisnahe Aufgabenstellungen mithilfe gelernter Verfahren und Werkzeuge bearbeiten.

**HANDLUNGS-
KOMPETENZEN**

D Analysieren & Interpretieren

Du kannst Gelerntes neu struktu-
rieren und nach eigenen Kriterien
beurteilen.

B Verstehen

Du kannst Gelerntes auf einen
bestimmten Sachverhalt beziehen.
Du kannst es mit einem Beispiel
erklären, zusammenfassen und
Zusammenhänge erkennen.

E Entwickeln

Du kannst eigenständig Neues
entwickeln.

**Ziel deiner Schulausbildung ist nicht nur
die Aneignung von Fachwissen, sondern vor allem der Aufbau von Kompetenz.
Kompetenz bedeutet, dass man Wissen auch anwenden und
neue Lösungen entwickeln kann.**

Platz für Notizen

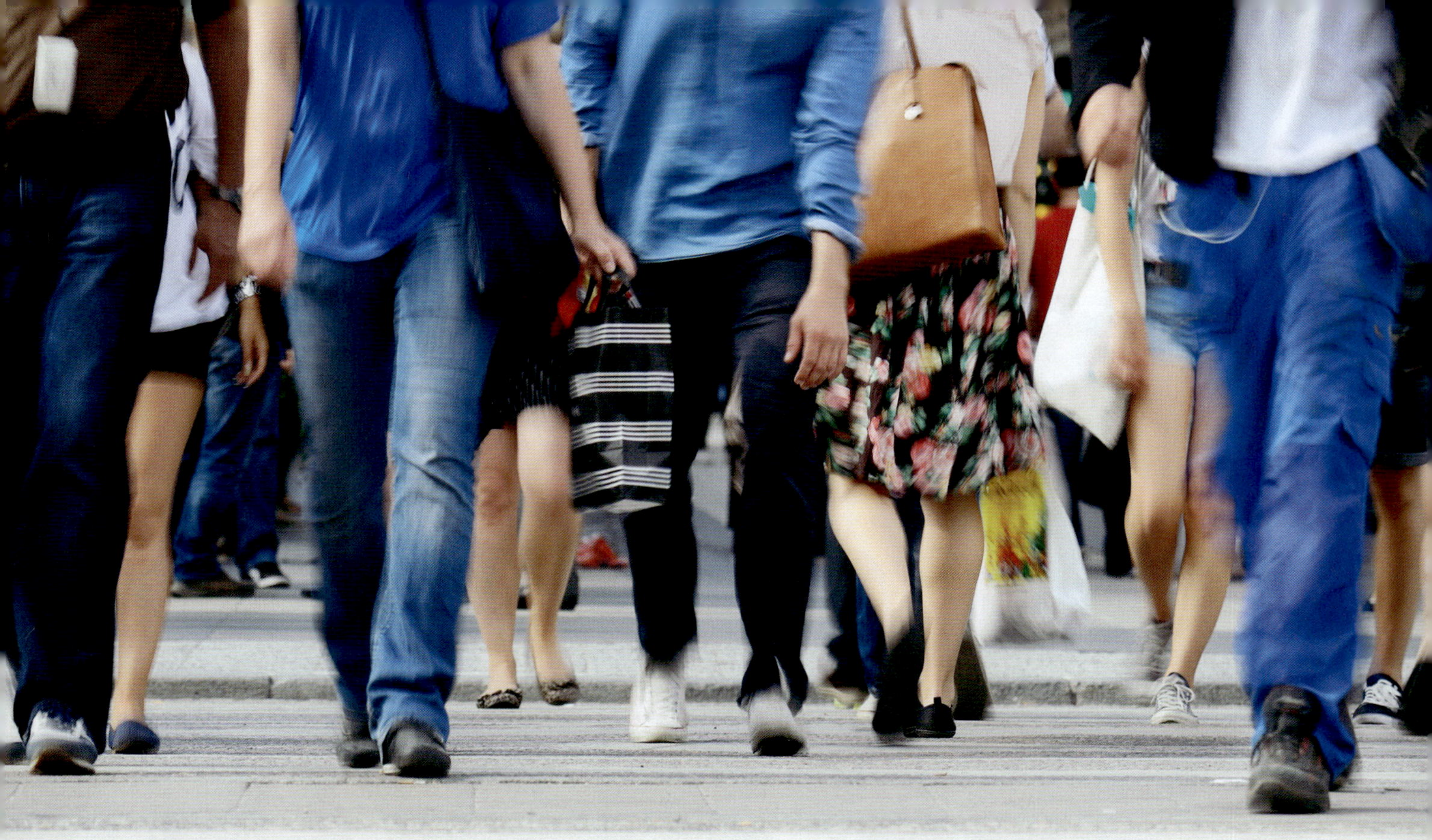

1 Recht und Staat – die Grundlagen

Recht in allen Lebensbereichen
In vielen alltäglichen Situationen kommt man mit der Rechtsordnung in Berührung.

Darum geht es in diesem Kapitel:

Ob als eigenverantwortlicher Mensch, der seine Rechte und Pflichten wahrnimmt und sich am geschäftlichen Leben beteiligt, oder als mündige Person, die durch Wählen die Geschicke des Landes mitbestimmt: Jede und jeder von uns kommt ständig mit der Rechtsordnung in Berührung, manchmal bewusst, oft auch unbewusst.

Das lernst du in den folgenden Lerneinheiten:

1 Welche **Arten von rechtlichen Vorschriften** gibt es und wie kann man sich darüber informieren?
2 Welche **Personen** verfügen tatsächlich über **Macht im Staat?**

Aktiviere dein MEHR!-Buch
online: **lernenwillmehr.at**

1 Die Rechts- ordnung

Hier erfährst du einiges über den juristischen Umgang mit Worten, Sätzen und Zusammenhängen, über Abgrenzungen und Rangordnungen des Rechts sowie über die mannigfaltigen Möglichkeiten, die eine juristische Ausbildung eröffnet.

Ü 1.1 Überlege, welche Berufe man mit einer Rechtsausbildung ergreifen kann, und nenne mindestens fünf Beispiele.

1 Begriffe rund um das Recht

Juristische Ausdrücke klingen für den Laien oft unverständlich, ungewohnt und spitzfindig. Sie begegnen uns im täglichen Leben gar nicht so selten, werden aber oft unrichtig verwendet. Der **sorgfältige und präzise Umgang mit der Sprache** ist jedoch eine der entscheidenden Voraussetzungen, die man bei der Beschäftigung mit dem Recht mitbringen muss.

Karriere mit Jus
Juristinnen und Juristen arbeiten sowohl im Staatsdienst als auch in vielen Bereichen der Privatwirtschaft.

legal expert, lawyer, solicitor, legal attorney
Jurist/in

Recht · Rechtsnorm · Rechtsordnung · Rechtsquelle · Rechtssubjekt

Wichtige Begriffe rund ums Recht

Behörde · Partei · Rechtsmittel · Instanz · Judikatur · rechtskräftig

Das **Recht** ist eine Ordnung für das Zusammenleben, die sich aus verschiedenen Rechtsnormen ergibt. Recht ist mit staatlicher Gewalt durchsetzbar. Nicht mit staatlicher Gewalt durchsetzbar sind andere Arten von Regeln:

- **die Sitte:** übliches und gewohntes Verhalten in der Gemeinschaft, z. B. im Büro passende Kleidung tragen
- **die Moral:** Gebote des eigenen Gewissens, z. B. in der Partnerschaft treu sein

Rechtsnormen sind Vorschriften für das Verhalten von Personen. Ihr Zweck ist es, das Zusammenleben zu organisieren und Konflikte zu lösen. Ihre Einhaltung kann durch staatlichen Zwang durchgesetzt werden.

Als **Rechtsordnung** bezeichnen wir die Gesamtheit der geltenden Rechtsnormen.

Die geschriebenen oder ungeschriebenen Grundlagen der Rechtsordnung nennt man **Rechtsquellen**, z. B. die Verfassung, Gesetze, Gerichtsurteile, Verträge oder das Gewohnheitsrecht.

Ein Subjekt, dem die Rechtsordnung Rechte zuerkennt und meistens auch Pflichten auferlegt, wird als **Person** oder **Rechtssubjekt** bezeichnet:

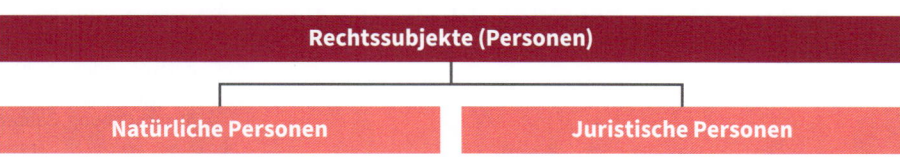

Rechtssubjekte (Personen)	
Natürliche Personen	**Juristische Personen**

- **Natürliche Personen** sind alle Menschen. Sie haben von der Geburt bis zum Tod Rechte und Pflichten.
- **Juristische Personen** sind künstliche Konstruktionen, die von der Rechtsordnung wie Personen behandelt werden. Eine juristische Person kann Vertragspartner sein, Vermögen haben und Klägerin oder Beklagte eines Zivil- oder Strafprozesses sein. Zu diesem Zweck benötigt sie Organe, also Menschen, die rechtliche Handlungen für sie vornehmen. Juristische Personen sind z. B. der Bund – also die Republik Österreich –, die Gemeinden, Vereine, Aktiengesellschaften und Gesellschaften m.b.H.

Staatliche Organe, die Aufgaben der öffentlichen Verwaltung wahrnehmen, werden **Behörden** genannt. Sie sind berechtigt, Zwangsmaßnahmen zu setzen – Juristinnen und Juristen sprechen von der „Ausübung behördlicher Befehls- und Zwangsgewalt". Das Legalitätsprinzip der österreichischen Bundesverfassung bestimmt, dass Behörden nur aufgrund der Gesetze tätig werden dürfen. Die Polizei darf z. B. einem betrunkenen Autolenker den Wagenschlüssel abnehmen.

Personen, die von der Entscheidung eines Gerichtes oder einer Verwaltungsbehörde unmittelbar betroffen sind, bezeichnet man als **Parteien** (nicht zu verwechseln mit den politischen Parteien).

Wenn eine Partei mit einer Entscheidung nicht einverstanden ist, kann sie zumeist ein **Rechtsmittel** ergreifen, also die Entscheidung anfechten.

Für die Anwendung des Rechts sind meistens mehrere **Instanzen**, also mehrere Entscheidungsebenen, zuständig. Die Aufeinanderfolge der einzelnen Instanzen bezeichnet man als Instanzenzug. Wenn eine Partei gegen eine Entscheidung der ersten Instanz ein Rechtsmittel ergreift, so wird die Rechtssache im Regelfall von der nächsten Instanz geprüft und die Entscheidung bestätigt oder geändert.

Sitte und Moral
Wenn man sich an die Grundsätze der Sitte und Moral nicht hält, wird man zwar vielleicht wenige Freunde, keine Beziehung oder keinen Job haben, aber man kann vom Staat nicht zur Beachtung dieser Regeln gezwungen werden.

constitution
Verfassung

law
Gesetz

judgement, verdict, court decision
Gerichtsurteil

customary (common) law
Gewohnheitsrecht

Organe
Personen oder Personengruppen, die vertretungsberechtigt sind, z. B. die Regierung der Republik Österreich oder eines Bundeslandes, der Vorstand einer AG oder die Geschäftsführer einer GmbH

party
Partei

appeal, recourse
Rechtsmittel

order of instances
Instanzenzug

Beispiel für einen Instanzenzug:

Oberster Gerichtshof (Wien)
Rechtsmittel ↑ z. B. Revision
Oberlandesgericht (Wien, Linz, Graz oder Innsbruck)
Rechtsmittel ↑ z. B. Berufung
Landesgericht (eines von 20 Landesgerichten in 16 österreichischen Städten)

Entscheidungen, die nicht (mehr) angefochten werden können – z. B. weil die Frist für die Ergreifung eines Rechtsmittels verstrichen ist oder weil es kein Rechtsmittel mehr gibt –, bezeichnet man als **rechtskräftig.**

Gerichte können unabhängig entscheiden. Die Gesetzestexte lassen ihnen teilweise große Ermessensspielräume. Die Rechtsprechung vereinheitlicht sich aber automatisch: Ein Richter, der bewusst gegen die Meinung der nächsten Instanz entscheidet, muss mit einem Rechtsmittel rechnen. Wird der Fall in der nächsten Instanz anders entschieden, ist die Arbeit zunichte gemacht. Daher informieren sich Richter in strittigen Fragen über bereits ergangene Entscheidungen in ähnlichen Fällen und beziehen diese in ihre Erwägungen ein. Zu häufig auftretenden Rechtsproblemen entwickelt sich eine ständige Rechtsprechung, die **Judikatur.**

Errichtung eines Amtsgebäudes
Ein Bauprojekt der öffentlichen Hand hat neben privatrechtlichen (Vertrag zwischen Staat und Bauunternehmen) auch öffentlich-rechtliche Komponenten (öffentliche Ausschreibung, Bauordnung).

2 Arten des Rechts

Wir wollen uns hier mit den wichtigsten Abgrenzungen des Rechts begnügen:

- nach den **beteiligten Rechtssubjekten**
- nach dem **Zweck der Rechtsnormen**
- nach der **Abänderbarkeit**

legally effective
rechtskräftig
judicature, precedence
Judikatur

law of nations, international law
Völkerrecht
domestic law
innerstaatliches Recht

Einteilung nach den beteiligten Rechtssubjekten		
Völkerrecht	**Innerstaatliches Recht**	
	Öffentliches Recht	**Privatrecht**
Geregelt werden vor allem rechtliche Beziehungen zwischen …		
… Staaten	… dem Staat und einzelnen Personen	… einzelnen Personen untereinander
Der Bereich umfasst außerdem …		
… rechtliche Beziehungen überstaatlicher Organisationen	… Vorschriften über Struktur und Organisation des Staates	… gleichberechtigtes Auftreten des Staates mit Privaten im Wirtschaftsleben
wesentliche Merkmale		
Souveränität der Staaten: Unabhängigkeit nach außen und Selbstbestimmung nach innen	Ausübung hoheitlicher Macht durch den Staat, d. h., er kann Zwang ausüben, um seine Aufgaben zu erfüllen.	wenn der Staat beteiligt ist – z. B. als Vertragspartner –, dann ohne hoheitliche Macht
Beispiele		
• Staatsverträge • internationales Flüchtlingsrecht • Diplomatenrecht • EU-Gemeinschaftsrecht	• Schulrecht • Strafrecht • Verkehrsrecht • Wahlordnung	• Familienrecht • Schadenersatzrecht • Arbeitsrecht • Vertragsrecht

Ü 1.2 Völkerrecht – öffentliches Recht – Privatrecht C

Ordne die dargestellten Vorgänge durch Ankreuzen dem Völkerrecht, dem öffentlichen Recht oder dem Privatrecht zu.

LINK
Ü 1.2 Völkerrecht – öffentliches Recht – Privatrecht
interaktive Übung

Vorgang	Völkerrecht	Öffentliches Recht	Privatrecht
Die Baubehörde erteilt eine Baubewilligung für ein Wohnhaus.		X	
Ein Dienstgeber kündigt eine seiner Angestellten.			X
Die Republik Österreich beauftragt einen Bauunternehmer, eine Bundesstraße zu errichten.			X
Österreich schließt mit einem anderen Land ein Auslieferungsabkommen ab.	X		
Ein Lieferant mahnt einen seiner Kunden wegen Zahlungsverzugs.			X
Das Finanzamt erlässt einen Steuerbescheid.		X	
Jemand kauft in einem Eissalon ein Stanitzel „Pistazie – Vanille – Erdbeer" um € 3,–.			X
Eine Bürgerin beschwert sich wegen einer ungerechtfertigten Verhaftung beim Verfassungsgerichtshof.		X	
Ein Staat tritt der EU bei.	X		
Eine Polizistin zeigt einen Falschparker an.		X	

Einteilung nach dem Zweck der Rechtsnormen	
Materielles Recht	**Formelles Recht**
Gegenstand der Regelungen	
inhaltliche Vorschriften	Vorschriften, die den bürokratischen Ablauf betreffen
Zweck der Regelungen	
Festlegung der rechtlichen Konsequenzen eines bestimmten Verhaltens	Festlegung des Verfahrens (des Weges zur Durchsetzung von Rechtsansprüchen)
Gibt Antwort auf die Frage	
Welche rechtlichen Folgen ergeben sich aus bestimmten Situationen? Wer hat recht?	Was muss alles getan werden, damit man zu seinem Recht kommt?
Beispiele für Gesetze, die diesen Bereich regeln	
• ABGB (Allgemeines Bürgerliches Gesetzbuch) • StGB (Strafgesetzbuch) • StVO (Straßenverkehrsordnung)	• ZPO (Zivilprozessordnung) • StPO (Strafprozessordnung) • AVG (Allgemeines Verwaltungsverfahrensgesetz)
Beispiele für Bestimmungen aus dem jeweiligen Bereich	
• Wer einem anderen schuldhaft Schaden zufügt, muss diesen laut ABGB ersetzen. • Das StGB sieht vor, dass Mord Freiheitsstrafen zwischen 10 Jahren und lebenslang nach sich zieht.	• Alle Schriftsätze (z.B. Mitteilungen und Anträge an das Gericht im Zivilprozess) müssen bestimmte Angaben enthalten (z.B. Namen der Parteien, Adresse, Rechtsvertreter, Streitgegenstand). • Ein Mordprozess erfordert laut StPO eine Anklage durch die Staatsanwaltschaft und ein Verfahren vor einem Geschworenengericht.

Einteilung nach der Abänderbarkeit	
Zwingendes Recht	**Nachgiebiges Recht**
Merkmale	
Vorschriften, die keine anders lautenden Regelungen zulassen	Vorschriften, die nach dem Willen der Beteiligten auch eine andere Regelung zulassen
Zweck	
Festlegung der Grenzen für die Gestaltungsfreiheit der Parteien, um die Ordnung zu gewährleisten oder um schwächere Vertragspartner zu schützen	ergänzende Festlegung von Bedingungen, die von den Beteiligten außer Acht gelassen worden sind
Beispiele	
• Eine gültige Ehe kann nur vor einem Standesbeamten geschlossen werden, auch wenn beide Ehepartner darauf keinen Wert legen. • Im Arbeitsrecht sind für einen Dienstnehmer fünf Wochen Mindesturlaub vorgesehen. Auch wenn er sich mit drei Wochen zufriedengibt, ist eine solche Vereinbarung ungültig.	• Wenn in einem Kaufvertrag nichts über die Lieferbedingungen vereinbart wurde, muss der Kunde die Ware abholen. Selbstverständlich kann aber auch die Zustellung durch den Verkäufer vereinbart werden. • Im Erbrecht legt das Gesetz eine Erbfolge fest. Durch ein Testament kann der Erblasser aber auch ganz andere Regelungen treffen.

Abgrenzung zwischen Zivil- und Strafrecht

Der Kernbereich des Privatrechts wird auch als Zivilrecht oder Bürgerliches Recht bezeichnet. Besonders wichtig ist es dabei, das Zivilrecht vom Strafrecht abzugrenzen.

Begeht eine Person eine strafbare Handlung, so hat diese in der Regel

- **strafrechtliche Folgen:** Der Staat hat das Recht, Kriminelle zu bestrafen.
- **zivilrechtliche Folgen:** Das Opfer hat das Recht, vom Täter einen Ersatz des angerichteten Schadens zu fordern.

Zivilrechtliche Konsequenzen ergeben sich aber noch viel öfter in Fällen, in denen gar **keine strafbaren Handlungen** vorliegen, z. B.:

- in familienrechtlichen Angelegenheiten (Unterhaltsverpflichtungen, Obsorge für Kinder, Ehescheidung etc.)
- in Erbrechtsangelegenheiten
- bei Streitigkeiten zwischen Nachbarn
- bei Säumigkeit von Schuldnern

defendant, respondent
Angeklagter

lawyer, legal attorney, solicitor
Rechtsanwalt

witness
Zeuge

expert
Sachverständiger

plaintiff, claimant, petitioner
Kläger

verdict, judgement, court decision
Urteil

out-of-court settlement
Vergleich

appeal (recourse) to the next higher instance
Berufung an die nächste Instanz

	Zivilrecht	**Strafrecht**
Zu welchem Bereich gehört das Rechtsgebiet?	zum Privatrecht	zum öffentlichen Recht
Wer besitzt einen Anspruch?	eine Person	der Staat
Worauf richtet sich dieser Anspruch?	häufig (aber nicht immer) auf Zahlung eines Geldbetrags	auf Bestrafung eines Kriminellen (Geld- oder Freiheitsstrafe)
Welches Gericht ist zuständig?	Bezirks- oder Landesgericht (je nach Streitwert)	Bezirks- oder Landesgericht (je nach Strafdrohung)
Unter welchen Umständen kann ein Gerichtsverfahren vermieden werden?	auf jeden Fall durch Einigung (z. B. Vergleich oder Verzicht)	nur bei Geringfügigkeit (z. B. mangelnde Strafwürdigkeit). In mäßig schweren Fällen ist auch ein außergerichtlicher Tatausgleich möglich.

	Zivilrecht	Strafrecht
Welche Personen sind auf jeden Fall am Gerichtsverfahren beteiligt?	• Kläger/in • Beklagte/r • Berufsrichter/in	• Ankläger/in (Staatsanwältin oder Bezirksanwalt) • Angeklagte/r • Berufsrichter/in
Wodurch wird das Verfahren eingeleitet?	durch Klage	durch Anklage
Wer setzt diesen Schritt?	der/die Kläger/in	der Staatsanwalt/die Staatsanwältin
Gegen wen richtet sich das Verfahren?	gegen den/die Beklagte/n	gegen den/die Angeklagte/n
Welche Personen treten unter Umständen außerdem bei Gericht auf?	• Rechtsanwältinnen • Zeugen • Dolmetscherinnen • Sachverständige • Schriftführer	• Rechtsanwälte (als Strafverteidiger) • Schöffen • Zeuginnen • Geschworene • Dolmetscher • Sachverständige • Privatbeteiligte • Schriftführerinnen
Wer trägt die Beweislast?	in der Regel derjenige, der dem Gericht gegenüber etwas behauptet (also für gewöhnlich der Kläger/die Klägerin)	der Staat – wenn dem/der Angeklagten die Tat nicht zweifelsfrei nachgewiesen werden kann, ist er oder sie freizusprechen („im Zweifel für den Angeklagten")
Wodurch wird das Verfahren beendet?	• Urteil zugunsten des Klägers/der Klägerin (der Klage wird stattgegeben) • Urteil zugunsten des/der Beklagten (die Klage wird abgewiesen) • Der Klage wird teilweise stattgegeben. • Vergleich (Einigung zwischen den Parteien)	• Urteil zu Ungunsten des/der Angeklagten (Verurteilung) • Urteil zugunsten des/der Angeklagten (Freispruch) • Einstellung des Verfahrens (z. B. wenn der Tatverdacht entkräftet wurde oder die Schuld offensichtlich nicht bewiesen werden kann) • Diversion (in geringfügigen Fällen: gemeinnützige Arbeit, Spenden, Geldbußen u. Ä. statt Strafe)
Welche Rechtsmittel kann man ergreifen?	• Berufung an die nächste Instanz	• Berufung an die nächste Instanz • Nichtigkeitsbeschwerde an den Obersten Gerichtshof (nur bei Schöffen- und Geschworenenprozessen)
Wer trägt die Kosten des Verfahrens (Gerichts- und Anwaltskosten, Sachverständigengebühren etc.)?	die Person, die verliert (Kläger/in oder Beklagte/r)	der/die Angeklagte (i. d. R. nur teilweise)

③ Zugang zum Recht

Tatsächlich ist es selbst für höchstqualifizierte Juristinnen und Juristen absolut unmöglich, auch nur annähernd alle geltenden Vorschriften zu kennen. Immerhin kann man sich heutzutage in vielfältiger Weise und in vielen Fällen auch kostenlos über die geltende Rechtslage informieren. Mögliche Quellen dafür sind:

■ Juristische Literatur in Fachbibliotheken

■ Rechtsinformation im Internet

■ Rechtsauskünfte von Gerichten

Juristische Recherche
Die Fachbibliotheken der Rechtswissenschaften bieten zahlreiche Nachschlagewerke, Zeitschriften und Online-Medien zum Thema Jus.

Juristische Literatur

Abgesehen vom käuflichen Erwerb juristischer Literatur besteht die Möglichkeit, **Fachbibliotheken** (z. B. an Universitäten) zu benutzen.

Literatur	Beschreibung
Bundes- und Landes-gesetzblätter	Die ursprünglichste Art, Rechtsvorschriften aufzufinden. In dieser Form werden Gesetze, Staatsverträge und Verordnungen durch das Bundeskanzleramt bzw. die Landesregierungen veröffentlicht. Alle Bundes- und Landesgesetzblätter findet man im Internet (unter ris.bka.at, siehe unten), diese Kundmachung ist sogar Voraussetzung dafür, dass die Bestimmungen überhaupt gültig sind.
Gesetzes-materialien	In Protokollen von Parlamentsdebatten, Erläuterungen und Berichten kann man Einblick gewinnen, welche Gedanken bei der Entstehung eines Gesetzes eine Rolle gespielt haben. Zu welchem Zweck hat der Gesetzgeber eine Bestimmung geschaffen? Welche konkreten Fälle hatte er dabei im Auge?
Textausgaben	Wichtige Rechtsquellen werden von namhaften Juristinnen und Juristen bearbeitet und von Verlagen – z. B. Manz, LexisNexis ARD Orac, Verlag Österreich – herausgegeben. Häufig werden dabei verschiedene Gesetze zu verwandten Themenbereichen in einem oder mehreren Bänden gesammelt (Kodex). Auch CD-ROM-Versionen sind erhältlich.
Kommentierte Ausgaben	Zusätzlich zum reinen Gesetzeswortlaut werden auch Erläuterungen zur Auslegung und Hinweise auf bereits ergangene Entscheidungen – z. B. von Höchstgerichten – mitgeliefert.
Entscheidungs-sammlungen	Zu einem speziellen Bereich der Rechtsordnung werden die wichtigsten Entscheidungen – gedruckt oder auf CD-ROM – in strukturierter Form veröffentlicht. Entscheidungssammlungen und kommentierte Gesetzesausgaben ermöglichen das Auffinden der wichtigsten Judikatur zu verschiedenen Rechtsfragen.
Lehrbücher	Sie sollen den Studierenden einen Überblick der einzelnen Gebiete der Rechtslehre verschaffen. In manchen Werken wird die gesamte Rechtsordnung zusammenfassend dargestellt – z. B. im vorliegenden Buch –, andere behandeln nur einzelne Rechtsgebiete – z. B. Lehrbuch des besonderen Verwaltungsrechts.
Fachzeitschriften	In regelmäßig erscheinenden juristischen Fachzeitschriften werden Lehrmeinungen und aktuelle Rechtsprobleme veröffentlicht.
Sonstige juristi-sche Fachliteratur	Theorie und Praxis der Rechtslehre werden in einer großen Zahl systematischer Darstellungen und detaillierter Abhandlungen aufbereitet.

Entscheidungssammlung
Einer familienrechtlichen Entscheidungssammlung kann man z. B. entnehmen, welche Eheverfehlungen von Gerichten der höheren Instanzen als Scheidungsgründe anerkannt worden sind.

Loseblattsammlung
Als Loseblattsammlung wird eine Art Büro-Ordner mit vielen einzelnen Blättern bezeichnet. Bei gesetzlichen Änderungen können die Seiten viel schneller ausgetauscht werden als beim gebundenen Buch.

Rechtsinformationen im Internet

■ **Rechtsinformationssystem des Bundes** – www.ris.bka.gv.at
Diese Website wird vom Bundeskanzleramt kostenlos zur Verfügung gestellt. Sie funktioniert wie eine Suchmaschine, es kann sowohl nach Begriffen als auch nach Paragrafen gesucht werden. Die meisten Dokumente sind als kopierbare Textfiles zugänglich. Die Veröffentlichung im RIS gilt als ordnungsgemäße Kundmachung rechtlicher Bestimmungen. Du findest im RIS auch die Judikatur des Verfassungs- und des Verwaltungsgerichtshofes sowie Entscheidungen in Zivil- und Strafsachen. Dazu musst du lediglich in der Menüleiste des RIS den Begriff „Judikatur" auswählen. Wenn du nun das Gericht deiner Wahl anklickst, kannst du wieder mit einer Eingabemaske nach Begriffen suchen. Du kannst die gefundenen Texte als Website, im PDF- oder im RTF-(Word-)Format öffnen, weiterbearbeiten und in deine eigenen Dokumente einfügen.

- **EUR-Lex** – www.eur-lex.europa.eu
  EUR-Lex bietet einen kostenlosen Zugang zu den Rechtsvorschriften der Europäischen Union.
- **Österreich digitales Amt** – www.oesterreich.gv.at
  Auf der behördenübergreifenden Plattform gibt es Hilfe und Informationen rund um sämtliche Verwaltungsthemen. Von A wie Abfall bis Z wie Zivildienst können Informationen eingeholt werden. Zahlreiche Formulare für Amtswege stehen zum Download oder zum Online-Ausfüllen zur Verfügung.
- **Website des österreichischen Parlaments** – www.parlament.at
  Hier werden Informationen über verfassungsrechtliche Grundlagen, Funktion, Aufbau, Arbeit und aktuelle Schwerpunkte des österreichischen Parlaments angeboten. Außerdem hat man auf dieser Website Zugang zu den Gesetzesmaterialien. Sämtliche Aktivitäten des Parlaments werden dokumentiert.
- **Rechtsdatenbank** – www.rdb.at
  Hier findet man umfangreiche juristische Fachliteratur. Eine Volltextsuche ist ohne Login durchführbar. Man kann Inhalte abonnieren, Suchfilter verwenden und Suchagenten anlegen.
- **Link-Verzeichnis zum Recht** – www.rechtsfreund.at
  Diese Website beinhaltet eine große Anzahl von Links zu österreichischen Behörden, Ämtern und Institutionen.
- **Wikipedia**
  In dieser Enzyklopädie findet man viele brauchbare Erklärungen juristischer Begriffe.
- **Bundeskanzleramt** – www.bka.gv.at
- **Bundesregierung**
  Die einzelnen Ministerien findet man unter ihrer Kurzbezeichnung (z. B. www.bmi.gv.at für das Bundesministerium für Inneres).
- **Rechtsinformationen des Justizministeriums** – www.justiz.gv.at
- Informationen zu Wirtschafts-, Arbeits- und Berufsausbildungsrecht – auf der Website der Wirtschaftskammer: www.wko.at
- Informationen zu Arbeitsrecht, Konsumentenschutz, Ansprüche auf Beihilfen u. v. m. – auf der Website der Arbeiterkammer: www.arbeiterkammer.at

Offizielle Websites
Steht am Ende einer URL „gv.at", so handelt es sich um eine Website einer staatlichen Stelle der Republik Österreich (gv = government = Regierung).

Erteilung von Rechtsauskünften

Kostenlose Rechtsauskünfte zum Zivilrecht werden von verschiedensten Stellen angeboten, teilweise für alle Interessenten, teilweise nur für Mitglieder, z. B.:

- Bezirksgerichte und Landesgerichte (Amtstag ist meist Dienstagvormittag)
- Verwaltungsbehörden
- Österreichischer Gewerkschaftsbund
- Arbeiterkammern
- Wirtschaftskammern
- Mietervereinigung
- Verein für Konsumenteninformation
- ÖAMTC, ARBÖ
- Frauenberatungsstellen
- Rechtsanwaltskammern: kostenloses Orientierungsgespräch – „erste anwaltliche Auskunft"

Juristenwitze
Witze und Anekdoten zu juristischen Themen bietet z. B. die Website www.juristenwitze.com

district court
Bezirksgericht

regional court (high court)
Landesgericht

4 Rechtsanwendung

Gesetzliche Bestimmungen sind normalerweise nach folgendem Schema gegliedert:

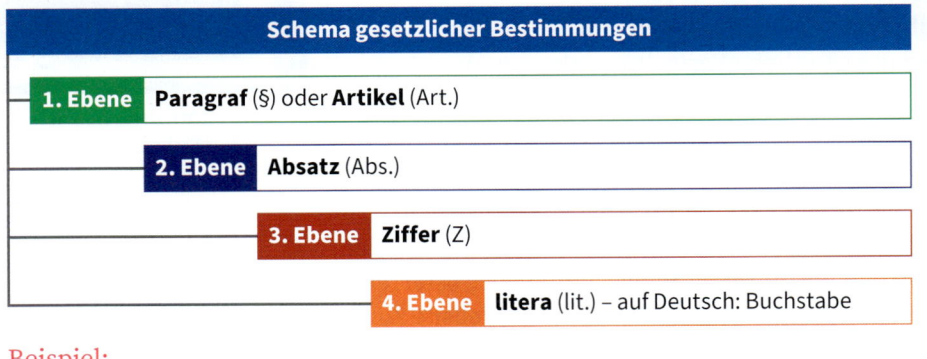

Schema gesetzlicher Bestimmungen

1. Ebene	**Paragraf** (§) oder **Artikel** (Art.)
2. Ebene	**Absatz** (Abs.)
3. Ebene	**Ziffer** (Z)
4. Ebene	**litera** (lit.) – auf Deutsch: Buchstabe

Beispiel:

§ 560	Abs.1	Z 2	lit.d	ZPO:
Paragraph 560	Absatz 1	Ziffer 2	Litera d	(der) Zivilprozessordnung

Nicht alle dieser Ebenen müssen in einer rechtlichen Bestimmung vertreten sein, es gibt auch Absätze ohne weitere Untergliederung und sogar Paragrafen mit nur einem Absatz.

Die **Beherrschung des Umgangs mit Gesetzestexten** ist eine wesentliche Voraussetzung für die Anwendung des Rechts.

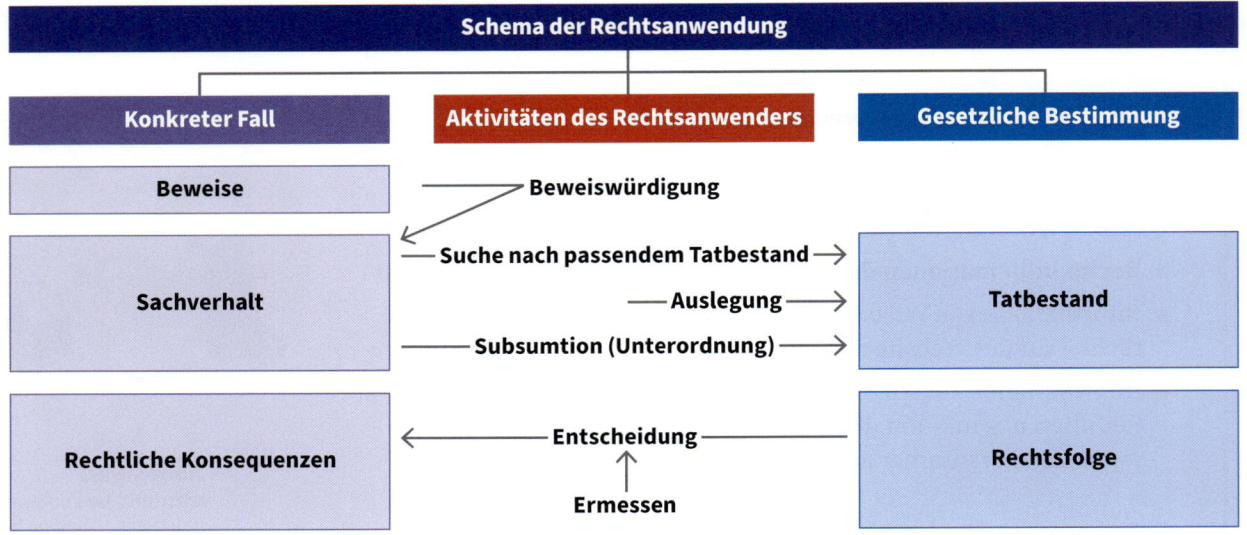

Schema der Rechtsanwendung

Konkreter Fall	Aktivitäten des Rechtsanwenders	Gesetzliche Bestimmung
Beweise	Beweiswürdigung	
Sachverhalt	Suche nach passendem Tatbestand → Auslegung → Subsumtion (Unterordnung) →	Tatbestand
Rechtliche Konsequenzen	← Entscheidung ↑ Ermessen	Rechtsfolge

Unter einem **Sachverhalt** versteht man einen konkreten Fall, der sich real ereignet hat und dessen rechtliche Folgen zu bestimmen sind. Um die Geschehnisse genau zu ermitteln, muss der Rechtsanwender Beweise aufnehmen, sie gegeneinander abwägen und überlegen, welche Hinweise auf den Sachverhalt sie liefern **(Beweiswürdigung).** Nun ist es erforderlich, im Gesetz einen passenden **Tatbestand** zu finden, also eine Gesetzesstelle, die in ihrer allgemeinen (abstrakten) Formulierung den konkreten Fall einschließt.

Bei der Auslegung (Interpretation) von Rechtsnormen ist auf

- den Wortsinn
- den Zusammenhang
- den Zweck der Regelung und
- den Willen des Gesetzgebers

Rücksicht zu nehmen.

Arbeit mit juristischen Texten

Personen, die in einem konkreten Fall aufgrund der geltenden rechtlichen Bestimmungen eine Entscheidung zu treffen haben, nennt man Rechtsanwender (Richter, Staatsanwältinnen, Finanzbeamte, Schuldirektorinnen u.v.m.).

application of law
Rechtsanwendung

paragraph (para.)
Absatz (Abs.)

figure (fig.), number (no.)
Ziffer (Z)

litera (lit.)
litera (lit.)

evidence
Beweise

facts of the case
Sachverhalt

circumstances
Tatbestand

legal consequences
rechtliche Konsequenzen

Hat der Rechtsanwender einen möglicherweise geeigneten Tatbestand gefunden, so hat er ihn zu **interpretieren**, also **auszulegen**. Dabei wird überlegt, welche konkreten Fälle mit der allgemeinen Formulierung gemeint sein könnten. Passt der Sachverhalt zum Tatbestand, so wird er unter diesen **subsumiert**, d. h. ihm **untergeordnet**. Rechtsvorschriften setzen sich normalerweise aus Tatbestand und Rechtsfolge zusammen. Verwirklicht ein konkreter Sachverhalt einen gesetzlichen Tatbestand, so wird bestimmt, dass die im Gesetz vorgesehene Rechtsfolge eintreten soll. Wenn der Sachverhalt unter den Tatbestand subsumiert werden kann, ist dieser Grundlage für die **Entscheidung** des Rechtsanwenders: Im konkreten Fall haben die vorgesehenen **rechtlichen Konsequenzen** einzutreten. Manchmal lässt das Gesetz dem Rechtsanwender bzw. der Rechtsanwenderin einen Spielraum für die Rechtsfolge, er oder sie kann dann nach eigenem Ermessen entscheiden, z. B. im Strafrecht über die Höhe der Strafe zwischen der gesetzlichen Mindest- und Höchststrafe.

Der Staat als Arbeitgeber
Beamtinnen und Beamte sind pragmatisiert, also im Wesentlichen unkündbar. Vertragsbedienstete sind hingegen beim Staat ähnlich wie in einer privaten Firma angestellt.

separation of powers
Gewaltentrennung

5 Gewaltentrennung

„Regierung, Parlament – da gibt es keinen Unterschied. Lauter Politiker, die viel zu viel Macht haben …", schimpfen manche Leute. Der erste Satz ist aber definitiv falsch: Regierung und Parlament haben völlig unterschiedliche Aufgaben. Und die Gerichte sind von der Politik ganz losgelöst.

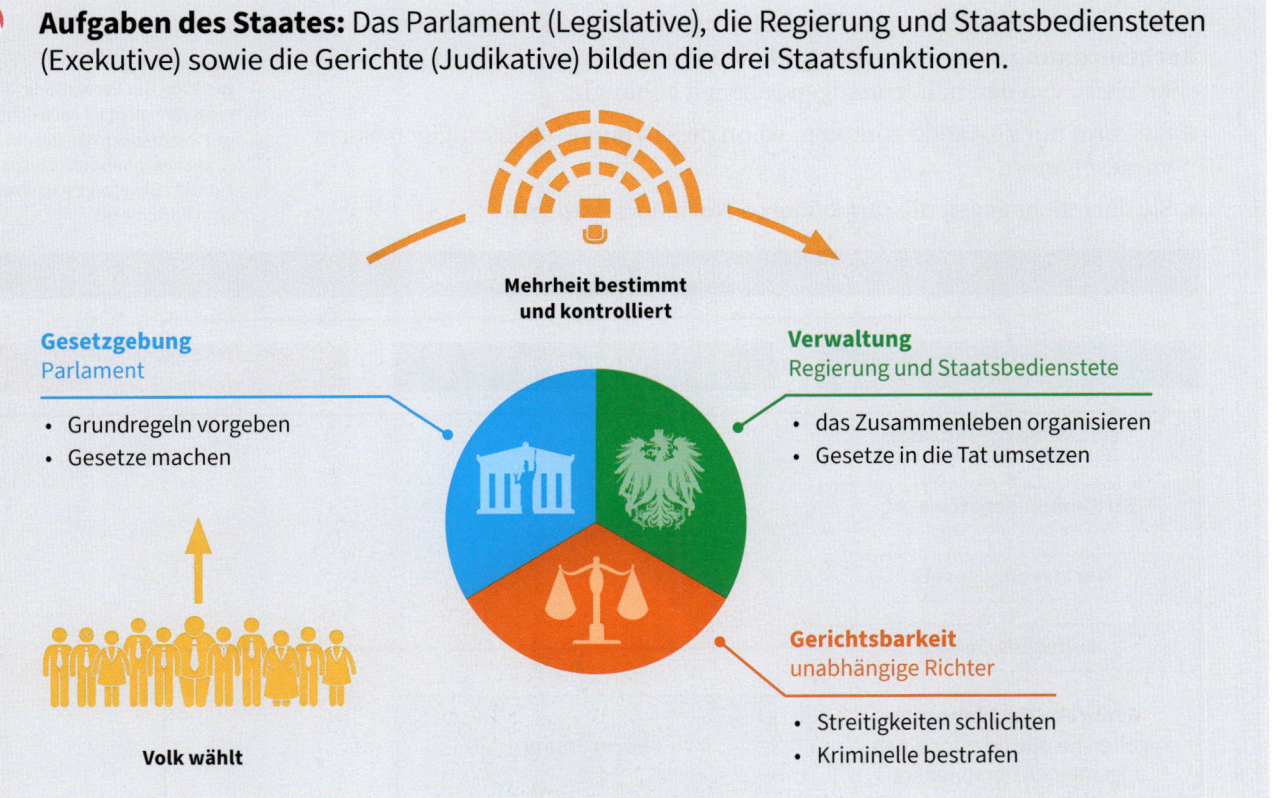

Aufgaben des Staates: Das Parlament (Legislative), die Regierung und Staatsbediensteten (Exekutive) sowie die Gerichte (Judikative) bilden die drei Staatsfunktionen.

Mehrheit bestimmt und kontrolliert

Gesetzgebung
Parlament
- Grundregeln vorgeben
- Gesetze machen

Verwaltung
Regierung und Staatsbedienstete
- das Zusammenleben organisieren
- Gesetze in die Tat umsetzen

Gerichtsbarkeit
unabhängige Richter
- Streitigkeiten schlichten
- Kriminelle bestrafen

Volk wählt

Da die Freiheit des Individuums durch Ausübung politischer Macht leicht gefährdet werden kann, sind in jeder Rechtsordnung Sicherheitsmechanismen eingebaut. Einer der wichtigsten ist das **Prinzip der Gewaltentrennung:** Politische Macht muss geteilt werden, um die Gefahr eines Missbrauchs zu vermindern.

legislation
Gesetzgebung
administration
Verwaltung
jurisdiction
Gerichtsbarkeit

Die Staatsgewalt teilt sich in drei Funktionen auf, die voneinander unabhängig sein sollen und sich gegenseitig kontrollieren:

Staatsgewalt	wichtigste Aufgaben	Organe	Besonderheiten
Gesetzgebung	Schaffung der Gesetze	Parlament	Kontrollrechte gegenüber der Verwaltung
Verwaltung	Umsetzung der Gesetze in die Realität, Anwendung auf Einzelfälle	Regierung und nachgeordnete Behörden, Dienststellen, Ämter	Die Dienststellen müssen Weisungen (Anordnungen) von Vorgesetzten befolgen.
Gerichtsbarkeit	Anwendung der Rechtsnormen auf Einzelfälle	unabhängige Gerichte, v. a. Zivil- und Strafgerichte	Weisungsfreiheit (keine Anordnungen von Vorgesetzten)

Die gegenseitige Unabhängigkeit der drei Staatsgewalten besteht in Österreich nur teilweise. Die Unabhängigkeit der Justiz ist nicht zu bezweifeln, Gesetzgebung und Verwaltung sind hingegen eng miteinander verflochten. Die politischen Parteien beherrschen nämlich sowohl das Parlament als auch die Regierung und nehmen auf die Gesetzgebung ebenso Einfluss wie auf Verwaltung und Gerichtsbarkeit (auch **Vollziehung** genannt).

Ursprung in der Antike
Der erste Entwurf, auf dem das Prinzip der Gewaltentrennung beruht, lässt sich bis zu Aristoteles (384–322 v. Chr.) und damit bis ins antike Griechenland zurückführen.

legal order
Rechtsordnung

basic provisions in the constitution
Verfassungsgrundsätze

constitutional law
Verfassungsgesetz

regulation
Verordnung

official notice, order
Bescheid

execution
Vollstreckung

Verordnung
wird von der Verwaltung erlassen; nicht zu verwechseln mit Rechtsnormen, die auf „...ordnung" enden (diese sind zumeist Gesetze, beschlossen vom Parlament)

6 Stufenbau der Rechtsordnung

Der unterschiedliche Rang der Rechtsnormen wird im **Stufenbau der Rechtsordnung** zusammengefasst. Eine rangniedrigere Norm ist in zweifacher Weise von den höherrangigen Normen abhängig:

- Sie kann nur zustande kommen, wenn dies in einer höherrangigen Norm vorgesehen ist.
- Sie darf nicht gegen die ranghöheren Normen verstoßen.

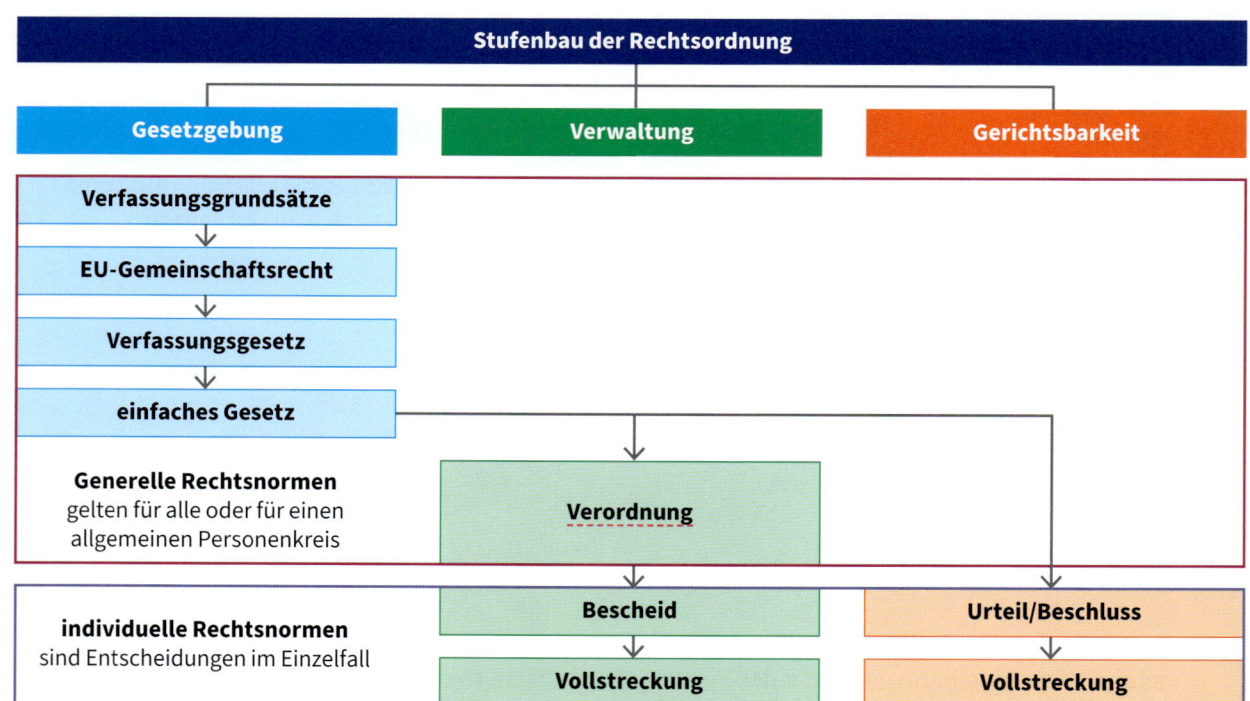

Normen	Besonderheiten	Beispiele
Verfassungsgrundsätze	Änderung nur durch 2/3-Mehrheit im nationalen Parlament und Volksabstimmung	Demokratie, Republik, Rechtsstaat, Bundesstaat
EU-Gemeinschaftsrecht	EU-Verordnungen gelten automatisch, EU-Richtlinien müssen durch den Gesetzgeber des jeweiligen Staates umgesetzt werden.	Führerscheinrichtlinie – zur Vereinheitlichung der Voraussetzungen für Führerscheinerwerb und -entziehung in der EU Datenschutz-Grundverordnung – zur Vereinheitlichung der Regeln für die Verarbeitung personenbezogener Daten
Verfassungsgesetze	Zustandekommen oder Änderung durch 2/3-Mehrheit im nationalen Parlament	Wahlordnung, Aufgabenbereich der Staatsorgane, Neutralität, Bürger- und Menschenrechte
einfache Gesetze	Zustandekommen oder Änderung durch einfache Mehrheit (> 50 %) im nationalen Parlament	Allgemeines Bürgerliches Gesetzbuch, Strafgesetzbuch, Straßenverkehrsordnung, Bauordnungen
Verordnungen	dienen der Präzisierung von Gesetzen durch die Verwaltung	Lehrpläne, Flächenwidmungs- und Bebauungspläne, Festlegung von Fahrverboten oder Geschwindigkeitsbeschränkungen
Bescheide	Entscheidungen im Verwaltungsverfahren, z. B. Erteilung oder Versagung von Genehmigungen oder Feststellung von Rechten	Baubewilligung, Gewerbeberechtigung, Steuerbescheid, Verkehrsstrafe
Urteile	Entscheidungen am Ende eines Zivilprozesses (wer hat recht?) oder eines Strafprozesses (schuldig oder unschuldig?)	Einer Klage wird stattgegeben oder sie wird abgewiesen. Ein Angeklagter wird verurteilt oder freigesprochen.
Beschlüsse	gerichtliche Entscheidungen in nichtstreitigen Angelegenheiten oder zur Fortsetzung des Verfahrens	Scheidung im Einvernehmen, Beschluss auf Unzuständigkeit des Gerichts, Beschluss auf Zulassung von Beweismitteln
Vollstreckung	erzwungene Umsetzung von Entscheidungen, falls diesen nicht freiwillig nachgekommen wird	Vollstreckung von Gerichtsurteilen und Bescheiden, z. B. durch Pfändung des geschuldeten Geldbetrags

Zwischen **generellen und individuellen Rechtsnormen** bestehen Unterschiede hinsichtlich der Bekanntgabe:

■ **Generelle Rechtsnormen** müssen kundgemacht – verlautbart, veröffentlicht – werden, damit sie in Kraft treten können, also zu gelten beginnen. Eine Kundmachung erfolgt z. B. im Bundesgesetzblatt (das im Internet veröffentlicht wird), aber auch auf andere Arten (z. B. Kundmachung eines Fahrverbots durch Verkehrstafeln).

■ **Bescheide, Urteile und Beschlüsse** werden per Post an die Parteien zugestellt. Die Übernahme muss in vielen Fällen durch eigenhändige Unterschrift des Empfängers bzw. der Empfängerin bestätigt werden (sog. Rückscheinbrief oder RSa-Brief).

Ab dem Zeitpunkt der Zustellung beginnt die Frist (häufig 14 Tage) für die Ergreifung eines Rechtsmittels zu laufen. Wird diese Frist nicht genutzt, so tritt die **Rechtskraft** ein. Sobald die Entscheidung rechtskräftig wird, ist sie grundsätzlich nicht mehr anfechtbar.

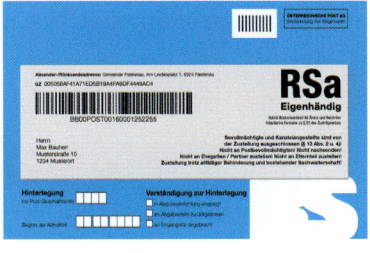

Der Rückscheinbrief (RSa)
Wenn der Empfänger bzw. die Empfängerin nicht angetroffen wird, wird der RSa-Brief beim Postamt hinterlegt. Durch eine Hinterlegungsanzeige im Hausbrieffach gilt das Schriftstück als zugestellt. Daher vorsichtig sein: Wenn man das Dokument nicht rechtzeitig abholt, kann man leicht eine Frist versäumen!

Ü 1.3 **Stufenbau der Rechtsordnung** C

Ordne jedem Vorgang die richtige Art von Rechtsnorm (z. B. Verfassungsgrundsatz, Verordnung, Bescheid etc.) aus dem Stufenbau der Rechtsordnung zu.

LINK
Ü 1.3 Stufenbau der Rechtsordnung
interaktive Übung

Vorgang	Art der Rechtsnorm
Ein Betrüger erhält eine Freiheitsstrafe.	
Eine Geldforderung wird durch gerichtliche Pfändung eingetrieben.	
Österreich ist eine demokratische Republik.	
Die HLA für künstlerische Gestaltung erhält einen neuen Lehrplan.	
Der Bau eines Hauses wird von der Behörde bewilligt.	
Eine Autofahrerin erhält eine Polizeistrafe wegen Schnellfahrens.	
Die Bauordnung für die Steiermark wird geändert.	
Eine Klage wird vom Gericht wegen Unzuständigkeit zurückgewiesen.	

7 Die juristischen Berufe

Das Studium der **Rechtswissenschaften** dauert mindestens vier Jahre bis zum Magistertitel. Danach kann man noch ein Doktoratsstudium anschließen. Eine rechtswissenschaftliche Ausbildung mit wirtschaftlichem Bezug bietet außerdem das Studium **Wirtschaftsrecht** an verschiedenen Standorten in Österreich.

Das Studium der Rechtswissenschaften

Im **ersten Studienabschnitt** (Mindestdauer zwei Semester) erfährt man zunächst einiges über die Grundlagen der Rechtsordnung, die Geschichte sowie die europäischen und internationalen Grundlagen des Rechts.

Der **zweite Studienabschnitt** (Mindeststudiendauer drei Semester) ist vor allem dem Privatrecht (Bürgerliches Recht, Zivilprozessrecht, Arbeitsrecht, Unternehmensrecht) und dem Strafrecht gewidmet.

Im **dritten Studienabschnitt** liegt der Schwerpunkt auf dem öffentlichen Recht (Verfassungsrecht, Verwaltungsrecht, Steuerrecht), dem Völkerrecht und den ökonomischen Kompetenzen.

Juristisches Praktikum
Nach Abschluss des Studiums absolvieren die meisten Juristinnen und Juristen eine siebenmonatige Gerichtspraxis. Die Rechtspraktikanten und -praktikantinnen sammeln u.a. am Bezirks- und Landesgericht oder bei der Staatsanwaltschaft Erfahrungen.

Juristische Berufe

Beruf	Berufsbild	Ausbildung
Richter/innen	Als Richter/in ist man für die Durchführung zivil- oder strafrechtlicher Verfahren verantwortlich und fällt die Entscheidungen in diesen Prozessen. Aufstiegschancen bestehen durch Bewerbung an höhere Gerichte – z. B. Oberlandesgerichte –, die über Rechtsmittel zu entscheiden haben. Auch eine Karriere am Verfassungs- oder Verwaltungsgerichtshof ist möglich. Das Richteramt ist durch Unabsetzbarkeit, Unversetzbarkeit, Unabhängigkeit (man ist also nicht an Weisungen von Vorgesetzten gebunden) und freie Zeiteinteilung gekennzeichnet.	Nach dem Abschluss des Diplomstudiums folgt das Gerichtsjahr. Danach ist eine Prüfung abzulegen, um in den richterlichen Vorbereitungsdienst aufgenommen zu werden. Hier leisten die Richteramtsanwärter/innen unterstützende Arbeit für Gerichte, Staatsanwaltschaften, Strafvollzugsanstalten, Rechtsanwaltskanzleien und Notariate, daneben besuchen sie Seminare. Nach mindestens vier Praxisjahren kann man die Richteramtsprüfung absolvieren und zur Richterin oder zum Richter ernannt werden.

Beruf	Berufsbild	Ausbildung
Staatsanwälte und -anwältinnen	Die Hauptaufgabe besteht in der Vertretung des Staates in Strafprozessen: Durchführung von Ermittlungen gegen Verdächtige mithilfe der Polizei, Erhebung der Anklage, Vertretung der Anklage in den Verhandlungen, Ergreifung von Rechtsmitteln. Die Staatsanwaltschaften sind hierarchisch organisiert und Teil der Justizverwaltung, sie sind daher an Weisungen gebunden.	wie beim Richteramt
Bedienstete der Gerichte und Staatsanwaltschaften	• Rechtspfleger/in: richterähnliche Aufgaben wie z.B. Führung des Firmen- und Grundbuches, gerichtliches Mahnverfahren • Gerichtsvollzieher/in: Vollziehung gerichtlicher Entscheidungen, z.B. Pfändungen • Bezirksanwalt/-anwältin: Vertretung der Staatsanwaltschaft beim Bezirksgericht	Für diese Berufe wird kein Studium und nur zum Teil die Reifeprüfung vorausgesetzt. Das fachliche Wissen wird in Ausbildungslehrgängen, Kursen und Praxiszeiten erworben und durch Prüfungen nachgewiesen. Auch Rechtspraktikant/innen können die Aufgabe eines Bezirksanwalts oder einer Bezirksanwältin übernehmen.
Juristen und Juristinnen in der öffentlichen Verwaltung	Juristinnen und Juristen kommen in fast allen Bereichen der öffentlichen Verwaltung zum Einsatz, sowohl in den Ministerien als auch in nachgeordneten Dienststellen (z.B. Polizeibehörden, Bildungsdirektionen). Neben der Rechtsanwendung zählen auch Führungsfunktionen (z.B. Leiter/in einer Dienststelle) zu den möglichen Aufgabenbereichen.	Grunderfordernis ist das juristische Diplomstudium, darüber hinaus ist eine Dienstprüfung abzulegen.
Notare und Notarinnen	Notarinnen und Notare errichten, beglaubigen und verwahren Urkunden, belehren Vertragsparteien, protokollieren General- und Hauptversammlungen, wickeln Verlassenschaften ab, überwachen Preisausschreiben und verwahren Geldbeträge. Sie üben ein öffentliches Amt aus und sind zur Objektivität verpflichtet. Bei manchen Arten von Rechtsgeschäften ist die Mitwirkung eines Notars oder einer Notarin zwingend vorgeschrieben.	Voraussetzung für die Ernennung zum Notar oder zur Notarin durch das Justizministerium ist der Abschluss des juristischen Diplomstudiums, die Ablegung der Notariatsprüfung und eine insgesamt mindestens siebenjährige Praxis.
Rechtsanwälte und -anwältinnen	Rechtsanwältinnen und Rechtsanwälte beraten ihre Klienten in rechtlichen Angelegenheiten, entwerfen für sie Vertragstexte, vertreten sie bei außergerichtlichen Vereinbarungen und in Zivilprozessen, verteidigen sie in Strafprozessen und nehmen ihre Interessen in Verwaltungsangelegenheiten wahr. Neben der Führung einer eigenen Kanzlei kommt für Rechtsanwältinnen und -anwälte auch die Beteiligung an einer Gemeinschaftskanzlei oder die Anstellung in einer fremden Kanzlei infrage.	Voraussetzung für den Antritt zur Rechtsanwaltsprüfung sind ein abgeschlossenes Studium des österreichischen Rechts und eine Praxis von drei Jahren (davon mindestens sieben Monate bei Gericht oder einer Staatsanwaltschaft und mindestens zwei Jahre bei einem Rechtsanwalt bzw. einer Rechtsanwältin). Nach absolvierter Rechtsanwaltsprüfung kann man selbständig eine Kanzlei führen.
Juristen und Juristinnen in der Privatwirtschaft	Größere Unternehmen verfügen über eigene Rechtsabteilungen. Juristinnen und Juristen werden aber auch in anderen Abteilungen eingesetzt, sei es für juristische Aufgaben (z.B. Vertragsentwürfe, Dienstverträge, Rechtsberatung), sei es für Führungsaufgaben.	Abgesehen vom Studium werden unterschiedliche Zusatzausbildungen, Praktika und Seminare verlangt, die Berufschancen hängen von Angebot und Nachfrage ab.
Juristen und Juristinnen in allen Berufssparten	Rechtskenntnisse sind in sehr vielen Berufen von Bedeutung. Sie ebnen zahlreichen Menschen den Weg zu Karrieren in Führungspositionen, auch in Bereichen, die auf den ersten Blick nichts mit juristischer Arbeit zu tun haben. Darüber hinaus können rechtliche Kenntnisse entscheidende Startvorteile für die eigenverantwortliche Führung eines Unternehmens vermitteln.	juristische Kenntnisse in allen Ausprägungen

Rechtsanwaltsanwärter/innen nennt man auch Konzipienten bzw. Konzipientinnen. **Anwälte und Anwältinnen** vertreten ihre Klienten nicht nur vor Gericht, sie helfen ihnen auch bei Vertragsabschlüssen, um nicht „über den Tisch gezogen" zu werden.

legal department
Rechtsabteilung

ÜBEN

In dieser Lerneinheit hast du grundlegende Begriffe rund ums Recht kennengelernt. Bearbeite nun die folgenden Aufgaben.

Ü 1.4 Die Rechtsordnung B

Kreuze bei der jeweiligen Aussage an, ob sie richtig oder falsch ist. Falsche Aussagen stelle in der letzten Spalte richtig.

LINK
Ü 1.4 Die Rechtsordnung
interaktive Übung

Aussage	Richtig	Falsch	Richtigstellung
Rechtsnormen können, ebenso wie Sitte und Moral, vom Staat zwangsweise durchgesetzt werden.			
Unter juristischen Personen versteht man Staatsanwälte, Richter, Notare und Rechtsanwälte.			
In Entscheidungssammlungen und kommentierten Gesetzesausgaben findet man die wichtigste Judikatur zu den verschiedenen Rechtsgebieten.			
Alle Behörden dürfen nach der österreichischen Bundesverfassung nur aufgrund der Gesetze tätig werden.			
Gegen eine gerichtliche Entscheidung kann man erst dann ein Rechtsmittel ergreifen, wenn sie rechtskräftig ist.			
Wenn eine der Parteien ein Rechtsmittel ergreift, prüft die nächste Distanz den Fall.			
Unter zwingendem Recht versteht man den hoheitlichen Zwang, den staatliche Behörden auf die Menschen ausüben dürfen.			
Gesetze werden in Österreich von der Regierung beschlossen.			

Ü 1.5 Verteilung der Aufgaben C

Wie ist die Aufgabenverteilung zwischen Parlament und Regierung grundsätzlich geregelt? Erstelle eine Skizze/Grafik.

KÖNNEN

Bei den folgenden Aufgaben kannst du dein Wissen weiter anwenden.

K 1.1 Tatbestand – Sachverhalt B

Erkläre den Unterschied zwischen Tatbestand und Sachverhalt.

K 1.2 RIS B

Kläre mithilfe der Judikaturbeispiele im Rechtsinformationssystem des Bundes (RIS) die Frage, ob bei einem Raubüberfall eine Spielzeugpistole als Waffe gilt.

K 1.3 **Zwingendes Recht** D

Zeige auf, in welchen Bereichen der Rechtsordnung die Schaffung von zwingendem Recht sinnvoll ist, und begründe deine Aussagen.

K 1.4 **Einordnung einer gesetzlichen Bestimmung** D

Der erste Satz des § 15 Abs. 3 des österreichischen Mietrechtsgesetzes (MRG) lautet: „Der Mieter hat den Mietzins, sofern kein anderer Zahlungstermin vereinbart ist, am Fünften eines jeden Kalendermonats im Vorhinein zu entrichten."

Kläre dazu folgende Fragen:

a) Geht es hier um öffentliches Recht oder Privatrecht?

b) Ist das eine Bestimmung des materiellen oder des formellen Rechts?

c) Ist diese Vorschrift dem zwingenden oder dem nachgiebigen Recht zuzuordnen?

d) Um welche Art von Rechtsnorm im Stufenbau der Rechtsordnung handelt es sich bei dieser Vorschrift?

K 1.5 **Rechtsanwendung** D

Frau Berger will sich von ihrem Gatten scheiden lassen und hat daher eine gerichtliche Klage eingebracht. Nach ihrer glaubwürdigen Aussage, die von zwei Nachbarinnen bestätigt wird, hat er sie in der ehelichen Wohnung wiederholt grob beschimpft und einmal sogar geschlagen. Er bestreitet dies zwar, aber das Gericht glaubt ihm nicht und wendet § 49 des Ehegesetzes (EheG) an: Die Ehe wird aus Verschulden des Mannes geschieden.

Die ersten beiden Sätze des § 49 EheG lauten:

„Ein Ehegatte kann Scheidung begehren, wenn der andere durch eine schwere Eheverfehlung oder durch ehrloses oder unsittliches Verhalten die Ehe schuldhaft so tief zerrüttet hat, dass die Wiederherstellung einer ihrem Wesen entsprechenden Lebensgemeinschaft nicht erwartet werden kann. Eine schwere Eheverfehlung liegt insbesondere vor, wenn ein Ehegatte die Ehe gebrochen oder dem anderen körperliche Gewalt oder schweres seelisches Leid zugefügt hat."

Skizziere zu diesem Fall jeweils in ein oder zwei Sätzen:

- den Sachverhalt
- die Beweiswürdigung
- den angewendeten Tatbestand
- Gedanken zur Auslegung des § 49 EheG. Was könnte mit dem Wort „insbesondere" im zweiten Satz gemeint sein?
- die Rechtsfolge
- den Inhalt der gerichtlichen Entscheidung

Beantworte außerdem die folgenden Fragen und begründe deine Lösung:

a) Geht es in diesem Fall primär um öffentliches Recht oder um Privatrecht?

b) Ist der abgedruckte Gesetzestext dem formellen oder dem materiellen Recht zuzuordnen?

c) Um welche Art von Rechtsnorm (siehe Stufenbau der Rechtsordnung) handelt es sich bei der Entscheidung des Gerichts?

KOMPETENZCHECK

Meine Kompetenzen	Kann ich?	Aufgaben
Ich kann rechtliche Vorschriften nach verschiedenen Kriterien einteilen und zuordnen.		K 1.4
Ich kann rechtliche Bestimmungen zu Themen, mit denen ich zu arbeiten habe, auffinden.		K 1.2
Ich kann aus einem gesetzlichen Tatbestand die Rechtsfolge eines einfachen Sachverhalts ableiten.		K 1.5
Ich kann eine Rechtsvorschrift in den Stufenbau der Rechtsordnung eingliedern.		Ü 1.3

ÖSTERREICH
IST EINE
DEMOKRATISCHE
REPUBLIK

IHR RECHT
GEHT
VOM VOLK AUS

Verhandlungssaal des Verfassungsgerichtshofs
Hinter den Sitzplätzen der Verfassungsrichterinnen und -richter ist Artikel I des Bundesverfassungsgesetzes (B-VG) zu lesen.

constitutional law
Verfassungsrecht

the Austrian Constitution
die österreichische Verfassung

LERNEN

2 Aufgaben und Grundlagen des Verfassungsrechts

Überall, wo unterschiedliche Menschen mit unterschiedlichen Interessen zusammenleben, braucht es gewisse Regeln. Auch für den Staat braucht es diese Regelungen, man nennt sie die Verfassung. Mit ihr wird der Aufbau im Staat grundsätzlich geregelt. Alles, was im Staat geschieht, muss diesen genauen Regeln folgen und ist Beschränkungen unterworfen.

Ü 1.6 Welche „allerwichtigsten Punkte" für ein Zusammenleben im Staat Österreich könnten in einer Verfassung festgeschrieben sein? Sammelt Ideen dazu und vergleicht eure Ergebnisse in der Gruppe.

1 Verfassung – die Spielregeln des Staates

Jeder Staat ist ein rechtlich geformtes Wesen und braucht gewisse **Spielregeln, nach denen er funktionieren soll.** Auch die machthabenden Personen brauchen Regeln, an die sie sich halten müssen, wenn sie für den Staat handeln.

Mit einer Verfassung wird der Aufbau im Staat grundsätzlich geregelt. Alles, was im Staat geschieht, muss diesen Regeln folgen und ist auch Beschränkungen unterworfen. Die wichtigsten Grundregeln in einem Staat, die vorgeben, wie der Staat funktionieren soll, nennt man **Verfassung.**

In den meisten Verfassungen sind zu finden

- die **Staatsform** (Republik oder Monarchie),
- wie der **Staat aufgebaut** ist (als Bundesstaat oder Zentralstaat),
- die **Staatsfunktionen** (Gesetzgebung, Verwaltung und Gerichtsbarkeit) und
- die **Grundrechte** des einzelnen Menschen im Staat.

2 Die Staatszielbestimmungen

Die Staatszielbestimmungen geben der Politik **positive Ziele** vor. Ursprünglich waren in der österreichischen Bundesverfassung kaum inhaltliche Ziele und Vorgaben für die Politik enthalten. Erst in den letzten Jahrzehnten wurden der Gesetzgebung und der Regierung solche Ziele vorgegeben.

Immerwährende Neutralität bedeutet, sich als Staat dauernd

- neutral zu verhalten: sich nicht an künftigen Kriegen und militärischen Bündnissen zu beteiligen und
- fremde Truppen nicht auf eigenem Staatsgebiet stationieren zu lassen.

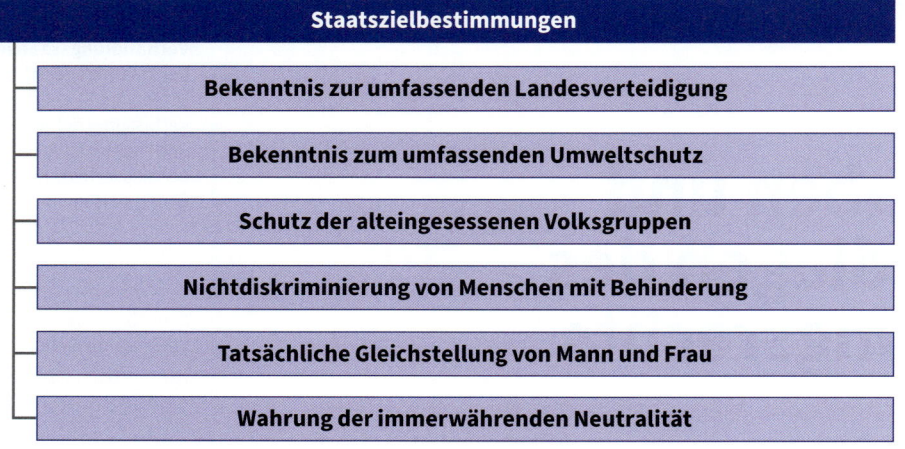

Staatszielbestimmungen
- Bekenntnis zur umfassenden Landesverteidigung
- Bekenntnis zum umfassenden Umweltschutz
- Schutz der alteingesessenen Volksgruppen
- Nichtdiskriminierung von Menschen mit Behinderung
- Tatsächliche Gleichstellung von Mann und Frau
- Wahrung der immerwährenden Neutralität

Ü 1.7 Verfassungsrecht B

Kreuze bei den Aussagen an, ob sie richtig oder falsch sind. Stelle falsche Aussagen richtig.

Aussage	Richtig	Falsch	Richtigstellung
In der Verfassung sind u. a. die Staatsform und die Staatsfunktionen festgelegt.			
Die Staatszielbestimmungen gibt es in Österreich bereits seit 100 Jahren.			
Mit einer Verfassung wird der Aufbau im Staat grundsätzlich geregelt.			
Der Umweltschutz gehört zu den positiven Zielen der Bundesverfassung, denn er ist eine Staatszielbestimmung.			

3 Die Grundprinzipien der Verfassung

Wie schon im Abschnitt „Recht und Staat" beschrieben, gibt es innerhalb der Rechtsordnung eine Hierarchie – den **Stufenbau der Rechtsordnung.** Das bedeutet, dass es „höherrangige" und „niedrigerrangige" Normen gibt.

Die Verfassung als Magazin
Zum 100 Jahrestag der österreichischen Verfassung im Jahr 2020 erschien der vollständige Text mit ergänzenden Infografiken in Form eines Magazins.
www.verfassung-magazin.at

state objectives, state goals
Staatszielbestimmungen

hierarchy of the legal system
Stufenbau der Rechtsordnung

In diesem Über- und Unterordnungssystem der Rechtsordnung hat das Verfassungsrecht den **obersten, wichtigsten Rang**. Die Verfassung ist die **Grundlage der Rechtsordnung**. Alle anderen Normen finden in der Verfassung ihre Grundlage.

Innerhalb des Verfassungsrechts wiederum nehmen die **Grundprinzipien der Verfassung** den höchsten Rang ein. Sie stellen – bildlich gesehen – das „Fundament" der Verfassung dar und sind die leitenden Grundsätze, die grundlegenden Prinzipien unseres Zusammenlebens.

 Grundprinzipien der Verfassung: Die leitenden Grundsätze unseres Zusammenlebens werden meist in sechs Grundprinzipien zusammengefasst.

Grundprinzipien
demokratisches Prinzip
gewaltenteilendes Prinzip
liberales Prinzip
rechtsstaatliches Prinzip
bundesstaatliches Prinzip
republikanisches Prinzip

Über die **Anzahl der Grundprinzipien** herrscht keine Einigkeit. Bei den folgenden sind sich alle Expertinnen und Experten einig:

- demokratisches Prinzip
- republikanisches Prinzip
- bundesstaatliches Prinzip
- rechtsstaatliches Prinzip

Es gibt Fachleute in der Lehre, die auch noch das Bestehen eines **„antinationalsozialistischen Grundprinzips"** annehmen und anhand der Gesetzeslage begründen.

Dieses Buch betrachtet auch das **liberale** und das **gewaltenteilende** Prinzip als Grundprinzipien, denn das System der österreichischen Verfassung weist deutliche Ausprägungen eines demokratischen, liberalen Rechtsstaates auf.

Die Grundprinzipien sind noch schwerer abzuändern als das andere Verfassungsrecht, nämlich nur mit einer Volksabstimmung, bei der die Ja-Stimmen überwiegen.

Politisch aktiv
Alle Bürger/innen sollen sich frei an der politischen Meinungsbildung beteiligen können und die Möglichkeit haben, selbst aktiv zu werden.

Demokratisches Prinzip

Die Rechtsunterworfenen sollen selbst Recht erzeugen, indem sie ihre gesetzgebenden Organe wählen. **Wortlaut des demokratischen Prinzips:**

> „Österreich ist eine demokratische Republik. Ihr Recht geht vom Volk aus."

Quelle: Art. 1, Bundesverfassungsgesetz (B-VG)

Das Wort „**Demokratie**" (griechisch) bedeutet wörtlich übersetzt „**Volksherr-schaft**". Das dem Recht unterworfene Volk soll selbst das Recht erzeugen.

In der Demokratie haben die **Staatsbürger/innen** daher das Recht, an der **staatlichen Willensbildung und Machtausübung teilzunehmen**. Einerseits können sie das durch die Teilnahme an Wahlen, andererseits z. B. durch Volksabstimmungen.

Beispiele für Demokratien: alle EU-Staaten, die USA, Australien, Neusee-land, Mexiko.

Das Gegenstück zur Demokratie ist die **Diktatur**. In dieser ist das Volk nicht an der staatlichen Willensbildung beteiligt.

In einer Diktatur gibt es entweder **keine Wahlen oder „Pseudo-Wahlen"**, d. h., es gibt keine echte Wahlfreiheit, z. B. weil nur eine Partei zur Wahl steht. Charakteristisch für Diktaturen ist auch, dass Grund- und Menschen-rechte systematisch unterdrückt und verletzt werden (z. B. Meinungsfreiheit, Pressefreiheit, Religionsfreiheit). Oftmals werden eine oder mehrere ethni-sche Gruppen verfolgt und/oder vernichtet.

Beispiele:

- **Diktaturen heutzutage:** Nordkorea, Weißrussland, Kasachstan, Usbekistan.
- **Diktaturen in der Geschichte:** Österreich und Deutschland während des Dritten Reichs, der Irak unter Saddam Hussein.

Nach der **Art, wie demokratische Entscheidungen getroffen werden**, unter-scheidet man die direkte und die indirekte Demokratie.

direkte Demokratie	indirekte Demokratie
Das Volk trifft **unmittelbar die Entschei-dung** in einer Frage, z. B. Volksabstimmung über den EU-Beitritt Österreichs.	Das **Volk wählt seine Vertreter/innen** (z. B. Nationalratsabgeordnete) und diese entscheiden dann in weiteren Angelegen-heiten der Gesetzgebung.

Die österreichische Verfassung betont stärker die indirekte Demokratie. Die direkte Demokratie ist in Österreich relativ schwach verwirklicht. Die drei wichtigsten Mittel direkter Demokratie in Österreich sind das Volks-begehren, die Volksabstimmung und die Volksbefragung.

Republikanisches Prinzip

„Republik" ist die gewählte Staatsform Österreichs. Die Regierenden werden **für eine bestimmte Zeit vom Volk gewählt** und sind diesem gegenüber **verantwortlich**. Die Republik ist das Gegenstück zur Staatsform der „Monar-chie". Die Unterschiede zwischen Republik und Monarchie beziehen sich auf die **Stellung des Staatsoberhauptes.**

Entscheidung des Volkes
Im Rahmen einer Volksbefra-gung stimmten 2013 59,7 % der Österreicher/innen für die Beibehaltung der Wehrpflicht und des Zivildienstes und 40,3 % für ein Berufsheer.

Stellung des Staatsoberhaupts		
	Republik	**Monarchie**
Art der Bestellung	Das Staatsoberhaupt wird in der gemäß der Verfassung vorgeschrie-benen Art und Weise **vom Volk gewählt** (z. B. Österreich, USA).	Die Bestellung erfolgt entweder – durch eine **Erbfolgeordnung** innerhalb einer Familiendynastie (z. B. Großbritannien) – oder durch Wahl (z. B. Vatikanstaat).
Dauer der Bestellung	**zeitlich** (bis zur nächsten Wahl) **befristet**	Bestellung auf **Lebenszeit**

Bundesstaatliches Prinzip

Der Bundesstaat ist das Gegenstück zum Einheitsstaat (auch Zentralstaat genannt). **Wortlaut des bundesstaatlichen Prinzips:**

> (1) Österreich ist ein Bundesstaat.
>
> (2) Der Bundesstaat wird gebildet aus den selbständigen Ländern: Burgenland, Kärnten, Niederösterreich, Oberösterreich, Salzburg, Steiermark, Tirol, Vorarlberg, Wien.

Quelle: Art. 2, Bundesverfassungsgesetz (B-VG)

federal state
Bundesstaat

centralised state
Einheitsstaat

Unterschiede zwischen Einheitsstaat und Bundesstaat

Ein Staat kann zentralistisch oder föderalistisch organisiert sein. In diesem Sinne ist er entweder ein Einheitsstaat oder ein Bundesstaat.

föderalistisch
bundesstaatlich

Einheitsstaat (Zentralstaat)	Bundesstaat
Es gibt **nur eine staatliche Ebene,** die alles zentral regelt und verwaltet. z.B.: Frankreich	Es gibt **mehrere Ebenen** (in Österreich die Bundesländer und den Bund), auf die die Staatsfunktionen verteilt werden. z.B.: Österreich, USA

Die Aufgaben des österreichischen Staates in Gesetzgebung und Vollziehung sind **zwischen dem Bund und den Ländern aufgeteilt**. Die meisten wichtigen Aufgaben fallen in das Zuständigkeitsgebiet des Bundes.

Rechtsstaatliches Prinzip

Der/Die Einzelne soll sich von der gültigen Rechtsordnung **Kenntnis verschaffen** und sein/ihr Recht auch **durchsetzen** können.

Dass die Einhaltung dieser Rechtsordnung auch wirksam durchgesetzt werden kann, nennt man **„Rechtsstaat im formellen Sinn"**. Die Rechtsordnung soll Wertvorstellungen entsprechen, wie sie in den Grund- und Menschenrechten vorkommen. Wertvorstellungen sind z.B. Gerechtigkeit und Menschlichkeit. Dies wird **„Rechtsstaat im materiellen Sinn"** genannt. Das Gegenstück zu einem Rechtsstaat ist ein Polizeistaat.

principle of the rule of law, principle by the justice, constitutional principle
rechtsstaatliches Prinzip

	Rechtsstaat	Polizeistaat
Rechtsordnung	Es gibt eine **allgemein verlautbarte** Rechtsordnung.	Es gibt entweder **gar keine allgemein verlautbarte** Rechtsordnung oder sie kann nicht durchgesetzt werden.
Durchsetzbarkeit	Die Einhaltung der Rechtsordnung **kann wirksam durchgesetzt** werden, z.B. durch Gerichte.	Die Rechtsordnung kann **nicht wirksam durchgesetzt** werden, z.B. weil Gesetze willkürlich angewendet werden.
Kontrolle	Die Rechtmäßigkeit von Tätigkeiten der Behörden unterliegt einer **Kontrolle.**	Es gibt **keine Kontrollinstanz**, die den Menschen schützt.

Das rechtsstaatliche Prinzip ist vor allem über das Legalitätsprinzip, die unabhängige Gerichtsbarkeit, die Rechtsschutz- und Kontrolleinrichtungen und über die Grundrechte näher ausgeführt. **Wortlaut des Legalitätsprinzips:**

principle of legality
Legalitätsprinzip

> „Die gesamte staatliche Verwaltung darf nur auf Grund der Gesetze ausgeübt werden."

Quelle: Art. 18, Bundesverfassungsgesetz (B-VG)

Das Legalitätsprinzip ist ein **zentraler Grundsatz** in einem Rechtsstaat. Es bindet die Verwaltung und die Gerichte in ihrem Handeln an die Gesetze. Beide dürfen nur

- dann handeln, wenn sie ein Gesetz dazu ermächtigt, und
- so weit handeln, wie das Gesetz es ihnen vorgibt.

Aus dem Legalitätsprinzip wird auch abgeleitet, dass der Gesetzgeber Gesetze **präzise formulieren** soll, damit

- für den/die Einzelne/n aufgrund der Gesetze schon vorhersehbar ist, wie das staatliche Handeln aussehen wird,
- die zuständigen Rechtsschutz- und Kontrollinstanzen (z. B. der VwGH) die Übereinstimmung des Handelns mit dem Gesetz überprüfen können.

Damit das rechtsstaatliche Prinzip in einem Staat gewährleistet ist, braucht es **Einrichtungen zur Kontrolle der Rechtmäßigkeit staatlichen Handelns**.

Verwaltungsgericht Linz
In jedem Bundesland Österreichs wurde ein Landesverwaltungsgericht errichtet.

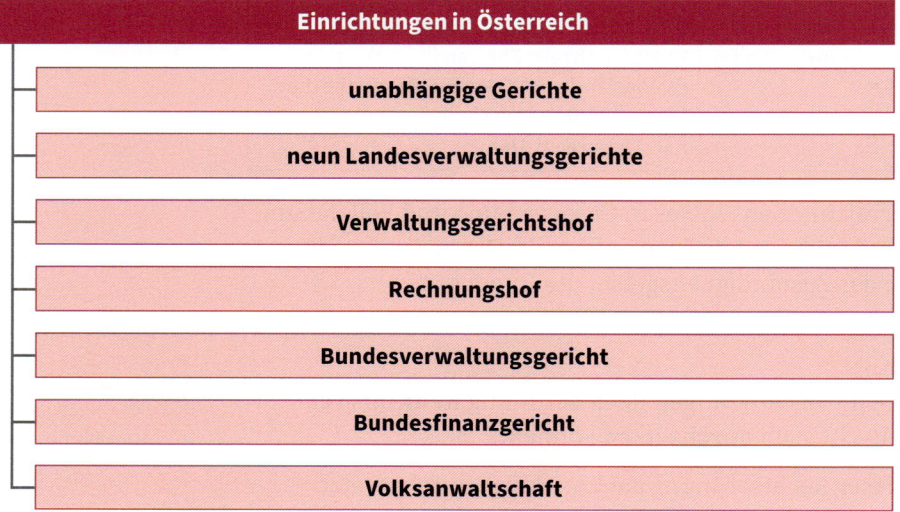

Einrichtungen in Österreich
unabhängige Gerichte
neun Landesverwaltungsgerichte
Verwaltungsgerichtshof
Rechnungshof
Bundesverwaltungsgericht
Bundesfinanzgericht
Volksanwaltschaft

An das **Landesverwaltungsgericht** kann sich jede Person wenden, die sich durch einen Rechtsakt einer erstinstanzlichen Verwaltungsbehörde (z. B. Bescheid einer Behörde) beschwert fühlt.

Einen weiteren wesentlichen Grundpfeiler zur Verankerung des rechtsstaatlichen Prinzips stellen die **Grund- und Freiheitsrechte** dar. Das sind verfassungsgesetzlich gewährleistete Rechte, die dem einzelnen Menschen einen **Handlungsfreiraum** gegenüber dem Staat garantieren. Diese Grundrechte stellen dadurch auch eine Schranke für das Handeln des Staates dar.

fundamental rights and freedoms, fundamental and civil rights
Grund- und Freiheitsrechte

Liberales Prinzip

Das liberale Prinzip gewährt den Menschen im Staat Freiheiten, indem es ihnen eine gewisse **„staatsfreie Sphäre"** garantiert. Es zeigt seine Auswirkungen vor allem in den **Grund- und Freiheitsrechten** deutlich, z. B.

- das Recht auf Leben,
- der Gleichheitsgrundsatz,
- das Recht auf freie Meinungsäußerung,
- das Recht auf Religionsfreiheit.

Gewaltentrennendes Prinzip

Die Erfahrung zeigt, dass dort, wo Macht ist, die Gefahr des Machtmissbrauchs nicht weit entfernt ist. Diese Gefahr des Machtmissbrauchs wird

Montesquieu (1689–1755)
Als „Vater der Gewaltentrennungslehre" gilt der französische Philosoph und Staatstheoretiker Montesquieu. Angesichts des Absolutismus in Frankreich im 18. Jahrhundert wollte er den Missbrauch staatlicher Macht verhindern.

umso größer, je mehr Macht an einer Stelle angehäuft ist. Deshalb muss die **Macht im Staat** auf **mehrere Organe** aufgeteilt werden.

Das ist der Gedanke der Gewaltentrennungslehre. Die Gewalten im Staat sollen von **verschiedenen Personen** ausgeübt werden.

Folgende Gewalten werden unterschieden:

- Die **gesetzgebende Gewalt** (= Legislative) beschließt die Gesetze.
- Die **Gerichtsbarkeit** (= Judikative) spricht Recht, d.h., sie urteilt über Rechtsverletzungen.
- Die **Verwaltung** vollzieht die Gesetze.

Diese drei Staatsgewalten sollen sich dann **gegenseitig kontrollieren**.

the three governmental/constitutional/state powers
die drei Staatsgewalten

 Die drei Staatsgewalten: die Gesetzgebung (Legislative), die Gerichtsbarkeit (Judikative) und die Verwaltung (Exekutive).

Gesetzgebung	Gerichtsbarkeit	Verwaltung

• Nationalrat • Bundesrat • Landtage	• z.B. Bezirksgericht • Landesgericht	• z.B. Bundesregierung • Landesregierung

 ## ÜBEN

In dieser Lerneinheit hast du Informationen zu den Grundlagen des Verfassungsrechts erhalten. Bearbeite nun die folgenden Aufgaben.

Ü 1.8 Verfassung `B`

Erkläre den Begriff „Verfassung".

Ü 1.9 Grundprinzipien der Verfassung `A`

a) Bei welchen Grundprinzipien sind sich alle Experten und Expertinnen einig?

b) Welche Grundprinzipien werden oft noch genannt und warum?

c) Welchen Rang nehmen die Grundprinzipien in der Rechtsordnung ein?

Ü 1.10 Demokratie – Diktatur `B`

Charakterisiere Demokratie und Diktatur und nenne je zwei Beispiele für Länder mit diesen Regierungsformen.

Ü 1.11 Republik – Monarchie `B`

Vergleiche Republik und Monarchie und gib zwei Beispiele für Länder mit diesen Staatsformen an.

Ü 1.12 Direkte Demokratie – indirekte Demokratie `B`

Erkläre die Unterschiede zwischen direkter und indirekter Demokratie.

Ü 1.13 Rechtsstaat – Polizeistaat `B`

Vergleiche Rechtsstaat und Polizeistaat, und stelle dabei alle Kriterien heraus, die unterschiedlich sind.

KÖNNEN

Bei den folgenden Aufgaben kannst du dein Wissen weiter anwenden.

K 1.6 Staatszielbestimmungen `D`

Welche sind deiner Meinung nach die wichtigsten bzw. weniger wichtigen Staatszielbestimmungen? Begründe deine Meinung.

Ich beurteile als die beiden wichtigsten Staatszielbestimmungen:

1. _____ ,

   weil _____

   _____ .

2. _____ ,

   weil _____

   _____ .

Weniger wichtig beurteile ich die folgenden Staatszielbestimmungen:

1. _____ ,

   weil _____

   _____ .

2. _____ ,

   weil _____

   _____ .

LINK
K 1.7 Grundprinzipien der Verfassung
interaktive Übung

K 1.7 Grundprinzipien der Verfassung `C`

Ergänze die Tabelle, indem du das richtige Grundprinzip der Verfassung benennst. (Mehrfachnennungen sind möglich.)

Sachverhalt	Grundprinzipien der Verfassung
In Österreich ist die Justiz von der Verwaltung in allen Instanzen getrennt.	
Der Bundespräsident wird in Österreich vom Volk direkt gewählt.	

Sachverhalt	Grundprinzipien der Verfassung
Der Bundesstaat Österreich besteht aus 9 Bundesländern.	
Jedes Verwaltungsorgan in Österreich muss sich an die Gesetze halten.	

KOMPETENZCHECK

Meine Kompetenzen	Kann ich?	Aufgaben
Ich kann den Begriff „Verfassung" erklären.		Ü 1.8
Ich kann die Staatszielbestimmungen unterscheiden.		K 1.6
Ich kann die Stellung der Grundprinzipien in der Rechtsordnung einordnen.		Ü 1.9
Ich kann die Verfassungsprinzipien erläutern.		Ü 1.9, K 1.7
Ich kann Demokratie und Diktatur unterscheiden.		Ü 1.10
Ich kann die Merkmale von Rechtsstaat und Polizeistaat unterscheiden.		Ü 1.13

Platz für Notizen

2 Bürgerliches Recht

Mangel bei Neuwagen
Welche Ansprüche der Käufer einer Sache, die einen Mangel hat, geltend machen kann, ist im bürgerlichen Recht geregelt.

Darum geht es in diesem Kapitel:

Die Bestimmungen des bürgerlichen Rechts regeln unser tägliches Leben: Egal ob wir im Supermarkt einkaufen, etwas reparieren lassen oder das Handy anmelden – die Rechtsgrundlagen dafür finden wir im bürgerlichen Recht.

Das lernst du in den folgenden Lerneinheiten:

1 Wie wird das **Privatrecht** eingeteilt?
2 Welche **Arten von Personen** unterscheidet das Recht?
3 Wie kommt ein **Kaufvertrag** zustande?
4 Wann muss ein **Schaden ersetzt** werden?

Aktiviere dein MEHR!-Buch online: **lernenwillmehr.at**

LERNEN

1 Einführung ins bürgerliche Recht

Alle Regelungen, die das Zusammenleben privater Personen untereinander gestalten, nennt man „bürgerliches Recht" oder auch „Privatrecht".

Ü 2.1 Marco (14) hat ein Tablet von seinen Ersparnissen gekauft. Nach ein paar Wochen muss er feststellen, dass es nicht einwandfrei funktioniert. Er ärgert sich und fragt sich, welche Rechte ihm nun zustehen. Welche Möglichkeiten hat er? Was würdest du ihm raten?

Kauf eines Tablets
Kann sich ein 14-Jähriger rechtsgültig ein Tablet kaufen? Was passiert, wenn es nicht einwandfrei funktioniert? Diese und viele andere Fragen des täglichen Lebens sind im Privatrecht geregelt.

1 Verschiedene Bedeutungen von Recht

Der **Begriff „Recht"** hat folgende Bedeutungen:

private law
Privatrecht

Privatrecht	Öffentliches Recht
regelt die Rechtsverhältnisse der Einzelpersonen eines Staates untereinander	regelt die rechtliche Beziehung des Staates zu einzelnen Personen und umfasst die Ausübung hoheitlicher Gewalt

Wir unterscheiden zwischen **objektivem** und **subjektivem Recht**:

Objektives Recht	Subjektives Recht
generelle Rechtsvorschriften, die in einer Rechtordnung für gelten	Rechtsansprüche, die sich aus dem Gesetz für die einzelne Person ableiten
Das Privatrecht ist eine Fülle von Rechtsvorschriften, die für alle Menschen gleichermaßen gelten, z.B. das Konsumentenschutzgesetz. Es ist daher objektives Recht.	Wenn eine gekaufte Ware nach einigen Wochen nicht mehr einwandfrei funktioniert, hat der bzw. die Käufer/in als einzelne Person das Recht auf Gewährleistung. Dieser Rechtsanspruch ist subjektives Recht.

2 Rechtsquellen und Einteilung des Privatrechts

Ein großer Teil der Regelungen des Privatrechts ist im **Allgemeinen Bürgerlichen Gesetzbuch (ABGB)** zu finden. Das ABGB ist am 1. Jänner 1812 in Gesetzeskraft getreten und wurde wiederholt novelliert.

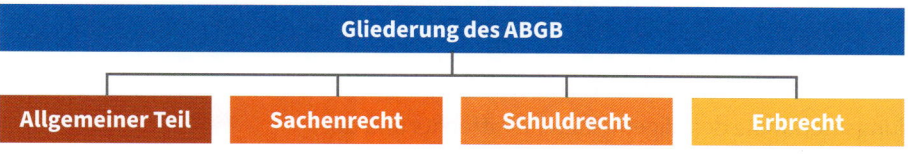

Gliederung des ABGB			
Allgemeiner Teil	Sachenrecht	Schuldrecht	Erbrecht

Austrian Civil Code
ABGB (Allgemeines bürgerliches Gesetzbuch)

novelliert
geändert, ergänzt

Dieses Schulbuch geht nicht nach der Gliederung des ABGB vor, sondern nimmt aus Gründen der Übersichtlichkeit eine **genauere Einteilung des Privatrechts** vor: Es werden hier das Personenrecht, Familienrecht, Erbrecht, Sachenrecht, Schuldrecht, Schadenersatzrecht, die Produkthaftung, der Konsumentenschutz und das Mietrecht behandelt.

Neben dem ABGB gibt es noch eine Reihe wichtiger **Sondergesetze**, z. B.:

- das Ehegesetz (gilt nur für Verheiratete)
- das Konsumentenschutzgesetz (gilt nur für Verbraucher/innen)
- das Mietrechtsgesetz (gilt nur für Mieter/innen bzw. Vermieter/innen)
- das Wohnungseigentumsgesetz (gilt nur für Wohnungseigentümer/innen)

1696 Seiten Gesetze
Das Allgemeine Bürgerliche Recht wird auch als Allgemeines Privatrecht bezeichnet.

Einteilung des Privatrechts: Viele Regelungen für Privatpersonen, die jede/n betreffen, sind im ABGB zu finden. Regelungen, die nur bestimmte Personengruppen betreffen (z. B. Mieter/innen), finden sich in Sondergesetzen (z. B. Mietrechtsgesetz).

Privatrecht	
Allgemeines Privatrecht	**Sonderprivatrecht**
Regelungen, die für jede/n zutreffen **Beispiele:** Personenrecht, Sachenrecht, Schuldrecht, Erbrecht	Regelungen, die nur für bestimmte Gruppen von Personen bedeutsam sind oder ein bestimmtes Sachgebiet betreffen **Beispiele:** Mietrechtsgesetz, Ehegesetz, Konsumentenschutzgesetz, Wohnungseigentumsgesetz

Ü 2.2 Privatrecht und öffentliches Recht B

Welche Aussage ist richtig, welche falsch? Kreuze an.

LINK
Ü 2.2 Privatrecht und öffentliches Recht
interaktive Übung

Aussage	Richtig	Falsch
Das Privatrecht regelt die Rechte und Pflichten zwischen Privatpersonen untereinander, das öffentliche Recht jene zwischen Personen, die in der Öffentlichkeit stehen, und privaten Personen.		X
Das öffentliche Recht regelt das Verhältnis zwischen dem Staat und den einzelnen Bürgerinnen und Bürgern.	X	
Das Privatrecht bestimmt die Rechte und Pflichten zwischen gleichrangigen Beteiligten, während im öffentlichen Recht eine Über- und Unterordnung der Rechtssubjekte herrscht.		X

ÜBEN

In dieser Lerneinheit hast du den Regelungsbereich des Privatrechts kennengelernt. Bearbeite nun die folgenden Aufgaben.

Ü 2.3 Bedeutung des Privatrechts `B`

Erkläre einer Freundin oder einem Freund, was unter dem Begriff „Privatrecht" zu verstehen ist und warum das Privatrecht für sie bzw. ihn wichtig ist.

Ü 2.4 Unterscheidung Privatrecht und Sonderprivatrechte `A`

Beschreibe Unterscheidungsmerkmale des allgemeinen Privatrechts und der Sonderprivatrechte.

Ü 2.5 Rechtsquellen des Privatrechts `B`

Nenne mindestens vier Rechtsquellen des Privatrechts.

KÖNNEN

Bei der folgenden Aufgabe kannst du dein Wissen weiter anwenden.

K 2.1 Öffentliches Recht – Privatrecht `C`

Entscheide, ob sich die Personen in den genannten Fällen jeweils im öffentlichen Recht oder im privaten Recht bewegen. Sollte es sich um Privatrecht handeln, ordne das Teilgebiet richtig zu.

LINK
K 2.1 Öffentliches Recht – Privatrecht
interaktive Übung

Fall	Öffentliches Recht	Privatrecht	Wenn Privatrecht: Welches Teilgebiet?
Lydia und Florian heiraten.		X	*Eherecht / gesch.*
Jasmin kauft eine Eigentumswohnung.		X	*Wohnungseigentumsgesetz*
Ingo erhält eine Anzeige, weil er im Ortsgebiet zu schnell gefahren ist.	X		*STVO*
Katharina erhält vom zuständigen Finanzamt einen Steuerbescheid.	X		*Steuerrecht*
Dejan kauft einen Laptop.		X	*Vertragsrecht*
Alexander erbt einen größeren Geldbetrag von seiner Tante.		X	*Erbrecht*

KOMPETENZCHECK

Meine Kompetenzen	Kann ich?	Aufgaben
Ich kann die Bedeutung des Privatrechts erklären.		Ü 2.3
Ich kann das allgemeine Privatrecht vom Sonderprivatrecht unterscheiden.		Ü 2.4
Ich kenne verschiedene Rechtsquellen des Privatrechts.		Ü 2.5
Ich kann fallbezogen das Privatrecht vom öffentlichen Recht unterscheiden und das Teilgebiet im Privatrecht zuordnen.		K 2.1

Der erste Amtsweg
Die Geburt wird vom Staat (Standesamt) durch die Geburtsurkunde bestätigt. Man benötigt sie z. B. für die Ausstellung eines Reisepasses oder für die Eheschließung.

LERNEN

2 Personenrecht

Sobald ein Kind das Licht der Welt erblickt, ist es mit Rechten und Pflichten ausgestattet. Manche Rechte stehen sogar schon dem Ungeborenen zu. Um jedoch eigenständig rechtlich handeln zu können, muss ein bestimmtes Alter erreicht sein und auch die notwendigen geistigen Fähigkeiten müssen vorhanden sein.

Ü 2.6 Du führst täglich rechtsrelevante Handlungen aus. Benenne einige und diskutiere mit deiner Sitznachbarin bzw. deinem Sitznachbarn darüber.

1 Die Rechtsfähigkeit

Die Rechtsordnung spricht **allen Menschen** (natürlichen Personen), aber auch **bestimmten Verbänden** (juristischen Personen) **Rechtsfähigkeit** zu, d. h. die Fähigkeit, Träger von Rechten und Pflichten zu sein. Natürliche und juristische Personen unterscheiden sich in wesentlichen Punkten voneinander.

legal capacity
Rechtsfähigkeit

natural, individual person
natürliche Person

legal person
juristische Person

	Natürliche Personen	Juristische Personen
Definition	alle Menschen	künstliche Gebilde, denen der Gesetzgeber Rechtssubjektivität zugesteht, z. B. GmbH, Bund, Länder
Beginn	mit der Geburt; es gibt auch Rechte von Ungeborenen, z. B. Recht auf Schadenersatz, Erbrecht.	mit der Gründung
Ende	durch den Tod	durch die Auflösung

Es wird zwischen Rechtssubjekten und Rechtsobjekten unterschieden.

- **Rechtssubjekte** sind natürliche und juristische Personen. Sie haben Rechte und Pflichten und treten durch Rechtsgeschäfte miteinander in Verbindung.

- **Rechtsobjekte** sind Sachen, die dem Menschen zum Gebrauch dienen. Sie haben keine Rechte und Pflichten.

Ein Grenzfall zwischen einem Rechtssubjekt und einem Rechtsobjekt ist z. B. ein menschlicher Leichnam.

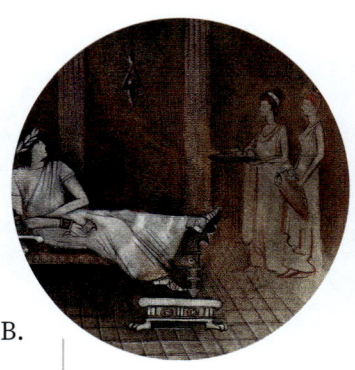

Sklaven als Ware
Im Altertum wurden Sklaven (ebenso Frauen und Kinder) als Rechtsobjekte betrachtet, da sie im Eigentum ihres Herrn standen.

Der Tod einer natürlichen Person

Die Rechtsfähigkeit einer natürlichen Person endet durch den Tod. Dieser kann je nach Situation auf unterschiedliche Arten bewiesen werden.

Beweis des Todes durch ...	Voraussetzungen
Ausstellung des Totenscheins	Ein mit der Totenschau beauftragter Arzt bzw. eine Ärztin stellt anhand des Leichnams den Tod der Person fest. Das ausschlaggebende Kriterium ist der Hirntod.
Gerichtsbeschluss	Das Gericht ist vom Tod der Person überzeugt, obwohl der Leichnam fehlt. Der Tod muss durch Zeugen bestätigt werden.
gerichtliches Verfahren zur Todeserklärung	Eine über 25-jährige Person ist lange Zeit ohne Nachricht abwesend (verschollen). Es bestehen berechtigte Zweifel, dass sie noch am Leben ist.

Wenn Fremdverschulden nicht ausgeschlossen werden kann oder der Verdacht auf eine Seuche besteht, wird eine **Obduktion** (Leichenöffnung) durchgeführt.

Bei **Verschollenheit** kann vom Bezirksgericht ein Todeserklärungsverfahren eingeleitet werden. Es gibt folgende Arten der Verschollenheit:

Art der Verschollenheit	Fristen
Allgemeine Verschollenheit	mindestens 10 Jahre seit der letzten Nachricht (bei über 80-Jährigen mindestens 5 Jahre)
Allgemeine Gefahrenverschollenheit	1 Jahr ab Wegfall der Gefahr (z. B. Erdbeben)
Kriegsverschollenheit	1 Jahr ab Kriegsende
Seeverschollenheit	mindestens 6 Monate (z. B. nach Untergang eines Schiffes)
Luftverschollenheit	mindestens 3 Monate (z. B. nach Absturz eines Flugzeugs)

Am Ende des Verfahrens erfolgt ein **gerichtlicher Todeserklärungsbeschluss.** Dieser hat folgende Auswirkungen:

- Die Erbfolge tritt ein.

- Höchstpersönliche Rechte gelten als erloschen.

- Eine bestehende Ehe oder eingetragene Partnerschaft gilt als aufgelöst.

Hinterbliebene benötigen eine Sterbeurkunde z. B. für einen Antrag auf Witwer- bzw. Witwen-Pension oder für eine neue Eheschließung.

Ü 2.7 Todeserklärungsverfahren **B**

Stefan befand sich 2018 auf Urlaub in Indonesien, als ein 6 Meter hoher Tsunami die Hotelanlage, in der er wohnte, einfach wegspülte. Seither gilt er als vermisst.

a) Beschreibe die Voraussetzungen, die erfüllt sein müssen, damit ein Todeserklärungsverfahren eingeleitet werden kann.

b) Benenne das sachlich zuständige Gericht.

c) Stelle fest, welche rechtlichen Folgen ein Todeserklärungsbeschluss hat.

d) Erkläre, was passiert, wenn Stefan nach diesem Beschluss doch noch zurück-
kehrt und seine Frau aber bereits mit einem anderen Mann verheiratet ist.

Der Verein als Beispiel für eine juristische Person

Juristische Personen werden unterschieden in juristische Personen des Privatrechts und juristische Personen des öffentlichen Rechts.

Juristische Personen des Privatrechts	Juristische Personen des öffentlichen Rechts
Grundlage: privatrechtlicher Vertrag, z.B. Gesellschafts-vertrag einer GmbH	**Grundlage:** Gesetz oder Verordnung
Beispiele: GmbH, AG, Verein, Stiftung	**Beispiele:** Bund, Länder, Gemeinden, Kammern

Unter einem **Verein** versteht man einen **freiwilligen Zusammenschluss von mindestens zwei Personen,** die einen bestimmten ideellen Zweck verfolgen. Vereinsgründerinnen und -gründer können sowohl natürliche als auch juristische Personen sein. Ein Verein ist auf Dauer angelegt und wird durch die Vereinbarung von **Statuten** errichtet. Als Rechtsperson entsteht er mit dem positiven Abschluss des vereinsbehördlichen Verfahrens.

club, society, association
Verein

Statut
schriftlich festgehaltene Ordnung/Regeln

Wie gründet man einen Verein?

1 Mindestens zwei natürliche oder juristische Personen beschließen die Gründung und legen die Vereinsstatuten (z.B. Name, Zweck, Organe) fest. Die **Gründungsvereinbarung** ist eine **interne Angelegenheit.**

2 Die Errichtung des Vereins wird der **Vereinsbehörde** (Bezirkshauptmannschaft bzw. Bundespolizei-direktion) angezeigt. In den Statuten können bereits Funktionäre bestimmt werden, die diese Anzeige durchführen.

3 **Innerhalb von vier Wochen** prüft die Vereins-behörde, ob der Zweck, der Name und die Organisation des Vereins gesetzeswidrig sind.

4 Gibt die Behörde innerhalb der Frist keine Erklärung ab, so kann ihr Schweigen als Zustimmung gesehen werden. Der **Fristablauf** ist eine **äußere Angelegenheit.** Die Vereinstätigkeit kann aufgenommen werden.

5 Mit dem Ablauf der Frist entsteht der **Verein als Rechtsperson.**

6 Innerhalb eines Jahres ab der Entstehung müssen **organschaftliche Vertreter** bestellt und der Vereinsbehörde gemeldet werden. Ansonsten kann der Verein behördlich aufgelöst werden.

Organe eines Vereins		
Mitgliederversammlung	Leitungsorgan (Vorstand)	Rechnungsprüfer/in
mindestens alle vier Jahre einzu-berufen	mindestens zwei natürliche Personen (meist Obmann/Obfrau, Stellvertreter/in, Kassier/in, Schriftführer/in)	mindestens zwei Personen

Ein Verein darf **nicht auf Gewinn ausgerichtet** sein. Er kann jedoch wirt-schaftlich tätig sein. Die Einnahmen sind dem Vereinszweck gemäß zu verwenden. Der Verein haftet mit seinem Vermögen für Verbindlichkeiten.

Vereine können sich **freiwillig auflösen.** Ein Verein kann aber auch behörd-lich **durch die Vereinsbehörde aufgelöst werden,** wenn er z.B. gegen Straf-gesetze verstößt.

Ü 2.8 Elternverein B

Recherchiere, ob es an deiner Schule einen Elternverein gibt. Falls ja, erstelle einen Vereinsregisterauszug und benenne die organschaftlichen Vertreter.

2 Die Handlungsfähigkeit

capacity to act
Handlungsfähigkeit

Rechtsfähig zu sein reicht nicht aus, um rechtswirksame Handlungen zu setzen. Hier bedarf es weiterer Voraussetzungen, die der Gesetzgeber vorschreibt.

Die Handlungsfähigkeit natürlicher Personen

Die Rechte und Pflichten einer Person hängen vom **Alter** und von den **geistigen Fähigkeiten** ab. Der Gesetzgeber stellt hierbei den Fürsorgegedanken in den Vordergrund. Minderjährige stehen laut § 21 Abs. 1 des ABGB unter dem besonderen Schutz der Gesetze.

responsibility for an offence (tort)
Deliktsfähigkeit
damage
Schaden
offence, crime
Delikt

Die Handlungsfähigkeit natürlicher Personen richtet sich in erster Linie nach dem Alter der Betroffenen. Aber auch volljährige Personen können durch eine geistige oder psychische Beeinträchtigung nicht handlungsfähig sein.

> **Handlungsfähigkeit:** Das ist die Fähigkeit, durch eigenes Verhalten Rechte und Pflichten zu begründen.

Handlungsfähigkeit abhängig vom Alter und den geistigen Fähigkeiten	
Deliktsfähigkeit	**Geschäftsfähigkeit**
Fähigkeit, zu Schadenersatzleistungen herangezogen zu werden (zivilrechtliche Deliktsfähigkeit) und/oder zu einer Geld- oder Freiheitsstrafe verurteilt zu werden (strafrechtliche Deliktsfähigkeit)	Fähigkeit, selbst Verträge abzuschließen, z. B. Kaufverträge, Mietverträge

Die Deliktsfähigkeit

Grundsätzlich sind **Personen ab dem vollendeten 14. Lebensjahr** für ihr Handeln selbst verantwortlich.

- **Zivilrechtliche Deliktsfähigkeit:** Eine Person muss den Schaden, den sie verursacht hat, ersetzen. Unter gewissen Voraussetzungen sind auch unmündige Minderjährige (unter 14 Jahren) haftbar, z. B. wenn sie trotz ihres Alters eine gewisse Einsichtsfähigkeit haben und Vermögen besitzen.

- **Strafrechtliche Deliktsfähigkeit:** Ab Vollendung des 14. Lebensjahres ist man strafmündig und kann daher zu Geld- und Freiheitsstrafen verurteilt werden.

Haftung bei Schäden
Eltern müssen für das Verhalten ihrer minderjährigen Kinder einstehen. Schadenersatz müssen sie aber nur leisten, wenn sie ihre Aufsichtspflicht schuldhaft verletzt haben.

Ü 2.9 Deliktsfähigkeit B

Markus P. und Adriana L., zwei 16-Jährige, haben Zeitungsberichten zufolge Hauswände besprüht und Autoreifen aufgeschlitzt. Erörtere, welche straf- und zivilrechtlichen Folgen die beiden zu befürchten haben.

Ü 2.10 Haftung C

Felix und Lisa, beide 13 Jahre alt, spielen auf einer nur teilweise abgesperrten Baustelle. Am Zaun hängt ein Schild „Betreten der Baustelle verboten. Eltern haften für ihre Kinder."

Wenn die beiden auf dem Gelände einen Schaden anrichten, müssen die Eltern dafür haften und dem Bauunternehmer den Schaden in vollem Umfang ersetzen. Beurteile, ob diese Aussage korrekt ist.

Die Geschäftsfähigkeit

Die Geschäftsfähigkeit ist die Fähigkeit, selbständig verbindliche Willenserklärungen abzugeben, d.h. Verträge abzuschließen. Der Umfang der Geschäftsfähigkeit hängt vom Alter ab.

minor
unmündig

of full age, major
mündig

Altersstufen der Geschäftsfähigkeit: Je nach Alter sind Personen in unterschiedlichem Ausmaß geschäftsfähig.

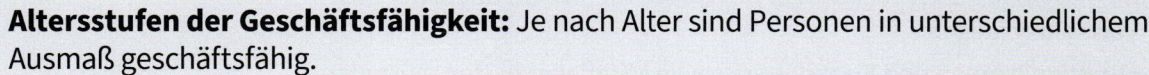

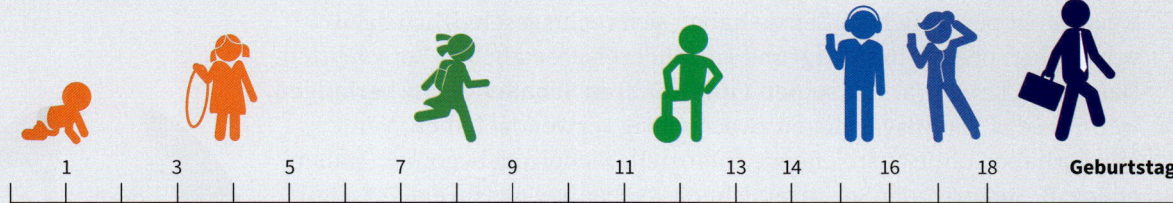

Kinder	unmündige Minderjährige	mündige Minderjährige	Volljährige
nicht geschäftsfähig	beschränkt geschäftsfähig	erweitert geschäftsfähig	voll geschäftsfähig

bis 7 Jahre	**Kinder**	**nicht geschäftsfähig** Kinder sind grundsätzlich nicht geschäftsfähig. Geringfügige Geschäfte, wie z.B. sich ein Eis zu kaufen, werden jedoch gestattet.
7–14 Jahre	**unmündige Minderjährige**	**beschränkt geschäftsfähig** Unmündige Minderjährige dürfen Geschäfte, die dieser Altersgruppe entsprechen, ohne Zustimmung der Eltern abschließen, z.B. Kauf einer Kino-Karte. Weiters dürfen unmündige Minderjährige Geschenke annehmen, allerdings nur, wenn diese nicht mit weiteren Verpflichtungen verbunden sind.
14–18 Jahre	**mündige Minderjährige**	**erweitert geschäftsfähig** Mündige Minderjährige können über das verfügen, was sie selbst verdient haben (z.B. Lehrlingsentschädigung) oder was ihnen überlassen wurde (z.B. Taschengeld, Geschenke). Ihr Lebensunterhalt darf dadurch aber nicht gefährdet sein. Für derartige Rechtsgeschäfte wird jedenfalls die Zustimmung der gesetzlichen Vertreter benötigt. Weiters dürfen mündige Minderjährige selbständig Arbeitsverträge abschließen (ausgenommen Lehr- und Ausbildungsverträge), sofern die Schulpflicht beendet und das 15. Lebensjahr vollendet wurde.
ab 18 Jahren	**Volljährige**	**voll geschäftsfähig** Volljährige dürfen alle gesetzlich erlaubten Geschäfte durchführen.

Beispiel Geschäftsfähigkeit: Tattoo und Piercing

- **Tattoos:** Unter 16-Jährige dürfen nicht tätowiert werden. Hier hilft auch die Einwilligung des gesetzlichen Vertreters nicht. Ab Vollendung des 16. Lebensjahres ist das Tätowieren mit schriftlicher Einwilligung des gesetzlichen Vertreters oder der gesetzlichen Vertreterin erlaubt.

- **Piercings:** Mündige Minderjährige benötigen für das Piercen keine Einwilligungserklärung des gesetzlichen Vertreters, wenn zu erwarten ist, dass die gepiercte Stelle innerhalb von 24 Tagen heilt (siehe § 2 Ausübungsregeln für das Piercen und Tätowieren). Befindet sich das Piercing an einer empfindlichen Stelle, wie z.B. im Nabel- oder Mundbereich, wird eine Zustimmung erforderlich sein.

Mit **vollendetem 18. Lebensjahr** sind Personen **voll handlungsfähig** (mit Ausnahmen).

Die Handlungsfähigkeit juristischer Personen

Im Gegensatz zur natürlichen Person kann die juristische Person nur **durch ihre Organe** (z. B. Vorstand eines Vereins, Geschäftsführer/in einer GmbH) handeln. Die Organe sind natürliche Personen. Die Haftung trifft jedoch die juristische Person und nicht ihre Vertretung.

- Grundsätzlich haftet der Verein für Verbindlichkeiten mit dem **Vereinsvermögen.**

- Funktionärinnen und Funktionäre sowie Mitglieder haften normalerweise nicht persönlich, außer sie haben sich rechtsgeschäftlich dazu verpflichtet oder haften aufgrund von anderen gesetzlichen Vorschriften. Der Verein kann u. a. **von seinen Funktionären Schadenersatz verlangen,** wenn sie das Vereinsvermögen zweckwidrig verwendet haben, Vereinsvorhaben ohne ausreichende finanzielle Sicherung begonnen haben oder z. B. Steuern oder Sozialversicherungsabgaben aus ihrem Verschulden nicht abgeführt wurden.

- Durch das Verbandsverantwortlichkeitsgesetz (VbVG) können auch **Vereine strafrechtlich zur Verantwortung gezogen** werden. Wenn also ein Entscheidungsträger (z. B. Vorstandsmitglied) oder ein Mitarbeiter (z. B. wegen mangelnder Kontrolle) eine gerichtlich strafbare Handlung zugunsten des Verbandes (GmbH, AG, Verein) begangen hat bzw. Verbandspflichten verletzt hat, kann der Verein zu einer Geldbuße verurteilt werden, die sich am Jahresertrag des Verbandes bemisst.

Haftung im Verein
Ein Vorstandsmitglied eines Vereins kann sich verpflichten, indem es einen Kredit für den Verein aufnimmt und eine Bürgschaftserklärung abgibt.

Ü 2.11 Geschäftsfähigkeit B

Kreuze an, ob in den folgenden Fällen die Geschäftsfähigkeit zum Abschließen des Geschäfts ausreicht oder nicht.

Aussage	Reicht aus	Reicht nicht aus	Begründung
Die 17-jährige Schülerin Anna will sich ein neues iPhone 12 kaufen.			
Manuel geht nach der Volksschule allein nach Hause. Auf dem Weg kauft er sich ein Eis.			
Lehrling Sabina ist 15 Jahre alt. Sie möchte sich tätowieren lassen.			

3 Die gesetzliche Vertretung

Minderjährige und volljährige Personen, die nicht in der Lage sind, ihre Angelegenheiten ohne Schaden für sich selbst zu erledigen, brauchen eine Vertretung. In bestimmten Fällen gibt das ABGB diese Vertretung vor (z. B. die Eltern), in anderen Fällen wird die Vertretung vom Gericht bestellt.

Gesetzliche Vertreter		
für Minderjährige	**für Volljährige**	**für Ungeborene, Abwesende und bei Interessenkollisionen**
• Eltern (wenn verheiratet) • Mutter (wenn Eltern nicht verheiratet) • Großeltern, Pflegeeltern • sonstige Personen • Jugendwohlfahrt	• Erwachsenenvertreter/in für Personen mit psychischer Krankheit oder vergleichbarer Beeinträchtigung ihrer Entscheidungsfähigkeit	Kurator/in

Vertretung für Minderjährige

Minderjährige werden in der Regel durch Personen vertreten, denen die **Obsorge** zukommt.

Grundsätzlich ist **jeder Elternteil** für sich **allein berechtigt und verpflichtet,** das Kind zu vertreten. Sind die Eltern verschiedener Meinung darüber, ob das Geschäft des Kindes genehmigt werden soll, so gilt die zuerst erteilte Zustimmung des einen Elternteils, auch wenn der andere Elternteil damit später nicht einverstanden ist. In bestimmten Angelegenheiten ist jedoch die ausdrückliche Zustimmung des anderen Elternteils erforderlich. Das betrifft z. B. Namensänderungen, den Ein- und Austritt in eine Religionsgemeinschaft oder den Erwerb einer Staatsangehörigkeit.

Hat das Kind **eigenes Vermögen** (z. B. aus Erbschaften oder Schenkungen), sind die Eltern zur sorgfältigen Verwahrung verpflichtet, damit es bis zu dessen Volljährigkeit wertmäßig erhalten bleibt und – wenn möglich – vermehrt wird. Geld von Kindern ist **mündelsicher** anzulegen, dafür sind u. a. Sparbücher, Staatsanleihen oder Pfand- und Kommunalbriefe geeignet.

In Vermögensangelegenheiten, die nicht zum ordentlichen Wirtschaftsbetrieb gehören (z. B. wenn ein Haus, das die/der Minderjährige geerbt hat, verkauft werden soll), muss außerdem das **Pflegschaftsgericht** zustimmen.

Im Zuge von Scheidungsverfahren kann bei Obsorgerechts- und Kontaktrechtsstreitigkeiten für Kinder bis 14 Jahre von Amts wegen ein **Kinderbeistand** bestellt werden. Dieser soll den Willen und die Wünsche der Kinder in solchen Verfahren vertreten und das Kind auch zu Gerichtsterminen begleiten.

Obsorge
Pflege und Erziehung; Vermögensverwaltung und Vertretung

mündelsicher
Art der Geldanlage, bei der ein Wertverlust praktisch ausgeschlossen ist

Sprachrohr des Kindes
Der Kinderbeistand unterstützt das Kind im Fall einer Scheidung der Eltern und klärt es über den Verfahrensstand sowie seine rechtliche Stellung auf.

Ü 2.12 Vertretung Minderjähriger B

Daniela besucht den 3. Jahrgang einer HLW. Für ihr Praktikum in einem Gastgewerbebetrieb möchte sie sich eine Vespa kaufen. Ihre Eltern sind jedoch der Meinung, dass Motorroller zu gefährlich seien. Erläutere, ob Daniela diesen Kauf alleine tätigen kann. Begründe deine Entscheidung.

Vertretung für Volljährige

Volljährige brauchen dann eine Vertretung, wenn sie durch eine psychische Krankheit oder eine vergleichbare Beeinträchtigung **in ihrer Entscheidungsfähigkeit eingeschränkt** sind und deshalb ihre Geschäfte nicht mehr selbst erledigen können.

Die betroffenen Personen sollen so lange wie möglich selbstbestimmt handeln können. Unterstützung bekommen sie dabei z. B. von der Familie oder von Pflegeeinrichtungen. Hat die betroffene Person selbst eine Stellvertretung vorgesehen oder ist diese zur Wahrung ihrer Interessen unbedingt notwendig, dann ist eine **Vertretung durch Stellvertreter/innen** zulässig.

Möglichkeiten der Erwachsenenvertretung			
Vorsorgevollmacht	gewählte Erwachsenenvertretung	gesetzliche Erwachsenenvertretung	gerichtliche Erwachsenenvertretung

Vorsorgevollmacht

Für den Fall, dass die vollmachtgebende Person die Entscheidungsfähigkeit verliert, bestimmt sie **schon im Vorhinein eine Vertrauensperson,** die sie dann in bestimmten oder allen Arten von Angelegenheiten vertritt.

Die vollmachtgebende Person muss persönlich vor einem Notar oder einem Rechtsanwalt nach Belehrung diese Vollmacht unterschreiben. Neben der Schriftform ist auch die Eintragung im Österreichischen Zentralen Vertretungsverzeichnis (ÖZVV) erforderlich. Die Vorsorgevollmacht gilt unbefristet.

Gewählte Erwachsenenvertretung

Kann die betroffene Person aufgrund ihrer geminderten Entscheidungsfähigkeit keine Vorsorgevollmacht mehr errichten, so kann sie trotzdem eine Vertreterin oder einen Vertreter frei wählen, wenn sie die **Tragweite dieser Bevollmächtigung zumindest in Grundzügen versteht.**

Der Bevollmächtigungsvertrag muss vor einem Notar, Rechtsanwalt oder Erwachsenenschutzverein schriftlich errichtet werden und wird in das ÖZVV eingetragen. Diese Art der Vollmacht bezieht sich ebenfalls auf einzelne oder alle Arten von Angelegenheiten und unterliegt einer gerichtlichen Kontrolle.

Vertretung bei Demenz
Eine demenzkranke Person kann von einem Angehörigen, Freund oder Nachbarn vertreten werden, wenn sie nicht mehr fähig ist, bestimmte Angelegenheiten ohne Gefahr einer Benachteiligung eigenständig zu erledigen.

Gesetzliche Erwachsenenvertretung

Wenn die betroffene Person ihre Angelegenheiten nicht mehr selbst erledigen kann und kein Vorsorgebevollmächtigter und kein Gewählter Erwachsenenvertreter existieren, kommt die Gesetzliche Erwachsenenvertretung zum Tragen. Darunter versteht man die **Vertretungsbefugnis nächster Angehöriger** (Ehegatten, eingetragene Partner, Lebensgefährten, Geschwister, volljährige Kinder und Enkel, Eltern, Neffen und Nichten). Die Vertretungsbefugnis gilt erst, wenn sie in das ÖZVV eingetragen wird, ist auf 3 Jahre beschränkt und unterliegt einer gerichtlichen Kontrolle.

Bereiche der Vertretung sind z. B. die Organisation einer Heimhilfe oder mobilen Krankenpflege, die Beantragung des Pflegegelds, die Zustimmung bei medizinischen Behandlungen usw.

Gerichtliche Erwachsenenvertretung

Diese Vertretungsart soll nur dann bestimmt werden, wenn die Entscheidungsfähigkeit der betroffenen Person eingeschränkt ist und andere Vertretungsarten nicht möglich sind. Die **Bestellung erfolgt durch das Gericht** und ist auf einzelne Arten von Angelegenheiten, die gegenwärtig zu besorgen sind, beschränkt. Die gerichtliche Erwachsenenvertretung ist zu beenden, sobald diese Angelegenheiten erledigt sind. Die Vertretung erlischt automatisch nach 3 Jahren.

Ü 2.13 Vertretung für Volljährige B

Silvia soll die Vertretung für ihre an Demenz leidende Mutter übernehmen.
a) Beschreibe die verschiedenen Möglichkeiten der Erwachsenenvertretung.
b) Erläutere, welche Formen für Silvias Mutter infrage kommen.

Die Unterbringung psychisch Kranker in Krankenanstalten

In einer psychiatrischen Anstalt oder Abteilung dürfen Personen nur **unter folgenden Voraussetzungen** gegen ihren Willen untergebracht werden:

- Die betroffene Person ist psychisch krank.

- Es besteht akute Selbst- oder Fremdgefährdung.

- Außerhalb der psychiatrischen Anstalt oder Abteilung gibt es keine adäquaten Betreuungs- und Behandlungsmöglichkeiten.

Vertretung durch einen Kurator bzw. eine Kuratorin

Kuratoren sind **vom Gericht bestellte Personen,** die die Interessen von Personen wahren, wenn diese sie nicht selbst wahrnehmen können.

- **Vertretung für Ungeborene:** z. B. Wahrung des Erbrechts
- **Vertretung für Abwesende:** z. B. um für vermisste Personen aus deren Vermögen die rückständige Miete zu bezahlen
- **Vertretung in Kollisionsfällen:** z. B. wenn eine Minderjährige vom Onkel ein Haus geerbt hat und die Mutter der Minderjährigen dieses Haus kaufen möchte: Die Mutter ist einerseits gesetzliche Vertreterin ihrer minderjährigen Tochter, andererseits als Käuferin ihre Vertragspartnerin. Es würde zu einem Interessenkonflikt kommen. In diesem Fall übernimmt ein Kurator oder eine Kuratorin die Vertretung der Minderjährigen.

Vertretung von juristischen Personen

Bei juristischen Personen, wie z. B. einem Verein, legen die **Statuten** fest, wer nach außen zur Vertretung befugt ist.

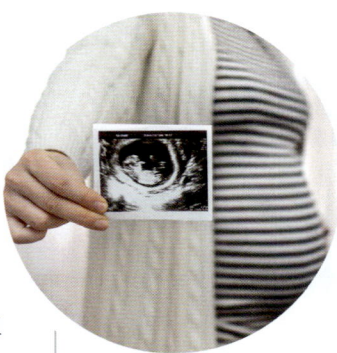

Der Beginn des Menschseins
Schon vor der Geburt ist ein Kind Träger gewisser Grundrechte, z. B. des Rechts auf Leben. Das Ungeborene kann sogar Erbe sein, wenn es zum Zeitpunkt des Erbfalls bereits gezeugt war.

ÜBEN

In dieser Lerneinheit hast du Grundlegendes zur Rechts- und Handlungsfähigkeit von Personen erfahren. Bearbeite nun die folgenden Aufgaben.

Ü 2.14 Rechtspersonen A

Beschreibe, welche Fähigkeiten die Rechtsperson kennzeichnen und wodurch sich diese unterscheiden.

Ü 2.15 Feststellung des Todes B

Erkläre, wodurch der Tod einer Person bezeugt bzw. festgestellt werden kann.

Ü 2.16 Gesetzliche Vertretung A

Benenne diejenigen Personen bzw. Einrichtungen, die Minderjährige bei Geschäften vertreten, die sie selbst noch nicht tätigen dürfen.

Ü 2.17 Vertretungsvollmacht B

Kreuze an, ob die Aussagen richtig oder falsch sind. Korrigiere die falschen Aussagen.

Aussage	Richtig	Falsch	Richtigstellung
Die Vorsorgevollmacht kann auch mündlich erteilt werden.			
Personen, die bereits an starker Demenz leiden, können selbst noch eine Vertretung wählen.			

Ü 2.18 Haftung von Eltern B

Erläutere, ob Eltern für Schäden haften, die ihre Kinder verursacht haben.

Ü 2.19 Vorsorgevollmacht C

Walter S. ist Berufskraftfahrer. Da er täglich den Gefahren des Straßenverkehrs ausgeliefert ist, macht er sich Gedanken darüber, wer seine Angelegenheiten im Falle eines schweren Unfalls regeln könnte. Berate Herrn S.

Verwende dazu das Formular für die Vorsorgevollmacht. Diskutiert die Vor- und Nachteile einer solchen Verfügung.

 LINK
Vorsorgevollmacht
Hier findest du eine Vorlage für eine Vorsorgevollmacht.

KÖNNEN

Bei den folgenden Aufgaben kannst du dein Wissen weiter anwenden.

K 2.2 Vereinsgründung `C`

Ihr wollt einen Skater-Verein gründen. Entwerft in Kleingruppen die Statuten. Auf www.oesterreich.gv.at findet ihr alle dafür notwendigen Formulare (z. B. Vereinsstatuten, Anzeige der Vereinserrichtung usw.).

LINK
K 2.3 Rechtsfähigkeit
interaktive Übung

K 2.3 Rechtsfähigkeit `B`

Kreuze an, ob die folgenden Aussagen richtig oder falsch sind. Stelle falsche Aussagen richtig:

Aussage	Richtig	Falsch	Richtigstellung
Kinder und Pensionisten sind nicht rechtsfähig.			
Ungeborene haben keine Rechte.			
Die Geburtsurkunde wird durch das Gericht ausgestellt.			
10-Jährige können ihr Religionsbekenntnis ohne Zustimmung der Eltern wechseln.			

K 2.4 Tattoo und Piercing `C`

Die 15-jährige Caroline ist Lehrling bei der Fa. Style Company. In der Mittagspause zeigt ihre 18-jährige Arbeitskollegin Marjeta stolz ihr brandneues Tattoo auf der linken Schulter her. Erst vorige Woche hat sich ihre frühere Mitschülerin Julia ein Bauchnabel-Piercing machen lassen. Caroline möchte schon lange ein Nasen-Piercing und ein Tattoo wie Marjeta. Beurteile die Rechtslage.

KOMPETENZCHECK

Meine Kompetenzen	Kann ich?	Aufgaben
Ich kann die Unterschiede zwischen Rechtsfähigkeit und Handlungsfähigkeit natürlicher und juristischer Personen herausarbeiten.		Ü 2.14
Ich kann Vereinsstatuten erarbeiten und Schritte zur Vereinsgründung einleiten.		K 2.2
Ich kann erläutern, welche Form der Erwachsenenvertretung in welcher Lebenssituation zu empfehlen ist.		Ü 2.13

Geschäfte des Alltags
Wir schließen täglich Kaufverträge ab. Wir bezahlen
einen bestimmten Geldbetrag
und bekommen dafür eine
bestimmte Ware.

LERNEN

3 Rechtsfragen beim Kauf

Wir gehen fast jeden Tag einkaufen: Essen in der Pause, Teile für den PC oder Getränke für den Abend. Manchmal stellt sich nach dem Kauf heraus, dass die Sache nicht so verwendbar ist, wie im Geschäft versprochen, oder dass Online-Bestellungen nicht gelie-fert werden. Dann muss geprüft werden, welche Möglichkeiten die Rechtsordnung bietet, damit man sein Geld nicht ohne die vereinbarte Gegenleistung ausgegeben hat.

Ü 2.20 **Welche Kaufverträge hast du in letzter Zeit abgeschlossen?**

1 Überblick

Einen Kauf kann man, zumindest gedanklich, in **folgende Phasen** zerlegen:

Der Kauf			
Vertragsabschluss (Verpflichtungsgeschäft)		**Vertragserfüllung (Verfügungsgeschäft)**	
Angebot Vorschlag eines Part-ners, ein Geschäft abzuschließen	**Annahme** Zustimmung des anderen Partners	**Käufer/in** Bezahlung des Kaufpreises	**Verkäufer/in** Übertragung des Eigentums an der Sache
Einigung der Vertragspartner über Ware und Preis (Daneben können weitere Details vereinbart werden.)		**Erfüllung** des Vertrages	

buyer, purchaser
Käufer

seller, vendor
Verkäufer

offer
Angebot

acceptance
Annahme

Welche Gesetze anzuwenden sind, hängt von den Vertragsparteien ab:

		Verkäufer/in	
		Privatperson	Unternehmer/in
Käufer/in	Privatperson	ABGB	ABGB + UGB + KSchG
	Unternehmer/in	ABGB + UGB + KSchG	ABGB + UGB

Die rechtliche Grundlage bildet das **Allgemeine bürgerliche Gesetzbuch (ABGB).** Dieses ist anzuwenden, wenn keine anderen Gesetze zur Anwendung kommen oder diese keine Sonderbestimmungen enthalten.

Ist am Geschäft mindestens ein/e Unternehmer/in beteiligt, kommen zusätzlich die **Sonderregelungen des Unternehmensgesetzbuches (UGB)** zur Anwendung, die den Geschäftsverkehr beschleunigen bzw. erleichtern sollen. Enthält das UGB keine Regelungen, ist auf die Bestimmungen des ABGB zurückzugreifen.

Wird eine Sache für private Zwecke bei einem Unternehmen erworben, dann verfügt der/die Unternehmer/in über mehr Erfahrung und kann seine bzw. ihre Bedingungen leichter durchsetzen als eine Privatperson. Das **Konsumentenschutzgesetz (KSchG)** hat die Aufgabe, Verbraucher zu schützen. In diesem Fall gelten die Regelungen des ABGB bzw. des UGB. Enthält das KSchG jedoch eine anders lautende Bestimmung, dann ist diese anzuwenden statt jener des ABGB bzw. UGB.

Beispiele:

- Renate Trimmel inseriert ihren privaten Pkw auf willhaben.at. Karl Frisch kauft ihn, weil er damit auf Urlaub fahren möchte. Da das Geschäft zwischen zwei Privatpersonen abgeschlossen wurde, sind nur die Bestimmungen des ABGB zu beachten.

- Die Angestellte Vera Müller bestellt bei einem Versandhandel Kleidung. Da weder das KSchG noch das UGB Regelungen enthalten, wie ein Vertrag zustande kommt, ist nur das ABGB anzuwenden.

- Ein Rechtsanwalt kauft ein Videospiel bei der Fa. Müller e. U. Da der Käufer das Spiel für seine private Unterhaltung nutzen möchte, ist er Konsument im Sinne des Konsumentenschutzgesetzes. Auch wenn der Rechtsanwalt wahrscheinlich weniger schutzbedürftig ist als ein Kleinunternehmer, ist in erster Linie das KSchG anzuwenden, danach die Bestimmungen des UGB und zuletzt die Regelungen des ABGB.

- Ein Unternehmen lässt von einem Installateur die Wasserinstallationen erneuern. In diesem Fall sind beide Parteien Unternehmen, daher ist das UGB zu beachten. Wenn darin keine Regelungen zu finden sind, kommt das ABGB zur Anwendung.

Konsumentenschutzgesetz
Das KSchG ist anzuwenden, wenn ein Geschäft zwischen Unternehmen und Konsumenten abgeschlossen wird.

Ü 2.21 ABGB, UGB oder KSchG? B

Kennzeichne, welche/s Gesetz/e in den folgenden Fällen anzuwenden ist/sind:

LINK
Ü 2.21 ABGB, UGB oder KSchG?
interaktive Übung

Beispiel	ABGB	UGB	KSchG
Die Angestellte Yasmin Willer bestellt bei einem Unternehmen für ihre Wohnung eine neue Lampe.			
Die Angestellte Yasmin Willer kauft einen Gebrauchtwagen vom Arbeiter Fritz Hager.			
Der Unternehmer Reiner Richter kauft EDV-Geräte für sein Unternehmen bei einem anderen Unternehmen.			
Der Unternehmer Reiner Richter kauft in einem Sportgeschäft ein Fahrrad, damit er nach der Arbeit Sport betreiben kann.			

2 Grundzüge des Sachenrechts

law of property
Sachenrecht

Das Sachenrecht regelt, wem Sachen gehören und wer darüber verfügen darf.

§ 354 ABGB (gültig seit 1. Jänner 1812) lautet:

> „Als ein Recht betrachtet, ist Eigenthum das Befugniß, mit der Substanz und den Nutzungen einer Sache nach Willkühr zu schalten, und jeden Andern davon auszuschließen."

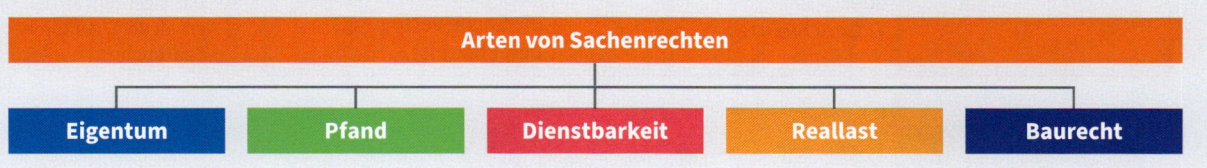

Einteilung des Sachenrechts: An Sachen können nur folgende Rechte begründet werden:

Arten von Sachenrechten				
Eigentum	Pfand	Dienstbarkeit	Reallast	Baurecht

Sachenrechte können **gegenüber jeder Person durchgesetzt** werden, sie sind daher **absolute Rechte.** Absolute Rechte an Sachen werden auch **dingliche Rechte** genannt.

„Hat" jemand eine Sache, dann ist aus rechtlicher Sicht zu unterscheiden:

Innehabung	Besitz	Eigentum
Inhaber ist eine Person, die tatsächlich über eine Sache verfügen kann und bereit ist, sie dem Berechtigten herauszugeben.	Ein/e Besitzer/in hat eine Sache mit dem Willen, diese als die eigene zu behalten.	Eigentümer haben das Recht, über die Sache rechtlich und tatsächlich zu verfügen und jede andere Person davon auszuschließen.
Beispiele: • Garderobiere • Finder, der die Sache zurückgeben möchte	**Beispiele:** • Wohnungsmieter • Diebin	

occupation (habitation)
Innehabung

possession
Besitz

ownership
Eigentum

Garderobiere
Frau, die an der Theatergarderobe die Mäntel der Besucher/innen aufbewahrt

Eigentumserwerb

Das Gesetz kennt verschiedene Möglichkeiten, Eigentum zu erwerben.

Abgeleiteter und ursprünglicher Erwerb: Für den Eigentumserwerb gibt es folgende Möglichkeiten:

Arten des Eigentumserwerbs	
abgeleitet (derivativ)	**ursprünglich (originär)**
Eigentum wurde von einem Vorgänger übernommen. Der neue Eigentümer kann nicht mehr Rechte geltend machen, als der Vorbesitzer hatte.	Die Sache hatte vorher keine Eigentümerin oder Eigentum wird nicht von der Vorgängerin übernommen. Die Rechte der Eigentümerin ergeben sich aus dem Gesetz, ohne irgendwelche Beschränkungen.
Beispiele: Kauf, Tausch, Schenkung	**Beispiele:** Fund, Zuwachs (Früchte, Sparzinsen), Ersitzung, Erwerb im guten Glauben (bei beweglichen Sachen)

Abgeleiteter Eigentumserwerb

Ist jemand Eigentümer einer Sache und möchte er das Eigentumsrecht auf jemand anderen übertragen, müssen folgende Voraussetzungen erfüllt werden:

Voraussetzungen für Eigentumserwerb				
Berechtigung	**und**	**Rechtsgrund**	**und**	**Übergabe**
veräußernde Person muss Eigentümer/in oder über die Sache verfügungsberechtigt sein		Rechtsgrund, der Eigentumsübertragung rechtfertigt. z. B. • entsprechender Vertrag, wie: – Schenkung – Kauf oder • Gerichtsurteil		Übergabe der Sache an den Erwerber mit dem Willen, Eigentum zu übertragen. Dadurch soll am Geschäft nicht beteiligten Personen gezeigt werden, wer über die Sache verfügungsberechtigt ist.

Sparen mit Ertrag
Für Geld auf einem Sparbuch zahlen Geldinstitute Zinsen. Diese gelten als Früchte. Das Eigentum an den Zinsen erhält der Eigentümer des Sparbuches.

L 2.1 Eigentumserwerb

Kathrin Glikova hat Geburtstag. Ihr Vater kaufte eine X-Box als Geschenk für sie. Am Abend feiert die Familie gemeinsam, dabei übergibt ihr der Vater das Geschenk.

Hat Kathrin Glikova Eigentum an der X-Box erworben?

Lösung:

Es ist zu prüfen, ob sämtliche Voraussetzungen erfüllt sind.

1. Der Vater war Eigentümer. Daher hat er die Berechtigung, sein Eigentum an seine Tochter zu übertragen.

2. Es liegt ein Rechtsgrund vor. Der Vater hat mit seiner Tochter einen Schenkungsvertrag über die X-Box geschlossen.

3. Die Übergabe ist erfolgt. Am Abend hat der Vater Kathrin die X-Box mit dem Willen, dass sie Eigentümerin wird, übergeben.

Da alle drei Bedingungen erfüllt sind, hat Kathrin Glikova Eigentum erworben.

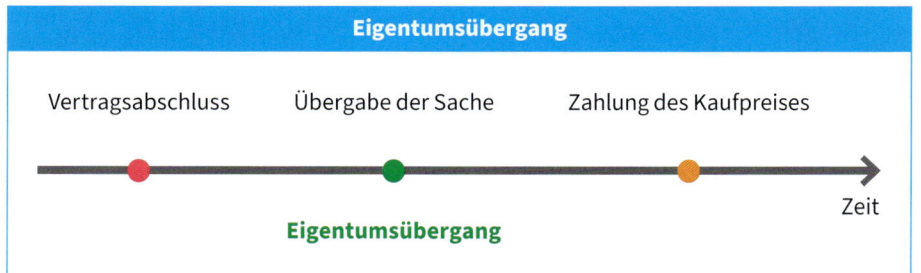

Eigentumsübergang
Vertragsabschluss   Übergabe der Sache   Zahlung des Kaufpreises

Eigentumsübergang   Zeit

Die Zahlung des Kaufpreises ist keine Voraussetzung für den Erwerb des Eigentums.

Beispiel 1: Am 12. Mai schließt ein Unternehmen mit einem Kunden einen Kaufvertrag über Maschinenteile ab. Am 20. Mai holt der Käufer die Teile ab, am 25. Mai bezahlt er.

War das Unternehmen Eigentümer der Teile oder hat es der Eigentümer ermächtigt, diese zu verkaufen, so erwirbt der Käufer mit der Übergabe der Teile am 20. Mai Eigentum, da an diesem Tag durch den Kaufvertrag ein Rechtsgrund für den Eigentumsübergang gegeben war und die Teile körperlich in die Hand des Käufers übergeben wurden. Die Bezahlung des Kaufpreises ist keine Voraussetzung für den Eigentumserwerb! Ab dem Übergang des Eigentums kann der Käufer mit der Sache tun und lassen,

Grundstücke im Grundbuch
Bei Grundstücken ersetzt die Eintragung in das Grundbuch die Übergabe.

was er will, der Verkäufer hat keine Rechte an der Sache. Er kann sie daher auch nicht zurückfordern, wenn sie nicht bezahlt wird.

Beispiel 2: Martha Müllner bringt alte Kleidung in einen Secondhandshop. Sie vereinbart mit dem Unternehmer, dass er die Kleidung für sie verkaufen soll und dafür einen Teil des Kaufpreises behalten darf. Verkauft er die Kleidung nicht, erhält sie Martha Müllner zurück. Zwei Tage später kauft Renate Sommer die Kleidung. Der Inhaber des Secondhandshops ist nicht Eigentümer der Kleidung geworden, da nicht beabsichtigt war, dass er Eigentum erwerben soll. Martha Müllner hat ihn nur ermächtigt, die Kleidung für sie zu verkaufen. Daher war er aber in der Lage, Renate Sommer Eigentum an der Kleidung zu verschaffen.

Nur, wenn eine körperliche Übergabe nicht möglich ist, kann stattdessen auch eine **symbolische Übergabe** erfolgen, z. B. durch Frachtpapiere.

Beispiel 3: Rita Leitner kauft ein neues Auto. Sie schließt mit einem Autohaus einen Kaufvertrag ab. Eine Woche vor der Auslieferung erhält sie den Typenschein, damit sie das Auto anmelden kann. Sie ist nicht Eigentümerin des Autos. Dieses kann körperlich übergeben werden, daher ist die Übergabe der Papiere nicht ausreichend.

Hat die verkaufende Person nicht das **uneingeschränkte Eigentum,** z. B. aufgrund einer Verpfändung, dann gelten diese Beschränkungen auch für die erwerbende Person.

Secondhandladen
Das Gesetz bezeichnet den Vertrag, den der Eigentümer der Ware mit dem Betreiber des Secondhandladens abschließt, als Trödelvertrag.

Miteigentum

Eigentümer/innen einer Sache können auch mehrere Personen gemeinsam sein. Dies wird Miteigentum genannt. Miteigentümer/innen haben kein Eigentum an einem bestimmten Teil der Sache.

Die **ordentliche Verwaltung** (z. B. laufende Instandhaltung der Sache) erfolgt durch Mehrheitsbeschluss sämtlicher Eigentümer/innen. Maßnahmen der **außerordentlichen Verwaltung** (z. B. Umbau eines Gebäudes) bedürfen der Einstimmigkeit.

co-ownership
Miteigentum

Beispiel: Sabine Meister und Gerhard Schwarz kaufen gemeinsam einen PC. Sabine Meister erhält daran Eigentum zu 2/3; Gerhard Schwarz zu 1/3. Wer den PC nutzen darf, kann Sabine Meister alleine entscheiden, da dies eine Maßnahme der ordentlichen Verwaltung ist. Soll der PC gegen Entgelt vermietet werden, handelt es sich um eine Maßnahme der außerordentlichen Verwaltung, die einstimmig zu beschließen ist. Gerhard Schwarz kann seinen Anteil – ohne Zustimmung von Sabine Meister – auch an jemand anderen weitergeben, da jeder Eigentümer alleine über seinen Anteil verfügen darf.

Soll das Miteigentum aufgehoben werden, dann wird die Sache im Verhältnis der Anteile auf die Eigentümer/innen aufgeteilt. Dies wird **Realteilung** genannt. Wenn dies nicht möglich ist, wird die Sache verkauft und der Erlös auf die Miteigentümer/innen aufgeteilt. Dies wird **Zivilteilung** genannt.

Miteigentumsanteile
Jede Person, die Miteigentümer/in ist, ist berechtigt, alleine über den eigenen Anteil zu verfügen und ihn z. B. zu verkaufen oder zu verschenken.

Gesamthandeigentum

Auch beim Gesamthandeigentum sind mehrere Personen Eigentümer einer Sache. Jedoch darf kein Miteigentümer und keine Miteigentümerin über den eigenen Anteil allein verfügen, nur alle gemeinsam können die Sache verkaufen oder verpfänden, z. B. Vermögen der OG.

Ü 2.22 Eigentumserwerb ⒜

Kennzeichne, ob die Aussagen richtig oder falsch sind, und begründe deine Antwort:

 **LINK**
Ü 2.22 Eigentumserwerb
interaktive Übung

Aussage	Richtig	Falsch	Begründung
Eigentum an einer beweglichen Sache erwirbt eine Person, wenn sie den Kaufpreis zahlt.			
Der Dieb, der eine Sache behalten möchte, wird Inhaber dieser Sache.			
Eigentum an einer Wohnung erhält man durch Übergabe der Schlüssel.			
Eigentum an einer unbeweglichen Sache wird durch Eintragung in das Grundbuch erworben.			

Ü 2.23 Grundstückskauf ⒜

Thomas Freiter möchte ein Grundstück erwerben. Ab welchem Zeitpunkt ist er Eigentümer? Kreuze die richtige/n Antwort/en an.

LINK
Ü 2.23 Grundstückskauf
interaktive Übung

Zeitpunkt der Eigentumsübergabe	Richtig
mit Abschluss des Kaufvertrags	
mit Übergabe der Schlüssel	
mit Eintragung in das Grundbuch	
mit Bezahlung des Kaufpreises	

Ü 2.24 Ernte ⒝

Yvonne Klein ist Eigentümerin eines Grundstückes. Darauf sind mehrere Apfelbäume gepflanzt. Kläre

a) wer Eigentümer der Äpfel ist.

b) ob das Eigentum durch Rechte anderer Personen beschränkt sein kann.

3 Der Vertrag

Verträge sind **Vereinbarungen zwischen Personen,** die Rechtsfolgen auslösen. An einem Vertrag sind mindestens zwei Personen beteiligt:

contract
Vertrag

debtor
Schuldner

creditor
Gläubiger

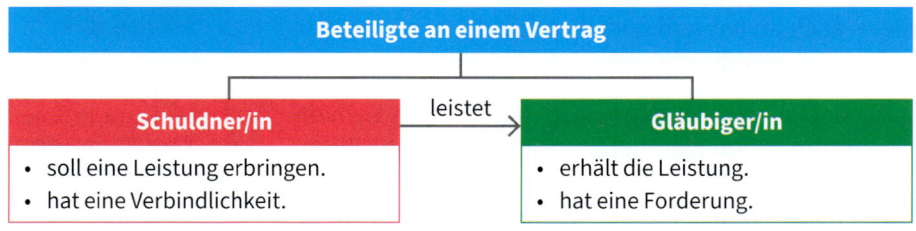

Was bzw. wie zu leisten ist, kann zwischen den Parteien frei vereinbart werden.

Grundlage für die Übertragung des Eigentums vom alten Eigentümer an den neuen Eigentümer ist meist ein **Vertrag.** Dieser Vertrag kommt durch **übereinstimmende Willenserklärungen** zustande:

Zustandekommen eines Vertrags	
Angebot (Offerte)	**Annahme**
Erklärung, die den Anbieter bindet, den Vertrag zu den im Angebot genannten Bedingungen abzuschließen	Erklärung, den angebotenen Vertrag – ohne Änderungen – zu akzeptieren
z.B.: Brief eines Installationsunternehmens	z.B.: Antwort der Kundin

conclusion/formation of a contract
Zustandekommen eines Vertrags

freedom of contract
Vertragsfreiheit

In Österreich herrscht **Vertragsfreiheit.** Daher ist niemand verpflichtet,

- überhaupt einen Vertrag abzuschließen oder
- vorgegebene Bedingungen zu akzeptieren.

Das Gesetz legt allerdings bestimmte Voraussetzungen fest, damit ein gültiger Vertrag zustande kommt:

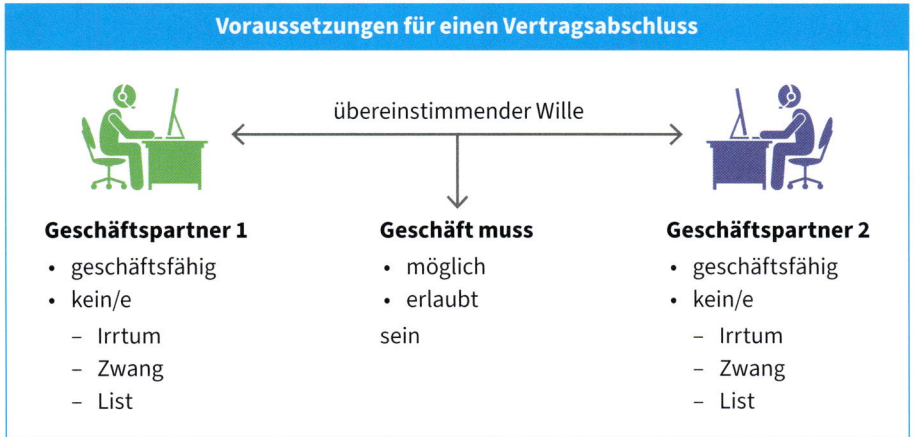

Voraussetzungen für einen Vertragsabschluss

übereinstimmender Wille

Geschäftspartner 1
- geschäftsfähig
- kein/e
  - Irrtum
  - Zwang
  - List

Geschäft muss
- möglich
- erlaubt

sein

Geschäftspartner 2
- geschäftsfähig
- kein/e
  - Irrtum
  - Zwang
  - List

1. Die Vertragsparteien müssen die **erforderliche Geschäftsfähigkeit** aufweisen.

2. Der Inhalt des Vertrages muss

   - **möglich** (nicht möglich ist der Kauf eines Grundstückes am Mars) und
   - **erlaubt** (nicht erlaubt ist der Handel mit Rauschgift) sein.

3. Es dürfen **keine Willensmängel** vorliegen.

   Willensmängel liegen vor, wenn

   - ein Partner **gezwungen** wurde, den Vertrag abzuschließen,
   - ein Partner durch **Drohung** zum Vertragsabschluss bewogen wurde,
   - ein Partner durch **List** zum Vertragsabschluss verleitet wurde,
   - ein Partner **geirrt** hat. Ein Geschäftsirrtum liegt vor, wenn über den Inhalt des Geschäftes geirrt wird und
     - der Vertragspartner den Irrtum veranlasst hat.
     - dem Vertragspartner der Irrtum hätte auffallen müssen.
     - der Vertragspartner den Irrtum hätte aufklären müssen.

Kauf eines Rings
Eine Person kauft einen goldenen Ring um € 800,–. Zu Hause stellt sie fest, dass der Ring vergoldet ist. Wenn der Verkäufer die Käuferin nicht informiert hat, liegt ein anfechtbarer Irrtum vor.

Haben sich die Parteien geeinigt und ist der Vertrag zustande gekommen, kann keine Seite den Inhalt ohne Zustimmung des anderen ändern.

Wichtige im Gesetz geregelte Verträge sind:

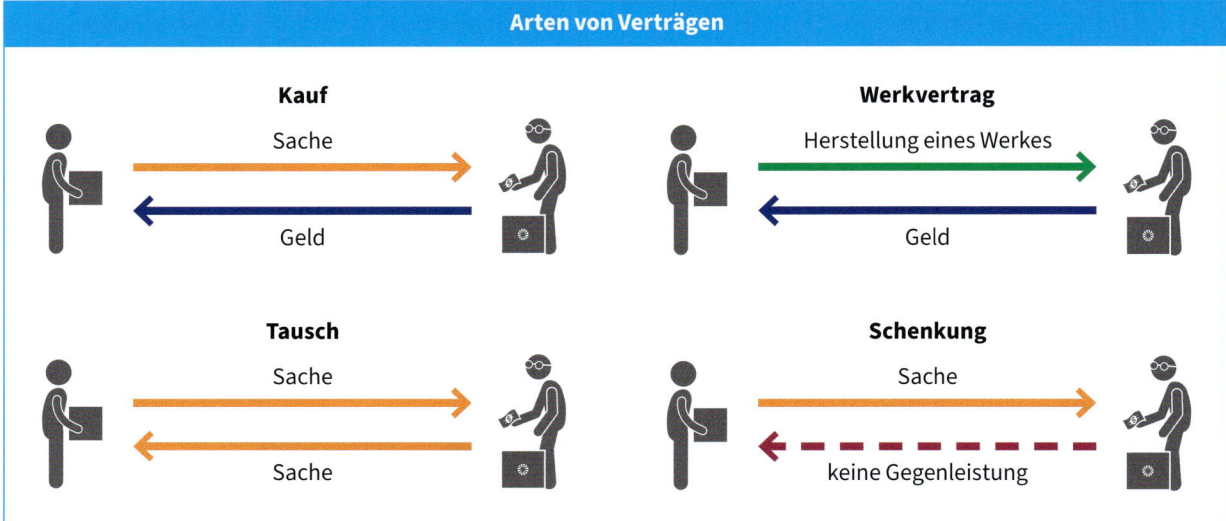

Arten von Verträgen

Kauf		Werkvertrag	
Sache →		Herstellung eines Werkes →	
← Geld		← Geld	
Tausch		Schenkung	
Sache →		Sache →	
← Sache		← keine Gegenleistung	

An **Sachen** können nur die im Gesetz vorgesehenen Rechte begründet werden. Bei **Verträgen** sind die Parteien nicht an die im Gesetz vorgegebenen Verträge gebunden. Sie können auch anderes, nicht im Gesetz Vorgesehenes vereinbaren. Der **Inhalt eines Vertrages** ist grundsätzlich **zwischen den Vertragspartnern zu vereinbaren.** Jedoch enthält das Gesetz einerseits Regelungen zum Schutz des schwächeren Partners, die in der Regel nicht zu dessen Ungunsten bzw. teilweise überhaupt nicht geändert werden dürfen. Andererseits sind im Gesetz Regelungen zu finden, die zur Anwendung kommen, wenn Sachverhalte im Vertrag nicht geregelt sind.

Inhalt eines Kaufvertrags

Da durch einen Kaufvertrag die Übergabe einer Ware gegen die Bezahlung einer bestimmten Summe Geldes geregelt werden soll, muss in diesem Vertrag zumindest Folgendes vereinbart werden:

- **welche Ware** verkauft werden soll
- **welcher Preis** zu zahlen ist
- **zwischen wem** der Vertrag abgeschlossen werden soll

Wird keine Einigung über einen dieser Punkte erzielt, liegt **kein Kaufvertrag** vor!

Preis

Wurde nicht klar geregelt, ob der vereinbarte Preis die Umsatzsteuer (USt) bereits enthält, gilt im Zweifel, dass der vertraglich fixierte Preis die gesetzliche USt enthält – auch, wenn die kaufende Partei Unternehmer/in ist.

Unzulässig ist, dass **eine Partei den Preis willkürlich bestimmt**. Zulässig ist, den Preis durch einen Dritten bestimmen zu lassen oder eine objektive Methode zur Preisermittlung zu vereinbaren (z. B. Börsekurs am Übergabetag; Berechnungsformel mit objektiven Parametern, wie Verbraucherpreisindex oder Lohnindex).

Ins Geschäft kommen
Ein Kaufvertrag liegt nur dann vor, wenn zumindest festgelegt ist, wer von wem welche Waren zu welchem Preis kauft.

Beispiel: Ein Unternehmen hat mit einem anderen Unternehmen vereinbart, zwei Jahre lang jeden Monat Maschinenteile zu liefern. Als Preis für ein Teil wurden € 150,– vereinbart. Weiters wurde vereinbart, dass der Preis nach einem halben Jahr gemäß folgender Formel angepasst wird:

Recht für Technikerinnen und Techniker

Preis alt × 0,6 × Steigerung des Verbraucherpreisindex
+ Preis alt × 0,4 × Steigerung des Lohnindex
_____
Preis neu

Steigt der Verbraucherpreisindex von 112,4 auf 114,5 und der Lohnindex von 143,5 auf 146,3, dann ergibt sich als neuer Preis:

$$\text{Preis neu} = € \, 150 \times 0,6 \times \frac{114,5}{112,4} + € \, 150 \times 0,4 \times \frac{146,3}{143,5} = € \, 152,85$$

Eine derartige Preisvereinbarung wäre zulässig, da keine der beiden Vertragsparteien den Preis willkürlich beeinflussen kann.

Wird eine **Preisgleitklausel** bei Geschäften mit Konsumentinnen und Konsumenten vereinbart, dann muss jedenfalls auch vorgesehen sein, dass der Preis sinkt, wenn die Parameter sinken.

Kostenvoranschlag

Wird eine bereits vorhandene Sache gekauft, kann der Verkäufer den Preis nennen. Wird aber eine Sache gekauft, die extra hergestellt werden soll oder soll eine Dienstleistung erbracht werden, steht der Preis noch nicht fest. Der Unternehmer, der die Leistung erbringen soll, kann statt des Preises einen **Kostenvoranschlag** abgeben. Dies ist eine schriftliche Aufstellung des benötigten Materials, der notwendigen Arbeitszeit und der dafür anfallenden Kosten.

costing, quotation, estimate of costs
Kostenvoranschlag

Hinsichtlich der **Verpflichtung, den im Kostenvoranschlag angegebenen Preis einzuhalten**, ist zu unterscheiden:

Empfänger	Kostenvoranschlag	
	mit Gewähr	ohne Gewähr
Konsument	wenn keine Vereinbarung	wenn vereinbart
andere Personen	wenn vereinbart	wenn keine Vereinbarung

Kostenvoranschlag mit Gewähr

Bei einem Kostenvoranschlag mit Gewähr (Kostenvoranschlag unter Garantie, verbindlicher Kostenvoranschlag) verspricht der/die Unternehmer/in, den im Kostenvoranschlag angegebenen Preis jedenfalls einzuhalten. Es darf keinesfalls ein höherer Preis verlangt werden. Nur wenn der Auftraggeber den Umfang der Arbeiten ändert, dann hat er die anfallenden Mehrkosten zu tragen. Gleiches gilt, wenn ein **Pauschalpreis** vereinbart ist.

Ein Kostenvoranschlag ist **verbindlich**, wenn

- der/die Unternehmer/in dies ausdrücklich zusagt oder
- der/die Empfänger/in des Kostenvoranschlags Konsument/in ist.

Kostenvoranschlag ohne Gewähr

Ein Kostenvoranschlag ist unverbindlich (ohne Gewähr), wenn

- der/die Empfänger/in des Kostenvoranschlags kein/e Konsument/in ist.
- der/die Konsument/in ausdrücklich darauf hingewiesen wurde.

Bei einem unverbindlichen Kostenvoranschlag muss der Besteller geringfügige Überschreitungen (bis ca. 15 %) des Preises tragen. Falls eine höhere Überschreitung des Preises unvermeidlich ist, hat der Unternehmer den Auftraggeber zu informieren. Genehmigt dieser die Überschreitung, muss er den neuen (höheren) Preis zahlen.

 LINK

Kostenvoranschläge
Hier kannst du dir das Video „Tipps zu Kostenvoranschlägen" der Arbeiterkammer ansehen (Mediathek: Konsumententipps).

www.arbeiterkammer.at

Ist der Auftraggeber damit nicht einverstanden, kann er vom Vertrag zurücktreten. Dies bedeutet, dass der Vertrag aufgehoben wird und der Unternehmer seine Arbeit beendet. Die bis zur Auflösung geleistete Arbeit ist gemäß Kostenvoranschlag abzurechnen. Mit den restlichen Arbeiten kann der Auftraggeber jemand anderen beauftragen.

Kostenvoranschläge sind lt. Gesetz **unentgeltlich,** außer ein Entgelt wurde ausdrücklich vereinbart.

Beispiel für einen Kostenvoranschlag:

Kostenersatz für Unternehmer
Wenn die Erstellung eines Kostenvoranschlags mit großem Aufwand verbunden ist (z. B. Erstellung von Plänen, Berechnungen), wird in manchen Fällen ein Entgelt dafür verrechnet. Auf die Zahlungspflicht muss zuvor ausdrücklich hingewiesen werden.

LARISCH DACHDESIGN Ges. m. b. H.
Spenglerei, Dachdeckerei und Zimmerei • Spezialist für Metallornamente und Denkmalschutz

Datum : 15.07.20 . .
Projektnummer : PR04/1364
Bestätigung-Nr. : BE04/033

Angebot

Bauvorhaben: Stammersdorfer Straße 319 / Gerasdorf

unser Zeichen: la/nl   Spenglerarbeiten

Position	Menge	Einheit	Leistung	Einzelpreis	Gesamtpreis
1.)	58,00	M1	Hängerin.rund verzinkt 33 cm Zuschnittsbreite 33 cm.	L: 14,90 M: 6,00 20,90	1.212,20
2.)	2,00	St	Az Hängerin.rund verz.Vorkopf Für Vorköpfe.	L: 5,60 M: 2,20 7,80	15,60
3.)	6,00	St	Az Hängerin.rund verz.Winkel Für Rinnenwinkel ohne Unterschied des Winkels.	L: 11,20 M: 4,50 15,70	94,20
4.)	3,00	Stk	Einhängekessel vz.rund b.DN150 Mit rundem Fallrohranschluss, bis DN 150.	L: 2,00 M: 14,40 16,40	49,20

Nettosumme	1.371,20
Mehrwertsteuer 20,00%	274,24
Gesamtsumme in	1.645,44

Bei einer allfälligen Beauftragung ersuchen wir Sie, dieses Anbot unterfertigt an uns zu retournieren.

Wir würden uns freuen, Ihren Auftrag zu erhalten und verbleiben

mit freundlichen Grüßen

Larisch Dach Design GmbH

....
(Datum, Unterschrift des Auftraggebers)

Beispiel: Ein Unternehmen hat von einer Tischlerin einen Kostenvoranschlag über € 3.820,– für die Herstellung und Montage einer neuen Tür für sein Geschäftslokal erhalten. Aufgrund dieses Kostenvoranschlags beauftragt es die Tischlerin. Nachdem die Tischlerin die Arbeiten durchgeführt hat, legt sie dem Unternehmen eine Rechnung über € 4.590,– vor. Der Rechnungspreis liegt um ca. 20 % über dem Preis des Kostenvoranschlags. Auch wenn es sich um einen unverbindlichen Kostenvoranschlag gehandelt hat, ist das Unternehmen nicht verpflichtet, diese Preiserhöhung zu akzeptieren, da die Auftragnehmerin den Kunden nicht gewarnt hat. Es muss nur der ursprüngliche Preis von € 3.820,– bezahlt werden. Die Tischlerin hätte

das Unternehmen zu dem Zeitpunkt verständigen müssen, in dem sie erkannt hat, dass sie den im Kostenvoranschlag angegebenen Preis nicht einhalten kann.

Wenn hingegen ein/e Unternehmer/in den Preis ohne detaillierte Aufschlüsselung schätzt, handelt es sich um keinen Kostenvoranschlag und die Auskunft ist **unverbindlich**.

Beispiel: Eine Kundin fährt mit einem beschädigten Auto in eine Kfz-Werkstatt und fragt den Unternehmer, wie viel die Reparatur des zerbeulten Kotflügels und die Erneuerung des Scheinwerfers kostet. Der Unternehmer geht um das Auto, beugt sich unter den Wagen, klopft am Blech und meint, die Behebung des Schadens werde ca. € 1.300,– kosten. Diese Auskunft ist kein Kostenvoranschlag. Lässt die Kundin das Auto reparieren und verlangt der Unternehmer einen höheren Preis, dann kann die Kundin sich nicht darauf berufen, dass der Unternehmer den Preis, der genannt wurde, einhalten muss.

Schätzung von Reparaturkosten
Eine überschlagsmäßige Schätzung der Reparaturkosten ist noch kein Kostenvoranschlag. Die tatsächlichen Kosten können den geschätzten Betrag auch übersteigen.

Ware
Grundsätzlich ist **zwischen Käufer und Verkäufer die geschuldete Ware zu vereinbaren**. Die Vereinbarung kann z. B. auch durch Verweis auf

- eine Probe,
- technische Spezifikationen oder
- in Prospekten beschriebene Eigenschaften

erfolgen.

goods, commodities
Ware

Ü 2.25 Reparaturkosten B
Gerda Grün hat einen Unfall mit ihrem Pkw gehabt. Sie fährt in eine Werkstätte, die das Auto besichtigt und ihr danach eine Auflistung der für eine Reparatur notwendigen Arbeiten und der dabei anfallenden Kosten übergibt. Da ihr der Preis für die Reparatur zu hoch erscheint, fährt sie noch in eine zweite Werkstätte und lässt sich auch dort eine derartige Auflistung geben.

a) Wie nennt man eine derartige Preisauflistung?

b) Prüfe, ob die Werkstätten dafür ein Entgelt verlangen können.

c) Gerda Grün beauftragt eine der beiden Werkstätten mit der Reparatur. Prüfe, ob die Werkstätte dann einen höheren Preis als in der Aufstellung verlangen kann, wenn keine Vereinbarungen getroffen wurden.

Weitere Vertragsbestandteile
Die Parteien können im Vertrag auch andere Rechte und Pflichten regeln. Enthält der Vertrag keine Regelungen, kommen die gesetzlichen Bestimmungen zur Anwendung. Daher gilt für den Vertragsinhalt:

Interessen der Vertragspartner
Jeder Vertragspartner wird – im Rahmen der gesetzlichen Möglichkeiten – versuchen, die Vereinbarung so zu gestalten, dass sie für ihn möglichst günstig ist. Welche Seite dabei ihre Interessen besser durchsetzen kann, wird von der Stärke der Partner und von den aktuellen Marktverhältnissen abhängen.

Vertragsinhalt	
vorrangig: Parteiwille	**wenn nichts vereinbart: Gesetz**
Was zu leisten ist und wie der Kauf abgewickelt wird, richtet sich in erster Linie nach der zwischen den Parteien getroffenen Vereinbarung.	Gilt für jene Punkte, welche die Parteien nicht geregelt haben oder für die das Gesetz zwingende Regelungen enthält.

Wollen die Vertragsparteien bestimmte Punkte regeln und können sie sich nicht einigen, kommt kein Vertrag zustande, selbst wenn Einigung über die Hauptpunkte Ware und Preis erzielt wurde.

Beispiel: Ein Unternehmen verhandelt mit einem Kunden über den Verkauf einer Maschine und einigt sich über Maschine und Preis. Der Käufer möchte die Maschine in einem Monat geliefert bekommen, der Verkäufer möchte das Lager sofort leer bekommen. Da hier über die Hauptpunkte (Ware und Preis) Einigung erzielt wurde, aber nicht über den Lieferzeitpunkt, wurde kein Einverständnis erzielt: Es kommt kein Vertrag zustande.

Allgemeine Vertragsbedingungen (Geschäftsbedingungen)

Allgemeine Vertragsbedingungen sind **vorformulierte, standardisierte Vertragstexte,** die Unternehmen nutzen, die häufig gleichartige Geschäfte abschließen. Sie dienen der Rationalisierung. Unternehmen können damit

- den Geschäftsabschluss vereinfachen,
- Zeit und Geld sparen,
- die eigenen Interessen besser durchsetzen.

Typische Regelungen, die man in allgemeinen Geschäftsbedingungen findet, sind beispielsweise:

- Zeitpunkt der Lieferung
- Ort der Warenübergabe
- Zahlungsmodalitäten wie Zahlungsziele oder Skonti
- Zeitpunkt des Gefahrenübergangs
- Tragen der Transportkosten
- Folgen eines Gläubiger- bzw. Schuldnerverzugs
- Gewährleistungs- bzw. Garantieansprüche
- Schadenersatzansprüche
- Eigentumsvorbehalt
- Konventionalstrafen
- Einschulung des Käufers
- Sicherheitsleistungen

Wareneinkauf
Ein Vertrag kommt nur zustande, wenn sich die Vertragsparteien über die wesentlichen Punkte – Ware und Preis – einig sind.

Da die allgemeinen Geschäftsbedingungen Teil des Vertrages werden sollen, gelten sie nur, wenn sie **von allen Vertragsparteien angenommen** wurden. Sie können nicht von einem Vertragsteil dem anderen einseitig aufgezwungen werden.

Zum Schutz des Vertragspartners, der vom anderen die allgemeinen Vertragsbedingungen vorgelegt bekommt, sind einige Vertragsklauseln, insbesondere solche, die den Partner stark benachteiligen, unwirksam.

Form

Grundsätzlich bestehen für Kaufverträge keine besonderen Formvorschriften. Daher können Kaufverträge

- **schriftlich,**
- **mündlich** oder
- durch **schlüssige Handlungen** (konkludent)

abgeschlossen werden.

Beispiel: Eine Frau geht in eine Trafik, in der viele andere Kunden warten. Da sie nicht warten möchte, nimmt sie eine Zeitung vom Stoß und legt das Geld dafür neben den Trafikanten. Sieht der Trafikant dies und unternimmt nichts dagegen, so akzeptiert er dieses Verhalten und es kommt ein Kaufvertrag durch schlüssige Handlung zustande.

general terms of the contract
allgemeine Vertragsbedingungen

terms of business, trading conditions
Geschäftsbedingungen

Bei einigen Rechtsgeschäften verlangt die Rechtsordnung, dass eine bestimmte Form eingehalten wird. Der Grund dafür ist meist entweder der Schutz des schwächeren Partners oder die Beweissicherung.

Wird die **einfache Schriftform** verlangt, dann genügt die eigenhändige Unterschrift. Diese kann in der Regel durch eine sichere digitale Signatur ersetzt werden.

Das Angebot (Offerte)

Häufig übermittelt ein potenzieller Vertragspartner, zumeist auf Anfrage, ein Angebot.

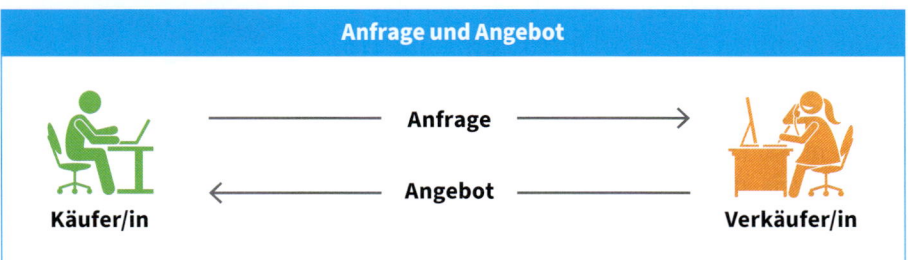

Anfrage und Angebot

Anfrage →

Angebot ←

Käufer/in — Verkäufer/in

Verträge aufmerksam lesen
Vor dem Vertragsabschluss sollten die einzelnen Klauseln genau durchgelesen werden.

Nicht alles, was als Angebot bezeichnet wird, ist aber auch rechtlich ein Angebot. Aus rechtlicher Sicht ist bei „Angeboten" zu unterscheiden:

Angebot	
wirtschaftlich	**rechtlich**
Bekanntmachung, dass ein Unternehmen bestimmte Leistungen erbringt, und die Aufforderung, diese Leistungen zu kaufen	• rechtsverbindlicher Vorschlag, einen Vertrag abzuschließen • an eine bestimmte Person gerichtet
Beispiele: • Flugblatt • Zeitungsinserat	**Beispiel:** Schreiben an eine interessierte Person, das bereits den Vertragsinhalt enthält

Das Angebot im rechtlichen Sinn enthält die **Bedingungen, zu denen der Anbieter bereit ist, den Vertrag abzuschließen.** An diese Erklärung ist er gebunden. Erklärt der/die Empfänger/in des Angebots, den Vertrag zu diesen Bedingungen abschließen zu wollen, kommt dieser zustande. Der Bieter darf den Vertragsabschluss nicht grundlos verweigern.

Beispiel 1: Ein Unternehmen möchte mehrere Büros neu einrichten. Es lässt sich von zwei Büroausstattern ein Angebot schicken.

Das Unternehmen wählt das beste Angebot aus und sendet die Bestellung – die Vertragsannahme – an den Büroausstatter. Dieser ist verpflichtet, die angebotenen Gegenstände zu liefern. Lehnt er dies ab, kommt zwar kein Kaufvertrag zustande, aber das bestellende Unternehmen kann Schadenersatz verlangen.

Da der Anbieter an sein Angebot gebunden ist, muss **der Wille, sich zu binden,** zum Ausdruck kommen. Enthält das Angebot Klauseln wie: „unverbindlich", „freibleibend" o. Ä., zeigt der Anbieter, dass er sich nicht binden will. Gleiches gilt, wenn der Vertragspartner nicht bestimmt ist. Daher gelten das Zusenden von Katalogen und Preislisten sowie das Zurschaustellen von Waren in Schaufenstern oder im Internet nicht als Angebot.

Ändert diejenige Person, die das Angebot erhalten hat, etwas am Inhalt, so unterbreitet sie dem Anbieter ein Gegenangebot. Der ursprüngliche Anbieter muss keinesfalls Änderungen akzeptieren.

Beispiel 2: Karl Ritter möchte einen Akkuschrauber kaufen. Um einen Überblick über die Preissituation zu erhalten, sammelt er einschlägige Flugblätter und besichtigt in Schaufenstern ausgepreiste Geräte. Ein in einem Flugblatt beschriebenes Gerät erscheint für die beabsichtigte Verwendung besonders geeignet. Daher bestellt Karl Ritter schriftlich die Maschine bei diesem Unternehmen.

Da es sich im vorliegenden Fall um kein verbindliches Angebot gehandelt hat, kann das Unternehmen, welches das Flugblatt herausgegeben hat, die Lieferung und damit das Zustandekommen des Vertrags ablehnen. Das Unternehmen kann Karl Ritter auch mitteilen, dass es nur bereit ist, die Maschinen zu einem höheren Preis zu liefern. Diese Mitteilung stellt dann ein neues Angebot dar, welches Karl Ritter annehmen kann, aber nicht muss. Liefert das Unternehmen die bestellte Maschine zum angegebenen Preis, dann kommt der Vertrag zustande. Karl Ritter darf die Übernahme der Maschine nicht grundlos verweigern. Er muss auch den vereinbarten Kaufpreis zahlen.

Erhält man ein Angebot, benötigt man Zeit, um dieses zu prüfen und mit anderen Angeboten zu vergleichen. Daher stellt sich die Frage, ob **der Bieter zu seinem Angebot stehen muss** oder ob er die Annahme ablehnen kann.

Schaufenster laden ein
Das Zurschaustellen von Waren gilt nicht als Angebot. Es ist die Einladung an Interessierte, ein Angebot zu stellen, welches das Unternehmen annehmen kann, aber nicht muss.

Bindung an Angebot		
Vereinbarung	**Gesetz**	
Es steht dem Bieter frei, festzulegen, wie lange er sich an das Angebot binden möchte.	unter Anwesenden (mündliche Verhandlungen, Telefon)	unter Abwesenden (schriftlich, Fax, E-Mail)
	Bindung nur während der Verhandlungsdauer	2-facher Postweg + angemessene Überlegungsfrist

Erklärt der Partner **innerhalb der vom Bieter genannten Frist,** das Angebot zu akzeptieren, kommt der Vertrag mit dem vorgeschlagenen Inhalt zustande.

Wurde nichts vereinbart, kommen die **gesetzlichen Regelungen** zur Anwendung:

- Führen die Verhandlungspartner die Vertragsverhandlungen **persönlich** (von Angesicht zu Angesicht, telefonisch), sind beide Parteien während der laufenden Verhandlungen an ihr Wort gebunden. Nach Beendigung der Verhandlungen ist jede Partei wieder frei und nicht mehr an ihr Wort gebunden.
- Erfolgt das Angebot **schriftlich** (Post, Fax, E-Mail), so ist der/die Bieter/in während folgender Frist gebunden: Dauer der Zustellung des Angebotes + angemessene Überlegungsfrist des Partners + Dauer der Rücksendung der Annahmeerklärung.

Verhandeln am Telefon
Telefonische Vertragsverhandlungen zählen laut Gesetz zu den persönlichen Verhandlungen. Für sie gelten dieselben Regelungen wie für Verhandlungen unter Anwesenden.

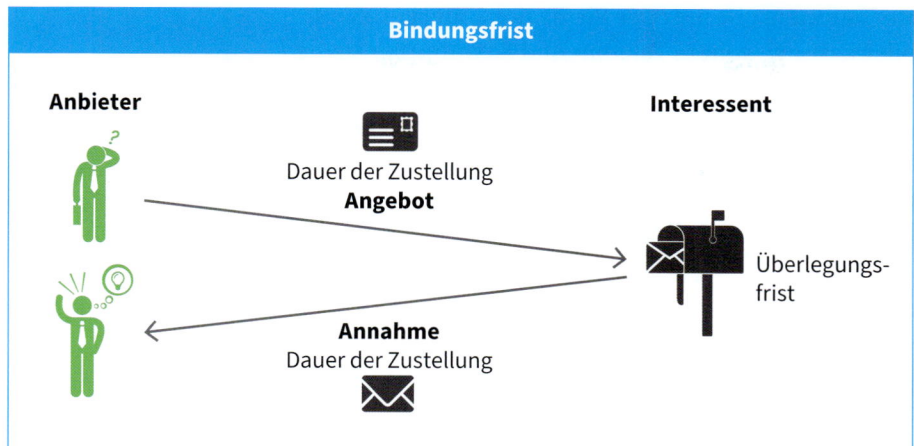

Beispiel: Ein Unternehmen bietet der Fa. Fröschl GmbH brieflich 50 Kopier-geräte zum Preis von € 1.000,– je Stück an. Die Fa. Fröschl GmbH schreibt nach 5 Wochen zurück, dass sie dieses Angebot annehmen möchte. Da keine Vereinbarung hinsichtlich der Bindung getroffen wurde, gelten die gesetzlichen Bestimmungen. Die gesetzlich vorgesehene Bindungsfrist von zweifachem Postweg zuzüglich angemessener Überlegungsfrist wurde in diesem Fall überschritten, daher kann das Unternehmen die Annahme ablehnen.

Schickt die Fa. Fröschl GmbH 2 Tage nach Erhalt des Angebots einen Brief an den Anbieter, in dem sie erklärt, 5 Kopiergeräte kaufen zu wollen, so ist zwar die Frist gewahrt, jedoch stimmen Angebot und Annahme nicht über-ein, sodass kein Vertrag zustande kommt. Hier ist zu bedenken, dass sich die Kalkulationsgrundlage ändert und der Verkäufer u. U. nicht bereit ist, die geringe Menge zum selben Preis zu verkaufen wie die größere.

Angemessene Überlegungsfristen
Je höher der Wert der Ware, desto länger wird die Über-legungsfrist sein.

Annahme

Die Annahme eines Angebots kann ausdrücklich erfolgen oder schlüssig. Schweigen gilt grundsätzlich nicht als Annahme.

Beispiel: Der Fa. Müller KG wird eine Bestellung zugeschickt. Die Fa. Müller KG kann

- dem Besteller mitteilen, dass sie die Ware liefern wird (= ausdrückliche Annahme) oder
- dem Besteller die Ware schicken (= schlüssige Annahme).
- Reagiert die Fa. Müller KG nicht, kommt kein Vertrag zustande.

Unterschreibt eine Person einen Vertrag, ohne ihn gelesen zu haben, dann akzeptiert sie mit der Unterschrift den Inhalt und dieser wird dem Geschäft zugrunde gelegt.

Informationspflichten bei Verträgen mit Konsumenten

Keine Vertragspartei darf die andere in die Irre führen. Sie muss den Partner über die Sache informieren und auf Fragen korrekt antworten.

Ein Unternehmer muss dem Verbraucher vor jedem Vertragsabschluss bestimmte Informationen geben. Diese Informationen müssen dem Ver-braucher auch gegeben werden, wenn er die Sache im Geschäft des Unter-nehmers kauft:

1. die **wesentlichen Eigenschaften** der Ware oder Dienstleistung

Aufdrucke auf der Rechnung
Ein Aufdruck jener Informa-tionen, die dem Verbraucher gegeben werden müssen, auf der Rechnung genügt nicht.

2. die **Identität des Unternehmens:** Name oder Firma des Unternehmers, Anschrift seiner Niederlassung, weiters Telefon- und Faxnummer sowie E-Mail-Adresse, unter der das Unternehmen erreicht werden kann

3. der **Gesamtpreis** der Ware oder Dienstleistung inklusive aller Steuern und Abgaben. Kann der Preis aufgrund der Beschaffenheit der Ware oder Dienstleistung nicht im Voraus berechnet werden, sind die Art der Preisberechnung und gegebenenfalls alle zusätzlichen Kosten bekanntzugeben.

4. **Zahlungs-, Liefer- und Leistungsbedingungen** sowie der Liefer- oder Leistungszeitraum

5. wenn **Garantie** oder **Kundendienstleistungen** bestehen, muss darauf hingewiesen werden, dass diese zusätzlich zum gesetzlichen Gewährleistungsrecht bestehen

6. **Vertragslaufzeit** und die Bedingungen für eine Vertragskündigung

7. **Funktionsweise digitaler Inhalte** einschließlich anwendbarer technischer Schutzmaßnahmen sowie die Interoperabilität digitaler Inhalte mit Hard- und Software

Diese **Informationspflichten gelten u. a. nicht für**

- Geschäfte des täglichen Lebens, die zum Zeitpunkt des Vertragsabschlusses sofort erfüllt werden (z. B. Lebensmittelkauf)

- Verträge, die dem Fern- und Auswärtsgeschäfte-Gesetz (FAGG) unterliegen, da hier besondere Informationspflichten zu beachten sind

- Verträge über Finanzdienstleistungen oder Glücksspiele

- Miete oder Erwerb von unbeweglichen Sachen

- den Bau von Gebäuden

Werden diese Informationspflichten nicht erfüllt,

- kann der/die Unternehmer/in nach dem Verwaltungsstrafrecht bestraft werden,

- liegt ein Verstoß gegen das Wettbewerbsrecht vor.

Informationspflichten nach anderen Gesetzen, z. B. E-Commerce-Gesetz, Unternehmensrecht, Gewerbeordnung müssen zusätzlich eingehalten werden.

Rücktrittsrecht und Umtausch

Grundsätzlich gilt, dass **jede Person zu ihrem Wort stehen** muss. Daher kann weder der Inhalt eines Vertrags geändert noch die übergebene Ware ohne Zustimmung der anderen Vertragspartei zurückgegeben werden.

Beispiel: Anna benötigt für den Anschluss des neuen Monitors ein Verbindungskabel. Sie geht nach der Arbeit in ein Geschäft und kauft eines. Zu Hause stellt sie fest, dass der am Kabel angebrachte Stecker nicht zu den Anschlüssen am Monitor passt. Anna hat kein Recht darauf, dass der Verkäufer das Kabel umtauscht oder zurücknimmt.

Möchte der/die Käufer/in sicherstellen, dass die gekaufte Sache nachträglich zurückgegeben oder umgetauscht werden kann, dann muss dies anlässlich des Vertragsabschlusses mit dem/der Verkäufer/in vereinbart werden.

Verkäufer/innen können auch zusagen, dass die Sache nur gegen Zahlung einer Stornogebühr zurückgegeben werden kann. Das Gesetz nennt die Stornogebühr **Reugeld.** Die Höhe des Reugeldes kann von einem Gericht herabgesetzt werden, wenn die Person, die das Reugeld zahlen soll, Konsument/in ist.

Interoperabilität
Fähigkeit unterschiedlicher Systeme, zusammenzuarbeiten; hier: welche Hard- bzw. Software Voraussetzung für die Nutzung ist

Kein Umtausch
Ein generelles Umtauschrecht gibt es nicht. Die Rückgabe- oder Umtauschmöglichkeit muss im Voraus vereinbart werden.

Reugeld
Geldbetrag, der bei Vertragsrücktritt fällig ist; Reugeld muss angemessen sein, kann sonst gerichtlich herabgesetzt werden

Fern- und Auswärtsgeschäftegesetz

Kann der Käufer vor Vertragsabschluss die Ware nicht prüfen oder kann er leicht überrumpelt werden, sieht das Fern- und Auswärtsgeschäftegesetz besondere Schutzvorschriften für Konsumentinnen und Konsumenten vor:

Fern- und Auswärtsgeschäftegesetz	
Informationspflichten des Unternehmers	**Rücktrittsrecht des Verbrauchers**
Vertragsverhandlung	Vertragsabschluss

Das **Fern- und Auswärtsgeschäftegesetz (FAGG)** kommt zur Anwendung, wenn ein Vertrag

- zwischen Unternehmer/in und Verbraucher/in
- außerhalb von Geschäftsräumen oder im Fernabsatz abgeschlossen wird.

Beispiele für Verträge, die **außerhalb der Geschäftsräume** abgeschlossen werden:

- Ein Unternehmer trifft einen Konsumenten in einem Gasthaus und zeigt ihm einen Prospekt. Der Konsument unterzeichnet danach den Vertrag.
- Eine Privatperson bittet einen Unternehmer zu sich, weil sie eine neue Badewanne installieren lassen möchte. Der Unternehmer kommt in die Wohnung der Privatperson, besichtigt das Bad und meint, dass der Konsument am nächsten Tag in sein Geschäft kommen soll, um den Vertrag abzuschließen.
- Eine Fußgängerin wird auf der Straße angesprochen und ihr wird vorgeschlagen, eine Zeitschrift zu abonnieren. Nachdem ihr der Verkäufer die Vorzüge des Abonnements ausführlich dargelegt hat, gehen die beiden in ein Geschäft, wo der Vertrag unterschrieben wird.

Zwischen Tür und Angel
Wenn Vertreter einer Firma unangemeldet an der Haustür klingeln oder Passanten auf der Straße angesprochen werden, kann es zu übereilten oder unüberlegten Kaufentscheidungen kommen.

Auch Verträge, die auf einer **Ausflugs- bzw. einer Werbefahrt** geschlossen wurden, fallen unter das Fern- und Auswärtsgeschäftegesetz.

Um einen **Fernabsatzvertrag** handelt es sich, wenn

- sich die Vertragspartner nicht persönlich gegenübergestanden sind,
- das Unternehmen über ein für den Fernabsatz organisiertes Vertriebs- oder Dienstleistungssystem verfügt,
- der Vertrag ausschließlich unter der Verwendung von Fernkommunikationsmitteln (Telefon, Internet o. Ä.) abgeschlossen wird.

Beispiel: Ein Arzt bestellt im Internet ein Mountainbike. Das Mountainbike wird der Arzt privat verwenden, daher ist er Konsument. Da er über das Internet bestellt hat, kann er die Ware nicht prüfen. Es handelt sich um ein Fernabsatzgeschäft.

Nicht anzuwenden ist das Fern- und Auswärtsgeschäftegesetz u. a. für Verträge,

- die außerhalb von Geschäftsräumen abgeschlossen wurden und bei denen das Entgelt € 50,– nicht übersteigt,
- über Glücksspiele, Lotterien und über Finanzdienstleistungen,
- über unbewegliche Sachen (Erwerb von Immobilien, Begründung von Dienstbarkeiten),
- über den Bau von neuen Gebäuden oder die Vermietung von Wohnraum,

- über Pauschalreisen,
- die vor einem/einer Notar/in geschlossen werden,
- über die Lieferung von Lebensmitteln oder Getränken,
- die unter Verwendung von Warenautomaten geschlossen wurden.

Bei Fern- und Auswärtsgeschäften müssen Unternehmer/innen die Verbraucher/innen vor Abgabe der Vertragserklärung klar und verständlich u. a. **zusätzlich über Folgendes informieren:**

- bei Bestehen eines Rücktrittsrechts über die Bedingungen, die Fristen und wie das Rücktrittsrecht auszusprechen ist. Dafür haben Unternehmen den Konsumentinnen und Konsumenten ein Muster-Widerrufsformular zur Verfügung zu stellen.
- die Umstände, unter denen das Rücktrittsrecht verloren geht
- über die den Verbraucher im Falle eines Rücktritts treffenden Kosten für die Rücksendung

Diese Informationen werden **Vertragsbestandteil.** Verletzt ein Unternehmer die Informationspflichten über zusätzliche Versand- oder sonstige Kosten oder die Verpflichtung des Verbrauchers, die Versandkosten bei Rücktritt zu bezahlen, muss sie der Konsument nicht tragen.

Nach Abschluss des Vertrags haben Unternehmen Konsumenten den **Vertragstext auf Papier** oder auf einem **dauerhaften Datenträger** zur Verfügung zu stellen. Hat ein Verbraucher ein Unternehmen ausdrücklich aufgefordert,

- zu ihm zu kommen und
- Reparatur- oder Instandhaltungsarbeiten sofort auszuführen und
- übersteigt das Entgelt den Betrag von € 200,– nicht,

dann gelten **vereinfachte Informationspflichten.**

Bei Fernabsatzverträgen müssen Unternehmen auf ihrer Website angeben, welche Zahlungsmittel sie akzeptieren. Weiters haben sie dafür zu sorgen, dass der Verbraucher bei der Bestellung ausdrücklich bestätigt, dass die Bestellung mit einer Zahlungsverpflichtung verbunden ist. Wenn der Bestellvorgang die Aktivierung einer Schaltfläche oder die Betätigung einer ähnlichen Funktion erfordert, muss der/die Verbraucher/in darauf hingewiesen werden, dass die Bestellung mit einer Zahlungsverpflichtung verbunden ist.

Kommen Unternehmer/innen dieser Verpflichtung nicht nach, so ist der/die Verbraucher/in nicht an den Vertrag gebunden.

Ü 2.26 Fern- und Auswärtsgeschäftegesetz B

Entscheide, ob in den folgenden Fällen das Fern- und Auswärtsgeschäftegesetz anzuwenden ist oder nicht:

LINK
Widerruf
Hier kannst du ein Muster-Widerrufsformular herunterladen.
www.wko.at

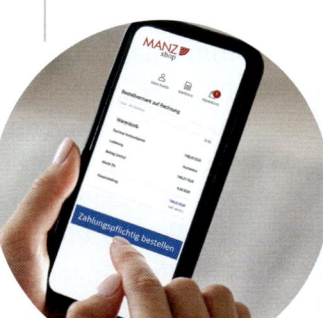

Die Zahlungsverpflichtung
Beim Online-Einkauf muss der/die Käufer/in ausdrücklich bestätigen, dass die Bestellung mit einer Zahlungspflicht verbunden ist z. B. durch einen Button „Zahlungspflichtig bestellen".

LINK
Ü 2.26 Fern- und Auswärtsgeschäftegesetz
interaktive Übung

Beispiel	Anwendung des FAGG
Eine Unternehmerin bestellt im Internet Werkzeug bei einem Unternehmen, mit dem sie noch nie Geschäfte getätigt hat.	☐ Ja ☐ Nein
Eine Privatperson bestellt per Fax eine Ware, die in einer Teleshoppingsendung angepriesen wurde.	☐ Ja ☐ Nein
Ein Wohnungsbesitzer ruft einen Elektriker an, da eine Störung zu beheben ist.	☐ Ja ☐ Nein
Ein Unternehmer nimmt an einer Werbefahrt nach Ungarn teil und kauft eine Matratze für sein Bett.	☐ Ja ☐ Nein

Beispiel	Anwendung des FAGG
Eine Jugendliche bestellt im Internet eine Musikanlage, die sie im Geschäft abholt.	☐ Ja ☐ Nein
Nach einer Feier steigt eine Person in ein Taxi und lässt sich nach Hause bringen. Der Fahrpreis beträgt € 32,50.	☐ Ja ☐ Nein

Rücktrittsrecht

Das **FAGG** räumt Verbraucher/innen ein **Rücktrittsrecht** ein. Dieses Recht können sie

- ohne Angabe von Gründen,
- ohne Einhaltung einer bestimmten Form,
- innerhalb von 14 Tagen

ausüben.

Dienstleistungsverträge

Vertragsabschluss

14 Tage Rücktrittsfrist

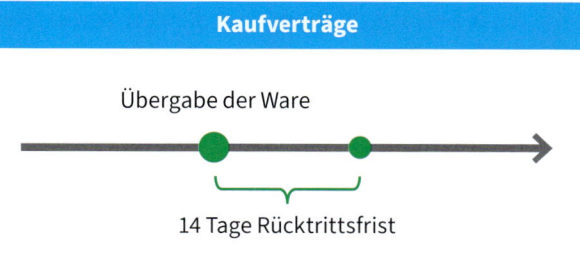

Kaufverträge

Übergabe der Ware

14 Tage Rücktrittsfrist

Wenn ein Unternehmer einen Verbraucher vor Abgabe seiner Vertragserklärung nicht über sein Rücktrittsrecht informiert hat, beginnt die Frist erst mit der Belehrung über das Rücktrittsrecht zu laufen. Spätestens 1 Jahr und 14 Tage nach Übergabe der Ware bzw. Vertragsabschluss endet die Rücktrittsfrist. Es genügt, wenn der Verbraucher seine Erklärung innerhalb der Rücktrittsfrist absendet.

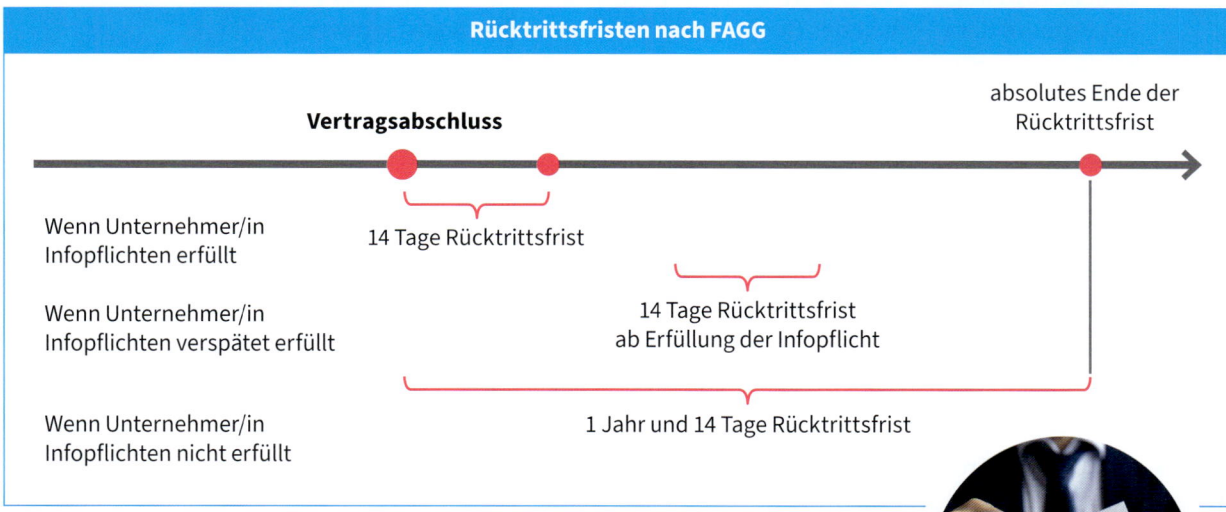

Rücktrittsfristen nach FAGG

Vertragsabschluss

absolutes Ende der Rücktrittsfrist

Wenn Unternehmer/in Infopflichten erfüllt — 14 Tage Rücktrittsfrist

Wenn Unternehmer/in Infopflichten verspätet erfüllt — 14 Tage Rücktrittsfrist ab Erfüllung der Infopflicht

Wenn Unternehmer/in Infopflichten nicht erfüllt — 1 Jahr und 14 Tage Rücktrittsfrist

Im Falle eines Rücktritts muss der Unternehmer dem Verbraucher sämtliche Zahlungen einschließlich allfälliger Lieferkosten erstatten. Dabei hat er dasselbe Zahlungsmittel zu verwenden, dessen sich der Verbraucher für die Abwicklung seiner Zahlung bedient hat. Daher ist die Rückerstattung in Gutscheinen o. Ä. unzulässig, außer der Konsument hat selbst mit Gutscheinen bezahlt.

Rücktrittserklärung
Aus Beweisgründen ist es sinnvoll, den Rücktritt schriftlich zu erklären.

Beispiel: Tamara Koceva bestellt über das Internet ein Buch. Die Website enthält die notwendigen Informationen über das Rücktrittsrecht. Der Verkäufer bringt das Buch zur Post und nimmt damit das Vertragsangebot von Tamara Koceva an. Frau Koceva bekommt das Buch, es gefällt ihr aber nicht. Sie kann es ohne Angabe von Gründen innerhalb von 14 Tagen zurücksenden und so vom Vertrag zurücktreten. Die Portokosten muss Frau Koceva tragen, wenn der Verkäufer im Rahmen der Informationspflichten darauf hingewiesen hat. Hat er dies nicht, muss der Verkäufer die Kosten der Rücksendung tragen.

Kein Rücktrittsrecht besteht u. a. bei

1. **Dienstleistungen**, wenn Unternehmen vor Ablauf der Rücktrittsfrist mit der Ausführung der Dienstleistung begonnen haben und die Dienstleistung vollständig erbracht wurde. Verbraucher müssen

   a) die Erbringung vor Ablauf der Rücktrittsfrist ausdrücklich verlangt haben und

   b) bestätigt haben, dass sie den Verlust des Rücktrittsrechts kennen.

2. **Waren, die nach Kundenvorgaben angefertigt** werden oder eindeutig auf die persönlichen Bedürfnisse zugeschnitten sind.

3. **Waren, die** nach ihrer Lieferung aufgrund ihrer Beschaffenheit untrennbar **mit anderen Gütern vermischt** wurden (z. B. Heizöl, das in Tank geleert wird).

4. **Ton- oder Videoaufnahmen oder Computersoftware,** die in einer versiegelten Packung geliefert werden, sofern deren Versiegelung entfernt wurde.

5. Lieferung jedenfalls von **gestreamten digitalen Inhalten,** wenn noch vor Ablauf der Rücktrittsfrist mit der Lieferung begonnen wurde.

6. **Verträgen über dringende Reparatur- oder Instandhaltungsarbeiten,** bei denen Verbraucher einen Unternehmer ausdrücklich zu einem Besuch zur Ausführung dieser Arbeiten aufgefordert haben. Auch hier muss der Konsument dem Verlust des Rücktrittsrechts ausdrücklich zustimmen.

7. **Verträgen,** die bei einer **öffentlichen Versteigerung** geschlossen werden.

Rücktritt bei Online-Kauf
Eine Person, die online ein Werkzeug bestellt, hat das Recht, die Ware auszupacken und auszuprobieren.

Weitere Rücktrittsrechte

Rücktrittsrechte bestehen auch dann, wenn Unternehmen dem Konsumenten bzw. der Konsumentin versprechen, dass

- ein Dritter dem Vertrag zustimmen wird (z. B. Grundbehörde bei Kauf eines Grundstückes) oder
- er/sie steuerliche Vorteile erhalten wird (z. B. Möglichkeit, Kaufgegenstand steuerlich abzuschreiben) oder
- er/sie öffentliche Förderungen erhalten wird oder
- er/sie einen Kredit erhalten wird

und dies nicht eintritt. Der/Die Konsument/in kann in diesem Fall vom Vertrag zurücktreten.

Gibt ein Verbraucher bei einem **Immobiliengeschäft** anlässlich der erstmaligen Besichtigung ein Angebot zum Kauf oder Miete der Immobilie ab oder nimmt er ein Vertragsangebot an, dann kann er binnen einer Woche von diesem Angebot bzw. Vertrag zurücktreten.

Widerruf eines Mietvertrags
Unterschreiben Wohnungsinteressenten bei der erstmaligen Besichtigung ein Vertragsangebot, haben sie ein Rücktrittsrecht.

Beispiel: Tanja und Mario suchen eine neue Wohnung. Auf einer Immobilien-Plattform sehen sie eine Anzeige, in der eine Wohnung beschrieben wird, wie sie sie sich vorstellen. Sie gehen zum angegebenen Besichtigungstermin. Zu diesem Termin sind auch viele andere Interessenten erschienen. Als die beiden erklären, dass ihnen die Wohnung gefällt, sie diese aber auch tagsüber sehen möchten, erklärt der Verkäufer, dass an diesem Tag bereits andere Interessenten einen Termin hätten. Wenn sie aber sofort den Vertrag abschließen, können sie die Wohnung jedenfalls kaufen. Um die Gelegenheit nicht zu versäumen, geben Tanja und Mario sofort ein verbindliches Angebot ab.

Als sie am nächsten Tag die Straße, in der die Wohnung liegt, nochmals besichtigen, sehen sie, dass im Nebenhaus eine Fabrik ist, die Lärm und Schmutz verursacht, was ihnen der Eigentümer verschwiegen hat. Tanja und Mario können von ihrem Angebot zurücktreten, da sie es bei der ersten Besichtigung abgegeben haben.

Wohnen neben der Fabrik
Bevor man einen Miet- oder Kaufvertrag unterschreibt, sollte man gut überlegen, ob z.B. die Umgebung und die Infrastruktur wirklich passen.

Ü 2.27 Umtausch im Geschäft A

Daniel erhält von seiner Freundin eine Krawatte für den Schulball geschenkt, die sie in einem Geschäft gekauft hat. Da seine Freundin sieht, dass ihm die Krawatte nicht gefällt, meint sie, sie habe noch die Rechnung und könne daher die Krawatte umtauschen.

Prüfe, ob die Krawatte im Geschäft umgetauscht oder zurückgenommen werden muss, wenn beim Kauf darüber nicht gesprochen wurde, und begründe deine Entscheidung.

Ü 2.28 Umtausch D

Ein Notar bestellt für seine Wohnung in einem Webshop eine Spielkonsole. Als er sie geliefert bekommt, packt er das Gerät aus, stellt es auf, verbindet es mit seinem Fernseher und spielt. Nach einer Woche Verwendung sieht er ein anderes Gerät, das ihm besser gefällt. Daher möchte er das im Internet bestellte zurückgeben. Analysiere die Rechtslage.

Ü 2.29 Rücktritt C

Eine Studentin bestellt im Internet ein Spiel für ihren PC. Dieses wird in einer versiegelten Verpackung geliefert. Sofort als sie es bekommt, reißt sie die Verpackung auf und möchte das Spiel spielen. Allerdings kann der PC die Daten nicht lesen, da er ein unpassendes Betriebssystem hat.

Prüfe, ob die Studentin vom Vertrag zurücktreten kann.

LINK
Ü 2.30 Rücktrittsrechte
interaktive Übung

Ü 2.30 Rücktrittsrechte A

Aussagen	Richtig	Falsch	Richtigstellung
Bestellt ein Unternehmen Waren aufgrund einer Bewerbung im Internet, kann es ohne Angabe von Gründen vom Vertrag zurücktreten.			
Verträge mit Konsumenten sind nur dann gültig, wenn der Vertrag schriftlich abgeschlossen wurde.			
Verbraucher können das Rücktrittsrecht nach dem FAGG ohne Einhaltung einer bestimmten Frist ausüben.			
Das Gesetz bezeichnet die Stornogebühr als „Reugeld".			

4 Vertragserfüllung

performance (fulfilment) of a contract
Vertragserfüllung

Erfüllt wird ein Vertrag dadurch, dass der Verkäufer dem Käufer die Ware übergibt und dieser dem Verkäufer das Geld:

Vertragserfüllung

Ware
tatsächliche Übergabe
Geld

Verkäufer/in → Käufer/in

Mit der Übergabe der gekauften Sache

- erhält der Käufer das Eigentum am Kaufgegenstand,
- trägt der Käufer die Gefahr, dass die Sache beschädigt wird.

Erfüllungszeitpunkt

terms of performance (date of fulfilment)
Erfüllungszeitpunkt

Der Zeitpunkt, wann die Leistung zu erbringen ist, ergibt sich aus:

Fälligkeit der Leistungserbringung		
Vereinbarung	Gesetz	
Jeder Termin ist möglich.	Zweck des Geschäftes	sofort, ohne unnötigen Aufschub

Die Vertragspartner können den Zeitpunkt, wann die Leistung zu erbringen ist, frei vereinbaren. Haben sie keine Vereinbarung getroffen, ergibt sich der Fälligkeitszeitpunkt aus dem **Zweck des Geschäftes.**

Kann auch aus dem Zweck des Geschäfts der Fälligkeitszeitpunkt nicht bestimmt werden, ist **ohne unnötigen Aufschub** zu leisten.

Beispiel: Caroline bestellt über das Internet eine Powerbank. Der Verkäufer ist verpflichtet, die Powerbank unverzüglich, d. h. am Tag der Bestellung oder am nächsten Tag, an Caroline zu schicken.

Ist der Vertragspartner Konsument und wurde keine Vereinbarung über den Fälligkeitszeitpunkt getroffen, muss **längstens innerhalb von 30 Tagen** nach Vertragsabschluss geliefert bzw. geleistet werden. Geschieht dies nicht, gerät der Lieferant in Verzug.

Pünktliche Lieferung
Manchmal ergibt sich die Fälligkeit einer Lieferung aus dem Zweck des Geschäfts. Wird eine Hochzeitstorte bestellt, so muss sie spätestens bei der Feier geliefert werden.

Erfüllungsort

place of performance
Erfüllungsort

Der Ort, an dem die Leistung zu erbringen ist, wird Erfüllungsort genannt.

Erfüllungsort		
Vereinbarung	Gesetz	
Jeder Erfüllungsort ist möglich.	Zweck des Geschäftes	Sitz des Schuldners

Sofern nichts vereinbart ist,

- müssen am Erfüllungsort **Maße, Zahl und Gewicht** der Lieferung dem Vertrag entsprechen.
- ist in der **Währung des Erfüllungsortes** zu zahlen.

Auch für die Frage, welches Gericht im Falle eines Streites zuständig ist, kann der Erfüllungsort maßgeblich sein.

Die Parteien können grundsätzlich den Erfüllungsort frei wählen. Haben sie keinen Erfüllungsort bestimmt, dann ergibt sich dieser aus dem Zweck des Geschäfts. Kann auch daraus kein Erfüllungsort bestimmt werden, dann ist der **Sitz des Schuldners** der Erfüllungsort, d.h., der Gläubiger muss die gekaufte Sache beim Schuldner abholen. Man spricht daher von **Holschuld**. Wurde vereinbart, dass der Verkäufer dem Käufer die Ware schickt (**Schickschuld**), dann bleibt der Sitz des Verkäufers der Erfüllungsort.

Für den Eigentums- und Gefahrenübergang bei einer Schickschuld ist daher zu unterscheiden

- welches Gesetz anzuwenden ist
- wer das Transportmittel vorgeschlagen bzw. ausgewählt hat:

Eigentums- und Gefahrenübergang beim Versendungskauf			
Verbrauchergeschäft KSchG ist anzuwenden		**andere Geschäfte** ABGB ist anzuwenden	
Festlegung des Transporteurs			
Verbraucher hat Transporteur ohne Hilfe des Verkäufers ausgewählt	**häufigster Vorschlag:** alle anderen Fälle	**häufigster Vorschlag:** • Versendung lt. Vertrag oder • verkehrsübliche Art der Versendung (Post, Bahn)	alle anderen Fälle
Eigentum und Gefahren gehen über			
bei Übergabe vom Verkäufer an den Transporteur	bei Übergabe der Sache vom Transporteur an den Käufer (bei Erhalt der Sache)	bei Übergabe vom Verkäufer an den Transporteur	bei Übergabe der Sache vom Transporteur an den Käufer (bei Erhalt der Sache)

Verkäufer ⟶ **Transporteur** ⟶ **Käufer**

Übergabe der Sache vom Verkäufer an den Transporteur

Übergabe der Sache vom Transporteur an den Käufer

Beispiele:

- Kai Reitner wohnt in Zell am See. In einem Webshop hat er ein Skateboard gefunden, das von einem Eisenstädter Unternehmen angeboten wird. Er bestellt es. Im Webshop kann ausgewählt werden, wie der Transport erfolgen soll. Kai Reitner wählt „Zustellung per Post".

  1. Hier sind die Bestimmungen des KSchG anzuwenden.

  2. Der Verkäufer hat bei der Auswahl des Transporteurs mitgewirkt.

  Daher erfolgt der Eigentumsübergang im Zeitpunkt der Übergabe des Skateboards durch die Post an Kai Reitner.

- Die HTL Klagenfurt bestellt über das Internet bei einem Innsbrucker Unternehmen ein Solarpanel. Es ist vereinbart, dass der Gegenstand an die HTL gesendet wird. Wie der Transport erfolgen soll, wird nicht vereinbart. Das Unternehmen lässt den Transport durch die Post vornehmen.

1. Hier sind die Regelungen des ABGB anzuwenden.

2. Da es sich um eine verkehrsübliche Versendungsart handelt, wird angenommen, dass die HTL Klagenfurt damit einverstanden ist.

Daher wird sie im Zeitpunkt der Übergabe der bestellten Sache an die Post Eigentümerin und trägt die Kosten und das Risiko des Transports.

Für die Kosten der Versendung gilt:

Versandkosten	
Vereinbarung	Gesetz
Jede Vereinbarung ist möglich.	Käufer/in trägt Kosten.

Ist die Käuferin Konsumentin und daher das KSchG anzuwenden, dann muss der Unternehmer die Verbraucherin vor Vertragsabschluss über die Liefer-, Versand- bzw. Frachtkosten informieren: Der Unternehmer muss den Betrag bekanntgeben. Wenn diese Kosten im Voraus vernünftigerweise nicht berechnet werden können, reicht der Hinweis auf das Anfallen dieser Kosten. Wird die Verbraucherin nicht darauf hingewiesen, entfällt die Pflicht zum Tragen dieser Kosten.

Zahlung

Auch hier gilt in erster Linie die Vereinbarung. Nur wenn nichts vereinbart ist, kommen die gesetzlichen Bestimmungen zur Anwendung:

Fälligkeitszeitpunkt der Zahlung	
Vereinbarung	Gesetz
Grundsätzlich ist jede Vereinbarung möglich: • Anzahlung des Kunden vor Lieferung • Bezahlung bei Übergabe • Zahlung des Kunden einige Zeit nach Lieferung (Zielgeschäft)	Zug um Zug (sofort bei Übergabe der Ware)

Laut Gesetz müssen weder Käufer noch Verkäufer ihre Leistung im Voraus erbringen. Daher trägt weder der Kunde das Risiko, dass der Verkäufer nicht liefert, noch der Verkäufer, dass er sein Geld nicht erhält.

Die **Fälligkeit des Betrags** tritt automatisch ein, wenn der Vertragspartner seine Leistung erbracht hat und der Käufer den Preis kennt. Kennt er den Preis nicht, ist dieser erst bei Legung der Rechnung fällig, z.B. wenn nach Leistung abgerechnet wird. Ist eine formelle Übernahme der Leistung vorgesehen, dann wird der Betrag erst nach Übernahme fällig.

Der Schuldner muss nicht gemahnt werden. Wird er es dennoch, ist dies eine Serviceleistung, zu der der Gläubiger nicht verpflichtet ist. Aus kaufmännischen Erwägungen wird es jedoch sinnvoll sein, den Schuldner zu mahnen, da mit ihm auch zukünftig Geschäfte abgeschlossen werden sollen und er ein positives Bild vom Verkäufer behalten und weitergeben soll.

Anzahlungen werden meist verlangt, wenn ein Unternehmer sicherstellen will, dass der Kunde die Ware auch abnimmt. Stellt der Verkäufer die Ware nach Kundenwunsch her, muss er zumeist das Material vorher beschaffen. Damit er dies nicht mit eigenem Geld finanzieren muss, wird eine Anzahlung verlangt. Diese Anzahlung wird dann mit dem Kaufpreis verrechnet.

Beschädigte Lieferung
Wird die Sache ordnungsgemäß dem Transporteur übergeben und während des Transports beschädigt, kann der Käufer gegen den Verkäufer keine Ersatzansprüche geltend machen. Allenfalls kann er vom Transporteur Schadenersatz verlangen.

payment
Zahlung

Leistung und Gegenleistung
Der Verkäufer zieht die Waren über die Supermarktkasse. Er nennt den Betrag und die Käuferin zahlt für die Waren. Hier kommt das Zug-um-Zug-Prinzip zur Anwendung.

advance payment
Anzahlung

Zahlungsziel nennt man die Frist, die ein Unternehmen seinen Kundinnen und Kunden für die Begleichung einer Rechnung einräumt. Ein Zahlungsziel wird der Unternehmer gewähren, wenn er den Kunden kennt oder dies in der Branche üblich ist. Für den Verkäufer ergibt sich daraus ein **Zinsverlust.**

Um den Kunden einen Anreiz zu geben, pünktlich zu zahlen und den Aufwand für Mahnung und Evidenthaltung der Zahlungstermine zu verringern, kann der Verkäufer einen **Skonto** gewähren. Ein Anrecht auf einen Skontoabzug haben Käufer/innen nicht.

Erfüllungsort der Geldschulden	
Vereinbarung	**Gesetz**
Jeder Ort ist möglich.	Wohnsitz oder Sitz des Gläubigers

Geldschulden sind laut Gesetz **Bringschulden.** Das heißt, ein Schuldner hat den Betrag am Wohnsitz oder im Geschäftslokal des Gläubigers bzw. der Gläubigerin zu übergeben.

Gläubiger/innen sind nicht verpflichtet, eine Überweisung auf ein Konto zu akzeptieren. Hat ein Gläubiger aber eine Bankverbindung bekanntgegeben, dann kann der Schuldner das Geld auf dieses Konto überweisen.

Ist der Schuldner Unternehmer und überweist er das Geld, dann muss der Betrag am Fälligkeitstag am Konto des Gläubigers gutgeschrieben werden. Ist der Schuldner Konsument, muss er am Fälligkeitstag die Überweisung bei der Bank beauftragen.

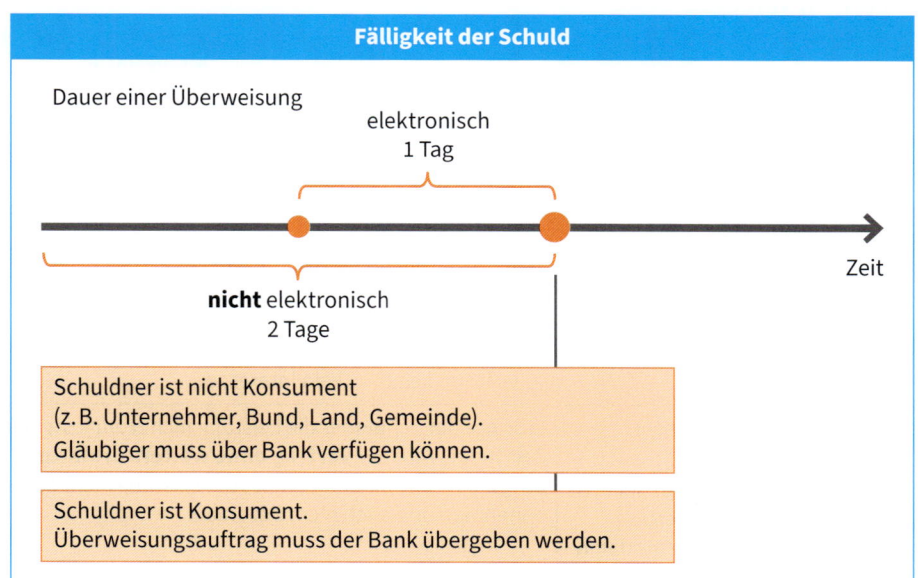

Fälligkeit der Schuld

Dauer einer Überweisung

elektronisch
1 Tag

Zeit

nicht elektronisch
2 Tage

Schuldner ist nicht Konsument
(z. B. Unternehmer, Bund, Land, Gemeinde).
Gläubiger muss über Bank verfügen können.

Schuldner ist Konsument.
Überweisungsauftrag muss der Bank übergeben werden.

Beispiel: Die Meier GmbH erhält eine Rechnung, die am Donnerstag, 14. September, fällig ist. Übermittelt sie die Überweisung elektronisch an die Bank, muss dies spätestens am 13. September geschehen. Erfolgt die Überweisung mittels eines Papierbelegs, dann muss dieser bei der Bank am Dienstag, 12. September, einlangen.

Ist auf der Rechnung kein Datum angegeben, dann wird der Betrag nach Erbringung der Leistung des Partners oder nach Legung der Rechnung fällig, d. h., es ist ohne unnötigen Aufschub zu zahlen: Die Rechnung ist zwei bis vier Tage, nachdem sie eingelangt ist, fällig.

term of payment
Zahlungsziel

evident
augenfällig, offenkundig

Die Überweisung
Das Zahlungsdienstegesetz schreibt Geldinstituten vor, dass Papierüberweisungen längstens innerhalb von zwei Geschäftstagen, elektronische Überweisungen am nächsten Geschäftstag gutzuschreiben sind.

5 Leistungsstörungen

Wird das Geschäft nicht vereinbarungsgemäß abgewickelt, liegt eine Leistungsstörung vor.

defaults of service
Leistungsstörung

Leistungsstörungen	
Verzug	**Gewährleistung**
Übergabe erfolgt nicht wie vereinbart.	Sache weist nach der Übergabe Mängel auf.

Verzug

Ein Verzug tritt dann ein, wenn die Sache nicht

- zur vereinbarten Zeit
- am vereinbarten Ort
- in der vereinbarten Weise übergeben wird.

Verzug
vereinbarter Übergabezeitpunkt
keine vereinbarungsgemäße Übergabe   Verzug

Entspricht die Sache nicht dem Vertrag, muss sie der Gläubiger nicht annehmen und der Schuldner gerät in Verzug.

Nachfrist für Lieferung
Wenn ein Verkäufer nicht rechtzeitig liefert, wird eine Nachfrist gesetzt. Diese muss nicht so lange sein, dass er das Möbel produzieren kann, wenn er noch nicht damit begonnen hat. Meist werden 14 Tage ausreichend sein.

Leistungsverzug

Wird die **Leistung nicht zeitgerecht erbracht**, kommt der Schuldner bzw. die Schuldnerin in **Verzug**. Die **Folgen** eines Leistungsverzugs sind abhängig von der Vereinbarung bzw. Natur des Geschäfts:

agreement, verbal arrangement
Absprache
firm bargain (deal), fixed transaction, time bargain
Fixgeschäft

Schuldnerverzug	
Kein Fixgeschäft	**Fixgeschäft**
• Keine besonderen Absprachen über Liefertermin, dieser ist nur allgemein festgelegt	• Liefertermin wurde ausdrücklich als fix vereinbart • Aufgrund des Geschäftszwecks hat der Gläubiger an späterer Leistung kein Interesse
Gläubiger muss Schuldner mahnen und angemessene Nachfrist setzen. Enthält die Mahnung den Hinweis, dass nach Ablauf der Frist kein Interesse an der Leistung besteht, wird der Vertrag nach Ablauf der Frist aufgelöst, wenn die Leistung bis dahin nicht erbracht wurde.	Erbringt der Schuldner die Leistung nicht zum festgelegten Zeitpunkt, wird der **Vertrag ohne weitere Erklärung aufgelöst.** Der Gläubiger muss die Leistung nicht mehr annehmen und auch nicht bezahlen.
Beispiele: Die Fa. Technik KG bestellt eine Maschine. Als Liefertermin nennt der Verkäufer den 8. Mai, das sind 3 Wochen nach der Bestellung. Wird die Maschine am 8. Mai nicht geliefert, kann die Fa. Technik KG dem Verkäufer eine angemessene Nachfrist setzen und erklären, dass sie nach Ablauf der Frist vom Vertrag zurücktritt. Nach Ablauf der Frist muss die Fa. Technik KG die Maschine nicht annehmen und bezahlen.	**Beispiele:** Die Fa. Lingler – Sport e.U. eröffnet am 10. September ein neues Geschäft. Dafür bestellt sie ein Buffet. Auch wenn der Liefertermin nicht ausdrücklich als fix bezeichnet wurde, ist für den Lieferanten klar, dass die Fa. Lingler – Sport e.U. an einer verspäteten Lieferung kein Interesse hat. Wird nicht termingerecht geliefert, wird der Vertrag ohne besondere Erklärung der Fa. Lingler – Sport e.U. aufgelöst. Sie muss die Ware später nicht annehmen und auch nicht bezahlen.

Das Gesetz nennt die Aufforderung, die Leistung zu erbringen, **Mahnung.**

reminder
Mahnung

Ü 2.31 Fixgeschäft? D

Richard Huber feiert seinen Geburtstag und bestellt dafür Getränke. Es wird vereinbart, dass diese fix am 8. Juni bis spätestens 16:00 Uhr geliefert werden, da um 18:00 Uhr das Fest beginnt. Um 17:30 ist noch nicht geliefert. Richard Huber überlegt, ob er die Getränke in einem anderen Geschäft kaufen soll. Er fürchtet aber, dass das Unternehmen, bei dem er die Getränke bereits vor Tagen bestellt hat, doch noch liefert und er den Vertrag einhalten muss.

Prüfe die Rechtslage und berate Richard Huber.

Ü 2.32 Fix oder nicht fix? B

Kennzeichne, ob es sich in den folgenden Fällen um ein Fixgeschäft handelt oder nicht, und begründe deine Antwort.

LINK
Ü 2.32 Fix oder nicht fix?
interaktive Übung

Situation	Fixgeschäft	kein Fixgeschäft	Begründung
Bestellung eines Spezialwerkzeugs, das dringend für die Diplomarbeit benötigt wird			
Vereinbarung, dass die Lieferung in der 28. Woche erfolgt			
Bestellung eines Kranzes für eine Beerdigung			
Vereinbarung, dass die Lieferung fix am 10. April erfolgt			
Bestellung einer Festplatte zur Sicherung der Daten des PCs			
Bestellung eines Spezialwerkzeugs, das dringend für die Diplomarbeit benötigt wird, wobei dem Verkäufer mitgeteilt wurde, dass die Arbeiten am 15. 1. durchgeführt werden müssen, da sonst der Abgabetermin nicht eingehalten werden kann			

Zahlungsverzug

Der Verkäufer hat bei **nicht rechtzeitiger Zahlung** einen Schaden: Er verliert seine Habenzinsen, die er bekommen würde, wenn er das Geld auf der Bank halten würde, oder er muss Sollzinsen zahlen, wenn er sich Geld bei der Bank ausborgen muss. Beauftragt er mit der Einhebung ein Inkassobüro, lässt er den Kunden durch einen Rechtsanwalt mahnen oder klagt er den fälligen Kaufpreis bei Gericht ein, entstehen weitere Kosten. Daher kann er verlangen, dass ihm der Käufer diesen Schaden ersetzt.

Die Höhe des Schadens kann auch im Vorhinein vereinbart werden. Der Schuldner kann in diesem Fall die Höhe vom Gericht überprüfen lassen.

Beispiel aus den Zahlungsbedingungen eines Bildungsinstituts: Bei Zahlungsverzug ist das Institut berechtigt, Verzugszinsen in Höhe von 8 Prozentpunkten über dem von der Österreichischen Nationalbank veröffentlichten Basiszinssatz zu verrechnen, wobei der Basiszinssatz, der am letzten Tag eines Halbjahres gilt, für das nächste Halbjahr maßgebend ist. Darüber hinaus kann das Institut alle durch den Verzug entstehenden Kosten, insbesondere Mahnspesen und Rechtsanwaltskosten, in Rechnung stellen.

Sind keine Verzugszinsen vereinbart, kommen die gesetzlichen Bestimmungen zur Anwendung.

default of payment
Zahlungsverzug

LINK
Basiszinssätze
Der aktuelle Basiszinssatz ist auf der Website der Österreichischen Nationalbank zu finden (Service: Zinssätze und Wechselkurse).
www.oenb.at

Gesetzliche Zinsen		
Käufer bzw. Verkäufer kein Unternehmer	**Käufer und Verkäufer Unternehmer**	
Das Geschäft gehört für einen oder beide zum privaten Bereich.	Das Geschäft gehört für beide zu ihrem unternehmerischen Bereich.	
	Schuldner für Verzug nicht verantwortlich	Schuldner für Verzug verantwortlich
Der Gläubiger kann als Schadenersatz fordern:		
• 4% Zinsen • sonstige notwendige und zweckmäßige Mahn- und Eintreibungskosten, sofern sie in einem angemessenen Verhältnis zur Forderung stehen	• 4% Zinsen • Entschädigung für etwaige Betreibungskosten pauschal € 40,– oder • wenn höher: sonstige notwendige und zweckmäßige Mahn- und Eintreibungskosten, sofern sie in einem angemessenen Verhältnis zur Forderung stehen	• Zinsen in Höhe von 9,2% über dem Basiszinssatz • Entschädigung für etwaige Betreibungskosten pauschal € 40,– oder • wenn höher: sonstige notwendige und zweckmäßige Mahn- und Eintreibungskosten, sofern sie in einem angemessenen Verhältnis zur Forderung stehen

Als Unternehmer/innen gelten u.a.

Gewerbetreibende | freiberuflich Tätige | Landwirte und Landwirtinnen | Gebietskörperschaften | Kammern

Eine Gläubigerin hat jedenfalls Anspruch auf die Verzugszinsen, unabhängig davon, ob sie tatsächlich einen Schaden erlitten hat oder nicht. Die Zinsen sind auch zu zahlen, wenn den Schuldner kein Verschulden an der verspäteten Zahlung trifft. Nur wenn es ausdrücklich vereinbart oder eine Klage bei Gericht eingebracht wurde, dürfen **Zinseszinsen** verrechnet werden.

Beispiele:

- Karl Winter lässt am 4. Mai von einem Händler einen Kühlschrank für seine Wohnung liefern. Bei der Lieferung übergibt der Lieferant Karl Winter vereinbarungsgemäß die Rechnung. Darauf ist vermerkt, dass Karl Winter bis 11. Mai zu zahlen hat. Er muss daher spätestens am 11. Mai seine Bank beauftragen, den Kaufpreis zu überweisen. Ab dem nächsten Tag hat der Verkäufer Anspruch auf Verzugszinsen. Da Karl Winter sich mit der Zahlung jedoch Zeit lässt, beauftragt der Lieferant am 10. August ein Inkassobüro mit der Eintreibung der Forderung. Diese beträgt: Kaufpreis + 4% Zinsen seit 12. Mai + Gebühren des Inkassobüros.

- Ein Unternehmen erhält eine Rechnung, die am 20. September fällig ist. Tatsächlich überweist das Unternehmen den Rechnungsbetrag so, dass er am 3. Oktober am Konto des Gläubigers gutgeschrieben wird. Für beide Parteien gehört das Geschäft zum Unternehmen. Beträgt der Basiszinssatz 0,5%, kann der Gläubiger Folgendes fordern: Kaufpreis + (0,5 + 9,2 =) 9,7% Zinsen + € 40,– pauschale Kosten. Wurde der Auftrag rechtzeitig an die Bank übergeben, aber wegen technischer Probleme nicht ausgeführt, sind nur 4% Zinsen zu zahlen.

Ü 2.33 Zahlungsverzug A

Die Markl GmbH bestellt bei der Fa. Wolf e. U. Waren. Zum vereinbarten Zahlungszeitpunkt wurde die offene Rechnung noch nicht beglichen.

a) Prüfe, ob bzw. wie oft der Verkäufer den Käufer mahnen muss, bevor rechtliche Schritte zulässig sind.

b) Erkläre, was der Verkäufer im Falle des Zahlungsverzugs verlangen kann.

Gewährleistung

Eine Käuferin wird bei einem Kauf deswegen bereit sein, den Preis zu bezahlen, weil sie dafür eine Sache erhält, die **bestimmte Eigenschaften** aufweist. Erfüllt die Sache die Erwartungen nicht, wäre die Käuferin nicht bereit gewesen, den Preis zu bezahlen.

Beispiel: Karin Rolka kauft sich einen Funkwecker, damit sie pünktlich in der Schule ist. Sie erwartet, von dem Gerät zur eingestellten Zeit geweckt zu werden und dass sich die Zeit automatisch von Winter- auf Sommerzeit umstellt. Läutet der Wecker nicht zur eingestellten Zeit oder stellt sich die Zeit nicht richtig um, hätte sie die Uhr nicht gekauft.

Verkäufer/innen müssen aufgrund gesetzlicher Bestimmungen bei entgeltlichen Verträgen dafür einstehen, dass die Sache im **Zeitpunkt der Übergabe** die vereinbarten Eigenschaften oder – wenn solche nicht vereinbart sind – die **gewöhnlich vorausgesetzten Eigenschaften** aufweist. Die Eigenschaften, die der/die Käufer/in von einer Sache erwarten kann, ergeben sich auch aus

- Beschreibungen des Verkäufers,
- Proben,
- Mustern,
- Prospekten.

Einzustehen haben Verkäufer/innen auch für **Mängel,**

- deren Ursache ein Montagefehler des Verkäufers ist oder
- die aufgrund mangelhafter Montageanleitungen durch den Käufer bei der Selbstmontage verursacht wurden.

War die Montageanleitung korrekt und wurde der Fehler durch Ungeschicklichkeit oder Unachtsamkeit des Käufers bzw. der Käuferin verursacht, besteht kein Anspruch auf Gewährleistung.

Die Gewährleistung ist unabhängig davon, ob den Verkäufer ein Verschulden trifft oder nicht. Weist die Sache auch nur eine der gewöhnlichen oder **zugesicherten Eigenschaften** nicht auf, liegt ein Mangel vor, der vom Käufer innerhalb der Gewährleistungsfrist dem Verkäufer anzuzeigen bzw. gerichtlich geltend zu machen ist.

Nicht einzustehen braucht ein „Übergeber" (Verkäufer) für Prospekte, Anleitungen u. Ä., die

- er weder kannte noch kennen musste,
- bei Vertragsabschluss berichtigt wurden,
- den Vertragsabschluss nicht beeinflusst haben konnten.

Beispiel: Lydia Schaffer war in den USA. Dort ist ihr ein Prospekt in die Hände gefallen, in dem eine Digitalkamera angepriesen wurde. Dieses Gerät hatte eine Auflösung von 128 Megapixel und konnte 1.000 Bilder ohne zusätzliches Medium speichern. Als sie wieder in Österreich ist, sieht Lydia in einem Schaufenster ein Gerät desselben Herstellers mit demselben Namen, wie es auch im Prospekt angeboten wurde. Spontan geht sie ins Geschäft und kauft das Gerät, ohne lange zu fragen. Zuhause erkennt sie, dass der Hersteller in Österreich eine Kamera mit demselben Namen und Aussehen, aber geringerer Auflösung und geringerem Speichervermögen anbietet. Sie nimmt den amerikanischen Prospekt und geht zum Verkäufer, da sie meint, dieser müsse dafür einstehen, dass das Gerät die im Prospekt zugesagten Eigenschaften aufweist.

---

warranty, guarantee
Gewährleistung

 LINK
Mangelhafte Ware
Hier kannst du dir einen kurzen Informationsfilm über das Recht auf Gewährleistung ansehen.

www.arbeiterkammer.at

descriptions
Beschreibungen

samples, specimens
Proben

samples, prototypes
Muster

leaflets, brochures
Prospekte

Vereinbarte Eigenschaft
Wenn ausdrücklich zugesichert wurde, dass ein Oldtimer der Marke Ford Mustang eine Höchstgeschwindigkeit von 200 km/h erreicht, ist es ein Mangel, wenn er nur 180 km/h fährt.

deficiencies, faults, errors
Mängel

Da weder ein österreichischer Händler noch der österreichische Generalimporteur die Produktpolitik des Herstellers kennen muss und auch die in den USA verteilten Prospekte nicht erhalten wird, braucht er dafür nicht einzustehen. Das Gerät weist keinen Mangel auf.

Wurde die Sache bei Vertragsabschluss **vom Käufer besichtigt** und war sie bereits zu diesem Zeitpunkt mit einem in die Augen fallenden Mangel behaftet, braucht der Veräußerer dafür keine Gewähr zu leisten.

Beispiel: Der Käufer hat ein altes Auto ohne Motor und mit kaputten Rädern gekauft, da er nur bestimmte Teile als Ersatzteile verwenden möchte. In diesem Fall liegt kein Mangel vor, da das Auto die vereinbarten Eigenschaften aufweist bzw. die Mängel bei der Besichtigung dem Käufer aufgefallen sind und daher im Preis berücksichtigt wurden. Wäre nichts vereinbart, würde ein Mangel vorliegen, da gewöhnlich davon auszugehen ist, dass ein Auto fahrbereit ist.

Die **Gewährleistungsfristen,** innerhalb derer der Mangel dem/der Verkäufer/in anzuzeigen ist, betragen:

- **für bewegliche Sachen 2 Jahre ab Übergabe der Sache.**

  Innerhalb der ersten 6 Monate wird die Beweislast umverteilt, d. h., während dieses Zeitraumes muss der/die Verkäufer/in beweisen, dass die Sache bei Übergabe mangelfrei war. Diese Regelung gilt nicht, wenn sie mit der Art der Sache oder des Mangels unvereinbar ist.

  Danach, während der folgenden eineinhalb Jahre, gilt die allgemeine Beweislastverteilung: Der/Die Käufer/in muss beweisen, dass der Mangel im Zeitpunkt der Übergabe bereits vorhanden war:

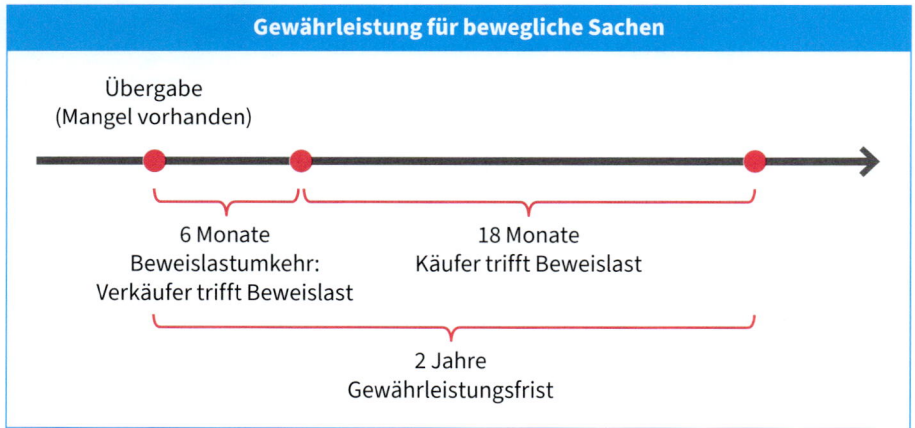

Gewährleistung für bewegliche Sachen

Übergabe
(Mangel vorhanden)

6 Monate
Beweislastumkehr:
Verkäufer trifft Beweislast

18 Monate
Käufer trifft Beweislast

2 Jahre
Gewährleistungsfrist

Beispiel: Ein Gerät weist Beschädigungen auf, die vermuten lassen, dass es zu Boden gefallen ist. Im Inneren des Gerätes ist ein Teil gebrochen. Da in diesem Fall anzunehmen ist, dass das Fallenlassen Ursache des Bruches war, ist der Verkäufer von seiner Beweispflicht befreit. Der Beweis, dass der Mangel im Zeitpunkt der Übergabe vorhanden war, obliegt hier dem Käufer.

- **für unbewegliche Sachen 3 Jahre.** Die 3-jährige Gewährleistungsfrist gilt auch für Arbeiten an einer unbeweglichen Sache. Als unbewegliche Sachen gelten Grundstücke und alles, was mit ihnen fest verbunden ist.

Beispiele:

- Eine Person kauft bei einem Händler Teile für eine Zentralheizungsanlage und baut diese selbst in die Anlage ein. Es handelt sich um eine bewegliche Sache, für die die 2-jährige Gewährleistung gilt.

Beschädigtes Bügeleisen
Ein Bügeleisen ist verkalkt. In diesem Fall ist anzunehmen, dass der Schaden erst nach dem Kauf durch die Verwendung von kalkhaltigem Wasser entstanden ist.

■ Eine andere Person lässt von einem Installateur eine Zentralheizungsanlage in ein Haus einbauen. Da es sich um Arbeiten an einer unbeweglichen Sache handelt, besteht eine 3-jährige Gewährleistungsfrist.

Die **Mängelbehebung** muss innerhalb einer angemessenen Frist und ohne erhebliche Unannehmlichkeiten für den/die Käufer/in erfolgen.

immovable
unbeweglich

corrective action
Mängelbehebung

Der Käufer hat **folgende Ansprüche** gegen den Verkäufer:

1. Zuerst muss dem Verkäufer die Möglichkeit gegeben werden, den **Mangel zu beheben** durch:

   ■ Reparatur,

   ■ Nachtrag fehlender Teile,

   ■ Austausch einzelner Teile oder der gesamten Sache.

repair
Reparatur

shipment of missing parts
Nachtrag fehlender Teile

replacement, substitution, exchange
Austausch

2. Ist die **Verbesserung bzw. der Austausch unmöglich** oder kommt der Verkäufer seiner Verpflichtung in angemessener Frist nicht nach oder ist die Verbesserung bzw. der Austausch dem Käufer aus triftigen Gründen nicht zumutbar, so kann der Käufer

   ■ eine **Minderung des Preises** oder

   ■ die **Auflösung des Vertrags** (Wandlung) verlangen. Ein Recht auf Wandlung besteht nur, wenn der Mangel nicht geringfügig ist. Der Käufer hat die Sache zurückzustellen und erhält dafür das bezahlte Entgelt zurück.

Beispiele:

■ Der Käuferin eines Mobiltelefons wurde zugesichert, dass es den 5G-Standard nutzt und dass damit Geräte gesteuert werden können. Als sie es nach dem Kauf ausprobiert, bemerkt sie, dass dem nicht so ist, das Gerät aber tadellosen Fernsprechempfang bietet. Da das Mobiltelefon eine vereinbarte Eigenschaft nicht aufweist, liegt ein Mangel vor. Die Käuferin hat einen Gewährleistungsanspruch.

Reparatur im Geschäft
Die Gewährleistung wird dort erbracht, wo der Vertrag erfüllt wurde. Eine mangelhafte Sache, die im Geschäft gekauft wurde, muss zur Reparatur in dieses Geschäft zurückgebracht werden.

■ Jemand kauft in einem Elektrogeschäft einen Geschirrspüler. Das Gerät wird von einem Installateur in die vorhandene Einbauküche eingebaut. Vier Monate nach Übergabe des Geschirrspülers zeigen sich aufgrund von Verarbeitungsfehlern Undichtheiten. Der Käufer kann vom Verkäufer den Ersatz des undichten Geschirrspülers aufgrund seines Gewährleistungsanspruchs verlangen. Der Gewährleistungsanspruch umfasst gegenüber Konsumenten auch den Ausbau des kaputten Geschirrspülers und den Wiedereinbau des neuen bzw. reparierten Gerätes sowie den Ersatz von Fliesen oder anderen Teilen, die beim Austausch beschädigt wurden.

Wurde der Gewährleistungsanspruch durch Austausch oder Verbesserung der Sache erfüllt, beginnt mit dem Zeitpunkt der Übergabe der reparierten bzw. neuen Sache die **Gewährleistungsfrist** für den reparierten oder ausgetauschten Teil neu zu laufen.

Ein **Ausschluss der Gewährleistung für neue Sachen** darf weder gegenüber einem/einer anderen Unternehmer/in noch gegenüber einem/einer Verbraucher/in vereinbart werden.

Gegenüber Verbrauchern und Verbraucherinnen im Sinne des Konsumentenschutzgesetzes ist auch eine Verkürzung der Gewährleistungsfrist unzulässig. Nur wenn **gebrauchte bewegliche Sachen** verkauft werden, kann auch gegenüber einem Konsumenten **die Gewährleistungsfrist auf 1 Jahr verkürzt** werden. Dies darf nicht in den Allgemeinen Geschäftsbedingungen festgelegt werden, sondern muss mit dem Konsumenten bzw. der Konsumentin im Einzelnen ausgehandelt werden.

Ü 2.34 Gewährleistung A

Kennzeichne, ob die Aussagen richtig oder falsch sind, und begründe deine Antwort.

LINK
Ü 2.34 Gewährleistung
interaktive Übung

Aussagen	Richtig	Falsch	Begründung
Für jede neue Sache muss die Verkäuferin Gewähr leisten.			
Die Gewährleistungsfrist beträgt ein halbes Jahr.			
Die Gewährleistung umfasst auch den Ersatz von Verletzungen, die die gekaufte Sache beim Benutzer verursacht hat.			
Gewähr leisten muss der Hersteller der Sache.			

Rückgriffsrecht des Händlers

Oft hat der Händler die Sache, für die er Gewähr zu leisten hatte, bereits von seinem Lieferanten mangelhaft erhalten. Da die Sache häufig in der Verkaufsverpackung geliefert wird, kann der Händler nicht feststellen, ob sie mangelhaft ist. Daher kann er von seinem Lieferanten die Kosten verlangen, die ihm durch seine Gewährleistungspflicht erwachsen sind. Dies muss er seinem Lieferanten **innerhalb von 2 Monaten** mitteilen.

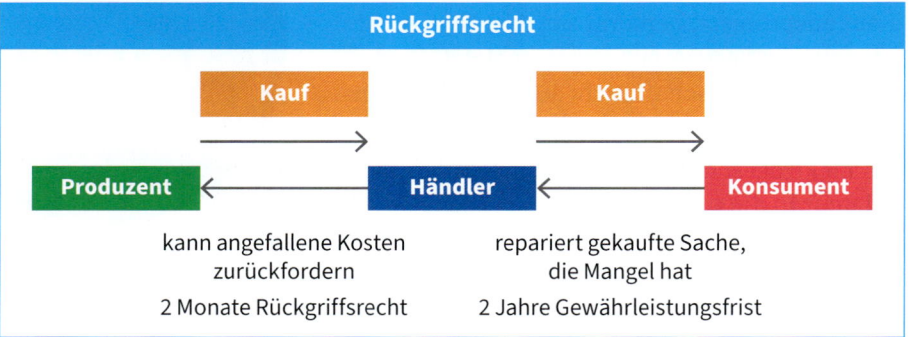

War der Lieferant eine Privatperson, dann hat der Händler kein Rückgriffsrecht. Er kann nur Gewährleistung geltend machen, da auch Privatpersonen Gewähr leisten müssen, außer dies wurde im Vertrag ausgeschlossen.

Beispiel: Eine Autohändlerin kauft nach kurzer Besichtigung und Probefahrt von einer Privatperson einen Gebrauchtwagen. Das Auto verkauft sie nach 20 Monaten an einen Kunden weiter. Nach weiteren 5 Monaten verlangt der Kunde, dass das Auto repariert wird, da das Getriebe bereits bei der Übergabe des Wagens kaputt gewesen sei. Die Händlerin kann ihre Kosten nicht mehr vom Vorbesitzer ersetzt verlangen, da die Gewährleistungsfrist von 2 Jahren überschritten wurde. Hätte die Autohändlerin den Wagen vom Generalimporteur gekauft, dann könnte sie aufgrund des Rückgriffsrechts ihre für die Reparatur angefallenen Kosten ersetzt bekommen.

Mängelrüge

Sind Käufer und Verkäufer Unternehmer, dann muss der Käufer die **Ware nach Erhalt untersuchen** und allfällige Mängel dem Lieferanten in angemessener Frist mitteilen. Unterlässt der Käufer dies, dann hat er keine Ansprüche aus

Wareneingangsprüfung
Eine gelieferte Ware ist nach der Lieferung – zumindest stichprobenartig – auf Mängel zu überprüfen. Etwaige Mängel müssen dem Verkäufer angezeigt werden (Rügepflicht).

- Gewährleistung,
- Irrtum über Mängelfreiheit und
- Schadenersatz

gegen seinen Lieferanten und er erhält seine Kosten nicht ersetzt. Die Rügepflicht kann vertraglich ausgeweitet oder ausgeschlossen werden.

Beispiel: Ein Geschirrhändler erhält eine Palette Gläser. Er muss innerhalb einer angemessenen Frist prüfen, ob die Gläser in Ordnung sind. Da es nicht möglich ist, sämtliche Gläser auszupacken, zu kontrollieren und wieder zu verpacken, genügt die Untersuchung einer Stichprobe. Bemerkt der Käufer dabei kaputte Gläser, muss er mehr Gläser untersuchen. Aufgrund des Ergebnisses der Überprüfung ist der Schaden festzustellen und dem Lieferanten mitzuteilen. Dieser muss dann seiner Gewährleistungspflicht nachkommen.

Mitteilung von Mängeln
Als angemessene Frist für eine Mängelrüge gelten in der Regel 14 Tage.

Verkürzung über die Hälfte des wahren Wertes

Grundsätzlich können Käufer/in und Verkäufer/in den Preis frei vereinbaren. Ist die Leistung eines Geschäftspartners jedoch weniger als die Hälfte der Leistung des anderen wert, dann kann diejenige Person, die zu viel geleistet hat, den **Vertrag anfechten.** Beide Seiten müssen dann die erhaltene Leistung zurückgeben. Der Partner kann den Vertrag jedoch aufrechterhalten, indem er die Differenz aufzahlt.

Beispiel: Bernhard Mayrhofer kauft einen Gebrauchtwagen um € 10.000,– Als er davon einige Zeit später einem Freund erzählt, erklärt ihm dieser, dass ein Auto in diesem Zustand nur € 4.300,– wert sei. Herr Mayrhofer kann den Vertrag anfechten. Dann muss er das Auto zurückgeben und erhält sein Geld zurück. Der Verkäufer kann aber auch € 5.700,– (= 10.000 – 4.300) an Herrn Mayerhofer zahlen und der Vertrag bleibt aufrecht.

Der Verkäufer kann sich daher aussuchen, ob er Bernhard Mayerhofer die Differenz ersetzt oder das Auto zurücknimmt.

Wenn das KSchG anzuwenden ist, kann gegenüber einem/einer Verbraucher/in die Regelung über die Verkürzung über die Hälfte des wahren Wertes nicht ausgeschlossen werden, außer der Konsument erklärt, dass

- er die Sache aus besonderer Vorliebe gekauft hat oder
- ihm der wahre Wert der Sache bekannt war.

Gilt das KSchG nicht, kann die Regelung vertraglich ausgeschlossen werden.

6 Nebenabreden

subsidiary agreement
Nebenabrede

Die Vertragsparteien wollen oft bestimmte Punkte anders gestalten, als es das Gesetz vorsieht, z. B.:

- Garantie
- Sicherstellungen
- Kosten- und Gefahrenübergang

Garantie

Garantie und Gewährleistung sind nicht dasselbe. Während die Gewährleistung ein gesetzlich geregelter Anspruch ist, den der Käufer gegenüber dem Verkäufer hat, ist die Garantie eine freiwillige Zusage. Diese Zusage kann entweder der Verkäufer tätigen oder ein Dritter, meist der Hersteller.

Garantie	
unechte Garantie	**echte Garantie**
Diese wird zwischen den Parteien des Kaufvertrags abgeschlossen und besteht häufig in einer Änderung der Gewährleistungsbestimmungen. Ihr genauer Umfang ist dem Inhalt der Vereinbarung zu entnehmen.	Ein Dritter (z. B. Hersteller) steht für einen bestimmten Erfolg ein oder übernimmt die Gefahr eines allfälligen Schadens. Der Käufer hat dadurch einen zusätzlichen Anspruch neben der Gewährleistung.
Beispiele: • Die Verkäuferin gewährt 30 Monate Garantie: Verlängerung der Gewährleistungsfrist. • Die Verkäuferin garantiert, dass innerhalb von 12 Monaten keine Fehler auftreten: Sie steht daher innerhalb des ersten Jahres auch für Fehler ein, die im Zeitpunkt der Übergabe nicht vorhanden waren.	**Beispiel:** Der Hersteller garantiert dem Endverbraucher, der die Sache bei einem Händler gekauft hat, dass innerhalb von 24 Monaten keine Fehler auftreten: Hier hat der Kunde einen Gewährleistungsanspruch gegenüber dem Händler und einen Anspruch aus dem Garantievertrag gegen den Hersteller.

Was garantiert wird, ist der **jeweiligen Vereinbarung** zu entnehmen. Ist die Garantie unklar formuliert, sollte davon ausgegangen werden, dass nur die Gewährleistungsbestimmungen geändert werden.

Für **Garantieerklärungen gegenüber Konsumentinnen und Konsumenten** bestehen besondere Formvorschriften. Unter anderem muss die Garantie schriftlich erfolgen und der Unternehmer muss darauf hinweisen, dass der Konsument neben der Garantie seine Gewährleistungsansprüche geltend machen kann. Weiters muss der Inhalt der Garantie deutlich umschrieben werden.

Zwei Jahre Garantie
Haushaltsgeräte wie Waschmaschinen oder Kühlschränke haben oft eine zweijährige Herstellergarantie. Welche Leistungen diese Garantie umfasst, steht in der Garantieerklärung.

title retention
Eigentumsvorbehalt

Eigentumsvorbehalt

Beispiel: Die Fa. Technik OG verkauft der Fa. Maurer GmbH Maschinenteile. Diese werden am 5. April mit einem Zahlungsziel von 3 Monaten geliefert. Wird die Fa. Maurer GmbH zwischen Lieferung und vorgesehenem Zahlungszeitpunkt zahlungsunfähig, erhält die Fa. Technik OG ihr Geld nicht. Auf die Maschinenteile kann sie auch nicht mehr zugreifen, da sie nicht mehr Eigentümerin ist.

Grundsätzlich erwirbt der Käufer zum Zeitpunkt der Übergabe **Eigentum** am Kaufgegenstand, unabhängig davon ob er bezahlt hat oder nicht.

Es kann aber im Vertrag ein **Eigentumsvorbehalt** vereinbart werden, d. h., dass ein Käufer erst mit der Bezahlung Eigentümer wird. Dann bleibt der Verkäufer bis zur vollständigen Bezahlung Eigentümer und kann die Sache zurückfordern, wenn der Käufer nicht zahlt.

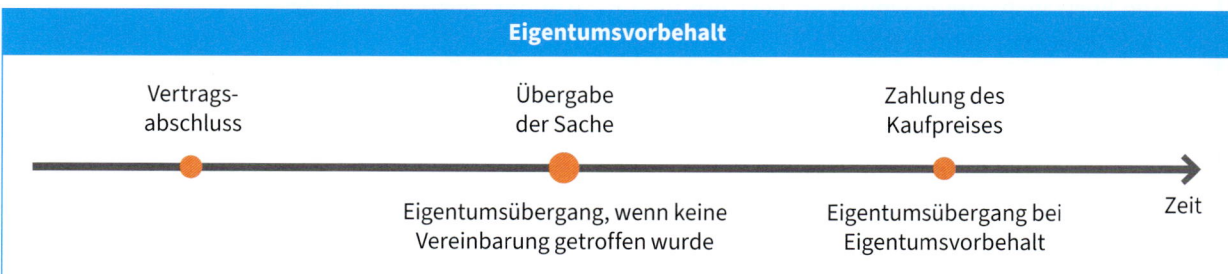

Der Eigentumsvorbehalt bietet für den Gläubiger einen erhöhten Schutz im Falle der Zahlungsunfähigkeit des Käufers, da die Sache nicht in die Konkursmasse fällt.

Da ein Vertrag nachträglich nicht einseitig geändert werden kann, kann ein Satz auf einer Rechnung keinen Eigentumsvorbehalt begründen.

Pönale (Vertragsstrafe, Konventionalstrafe)

Erfüllt ein Vertragspartner den Vertrag nicht oder schlecht und trifft ihn daran ein Verschulden, kann der andere Teil, wenn ihm dadurch ein Schaden entsteht, verlangen, dass ihm dieser **Schaden ersetzt** wird.

Beispiel: Es wurde vereinbart, dass eine Maschine am 17. Mai übergeben wird. Da der Verkäufer dieser Verpflichtung nicht nachgekommen ist, muss der Käufer die Maschine bis zur tatsächlichen Übergabe bei einem Dritten gegen Entgelt mieten. Dieses Mietentgelt stellt den Schaden dar, der durch die verspätete Lieferung entstanden ist, und kann als Schadenersatz vom Verkäufer gefordert werden.

Um Streitigkeiten über die Höhe des Schadens zu vermeiden und um Druck auf den Vertragspartner auszuüben, wird oft eine **Konventionalstrafe** vereinbart. Diese ist ein im Vertrag vereinbarter **pauschalierter Schadenersatz**, der auch zu zahlen ist, wenn kein Schaden eingetreten ist.

Beispiel: Die Fa. Sonnenschein e. U. hat eine Schaufensterdekoration bestellt. Dabei wurde als Liefertermin der 8. April vereinbart. Für den Fall der nicht zeitgerechten Lieferung ist im Vertrag eine Pönale vorgesehen. Tatsächlich erfolgt die Lieferung erst einen Monat später, da der Lieferant zu spät mit der Herstellung begonnen hat. Auch wenn der Fa. Sonnenschein e. U. kein Schaden entstanden ist, kann sie die vereinbarte Vertragsstrafe vom Verkäufer fordern.

Ist der Schaden höher als die vereinbarte Pönale, kann der **tatsächliche Schaden** von der anderen Partei verlangt werden, wenn diese Unternehmer/-in ist. Trifft die Person, die die Pönale erhalten soll, ein Mitverschulden an der Verspätung, ist die Vertragsstrafe herabzusetzen.

Beispiel: Ein Geschäftslokal der Fa. Rogner GmbH wird neu eingerichtet. Als spätester Termin für die Lieferung und Montage wird der 25. Juni vereinbart. Für den Fall der verspäteten Lieferung wurde eine Konventionalstrafe vereinbart. Die Fa. Rogner GmbH hat zwischen Bestellung und vereinbartem Liefertermin kleinere Änderungswünsche bekanntgegeben. Die tatsächliche Lieferung erfolgte im Juli. Hier trifft die Fa. Rogner GmbH aufgrund der Änderungswünsche ein Mitverschulden, daher muss der Lieferant die Pönale nicht (zur Gänze) zahlen.

Diejenige Partei, die die Bezahlung der Vertragsstrafe versprochen hat, kann verlangen, dass ein Gericht die Höhe der versprochenen Konventionalstrafe überprüft und diese gegebenenfalls herabsetzt. Dies wird **richterliches Mäßigungsrecht** genannt. Eine Vereinbarung, dass auf dieses Mäßigungsrecht verzichtet wird, ist ungültig.

Ü 2.35 Verspätete Fertigstellung B

Ein Unternehmen lässt seine Geschäftsräume renovieren.

a) Prüfe, was vereinbart werden kann, damit dem Unternehmen kein Schaden entsteht, falls die Auftragnehmer nicht rechtzeitig fertig werden.

b) Kläre, ob der Vertragspartner sein Versprechen überprüfen lassen kann, damit er weniger bezahlen muss.

penalty (for breach of contract)
Konventionalstrafe

Vereinbarung im Voraus
Bei der Konventionalstrafe wird die Höhe des Schadens im Vorhinein vereinbart. Dadurch können Probleme bei der Ermittlung der Schadenshöhe verringert werden.

Haftungsrücklass

Tritt während der Gewährleistungs- oder Garantiefrist ein Mangel auf, für den der Verkäufer bzw. die Verkäuferin einzustehen hat, hat er bzw. sie diesen zu reparieren oder ein neues Gerät bereitzustellen. Geschieht dies nicht freiwillig, muss der Auftraggeber seinen **Anspruch gerichtlich durchsetzen.** Ist der Lieferant zahlungsfähig oder wurde sein Geschäftsbetrieb aufgelöst, besteht auch gerichtlich keine Möglichkeit, den Gewährleistungsanspruch durchzusetzen.

Beispiel: Die Fa. Wintertechnik AG lässt von der Tischlerei Amon GmbH eine neue Geschäftseinrichtung anfertigen. Drei Monate nach der Lieferung und Montage der Einrichtung wird die Amon GmbH aufgelöst und im Firmenbuch gelöscht. Vier Monate später stellt sich heraus, dass einige Laden nicht schließen. Die Fa. Wintertechnik AG möchte aufgrund ihres Gewährleistungsanspruchs, dass der Mangel behoben wird. Da die Fa. Amon GmbH nicht mehr existiert, kann die Fa. Wintertechnik AG ihren Gewährleistungsanspruch nicht durchsetzen. Sie muss die kaputten Laden von einem anderen Unternehmen gegen Bezahlung reparieren lassen.

Um dem Auftraggeber allfällige Schwierigkeiten zu ersparen, kann ein **Haftungsrücklass** vereinbart werden, den der Auftraggeber zur Bezahlung allfälliger Reparaturkosten verwenden kann, wenn der Auftragnehmer seinen Pflichten nicht nachkommt.

Nach Ablauf der Gewährleistungs- bzw. der vereinbarten Garantiefrist ist der Haftungsrücklass zurückzustellen.

Grundsätzlich kann frei vereinbart werden, wie die **Sicherstellung** erfolgt. Eine Käuferin möchte rasch, einfach und sicher das Geld bekommen, wenn sie die Sicherheit beansprucht. Ein Verkäufer hingegen möchte möglichst geringe Kosten tragen.

In der Praxis ist die **Bankgarantie** das gebräuchlichste Sicherstellungsmittel. Dabei verpflichtet sich ein Geldinstitut über Auftrag des Schuldners bzw. der Schuldnerin, auf Aufforderung des Gläubigers (= Garantiefall) eine bestimmte Summe Geldes zu zahlen. Dies kann an bestimmte Voraussetzungen, z. B. Nachweis eines Mangels, gebunden sein. Zumeist wird die Bankgarantie auf Dauer der Gewährleistung befristet.

Auch die Höhe des Rücklasses kann frei vereinbart werden. Zu hohe Rücklässe verursachen dem Lieferanten jedoch Kosten, die er auf die Preise überwälzen wird, zu geringe bieten keine Sicherheit. Daher werden üblicherweise 3–5 % des Preises als Haftungsrücklass vereinbart.

Pfand

Schuldner und Gläubigerinnen können vereinbaren, dass für eine bestimmte Schuld **eine Sache haften soll.** Dies wird Pfand genannt. Auch das Pfandrecht wird erworben durch:

Erwerb des Pfandrechts		
Rechtsgrund (Titel)	und	Übergabe (Modus)

Die Pfandsache kann Eigentum des Kreditnehmers oder einer anderen Person sein, der Eigentümer muss jedoch der Verpfändung zustimmen. Eine verpfändete Sache kann auch verkauft werden, dann bleibt das Pfandrecht bestehen und das Eigentum des neuen Käufers bzw. der neuen Käuferin ist mit dem Pfandrecht belastet.

deduction, retention
Haftungsrücklass

Lade klemmt
Wenn eine Tischlerei GmbH zu dem Zeitpunkt, zu dem ein Kunde einen Mangel behoben haben möchte, bereits aufgelöst ist, kann der Kunde keinen Anspruch auf Gewährleistung mehr durchsetzen.

pledge, security, mortgage
Pfand

Die Pfandsache muss dem/der Pfandgläubiger/in tatsächlich übergeben werden. Eine Übergabe durch Zeichen reicht nicht.

Beispiel: Robert Müller nimmt bei einem Pfandhaus ein Darlehen auf. Seine Freundin Karola Grieger verpfändet dafür eine Perlenkette. Sie muss die Perlenkette dem Pfandgläubiger (dem Pfandhaus) tatsächlich übergeben, sonst hat dieses kein Pfandrecht erworben. Kann Robert Müller das Darlehen nicht zurückzahlen, haftet er persönlich mit seinem kompletten Vermögen (Sparbücher, Eigentumswohnung etc.) für die Schuld. Das Pfandhaus kann auf sein gesamtes Vermögen zugreifen und damit die Schuld abdecken.

Es kann aber auch die Perlenkette versteigern lassen und damit die Schuld abdecken. Auf das übrige Vermögen von Karola Grieger kann das Pfandhaus nicht zugreifen.

Robert Müller haftet persönlich. Daneben besteht eine Sachhaftung der verpfändeten Perlenkette.

Bei der Verpfändung muss bestimmt werden, für welche Schuld die Pfandsache haften soll. Dies ist insbesondere dann wichtig, wenn zwischen den beiden Parteien mehrere Kreditgeschäfte bestehen.

Häufig werden Wertpapiere verpfändet. Da diese oft bei der Bank aufbewahrt werden, ist die Abwicklung einfach: Es muss nur ein Pfandvertrag geschlossen werden. Die Übergabe kann unterbleiben, da die Bank die Wertpapiere bereits verwahrt. Dies wird **Wertpapierlombard** genannt.

Die Pfandgläubigerin hat die Pfandsache sorgfältig zu verwahren und darf sie nicht benutzen. Sie erwirbt kein Eigentum an den Früchten der Pfandsache (z. B. Zinsen).

Versteigerung
Gepfändete Sachen werden durch eine öffentliche Versteigerung verwertet.

Pfandverwertung

1. Schuldner — zahlt Schuld nicht → Kreditgeber

2. Kreditgeber — verwertet verpfändete Sache → öffentliche Versteigerung

3. Versteigerungserlös der verpfändeten Sache — dient zur Abdeckung von a) Verfahrenskosten b) Schuld → Schuld getilgt

Kommt eine Kreditnehmerin ihren Verpflichtungen nicht nach, kann der Kreditgeber die **verpfändete Sache verwerten** und aus dem Erlös der Verwertung die Forderung abdecken. Die Verwertung erfolgt i.d.R. durch **öffentliche Versteigerung**, lediglich bei Waren, die einen Börse- oder Marktpreis haben (z. B. Wertpapiere), kann der Pfandgläubiger diese frei verkaufen.

Aus dem Verkaufspreis werden

1. zuerst die Verfahrenskosten abgedeckt

2. danach erhält der Kreditgeber seine offenen Forderungen.

3. Ist danach immer noch etwas vom Verkaufspreis über, erhält das Geld die Kreditnehmerin. Ist hingegen die Schuld nicht zur Gänze bezahlt, kann der Kreditgeber auf das übrige Vermögen der Kreditnehmerin zugreifen.

Der Pfandgläubiger wird bei Verwertung der Pfandsache bevorzugt. Er hat dadurch eine größere Wahrscheinlichkeit, seine Forderung zu bekommen.

Zahlt die Kreditnehmerin ihre Schuld zurück, dann ist der Pfandgläubiger verpflichtet, die Pfandsache zurückzugeben. Der Eigentümer der Pfandsache kann dann wieder frei über seine Sache verfügen.

Bürgschaft

security, guaranty
Bürgschaft

Bei einer Bürgschaft verspricht ein Dritter (der Bürge bzw. die Bürgin) dem Kreditgeber, den Kredit zurückzuzahlen, wenn er das Geld nicht vom Kreditnehmer erhält. Die bürgende Person haftet für diesen Betrag mit ihrem gesamten Vermögen.

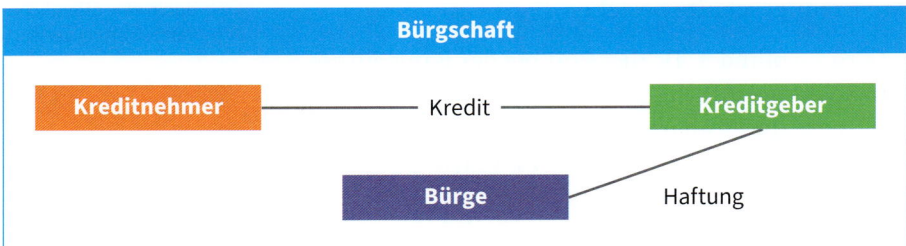

Ein Bürge kann die Bürgschaft einschränken: Die Bürgschaft gilt z. B. nur für einen Teil der Schuld oder die Bürgschaft ist zeitlich begrenzt.

Da der Bürge verspricht, eine fremde Schuld zu zahlen, möchte ihn die Rechtsordnung vor unüberlegten Handlungen schützen. Daher müssen

- Bürgschaften **immer schriftlich** abgegeben werden. Eine sichere digitale Signatur reicht nicht aus.

- Bürgen **vom Kreditgeber gewarnt** werden, wenn diesem bekannt ist, dass der Schuldner unmittelbar vor dem finanziellen Zusammenbruch steht oder der Kredit nur zur Umschuldung dient.

Die Haftung des Bürgen hängt von der Art der Bürgschaftserklärung ab. **Folgende Formen der Bürgschaft** unterscheidet das Gesetz:

- **Ausfallsbürgschaft:** Der Bürge verpflichtet sich zu zahlen, wenn gegen den Hauptschuldner erfolglos Exekution geführt wurde. Daher muss der Gläubiger zuerst versuchen, die Forderung gerichtlich einzutreiben, und kann erst danach für den noch offenen Teil den Bürgen in Anspruch nehmen.

- **gemeine (gewöhnliche) Bürgschaft:** Der Gläubiger muss den Hauptschuldner mahnen und ihm eine angemessene Frist zur Zahlung gewähren. Erst nach erfolglosem Verstreichen der Frist darf er den Bürgen in Anspruch nehmen.

- **solidarische Bürgschaft (Bürge und Zahler):** In diesem Fall haftet der Bürge wie der Hauptschuldner und kann ohne vorherige Mahnung des Hauptschuldners vom Gläubiger zur Zahlung aufgefordert werden. Banken akzeptieren i.d.R. nur solidarische Bürgschaften.

Die **Bürgschaft erlischt,** wenn

- die Schuld bezahlt wurde,

Bürgschaft
Der Kreditgeber hat eine größere Sicherheit, weil zwei Personen für die Schuld haften. Er wird prüfen, ob er den Bürgen akzeptiert. Daher wird der Kreditgeber auch die Einkommens- und Vermögensverhältnisse des Bürgen prüfen. Für ihn ist ein Bürge nur dann ein Vorteil, wenn er zahlungsfähig ist.

Exekution
Eintreibung der Forderung mithilfe des Gerichts

Recht für Technikerinnen und Techniker

■ die Zeit, für die die Bürgschaftserklärung abgegeben wurde, verstrichen ist,

■ der Bürge vom Gläubiger aus der Bürgschaft entlassen wurde.

7 Das Grundbuch

land register
Grundbuch

Das Grundbuch ist ein öffentliches Verzeichnis sämtlicher Grundstücke, das vom zuständigen Bezirksgericht geführt wird. In das Grundbuch werden die an einem Grundstück bestehenden Rechte eingetragen.

Das Grundbuch besteht aus:

■ dem **Hauptbuch** und

■ der **Urkundensammlung.**

Das Hauptbuch gliedert sich in Grundbuchseinlagen. In einer solchen Einlage sind ein oder mehrere Grundstücke und die damit verbundenen Rechte und Pflichten zusammengefasst. Jede Grundbuchseinlage hat eine **Einlagezahl,** die dem leichteren Auffinden dient.

Das Grundbuch wird in Form einer **EDV-Datenbank** geführt. Jede Person kann ohne Angabe von Gründen Einsicht nehmen. Die Einsicht kann bei jedem Gericht, Notariat oder jeder sonstigen Einrichtung, die Zugang hat, erfolgen.

Das Grundbuch wurde früher als gebundenes Buch geführt. Dabei gab es für jede Grundbuchseinlage drei Blätter. Deren Bezeichnungen haben sich erhalten.

Beispiel für einen Grundbuchauszug:

```
GRUNDBUCH 10027 Horn                                    EINLAGEZAHL  1435
BEZIRKSGERICHT Horn
****************************************************** ABFRAGEDATUM  2021-04-20
Letzte TZ  2815/2006
******************************** A1 ******************************************
  GST-NR  G BA (NUTZUNG)          FLÄCHE  GST-ADRESSE
  1026/7     Baufl.(Gebäude)         109  Riedenburgstraße 36
  1026/9     Baufl.(begrünt)         106
  1026/10    Baufl.(begrünt)         295
  GESAMTFLÄCHE                       510
******************************** A2 ******************************************
******************************** B *******************************************
  2 ANTEIL: 1/2
    Müller  Werner Mag.
    GEB: 1963-08-24 ADR: Frömmlgasse 2      1210
    a 2815/2006 IM RANG 2724/2006 Kaufvertrag 2006-10-13 Eigentumsrecht
    b 2815/2006 Vorkaufsrecht
  3 ANTEIL: 1/2
    Winter  Susanne Mag.
    GEB: 1964-07-16 ADR: Löhrgasse 22       1150
    a 2815/2006 IM RANG 2724/2006 Kaufvertrag 2006-10-13 Eigentumsrecht
    b 2815/2006 Vorkaufsrecht
******************************** C *******************************************
  1    auf Anteil B-LNR 2
    a 2815/2006 Schuldschein und Pfandurkunde 2006-10-13
       PFANDRECHT                                        EUR 53.045,--
       8 % Z, 13 % VZ, 11 % ZZ, NGS EUR 10.600,-- für
       Bausparkasse der österreichischen Sparkassen
       Aktiengesellschaft
  2    auf Anteil B-LNR 2
    a 2815/2006
       VORKAUFSRECHT gem Punkt VIII. Kaufvertrg 2006-10-13 für
       Winter  Susanne Mag. geb 1964-07-16
       IM RANGE NACH LNR 1
  3    auf Anteil B-LNR 3
    a 2815/2006 Schuldschein und Pfandurkunde 2006-10-13
       PFANDRECHT                                        EUR 53.045,--
       8 % Z, 13 % VZ, 11 % ZZ, NGS EUR 10.600,-- für
       Bausparkasse der österreichischen Sparkassen
       Aktiengesellschaft
  4    auf Anteil B-LNR 3
    a 2815/2006
       VORKAUFSRECHT gem Punkt VIII. Kaufvertrag 2006-10-13 für
       Müller Mag Werner geb 1963-08-24
       IM RANGE NACH LNR 3
```

Das **A-Blatt (Gutbestandsblatt)** ist gegliedert in:

A1-Blatt, darin ist u.a. zu finden:

• Grundstücksnummer
• Adresse
• Benutzungsart (z.B. Acker, Wiese, Baufläche)

A2-Blatt mit u.a.:

• mit der Liegenschaft verbundene Rechte (z.B. Dienstbarkeit)
• bestimmte Beschränkungen (z.B. Wasserschutzgebiet)

Das **B-Blatt (Eigentumsblatt)** enthält:

• Name und Adresse des Eigentümers bzw. der Eigentümerin
• Eigentumsanteile
• persönliche Beschränkungen des Eigentümers (z.B. Minderjährigkeit, Konkurs)

Im **C-Blatt (Lastenblatt)** werden u.a. eingetragen:

• Hypotheken
• Belastungs- und Veräußerungsverbote
• Dienstbarkeiten

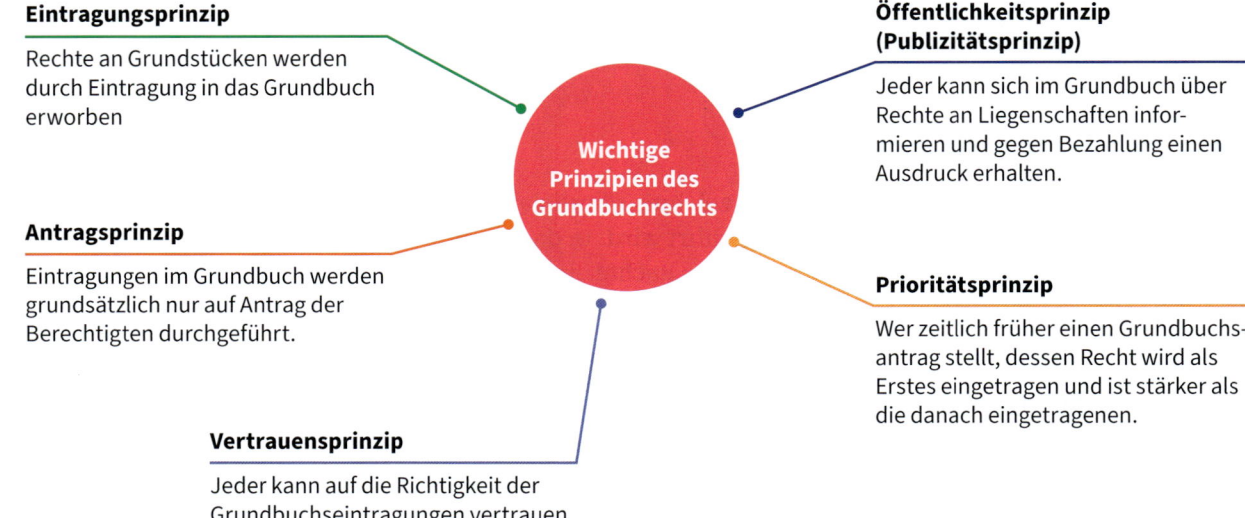

Eintragungsprinzip

Rechte an Grundstücken werden durch Eintragung in das Grundbuch erworben

Antragsprinzip

Eintragungen im Grundbuch werden grundsätzlich nur auf Antrag der Berechtigten durchgeführt.

Wichtige Prinzipien des Grundbuchrechts

Öffentlichkeitsprinzip (Publizitätsprinzip)

Jeder kann sich im Grundbuch über Rechte an Liegenschaften informieren und gegen Bezahlung einen Ausdruck erhalten.

Prioritätsprinzip

Wer zeitlich früher einen Grundbuchsantrag stellt, dessen Recht wird als Erstes eingetragen und ist stärker als die danach eingetragenen.

Vertrauensprinzip

Jeder kann auf die Richtigkeit der Grundbuchseintragungen vertrauen.

Eigentumserwerb an einem Grundstück

Das Eigentum an einem Grundstück wird erworben durch Rechtsgrund und Eintragung in das Grundbuch.

Eigentumserwerb an Liegenschaften		
Rechtsgrund (Vertrag)	und	Eintragung in das Grundbuch

Praktische Hinweise für den Kauf und Verkauf von Immobilien:

Vor Abschluss des Kaufvertrags sollte ein aktueller Grundbuchsauszug eingeholt werden. Damit kann Folgendes überprüft werden:

- ob der/die Verkäufer/in wirklich Eigentümer/in der Liegenschaft ist.
- ob das Grundstück mit Pfandrechten belastet ist, die vor dem Kauf gelöscht oder übernommen werden müssen.
- ob sonstige Belastungen wie Dienstbarkeiten aufscheinen, die den Wert der Immobilie mindern könnten.

Die Abwicklung eines Immobilien-Kaufvertrages kann mehrere Monate in Anspruch nehmen. Der Käufer will den Kaufpreis erst dann bezahlen, wenn er im Grundbuch als Eigentümer eingetragen ist. Die Verkäuferin möchte jedoch sichergehen, dass sie den Kaufpreis auch erhalten wird. Zur Absicherung ist es daher empfehlenswert, **einen Treuhandvertrag mit einem Notar oder einem Rechtsanwalt** abzuschließen. Dann wird der Kaufpreis auf ein Treuhandkonto überwiesen. Der Treuhänder darf das Geld erst dann an die Verkäuferin weiterleiten, wenn im Grundbuch der neue Eigentümer eingetragen ist.

Zur Absicherung während der Kaufverhandlungen und Vertragsabwicklung kann die Verkäuferin auch einen Rangordnungsbeschluss über die beabsichtigte Veräußerung beantragen und diesen an den Käufer oder den Treuhänder übergeben. Damit wird der grundbücherliche Rang (der „Platz des künftigen Eigentümers im Grundbuch") ein Jahr lang „besetzt" und man ist sicher, dass kein anderer Käufer zuvorkommen kann. Es wird nämlich auf diesem Grundbuchsrang nur diejenige Person eingetragen, die den Beschluss vorlegt.

Kauft man ein Grundstück oder eine Eigentumswohnung, muss man zusätzlich zum Kaufpreis **mit ca. 10% Nebenkosten** rechnen:

land register entry
Grundbucheintrag

Treuhänder
jemand, der in eigenem Namen auftritt und fremde Rechte ausübt. Er ist dem Inhaber der Rechte (d. h. dem Treugeber) für die Ausübung verantwortlich.

Rangordnungsbeschluss
Anmerkung im Grundbuch zur Ersichtlichmachung bestimmter Umstände

- 3,5 % Grunderwerbsteuer
- Maklerprovision (bei Inanspruchnahme eines Immobilienmaklers)
- Kosten für die Vertragserrichtung
- Kosten für die Treuhandschaft
- Kosten für die Unterschriftenbeglaubigung
- Gebühr für Eintragung in das Grundbuch

Beim Kauf einer neu errichteten Eigentumswohnung von einem Bauträger schützt den Käufer das **Bauträgervertragsgesetz,** z. B. müssen Zahlungen nur entsprechend dem Baufortschritt an einen Treuhänder geleistet werden.

Maklerprovision
Beim Kauf eines Grundstücks oder einer Eigentumswohnung fallen zusätzliche Zahlungen an, die nicht unerheblich sind.

mortgage, pledge on real estate
Hypothek

Hypothek

Ein Pfandrecht an einem Grundstück wird Hypothek genannt.

Erwerb einer Hypothek		
Rechtsgrund (Vertrag)	und	Eintragung in das Grundbuch

Da Grundstücke zumeist sehr wertvoll sind, werden sie häufig mehrfach verpfändet. Auch hier gilt das **Prioritätsprinzip**.

Beispiel: Auf einem Grundstück lasten folgende Hypotheken:

1. Pfandrecht für die Landeshypothekenanstalt € 35.000,–
2. Pfandrecht für den Wohnhaus-Wiederaufbaufonds € 49.000,–
3. Pfandrecht für die Allgemeine Bausparkasse € 45.000,–

Wird das Grundstück im Rahmen einer Exekution versteigert und wird dabei ein Erlös von € 120.000,– erzielt, wird dieser wie folgt verteilt:

1. Zuerst werden die Verfahrenskosten (Gerichtsgebühren, Anwaltskosten etc.) abgedeckt.
2. Danach erhält die Landeshypothekenanstalt ihre offene Forderung in Höhe von € 35.000,–.
3. Die nächste Zahlung erhält der Wohnhaus-Wiederaufbaufonds, maximal € 49.000,–.
4. Ist danach noch Geld von der Versteigerung übrig, bekommt es die Allgemeine Bausparkasse.

Die Gläubiger/innen können versuchen, dass sie den nach der Verteilung noch offenen Teil ihrer Forderungen aus dem sonstigen Vermögen des Schuldners bzw. der Schuldnerin bekommen. Da die Zwangsversteigerung eines der letzten Mittel ist, das Gläubiger/innen anwenden, um ihre Forderungen zu erhalten, sind die Chancen, noch zu Geld zu kommen, sehr gering.

Ü 2.36 Hypothek A

Franz Trimmel verpfändet sein Grundstück. Die Hypothek wurde ordnungsgemäß im Grundbuch vermerkt. Andreas Klein kauft das Grundstück. Muss er die Hypothek zurückzahlen?

Kennzeichne, ob folgende Aussagen richtig oder falsch sind.

LINK
Ü 2.36 Hypothek
interaktive Übung

Aussagen	Richtig	Falsch
Franz Trimmel hat die Schuld aufgenommen, daher muss er sie auch zurückzahlen.		
Die Schuld haftet am Grundstück, daher muss sie der jeweilige Eigentümer zurückzahlen.		

Aussagen	Richtig	Falsch
Franz Trimmel darf das Grundstück nur mit Zustimmung des Gläubigers verkaufen.		
Bei Eigentümerwechsel geht die Hypothek unter und der Gläubiger verliert das Pfandrecht.		
Andreas Klein muss die Schuld zurückzahlen, da er Eigentümer des Grundstücks ist.		
Zahlt Trimmel nicht, kann das Grundstück versteigert werden.		

Dienstbarkeit

Dienstbarkeiten sind **beschränkte dingliche Nutzungsrechte** an einer fremden Sache. Der Eigentümer dieser Sache ist verpflichtet, zugunsten einer anderen Person etwas zu dulden oder zu unterlassen. Dienstbarkeiten werden auch als **Servituten** bezeichnet.

encumbrance, easement, servitude
Dienstbarkeit

L 2.2 Grunddienstbarkeit

Auf das Grundstück von Gerlinde und Robert Meixner gelangt man nur über das Grundstück der Familie Leitner. Daher vereinbaren die Meixners mit den Leitners, dass diese ihnen gestatten, über das Grundstück zu gehen.

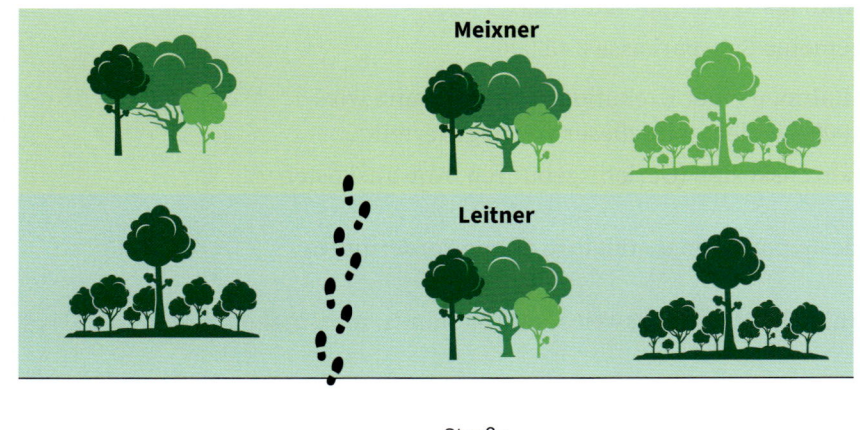

Grunddienstbarkeiten
Wird eine Dienstbarkeit vereinbart und in das Grundbuch eingetragen, dann sind auch spätere Eigentümer/innen an diese Vereinbarung gebunden.

Verkaufen die Leitners ihr Grundstück aber, sind die Käufer nicht mehr an diese Vereinbarung gebunden. Verträge gelten nur zwischen den Parteien, die den Vertrag abschließen. Wie können sich Gerlinde und Robert Meixner absichern, dass sie dauerhaft Zugang zu ihrem Grundstück haben?

Lösung:

Es kann eine Dienstbarkeit begründet werden, dann sind auch alle späteren Eigentümer/innen an diese Vereinbarung gebunden. Durch die Eintragung ins Grundbuch wird die Dienstbarkeit zu einem absoluten Recht.

Die Eintragung erfolgt im A2-Blatt des Grundstückes der Meixners (herrschendes Grundstück) und im C-Blatt des Grundstückes der Leitners (dienendes Grundstück).

ÜBEN

In dieser Lerneinheit hast du viel über Rechtsfragen beim Kauf gelernt. Bearbeite nun die folgenden Aufgaben.

Ü 2.37 Vertragsabschluss A

Kennzeichne, ob die Aussagen richtig oder falsch sind, und begründe deine Antwort.

LINK
Ü 2.37 Vertragsabschluss
interaktive Übung

Aussagen	Richtig	Falsch	Begründung
Ein Vertrag kommt durch zwei übereinstimmende Willenserklärungen zustande.			
Auch wenn man zur Willenserklärung gezwungen wurde, ist der Vertrag gültig.			
An ein Vertragsangebot ist der Anbieter nicht gebunden.			
Das Ausstellen von Waren in einem Schaufenster ist ein Angebot, einen Vertrag abzuschließen.			
Werden Sachen im Internet angeboten, müssen diese jeder Person, die sie bestellt, geliefert werden.			
Wo die Ware zu übergeben ist, kann frei vereinbart werden.			

Ü 2.38 Eigentumsübertragung B

Gregor Heiner und Maria Schwarz vereinbaren am 3.5.2020, dass Schwarz Heiners PC kauft. Am 16.5.2020 übergibt Heiner das Gerät an Schwarz. Am 29.5.2020 bezahlt Schwarz den noch offenen Kaufpreis.

a) Erkläre, wann Maria Schwarz Eigentum am PC erworben hat.

b) Prüfe, ob der private Verkäufer Heiner der Käuferin Gewähr leisten muss.

Ü 2.39 Versandhandel B

Günther Klein bestellt bei einem Versandhandel einen Hometrainer, den er im Wohnzimmer aufstellen möchte. Auf dem Transport geht die Sendung verloren. Klein will daher nicht bezahlen, obwohl der Händler nachweisen kann, dass er das Paket zur Post gebracht und aufgegeben hat.

a) Wann wird Klein Eigentümer des Hometrainers?

b) Kläre, ob Klein das Entgelt für die Bestellung bezahlen muss.

Ü 2.40 Kauf einer Musikbox B

Alexandra Bauer betritt am 3. Mai das Geschäftslokal der Elektronik GmbH und sieht sich eine Musikbox an. Im Verkaufsgespräch preist der Verkäufer die Vorzüge des Gerätes an, erklärt, dass sich die Box sowohl mit iOS- als auch mit Android-Geräten verbinden kann, und verspricht 5 % Nachlass auf die angeschriebenen Preise. Zwei Tage später kommt Alexandra Bauer nochmals in das Geschäft und bestellt die Box. Da sie nicht lagernd ist, holt Alexandra sie am 10. Mai. Am 15. Mai überweist sie den Rechnungsbetrag mittels Online-Banking.

a) Wie lange ist der Verkäufer an sein Angebot, 5 % des Preises nachzulassen, gebunden?

b) Wann hat Alexandra Bauer Eigentum an der Musikbox erworben?

c) Hat Alexandra Bauer Ansprüche gegen den Verkäufer oder den Hersteller, wenn sich die Box nicht mit iOS-Geräten verbinden kann?

Ü 2.41 Verpfändung eines Autos `D`

Fritz Grüner erhält von Georg Walder ein Darlehen über € 1.000,– Sie vereinbaren, dass das Auto Grüners als Pfand dienen soll. Da Grüner das Auto für seine Arbeit benötigt, vereinbaren sie weiters, dass er es bei sich behält. Nur, wenn er mit der Rückzahlung in Verzug gerät, muss er das Auto an Walder übergeben.

Erläutere, ob ein Pfandrecht begründet wurde.

Ü 2.42 Bürgschaft `B`

Franio Huber verspricht mündlich, dass er für Sigrid Greiner als Bürge und Zahler haftet. Greiner ist am Tag der Fälligkeit nicht auffindbar. Daher wendet sich der Gläubiger an Huber. Dieser verweigert die Zahlung mit dem Hinweis, dass der Gläubiger nicht versucht hätte, die Schuld bei der Schuldnerin einzutreiben und er (Huber) nur für die Hälfte der Schuld hafte.

Prüfe,

a) ob eine gültige Bürgschaft vorliegt und begründe deine Antwort.

b) ob der Einwand von Franio Huber richtig ist, wenn die Bürgschaft gültig ist.

Ü 2.43 Grundstückskauf `D`

Thomas Erner möchte ein Grundstück kaufen. Als er es besichtigt, erzählen ihm Nachbarn, dass eine Dienstbarkeit, ein Wegerecht, darauf lastet.

a) Erkläre, was eine Dienstbarkeit ist.

b) Erläutere, wo sich Thomas Erner überzeugen kann, ob das Gerücht der Wahrheit entspricht.

c) Prüfe, ob das Wegerecht auch gegenüber einem neuen Eigentümer gilt.

Ü 2.44 Verwertung eines Pfandes `C`

Nach der Versteigerung der Pfandsache bleibt noch ein unbeglichener Rest der Schuld. Der Schuldner verweigert die Bezahlung mit dem Hinweis, dass die Pfandsache weit unter ihrem Wert versteigert wurde und überdies der Gläubiger das Risiko trage, dass bei einer Versteigerung genug hereinkomme.

a) Ist der Schuldner im Recht? Begründe deine Antwort.

b) Stelle dar, wie der Erlös einer derartigen Versteigerung aufgeteilt wird.

Ü 2.45 Hypothek `B`

Du kaufst ein Grundstück. Der Voreigentümer hat bei der Bank ein Darlehen über € 80.000,– aufgenommen, wofür im Grundbuch eine Hypothek über € 100.000,– eingetragen wurde. Anlässlich des Kaufs wurden über die Hypothek keine Vereinbarungen getroffen. Du besitzt neben dem Grundstück ein Auto, Wertpapiere, Sparbücher und eine Eigentumswohnung.

a) Erläutere, ob die Hypothek im Grundbuch eingetragen bleibt.

b) Wer haftet für die Schuld?

c) Das Darlehen wird nicht zurückbezahlt. Welche Möglichkeiten hat der Hypothekargläubiger, zu seinem Geld zu kommen? (Was kann er von dir verlangen? Kann er auch von anderen Personen etwas verlangen?)

 LINK

Pfändungstabellen
Hier erfährst du, bis zu welchem Betrag ein Einkommen gepfändet werden kann.

schuldnerberatung-wien.at

KÖNNEN

Bei den folgenden Aufgaben kannst du dein Wissen weiter anwenden.

K 2.5 Lieferzeitpunkt D

Ein Verbraucher bestellt im Internet eine Ware. Auf der Website waren keine Angaben über die Lieferfrist zu finden. Auf dem letzten Button, den der Verbraucher zu drücken hatte, stand das Wort „Bestellen". Er erhält die Lieferung nach 6 Wochen.

a) Begründe, ob ein gültiger Vertrag zustande gekommen ist.

b) Wenn ein gültiger Vertrag zustande gekommen ist: Erläutere, ob der Verbraucher die Ware annehmen muss.

K 2.6 Nichtbezahlung des Kaufpreises B

Ernst Zobel kauft ein Fernsehgerät. Da er nicht über genügend Geld verfügt, wird Ratenzahlung vereinbart. Zobel kann auch andere Schulden nicht bezahlen. Bei der folgenden Klage stellt sich heraus, dass Zobel mittellos ist und nichts bezahlen kann.

Kläre,

a) ob das Fernsehgerät von Zobels Gläubigern verwertet werden kann.

b) was der Verkäufer vereinbaren hätte können, damit er nicht Kaufpreis und Gerät verliert.

c) wann die Vereinbarung abzuschließen gewesen wäre.

d) ob durch diese Vereinbarung der Verkäufer jederzeit „sein" Gerät zurückverlangen kann.

K 2.7 Kauf eines Buches B

Da du Kassier/in bei einem Verein bist, benötigst du Informationen über die Steuern, die der Verein zu bezahlen hat. Als du das oben abgebildete Flugblatt siehst, beschließt du, das Buch „Steuern im Verein" zu bestellen. Du füllst daher die Bestellung aus und schickst sie ein.

Bestellschein ausfüllen und faxen!

Bestellhotline: Telefon:+43 1 510 10-100, Fax: +43 1 510 10-999, bestellen@rechtsverlag.at

JA, ich bestelle:

☐ **Steuern im Verein**
Br. EUR 18,80, ISBN 978-3-1111-1298-7

☐ **Vereinsgründung – ein Handbuch**
Br. EUR 17,30, ISBN 978-3-1111-1372-5

☐ **Steuertipps aktuell**
Br. EUR 19,90, ISBN 978-3-111-4357-2

☐ **Senden Sie mir bitte den elektronischen Newsletter**

Preise inkl. MWSt., zzgl Versandkosten. Lieferung unter Eigentumsvorbehalt. Loseblattausgaben, Datenträger und Sammelwerke zur Fortsetzung bis auf Widerruf; der Widerruf entfaltet keine Wirksamkeit für bereits erhaltene, sondern nur für zukünftige Lieferungen und hat schriftlich zu erfolgen; Irrtum und Preisänderungen vorbehalten. Ich bin damit einverstanden, dass ich gelegentlich insbesondere per Fax, per E-Mail oder telefonisch über Neuerscheinungen informiert werde. Die Zustimmung kann jederzeit schriftlich widerrufen werden. Kundenbezogene Daten werden zur Kundenbetreuung gespeichert. Ich stimme einer Verwendung und Verwertung meiner personenbezogenen Daten für die ordnungsgemäße Vertragserfüllung, für die Abrechnung und zur Bewerbung eigener Verlagsprodukte – durch konventionelle sowie elektronische Werbezusendungen – zu. Konsumenten iSd § 1 KSchG sind unbeschade der in § 5f KSchG angeführten Ausnahmen innherhalb von sieben Werktagen ab dem Tag des Einlangens der Lieferung gem § 5e KSchG zum Vertragsrücktritt berechtigt. Stand Juni 2015

Kundennummer	
Vor-, Zuname/Titel	
Unternehmen	
Tel.	E-Mail-Adresse
Straße	
PLZ	Ort
Datum/Unterschrift	

a) Wer hat das Angebot gestellt?

b) Eine Woche nach Absenden des Faxes erhältst du vom Verlag folgenden Brief:

> „Liebe/r Interessent/in! Leider mussten wir den Preis für das von Ihnen bestellte Buch aufgrund erhöhter Produktionskosten anpassen. Wir erlauben uns daher, Ihnen für das Buch € 25,– zu verrechnen. Mit freundlichen Grüßen …"

Welche Auswirkungen hat dies auf den Vertrag?

Musst du das Buch zu diesem Preis annehmen?

c) Da du drei Wochen, nachdem du das Fax abgesendet hast, das Buch noch immer nicht erhalten hast, beschließt du, es in einer Buchhandlung zu kaufen. Am Tag nach dem Kauf bringt die Post das Buch.

Musst du es behalten und bezahlen?

d) Zu welchem Zeitpunkt wirst du Eigentümer/in des Buches?

e) Darfst du als Eigentümer/in das Buch einer anderen Person borgen?

f) Beim Durchblättern des Buches siehst du, dass es unbedruckte Seiten enthält. Welche Ansprüche gewährt dir das Gesetz?

g) Du zahlst den Rechnungsbetrag per Online-Banking.

Wann musst du zahlen?

Wer hat die Überweisungskosten zu tragen?

Wer trägt die Verantwortung, dass der Betrag auf dem Konto des Empfängers einlangt?

h) Auf der Rechnung des Verlags steht, dass der Verlag bis zur vollständigen Bezahlung Eigentümer bleibt.

Was soll mit dieser Klausel erreicht werden?

Ist sie in dieser Form zulässig?

i) Da du vier Wochen nach Erhalt des Buches noch nicht bezahlt hast, verlangt der Verlag von dir Verzugszinsen.

In welcher Höhe darf er dies, wenn nichts vereinbart wurde?

K 2.8 Ausmalen einer Wohnung B

Carola Müllner möchte ihre Wohnung ausmalen lassen. Daher lässt sie sich von einem Malermeister ein Angebot samt Kostenvoranschlag geben. Aufgrund dieses Angebotes erteilt sie dem Malerbetrieb den Auftrag zum Ausmalen.

a) Darf der Unternehmer für das Angebot ein Entgelt verlangen, wenn nichts vereinbart wurde?

b) Als der Malermeister die Hälfte der Arbeiten erledigt hat, stellt er fest, dass er aufgrund schlechter Beschaffenheit der Wände mehr Zeit benötigt, als er im Kostenvoranschlag vorgesehen hat. Kann er von Carola Müllner verlangen, dass sie diese zusätzliche Zeit bezahlt?

c) Zu welchem Zeitpunkt muss Carola Müllner die Arbeit bezahlen, wenn nichts vereinbart wurde?

d) Wie kann der Unternehmer Carola Müllner dazu bringen, schnell zu bezahlen, ohne rechtliche Schritte zu setzen?

e) Zwei Monate nachdem der Maler seine Arbeit beendet hat, blättert die Farbe von der Wand. Welche rechtlichen Möglichkeiten hat Carola Müllner, damit die Wand wieder in Ordnung kommt?

K 2.9 Hypothek A

Barbara Marcovic verpfändet ihr Grundstück. Die Hypothek wurde ordnungsgemäß im Grundbuch vermerkt. Kurz danach kauft Andreas Groß das Grundstück.

a) Beschreibe, wo und in welcher Form das Grundbuch geführt wird.

b) Erläutere, wer in das Grundbuch Einsicht hat.

c) Erkläre, wo du in das Grundbuch Einsicht nehmen kannst.

d) Prüfe, ob Andreas Groß die Hypothekarschuld zurückzahlen muss.

KOMPETENZCHECK

Meine Kompetenzen	Kann ich?	Aufgaben
Ich kann erläutern, wie Eigentum erworben wird.		Ü 2.22, Ü 2.23, Ü 2.24, Ü 2.38, Ü 2.39, Ü 2.40
Ich kann erläutern, wie ein Vertrag abgeschlossen wird.		Ü 2.21, Ü 2.24, Ü 2.26, Ü 2.37
Ich kann erläutern, wie man Gewährleistungsansprüche geltend macht.		Ü 2.34
Ich kann erläutern, welche Nebenabreden in Verträgen getroffen werden können.		Ü 2.35, Ü 2.42, Ü 2.44

 LERNEN

4 Schadenersatzrecht

Ob im Straßenverkehr, bei Sport- und Freizeitaktivitäten, bei handwerklichen Tätigkeiten oder auch bei der Erbringung von Dienstleistungen wie Bankgeschäften oder der Bilanzbuchhaltung – immer wieder kann es passieren, dass wir Schäden erleiden oder auch anderen Schaden zufügen. Dann stellt sich die Frage, ob, von wem und wie viel Schadenersatz eine geschädigte Person bekommen kann.

Ü 2.46 Du bist mit dem Rad gefahren und wurdest beim vorschriftsmäßigen Linksabbiegen von einem Pkw niedergestoßen. Du hast Prellungen und einen Bruch des Unterschenkels erlitten, deine Hose wurde zerrissen und dein Fahrrad beschädigt. Überlege, welche Schäden vorliegen.

1 Grundlagen

Um Streitfälle im Bereich des Schadenersatzes zu klären, werden oft jahrelange, teure Prozesse, z. T. unter Beteiligung von Versicherungen, geführt. In Österreich herrschen zwar noch keine amerikanischen Verhältnisse, aber die Bedeutung des Schadenersatzrechts nimmt stetig zu.

Schadenersatz und Zufall

Schadenersatz ist nicht selbstverständlich. Für viele Schäden im täglichen Leben gibt es keinen Ersatz, z. B. wenn sich jemand den Arm bei einem Sturz bricht. Für diese Fälle können Versicherungsverträge abgeschlossen werden – hier würde die Unfallversicherung eine Leistung erbringen.

Schadenersatz fällig?
Das Schadenersatzrecht spielt in der Praxis eine wichtige Rolle. Mehr als die Hälfte aller Zivilrechtsprozesse betreffen Schadenersatzthemen.

law of damages, tort law
Schadenersatzrecht

Millionen für verschütteten Kaffee
USA – das Land der spektakulären Prozesse: Eine Fastfood-Kette musste rund zwei Millionen Euro Schadenersatz zahlen, weil einer Kundin heißer Kaffee auf den Schoß kippte.

Es gilt der Rechtsgrundsatz: **„Jeder hat seinen Schaden selbst zu tragen."** Im ABGB heißt es in § 1311: „Der bloße Zufall trifft denjenigen, in dessen Vermögen oder Person er sich ereignet."

Hochwasser in Stein an der Donau
Auch Schäden durch Naturereignisse wie Hagel oder Überschwemmung müssen grundsätzlich selbst getragen werden, außer es besteht eine Versicherung speziell für diesen Fall.

Gründe für Schadenersatz

Die Pflicht zum Schadenersatz durch Dritte soll zweierlei bewirken:

- Es soll ein **Ausgleich für erlittene Schäden** herbeigeführt werden.
- Es soll ein **Anreiz zur Schadensvermeidung** geschaffen werden.

Soziale Überlegungen spielen grundsätzlich keine Rolle. Auch reiche Geschädigte können von armen Schädigerinnen und Schädigern Ersatz fordern. Nur in Ausnahmefällen kann vom Gericht aus sozialen Gründen Schadenersatz zugesprochen werden, obwohl die schädigende Person nach allgemeinen Grundsätzen nicht haften würde. So kann z. B. ein 10-jähriges Kind für die schwere Verletzung eines Freundes haften, wenn eine Haushaltsversicherung besteht. Aber: ein achtjähriges Kind haftet nicht für die Augenverletzung eines anderen Kindes durch einen Stock.

claim for damages, claim of indemnification, claim for compensation
Schadenersatzanspruch

Entstehung von Schadenersatzansprüchen

Ein Schaden kann aus unterschiedlichen Gründen entstehen.

Entstehung des Schadens durch	
Verletzung eines Vertrags (ex contractu)	**Verletzung allgemeiner Sorgfaltspflichten** (ex delicto)
Beispiel: Die Bank haftet für fehlerhafte Anlageberatung.	**Beispiel:** Ein Autofahrer beschädigt ein anderes Fahrzeug.

Schadenersatzansprüche aus einem Vertrag sind für den Geschädigten aufgrund der Beweislastumkehr grundsätzlich leichter durchsetzbar.

person claimed to be liable
Schädiger

person sustaining the damage
Geschädigter

Beweislast

Die **Beweislast für das Verschulden** trifft grundsätzlich den **Geschädigten.** Bei Schäden aus einem Vertrag gilt allerdings die **Beweislastumkehr.**

Beweislastumkehr
Der Schädiger muss beweisen, dass ihn an der Schadenszufügung kein Verschulden trifft. Wenn er seine Schuldlosigkeit nicht beweisen kann, wird er aufgrund der Beweislast einen möglichen Prozess verlieren.

Zivilrechtliche Deliktsfähigkeit

Grundsätzlich sind **Personen ab dem vollendeten 14. Lebensjahr** für ihre Handlungen selbst verantwortlich und auch schadenersatzpflichtig. Jüngeren fehlt laut Ansicht des Gesetzgebers die nötige Einsicht für ihr Fehlverhalten.

Unter bestimmten Bedingungen haften aber auch schon unter 14-Jährige – nämlich dann, wenn sie eine gewisse Einsichtsfähigkeit haben und Vermögen besitzen. Außerdem besteht die **Haftung der Erziehungsberechtigten** bei Verletzung der Aufsichtspflicht (siehe „Haftung von Aufsichtspersonen" auf S. 98).

Verhältnis Schadenersatz und Strafrecht

Ein Sachverhalt kann gleichzeitig **mehrere Rechtsfolgen** haben:

- **Schadenersatz** (Privatrecht, Zuständigkeit: Zivilgericht) und
- **gerichtliche Strafe** (Öffentliches Recht, Zuständigkeit: Strafgericht) oder Verwaltungsstrafe (Öffentliches Recht, Zuständigkeit: Verwaltungsbehörde)

Beispiel: Eine Rauferei mit Körperverletzung bedeutet Schadenersatzpflicht des Schlägers (Zivilrecht) und eine gerichtliche Geld- oder Freiheitsstrafe (Strafrecht). Dabei können die Schadenersatzzahlungen wesentlich höher sein als eine eventuelle Geldstrafe, z. B. für eine schwere Körperverletzung mit bleibenden Schäden.

Ü 2.47 Grundlagen des Schadenersatzrechts B

Kreuze an, ob die folgenden Aussagen richtig oder falsch sind. Stelle falsche Aussagen richtig.

LINK
Ü 2.47 Grundlagen des Schadenersatzrechts
interaktive Übung

Aussage	Richtig	Falsch	Richtigstellung
Im Schadensfall besteht immer ein Schadenersatzanspruch.		X	nicht immer
Geschädigte müssen bei der Vertragshaftung alle Voraussetzungen für einen Schadenersatzanspruch beweisen.		X	denn den Geschädigte juket das nicht solange er nicht schuld ist / nicht alle
Wenn ein Geschädigter seinen Schaden nicht beweisen kann, wird die Schadenersatzklage abgewiesen.		X	es geht um den Schaden
Mündige Minderjährige haften zivilrechtlich für ihre Handlungen.	X		ab 14 deliksfähig
Schadenersatz aus Vertragsverletzung ist leichter durchsetzbar.	X		Beweislastumkehr
Eine Tat kann immer nur einen Prozess nach sich ziehen: einen Zivil- oder einen Strafprozess.			

② Voraussetzungen für einen Schadenersatzanspruch

Damit Anspruch auf Schadenersatz geltend gemacht werden kann, müssen bestimmte Voraussetzungen bestehen.

causation, causality
Verursachung

illegality, unlawfulness
Rechtswidrigkeit

fault, blame
Verschulden

Anspruch auf Schadenersatz: Für einen Schadenersatzanspruch müssen vier Voraussetzungen vorliegen: Schaden, Verursachung, Verschulden und Rechtswidrigkeit.

Voraussetzungen für einen Schadenersatzanspruch			
Eintritt des Schadens	**Verursachung (Kausalität)**	**Verschulden**	**Rechtswidrigkeit**
Würde der Geschädigte ohne die Handlung bzw. Unterlassung des Schädigers besser dastehen?	Wäre der Schaden auch ohne das Verhalten des Schädigers eingetreten?	Hätte der Schädiger den Schaden vermeiden können?	Wurde gegen ein Gesetz oder eine Vertragspflicht verstoßen?

Schaden

Es können drei Arten von Schäden unterschieden werden.

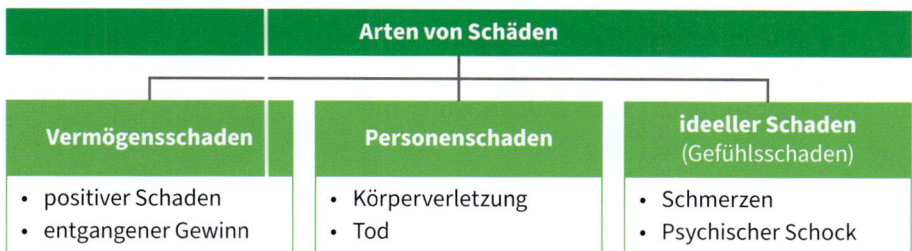

Arten von Schäden		
Vermögensschaden	**Personenschaden**	**ideeller Schaden** (Gefühlsschaden)
• positiver Schaden • entgangener Gewinn	• Körperverletzung • Tod	• Schmerzen • Psychischer Schock

Beispiel: Auf einer Baustelle wird ein Kran durch einen Lkw beschädigt. Der Schaden am Kran gilt als positiver Schaden, der Ertrag aus dem zukünftigen Einsatz des Krans als entgangener Gewinn.

Ideelle Schäden sind nicht in Geld messbar und werden nur in Ausnahmefällen ersetzt:

■ Schmerzengeld für erlittene Körperverletzung

■ Trauerschmerzengeld bei Verlust naher Angehöriger („Schockschaden")

■ Ersatz für entgangene Urlaubsfreude

Die erlittene seelische Beeinträchtigung wird von einem gerichtlich beeideten **medizinischen Sachverständigen** beurteilt (z. B. Neurologe bzw. Neurologin). Das Gutachten dient als Grundlage für die freiwillige Zahlung (einer Versicherung) oder den gerichtlichen Zuspruch von pauschalen Schadenersatzbeträgen. Als Orientierungshilfe dient dabei eine Aufstellung von Schmerzengeldsätzen.

Verursachung (Kausalität)

Eine Person oder jemand, der ihr zurechenbar ist (z. B. Dienstnehmer/innen, Kinder unter Aufsichtspflicht), hat den Schaden verursacht – und zwar durch eine **Handlung** oder **Unterlassung.**

Verschulden

Die Handlung muss dem Schädiger persönlich vorwerfbar sein, d. h., er hätte sie vermeiden sollen und auch vermeiden können.

Arten des Verschuldens		
Vorsatz	**Fahrlässigkeit**	
Schaden wird **wissentlich und gewollt** herbeigeführt.	Schaden entsteht durch **mangelnde Sorgfalt.**	
	leichte Fahrlässigkeit	**grobe Fahrlässigkeit**
Beispiele: • Randalierer schlagen bei einer Demo ein Schaufenster ein. • Bei einem Streit in einem Club verletzt ein Besucher einen anderen mit einer abgeschlagenen Bierflasche schwer.	Dieser Fehler kann auch einem sorgfältigen Menschen passieren. **Beispiel:** Ein Autofahrer fährt bei guten Fahr- und Sichtverhältnissen geringfügig zu schnell und verletzt dabei eine Radfahrerin.	Dieser Fehler passiert einem sorgfältigen Menschen keinesfalls. **Beispiel:** Eine Autofahrerin überfährt im alkoholisierten Zustand eine rote Ampel und verletzt einen Mopedfahrer.

Auszug aus § 1295 ABGB

„Jedermann ist berechtigt, von dem Beschädiger den Ersatz des Schadens, welchen dieser ihm aus Verschulden zugefügt hat, zu fordern; der Schaden mag durch Übertretung einer Vertragspflicht oder ohne Beziehung auf einen Vertrag verursacht worden sein."

LINK
Schmerzengeldtabelle
Hier findest du Informationen zu Schmerzengeldsätzen in Österreich.

widab.gerichts-sv.at

intention, deliberate action, deliberately
Vorsatz

negligence
Fahrlässigkeit

light negligence
leichte Fahrlässigkeit

gross negligence
grobe Fahrlässigkeit

Bei der **Beurteilung der Fahrlässigkeit** wird auf die **Sorgfaltspflichten der jeweiligen Berufsgruppe** abgestellt (z. B. die Sorgfaltspflichten eines Buchhalters, einer Anlageberaterin, eines Elektrikers, einer Ärztin). Die Abgrenzung zwischen leichter und grober Fahrlässigkeit ist in der Praxis oft sehr schwierig, jedoch für die Höhe des Schadenersatzes bei Vermögensschäden relevant. Je schwerer das Verschulden, umso mehr ist zu ersetzen.

In bestimmten Fällen besteht auch eine **Haftung ohne Verschulden** (z. B. die Haftung des Fahrzeughalters, siehe S. 99).

Rechtswidrigkeit

Ein Verhalten ist rechtswidrig, wenn es gegen ein Gesetz oder gegen einen Vertrag verstößt.

- **Verstoß gegen ein Gesetz:** Bei einer Rauferei bricht einer dem anderen die Nase. Körperverletzung ist nach § 83 StGB verboten und strafbar. Das Opfer hat Anspruch auf Heilungskosten, Verdienstentgang und Schmerzengeld.

- **Verstoß gegen einen Vertrag:** Eine Schifahrerin verletzt sich bei der Abfahrt auf der Piste an einer ungesicherten Schneekanone. Mit dem Verkauf von Liftkarten entsteht auch die Pflicht zur Pistensicherung. Die Schifahrerin hat ebenfalls Anspruch auf Schadenersatz. Es gilt Beweislastumkehr.

Rechtfertigungsgründe

In Ausnahmefällen entsteht trotz rechtswidrigen Verhaltens keine Schadenersatzpflicht.

- **Notwehr:** wenn ein gegenwärtiger oder drohender Angriff auf eigene oder fremde Rechtsgüter im erforderlichen Ausmaß abgewehrt wird.
  Beispiel: Jemand wird überfallen, wehrt sich mit einem Pfefferspray und verletzt damit den Angreifer.

- **Notstand:** wenn zur Abwehr einer unmittelbar drohenden Gefahr in Rechtsgüter unbeteiligter Dritter eingegriffen wird (Interessensabwägung).
  Beispiel: Jemand sieht ein Kind, das bei starker Hitze in einem Fahrzeug eingeschlossen ist und das sichtlich Kreislaufprobleme hat. Er bricht das Fahrzeug auf.

Notwehr und Notstand sind auch im Strafrecht Rechtfertigungsgründe.

Die **Beweislast** für Schaden, Kausalität und Rechtswidrigkeit trägt immer die geschädigte Person, für Verschulden besteht bei vertraglicher Haftung **Beweislastumkehr.**

Ü 2.48 Voraussetzungen für einen Schadenersatzanspruch B

Kreuze an, ob die folgenden Aussagen richtig oder falsch sind. Stelle falsche Aussagen richtig.

Aussage	Richtig	Falsch	Richtigstellung
Die Handlung muss ursächlich für den Schaden sein.			

Verletzung der Sorgfaltspflicht
Ein sorgfältiger Berg- und Schiführer fährt nicht bei schlechten Witterungsverhältnissen und Lawinenstufe vier in einen über 35 Grad steilen Hang ein.

Notwehr gegen Einbrecher
Ein Schuss auf einen Einbrecher im Dunkeln, der trotz Zuruf und Warnschuss weiter auf Personen zugeht, erfolgt in Notwehr. Für die Schäden des Einbrechers besteht keine Haftung der Hausbewohner.

LINK
Ü 2.48 Voraussetzungen für einen Schadenersatzanspruch
interaktive Übung

Aussage	Richtig	Falsch	Richtigstellung
Der Schaden muss aus Rücksichtslosigkeit zugefügt worden sein.			
Die Handlung muss gegen ein Gesetz verstoßen.			
Es muss schon ein schwerwiegender Fehler passiert sein.			

Ü 2.49 Verschulden B

Ordne den folgenden Verhaltensweisen durch Ankreuzen die jeweilige Verschuldensform zu.

LINK
Ü 2.49 Verschulden
interaktive Übung

Verhalten	Vorsatz	leichte Fahrlässigkeit	grobe Fahrlässigkeit
Unfall beim Autofahren mit Sommerreifen bei winterlichen Fahrverhältnissen			
Verwüstung von Blumenbeeten und Ausreißen von Verkehrsschildern			
Streifen des Nachbar-Pkw beim langsamen Rückwärts-Einparken			
Verletzung einer Fußgängerin beim nächtlichen Mopedfahren ohne Licht			

Ü 2.50 Voraussetzungen für einen Schadenersatzanspruch C

Du hast beim Fußballspielen im Garten versehentlich das Motorrad des Nachbarn getroffen und der Spiegel ist abgebrochen. Prüfe, ob alle Voraussetzungen für einen Schadenersatzanspruch vorliegen. Wer könnte hier zahlen müssen?

3 Art und Umfang des Schadenersatzes

Grundsätzlich ist der **ursprüngliche Zustand** vom Schädiger wiederherzustellen. Das wird als „Naturalrestitution" bezeichnet. Wenn dies nicht möglich ist, muss **Geldersatz** geleistet werden.

Bei **Vermögensschäden** hängt die Höhe des Schadenersatzes vom Verschulden ab:

- Bei **leichter Fahrlässigkeit** ist weniger zu ersetzen: (nur) der positive Schaden.

- Bei **grober Fahrlässigkeit** sind Schaden und entgangener Gewinn zu ersetzen.

- Bei **Vorsatz** ist zusätzlich noch der Wert der besonderen Vorliebe zu ersetzen, z. B. bei Beschädigung von Sammlerobjekten wie Oldtimern.

Bei **Personenschäden** bestehen **unabhängig vom Verschulden** folgende Ansprüche:

- Heilungskosten

- Verdienstentgang

payment of damages, indemnity, damages, compensation
Schadenersatz

Restitution
Wiederherstellung, Wiedergutmachung

damage to property, financial damage
Vermögensschaden

personal injury
Personenschaden

immaterial damage
ideeller Schaden

- Schmerzengeld
- Verunstaltungsentschädigung (Ersatz für bleibende, auffällige Verunstaltungen wie z. B. eine große Narbe im Gesicht).
- Rente bei bleibenden Schäden
- Rente für Unterhaltsberechtigte bei Tod des Unterhaltspflichtigen

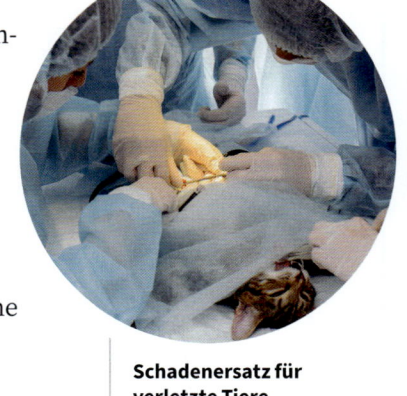

Schadensminderungspflicht

Geschädigte müssen sich um **Schadensverhinderung oder -begrenzung** bemühen, sonst werden ihre Ansprüche vermindert (z. B. ärztliche Behandlung nach einer Verletzung).

Mitverschulden des Geschädigten

Eigene **Fehler der Geschädigten,** wie das Nichtanlegen eines Sicherheitsgurts oder das Fehlen eines Sturzhelms, führen zu einer teilweisen Minderung des Schadenersatzanspruches, z. B. um ein Viertel oder um die Hälfte.

Beispiel: Bei Nichtanlegen eines Sicherheitsgurts oder Fehlen eines Sturzhelmes kann der Schadenersatzanspruch einer Verletzten vermindert werden.

Schadenersatz für verletzte Tiere
Es besteht die Pflicht zum Ersatz der (versuchten) Heilungskosten, auch wenn sie den Wert des Tieres übersteigen, wenn ein verständiger Tierhalter diese Kosten auch aufgewendet hätte.

Haftung mehrerer Schädiger

Wurde der Schaden durch **mehrere Personen** vorsätzlich herbeigeführt, haften diese **solidarisch**. Bei fahrlässiger Schädigung haftet jeder für seinen Anteil. Hat einer den ganzen Schaden ersetzt, steht ihm ein Regressanspruch gegen die Mithaftenden zu.

Regress
Rückgriff eines ersatzweise haftenden Schuldners auf die anderen Schuldner

limitation period
Verjährung

Verjährung

Schadenersatzansprüche müssen **innerhalb von drei Jahren** ab Kenntnis von Schaden und Schädiger gerichtlich geltend gemacht werden, sonst verjähren sie, d. h., sie können nicht mehr eingeklagt werden.

Ü 2.51 Art und Umfang des Schadenersatzes B

Kreuze an, ob die folgenden Aussagen richtig oder falsch sind. Stelle falsche Aussagen richtig.

 **LINK**
Ü 2.51 Art und Umfang des Schadenersatzes
interaktive Übung

Aussage	Richtig	Falsch	Richtigstellung
Je schwerer das Verschulden, desto mehr muss ersetzt werden.			
Der entgangene Gewinn ist nur bei Vorsatz zu ersetzen.			
Bei Körperverletzung steht immer ein Verdienstentgang zu.			
Eigenes Verschulden des Geschädigten wird nicht berücksichtigt.			
Ein Opfer einer Rauferei mit mehreren Beteiligten kann von einem der Täter den gesamten Schaden verlangen.			
Schadenersatzforderungen können zeitlich unbegrenzt geltend gemacht werden.			

Unfall-, Kasko- und Haftpflichtversicherungen decken die wichtigsten Bereiche von Schäden ab. Allerdings ist in den Versicherungsbedingungen oft Leistungsfreiheit bei Vorsatz und grober Fahrlässigkeit vorgesehen.

4 Haftung für fremdes Verschulden

liability, responsibility
Haftung

Grundsätzlich haftet jede Person nur für ihr eigenes Verhalten und nicht dafür, was andere machen. Es gibt aber Fälle, in denen eine Haftung für Fehler von anderen Personen besteht.

Haftung für fremdes Verschulden				
Haftung für Erfüllungsgehilfen	Haftung für Besorgungsgehilfen	Haftung von Aufsichtspersonen	Haftung des Wohnungsinhabers	Amtshaftung

Haftung für Erfüllungsgehilfen

Ein Unternehmer bzw. eine Unternehmerin haftet den Vertragspartnern gegenüber für das Verschulden von sämtlichen **Personen,** die ihn oder sie **bei der Vertragserfüllung unterstützen.**

Kundinnen und Kunden sollen haftungsmäßig nicht benachteiligt werden, wenn ein Unternehmen Mitarbeiter/innen zur Vertragserfüllung einsetzt oder den Auftrag an Subunternehmen weitergibt. Das Unternehmen haftet für Fehler solcher „Erfüllungsgehilfen". Geschädigte Kundinnen und Kunden können sich direkt an das Unternehmen wenden. Da es sich um eine vertragliche Haftung handelt, gilt die **Beweislastumkehr.**

Beispiel: Bei Lieferung und Einbau einer Küche beschädigen die Angestellten des Verkäufers den Parkettboden des Kunden. Das Unternehmen haftet dem Käufer für den Schaden, wobei aus der Vertragshaftung heraus Beweislastumkehr gilt.

Haftung bei Baggerarbeiten
Ein Bauunternehmen haftet für Schäden, die sein Baggerfahrer z.B. an einem Stromkabel verursacht.

Rückgriff auf Dienstnehmer

Wenn **Dienstnehmer/innen** bei der Arbeit dem/der Dienstgeber/in oder der Kundschaft Schaden zufügen, müssen sie diesen bei „entschuldbaren Fehlleistungen" gar nicht, bei leichter Fahrlässigkeit nur teilweise, ersetzen.

Diese **Haftungsbeschränkung des Dienstnehmerhaftpflichtgesetzes (DNHG)** wird mit der stärkeren wirtschaftlichen Position des Arbeitgebers bzw. der Arbeitgeberin begründet.

entschuldbare Fehlleistung
kann z.B. bei wenig Berufserfahrung, Übernahme eines neuen Aufgabengebietes, Überlastung, etc. vorliegen

Fortsetzung des Beispiels: Wenn der Parkettboden durch eine entschuldbare Fehlleistung beschädigt wurde, kann der Möbelhändler bei seinen Dienstnehmern keinen Regress nehmen.

Haftung für Besorgungsgehilfen

Ein Unternehmer haftet **Dritten** gegenüber für Schäden bei der Vertragsabwicklung nur, wenn seine Gehilfen **untüchtig** (z.B. ohne entsprechende Ausbildung) oder **wissentlich gefährlich** sind (z.B. Vorstrafen wegen Einbruchs oder Gewalttätigkeit). Die Beweislast liegt bei der geschädigten Person.

Fortsetzung des Beispiels: Bei der Lieferung der Küche beschädigen die Angestellten des Möbelhändlers die Wohnungstür des Nachbarn. Der Möbelhändler haftet **nur ausnahmsweise,** wenn der Angestellte ohne Ausbildung oder gefährlich war. Es haftet jedoch der Angestellte persönlich nach den schadenersatzrechtlichen Bestimmungen, wofür der geschädigte Nachbar die Beweislast trägt.

Haftung von Aufsichtspersonen

Aufsichtspflichtige Personen haften für durch die Beaufsichtigten verursachte Schäden, wenn sie die **zumutbare Aufsichtspflicht verletzt** haben.

Eltern, Lehr- und Pflegekräfte oder Kursleitende haften für die Schäden, welche ihre Kinder, Schüler/innen oder Kranken verursachen, nur bei Verletzung der zumutbaren Aufsichtspflicht. Was in der konkreten Situation zumutbar ist, wird **im Einzelfall beurteilt** und ist z. B. abhängig vom Alter, von der Entwicklung und vom Verhalten des Kindes, von der Gefährlichkeit der Tätigkeit oder der Zahl der zu beaufsichtigenden Kinder.

Beispiele:

- Ein **5-jähriges Kind** stößt im Wohnzimmer von Bekannten das Notebook vom Tisch und beschädigt es. Das Kind haftet selbst nicht. Die Eltern haften nicht, wenn sie sich daneben unterhalten und nur kurz nicht auf ihr Kind geachtet haben. Die Geschädigten müssen daher den Schaden selber tragen, sie hätten das Notebook bei Eintreffen des Kindes in Sicherheit bringen müssen. Wenn sich die Eltern während des Besuches die ganze Zeit im Wohnzimmer unterhalten haben, während das Kind unbeaufsichtigt im Arbeitszimmer der Bekannten war und dort einen PC beschädigt hat, haben die Eltern ihre Aufsichtspflicht verletzt und haften für den Schaden. Eine Haftpflichtversicherung deckt den Schaden ab.

- Wird der Schaden am PC durch ein **12-jähriges Kind** verursacht, kann es in Ausnahmefällen haften.

- **Ein 15-Jähriger** bzw. **eine 15-Jährige** haftet selbst für den Schaden am PC bei Vorliegen der vier Voraussetzungen: Schaden, Verursachung, Verschulden und Rechtswidrigkeit.

Beschädigtes Notebook
Kinder sind im Regelfall in der Haftpflichtversicherung der Eltern mitversichert (im Rahmen der Haushaltsversicherung).

Haftung des Wohnungsinhabers

Wohnungsinhaber/innen haften nach § 1318 ABGB für Schäden durch Herauswerfen oder Herausgießen aus einer Wohnung.

Beispiel: Partygäste werfen Flaschen vom Balkon der Wohnung, diese treffen Passanten auf dem Gehsteig. Es haften die Eigentümer/innen, Mieter/innen oder Benützer/innen der Wohnung, in der die Party veranstaltet wurde.

Amtshaftung

Bund, Länder, Gemeinden und sonstige Körperschaften öffentlichen Rechts haften für Schäden, die ihre Beamten und Vertragsbediensteten (Organe) jemandem **in Vollziehung der Gesetze** schuldhaft zugefügt haben.

Beispiel: Der Bund haftet Unbeteiligten für Schäden, die bei einem Polizeieinsatz entstehen.

LINK
Ü 2.52 Art und Umfang des Schadenersatzes
interaktive Übung

Ü 2.52 Art und Umfang des Schadenersatzes B

Kennzeichne die Aussagen mit „richtig" und „falsch" und korrigiere bei Bedarf.

Aussage	Richtig	Falsch	Richtigstellung
Die Haftung für Erfüllungsgehilfen ist für das Unternehmen weniger belastend als die Haftung für Besorgungsgehilfen.			

Aussage	Richtig	Falsch	Richtigstellung
Ein Angestellter, der bei der Arbeit einem Kunden Schaden zufügt, muss diesen Schaden nicht ersetzen.			
Eltern haften für alle Schäden, die ihre Kinder verursachen.			
Ein Schaden, den ein 14-Jähriger im Nachbargarten anrichtet, ist durch die Unfallversicherung abgedeckt.			

Ü 2.53 Haftung von Aufsichtspersonen `C`

Ist der weitverbreitete Hinweis „Eltern haften für ihre Kinder" berechtigt? Begründe deine Meinung.

5 Gefährdungshaftung

In bestimmten Fällen gibt es eine gesetzlich geregelte Haftung der verantwortlichen Person – teilweise auch **ohne deren Verschulden**. Dadurch soll **die Allgemeinheit vor Gefahren geschützt werden,** die z. B. beim Betrieb von Kraftfahrzeugen entstehen.

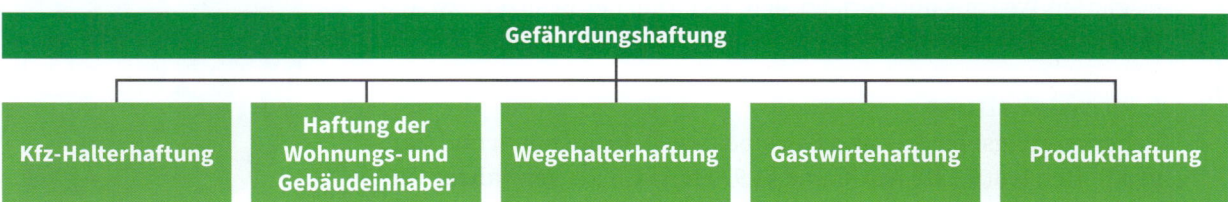

Kfz-Halterhaftung

Im Jahr 2020 verunglückten rund 38.000 Menschen bei Straßenverkehrsunfällen mit Personenschaden in Österreich – coronabedingt waren das zwar 15% weniger als im Vorjahr, jedoch spielt die Haftungsfrage bei Verkehrsunfällen eine große Rolle.

Haftung des Kfz-Halters

Für Unfälle beim **Betrieb von Fahrzeugen** mit einer Geschwindigkeit ab 10 km/h (Pkw, Lkw, Motorräder etc.) haftet der **Fahrzeughalter,** auch wenn er beim Unfall nicht dabei war.

Halter/in
Person, die das Fahrzeug auf eigene Kosten benützt und über dessen Verwendung bestimmt

Diese Haftung ist aufgrund der besonderen Gefahren, die von Fahrzeugen ausgehen, eine **verschuldensunabhängige Gefährdungshaftung** und kann bei schweren Verkehrsunfällen zu hohen Schadenersatzzahlungen führen. Zum Schutz von Kfz-Halter/in und Opfer besteht die **gesetzliche Pflicht** zum Abschluss einer **Kfz-Haftpflichtversicherung**.

Neben dem Halter und dessen Haftpflichtversicherung haftet auch der Lenker bzw. die Lenkerin eines Fahrzeugs bei Verschulden.

Weitere Fälle der verschuldensunabhängigen Gefährdungshaftung:

- Unfälle beim Betrieb von Eisenbahnen, Seilbahnen, Sessel- und Schlepp-
  pliften (z. B. Haftung der Liftbetreibergesellschaft, wenn die Betriebsvor-
  schriften nicht eingehalten werden oder der Lift bei einer gefährlichen
  Situation nicht sofort abgestellt wird)
- Unfälle beim Betrieb von Luftfahrzeugen
- Atomanlagen
- Stromleitungen
- Schäden durch Arbeiten mit gentechnisch veränderten Organismen

Ü 2.54 Kfz-Halterhaftung `C`

Überlege, warum die gesetzliche Pflicht zum Abschluss einer Kfz-Haftpflichtversicherung Halter und Opfer schützt.

Haftung im U-Bahn-Bereich
Wenn die U-Bahn-Türe
jemanden einklemmt und das
Personal die Gefahrensitua-
tion nicht erkennt, haftet der
Betriebsunternehmer nach
dem Eisenbahn- und Kraft-
fahrzeughaftpflichtgesetz
(EKHG) für Schadenersatz.

Haftung der Wohnungs- und Gebäudeinhaber

Besitzer/innen eines Gebäudes oder Gebäudeteiles (Gerüst, Zaun, Tor, Baum
etc.) haften laut § 1319 ABGB für **Schäden durch Einsturz oder Ablösung.**

Beispiel: Ein Gartentor wird durch den Wind aufgerissen und dadurch ein
Pkw beschädigt. Es haftet der Hausbesitzer bzw. die Hausbesitzerin.

Wegehalterhaftung

Der Halter bzw. die Halterin eines Weges haftet nach § 1319a ABGB denjenigen, die diesen benützen, für **Schäden durch den mangelhaften Zustand
des Weges** – jedoch nur bei grober Fahrlässigkeit. Wege müssen z.B. im
Winter ordnungsgemäß geräumt und gestreut werden.

Beispiel: Ein Passant rutscht vor dem Eingang eines Geschäftes auf dem
eisglatten Weg aus und verletzt sich. Es haftet der Besitzer bzw. die
Besitzerin des Geschäfts.

Gastwirtehaftung

Beherbergungsbetriebe und Betreiber von Badeanstalten und Gara-
gen haften laut § 1316 ABGB und §§ 970 ff ABGB als **Verwahrer** für die
von den Gästen übergebenen oder an den angewiesenen Ort gebrachten
Sachen.

Diese Haftung betrifft Betreiber/innen von Hotels und Pensionen, nicht aber
Restaurants, Cafés oder Bars. Betreiber/innen von Badeanstalten haften nur
für die üblicherweise zum Baden mitgebrachten Sachen, z. B. Badetuch oder
Kleidung.

Hinweisschild Garderobe
Das Aufhängen von Kleidungs-
stücken auf den Garderoben-
haken im Kaffeehaus begründet
in der Regel keinen Verwah-
rungsvertrag. Der Hinweis
„Für die Garderobe wird nicht
gehaftet" ist empfehlenswert,
aber nicht notwendig, da dies
ohnehin der bestehenden
Rechtslage entspricht.

Der Gastwirt haftet nicht, wenn er beweisen kann, dass der Schaden weder
durch ihn noch durch fremde, im Hause aus- und eingehende Personen
verursacht worden ist **(Beweislastumkehr).** Diese strenge Haftung wird
mit der „Gefahr des offenen Hauses" begründet, ist allerdings betraglich
beschränkt: Es besteht eine **Haftungsobergrenze von € 1.100,–** (für Geld und
Wertsachen € 550,–).

aus- und eingehende Personen
Gäste, Lieferanten, Einschleicher,
Diebe, nicht jedoch Räuber oder
Einbrecher, die sich den Zugang mit
Gewalt verschaffen

Der **Schaden** muss dem/der Wirt/in **unverzüglich angezeigt** werden. Die
Haftung kann auch durch Aushang nicht ausgeschlossen werden, allerdings
kann der Gastwirt bei Wertgegenständen zur Hinterlegung auffordern und
die Haftung bei Nichtbefolgung ablehnen.

Hotelbetreiber/innen sind grundsätzlich bis zu einem Betrag von € 1.100,–
für den Verlust von Schiern, die aus dem Schiraum verschwinden, haftbar
(Beweislastumkehr).

Produkthaftung

Mängel von Produkten werden durch gesetzliche Gewährleistungs- und eventuelle vertragliche Garantieansprüche geregelt. **Durch fehlerhafte Produkte** können jedoch auch **Schäden an Personen und Sachen** entstehen. Besonders bei ausländischen Produkten ist es oft schwierig, die Verantwortlichen dafür zu belangen.

product liability
Produkthaftung

product liability law
Produkthaftungsgesetz

Produkthaftungsgesetz

Das **Produkthaftungsgesetz (PHG)** legt eine **verschuldensunabhängige Haftung des Herstellers** für Personen- und Sachschäden durch Produkte fest.

Beispiel: Die schadhafte Pumpe einer Heizungsanlage verursacht einen Wasserschaden im Nebenraum. Der Hersteller haftet ab diesem Zeitpunkt drei Jahre gemäß PHG für das Beheben des Wasserschadens gegenüber einem Konsumenten, es besteht ein Selbstbehalt von € 500,–.

Als **Hersteller** gilt:

- der Produzent des End- oder eines Teilprodukts
- wer seinen Namen oder seine Marke auf dem Produkt anbringt
- wer das Produkt in den Europäischen Wirtschaftsraum (EWR) eingeführt hat (Importeur)
- der Händler, wenn die vorgenannten Hersteller nicht feststellbar sind

Es bestehen folgende **Haftungen:**

- Bei **Sachschäden** besteht die Haftung nur gegenüber Konsumentinnen und Konsumenten mit einem Selbstbehalt von € 500,–.
- **Personenschäden** sind unbegrenzt zu ersetzen.
- Mehrere Unternehmen oder Personen haften **solidarisch**, haben jedoch wechselseitige Regressansprüche.

Versicherung von Sachschäden
Hersteller und Importeure sind verpflichtet, als Vorsorge für eventuelle Schadenersatzansprüche eine Versicherung abzuschließen oder Rücklagen zu bilden.

Wie alle Schadenersatzansprüche **verjähren** Forderungen nach dem PHG **nach drei Jahren ab Kenntnis** von Schaden und Schädiger. Zehn Jahre, nachdem das Produkt das Werk verlassen hat, erlischt die Haftung.

Ü 2.55 Produkthaftung C

Welche der folgenden Schäden werden

- aufgrund der Produkthaftung nach dem PHG ersetzt,
- welche aufgrund von Gewährleistung und
- für welche gibt es keinen derartigen Anspruch?

LINK
Ü 2.55 Produkthaftung
interaktive Übung

Schaden	Produkthaftung nach dem PHG	Gewährleistung	kein Anspruch
Bei der Explosion eines schadhaften Druckkochtopfs wird der Koch verletzt.			
Das vor drei Jahren gekaufte Smartphone ist defekt.			
Eine fehlerhafte Lampe (vor fünf Jahren gekauft) bringt die Sicherungen zum Durchschmelzen und beschädigt den Sicherungskasten sowie die Holzverkleidung.			
Der Akku des vor drei Monaten gekauften E-Bikes explodiert und verletzt die Fahrerin.			

⑥ Tierhalterhaftung

Wird ein **Schaden** durch ein **Tier verursacht,** haftet

- die Person, die es angetrieben, gereizt oder nachlässig verwahrt hat,
- der/die Tierhalter/in, wenn er oder sie nicht für die sorgfältige Verwahrung oder Beaufsichtigung gesorgt hat.

Beispiele:

- Ein Hundehalter haftet, wenn er den Hund jemandem anvertraut, der ihn nicht halten kann, und deswegen ein Radfahrer stürzt und sich verletzt.
- Eine Pferdehalterin haftet, wenn die Pferde wegen eines zu niedrigen Zaunes auf die Straße springen und dort einen Autounfall verursachen.

Ü 2.56 Tierhalterhaftung C

Überlege, wie sich eine Tierhalterin gegen künftige Schadenersatzzahlungen für Schäden, welche ihr Tier anrichtet, absichern kann.

Pflicht der Tierhalter
Hunde müssen je nach Situation und Gefährlichkeit angeleint werden und einen Maulkorb tragen.

⑦ Verkehrssicherungspflicht

Die Verkehrssicherungspflicht ist die allgemeine Rechtspflicht, im täglichen Umgang **Rücksicht auf andere** zu nehmen, insbesondere die Pflicht zur **Absicherung von Gefahrenquellen.** So haften Hauseigentümer/innen z.B. dem gestürzten Zeitungszusteller. Unternehmen müssen Gefahren für die Kundschaft beim Betreten oder Verlassen ihres Geschäftslokals beseitigen oder davor warnen.

> „Die allgemeine Verkehrssicherungspflicht verlangt Sicherheitsmaßnahmen zum Schutz aller Personen, deren Rechtsgüter durch die Schaffung einer Gefahrenlage verletzt werden können. Wie weit diese Pflicht geht, hängt auch davon ab, ob die Verkehrsteilnehmer selbst vorhandene Gefahren erkennen und ihnen begegnen können. Der konkrete Inhalt der Verkehrssicherungspflicht kann immer nur von Fall zu Fall bestimmt werden."

Quelle: Auszug aus Urteilen des OGH, www.ris.bka.gv.at, letzter Zugriff: 6.4.2021

Beispiele: Ein Kleinkind zog in einem Modegeschäft an einem glitzernden Gürtel, der an einem Kleiderständer hing. Dieser fiel auf das Kind und verletzte es am Auge schwer. Das Gericht stellte eine Verletzung der Verkehrssicherungspflicht fest, da ein Kleiderständer, der bereits durch ein Kleinkind zum Umfallen gebracht werden kann, für einen Verkaufsraum nicht geeignet ist. Kunden dürfen darauf vertrauen, dass solche Gefahrenquellen beseitigt werden.

Ü 2.57 Verkehrssicherungspflicht C

Überlege einen konkreten Fall, wo du selbst der Verkehrssicherungspflicht unterliegst.

Sicherungspflicht bei Bäumen
Der Eigentümer eines Grundstücks verstößt gegen die Verkehrssicherungspflicht, wenn er einen durch Witterungseinflüsse wie Sturm oder Blitzschlag geschädigten Baum nicht fällt oder zumindest die beschädigten Äste entfernt.

ÜBEN

In dieser Lerneinheit hast du Grundlegendes zur Haftung für entstandene Schäden erfahren. Bearbeite nun die folgenden Aufgaben.

Ü 2.58 Haftung für fremdes Verschulden B

Wie nennt man die Möglichkeit eines Kunden, sich wegen Schadenersatz bei der Vertragsabwicklung durch einen Subunternehmer an den Vertragspartner zu wenden?

Ü 2.59 Haftung der Aktiengesellschaft C

Du hast ein Wertpapierdepot bei der „Anlage-Bank AG" und spekulierst mit Aktien. Dazu hast du deinem Kundenbetreuer telefonisch einen limitierten Kaufauftrag erteilt. Aus der Kaufabrechnung ergibt sich jedoch, dass die Aktien zu einem über dem Limit liegenden Kurs gekauft wurden.

Erkläre, wer für den Schaden haftet.

Ü 2.60 Haftung von Dienstnehmern C

Du hast die Kursdifferenz aus Ü 2.59 von der „Anlage-Bank AG" ersetzt bekommen. Prüfe, ob die Bank diesen Betrag von ihrem Angestellten, d. h. dem Kundenbetreuer, zurückverlangen kann.

Ü 2.61 Haftung von Aufsichtspersonen B

Erkläre, wann Aufsichtspersonen für Schäden durch die ihnen Anvertrauten haften, und nenne ein Beispiel.

KÖNNEN

Bei den folgenden Aufgaben kannst du dein Wissen weiter anwenden.

K 2.10 Voraussetzungen für einen Schadenersatzanspruch C

> **Innsbruck.** Ein junger Mann aus Landeck traute seinen Ohren nicht. € 7.200,– unbedingte Geldstrafe und fünf Monate bedingte Haft fasste er am Landesgericht für schwere Körperverletzung aus. Der Vorbestrafte hatte bei einer Disco-Schubserei ein Whisky-Glas abgeschlagen und einen Besucher attackiert. Resultat: zwei durchtrennte Handsehnen. „Für so eine massive Verletzung muss man auch die Folgen tragen", so die Richterin.

Quelle: Tiroler Tageszeitung

a) Beschreibe anhand dieses Falls den Unterschied zwischen Strafrecht und Zivilrecht. Wer bekommt die € 7.200,–?

b) Prüfe, ob die vier Voraussetzungen für einen Schadenersatzanspruch vorliegen.

c) Erkläre, was der verletzte Disco-Besucher verlangen kann.

d) Erläutere, wie lange der Verletzte mit seinen Schadenersatzforderungen warten kann.

K 2.11 Voraussetzungen für einen Schadenersatzanspruch C

> **Lienz.** Ein Tag auf der Piste hatte böse Folgen für eine junge Snowboarderin. Sie geriet auf einem Skiweg am Lienzer Zettersfeld mit der Spitze ihres Boards unter den Begrenzungszaun am Pistenrand, prallte gegen einen Zaunsteher und rutschte kopfüber durch eine Lücke, die zwischen der Schneefläche und dem Fangnetz entstanden war. Die Folgen: ein gebrochener Oberschenkel, eine Operation, zwei Wochen Krankenhaus, Physiotherapie und eine erneute Operation. Der Weg zur Genesung war teils mit Kosten verbunden.

Quelle: Tiroler Tageszeitung

a) Prüfe, ob die vier Voraussetzungen für einen Schadenersatzanspruch vorliegen.

b) Erläutere, was die verletzte Snowboarderin verlangen kann.

K 2.12 Haftung des Kfz-Halters C

Du hast neulich das Auto deiner Freundin ausgeliehen und damit leider beim Einparken ein anderes Auto beschädigt. Auch am PKW der Freundin ist ein kleiner Schaden entstanden.

Prüfe, wer die Schäden tragen muss.

K 2.13 Produkthaftung C

Die Gabel des neuen, in einem Sportgeschäft gekauften Mountainbikes bricht, dabei verletzt sich der Radfahrer schwer.

Erkläre, welche Ansprüche gegen wen erhoben werden können.

K 2.14 Fallbeispiele für Schadenersatz D

Sammelt Tageszeitungen der letzten Woche und bringt diese in den Unterricht mit. Sucht in Partnerarbeit nach Beispielen für Schadenersatzfälle und analysiert die Fälle in folgenden Schritten:

a) Kurzfassung des rechtlich relevanten Sachverhalts

b) Prüfung der Voraussetzungen für einen Schadenersatzanspruch

c) Beschreibung der Ansprüche

Alternative: Wenn du bereits selbst Erfahrungen mit Schadenersatzforderungen gemacht hast (z. B. aus einem Verkehrsunfall) berichte der Klasse nach dem gleichen Schema.

K 2.15 Recherche D

In Tirol gab es nach einem tödlichen Unfall mit Alm-Kühen eine breite Diskussion über die Pflichten von Almbauern und die Selbstverantwortung von Wanderern, die bei Herden mit Mutterkühen vorbeigehen, insbesondere Personen mit Hunden.

a) Recherchiere Medienberichte zur „tödlichen Kuh-Attacke im Pinnistal" und den dazu ergangenen Urteilen. Sammle die Argumente der Kläger- und Beklagtenseite. Versuche, ein eigenes Urteil zu fällen.

b) Suche im Rechtsinformationssystem des Bundes das Bundesgesetzblatt zum Haftungsrechts-Änderungsgesetz 2019 (HaftRÄG 2019), das als Reaktion auf das Urteil in diesem Fall beschlossen wurde. Lies das Gesetz und beurteile, ob die Gesetzesänderung in solchen Fällen hilfreich sein könnte.

c) Wiederhole anhand dieses Bundesgesetzblattes in Grundzügen die Entstehung eines Bundesgesetzes.

„Kuh-Attacke"
Nach einem tödlichen Unfall mit Alm-Kühen in Tirol wurde § 1320 ABGB geändert.

KOMPETENZCHECK

Meine Kompetenzen	Kann ich?	Aufgaben
Ich kann erklären, unter welchen Voraussetzungen ein Schadenersatzanspruch besteht.		Ü 2.47, Ü 2.48, Ü 2.50, K 2.10, K 2.11, K 2.14, K 2.15
Ich kann den Zusammenhang zwischen Verschulden und Höhe des Schadenersatzes bei Vermögensschäden darstellen.		Ü 2.52, K 2.10
Ich kann vorsätzlich und fahrlässig herbeigeführte Schäden abgrenzen.		Ü 2.49
Ich kann erläutern, welche Ansprüche Geschädigte bei Personenschäden oder Tod haben.		Ü 2.51
Ich kenne die Fälle einer Haftung für das Verschulden fremder Personen.		Ü 2.52, Ü 2.53, Ü 2.58, Ü 2.59, Ü 2.60, Ü 2.61
Ich kann drei Arten der Haftung ohne Verschulden beschreiben.		Ü 2.54, K 2.12
Ich kann erklären, welche Ansprüche aus Produkthaftung entstehen und wer dafür haftet.		Ü 2.55, K 2.13

Platz für Notizen

3 Rechte und Pflichten der Mitarbeiter/innen

Vertretung im Unternehmen
Die Gründung eines Betriebsrates ist nicht verpflichtend. Er
wird nur gegründet, wenn die
Belegschaft initiativ wird.

Darum geht es in diesem Kapitel:

Das Arbeitsrecht regelt die Rechtsbeziehungen zwischen Arbeitgebern und deren Beschäftigten. Da die Arbeit-nehmerinnen und Arbeitnehmer zumeist der schwächere Teil sind, haben die arbeitsrechtlichen Vorschriften die Aufgabe, sie zu schützen.

Das lernst du in den folgenden Lerneinheiten:

1 Welche **überbetrieblichen Interessenvertretungen** gibt es?
2 Was ist im **Arbeitsrecht** geregelt?
3 Welche Bestimmungen enthält das **Sozialrecht?**

Aktiviere dein MEHR!-Buch
online: **lernenwillmehr.at**

LERNEN

1 Überbetriebliche Interessenvertretungen

Wenn eine einzelne Person die Arbeitsbedingungen verändern möchte, wird sie es schwer haben. Versuchen aber viele Menschen gemeinsam, ihre Forderungen durchzusetzen, wird ihnen dies leichter gelingen.

* Durch Streiks ausgefallene Arbeitstage je 1.000 Arbeitnehmer/innen (Jahresdurchschnitt für den Zeitraum 2008 bis 2016)

Streiktage im internationalen Vergleich*

Land	Streiktage
Frankreich	123
Dänemark	118
Belgien	79
Spanien	59
Norwegen	54
Finnland	40
Irland	32
Vereinigtes Königreich	24
Portugal	17
Niederlande	8
Deutschland	7
Ungarn	5
Polen	5
Österreich	2
Schweiz	1
Slowakei	0

Quelle: derstandard.at, „Österreicher streiken im internationalen Vergleich sehr wenig", 18. November 2018; letzter Zugriff: 25.3.2021

Recht für Technikerinnen und Techniker

Ü 3.1 Streiks in Österreich

a) Erkläre, was man unter einem Streik versteht.

b) Recherchiere, ob in Österreich gestreikt werden darf.

c) Suche im Internet oder in Zeitungen Gründe, warum in Österreich wenig gestreikt wird.

1 Entwicklung der Sozialpartnerschaft

social partnership
Sozialpartnerschaft

 LINK
Sozialpartner
Hier findest du Informationen zur österreichischen Sozialpartnerschaft.

www.sozialpartner.at

Mitte des 19. Jahrhunderts wurden die ersten Interessenvertretungen der Händler, Gewerbetreibenden und Industriellen gegründet. Seit Ende des 20. Jahrhunderts werden sie **Wirtschaftskammern** genannt.

Im Jahr 1920 wurden die **Arbeiterkammern** geschaffen, bei welchen die meisten Arbeitnehmer/innen Mitglied sein müssen. Sie vertreten die Interessen der Arbeitnehmer/innen.

Auch für einige sogenannte freie Berufe (Ziviltechniker, Ärztinnen, Notare, Wirtschaftstreuhänderinnen etc.) wurden durch Gesetz Vertretungen errichtet. Daneben existieren noch weitere Interessenvertretungen, bei denen die Mitgliedschaft freiwillig ist.

Die wichtigsten **bundesweiten Interessenvertretungen** sind:

Interessen-vertretung für	Unternehmen	freie Berufe (z. B. Wirtschafts-treuhänder, Notare, Ärzte)	Arbeitnehmer/-innen	Land- und Forstwirtschaft	
				Selbständige	Unselbständige
Pflichtmit-gliedschaft	Wirtschaftskammer	Jeweilige Kammer (Patentanwaltskam-mer, Ziviltechniker-kammer)	Arbeiterkammer	Landwirtschafts-kammer	Landarbeiter-kammer
Freiwillige Mitglied-schaft	z. B. Industriellen-vereinigung, Gewer-beverein		Gewerkschaft		

Rechtlich unterscheiden sich die gesetzlichen Interessenvertretungen von den freiwilligen:

syndicate, representation of interest, lobby group
Interessenvertretung

unregulated profession
freie Berufe

compulsory membership
Pflichtmitgliedschaft

voluntary membership
freiwillige Mitgliedschaft

Interessenvertretungen	
gesetzliche Interessenvertretungen (Kammern)	**freiwillige Interessenvertretungen**
Errichtung durch Gesetz	Errichtung durch private Vereinbarung als Verein
Aufgaben und Tätigkeit in Grundzügen gesetzlich geregelt	Aufgaben und Tätigkeit im Vereinsstatut festgelegt
Kreis der Mitglieder durch Gesetz bestimmt	freiwilliger Ein- und Austritt
Aufsichtsrecht des Staates, welches sicherstellt, dass die Kammern die Gesetze einhalten	Kein besonderes Aufsichtsrecht des Staates
Höhe der Beiträge und Form der Zahlung sind gesetzlich festgelegt	Höhe der Beiträge und Form der Zahlung beschließt der Verein

② Arbeiterkammer

Austrian Chamber of Labour
Arbeiterkammer

Die **Kammer für Arbeiter und Angestellte (AK)** ist eine öffentlich-rechtliche Körperschaft, d. h., sie ist eine juristische Person, die durch Gesetz errichtet wurde und die **Interessen der Arbeitnehmer/innen** vertritt.

www.arbeiterkammer.at

Zu ihren Aufgaben gehört u. a.:

- Mitwirkung bei allen Maßnahmen, die das Arbeitsverhältnis oder die wirtschaftliche und soziale Lage der Arbeitnehmer/innen bzw. Pensionisten und Pensionistinnen berühren
- Überwachung der Einhaltung arbeitsrechtlicher Vorschriften
- Betrieb von Bildungseinrichtungen (z. B. Berufsförderungsinstitut bfi)
- Aufgaben des Konsumentenschutzes
- Rechtsberatung und gerichtliche Vertretung ihrer Mitglieder in arbeits- und sozialrechtlichen Belangen
- Entsendung von Arbeitnehmervertreterinnen und Arbeitnehmervertretern
  - als Laienbeisitzer/innen im arbeitsgerichtlichen Verfahren
  - in die Organe der Sozialversicherungsträger
  - in sonstige Kommissionen und Beiräte

Für jedes Bundesland gibt es eine Arbeiterkammer. Sie bilden auf Bundesebene die **Bundeskammer für Arbeiter und Angestellte** (Bundesarbeitskammer = BAK). In der Regel ist der Präsident bzw. die Präsidentin der Arbeiterkammer Wien auch Präsident/in der Bundesarbeitskammer. Die Geschäfte der Bundesarbeitskammer werden von der AK Wien geführt.

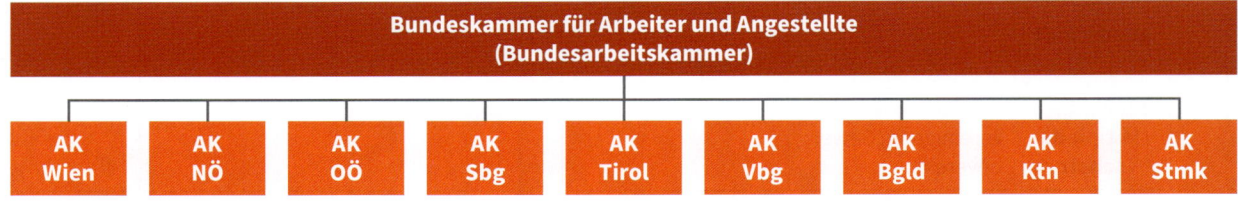

Bundeskammer für Arbeiter und Angestellte (Bundesarbeitskammer)								
AK Wien	AK NÖ	AK OÖ	AK Sbg	AK Tirol	AK Vbg	AK Bgld	AK Ktn	AK Stmk

Merkmale:
- Selbstverwaltungskörper
- Pflichtmitgliedschaft
- Finanzierung durch Kammerumlage

Aufgaben:
- Arbeitnehmerschutz
- Rechtsvertretung
- Konsumentenschutz
- Kollektivvertragsfähigkeit kraft Gesetzes

Sozialpartner unterhalten bzw. fördern diverse Einrichtungen, welche die Interessen ihrer Mitglieder unterstützen sollen. Beispielsweise ist die Arbeiterkammer Mitglied des **Vereins für Konsumenteninformation (VKI).** Ziel des gemeinnützigen, nicht auf Gewinn gerichteten Vereins ist

- die Beratung der Allgemeinheit über Eigenschaften von Gütern und
- Hilfe für Konsumentinnen und Konsumenten bei Rechtsgeschäften.

www.konsument.at

Die Arbeiterkammer unterhält gemeinsam mit dem Österreichischen Gewerkschaftsbund das **Berufsförderungsinstitut (bfi),** eine Aus- und Weiterbildungseinrichtung.

Ü 3.2 Interessenvertretungen B

Nenne die Unterschiede zwischen gesetzlichen und freiwilligen Interessenvertretungen.

③ Gewerkschaft

Der **Österreichische Gewerkschaftsbund (ÖGB)** ist ein Verein, der versucht, Verbesserungen für die Arbeitnehmer/innen zu erreichen. Er verfolgt folgende Ziele:

- Vertretung der Interessen der Mitglieder im Arbeitsleben, in der Freizeit sowie im Kultur- und Bildungsbereich
- Beratung und Hilfe der Mitglieder in arbeits- und sozialrechtlichen Fragen
- Mitarbeit bei wirtschaftspolitischen Fragen, z. B. im Rahmen der Sozialpartnerschaft
- Abschluss von Kollektivverträgen

Die **Mitgliedschaft** bei der Gewerkschaft ist **freiwillig.**

trade union
Gewerkschaft

www.oegb.at

④ Wirtschaftskammer

Die **Wirtschaftskammer** ist eine durch Gesetz errichtete öffentlich-rechtliche Körperschaft, welche die **Interessen der Unternehmer/innen** vertritt. Die Mitgliedschaft ist für fast alle Selbständigen verpflichtend, ausgenommen Land- und Forstwirte sowie Angehörige freier Berufe.

Austrian Economic Chambers
Wirtschaftskammer

www.wko.at

Gliederung der Wirtschaftskammer

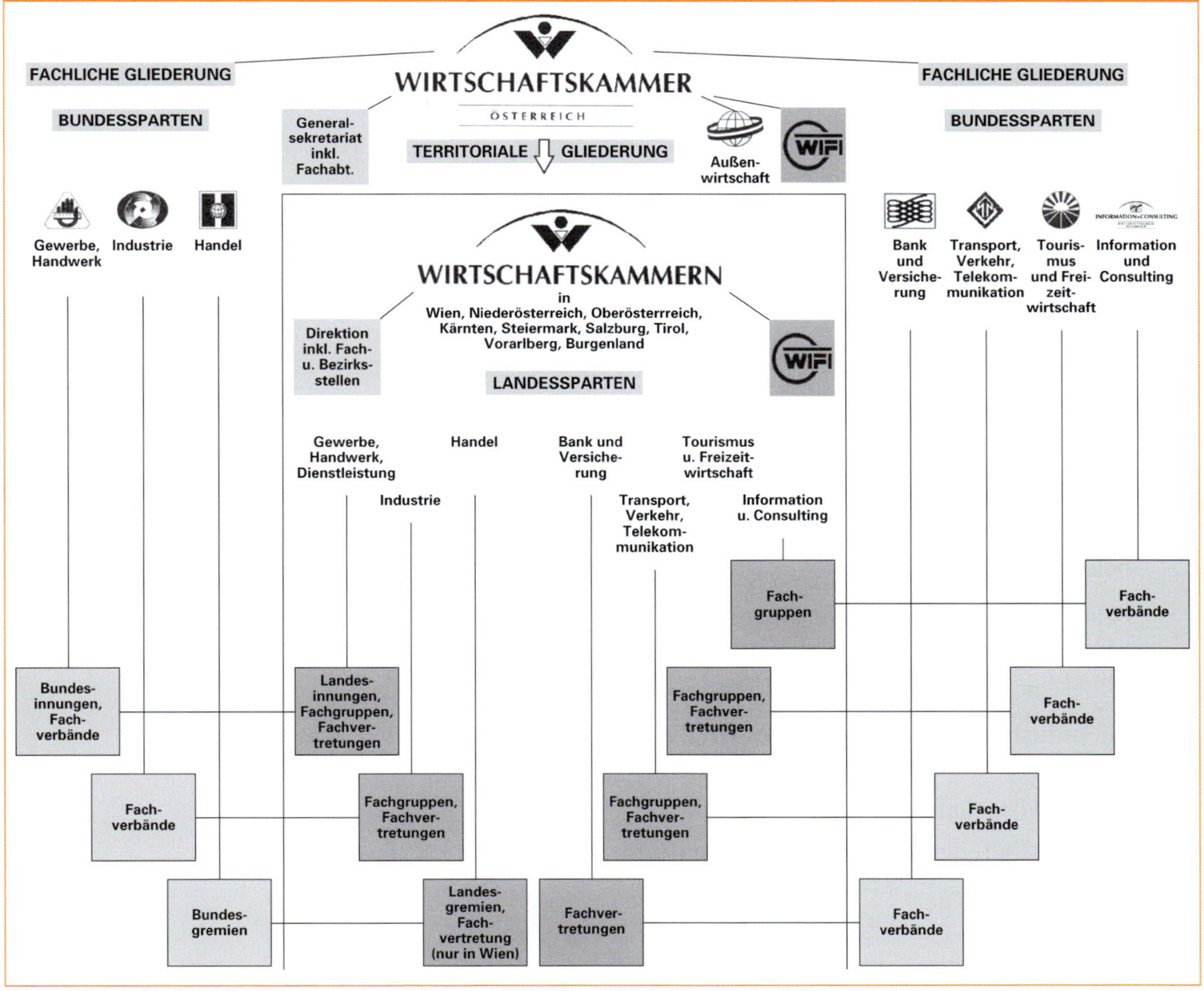

WIRTSCHAFTSKAMMER ÖSTERREICH

FACHLICHE GLIEDERUNG — BUNDESSPARTEN

Generalsekretariat inkl. Fachabt.

TERRITORIALE GLIEDERUNG

Außenwirtschaft — WIFI

Gewerbe, Handwerk — Industrie — Handel

WIRTSCHAFTSKAMMERN in Wien, Niederösterreich, Oberösterreich, Kärnten, Steiermark, Salzburg, Tirol, Vorarlberg, Burgenland

Direktion inkl. Fach- u. Bezirksstellen

WIFI

LANDESSPARTEN

FACHLICHE GLIEDERUNG — BUNDESSPARTEN

Bank und Versicherung — Transport, Verkehr, Telekommunikation — Tourismus und Freizeitwirtschaft — Information und Consulting

Gewerbe, Handwerk, Dienstleistung — Handel — Bank und Versicherung — Tourismus u. Freizeitwirtschaft

Industrie — Transport, Verkehr, Telekommunikation — Information u. Consulting

Bundesinnungen, Fachgruppen, Fachverbände

Landesinnungen, Fachgruppen, Fachvertretungen

Fachgruppen, Fachvertretungen

Fachgruppen

Fachverbände

Fachverbände

Fachverbände

Fachgruppen, Fachvertretungen

Fachgruppen, Fachvertretungen

Fachverbände

Bundesgremien

Landesgremien, Fachvertretung (nur in Wien)

Fachvertretungen

Fachverbände

Die Wirtschaftskammer ist gegliedert:

- regional in 9 Landeskammern
- fachlich in 7 Sparten

Aufgaben der Wirtschaftskammern sind z. B.

- die Lehrlingsstellen zu führen. Diese haben
    - Lehrverträge, die bei ihnen anzumelden sind, zu protokollieren,
    - Lehrabschlussprüfungen durchzuführen,
    - Unternehmen und Lehrlinge zu beraten.
- Meisterprüfungsstellen zu führen, die Meister- und sonstige gewerberechtliche Befähigungsprüfungen abnehmen
- Stellungnahmen zu Gesetzesvorschlägen abzugeben
- Entsendung von Arbeitgebervertretern:
    - als Laienbeisitzer im arbeits- und handelsgerichtlichen Verfahren,
    - in die Organe der Sozialversicherungsträger,
    - in sonstige Kommissionen und Beiräte
- Abschluss der meisten Kollektivverträge
- Förderung der Aus-und Weiterbildung (z. B. WIFI)
- Information der Mitglieder in betriebswirtschaftlichen Angelegenheiten
- kostenlose Rechtsberatung der Mitglieder
- Hilfe durch Betriebsberatungen, Gründungsberatungen und Förderungsberatungen
- Initiierung der Nachfolgebörse, die Personen sucht, die ein bestehendes Unternehmen übernehmen möchten
- Führung der Außenhandelsstellen, die helfen, Kontakte mit ausländischen Unternehmen und Kunden bzw. Kundinnen zu knüpfen, z. B. durch Teilnahme an ausländischen Messe

Weiterbildung
Das Wirtschaftsförderungsinstitut (WIFI) und das Berufsförderungsinstitut (bfi) bieten zahlreiche Kurse zur Aus- und Weiterbildung für Erwachsene an.

5 Freiwillige Interessenvertretungen der Unternehmen

Die freiwilligen Interessenvertretungen der Unternehmen haben die Aufgabe, Verbesserungen für ihre Mitglieder durchzusetzen. Sie versuchen, die Interessen ihrer Mitglieder durch **Lobbying** und **Information der Öffentlichkeit** zu unterstützen.

Beispielsweise ist bei der Vereinigung österreichischer Industrieller (Industriellenvereinigung oder IV), ebenso wie beim ÖGB, die Mitgliedschaft freiwillig.

Die **Industriellenvereinigung** vertritt die Interessen von Industriebetrieben durch

- volkswirtschaftliche Analysen,
- das Aufbereiten von wirtschaftlichen Zahlen und Daten für Meinungsbildungsprozesse,
- Information,
- Öffentlichkeitsarbeit und Lobbying im Interesse der Mitglieder.

Federation of Austrian Industries
Industriellenvereinigung

 LINK
Industriellenvereinigung
Hier findest du Informationen zur Arbeit der Industriellenvereinigung (IV).
www.iv.at

Gliederung der Industriellenvereinigung

Mitglieder der Industriellenvereinigung
Bundesvorstand
Statutarische Ausschüsse – Präsidialrat
Präsidium

Mitglieder der Industriellenvereinigung
Ländervorstand
Präsidium

Bund
Schwarzenbergplatz

Länder
Landesgruppenbüro

Präsidenten und Präsidentinnen der 9 Landes-gruppen

Bundespräsidium
Landespräsidium

Präsident/in
Vizepräsidenten und Vizepräsidentinnen
Generalsekretär/in (beratend)

Präsident/in
Vizepräsidenten und Vizepräsidentinnen
Geschäftsführer/in (beratend)

Geschäfts-führung

Generalsekretär/in
Bereichsleiter/in
Abteilungsleiter/in
Büro Brüssel – externe Institute

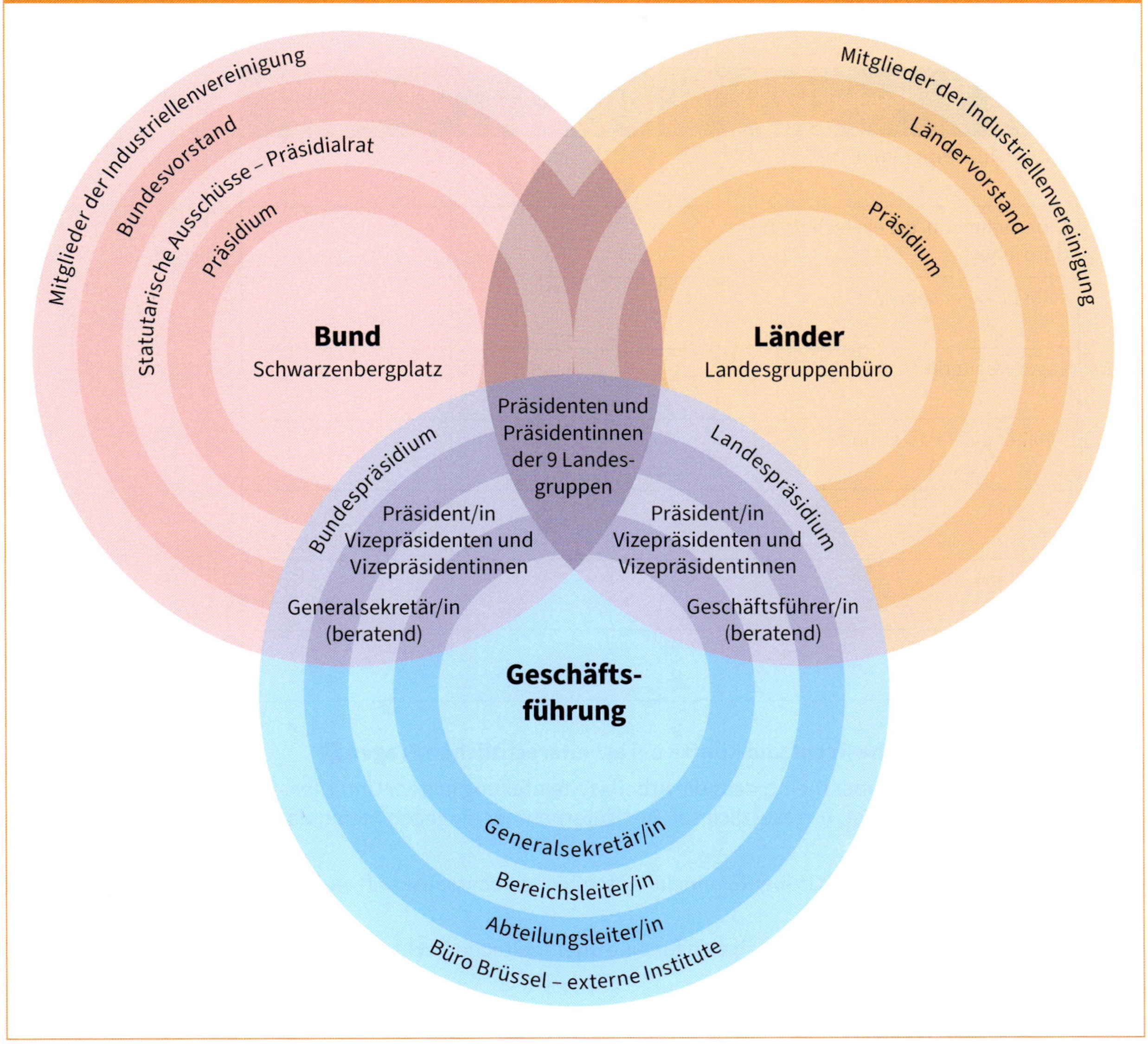

Die freiwillige Interessenvertretung von Gewerbebetrieben ist der **Österreichische Gewerbeverein.**

ÜBEN

In dieser Lerneinheit hast du verschiedene Interessenvertretungen kennengelernt. Bearbeite nun die folgenden Aufgaben.

Ü 3.3 **Präsidenten der Interessenvertretungen** A

Wie heißt der Präsident bzw. die Präsidentin

a) der Wirtschaftskammer Österreich?

b) der Vereinigung österreichischer Industrieller?

c) der Bundesarbeitskammer?

d) des österreichischen Gewerkschaftsbundes?

Ü 3.4 Mitgliedschaft bei Interessenvertretungen A

LINK
Ü 3.4 Mitgliedschaft bei Interessenvertretungen
interaktive Übung

Kennzeichne, bei welcher Interessenvertretung folgende Personen Mitglied sein müssen bzw. können.

Tätigkeit	Pflichtmitglied-schaft	Freiwillige Interes-senvertretung
angestellter Programmierer		
Unternehmerin, die ein technisches Büro leitet		
selbständiger Landwirt		
Lagerarbeiterin		
Inhaber einer Papierfabrik		
Portierin		
Patentanwalt		
Ziviltechnikerin		

Ü 3.5 Unentgeltliche Rechtsauskünfte bei arbeitsrechtlichen Fragen A

Der Monteur Karl Gruber meint, dass die Arbeitszeiteinteilung in dem Unternehmen, in dem er arbeitet, ungesetzlich sei. Der Unternehmer hingegen meint, das Gesetz einzuhalten.

a) Prüfe, an wen sich Karl Gruber für eine unentgeltliche Rechtsauskunft wenden kann.

b) Prüfe, an wen sich das Unternehmen für eine unentgeltliche Rechtsauskunft wenden kann.

Ü 3.6 Lehrvertrag A

Ein Unternehmen beschließt, einen Lehrling aufzunehmen. Kläre, wo es den Lehrvertrag protokollieren lassen muss.

Ü 3.7 Interessenvertretung der Gewerbetreibenden A

Suche im Internet die freiwillige Interessenvertretung der Gewerbetreibenden.

KÖNNEN

Bei den folgenden Aufgaben kannst du dein Wissen weiter anwenden.

K 3.1 Arbeitsgericht B

Erkläre, wie im arbeitsgerichtlichen Verfahren sichergestellt wird, dass die Sicht der Arbeitnehmer/innen und Arbeitgeber/innen bei der Urteilsfindung berücksichtigt werden.

K 3.2 Gesetzesbegutachtung `B`

Die Regierung plant ein Gesetz, das die zulässigen Arbeitszeiten neu regelt.

Erkläre, wie dabei sichergestellt wird, dass sowohl die Interessen der Unternehmer/-innen als auch die der Arbeitnehmer/innen berücksichtigt werden.

K 3.3 Unternehmenseröffnung `B`

Du willst in deiner Heimatgemeinde einen Handel mit EDV-Zubehör eröffnen.

a) Kläre, bei welcher Interessenvertretung du Mitglied werden musst.

b) Da du noch wenig Erfahrung hast, benötigst du Informationen über die Branche. Prüfe, wo du diese erhalten kannst.

KOMPETENZCHECK

Meine Kompetenzen	Kann ich?	Aufgaben
Ich kann erläutern, wer Mitglied der Arbeiterkammer ist.		Ü 3.4
Ich kann erläutern, wer Mitglied der Wirtschaftskammer ist.		Ü 3.4
Ich kann die Aufgabe der Kammern nennen.		Ü 3.5, Ü 3.6, K 3.3
Ich kann die wichtigsten freiwilligen Interessenvertretungen nennen.		Ü 3.2, Ü 3.7

LERNEN

2 Arbeitsrecht

Im Arbeitsleben stehen sich Arbeitgeber/innen und Arbeitnehmer/innen gegenüber. Die Arbeitnehmer/innen sind zumeist der wirtschaftlich und rechtlich schwächere Teil. Aufgabe des Arbeitsrechts ist es, sie zu schützen.

Ü 3.8 In der Ferialpraxis warst du Mitarbeiter/in in einem Unternehmen. Die dort Beschäftigten mussten bestimmte Regeln einhalten. Erstelle eine Liste mit den Regeln, die in dem Unternehmen einzuhalten waren.

① Werk oder Arbeit?

Nicht jede Arbeit wird aufgrund eines Arbeitsvertrags geleistet.

L 3.1 Werk- und Arbeitsvertrag

Renate Fahringer ist in einem großen Unternehmen in der Konstruktionsabteilung beschäftigt. Beginn und Ende der Arbeit hat sie mit dem Vorgesetzten vereinbart. Wenn sie krank ist, muss sie dies dem Vorgesetzten sofort melden. Wenn sie auf Urlaub gehen möchte, hat sie rechtzeitig mit dem Vorgesetzten und den Kolleginnen und Kollegen zu klären, ob dies möglich ist.

Denis Lagler hat vor zwei Jahren die Reifeprüfung abgelegt und studiert jetzt auf der Fachhochschule. Er übersetzt Texte für das Unternehmen, in dem Renate Fahringer beschäftigt ist. Er arbeitet zu Hause. In das Unternehmen kommt er, wann er will. Daher ist er im Unternehmen fast nie anzutreffen. Krankheit und Urlaub muss er nicht melden.

Sind Renate Fahringer und Denis Lagler beide Arbeitnehmer?

In der Tischlerei
Ein Tischler kann selbständig auf Basis eines Werkvertrags für einen Kunden Möbelstücke herstellen oder sich mit einem Arbeitsvertrag verpflichten, für einen Auftraggeber kontinuierlich Möbelstücke anzufertigen.

labour law
Arbeitsrecht

Arbeits- und Dienstvertrag
Das Arbeitsrecht spricht von Arbeitsvertrag, das Sozialrecht bezeichnet denselben Vertrag als Dienstvertrag.

Arbeitsverhältnisse: Grundsätzlich gibt es mehrere Möglichkeiten, wie ein Unternehmen Arbeiten erledigen lassen kann.

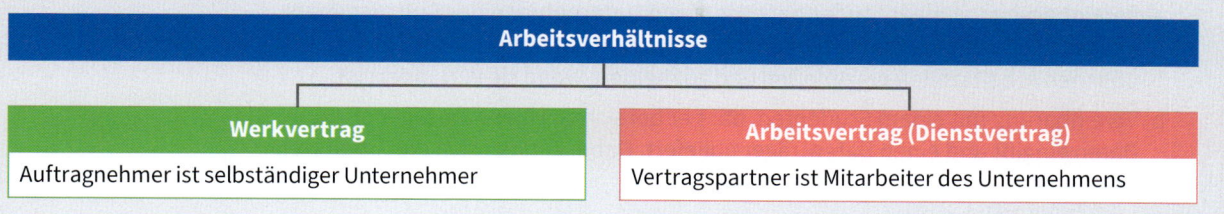

Bei der Entscheidung, ob ein/e Arbeitnehmer/in eingestellt wird oder die Arbeiten an ein anderes Unternehmen weitergegeben werden, sind die damit verbundenen Kosten und Gestaltungsmöglichkeiten zu bedenken:

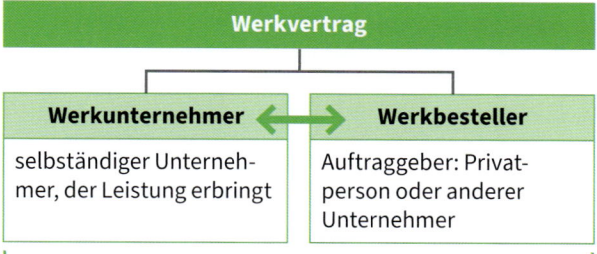

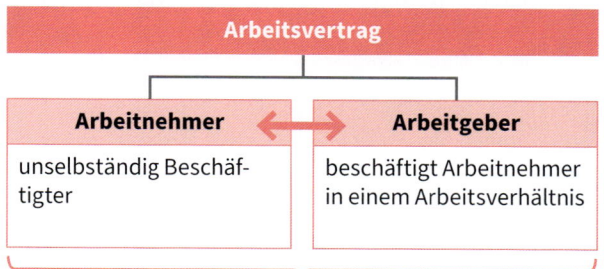

Der/Die Werkunternehmer/in

- schuldet Erfolg.
- trägt das Risiko, dass das Werk nicht gelingt.
- muss für das Werk Gewähr leisten.
- möchte seine/ihre allgemeinen Unternehmenskosten abgedeckt haben und zusätzlich einen Gewinn erwirtschaften.
- kann die Zeiteinteilung frei gestalten.
- kann sich jederzeit von anderen vertreten lassen.
- verwendet i.d.R. eigene Betriebsmittel (Werkzeuge, Maschinen etc.)

Der/Die Arbeitnehmer/in

- schuldet das Bemühen, trägt aber kein Erfolgsrisiko.
- hat auch Anspruch auf Bezahlung für Zeiten, in denen er/sie abwesend ist.
- kann im Rahmen des Weisungsrechts weitere Aufgaben übertragen bekommen.
- ist auch zu entlohnen, wenn keine Arbeiten vorhanden sind.
- muss die Arbeiten persönlich durchführen, darf sich nicht vertreten lassen.
- verwendet Betriebsmittel des Dienstgebers.

Der/Die Arbeitgeber/in

- muss neben dem Entgelt auch lohnabhängige Abgaben tragen.
- legt die Zeiteinteilung – evtl. in Absprache mit dem Arbeitnehmer – fest.

L 3.1 Werk- und Arbeitsvertrag (Fortsetzung)

Lösung: Renate Fahringer hat einen Arbeitsvertrag mit dem Unternehmen abgeschlossen, Denis Lagler einen Werkvertrag.

Ü 3.9 Ferialpraxis in einem Betrieb B

Der Schüler Sascha Kriebaum arbeitete vergangenen Sommer einen Monat bei der Fa. Tech4You GmbH. Er sollte um ca. 8:00 morgens im Betrieb erscheinen. Wenn er später kam, war es auch kein Problem. Er wurde gefragt, welche Abteilungen ihn interessieren, und wurde dann – soweit möglich – einige Tage in diesen Abteilungen eingesetzt. Während alle anderen Mitarbeiter/innen rasch ihre Arbeiten erledigen mussten, konnte er sich Zeit lassen und die Arbeiten in Ruhe lernen.

Recherchiere, ob die Bestimmungen des Arbeitsrechts auf Sascha Kriebaum anzuwenden sind.

Ü 3.10 Werkvertrag oder Arbeitsvertrag? **B**

Prüfe, ob es sich in den folgenden Fällen um einen Werkvertrag oder um einen Arbeitsvertrag handelt:

a) Vereinbarung mit einer Studentin, dass sie im Unternehmen des Auftraggebers in dessen EDV-Anlage Daten eingibt. Die Studentin hat dabei die im Betrieb üblichen Arbeitszeiten einzuhalten und zu melden, wenn sie verhindert ist.

b) Vereinbarung mit einem Studenten, dass er bei sich zu Hause am eigenen PC Daten eingibt und einen Datenträger abliefert. Dabei kann er sich die Arbeitszeit frei einteilen.

employment contract
Dienstvertrag
contract of work and material
Werkvertrag

2 Rechtsgrundlagen

Grundsätzlich gilt auch im Arbeitsrecht der **Stufenbau der Rechtsordnung.** Dieser wird jedoch durch spezifische arbeitsrechtliche Normen ergänzt:

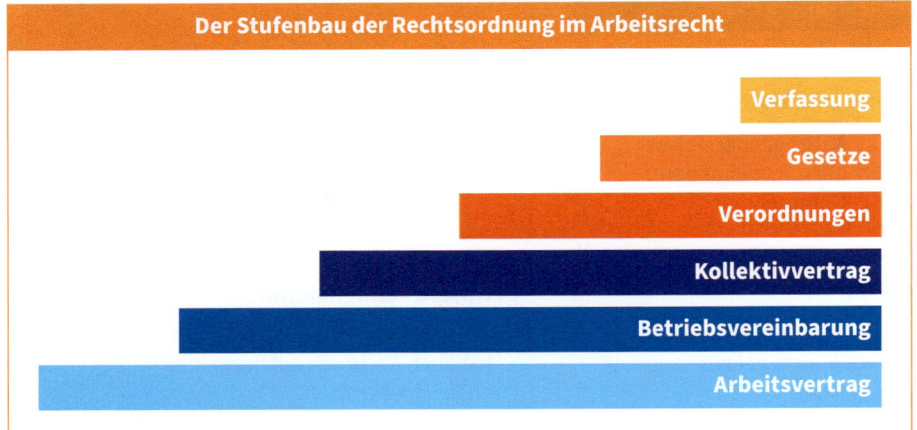

Der Stufenbau der Rechtsordnung im Arbeitsrecht

- Verfassung
- Gesetze
- Verordnungen
- Kollektivvertrag
- Betriebsvereinbarung
- Arbeitsvertrag

Im Allgemeinen dürfen die übergeordneten Vorschriften, die den größeren Rahmen bilden, nur zugunsten der Arbeitnehmer/innen durchbrochen werden.

Der Kollektivvertrag

Kollektivverträge regeln die Arbeitsbedingungen für eine Branche. Sie werden schriftlich zwischen der kollektivvertragsfähigen Interessenvertretung der Arbeitgeber (meist **Wirtschaftskammer**) mit der kollektivvertragsfähigen Interessenvertretung der Arbeitnehmer (meist **ÖGB**) abgeschlossen. Der Kollektivvertrag muss im Betrieb zur allgemeinen Einsicht aufliegen.

Für den Inhalt des Kollektivvertrages gibt das Gesetz einen Rahmen vor. Diesen müssen die Vertragsparteien jedoch nicht ausnutzen. I. d. R. enthält der Kollektivvertrag Regeln über:

- Löhne bzw. Gehälter
- Zulagen für Überstunden, Sonntags-, Feiertags- und Nachtarbeit
- Sonderzahlungen
- Freizeitansprüche bei Arbeitsverhinderungen
- Kündigungsfristen
- Arbeitszeit

Im Kollektivvertrag sind die **Mindestansprüche der Arbeitnehmer/innen** festgelegt. Sie können besser gestellt werden, als im Kollektivvertrag vorgesehen, aber nicht schlechter.

collective (group) contract
Kollektivvertrag

Jabornegg – Resch (Hrsg)

Komme

ArbVG

Kommentar

MANZ

Gesetzliche Grundlage
Das Arbeitsverfassungsgesetz (ArbVG) regelt u.a. die Bestimmungen für Kollektivverträge, Mindestlöhne und Kündigungsschutz.

Beispiel: Ist im Kollektivvertrag ein Entgelt von € 1.895,– pro Monat für eine bestimmte Tätigkeit vorgesehen, dann darf dem Mitarbeiter bzw. der Mitarbeiterin mehr, aber nicht weniger bezahlt werden.

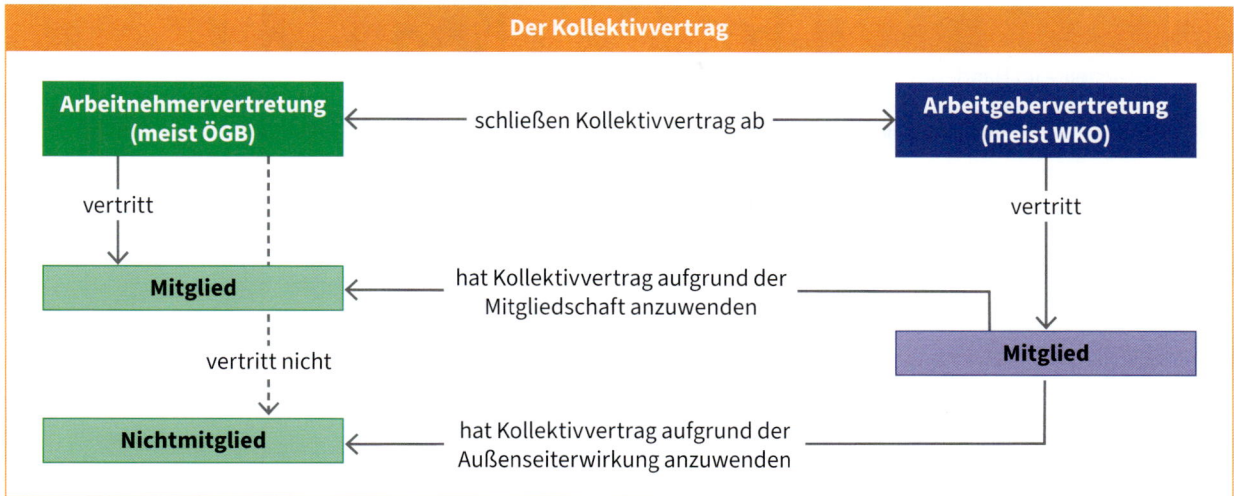

Der Kollektivvertrag gilt in erster Linie für sämtliche Mitglieder einer der beiden Kollektivvertragsparteien. Er bindet daher die Mitglieder der Vertragsparteien. Hat der Unternehmer den Kollektivvertrag anzuwenden, weil er von seiner Interessenvertretung abgeschlossen wurde, dann gilt er gegenüber allen im Betrieb beschäftigten Personen, auch jenen, die nicht Mitglied des ÖGB sind. Dies nennt man **Außenseiterwirkung.** Verboten sind auch Regelungen, die differenzieren, ob jemand Mitglied der Kollektivvertragspartei (ÖGB) ist oder nicht.

LINK
KV-Informationsplattform
Hier findest du Informationen zu aktuellen KV-Abschlüssen und KV-Verhandlungen.
www.kollektivvertrag.at

Beispiele:

Der Kollektivvertrag für Angestellte der Industrie wurde zwischen der Sektion Industrie der Bundeskammer der gewerblichen Wirtschaft und dem Österreichischen Gewerkschaftsbund, Gewerkschaft der Privatangestellten, abgeschlossen.

■ Die Fa. Sonnenschein KG ist Mitglied der Sektion Industrie. Richard Weisert ist Gewerkschaftsmitglied und bei der Fa. Sonnenschein KG im Verkauf beschäftigt. Franz Grumann ist kein Gewerkschaftsmitglied und bei der Fa. Sonnenschein KG in der Buchhaltung beschäftigt. Die Fa. Sonnenschein KG muss den Kollektivvertrag auf beide Arbeitsverhältnisse anwenden: Weisert ist als Gewerkschaftsmitglied davon erfasst, Grumann aufgrund der Außenseiterwirkung.

Arbeiter in der Industrie
Den Kollektivvertrag haben alle Arbeitgeber anzuwenden, wenn er von ihrer Interessenvertretung abgeschlossen wurde.

■ Die Fa. Tenschert GmbH besitzt keine Gewerbeberechtigung und ist daher nicht Kammermitglied, obwohl sie dieselbe Leistung wie die Fa. Sonnenschein KG erbringt. Trotzdem unterliegt auch sie dem Kollektivvertrag. Müsste sie ihn nicht einhalten, wäre sie besser gestellt als korrekt (mit Gewerbeberechtigung und Kammermitgliedschaft) arbeitende Unternehmen.

■ Die Fa. Meitner e. U. besitzt ein Haus und vermietet Wohnungen. Sie beschäftigt zwei Angestellte, die Gewerkschaftsmitglieder sind. Für Hausbesitzer wurde kein Kollektivvertrag abgeschlossen. Daher sind auf ihre Arbeitsverhältnisse keine Kollektivverträge anzuwenden.

Welcher Kollektivvertrag gilt, richtet sich nach der **(Kammer-)Mitgliedschaft des Unternehmens.**

LINK
Ü 3.11 Abschluss eines
Kollektivvertrags
interaktive Übung

Ü 3.11 Abschluss eines Kollektivvertrags C

Recherchiere, ob für folgende Unternehmen ein Kollektivvertrag abgeschlossen wurde oder nicht. Kennzeichne die richtige Antwort.

Unternehmen	Ja	Nein
Angestellte im Handel		
Arbeiter/innen im Metallgewerbe		
Hausbetreuer/innen		
Arbeiter/innen in der Abfallwirtschaft		
Angestellte im Baugewerbe		
Arbeiter/in an einer Tankstelle		
Patentanwalt bzw. Patentanwältin		
Angestellte/r in der Datenverarbeitung und Informationstechnik		

Ü 3.12 Anzuwendender Kollektivvertrag D

Gerhard Müller, gelernter Mechaniker, kein Gewerkschaftsmitglied, arbeitet als Maschineneinsteller in einer Druckerei, welche Mitglied des Fachverbands des grafischen Gewerbes ist. Der Kollektivvertrag für Arbeiter in der eisen- und metallerzeugenden und -verarbeitenden Industrie sieht eine wöchentliche Arbeitszeit von 38,5 Stunden, der Kollektivvertrag für Arbeiter des grafischen Gewerbes eine wöchentliche Arbeitszeit von 37 Stunden vor.

a) Erkläre, wer Kollektivverträge abschließt.

b) Prüfe, ob ein Kollektivvertrag auf das Arbeitsverhältnis von Herrn Müller anzuwenden ist.

c) Analysiere, wie viele Stunden Herr Müller lt. Kollektivvertrag arbeiten muss.

③ Innerbetriebliche Arbeitnehmervertretung

Zum friedlichen Ausgleich der unterschiedlichen Interessen von Arbeitgebern und Arbeitnehmern ist im Arbeitsverfassungsrecht die Schaffung von **Belegschaftsorganen** vorgesehen.

Belegschaftsorgane sind zu bilden, wenn in einem Betrieb dauernd mindestens 5 Arbeitnehmer/innen beschäftigt sind. Nicht mitzurechnen bei der Zahl der Arbeitnehmer/innen und daher auch nicht wahlberechtigt sind:

- Personen, die das 18. Lebensjahr noch nicht vollendet haben
- Ehegatten und nahe Verwandte des Betriebsinhabers
- Heimarbeiter
- leitende Angestellte, das sind Personen, die auf die Führung des Unternehmens einen maßgeblichen Einfluss haben
- Betriebsinhaber bzw. bei Kapitalgesellschaften Mitglieder des Vorstandes oder der Geschäftsführung

Die folgende Grafik zeigt, welche Organe im Arbeitsverfassungsrecht vorgesehen sind, wenn **mindestens 5 Arbeiter und 5 Angestellte** im Betrieb beschäftigt sind.

Junge Arbeitnehmer/innen
Sind im Betrieb mehr als 5 Jugendliche unter 18 Jahren bzw. Lehrlinge unter 21 Jahren beschäftigt, so haben sie einen Jugendvertrauensrat zu wählen, der die Interessen dieser Arbeitnehmer/innen vertritt.

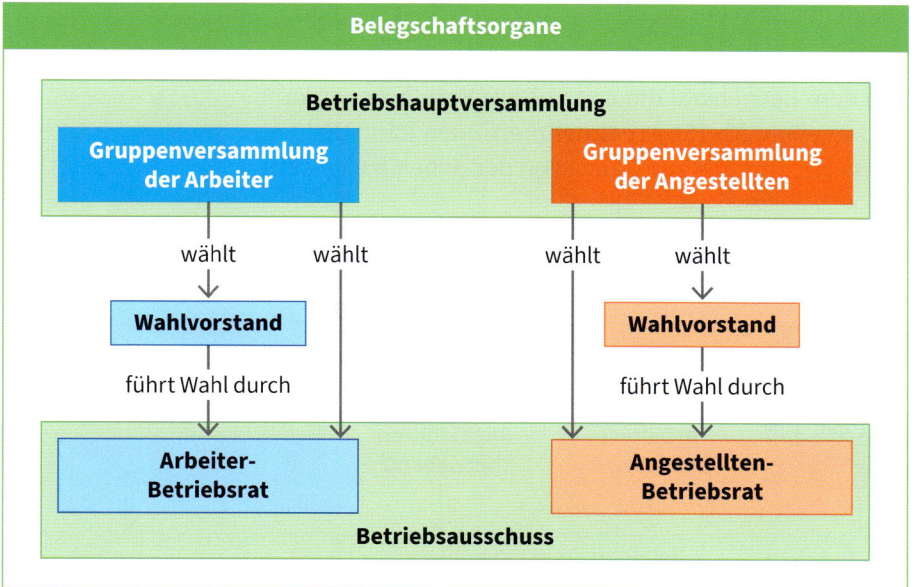

Die **Betriebs(haupt)versammlung** ist die Versammlung aller Arbeitnehmer/-innen des Betriebs. Sowohl für die Gruppe der Arbeiter als auch für die Gruppe der Angestellten ist eine eigene **Gruppenversammlung** vorgesehen, bei der nur Arbeiter bzw. nur Angestellte stimmberechtigt sind. Sie wählen den jeweiligen Wahlvorstand und Betriebsrat. Der Betriebsrat hat der Gruppenversammlung bzw. der Betriebsversammlung zu berichten und ist ihr auch verantwortlich. Sie kann ihn auch wieder abwählen.

work committee, shop council
Betriebsrat

Sind insgesamt mehr als 5 Arbeitnehmer/innen beschäftigt, aber **nicht mindestens 5 Arbeiter und 5 Angestellte**, so reduzieren sich die Belegschaftsorgane auf:

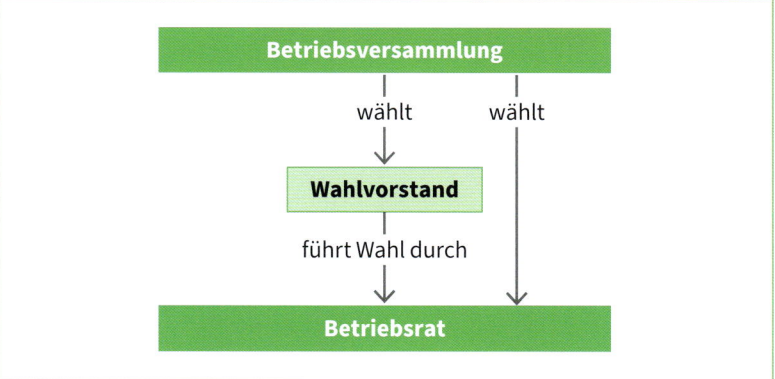

Der **Wahlvorstand** wird von der Betriebsversammlung bzw. von den Gruppenversammlungen gewählt und hat die Wahl vorzubereiten und durchzuführen.

Arbeitnehmer/innen mit Behinderung
Die Behindertenvertrauensperson vertritt die Interessen der im Betrieb beschäftigten Menschen mit Behinderung.

Wahlrecht	
Aktiv (Recht zu wählen)	**Passiv (Recht, gewählt zu werden)**
• Vollendung des 16. Lebensjahres • Beschäftigung im Betrieb • nicht beschränkt auf österreichische Staatsbürger/innen	• Vollendung des 18. Lebensjahres • Beschäftigung im Betrieb seit mindestens 6 Monaten • nicht beschränkt auf österreichische Staatsbürger/innen • muss nicht zur wählenden Gruppe (Arbeiter/innen, Angestellte) gehören

Der **Betriebsrat** ist das eigentliche Vertretungsorgan gegenüber dem Arbeitgeber. Er wird für eine **Periode von 5 Jahren** gewählt. Die Zahl seiner

Mitglieder richtet sich nach der Zahl der wahlberechtigten Arbeitnehmer/-innen, und ist im Arbeitsverfassungsgesetz festgelegt.

Arbeitgeber/innen haben dem Betriebsrat die Zeit, die zur Erfüllung seiner Aufgaben notwendig ist, zu geben. Ab 151 Arbeitnehmer/innen kann der Betriebsrat verlangen, dass ein Mitglied zur Gänze von der Arbeit freigestellt wird.

Besteht ein **Unternehmen aus mehreren Betrieben,** so sind zusätzlich folgende Organe zu bilden:

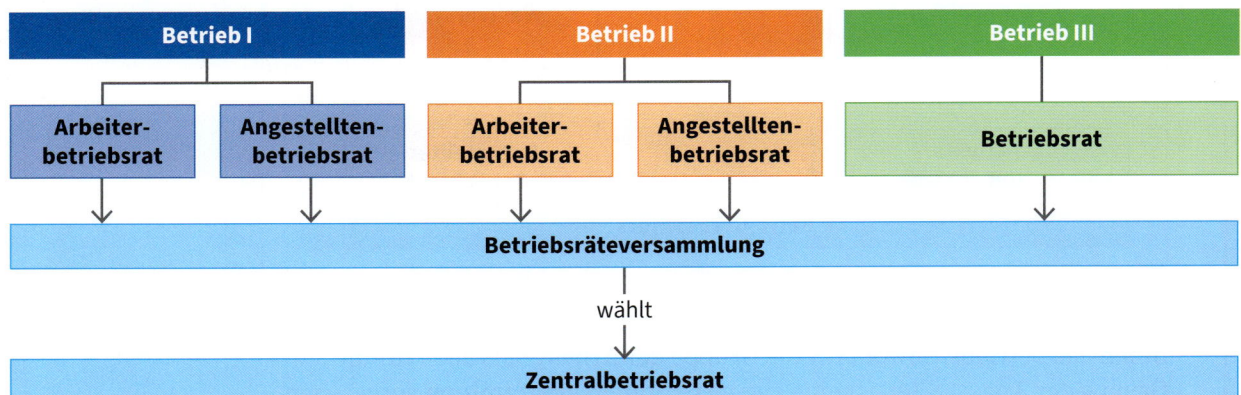

Betriebsvereinbarung

Vereinbarungen zwischen dem Betriebsrat und dem Arbeitgeber bzw. der Arbeitgeberin nennt man Betriebsvereinbarung. Diese muss **schriftlich abgeschlossen** und **im Betrieb kundgemacht** werden. Die Betriebsvereinbarung gilt für sämtliche Arbeitnehmer/innen des Betriebs, die durch den abschließenden Betriebsrat vertreten werden.

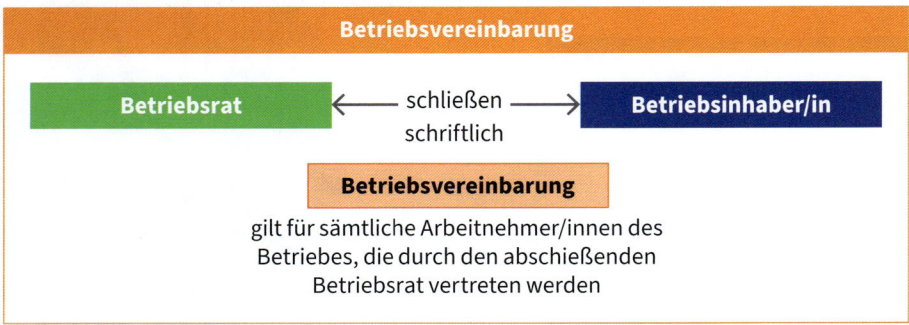

Grundsätzlich dürfen Betriebsvereinbarungen **nur über Angelegenheiten abgeschlossen werden, die das Arbeitsverfassungsgesetz vorsieht**. Sie dürfen weiters nicht die im Kollektiv- oder Arbeitsvertrag vorgesehenen Arbeitsbedingungen verschlechtern.

Arbeitgeber/innen dürfen aufgrund des **Gleichbehandlungsgrundsatzes** keinen Arbeitnehmer und keine Arbeitnehmerin ohne sachlichen Grund schlechter behandeln als die übrigen. Daher müssen Betriebsvereinbarungen auf sämtliche vergleichbare Arbeitsverhältnisse angewandt werden.

Ü 3.13 Betriebsrat D

Der Elektroinstallateur Norbert Becker beschäftigt seine Frau, 1 Angestellten (38 Jahre), 3 Arbeiter (32, 41 und 53 Jahre) und 2 Lehrlinge (16 und 17 Jahre).

a) Prüfe, ob ein Betriebsrat zu wählen ist.

b) Erkläre die Aufgaben des Betriebsrates.

Der Arbeitsvertrag

Durch den Arbeitsvertrag werden die **gegenseitigen Rechte und Pflichten der Vertragspartner geregelt.** Dabei darf von den übrigen Vorschriften in der Regel nur zugunsten der Arbeitnehmer/innen abgewichen werden. Enthält der Arbeitsvertrag keine Bestimmungen, dann sind die gesetzlichen oder kollektivvertraglichen Regeln anzuwenden.

Der Arbeitsvertrag ist an keine bestimmte Form gebunden, d.h. er kann in folgenden Formen abgeschlossen werden:

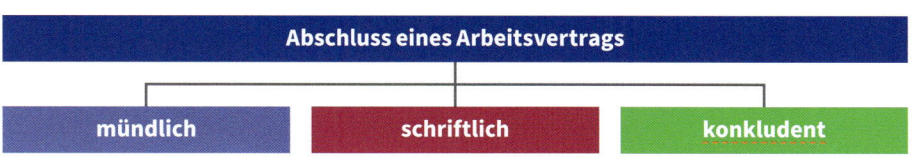

Abschluss eines Arbeitsvertrags		
mündlich	schriftlich	konkludent

konkludent
durch schlüssige Handlung

Wurde der Arbeitsvertrag mündlich abgeschlossen, dann muss der Arbeitgeber die wesentlichen Inhalte des mündlichen Vertrages in einem **Dienstzettel** zusammenfassen.

Beispiel für einen Dienstzettel:

 **LINK**
Dienstzettel
Hier kannst du eine Mustervorlage für einen Dienstzettel finden.
www.wien.arbeiterkammer.at

Gruber GmbH
Zweigniederlassung: Weinhartstraße 4 • 6020 Innsbruck

Dienstzettel gemäß § 2 (1) AVRAG
(Gebührenfrei)

1. Gruber GmbH
   Zweigniederlassung Innsbruck
   Weinhartstr. 4
   6020 Innsbruck

2. Name der Arbeitnehmerin: Monika Zwirler
   SV-Nummer: 2786 03 05 93
   Anschrift: 6300 Wörgl, Innsbrucker Str. 34
   Staatsbürgerschaft: Österreich

3. Beginn des Arbeitsverhältnisses: 1. Juni 2021
   Das Dienstverhältnis ist auf unbestimmte Zeit abgeschlossen. Ein Probemonat gilt als vereinbart.

4. Vorgesehene Verwendung: Sachbearbeiterin im Rechnungswesen

5. Dauer der Kündigungsfrist: lt. Angestelltengesetz
   Kündigungstermin: 15. und Letzter jeden Monats

6. gewöhnlicher Arbeits-(Einsatz-)ort: 6020 Innsbruck, Weinhartstr. 4, wobei aufgabenbedingt im Rahmen der Tätigkeit ein Standortwechsel möglich ist

7. eingestuft in der Verwendungsgruppe D

8. Anfangsgehalt: € 2.850,–, fällig am Letzten jeden Monats

9. Ausmaß des jährlichen Erholungsurlaubes: 25 Arbeitstage

10. vereinbarte wöchentliche Arbeitszeit: 38,5 Stunden

11. Für das Arbeitsverhältnis gelten die Bestimmungen des Kollektivvertrages für Angestellte in der Industrie.
    Die Kollektivverträge liegen zur Einsichtnahme beim Betriebsrat auf.

Der Dienstzettel dient nur als Beweis der im mündlichen Arbeitsvertrag getroffenen Vereinbarungen. Er darf daher nicht vom bereits vereinbarten Vertrag abweichen.

Ändert sich einer der Punkte, dann hat der Arbeitgeber dies dem Arbeitnehmer innerhalb eines Monats schriftlich mitzuteilen. Dauert das Arbeitsverhältnis nicht länger als einen Monat, muss kein Dienstzettel ausgestellt werden.

Anreise zum Vorstellungsgespräch
Fahrt- und Nächtigungskosten für ein Vorstellungsgespräch müssen vom Arbeitgeber bzw. der Arbeitgeberin erstattet werden. Will das Unternehmen diese Kosten nicht tragen, muss ausdrücklich darauf hingewiesen werden.

Schaltet ein Unternehmen oder eine Arbeitsvermittlung ein **Stelleninserat**, dann muss es **geschlechtsneutral** ausgeschrieben werden und es ist darin das **kollektivvertragliche Mindestentgelt** (in Euro) anzugeben sowie auf die Bereitschaft zur Überzahlung hinzuweisen, wenn eine solche besteht. Die Überzahlung muss nicht beziffert werden.

Ü 3.14 Dienstzettel C

Carola Wimmer arbeitet vom 3. bis 28. Juli als Sommeraushilfe. Prüfe, ob sie einen schriftlichen Arbeitsvertrag oder Dienstzettel erhalten muss.

4 Einteilung der Arbeitsverhältnisse

employment
Arbeitsverhältnis

Arbeitsverhältnisse können sich folgendermaßen unterscheiden:

Arbeitsverhältnisse	
Dauer	**Tätigkeit**
• Probearbeitsverhältnis • befristet • unbefristet	• Angestellte • Arbeiter/innen • Lehrlinge

Dauer eines Arbeitsverhältnisses

Probearbeitsverhältnis

Damit Unternehmen und neue Mitarbeiter/innen klären können, ob sie zusammenpassen, kann der erste Monat als **Probemonat** vereinbart werden. Während der Probezeit können beide Seiten das **Arbeitsverhältnis jederzeit, ohne Angabe von Gründen, beenden**. Diese Vereinbarung kann auch im Kollektivvertrag erfolgen.

Allfällige besonders gesetzlich geregelte Kündigungsbeschränkungen (z. B. für werdende Mütter, Präsenzdiener, Menschen mit Behinderung, Belegschaftsvertreter) finden in diesem Fall keine Anwendung. Arbeitnehmer/innen müssen jedoch das vereinbarte Entgelt für die bis zum Zeitpunkt der Beendigung geleistete Arbeit erhalten.

Befristete Arbeitsverhältnisse

Bei befristeten Arbeitsverhältnissen wurde bereits bei Vertragsabschluss vereinbart, dass sie **zu einem bestimmten Zeitpunkt enden.**

Dieses Ende kann

- kalendermäßig fixiert sein (z. B. das Arbeitsverhältnis endet am 31. Mai 20..) oder

- an den Eintritt eines bestimmten Ereignisses gebunden sein (z. B. Genesung eines erkrankten Mitarbeiters oder Rückkehr einer Mitarbeiterin aus der Karenz etc.).

Der Endzeitpunkt muss objektiv feststellbar sein und darf nicht von einer der Vertragsparteien willkürlich beeinflusst werden können.

Unzulässig sind daher folgende Endtermine:

- auf die Dauer eines nicht näher festgelegten Bedarfs

- bis zum Ende der Saison

- auf Dauer der Urlaubszeit

 LINK
Arbeit zur Probe
Hier findest du weitere Informationen zum Arbeitsverhältnis auf Probe (Thema: Arbeitsrecht und Sozialrecht).
www.wko.at

 LINK
Befristete Arbeitsverträge
Hier kannst du den Artikel „Von einer Befristung zur nächsten" nachlesen.
www.derstandard.at

Kettenarbeitsverträge, d. h. eine Aneinanderreihung mehrerer befristeter Arbeitsverträge, sind grundsätzlich **unzulässig**, auch wenn zwischen den einzelnen Verträgen eine kurze Unterbrechung bestand. Sie gelten als ein zusammenhängender Vertrag.

Nur wenn ein wichtiger wirtschaftlicher Grund oder berücksichtigungswürdige soziale Umstände auf Seiten der Arbeitnehmer/innen vorliegen, dürfen Kettenverträge abgeschlossen werden.

Beispiel für einen zulässigen Kettenvertrag:
Karl Richter wird für das Projekt „Herstellung einer Dokumentation" aufgenommen. Er erhält einen befristeten Vertrag bis 20. April. Aus nicht vorhersehbaren Gründen verzögert sich die Beendigung des Projektes um eine Woche. Die Unternehmerin hat Karl Richter vor dem 20. April gefragt, ob er eine Woche länger arbeiten könne. Hier wurden zwei befristete Arbeitsverträge hintereinander abgeschlossen, was grundsätzlich unzulässig ist. Da die Arbeit aufgrund unvorhersehbarer Ereignisse nicht rechtzeitig fertiggestellt werden konnte, ist eine einmalige Verlängerung zulässig.

Unbefristete Arbeitsverhältnisse
Bei unbefristeten Arbeitsverhältnissen wird von vornherein kein Ende festgelegt. Der Vertrag endet erst, wenn ein Endigungsgrund vorliegt, z. B. Tod des Arbeitnehmers bzw. der Arbeitnehmerin, oder eine Vertragspartei wird tätig, indem sie z. B. kündigt.

Unzulässige Arbeitsvertragsform
Kettenarbeitsverträge sind verboten, um berufliche Unsicherheit und andere Nachteile für Arbeitnehmer/innen zu verhindern.

Ü 3.15 Probezeit A
In einem Arbeitsvertrag ist der erste Monat als Probemonat vereinbart. Erkläre, welche Konsequenzen das hat.

Tätigkeit
Je nachdem, welcher Gruppe Arbeitnehmer/innen angehören, gibt es verschiedene gesetzliche Grundlagen:

Unterscheidung nach Berufsgruppen		
Angestellte	**Arbeiter/innen**	**Lehrlinge**
Angestelltengesetz (AngG)	ABGB GewO 1859	Berufsausbildungsgesetz (BAG)

apprentice
Lehrling

law for employees
Angestelltengesetz

vocational education law
Berufsausbildungsgesetz

employee
Angestellter

Angestellte
Die wichtigste Rechtsgrundlage für Angestellte bildet das **Angestelltengesetz** 1921 (AngG). Aufgrund dieses Gesetzes gelten Personen als Angestellte, die

- kaufmännische Tätigkeiten (z. B. Vertreter; Mitarbeiter im Ein- oder Verkauf, in der Buchhaltung, Kundenbetreuung, Lagerleiter) oder
- höhere, nicht kaufmännische Tätigkeiten (z. B. Konstrukteur, Fahrlehrerin, Ausbilder im Betrieb) oder
- Kanzleiarbeiten (z. B. Sekretariat)

verrichten.

Angestellte müssen eine bestimmte Entscheidungsbefugnis haben.

Beispiel: Eine Mitarbeiterin in einem Verkaufslokal, die den Kunden und Kundinnen die Ware übergibt und den vorgeschriebenen Preis kassiert, selbst aber keinerlei Entscheidungen hinsichtlich Preisnachlass, Werbung, Warenbestellung etc. treffen darf, ist keine Angestellte.

Für die Zuordnung als „Arbeiter/in" oder „Angestellte/r" kommt es auf die **tatsächlich geleisteten Arbeiten** an.

Beispiel: Ein Mitarbeiter wird als Hubstaplerfahrer aufgenommen. Aufgrund dieser Tätigkeit ist er als Arbeiter einzureihen, was auch vereinbart wurde. Nach einiger Zeit wurde ihm die Aufgabe übertragen, bei bestimmten Waren die notwendigen Lagermengen festzulegen und bei Bedarf einzukaufen. Dabei blieb es ihm überlassen, wo er einkauft.

Durch die Übertragung neuer Aufgaben und die Übernahme dieser durch den Mitarbeiter wurde stillschweigend der Arbeitsvertrag geändert. Aufgrund der tatsächlich ausgeübten Tätigkeit ist er als Angestellter einzureihen und zu entlohnen, unabhängig davon, was zu Beginn vereinbart war.

Arbeiter/innen

Personen, die weder Angestellte noch Lehrlinge sind, gehören zur Gruppe der Arbeiter/innen. Sie verrichten im Wesentlichen handwerkliche Arbeiten – auch hochqualifizierte – oder Hilfsdienste.

Als **Arbeiter/innen** gelten beispielsweise:

- Reinigungskräfte, auch wenn sie Büroräume reinigen
- Personen, die im Büro einfachste Hilfsdienste verrichten (z. B. kopieren, Briefe kuvertieren),
- aber auch Vorarbeiter/innen und qualifizierte Facharbeiter wie Mechaniker oder Monteure

Für Arbeiter/innen sind die Regeln des Kollektivvertrags besonders bedeutsam, da moderne gesetzliche Bestimmungen fehlen. Für sie gilt noch immer die Gewerbeordnung aus 1859 (!) und das allgemeine bürgerliche Gesetzbuch (ABGB).

Es kann auch vertraglich vereinbart werden, dass für Mitarbeiter/innen, die Arbeitertätigkeiten verrichten, das Angestelltengesetz bzw. ein Teil davon gilt. Man spricht in diesem Fall von **Vertragsangestellten.** Bestehen für Arbeiter jedoch zwingende rechtliche Vorschriften, gelten sie auch für den Vertragsangestellten.

Ü 3.16 Arbeiter oder Angestellter? B

Dominik Trahovsky hat in einem Unternehmen den Beruf Mechatroniker gelernt. Derzeit arbeitet er in der Montage. Dort ist er mit dem Zusammenbau von Baugruppen für Maschinen beschäftigt.

a) Prüfe, ob Dominik Trahovsky aufgrund dieser Tätigkeit in die Gruppe der Arbeiter oder in die Gruppe der Angestellten einzureihen ist.

b) Da sich Dominik Trahovsky bewährt hat und er Spaß am Umgang mit Kunden hat, wechselt er in den Verkaufsaußendienst. Er muss Kunden besuchen, diesen die Maschinen erklären und Verkaufsgespräche führen. Auch Preisverhandlungen gehören zu seinen Aufgaben.

Prüfe, ob dies etwas an seinem arbeitsrechtlichen Status ändert.

5 Rechte und Pflichten aus dem Arbeitsvertrag

Durch Abschluss des Arbeitsvertrags übernehmen die Vertragsparteien Pflichten und erhalten Rechte.

Arbeiter und Angestellte
Für die Einordnung als Arbeiter oder Angestellter kommt es immer auf die tatsächlich geleisteten Arbeiten an.

worker
Arbeiter

Arbeiter im Metallgewerbe
Auch Uhrmacher/innen zählen zu den qualifizierten Facharbeitern.

rights
Rechte

obligations, duties
Pflichten

Arbeitsvertrag	
Arbeitnehmer/innen	**Arbeitgeber/innen**
Pflicht zur • Arbeit • Treue • Leistung von Schadenersatz Erhalt von • Entgelt • Fürsorge	Erhalt von • Arbeitsleistung • Treue • Schadenersatz Pflicht zur • Entgeltfortzahlung • Fürsorge

Arbeitspflicht

Arbeitnehmer/innen sind verpflichtet, die vereinbarten Arbeiten **persönlich und sorgfältig** auszuführen. Sie müssen nicht für den Erfolg ihrer Arbeiten einstehen.

Beispiel: Einer Mitarbeiterin wird aufgetragen, eine Website zu erstellen. Da sie dies zum ersten Mal macht, gelingt es ihr nicht, die Seite so zu gestalten, wie es ihr aufgetragen wurde. Obwohl sie nicht die geforderte Leistung erbracht hat und die Arbeit misslungen ist, hat sie Anspruch auf das vereinbarte Entgelt. Die Mitarbeiterin darf aber keinen Freund zur Arbeit schicken und den Tag anderswo verbringen.

Welche Arbeiten ein Mitarbeiter zu erledigen hat, ergibt sich aus dem Arbeitsvertrag. Darin werden die Tätigkeiten allgemein umschrieben. Innerhalb dieses Rahmens können Arbeitgeber/innen die jeweils auszuführenden Arbeiten genauer bestimmen. Dies nennt man **Weisungs- oder Direktionsrecht**. Doch dürfen nicht andere als die im Arbeitsvertrag vereinbarten Arbeiten verlangt werden.

Unzulässig wäre beispielsweise

- von einer gewerblichen Arbeiterin häusliche Tätigkeiten (kochen, Geschirr spülen, Wäsche waschen) zu verlangen.

- von einem reisenden Angestellten das Be- und Entladen eines Lkw zu verlangen.

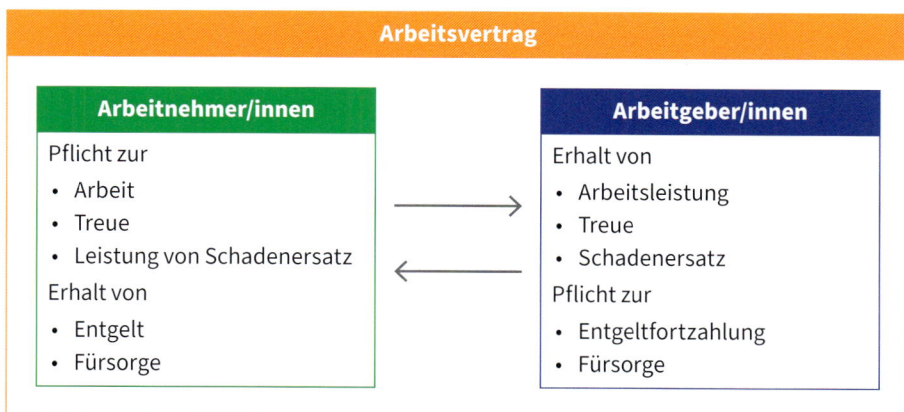

Einsatzort für Bauarbeiter
Für Bau- und Montagearbeiter ergibt sich der Einsatzort aus der Art der Tätigkeit: Sie arbeiten auf wechselnden Baustellen.

An welchem **Ort** Arbeitnehmer/innen die vereinbarte Tätigkeit auszuüben haben, ergibt sich

- aus dem Arbeitsvertrag, wenn darin Vereinbarungen getroffen wurden,

- schlüssig aus dem Standort des Betriebs oder

- aus der Art der Tätigkeit (z. B. Reisende, Bauarbeiter, Monteure).

Die Festlegung der genauen Arbeitsstelle innerhalb des Betriebes steht Arbeitgeber/innen grundsätzlich frei.

Beispiel: Im Arbeitsvertrag von Simone Steiner steht, dass sie für den Standort in Steyr aufgenommen ist. Für die Anfahrt erhält sie € 50,– Fahrtkostenzuschuss. Der Arbeitgeber möchte sie nun nach Amstetten versetzen und den Fahrtkostenzuschuss streichen, obwohl sie weiter fahren muss. Der Arbeitgeber darf den Arbeitsvertrag nicht einseitig ändern. Wurde im Arbeitsvertrag Steyr als Arbeitsort festgelegt, darf Simone nicht an einem anderen Standort eingesetzt werden. Ist die Versetzung vertraglich zulässig oder stimmt die Arbeitnehmerin zu und kommt es dadurch zu einer Verschlechterung (hier Streichung des Fahrtkostenzuschusses), dann ist zusätzlich die Zustimmung des Betriebsrates notwendig.

Ü 3.17 Arbeitspflicht B

Im Arbeitsvertrag von Franziska Simhofer ist vereinbart, dass sie als Programmiererin am Standort Graz tätig ist. Prüfe, ob folgende Vorgangsweisen der Vorgesetzten zulässig sind.

a) Franziska wird mitgeteilt, dass sie ab nächster Woche ihren Dienst in Bruck an der Mur zu versehen hat.

b) Franziska wird damit beauftragt, Kabel für ein Netzwerk zu verlegen.

Treuepflicht

Die Treuepflicht ist die Verpflichtung der Arbeitnehmer/innen, **die Interessen des Betriebs zu wahren.** Sie gilt nur während des aufrechten Arbeitsverhältnisses. Nach Beendigung des Arbeitsverhältnisses gilt sie nur, wenn es gesondert vereinbart wurde.

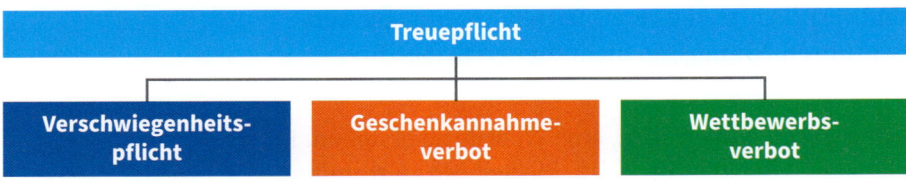

Treuepflicht		
Verschwiegenheits-pflicht	Geschenkannahme-verbot	Wettbewerbs-verbot

secrecy (confidentiality)
Verschwiegenheitspflicht
restrained of trade
Wettbewerbsverbot

- **Verschwiegenheitspflicht:** Betriebs- und Geschäftsgeheimnisse dürfen nicht weitergegeben werden, außer der/die Arbeitgeber/in hat der Weitergabe zugestimmt. Arbeitnehmer/innen müssen nicht ausdrücklich auf diese Pflicht hingewiesen werden!

- **Geschenkannahmeverbot:** Arbeitnehmer/innen dürfen ohne Wissen und Zustimmung des Arbeitgebers bzw. der Arbeitgeberin keine Geschenke von Dritten fordern, sich versprechen lassen oder annehmen, wenn dadurch ihre Entscheidungen beeinflusst werden können.

  Beispiel: Ein Mitarbeiter der Einkaufsabteilung der Pirro GmbH wird von einer Verkäuferin zu einer Reise eingeladen. Durch die Reise soll der Einkäufer veranlasst werden, bei der Verkäuferin einzukaufen, auch wenn diese nicht das beste Angebot legt. Der Mitarbeiter der Einkaufsabteilung darf nicht an der Reise teilnehmen, außer der Arbeitgeber hat zugestimmt. Übliche Geschenke von geringem Wert, z. B. Trinkgelder oder Aufmerksamkeiten zu Weihnachten, dürfen jedoch angenommen werden.

Geschenkannahme
Arbeitnehmer/innen dürfen nur übliche Geschenke von geringem Wert annehmen. Dazu gehören auch Trinkgelder.

- **Wettbewerbsverbot** (Konkurrenzverbot): Ein Arbeitnehmer darf dem/der Arbeitgeber/in weder selbständig noch unselbständig Konkurrenz machen. Er darf das im Betrieb gesammelte Wissen nicht für eigene Geschäfte ausnutzen. Das Wettbewerbsverbot ist auch während der Kündigungsfrist zu beachten.

  Beispiel: Die Erner GmbH programmiert unter anderem Lagerverwaltungssoftware für Handelsbetriebe. Reinhard Sittner ist bei der Erner GmbH als Programmierer beschäftigt. Er möchte in seiner Freizeit selbständig Lagerverwaltungssoftware programmieren, die für Handels- und Produktionsbetriebe verwendbar ist. Er würde mit dieser Software seinem Arbeitgeber Konkurrenz machen. Dies verstößt gegen das Wettbewerbsverbot.

  Vom Wettbewerbsverbot ist die **Konkurrenzklausel** zu unterscheiden: Dies ist eine Vereinbarung, durch die sich Arbeitnehmer/innen verpflichten, nach ihrem Ausscheiden aus dem Betrieb bestimmte Tätigkeiten nicht auszuüben.

non-competition clause
Konkurrenzklausel

Die verbotenen Tätigkeiten nach der Konkurrenzklausel …
müssen im Geschäftszweig des Arbeitgebers liegen.
dürfen hinsichtlich Tätigkeit, Zeit und Ort im Verhältnis zu den Interessen des Arbeitgebers keine unbillige Erschwerung des Fortkommen des Arbeitgebers enthalten.
dürfen die Erwerbstätigkeit nicht überhaupt ausschließen.
dürfen ein Jahr nicht übersteigen.

Verboten wäre beispielsweise

- einem Vertreter, der das Bundesland Salzburg betreut hat, die Betreuung von ganz Österreich zu verbieten
- einer CNC-Programmiererin die Erstellung von CNC-Programmen in sämtlichen Betrieben Österreichs zu verbieten
- einem Maschineneinsteller bei einem Hersteller von Elektromotoren die Aufnahme irgendeiner Tätigkeit in der Elektroindustrie zu verbieten

Verschuldet der Arbeitgeber die Auflösung des Arbeitsverhältnisses, so gilt die Konkurrenzklausel nicht. Die Klausel wird auch unwirksam, wenn sich die Tätigkeit des Arbeitnehmers wesentlich ändert und die Vertragsbestimmung nicht angepasst wurde.

Beispiel: Eine Mitarbeiterin ist als Netzwerktechnikerin in einem EDV-Unternehmen tätig. Sie bildet sich weiter und wird Beraterin im Außendienst für ein spezielles Softwarepaket. Wird die Konkurrenzklausel nicht angepasst, gilt sie für die neue Tätigkeit nicht und ist daher unwirksam.

Ü 3.18 Konstrukteur B

Werner Drechsler ist als Konstrukteur beschäftigt. Er hat daher genaue Kenntnisse über die neuen, im Unternehmen entwickelten Geräte. In seinem Dienstvertrag wird vereinbart, dass er zwei Jahre nach seinem Ausscheiden aus dem Betrieb keine Tätigkeit in der gleichen Branche annehmen darf.

a) Gib an, wie man eine derartige Vereinbarung nennt.

b) Prüfe, ob sie in dieser Form zulässig ist.

c) Prüfe, ob Herr Drechsler während des aufrechten Dienstverhältnisses Informationen über seine Tätigkeit an andere weitergeben darf.

Sonstige Verbote

Nebenbeschäftigungen dürfen grundsätzlich ausgeübt werden, jedoch können sie vertraglich verboten werden. Unzulässig ist eine **Nebenbeschäftigung**, wenn durch sie die höchstzulässige Arbeitszeit überschritten wird oder Arbeitnehmer/innen derart beansprucht werden, dass sie ihre Aufgaben nicht mehr erfüllen können.

Taxifahren als Nebenjob
Nicht zulässig ist es, wenn eine Person neben ihrem Hauptberuf Nachtschichten als Taxifahrer/in einlegt und morgens stets übermüdet zur Arbeit kommt.

Beispiel: Eine Arbeiterin arbeitet täglich von 7:00 Uhr morgens bis 15:30 Uhr als Kfz-Mechanikerin. Nebenbei arbeitet sie abends von 17:00 Uhr bis 01:00 Uhr Früh als Taxifahrerin. Sie überschreitet dadurch einerseits die höchstzulässige Arbeitszeit, andererseits wird sie – da sie zu wenig Schlaf hat – nicht in der Lage sein, ihre Arbeiten mit der nötigen Aufmerksamkeit zu verrichten.

Verboten ist auch die **Verbreitung unwahrer Behauptungen** über den Arbeitgeber und dessen Betrieb sowie von Behauptungen, die eine Schädigung des Arbeitgebers bezwecken.

Schadenersatzpflicht

Verursachen Arbeitnehmer/innen bei ihrer Tätigkeit im Betrieb schuldhaft und rechtswidrig einen Schaden, so haben sie dafür einzustehen. Welcher Teil des Schadens zu ersetzen ist, hängt vom Verschuldensausmaß ab.

obligation to pay damages (obligation to indemnify)
Schadenersatzpflicht

 Verschuldensgrade: Das Dienstnehmerhaftpflichtgesetz (DNHG) unterscheidet die folgenden Verschuldensgrade.

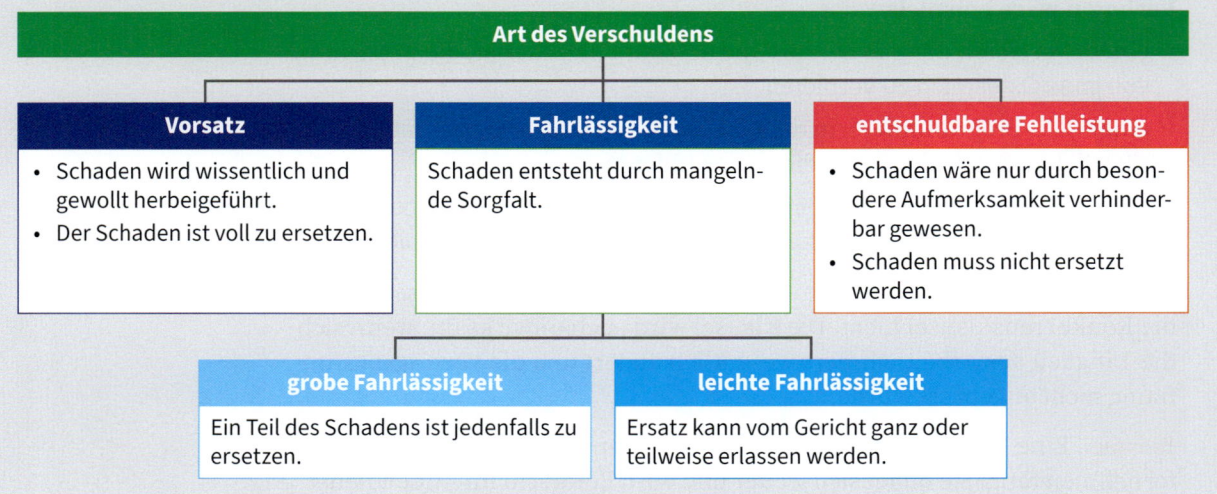

Art des Verschuldens		
Vorsatz	**Fahrlässigkeit**	**entschuldbare Fehlleistung**
• Schaden wird wissentlich und gewollt herbeigeführt. • Der Schaden ist voll zu ersetzen.	Schaden entsteht durch mangelnde Sorgfalt.	• Schaden wäre nur durch besondere Aufmerksamkeit verhinderbar gewesen. • Schaden muss nicht ersetzt werden.

grobe Fahrlässigkeit	**leichte Fahrlässigkeit**
Ein Teil des Schadens ist jedenfalls zu ersetzen.	Ersatz kann vom Gericht ganz oder teilweise erlassen werden.

Beispiel: Ein Arbeiter bohrt mit einer Bohrmaschine ein Loch in eine Wand und beschädigt dabei ein Wasserrohr.

Entschuldbare Fehlleistung liegt vor, wenn der Arbeiter sonst aufmerksam ist. Weil er bereits andere Tätigkeiten zugewiesen bekam, vergaß er, zu kontrollieren, wo die Rohre liegen.

Leichte Fahrlässigkeit liegt vor, wenn an der Wand zwar eine Wasserarmatur installiert ist, der Arbeiter jedoch aufgrund der Gegebenheiten davon ausgehen konnte, dass das Loch an einer Stelle gebohrt wird, wo normalerweise kein Rohr verlegt ist.

Grobe Fahrlässigkeit liegt vor, wenn an der Wand eine Wasserarmatur installiert ist und der Arbeiter aufgrund der Gegebenheiten nicht davon ausgehen konnte, dass das Loch an einer Stelle gebohrt wird, wo normalerweise kein Rohr verlegt ist. Er hat sich nicht vergewissert, dass das Rohr dort nicht ist.

Vorsatz liegt vor, wenn er bewusst das Rohr angebohrt hat.

Diese Regeln gelten auch, wenn der Schaden einem anderen (z. B. Kunden) zugefügt wurde. Sowohl Arbeitnehmer/innen als auch Arbeitgeber/innen können zum Schadenersatz herangezogen werden. Diejenige Person, die zum Ersatz herangezogen wird, muss dies ihrem Partner, Mitarbeiter bzw. Arbeitgeber, sofort mitteilen, damit ungerechtfertigte Forderungen abgewehrt werden können.

light negligence
leichte Fahrlässigkeit

gross negligence
grobe Fahrlässigkeit

intention, deliberate action
Vorsatz

excusable mistake (error), fault
entschuldbare Fehlleistung

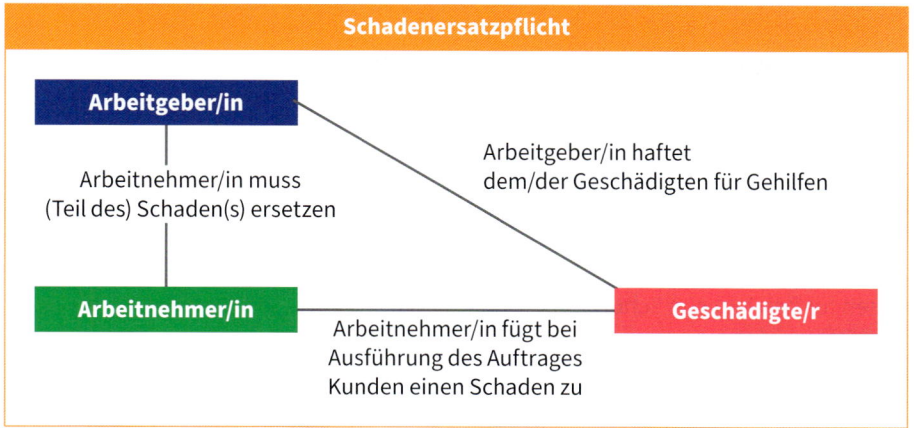

Wollen Arbeitgeber/innen den Schaden von Arbeitnehmer/innen ersetzt haben, so haben sie sie davon in Kenntnis zu setzen. **Arbeitnehmer/innen können**

- **binnen 14 Tagen widersprechen.** Arbeitgeber/innen müssen dann den Schaden gerichtlich geltend machen. Ein Gericht entscheidet, ob der Schaden ersetzt werden muss, und falls ja, ob der ganze Schaden oder nur ein Teil davon zu ersetzen ist.

- **nichts unternehmen.** In diesem Fall dürfen Arbeitgeber/innen den geltend gemachten Schaden vom Lohn abziehen (aufrechnen).

Ü 3.19 Treuepflicht B

Kennzeichne, ob die folgenden Verhaltensweisen korrekt sind oder nicht, und begründe deine Antwort.

LINK
Ü 3.19 Treuepflicht
interaktive Übung

Beispiel	Korrekt	Nicht korrekt	Begründung
Ein im Service tätiger Mitarbeiter erhält von einem Kunden € 10,– Trinkgeld.			
Eine Mitarbeiterin erzählt ihrer Freundin, die bei einem Mitbewerber beschäftigt ist, wer Kunde des Unternehmens ist und welche Konditionen diese erhalten.			
Ein Servicetechniker, der Kopiergeräte repariert, betreibt nebenbei ein Reparaturunternehmen für Kopiergeräte derselben Marke.			
Eine vollbeschäftigte Buchhalterin arbeitet jede Nacht als Kellnerin.			
Ein CNC-Programmierer kündigt und tritt danach eine Stelle in einem anderen Unternehmen wieder als CNC-Programmierer an. Im Arbeitsvertrag sind diesbezüglich keine Vereinbarungen enthalten.			
Ein Mitarbeiter behauptet, dass der Betrieb minderwertiges Material in seine Geräte verbaut, obwohl dies nicht zutreffend ist.			

Ü 3.20 Schadenersatz C

Eine Arbeitnehmerin hat durch besondere Unachtsamkeit an einer Maschine des Arbeitgebers einen Schaden verursacht.

Prüfe, ob sie ihn ersetzen muss.

Betriebliche Ausbildungskosten

L 3.2 Ausbildungskostenersatz

Wolfgang Reich wurde von seinem Chef angeboten, an einer CAD-Schulung teilzunehmen. Gleichzeitig wurde ihm mitgeteilt, dass er die gesamten Schulungskosten zurückzahlen muss, wenn er das Unternehmen in den nächsten acht Jahren verlässt. Ist dies zulässig?

Lösung:

Grundsätzlich sind die Kosten für betriebliche Schulungen vom Arbeitgeber zu tragen. Es kann jedoch – bei Beginn des Arbeitsverhältnisses oder vor der Schulungsmaßnahme – schriftlich vereinbart werden, dass der Mitarbeiter die tatsächlich angefallenen Ausbildungskosten zu ersetzen hat, wenn er innerhalb von vier Jahren das Arbeitsverhältnis beendet. Eine Frist von acht Jahren ist unzulässig.

Folgende Formen der Schulung können unterschieden werden:

Betriebliche Schulungsmaßnahmen	
Einschulung	**Ausbildung**
Dadurch sollen Mitarbeiter/innen mit den Tätigkeiten und Gegebenheiten des Arbeitsplatzes vertraut gemacht werden. Die Einschulung erfolgt i.d.R. am Arbeitsplatz oder im Betrieb.	Durch Ausbildungsmaßnahmen erhalten Mitarbeiter/innen Fertigkeiten, Kenntnisse und Wissen, die auch in anderen Unternehmen eingesetzt und verwertet werden können.
Beispiele: • Einschulung für ein spezielles EDV-Programm, das in diesem Unternehmen verwendet wird. • Einschulung auf die Produkte des Unternehmens	**Beispiele:** • Ausbildung zur Sicherheitsvertrauensperson • CISCO-Zertifikat • Sprachzertifikat TOEFL • Pilotenausbildung

Die Vereinbarung des Ersatzes darf jedoch **nicht zu einer unzumutbaren Beschränkung des Kündigungsrechtes** führen. Daher

- darf der Ersatz die Kosten des Dienstgebers nicht überschreiten,
- muss i.d.R. die Ersatzpflicht längstens 4 Jahre nach der Ausbildung enden,
- muss die Höhe des Ersatzes mit den seit der Ausbildung vergangenen Monaten sinken (Aliquotierung).

Beispiel für eine Vereinbarung über Ausbildungskostenersatz:

Eine Arbeitnehmerin wurde von der Arbeit freigestellt, damit sie eine Ausbildung zur Erlangung eines Schweißzertifikates absolvieren kann. Während des Kurses wurde das Entgelt weiterbezahlt. Vor Kursbeginn wurde vereinbart, dass sie die Kurskosten inkl. der vom Arbeitgeber ersetzten Reisekosten zurückzahlen muss, wenn sie das Arbeitsverhältnis innerhalb der nächsten 4 Jahre beendet. Die Höhe des Betrages, den sie zurückzahlen muss, sinkt pro Monat, das seit Kursende vergangen ist, um 1/48 (4 Jahre × 12 Monate = 1/48 der Kosten pro Monat).

Ü 3.21 Ausbildung B

Ein Unternehmen bezahlt einem Mitarbeiter die Ausbildung zum Autobuslenker. Er wird für die Teilnahme am Kurs und für das Lernen gegen Bezahlung der Bezüge von der Arbeit freigestellt. Dafür verlangt das Unternehmen, dass er die doppelten Kurskosten zurückzahlt, falls er innerhalb der nächsten 8 Jahre aus dem Unternehmen ausscheidet.

Prüfe, ob dies rechtlich korrekt ist.

training, schooling
Schulung

TOEFL
Test of English as a Foreign Language; an manchen Universitäten im englischsprachigen Raum Zugangsvoraussetzung

Weiterbildung im Schweißen
Die Kosten für die Ausbildung zur Erlangung eines Schweißzertifikates müssen nur dann von der Mitarbeiterin getragen werden, wenn dies vor Beginn der Ausbildungsmaßnahme schriftlich vereinbart wurde.

Entgeltzahlungspflicht

Hauptpflicht der Arbeitgeber/innen ist, das **vereinbarte Entgelt** zu bezahlen. Nur wenn ausdrücklich vereinbart wurde, dass die Arbeitsleistung unentgeltlich erfolgt, muss nichts bezahlt werden.

Die Höhe des Entgelts ergibt sich aus dem Arbeitsvertrag. Es darf allerdings **nicht das im Kollektivvertrag festgesetzte Entgelt unterschreiten.**

Je nach Arbeitnehmergruppe wird das Entgelt unterschiedlich bezeichnet:

Arbeitsentgelt		
Arbeiter/innen	**Angestellte**	**Lehrlinge**
Lohn	Gehalt	Lehrlingseinkommen

In den Kollektivverträgen der Angestellten sind verschiedene Beschäftigungsgruppen vorgesehen, die für die Höhe des Entgelts maßgeblich sind.

Auszug aus dem **Rahmenkollektivvertrag für Angestellte der Industrie:**

Beschäftigungsgruppe D
ArbeitnehmerInnen, die Tätigkeiten nach allgemeinen Richtlinien und Anweisungen verrichten, für die typischerweise der Abschluss einer einschlägigen Berufsausbildung oder fachlich gleichwertigen Schulausbildung erforderlich ist.
ArbeitnehmerInnen mit abgeschlossener Berufsausbildung (Lehrabschlussprüfung), auch solche mit einer Lehrabschlussprüfung in technologisch verwandten bzw. technologisch ähnlichen Berufen, wenn diese Qualifikation zumindest für Teile der Tätigkeit von Bedeutung ist.
Gleiches gilt für AbsolventInnen von vergleichbaren berufsbildenden mittleren Schulen. Bei diesen ArbeitnehmerInnen kann, sofern noch keine Berufstätigkeit verrichtet wurde, während der ersten 12 Monate das Mindestentgelt der BschGr. D um bis zu 5 Prozent unterschritten werden.

Beschäftigungsgruppe E
ArbeitnehmerInnen, die Tätigkeiten nach allgemeinen Richtlinien und Anweisungen selbstständig ausführen für die typischerweise über die in BschGr. D erforderliche Qualifikation hinaus zusätzliche Fachkenntnisse und Fähigkeiten erforderlich sind.
Ferner AbsolventInnen von berufsbildenden höheren Schulen, wenn diese Qualifikation für erhebliche Teile der Tätigkeit im obigen Sinn von Bedeutung ist. Bei diesen ArbeitnehmerInnen kann sofern noch keine Berufstätigkeit verrichtet wurde, während der ersten 18 Monate das Mindestentgelt der BschGr. E um bis zu 5 Prozent unterschritten werden.

Beschäftigungsgruppe F
ArbeitnehmerInnen, die schwierige Tätigkeiten selbstständig ausführen, für die typischerweise entweder über die in Beschäftigungsgruppe D erforderliche Qualifikation hinaus zusätzliche Fachausbildungen oder große Fachkenntnisse, oder zumindest eine abgeschlossene BHS mit einschlägiger (entsprechender) für die ausgeübte Tätigkeit notwendige Berufserfahrung erforderlich sind.

Quelle: RKV EisenMetall 2007 (wko.at), Stand 1.11.2020, letzter Zugriff: 10.5.2021

Die Mitarbeiter/innen sind in jene Beschäftigungsgruppe einzureihen, deren Tätigkeit sie überwiegend ausüben.

In einigen Angestelltenkollektivverträgen ist vorgesehen, dass das Gehalt alle zwei Jahre steigt. Diese Steigerung nennt man **Biennalsprung**.

Ü 3.22 Entgeltzahlungspflicht B

Kennzeichne, ob die folgenden Aussagen richtig oder falsch sind, und stelle falsche Aussagen richtig.

Aussage	Richtig	Falsch	Richtigstellung
Arbeitgeber/innen können die Höhe des Entgelts beliebig festlegen.			

Aussage	Richtig	Falsch	Richtigstellung
Das Entgelt für Arbeiter wird als „Gehalt" bezeichnet, jenes für Angestellte als „Lohn".			
Von einem „Biennalsprung" spricht man, wenn Arbeitnehmer/innen alle zwei Jahre in eine höhere Gehaltsstufe vorrücken.			

Ü 3.23 Triennalsprung B

Recherchiere, was ein Triennalsprung ist.

Entgeltfortzahlung

Arbeitgeber/innen haben in bestimmten Fällen das Entgelt weiterzubezahlen, auch wenn keine Leistung erbracht wird.

Krankheit

Erkranken Arbeitnehmer/innen oder erleiden sie einen Unfall, ohne ihn grob fahrlässig oder vorsätzlich herbeigeführt zu haben, so behalten sie für eine bestimmte Zeit den Anspruch auf Entlohnung. Sie haben die Verhinderung so bald als möglich dem Arbeitgeber bzw. der Arbeitgeberin mitzuteilen und – auf dessen/deren Verlangen – durch eine Bestätigung nachzuweisen.

Sämtliche Arbeitnehmer/innen haben sofort nach Arbeitsbeginn **Anspruch auf Entgeltfortzahlung.**

Die Entgeltfortzahlung ist abhängig von den bisherigen Arbeitsjahren und ist wie folgt gestaffelt:

Ärztliche Bestätigung
Eine Arbeitgeberin kann vom krankgemeldeten Arbeitnehmer eine Krankenstandsbestätigung verlangen. Ein Arzt oder eine Ärztin muss dann die Arbeitsunfähigkeit der erkrankten Person bestätigen.

Dauer des Dienstverhältnisses	Dauer der Entgeltfortzahlung bei Krankheit bzw. Unglücksfall pro Arbeitsjahr		Dauer der Entgeltfortzahlung bei Arbeitsunfall bzw. Berufskrankheit pro Anlassfall
	volles Entgelt	halbes Entgelt	
bis 1 Jahr	6 Wochen	4 Wochen	8 Wochen
1 – 15 Jahre	8 Wochen	4 Wochen	8 Wochen
15 – 25 Jahre	10 Wochen	4 Wochen	10 Wochen
über 25 Jahre	12 Wochen	4 Wochen	10 Wochen

Mit Beginn eines neuen Arbeitsjahres entsteht ein neuer Anspruch, auch wenn im alten Jahr der Anspruch bereits erschöpft war.

Arbeitgeber/innen steht es frei, ob sie eine Bestätigung verlangen, und falls ja, ob sie sie bereits ab dem ersten Krankheitstag oder erst nach längerer Krankheitsdauer verlangen. Legt der Arbeitnehmer bzw. die Arbeitnehmerin diese Bestätigung nicht vor, so verliert er oder sie für diese Zeit den Anspruch auf Entgelt. Die Nichtvorlage bildet aber keinen Entlassungsgrund.

Verhinderung aus sonstigen wichtigen Gründen

Sind Arbeitnehmer/innen durch wichtige Gründe ohne ihr Verschulden an der Arbeitsleistung gehindert, so besteht **weiterhin Anspruch auf Entgelt während höchstens einer Woche** je Ereignis. Die Gründe müssen allgemein akzeptiert und auf Verlangen dem/der Arbeitgeber/in nachgewiesen werden.

Dazu zählen:

- **tatsächliche Gründe:** Störungen des Verkehrsmittels, Elementarereignisse wie Lawinen (trifft dieses Ereignis einen größeren Personenkreis und besteht kein Zusammenhang mit der Arbeit, gilt es nicht als Hinderungsgrund), Arztbesuch
- **rechtliche Gründe:** behördliche Ladung, Ausübung des Wahlrechts
- **sittliche Gründe:** Teilnahme an Begräbnis, Hochzeit

Kollektivverträge enthalten häufig eine Aufzählung der Gründe und der dabei anzuerkennenden Zeiten. Wenn Arbeitnehmer/innen im Einzelfall mehr Zeit benötigen, muss ihnen diese gewährt werden.

Arbeitnehmerinnen und Arbeitnehmer haben **Anspruch auf Freistellung von der Arbeit unter Fortzahlung des Entgeltes** bei:

a) eigener Eheschließung — 3 Arbeitstage;

b) Eheschließung eines Kindes, Stief- oder Adoptivkindes, eines Elternteiles sowie von Geschwistern, wenn die Hochzeit auf einen Arbeitstag fällt — 1 Arbeitstag;

c) Entbindung der Ehe- bzw. Lebenspartnerin — 1 Arbeitstag;

d) Wohnungswechsel im Fall eines bereits bestehenden eigenen Haushaltes oder im Fall der Gründung eines eigenen Haushaltes — 2 Arbeitstage;

e) Tod der Ehepartnerin bzw. des Ehepartners oder eines Elternteiles — 2 Arbeitstage;

f) Tod der Lebenspartnerin bzw. des Lebenspartners, wenn ein gemeinsamer Haushalt bestanden hat — 2 Arbeitstage;

g) Tod eines Kindes — 2 Arbeitstage;

h) Tod eines Geschwister-, Stief-, Groß- oder Schwiegerelternteiles — 1 Arbeitstag;

i) Teilnahme an dem Begräbnis in den Fällen der lit. e bis h, wenn der Tag des Begräbnisses auf einen Arbeitstag fällt — 1 weiterer Arbeitstag;

j) Teilnahme an Abordnungen zu Begräbnissen, wenn eine solche im Einvernehmen mit der zuständigen Führungskraft erfolgt — die notwendige Zeit;

k) Begräbnis innerhalb der Europäischen Union außerhalb des Wohnorts der Arbeitnehmerin bzw. des Arbeitnehmers in den Fällen der lit. e bis h — die notwendige Zeit für die Hin- und Rückfahrt zum Begräbnisort im Höchstausmaß eines weiteren Arbeitstages.

Ansprüche im Sinne der lit. a sowie c bis h bestehen auch dann, wenn das jeweilige Ereignis auf einen ohnedies arbeitsfreien Tag der Arbeitnehmerin bzw. des Arbeitnehmers fällt. Sie müssen jedoch im Zusammenhang mit dem Ereignis konsumiert werden.

Der Eintritt eines derartigen Ereignisses ist dem Unternehmen nachzuweisen und, soweit möglich, vorher mitzuteilen.

Quelle: wko.at, Kollektivvertrag FEEI für Angestellte der Elektro- und Elektronikindustrie, letzter Zugriff: 11.5.2021

Ist eine Arbeitnehmerin **bereit, die Arbeit zu erbringen,** wird sie aber durch Umstände gehindert, die der/die Arbeitgeber/in zu vertreten hat, so besteht für diese Zeit Anspruch auf das vereinbarte Entgelt, z. B. bei:

- Stromausfall
- Materialmangel
- Auftragsmangel
- Maschinenausfall

Stillstand in der Produktion
Ein Arbeitnehmer, der aufgrund eines Maschinenausfalls seiner Arbeit nicht nachgehen kann, hat dennoch Anspruch auf Entgelt.

Fürsorgepflicht

Arbeitnehmer/innen sind persönlich in den Betrieb eingegliedert und vom Arbeitgeber bzw. von der Arbeitgeberin abhängig. Sie haben daher auch Anspruch auf

- **Arbeitsbedingungen,** die so gestaltet sind, dass ihr Leben und die Gesundheit geschützt sind
- Wahrung ihrer sonstigen Interessen.

Pflicht zur Gleichbehandlung

Arbeitgeber/innen dürfen keinen Mitarbeiter und keine Mitarbeiterin ohne sachlichen Grund benachteiligen.

Beispiel: Wenn ein Unternehmen zwei HTL-Absolventen ohne Praxis für die Arbeitsvorbereitung aufnimmt und beide dieselbe Tätigkeit ausüben, dann müssen beide gleich entlohnt werden. Hat hingegen einer der beiden eine Zusatzqualifikation oder unterscheiden sich die Aufgabenbereiche, dann liegt ein sachlicher Grund vor und es können unterschiedliche Gehälter bezahlt werden.

6 Urlaub und Arbeitszeit

leave (of absence)
Urlaub

Eine übermäßige Beanspruchung führt zu gesundheitlichen Schäden. Daher ist Mitarbeitern und Mitarbeiterinnen Zeit zu geben, sich zu erholen. Der **Erholung** dient einerseits der Urlaub, andererseits sind bei der täglichen Arbeitszeit Schranken zu beachten.

Urlaub

Während der ersten 6 Monate eines Arbeitsverhältnisses entsteht der Urlaubsanspruch aliquot zur zurückgelegten Dienstzeit. Nach diesen 6 Monaten steht der volle Urlaubsanspruch für das erste Arbeitsjahr zu. Mit Beginn jeden neuen Arbeitsjahres entsteht der volle Urlaubsanspruch für dieses Arbeitsjahr.

aliquot
anteilmäßig, im Verhältnis

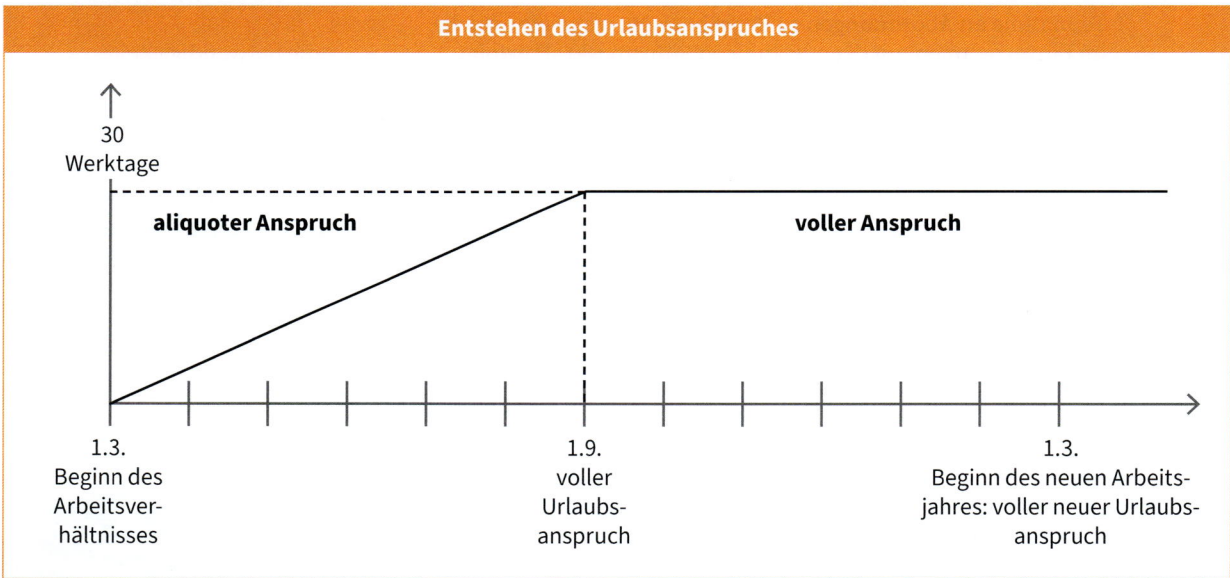

Entstehen des Urlaubsanspruches

30 Werktage

aliquoter Anspruch | voller Anspruch

1.3.
Beginn des Arbeitsverhältnisses

1.9.
voller Urlaubsanspruch

1.3.
Beginn des neuen Arbeitsjahres: voller neuer Urlaubsanspruch

Das **Urlaubsausmaß** beträgt 30 Werktage. Es erhöht sich nach 25 Dienstjahren auf 36 Werktage. Bei der Berechnung der Dienstjahre werden teilweise auch Ausbildungszeiten und Zeiten, die bei anderen Unternehmen gearbeitet wurde, berücksichtigt.

Das Urlaubsgesetz sieht vor, dass der Urlaub **in zwei Teilen verbraucht** werden kann, wobei ein Teil mindestens 6 Werktage umfassen muss. Es wird jedoch akzeptiert, dass der Urlaub auf Wunsch des Arbeitnehmers auch in mehreren kleineren Teilen verbraucht wird.

Zu den **Werktagen** zählen alle Kalendertage, ausgenommen Sonn- und Feiertage, auch der Samstag. Die **Arbeitstage** sind hingegen jene Tage, an denen tatsächlich gearbeitet wird.

Urlaubsanspruch
Der volle Urlaubsanspruch entsteht erst nach einem halben Jahr Betriebszugehörigkeit.

Der Urlaub ist grundsätzlich in dem Jahr zu verbrauchen, in dem er angefallen ist. Wird er nicht innerhalb der beiden auf das Urlaubsjahr folgenden Jahre verbraucht, so verfällt er.

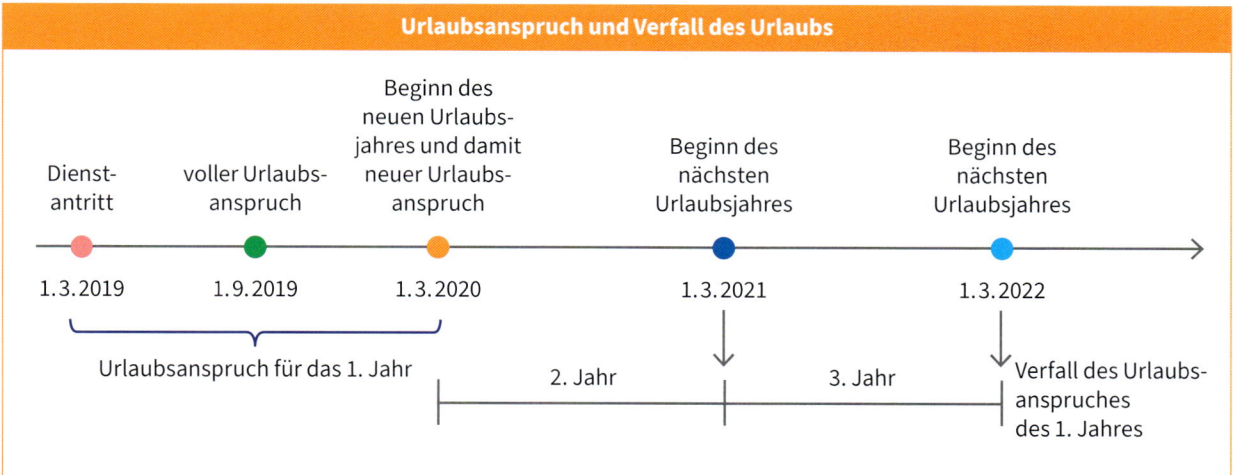

Der Termin, zu dem der Urlaub konsumiert wird, ist zwischen Arbeitgeber/-in und Arbeitnehmer/in zu vereinbaren. Dabei ist auf die **Erfordernisse des Betriebs** und die **Erholungsmöglichkeiten des Arbeitnehmers bzw. der Arbeitnehmerin** Rücksicht zu nehmen.

L 3.3 Krankenstand und Urlaub

Anna Klein hat eine Woche ihres Urlaubs im Bett verbringen müssen, weil sie krank wurde. Da kann sie sich doch nicht erholen! Gilt diese Zeit auch als Urlaub?

Lösung: Erkrankt eine Arbeitnehmerin während ihres Urlaubes länger als 3 Kalendertage, so hat sie dies unverzüglich dem Arbeitgeber mitzuteilen und nach der Rückkehr aus dem Urlaub eine ärztliche Bestätigung vorzulegen. Die Krankheitstage (= Werktage) werden nicht auf den Urlaub angerechnet! Die Arbeitnehmerin darf den Urlaub nicht eigenmächtig verlängern. Zum vereinbarten Zeitpunkt muss die Arbeit wieder aufgenommen werden. Die Zeit für den Verbrauch des offenen Urlaubs muss neu vereinbart werden.

Pflegefreistellung

Ist ein Arbeitnehmer an der Arbeitsleistung gehindert, weil er

- sein leibliches Kind
  - aufgrund einer Erkrankung pflegen muss oder
  - bei einem stationären Aufenthalt in einem Kranken- oder Pflegeheim begleitet

oder

- einen im gemeinsamen Haushalt lebenden
  - nahen Angehörigen
  - Ehegatten, eingetragenen Partner, Lebensgefährten
  - Eltern, Großeltern ...
  - Kinder des Partners, Enkel ...

aufgrund einer Erkrankung pflegen muss oder

- sein Kind aufgrund des Ausfalles der ständigen Betreuungsperson betreuen muss,

hat er aus diesem Grund **Anspruch auf eine Woche bezahlte Freizeit** pro Jahr. Diese Woche wird nicht auf den Urlaub angerechnet und kann nicht

 LINK
Pflegefreistellung
Hier kannst du dir das Video „Tipps zur Pflegefreistellung" ansehen (Unfall, Krankheit & Pflege).
www.arbeiterkammer.at

nursing leave
Pflegefreistellung

in den folgenden Jahren verbraucht werden. Haben mehrere Personen Anspruch auf Pflegefreistellung, können sie selbst entscheiden, wer die Pflegefreistellung in Anspruch nimmt.

Auf Verlangen des Arbeitgebers bzw. der Arbeitgeberin ist die **Notwendigkeit der Pflege bzw. Betreuung** in geeigneter Form nachzuweisen.

Beispiel: Arbeitet der Arbeitnehmer 40 Stunden je Woche, so kann er in jedem Kalenderjahr 40 Stunden Pflegefreistellung beanspruchen. Diese 40 Stunden müssen nicht zusammenhängend sein. Auch ein stundenweiser Verbrauch ist möglich. Wurde eine wöchentliche Arbeitszeit von 20 Stunden vereinbart, so besteht auch nur ein Anspruch auf 20 Stunden Pflegefreistellung.

Für die Betreuung von **Kindern unter 12 Jahren** steht Arbeitnehmer/innen eine weitere Woche Pflegefreistellung zu.

Karenz

maternity leave
Karenz
maternity (parentship)
Mutterschaft (Elternschaft)

Unter Karenz(urlaub) versteht man jede **Freistellung** von der Arbeitsleistung **gegen Entfall der Bezüge**. Sie kann zwischen Arbeitgeber/in und Arbeitnehmer/in grundsätzlich frei vereinbart werden.

Mutterschaft (Elternschaft)

Besonders geregelt sind die Karenz und der Schutz der Mutter anlässlich

- der Geburt,
- Adoption und
- der unentgeltlichen Inpflegenahme eines Kindes.

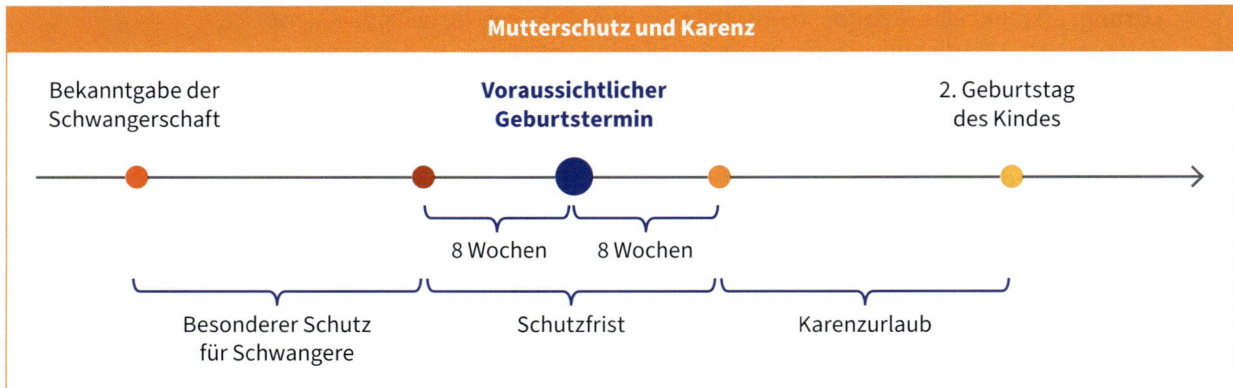

Mutterschutz und Karenz

Bekanntgabe der Schwangerschaft — **Voraussichtlicher Geburtstermin** — 2. Geburtstag des Kindes

8 Wochen — 8 Wochen

Besonderer Schutz für Schwangere — Schutzfrist — Karenzurlaub

Werdende Mütter haben ihre Schwangerschaft unverzüglich dem Arbeitgeber bzw. der Arbeitgeberin zu melden, welche/r wiederum das Arbeitsinspektorat zu verständigen hat. Die Arbeitnehmerin darf dann nicht mit Arbeiten betraut werden, die das werdende Kind gefährden können. Das Arbeitsinspektorat kann auch bestimmte Tätigkeiten verbieten oder ein gänzliches Beschäftigungsverbot erlassen.

Acht Wochen vor dem voraussichtlichen Geburtstermin bis acht Wochen danach besteht ein **absolutes Beschäftigungsverbot (Schutzfrist)**. In bestimmten Fällen verlängert sich die Frist nach der Geburt auf 12 Wochen.

Für das Entgelt während der Schutzfrist kommt die zuständige Krankenkasse auf (= Wochengeld).

Im Anschluss an die Schutzfrist kann bis zum 2. Geburtstag des Kindes eine **Karenzierung** beansprucht werden. Die Karenzierung kann entweder von

Väterkarenz
Auch Väter können eine Karenzierung beanspruchen. Voraussetzung ist, dass sie mit dem Kind im gemeinsamen Haushalt leben.

der Mutter oder vom Vater in Anspruch genommen werden. Es kann auch gewechselt werden, wobei jeder Elternteil zweimal Karenz beanspruchen darf, die mindestens 3 Monate dauern muss. Anlässlich des ersten Wechsels können beide Elternteile gemeinsam 1 Monat Karenz beanspruchen.

Weitere gesetzlich geregelte Fälle der Karenz

- Für die Sterbebegleitung naher Angehöriger oder die Begleitung schwerst erkrankter Kinder können Arbeitnehmer/innen **Familienhospizkarenz** beantragen.

- Arbeitnehmer/innen und Arbeitgeber/innen können eine **Karenzierung zum Zwecke der Weiterbildung** für eine Zeitdauer von höchstens 1 Jahr vereinbaren. Während dieser Zeit besteht Anspruch auf Weiterbildungsgeld. Dieses wird vom AMS bezahlt. Voraussetzung für die Inanspruchnahme der **Bildungskarenz** ist u.a., dass das Arbeitsverhältnis seit mindestens 6 Monaten besteht.

Ü 3.24 Urlaub `C`

Gerhard Reiter ist seit 17 Jahren im selben Betrieb beschäftigt. Er sieht ein günstiges Urlaubsangebot, das er nutzen mochte.

a) Berechne, wie hoch sein gesetzlicher Urlaubsanspruch ist.

b) Prüfe, ob er einseitig den Urlaubstermin festlegen kann.

c) Analysiere, ob er Pflegeurlaub oder Karenzurlaub beanspruchen kann, falls er seinen diesjährigen Urlaub bereits verbraucht hat.

Ü 3.25 Nicht verbrauchter Urlaub `B`

Prüfe, ob eine Mitarbeiterin mit dem Arbeitgeber vereinbaren darf, dass sie ihren Urlaub nicht konsumiert, dafür aber eine Entschädigung erhält.

Arbeitszeit

Grundsätzlich unterscheiden Gesetz und Kollektivvertrag Folgendes:

Tätigkeit	
Arbeit	**Arbeitsbereitschaft**
Ausübung der vereinbarten Tätigkeit, wobei diese körperliche bzw. geistige Anstrengung erfordert.	Verpflichtung, bei Abruf oder Eintritt eines bestimmten Ereignisses tätig zu werden, z. B.: Feuerwehr, Portier

Wochenarbeitszeit

Das Grundmodell der Wochenarbeitszeit sieht folgendermaßen aus:

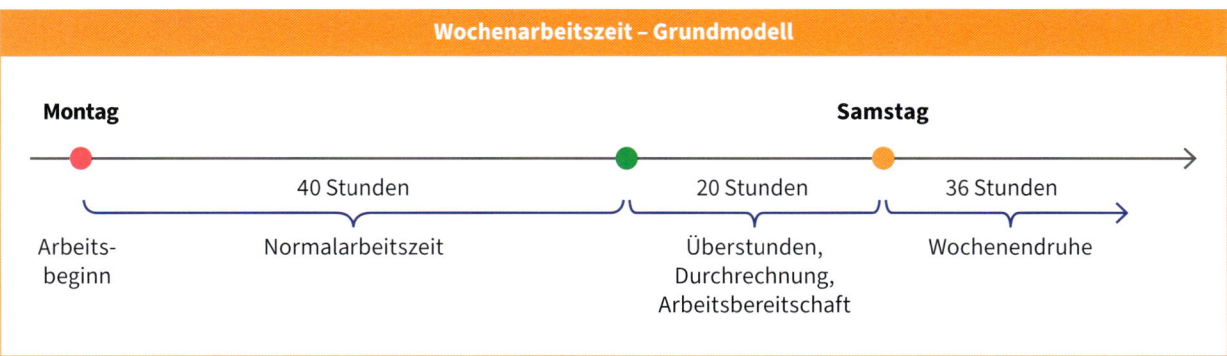

Normalarbeitszeit ist die aufgrund des Arbeitsvertrags zu leistende Arbeitszeit. Sie beträgt nach dem Arbeitszeitgesetz (AZG) **maximal 40 Stunden wöchentlich.** Einige Kollektivverträge sehen jedoch eine kürzere wöchentliche Normalarbeitszeit vor.

Auszug aus dem Kollektivvertrag für Angestellte der Elektro- und Elektronikindustrie (KVAngEEI):

> „Die wöchentliche Normalarbeitszeit beträgt ausschließlich der Pausen 38,5 Stunden. Bestehende kürzere Normalarbeitszeiten bleiben aufrecht. Die Normalarbeitszeit ist nach Möglichkeit auf 5 Tage zu verteilen."

Quelle: wko.at, letzter Zugriff: 28.3.2021

Der Kollektivvertrag kann vorsehen, dass innerhalb eines Durchrechnungszeitraumes in einzelnen Wochen mehr als 40 Stunden und in anderen weniger gearbeitet wird, sodass im Durchschnitt die vereinbarte Normalarbeitszeit nicht überschritten wird **(Bandbreitenmodell).** Der Kollektivvertrag kann auch den Betriebsrat zum Abschluss einer derartigen Vereinbarung ermächtigen.

Wenn die Tätigkeit regelmäßig und in erheblichem Umfang aus **Arbeitsbereitschaft** besteht (z. B. Portier/in), kann der Kollektivvertrag eine Verlängerung der wöchentlichen Normalarbeitszeit auf **höchstens 60 Wochenstunden** zulassen.

Arbeitnehmer/innen haben Anspruch auf eine **ununterbrochene wöchentliche Ruhezeit von mindestens 36 Stunden.** Diese hat in der Regel spätestens Samstag um 13 Uhr zu beginnen und den Sonntag einzuschließen.

Diese Ruhezeit wird **Wochenendruhe** genannt. Werden Arbeitnehmer/innen während dieser Zeit beschäftigt, so gebührt ihnen stattdessen während der Woche eine Wochenruhe von 36 Stunden, die einen ganzen Wochentag einzuschließen hat.

Durch Betriebsvereinbarung kann festgelegt werden, dass bei vorübergehend auftretendem besonderem Arbeitsbedarf Arbeitnehmer/innen an vier Wochenenden oder Feiertagen pro Jahr beschäftigt werden dürfen. Diese vier Wochenenden dürfen nicht aufeinander folgen.

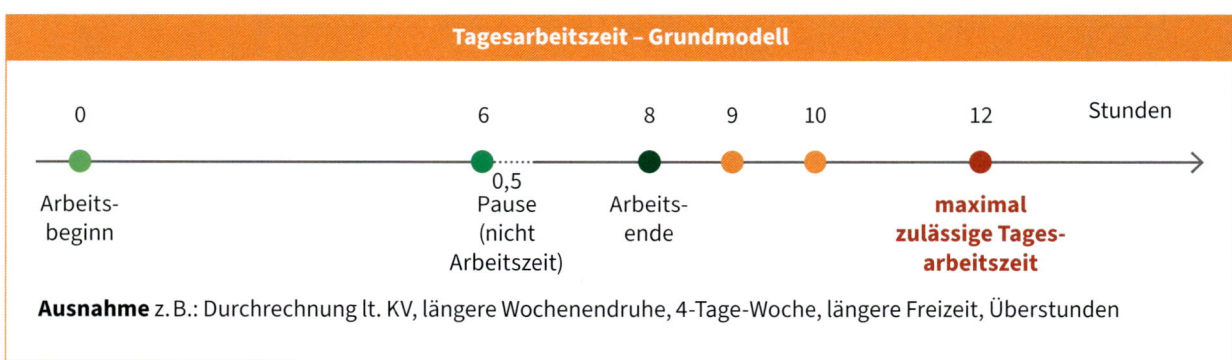

Verkaufstätigkeiten
Für bestimmte Tätigkeiten, wie die Arbeit auf Messen oder im Verkauf, gelten Sonderbestimmungen in Bezug auf die Ruhezeit.

Tagesarbeitszeit
Das Grundmodell der Tagesarbeitszeit sieht folgendermaßen aus:

Tagesarbeitszeit – Grundmodell
0   6   8   9   10   12   Stunden
Arbeitsbeginn   0,5 Pause (nicht Arbeitszeit)   Arbeitsende   **maximal zulässige Tagesarbeitszeit**
Ausnahme z. B.: Durchrechnung lt. KV, längere Wochenendruhe, 4-Tage-Woche, längere Freizeit, Überstunden

Das Arbeitszeitgesetz sieht grundsätzlich eine **tägliche Normalarbeitszeit von 8 Stunden** vor. Unter bestimmten Umständen darf die Tagesarbeitszeit verlängert werden, und zwar

- auf bis zu 9 Stunden (längere zusammenhängende Freizeit – freitags Frühschluss, Schichtarbeit …)
- auf bis zu 10 Stunden (4-Tage-Woche, Einarbeiten von Fenstertagen, Vereinbarung im Kollektivvertrag …)

■ auf bis zu 12 Stunden (Überstundenarbeit, Schichtarbeit, Arbeitsbereitschaft)

Beträgt die Tagesarbeitszeit **mehr als 6 Stunden,** so ist sie durch eine mindestens **halbstündige Pause** zu unterbrechen. Diese Pause zählt nicht zur Arbeitszeit. Nach Beendigung der Tagesarbeitszeit besteht Anspruch auf **mindestens 11 Stunden Ruhezeit.** Durch den Kollektivvertrag kann sie für Männer auf 10 Stunden reduziert werden.

Wenn im Betrieb ein Betriebsrat gewählt wurde, kann in einer Betriebsvereinbarung Folgendes vereinbart werden:

■ Beginn und Ende der täglichen Arbeitszeit

■ Dauer und Lage der Pausen

Werden Arbeitnehmer/innen bei mehreren Arbeitgeber/innen beschäftigt, sind die Arbeitszeiten zusammenzuzählen und unterliegen insgesamt den durch die Arbeitszeitgesetze geregelten Grenzen.

Überstunden

Überstunden liegen vor, wenn die gesetzlich festgelegte **Maximalarbeitszeit von 40 Stunden je Woche überschritten** wird. Die Zeit zwischen durch Arbeits- oder Kollektivvertrag vereinbarter Normalarbeitszeit und gesetzlicher Maximalarbeitszeit wird **Mehrarbeit** genannt.

Eine Pause machen
Ruhepausen sind Unterbrechungen der Arbeitszeit. Sie dienen der Erholung des Arbeitnehmers bzw. der Arbeitnehmerin.

overtime
Überstunden

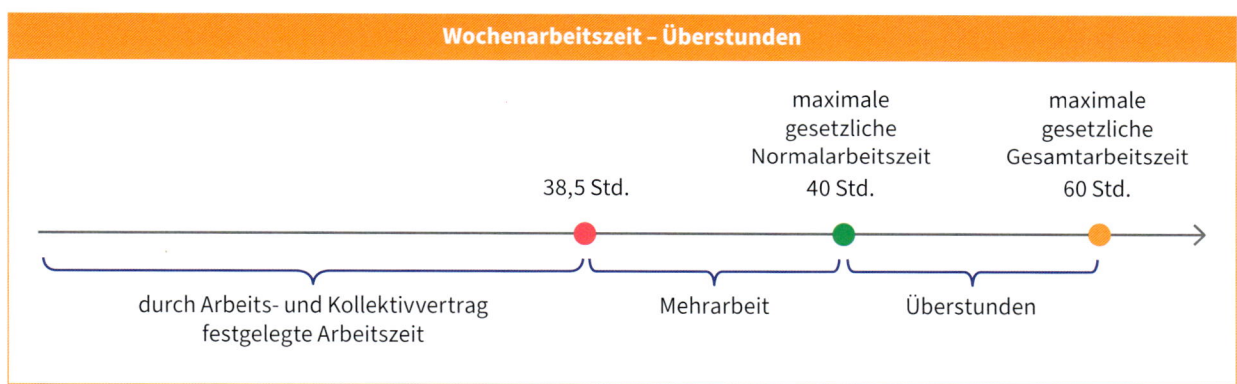

Wochenarbeitszeit – Überstunden

durch Arbeits- und Kollektivvertrag festgelegte Arbeitszeit — 38,5 Std. — maximale gesetzliche Normalarbeitszeit 40 Std. — maximale gesetzliche Gesamtarbeitszeit 60 Std.

Mehrarbeit — Überstunden

Beispiel für Mehrarbeit: Ein Unternehmen hat mit einem Mitarbeiter eine wöchentliche Arbeitszeit von 15 Stunden vereinbart. Da einige Kollegen krank sind, arbeitet der Mitarbeiter in einer Woche ausnahmsweise 25 Stunden. Die 10 Stunden, die er mehr als die vertraglich vereinbarte Arbeitszeit leistet, sind Mehrarbeit, keine Überstunden.

Beispiel für Überstunden: Eine Angestellte ist vollzeitbeschäftigt. Der Kollektivvertrag sieht eine wöchentliche Arbeitszeit von 38,5 Stunden vor. Da ein Auftrag fertiggestellt werden muss, arbeitet sie in einer Woche 45 Stunden Sie leistet in dieser Woche 1,5 Stunden Mehrarbeit und 5 Überstunden.

Überstunden dürfen jedoch **nicht schrankenlos** geleistet werden.

Wenn **erhöhter Arbeitsbedarf** gegeben ist,

■ darf die Tagesarbeitszeit maximal 12 Stunden betragen und

■ es dürfen max. 20 Überstunden je Woche geleistet werden.

Dabei darf jedoch die durchschnittliche Arbeitszeit innerhalb von 17 Wochen 48 Stunden nicht überschreiten.

Bei Vorliegen von **Notfällen** gibt es keine Beschränkungen für die Zahl der Überstunden.

Abgeltung von Überstunden
Eine Arbeitnehmerin, die Überstunden leistet, hat Anspruch auf eine Abgeltung in Geld oder auf Zeitausgleich.

Beispiel: In einem Unternehmen ist eine Kühlanlage ausgefallen, wodurch produzierte Lebensmittel zu verderben drohen. Es dürfen Überstunden geleistet werden, um die Kühlanlage zu reparieren bzw. die Lebensmittel an einem anderen Ort zu lagern. Sobald diese Arbeiten abgeschlossen sind, gelten die normalen Arbeitszeitgrenzen.

Die **Leistung von Überstunden muss vereinbart** werden, Arbeitnehmer/-innen können grundsätzlich nicht zur Leistung gezwungen werden. Die Vereinbarung kann auch im Arbeits- oder Kollektivvertrag erfolgen. Arbeitnehmer/innen können die Leistung von Überstunden, durch die die Tagesarbeitszeit von 10 Stunden oder die Wochenarbeitszeit von 50 Stunden entweder überschritten wird, ablehnen. Deswegen dürfen sie nicht benachteiligt werden.

Beispiel: Eine Mitarbeiterin hat 5 Überstunden geleistet. Für diese Überstunden ist laut Gesetz der Stundenbezug und ein 50%iger Zuschlag zu zahlen. Arbeitgeberin und Arbeitnehmer/in können vereinbaren, dass diese Überstunden in Freizeit abgegolten werden. Die Mitarbeiterin hat entweder Anspruch auf 7,5 Stunden Freizeit oder die Bezahlung von 5 Stundenbezügen + 50 % (2,5 Stunden) Zuschlag.

Für Überstunden, durch die die Tagesarbeitszeit von 10 Stunden oder die Wochenarbeitszeit von 50 Stunden überschritten wird, können Arbeitnehmer/innen bestimmen, ob die Abgeltung in Geld oder durch Zeitausgleich erfolgen soll.

Es kann auch – ausdrücklich oder stillschweigend – vereinbart werden, dass Arbeitnehmer/innen laufend eine bestimmte Anzahl an Überstunden leisten. Dafür wird ein Pauschalentgelt vereinbart, auf das Arbeitnehmer/-innen Anspruch haben, unabhängig von der Zahl der tatsächlich geleisteten Überstunden (**Überstundenpauschale**).

Laut Gesetz besteht ein Anspruch auf 25 % Zuschlag für Mehrarbeit von teilzeitbeschäftigten Personen. Vollbeschäftigte, die Mehrarbeit leisten, haben keinen Anspruch auf einen Zuschlag. Im Arbeits- oder Kollektivvertrag kann aber ein solcher vereinbart werden.

Anordnung von Überstunden
Überstunden müssen dem Arbeitnehmer nur dann abgegolten werden, wenn sie der Arbeitgeber anordnet.

Gleitzeit

Durch eine Betriebsvereinbarung kann Gleitzeit vereinbart werden. Das heißt, dass Arbeitnehmer/innen Beginn und Ende ihrer täglichen Arbeitszeit selbst festlegen. In der Gleitzeitvereinbarung müssen folgende Punkte enthalten sein:

- **Dauer der Gleitzeitperiode:** Das ist der Durchrechnungszeitraum, in dem die Normalarbeitszeit erreicht werden muss. Meist wird vereinbart, dass eine bestimmte Anzahl an Mehr- oder Weniger-Stunden in die nächste Periode (Monat) übertragen werden kann. Überschreiten die geleisteten Stunden diesen Wert (Normalarbeitszeit + zulässige Mehrstunden), liegen Überstunden vor.

- Die **Rahmenzeit** ist jener Zeitraum, innerhalb dessen Arbeitnehmer/innen den Arbeitsbeginn und das Arbeitsende selbst festlegen können. Nicht erforderlich, aber üblich ist die Festlegung einer Kernzeit, innerhalb der sämtliche Arbeitnehmer/innen anwesend sein müssen.

- **Dauer und Lage der Normalarbeitszeit:** Diese wird zur Zeit- bzw. Entgeltberechnung benötigt, wenn Arbeitnehmer/innen an der Arbeitsleistung verhindert sind, z. B. im Fall einer Erkrankung, an Feiertagen oder bei Amtswegen.

LINK
Flexible Working
Hier kannst du eine 2019 durchgeführte Studie zur Frage „Wie flexibel arbeitet Österreich?" herunterladen (Pressearchiv).
www2.deloitte.com/at

flexi-time
Gleitzeit

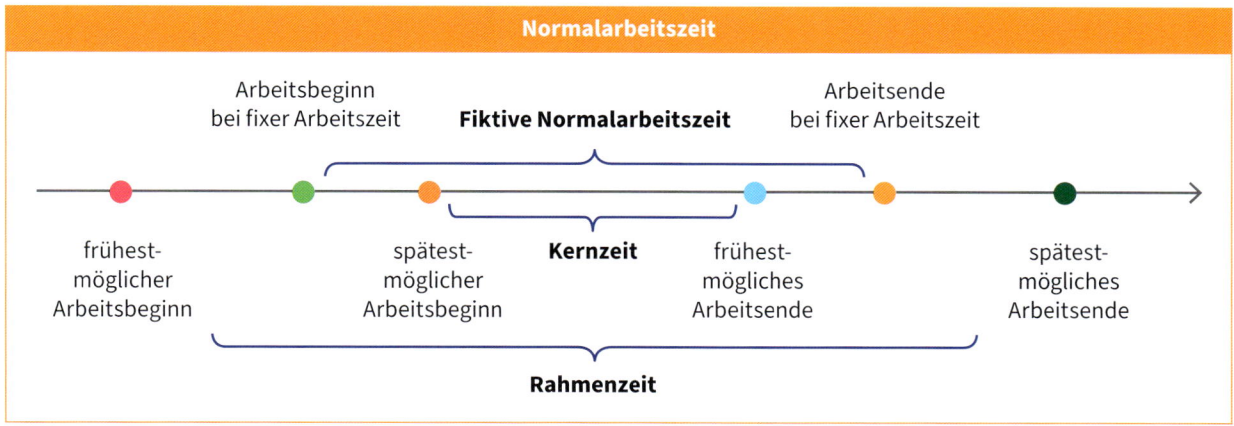

Ü 3.26 Arbeitszeit B

Kennzeichne, ob folgende Aussagen richtig oder falsch sind, und begründe deine
Antwort.

LINK
Ü 3.26 Arbeitszeit
interaktive Übung

Aussage	Richtig	Falsch	Begründung
Es dürfen ohne Zustimmung des Arbeitsinspektors maximal 5 Überstunden je Woche geleistet werden.			
Die gesetzliche Normalarbeitszeit von 40 Stunden darf vertraglich verlängert, aber nicht verkürzt werden.			
Arbeitnehmer/innen sind verpflichtet, Überstunden zu leisten, wenn es der bzw. die Vorgesetzte verlangt.			
Geplante Pausen während der Arbeitszeit (z.B. Mittag) gelten als Arbeitszeit und sind daher zu bezahlen.			
Nach längstens 7 Stunden Arbeit gebührt Arbeitnehmern und Arbeitnehmerinnen eine mindestens halbstündige Pause.			
Es darf täglich maximal 12 Stunden gearbeitet werden.			
Kernzeit ist jene Zeit, bei der Mitarbeiter/innen, die in Gleitzeit arbeiten, jedenfalls anwesend sein müssen.			
Eine Vereinbarung, dass Mitarbeiter/innen regelmäßig eine bestimmte Anzahl an Überstunden leisten, ist nicht zulässig.			

Ü 3.27 Betriebsvereinbarung zur Arbeitszeit B

Ein Unternehmen legt die tägliche Arbeitszeit in einer Betriebsvereinbarung fest.

a) Erkläre, was man unter einer Betriebsvereinbarung versteht.

b) Prüfe, ob über die Lage der täglichen Arbeitszeit eine Betriebsvereinbarung abgeschlossen werden darf.

c) Nenne die Parteien, die eine Betriebsvereinbarung abschließen.

d) Kläre, für wen eine Betriebsvereinbarung gilt.

Beendigung eines Arbeitsverhältnisses

termination of employment
Beendigung eines Arbeits-
verhältnisses

Ein Arbeitsverhältnis endet in folgenden Fällen:

Zeitablauf

Tod des Arbeitnehmers

einvernehmliche Beendigung

Beendigung Arbeitsverhältnis

Kündigung

vorzeitige Beendigung aus wichtigem Grund (Austritt/Entlassung)

Zeitablauf

Ein befristetes Arbeitsverhältnis endet mit **Ablauf der vorher vereinbarten Zeit,** dabei muss keine der beiden Vertragsparteien tätig werden.

Befristete Arbeitsverhältnisse dürfen vor Ablauf der Frist nur gekündigt werden, wenn dies besonders vereinbart wurde.

Tod des Arbeitnehmers

Arbeitnehmer/innen müssen ihrer Arbeitspflicht persönlich nachkommen. Ihr Tod beendet daher diese Pflicht.

Durch den **Tod des Arbeitgebers bzw. der Arbeitgeberin** wird das Arbeits-
verhältnis grundsätzlich nicht aufgelöst. Ausnahme: höchstpersönliche Dienstleistungen, z. B. Krankenpfleger/in oder Privatsekretär/in.

Einvernehmliche Lösung

Ein Vertrag entsteht durch Einigung der Vertragsparteien. Genauso wie sich die Parteien einigen können, ein Arbeitsverhältnis zu beginnen, können sie sich **einigen, ein Arbeitsverhältnis zu beenden.**

Grundsätzlich kann auch dieser Vertrag ohne Einhaltung besonderer Formvorschriften oder Termine abgeschlossen werden. Nur bei besonders geschützten Arbeitnehmergruppen sind zu deren Schutz bestimmte Formvorschriften einzuhalten.

by mutual agreement
einvernehmliche Lösung

Kündigung

Unter Kündigung wird eine einseitige Willenserklärung verstanden, die an keine bestimmte Form gebunden ist und die sowohl vom Arbeitgeber bzw. der Arbeitgeberin als auch vom Arbeitnehmer bzw. der Arbeitnehmerin ausgesprochen werden kann. Darin wird dem Partner der Wille bekanntgegeben, das Arbeitsverhältnis zu beenden. Es **müssen keine Gründe vorliegen!**

Kündigung
Die übliche Beendigung von unbefristeten Arbeitsverträgen ist die Kündigung. Sie kann vom Arbeitgeber oder vom Arbeitnehmer ausgesprochen werden.

Damit die Kündigung gültig ist, müssen bestimmte **Fristen und Termine** eingehalten werden:

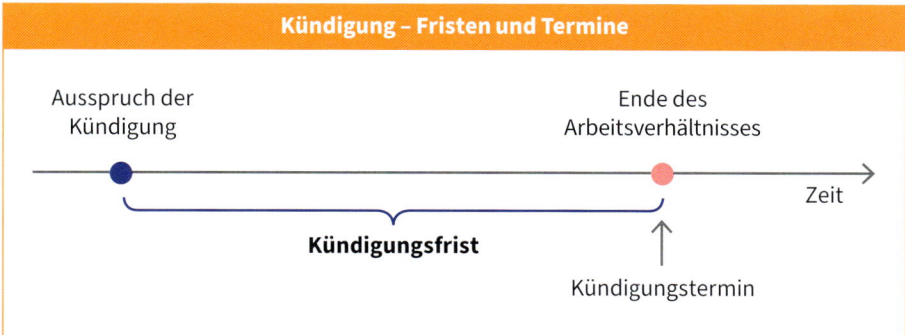

Das Gesetz enthält Regeln über die einzuhaltenden **Kündigungsfristen:**

Kündigungsfristen		
Dauer des Arbeitsverhältnisses	**Kündigung durch Arbeitgeber/in**	**Kündigung durch Arbeitnehmer/in**
0 – 2 Jahre	6 Wochen	1 Monat
2 – 5 Jahre	2 Monate	1 Monat
5 – 15 Jahre	3 Monate	1 Monat
15 – 25 Jahre	4 Monate	1 Monat
mehr als 25 Jahre	5 Monate	1 Monat

period of notice
Kündigungsfrist

dismissal (notice to quit)
Kündigung

Kündigt der der/die Arbeitgeber/in, so ist der Kündigungstermin das **Quartalsende** (31.3., 30.6., 30.9., 31.12.). Kündigt der/die Arbeitnehmer/in, so ist der Kündigungstermin der **letzte Tag des Kalendermonats.**

Durch Arbeits- oder Kollektivvertrag können die Fristen verlängert und die Termine anders geregelt werden. Häufig wird vereinbart, dass zulässige Kündigungstermine für beide Vertragspartner der 15. und der Letzte jeden Monats sind.

Werden die Fristen bzw. Termine nicht eingehalten, so endet das Arbeitsverhältnis zu dem **in der Kündigungserklärung angegebenen Zeitpunkt.** Bis zum Ablauf der ordnungsgemäßen Kündigungsfrist hat der schuldlose Partner Anspruch auf Schadenersatz.

Beispiel: Ein Arbeitnehmer im 3. Dienstjahr erhält am 20. Juni ein Kündigungsschreiben, in dem ihm mitgeteilt wird, dass sein Arbeitsverhältnis zum 31. August gekündigt wird. Weder sein Arbeitsvertrag noch der Kollektivvertrag enthalten Regeln hinsichtlich Kündigungsfrist oder Kündigungstermin. Es gelten daher die gesetzlichen Regeln. Diese sehen für Arbeitnehmer im 3. Dienstjahr eine Kündigungsfrist von 2 Monaten zum Quartalsende vor. Der nächste zulässige Kündigungstermin (Quartalsende) wäre daher der 30. September. Das Arbeitsverhältnis endet am 31. August, der Arbeitnehmer hat aber Anspruch auf das Entgelt bis zum Ende der ihm laut Gesetz zustehenden Kündigungsfrist, das ist der 30. September.

Arbeitnehmer/innen können **auch während eines Krankenstands gekündigt** werden. In diesem Fall endet das Arbeitsverhältnis zum angegebenen Kündigungstermin, der Anspruch auf Bezahlung des Krankenentgelts bleibt bis zum Ende des Krankenstandes bzw. Ablauf der Fortzahlungsfrist bestehen.

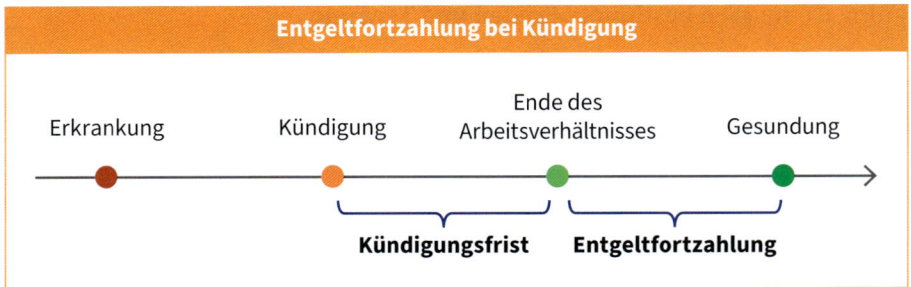

Entgeltfortzahlung bei Kündigung

Erkrankung   Kündigung   Ende des Arbeitsverhältnisses   Gesundung

Kündigungsfrist   **Entgeltfortzahlung**

Änderungskündigung

Arbeitgeber/innen sind grundsätzlich nicht berechtigt, einseitig die Arbeits-verträge zu ändern, auch wenn dies die wirtschaftliche Situation des Betriebes rechtfertigt. Sie können daher nur im Einvernehmen mit dem einzelnen Arbeitnehmer bzw. der einzelnen Arbeitnehmerin den Arbeitsvertrag ändern.

Häufig geschieht dies in der Form, dass der Arbeitgeber dem Mitarbeiter kündigt und ihm gleichzeitig das Angebot macht, einen **neuen Vertrag zu schlechteren Bedingungen** abzuschließen, wobei die Ansprüche aus dem alten Vertrag gewahrt bleiben (z. B. Dienstzeit für Kündigungsfrist, Urlaub). Schlechtere Bedingungen können z. B. ein geringeres Entgelt oder der Entfall von Nebenleistungen wie Dienstwagen oder Zusatzur-laub sein.

Verschlechterungen müssen alle Mitarbeiter gleichmäßig treffen, es dürfen nicht willkürlich einige Arbeitnehmer besser und andere schlechter gestellt werden.

Besonders geschützte Arbeitnehmer/innen

Für besonders schutzbedürftige Arbeitnehmer/innen gibt es **weitergehende Kündigungsschutzbestimmungen**. Zu dieser Gruppe gehören:

- werdende Mütter
- Präsenz- und Zivildiener bzw. Frauen im Ausbildungsdienst
- Menschen mit Behinderung
- Belegschaftsvertreter (Betriebsräte, Mitglieder der Wahlkommission)
- wegen der Geburt eines Kindes karenzierte Mitarbeiter/innen

Präsenz- und Zivildienst
Die Kündigung aufgrund einer bevorstehenden Einberufung des Arbeitnehmers zum Präsenz-dienst bzw. einer bevorstehen-den Zuweisung zum Zivildienst ist nicht zulässig.

Ü 3.28 Kündigung ▣

Kennzeichne bei den folgenden Aussagen, ob sie richtig oder falsch sind. Begründe deine Antwort.

LINK
Ü 3.28 Kündigung
interaktive Übung

Aussage	Richtig	Falsch	Begründung
Eine Kündigung darf nur ausgesprochen werden, wenn ein Grund vorliegt.			
Befristete Arbeitsverhältnisse enden mit der Kündi-gung.			
Eine Kündigung beendet das Arbeitsverhältnis sofort.			
Ist eine Arbeitnehmerin krank, darf das Unternehmen keine Kündigung aussprechen.			
Für Präsenzdiener besteht ein besonderer Kündi-gungsschutz.			

Vorzeitige Auflösung aus wichtigem Grund (Austritt, Entlassung)

Liegt ein wichtiger Grund vor, so kann das **Arbeitsverhältnis mit sofortiger Wirkung beendet** werden. Dies gilt auch für befristete Arbeitsverhältnisse. Wird die Beendigung von Seiten des Arbeitgebers bzw. der Arbeitgeberin ausgesprochen, so spricht man von **Entlassung,** spricht sie der/die Arbeitnehmer/in aus, nennt man sie **Austritt.**

Austrittsgründe sind beispielsweise:

- gesundheitliche Gefährdung des Arbeitnehmers bei Fortsetzung der Tätigkeit
- Nichtbezahlung des vereinbarten Entgelts durch den Arbeitgeber
- Tätlichkeiten, Sittlichkeits- und Ehrverletzungen durch den Arbeitgeber

Auch eine längere **Abwesenheit wegen Krankheit oder Unfall bildet nie einen Entlassungsgrund.** Bleiben Arbeitnehmer/innen ohne Nachricht dem Arbeitsplatz fern, dann kann dies i. d. R. nicht als Austritt gewertet werden. Sie verlieren allerdings für diese Zeit den Anspruch auf Entgelt.

Entlassungsgründe sind beispielsweise:

- dauernde Arbeitsunfähigkeit
- Begehen einer Straftat, die den Arbeitnehmer des Vertrauens des Arbeitgebers unwürdig macht (bei Angestellten muss dies nicht Folge einer Straftat sein!)
- beharrliches Unterlassen der Arbeitsleistung
- beharrliche Verletzung der Pflichten aus dem Arbeitsvertrag
- Ehrenbeleidigung, Körperverletzung oder Drohung gegenüber dem Arbeitgeber, seinen Familienangehörigen oder Arbeitskollegen

Unproduktiv am Arbeitsplatz
Das beharrliche Unterlassen der Arbeitsleistung durch den Arbeitnehmer ist ein Entlassungsgrund.

Der Grund muss jedenfalls so wichtig sein, dass eine **Weiterbeschäftigung während der Kündigungsfrist unzumutbar** ist.

Beispiel: Ein Arbeitgeber sagt zu einem Mitarbeiter vor seinen Kollegen, dass er ein „Schwein" sei und „sich schleichen" solle. In der Regel wird dies eine erhebliche Ehrverletzung darstellen, die den Mitarbeiter zum sofortigen Austritt berechtigt. Ob diese Bemerkung tatsächlich als Austrittsgrund ausreicht, kann nur im Einzelfall geklärt werden, da der übliche Umgangston im Unternehmen, die Ursachen der Äußerung, die Bildung der Gesprächspartner sowie die Beleidigungsabsicht zu klären sind. Wird eine Äußerung von einem leitenden Angestellten oder in einem Büro gemacht, wird eher eine Beleidigung vorliegen, als wenn diese Äußerung auf einer Baustelle gemacht wird, wo ein rauerer Umgangston herrscht.

Wird eine arbeitsvertragliche Pflicht verletzt, muss i. d. R. der Arbeitgeber den Arbeitnehmer **zuerst auf seine Pflichten hinweisen** (verwarnen). Erst wenn der Arbeitnehmer danach sein Verhalten weiterhin fortsetzt, ist eine Entlassung gerechtfertigt.

Beispiele:

- Ein Mitarbeiter betritt mit einer brennenden Zigarette einen Lagerraum, in dem Benzin und andere leicht entzündliche Stoffe gelagert sind. Alle Mitarbeiter wurden mehrfach auf das Brandrisiko aufmerksam gemacht und es wurde ihnen verboten, diesen Raum mit offenem Feuer zu betreten. Hier ist eine Entlassung wegen der besonderen Gefahr auch ohne vorherige Verwarnung zulässig.
- Auch eine Straftat, die außerhalb der Arbeitszeit begangen wurde, kann einen Entlassungsgrund bilden, wenn sie negative Folgen für den Betrieb

Zuspätkommen
Kommt eine Arbeitnehmerin oft ohne ausreichenden Grund verspätet zur Arbeit, kann der Arbeitgeber sie verwarnen und die Entlassung androhen. Beim nächsten Zuspätkommen ist die Entlassung gerechtfertigt.

haben kann. Wenn ein bei einem privaten Wachunternehmen Beschäftigter in seiner Privatzeit in Uniform bei einem Kunden Batterien im Wert von € 9,90 stiehlt, dann liegt ein Entlassungsgrund vor, da er als Arbeitnehmer in einem Bewachungsunternehmen unbescholten und zuverlässig sein muss.

Liegt ein Austritts- bzw. Entlassungsgrund vor, ist die vorzeitige Auflösung aus wichtigem Grund sofort geltend zu machen. Wird die vorzeitige Beendigung nicht **unverzüglich ausgesprochen,** so gilt die Tat als verziehen.

Wird die vorzeitige Beendigung unbegründet (ohne Vorliegen eines Austritts- oder Entlassungsgrundes) ausgesprochen, so endet das Arbeitsverhältnis trotzdem zum angegebenen Zeitpunkt. Der schuldlose Vertragspartner kann vom anderen Teil Schadenersatz **(Kündigungsentschädigung)** verlangen. Für Arbeitnehmer/innen, die einem besonderen Kündigungsschutz unterliegen, besteht auch ein besonderer **Entlassungsschutz**.

Ü 3.29 Entlassung oder Kündigung? `B`
Erkläre, wodurch sich eine Entlassung von einer Kündigung unterscheidet.

Ansprüche bei Beendigung eines Arbeitsverhältnisses

Je nach Art der Beendigung des Arbeitsverhältnisses kann der/die Arbeitnehmer/in unterschiedliche Ansprüche geltend machen.

Postensuchtage
Der Arbeitnehmer hat auf sein Verlangen bei Kündigung durch den Dienstgeber während der Kündigungsfrist Anspruch auf **bezahlte Freizeit** im Ausmaß von mindestens 1/5 der wöchentlichen Arbeitszeit (= 8 Arbeitsstunden je Arbeitswoche bei 40-Stunden-Woche).

Der Anspruch entfällt, wenn der/die Arbeitnehmer/in während der Kündigungsfrist freigestellt wird. Der Kollektivvertrag kann abweichende Regelungen vorsehen.

Arbeitszeugnis
Anlässlich der Beendigung des Arbeitsverhältnisses haben Arbeitnehmerinnen und Arbeitnehmer Anspruch auf Ausstellung eines **schriftlichen Arbeitszeugnisses** durch den/die Arbeitgeber/in.

Darin sind zumindest
- die Bezeichnung des Arbeitgebers,
- die persönlichen Daten (Vorname, Familienname, Geburtsdatum und -ort, Adresse) des Arbeitnehmers,
- die Art (allgemeine Bezeichnungen wie Geschäftsführer reichen nicht) und Dauer der Tätigkeit sowie
- eine allfällige Teilnahme an Ausbildungsmaßnahmen

 LINK
Ich kündige!
Hier kannst du dir einen kurzen Informationsfilm über die Kündigung ansehen.
arbeiterkammer.at

 LINK
Fristlose Entlassung
Hier kannst du dir einen kurzen Informationsfilm über die Entlassung ansehen.
arbeiterkammer.at

certificate of employment
Arbeitszeugnis

anzuführen. Weitere Angaben sind zulässig, jedoch dürfen keine Bemerkungen enthalten sein, die das **Fortkommen des Arbeitnehmers erschweren,** auch wenn sie der Wahrheit entsprechen.

Arbeitszeugnis nicht vergessen
Beim Wechsel des Arbeitsplatzes sollte man ein Arbeitszeugnis einfordern, falls es der Arbeitgeber nicht automatisch ausstellt. Es ist ein wichtiges Dokument bei der Bewerbung für eine neue Stelle.

Dr. Peter Neubauer
Management-Beratungs Ges.m.b.H.

A-1010 Wien, Hegelgasse 7
Tel.: +43 1 539 74-0, Fax: +43 1 539 74-99
E-Mail: office@neubauer-management.at
Firmenbuchgericht: Handelsgericht Wien
FN 157346a ATU17066321 DVR 0562881

Frau Petra Weiß
Minoritenplatz 5
1010 Wien

Wien, 9. 7. 2020

Zeugnis

Frau Petra Weiß, geboren am 13. 10. 1982, wohnhaft in 1010 Wien, Minoritenplatz 5, war in der Zeit von 1. 3. 2005 bis 31. 6. 2020 in unserem Unternehmen tätig.

Nach kurzer Einarbeitungszeit übernahm Frau Weiß rasch die eigenverantwortliche, organisatorische und administrative Betreuung eines unserer internationalen Partner. In diesem Zusammenhang hatte sie neben den anfallenden Sekretariatsarbeiten auch eine Reihe selbständiger Aufgaben zu erfüllen, die von der eigenständigen Erledigung der Korrespondenz in Deutsch und Englisch über die Pflege telefonischer Klientenkontakte bis zur selbständigen Betreuung einzelner Projekte reichten.

Aufgrund ihrer guten Leistungen wurde Frau Weiß in unserem Hause als EDV-Beraterin ausgebildet und sie unterstützte bereits nach kurzer Zeit unser EDV-Team äußerst erfolgreich. Sie übernahm rasch selbständig zahlreiche Projekte, wobei ihr die anvertrauten Arbeiten von der Bestimmung der Zielfirmen, das Recherchieren in diversen Wirtschafts- und Fachebereichen in ganz Europa mit Unterstützung aller modernen Kommunikationsinstrumentarien über die Ansprache von geeigneten Personenkreisen bis zur ordnungsgemäßen Ablageverwaltung dieses Bereichs reichten und auch die aktive Klienten- und Bewerbebetreuung mit beinhaltet war. Aufgrund ihres Erfolges in diesem Bereich übernahm Frau Weiß immer mehr internationale Koordinationsaufgaben innerhalb unserer Unternehmensgruppe und entwickelte sich dank ihres Engagements, ihres Einsatzes und ihrer Kompetenz zu einer anerkannten und international respektierten EDV-Beraterin unserer Unternehmensgruppe. In dieser Funktion unterstützte sie alle unsere Mitarbeiter, plante und organisierte den internationalen Informationsfluss. Sie teilte das sich angeeignete und erarbeitete Wissen mit allen internationalen Kollegen und Kolleginnen und forcierte und unterstützte die Weiterentwicklung des gesamten EDV-Bereiches in allen Niederlassungen europaweit aktiv und erfolgreich.

Frau Weiß verlässt unsere Unternehmensgruppe auf eigenen Wunsch, was wir sehr bedauern, da wir mit ihr nicht nur eine für uns sehr wertvolle, loyale und zuverlässige Mitarbeiterin verlieren, die bei Klienten und Mitarbeitern gleichermaßen beliebt war, sondern die in ihrer Funktion als EDV-Koordinatorin mit ihrem Engagement, ihrer Einsatzfreude und Loyalität nicht leicht ersetzbar ist.

Persönlich lernten wir Frau Weiß als äußerst motivierte, teamorientierte und hilfsbereite Kollegin kennen, die durch ihr verantwortungsbewusstes Agieren ihren Beitrag zum Erfolg unseres Unternehmens in hohem Ausmaß geleistet hat.

Wir können Frau Weiß jederzeit bestens weiterempfehlen und wünschen ihr für ihren weiteren Berufs- und Lebensweg viel Erfolg und alles Gute.

Dr. Peter Neubauer
Management-Beratungs GesmbH

Die Kosten für die Ausstellung des Zeugnisses hat der Arbeitgeber zu tragen.

Anspruch gegen Mitarbeitervorsorgekasse

Der Arbeitgeber hat ab dem 2. Arbeitsmonat für sämtliche Dienstnehmer laufend 1,53 % des Bruttobezuges an eine **Mitarbeitervorsorgekasse** zu zahlen. Die Mitarbeitervorsorgekasse hat die eingezahlten Mittel am Kapitalmarkt zu veranlagen und – abzüglich der angefallenen Verwaltungskosten – für Leistungen anlässlich der Beendigung von Arbeitsverhältnissen zu verwenden.

Bei Beendigung des Arbeitsverhältnisses können Arbeitnehmer/innen den angesparten Betrag

- sich **auszahlen lassen,** wenn mindestens 3 Jahre eingezahlt wurde und die **Beendigung nicht durch den Arbeitnehmer verursacht** wurde. Wurde der Betrag ausgezahlt, muss bis zur nächsten Auszahlung wiederum mindestens 3 Jahre eingezahlt werden.
- auf die Mitarbeitervorsorgekasse des neuen Dienstgebers bzw. der neuen Dienstgeberin **übertragen lassen.**

Ersatz für nicht verbrauchten Urlaub

Wird das Arbeitsverhältnis beendet, so hat der/die Arbeitnehmer/in Anspruch auf Urlaub bis zum Tag der Beendigung. Hat die Person im Zeitpunkt des Ausscheidens mehr Urlaub konsumiert, als ihr aufgrund dieser Regelung zusteht, braucht sie – außer bei verschuldeter Beendigung – nichts zurückzuerstatten.

Hat ein/e Arbeitnehmer/in nicht den gesamten noch offenen Urlaub verbraucht, so ist dieser – soweit zumutbar – während der Kündigungsfrist zu konsumieren. Für den noch verbleibenden Urlaub gebührt ein finanzieller Ersatz.

Unverbrauchte Urlaubstage
Für nicht verbrauchten offenen Urlaub hat der Mitarbeiter Anspruch auf finanziellen Ersatz.

Ü 3.30 Arbeitszeugnis B

Elisabeth Frank war 11 Jahre bei der Fa. Technik GmbH beschäftigt. Bei der Beendigung des Arbeitsverhältnisses bekommt sie ein Zeugnis, in dem unter anderem zu lesen ist: „Frau Frank hat die ihr übertragenen Aufgaben zu ihrer vollsten Zufriedenheit erfüllt. Sie ist nicht immer pünktlich erschienen."

Prüfe, ob Elisabeth Frank das Zeugnis so hinnehmen muss.

Allgemeiner Kündigungsschutz

Eine Kündigung kann jederzeit ohne Angabe von Gründen ausgesprochen werden. Lediglich die Fristen und Termine müssen eingehalten werden.

Um willkürliche Kündigungen hintanzuhalten, die

- ausgesprochen werden, weil Arbeitnehmer/innen ihre Rechte wahrnehmen, wie z. B.

  – Mitgliedschaft bei bzw. Tätigkeit in der Gewerkschaft
  – Einberufung einer Betriebsversammlung
  – Bewerbung als Betriebsrat bzw. Betriebsrätin
  – Tätigkeit als Sicherheitsvertrauensperson, Leiter/in des sicherheitstechnischen Dienstes oder Arbeitsmediziner/in
  – bevorstehende Einberufung zum Präsenzdienst
  – berechtigte Geltendmachung von Ansprüchen aus dem Arbeitsverhältnis

- die den Arbeitnehmer bzw. die Arbeitnehmerin wirtschaftlich besonders hart treffen würden,

ist in Betrieben, in denen ein Betriebsrat eingerichtet ist, eine **Mitwirkung des Betriebsrats** vorgesehen:

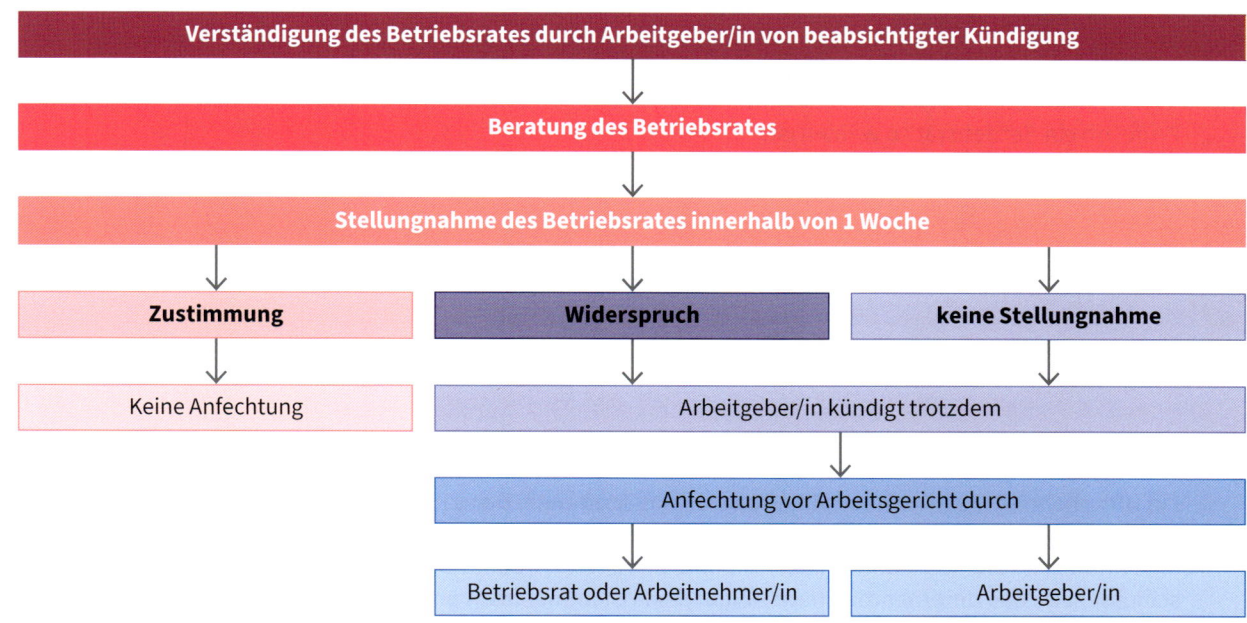

Allgemeiner Entlassungsschutz

Da auch eine ungerechtfertigte Entlassung das Arbeitsverhältnis beendet und der Arbeitnehmer nur Anspruch auf Entgelt bis zum regulären Kündigungstermin hat, könnte der Arbeitgeber den Kündigungsschutz umgehen, indem er den Arbeitnehmer grundlos entlässt. Daher besteht auch ein allgemeiner Entlassungsschutz in Betrieben, in denen ein Betriebsrat gewählt wurde.

general dismissal protection
allgemeiner Entlassungsschutz

ÜBEN

In dieser Lerneinheit hast du viel über das Arbeitsrecht und die Rechte und Pflichten von Arbeitgeber/innen und Mitarbeiter/-innen erfahren. Bearbeite nun die folgenden Aufgaben.

Ü 3.31 Dienstvertrag A

Kläre, ob ein Dienstvertrag schriftlich abgeschlossen werden muss.

Ü 3.32 Vertretung A

Prüfe, ob sich ein Arbeitnehmer durch jemand anderen vertreten lassen darf.

Ü 3.33 Karriere D

Ein Unternehmen bezahlt einer Mitarbeiterin weniger als männlichen Kollegen, die dieselbe Arbeit verrichten. Als ein neuer Abteilungsleiter bestellt werden soll und sich auch die Mitarbeiterin bewirbt, meint der Vorgesetzte, dass Frauen in diesem Unternehmen nicht Abteilungsleiter werden könnten.

Analysiere, ob das Verhalten des Vorgesetzten rechtlich in Ordnung ist.

Ü 3.34 Betriebsurlaub D

Ein Unternehmen beschließt, jeden Sommer den Betrieb 4 Wochen zu sperren und Betriebsurlaub zu machen. Während dieser Zeit müssen sämtliche Mitarbeiter und Mitarbeiterinnen ihren Urlaub konsumieren. Dies erfolgt in Form einer Betriebsvereinbarung.

Prüfe, ob dies rechtlich korrekt ist.

Ü 3.35 Betriebsratswahl D

Ein Kleinbetrieb beschäftigt den Mann der Betriebsinhaberin, 1 Angestellte, 3 Arbeiter und einen 17-jährigen Lehrling.

Prüfe, ob ein Betriebsrat zu wählen ist.

KÖNNEN

Bei den folgenden Aufgaben kannst du dein Wissen weiter anwenden.

K 3.4 Arbeitsvertrag C

Ein Unternehmen hat eine neue Mitarbeiterin aufgenommen. Da es überprüfen möchte, ob sie die ihr zugewiesenen Arbeiten entsprechend erfüllen kann, wird eine Probezeit vereinbart und ein auf 6 Monate befristeter Arbeitsvertrag abgeschlossen. Da das Unternehmen nach Ablauf der Frist immer noch unschlüssig ist, schließt es unmittelbar nach Ablauf des ersten Vertrags einen weiteren auf 6 Monate befristeten Vertrag. Während der zweiten 6 Monate beschließt es, der Mitarbeiterin zu kündigen.

a) Prüfe, ob derartige Verträge abgeschlossen werden dürfen.

b) Prüfe, ob bei Abschluss eines Dienstvertrags Formvorschriften einzuhalten sind.

c) Kläre, ob der Mitarbeiterin gekündigt werden darf, wenn der Vertrag gültig ist.

d) Das Unternehmen erkennt bereits 2 Wochen nach Tätigkeitsbeginn, dass die Mitarbeiterin ungeeignet ist. Es beschließt daher, den Arbeitsvertrag mit dem nächsten Tag zu beenden.

   Ist ein derartiges Vorgehen zulässig?

K 3.5 Arbeitszeit D

Max Wernisch arbeitet als technischer Zeichner. Vergangenen Dienstag hatte er folgende Arbeitszeiten:

Arbeitsbeginn: 7:00 Uhr

Mittagspause: 12:00 Uhr bis 12:20 Uhr

Ende der Normalarbeitszeit: 17:00 Uhr

Aufgrund erhöhten Arbeitsbedarfs (eine Zeichnung musste fertiggestellt werden) arbeitete er bis 21:00 Uhr. Als er dies einem Freund erzählte, meinte dieser, dass derartige Arbeitszeiten gegen das Arbeitszeitgesetz verstoßen würden.

Analysiere, ob die Meinung des Freundes richtig ist.

K 3.6 Beendigung eines Arbeitsverhältnisses D

Die Firma Hillebrand KG ist mit einem Mitarbeiter, Robert Mischer, geb. 24. März 1999 in Wien, beschäftigt seit 1. April 2019 als angestellter Verkäufer, unzufrieden, da er zu spät kommt und unfreundlich ist. Sie möchte das Arbeitsverhältnis beenden. Weder im Kollektiv- noch im Arbeitsvertrag sind Regelungen über die Beendigung des Arbeitsverhältnisses zu finden. Es kommen ausschließlich die gesetzlichen Bestimmungen zur Anwendung.

a) Prüfe, welche Ansprüche Herr Mischer anlässlich der Beendigung des Arbeitsverhältnisses hat.

b) Wenn die Kündigung am 2. Juni des heurigen Jahres ausgesprochen wird: Wann endet frühestens das Arbeitsverhältnis?

c) Formuliere den Text für ein Arbeitszeugnis.

K 3.7 **Arbeitsverhältnis** D

Evelyn Gruber hat heuer an einer HTL die Reifeprüfung abgelegt und sucht nun ihren Traumjob. Die Fa. Technik e.U. bietet ihr einen Job im Verkaufsaußendienst an. Sie hat Kunden zu besuchen, die Produkte technisch zu erklären und Kaufverträge abzuschließen. Es wird ein auf 6 Monate befristetes Arbeitsverhältnis mit Probezeit vereinbart.

a) Erkläre, welche Rechtsnormen Arbeitsverhältnisse regeln und wer diese erlässt.

b) Erläutere, welche Gruppen von Arbeitnehmer/innen das Arbeitsrecht unterscheidet, und prüfe, in welche Evelyn Gruber einzureihen ist.

c) Erkläre, was man unter Probezeit versteht.

d) Nach 4 Monaten bei der Fa. Technik eU erhält Evelyn Gruber von der Fa. Probian GmbH ein besseres Angebot. Sie müsste allerdings sofort dort beginnen.

Erkläre, wie ein Arbeitsverhältnis beendet werden kann, und analysiere, ob Evelyn Gruber zur Fa. Probian GmbH wechseln kann.

KOMPETENZCHECK

Meine Kompetenzen	Kann ich?	Aufgaben
Ich kann die Bedeutung von Kollektivverträgen erläutern.		Ü 3.11, Ü 3.12
Ich kann die wichtigsten Aufgaben des Betriebsrats nennen.		Ü 3.13, Ü 3.27, Ü 3.35
Ich kann erläutern, wie ein Arbeitsverhältnis begründet wird.		Ü 3.10, Ü 3.15, Ü 3.31, K 3.4, K 3.7
Ich kann die wichtigsten Rechte und Pflichten aus einem Arbeitsvertrag nennen.		Ü 3.14, Ü 3.17, Ü 3.18, Ü 3.19, Ü 3.20, Ü 3.21, Ü 3.22, Ü 3.24, Ü 3.25, Ü 3.26, Ü 3.30, Ü 3.32, Ü 3.33, Ü 3.34, K 3.5
Ich kann erläutern, wie ein Arbeitsverhältnis beendet wird.		Ü 3.28, Ü 3.29, K 3.6

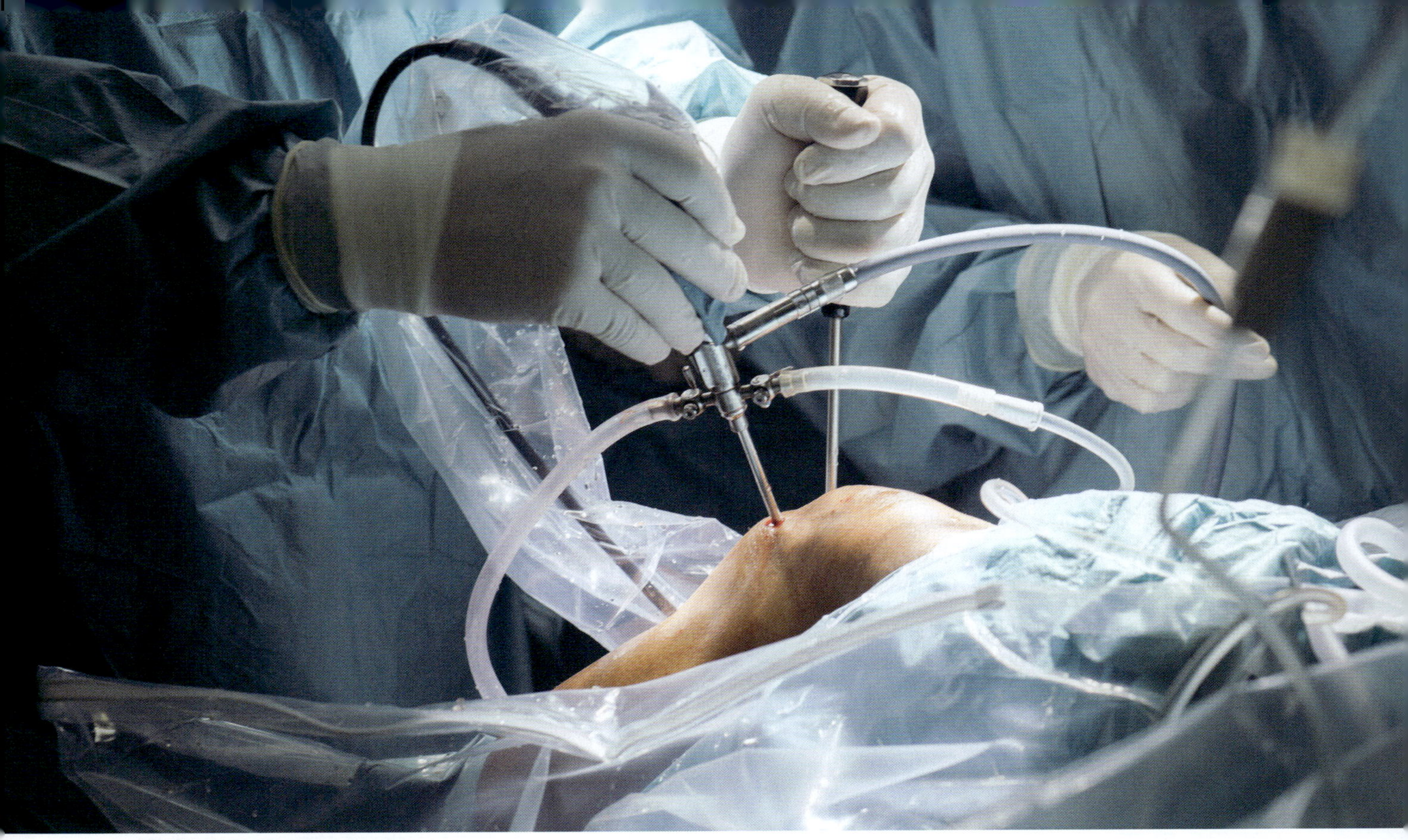

Operation am Knie
Wenn bei einem Kreuzband-
riss nach einem Sportunfall
eine Operation notwendig ist,
kann es ohne Versicherung
je nach Aufenthaltsdauer
im Spital rasch zu Kosten
von mehreren tausend Euro
kommen.

LERNEN

3 Sozialrecht

Obwohl Österreich eines der reichsten Länder der Welt ist, werden laut Aussagen der Armutskonferenz ca. 1,5 Mio. der in Österreich lebenden Menschen als armutsgefährdet bezeichnet. Bei Menschen, die in Armut leben, steigt das Risiko zu erkranken stark an. Aufgabe des Staates ist es daher, ein soziales Netz zu schaffen.

social law
Sozialrecht

social security institutions
Sozialversicherung

Ü 3.36 Welche Leistungen stellt der Staat dir bzw. deiner Familie unterstützend zur Verfügung?

1 Die Sozialversicherung

Um alle Menschen, unabhängig vom sozialen Status, vor den Folgen von Krankheit, Alter, Unfall und Arbeitslosigkeit zu schützen, gibt es in Österreich die **Sozialversicherung.**

Die **Sozialversicherung** ist eine **Pflichtversicherung:** Arbeitnehmer/-innen sind mit Aufnahme einer Beschäftigung automatisch versichert. Der/Die Arbeitgeber/in muss den/die Arbeitnehmer/in vor Arbeitsantritt bei der zuständigen Sozialversicherung auf elektronischem Weg anmelden.

Es besteht auch die Möglichkeit zur **freiwilligen Selbstversicherung,** falls das Gesetz keine Pflichtversicherung vorsieht. Voraussetzung dafür ist bei der Krankenversicherung ein Wohnsitz im Inland.

Versicherung für Arbeitnehmer/innen
Geringfügig Beschäftigte (mit einem Entgelt unter €475,86, Stand 2021) sind unfallversichert, aber nicht kranken- und pensionsversichert.

Beispiel: Die 29-jährige Helene hat ihr Studium abgeschlossen und nimmt nach längerer vergeblicher Arbeitssuche einen Job an, bei dem sie jedoch nur geringfügig beschäftigt ist. Der Arbeitgeber rät ihr, eine freiwillige Selbstversicherung abzuschließen, womit sie auch kranken- und pensionsversichert wäre.

Selbstverwaltung
bestimmte Bereiche werden nicht vom Staat, sondern von jenen Personen/Einrichtungen verwaltet, die ein eigenes Interesse daran haben (Subsidiaritätsprinzip)

Gliederung der Sozialversicherung: Die Sozialversicherung besteht aus vier Bereichen.

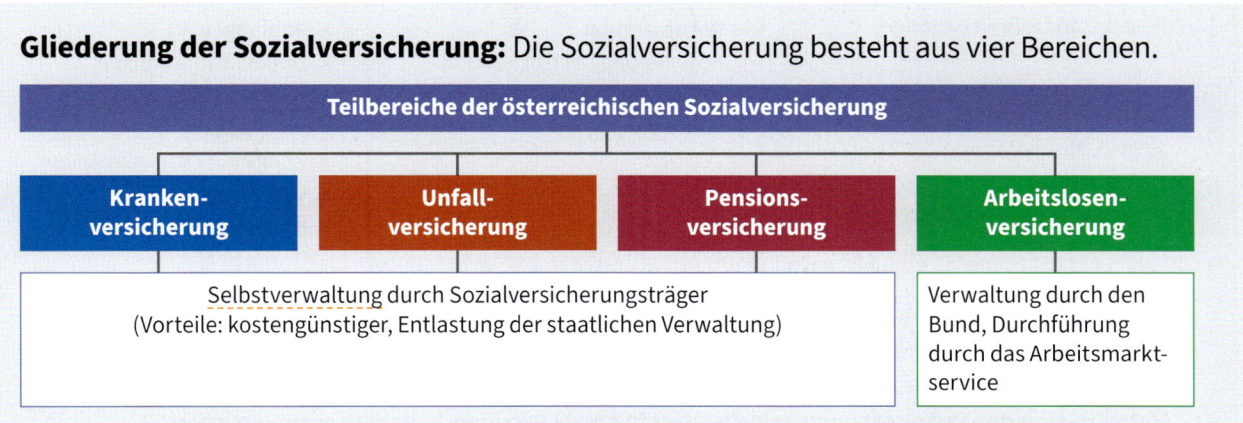

Die Verwaltung und Durchführung der Kranken-, Unfall- und Pensionsversicherung erfolgt durch **fünf Sozialversicherungsträger.**

Dachverband der Sozialversicherungsträger	
Österreichische Gesundheitskasse (ÖGK) Krankenversicherung	**Versicherungsanstalt für den öffentlichen Dienst und Schienenverkehrsunternehmen (BVAEB)** Krankenversicherung Unfallversicherung Pensionsversicherung
Sozialversicherung der Selbständigen (SVS) Krankenversicherung Unfallversicherung Pensionsversicherung	**Pensionsversicherungsanstalt (PVA)** Pensionsversicherung
Allgemeine Unfallversicherungsanstalt (AUVA) Unfallversicherung	

Finanziert wird die Sozialversicherung hauptsächlich durch die **Beiträge der Arbeitgeber/innen und Arbeitnehmer/innen.** Die Beiträge zur Unfallversicherung zahlen zur Gänze die Arbeitgeber/innen. Der Bund leistet Zuschüsse. Die Finanzierung erfolgt in Form des **Umlageverfahrens:** Die derzeit geleisteten Beiträge der Versicherten werden nicht für deren Absicherung gesammelt (Kapitaldeckungsverfahren), sondern sie werden gleich z. B. für laufende Pensionszahlungen verwendet.

Die **Beitragshöhe** richtet sich nach dem **Einkommen der Versicherten,** es bestehen jedoch Höchstbeitragsgrundlagen. Die Leistungen sind nicht prämienabhängig (Solidaritätsprinzip). **Ausnahmen:** Geldleistungen wie Krankengeld, Wochengeld oder die Pension.

Die Krankenversicherung

Die gesetzliche Krankenversicherung umfasst u. a. die erforderliche medizinische Leistung von Vertragsärztinnen und -ärzten.

health insurance
Krankenversicherung

Ü 3.37 Im Ausland versichert? B

Du möchtest in den Sommerferien deinen Urlaub in Spanien verbringen. Prüfe, ob du versichert bist, wenn du dort krank wirst oder einen Unfall hast.

Krankenversicherung		
Versicherte Personen	**Aufgaben**	**Leistungen**
• unselbständig Erwerbstätige (Arbeiter, Angestellte, Lehrlinge …) • selbständig Erwerbstätige (Gewerbetreibende, Bauern …) • freie Dienstnehmer/innen • Freiberufler/innen (z. B. Hebammen, Musiker/innen …) • Arbeitslose • Pensionisten/Pensionistinnen • Präsenzdiener	• Gesundheitsförderung • medizinische Versorgung • Rehabilitation • Absicherung bei Mutterschaf • Anstaltspflege • Vorsorge	• ärztliche Hilfe • Untersuchung von Jugendlichen • Impfungen • Brillen, Zahnspangen • Krankengeld • Wochengeld • Pflege in Krankenanstalten • Operationen • Krankenhausaufenthalt

Folgende Personen sind bei den Eltern beitragsfrei mitversichert:
- Kinder bis zur Vollendung des 18. Lebensjahrs
- Kinder ab 18 Jahren, die sich in Ausbildung oder einem Studium befinden, bis zum vollendeten 27. Lebensjahr

Unter bestimmten Voraussetzungen sind weiters folgende Personen beitragsfrei mitversichert:
- Ehegatten und Ehegattinnen
- Eingetragene Partner und Partnerinnen
- Gleich- oder andersgeschlechtliche Lebensgefährten und Lebensgefährtinnen.

Etwa 99 % der österreichischen Bevölkerung verfügen über eine soziale Krankenversicherung. Darüber hinaus kann man eine private Krankenversicherung als Zusatzversicherung abschließen.

Die Versicherungsleistungen erhält man mit der **e-card.** Auf der Karte sind Name, akademischer Grad und Versicherungsnummer gespeichert. Außerdem enthält sie Informationen über den Krankenversicherungsträger.

Die **Rückseite** ist gleichzeitig die **europäische Krankenversicherungskarte.** Sie garantiert die kostenlose Behandlung bei Vertragsärztinnen und öffentlichen Spitälern in der gesamten EU, im EWR-Raum und in der Schweiz.

Durch das Informationssystem **ELGA (Elektronische Gesundheitsakte)** bekommen Patienten, Ärztinnen, Apotheker, Spitäler sowie Pflegeeinrichtungen einen Zugang zu bestimmten, den Patienten betreffenden Gesundheitsdaten.

Private Krankenversicherungen können als Ergänzung zur gesetzlichen Krankenversicherung abgeschlossen werden. In der folgenden Tabelle sind einige Unterschiede zwischen Pflichtversicherung und freiwilliger Versicherung am Beispiel der Krankenversicherung zusammengefasst.

Freie Dienstnehmer/innen
Personen, die sich auf bestimmte oder unbestimmte Zeit zu Dienstleistungen für eine/n Dienstgeber/in verpflichten. Es besteht aber keine oder nur eine geringe persönliche Abhängigkeit vom Arbeitgeber.

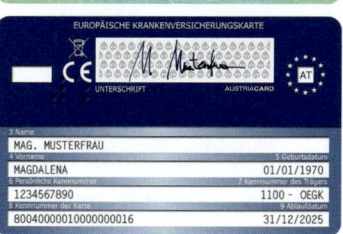

	Sozialversicherung	**Privatversicherung**
Beginn des Versicherungsschutzes	sofort mit Aufnahme der Beschäftigung	meist nach Ablauf einer Wartezeit (z. B. 3 Monate nach Abschluss des Versicherungsvertrags)
Ende des Versicherungsschutzes	mit Beendigung der Beschäftigung	mit Ablauf des Versicherungsvertrags
Höhe der Prämie	abhängig vom Einkommen (siehe Lohnabrechnung)	durch Verträge vereinbart: abhängig z. B. von Alter und Gesundheitszustand des/der Versicherten
Annahmezwang	Es muss jede Person angenommen werden, die die gesetzlichen Voraussetzungen erfüllt.	Ablehnung möglich oder höhere Prämie (z. B. wegen chronischer Krankheit, Vorerkrankungen usw.)

Die Unfallversicherung

Eine Unfallversicherung deckt sowohl den akuten medizinischen Notfall als auch längerfristige Schäden. Sie dient außerdem als Haftpflichtversicherung für den/die Dienstgeber/in, da diese/r den gesamten Beitrag entrichtet.

accident insurance
Unfallversicherung

Unfallversicherung		
Versicherte Personen	**Aufgaben**	**Leistungen**
• selbständig und unselbständig Erwerbstätige • freie Dienstnehmer/innen • Schüler/innen und Studierende • freiberuflich Selbständige (z.B. Ärzte/Ärztinnen, Tierärzte/Tierärztinnen …) • geringfügig Beschäftigte	• Verhütung von Arbeitsunfällen und Berufskrankheiten • Erste-Hilfe-Leistung bei Arbeitsunfällen • Unfallheilbehandlung • Rehabilitation von Versehrten • Entschädigung nach Arbeitsunfällen und Berufskrankheiten	• ärztliche Hilfe • Heilmittel, Heilbehelfe • berufliche und soziale Maßnahmen der Rehabilitation • Pflege in Kranken-, Kur- und sonstigen Anstalten • Beistellung von Körperersatzstücken • Versehrtenrente und Hinterbliebenenrente

Unter **Arbeitsunfällen** versteht man Unfälle, die sich im örtlichen, zeitlichen und ursächlichen Zusammenhang mit der Beschäftigung ereignen. Davon umfasst sind auch Unfälle, die sich auf dem Weg von und zur Arbeitsstätte ereignen oder beim Besuch berufsbildender Kurse. Freizeitunfälle oder Verletzungen im Rahmen einer „Schwarzarbeit" sind nicht durch die Unfallversicherung gedeckt.

Ü 3.38 Knöchelbruch `C`

Jutta hat sich am Wochenende beim Klettern den Fuß verletzt. Diskutiert, welcher Versicherungsträger die Kosten der Unfallheilbehandlung übernimmt.

Die Pensionsversicherung

Österreichs Bevölkerung wird immer älter. Die Zahl der über 65-Jährigen soll in den nächsten 20 Jahren um mehr als die Hälfte steigen. Um die Einkommenseinbußen, die durch den Entfall des Aktivlohnes entstehen, einigermaßen auszugleichen, muss Vorsorge getroffen werden.

pension insurance
Pensionsversicherung

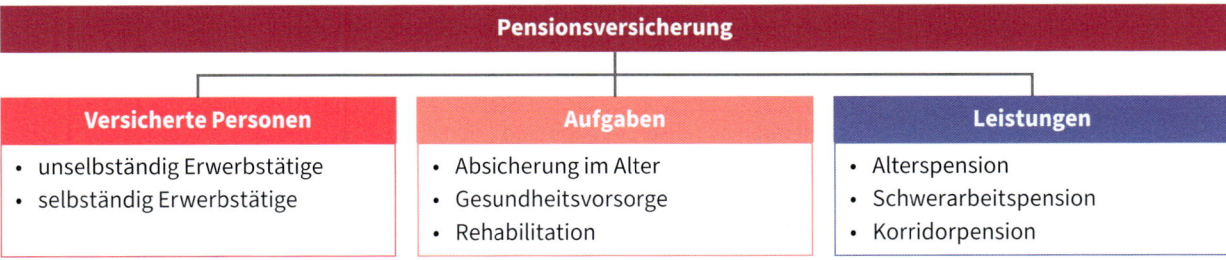

Pensionsversicherung		
Versicherte Personen	**Aufgaben**	**Leistungen**
• unselbständig Erwerbstätige • selbständig Erwerbstätige	• Absicherung im Alter • Gesundheitsvorsorge • Rehabilitation	• Alterspension • Schwerarbeitspension • Korridorpension

Die **Finanzierung** der Pensionen erfolgt durch **Beiträge der Arbeitgeber/innen und Arbeitnehmer/innen.** Der Staat leistet Zuschüsse. Die Abwicklung erfolgt in Form des **Umlageverfahrens:** Die eingezahlten Beiträge werden nicht für die eigenen Leistungsansprüche, sondern für derzeit Anspruchsberechtigte verwendet. In der Pensionsversicherung wird dies auch als Generationenvertrag bezeichnet.

Wenn Pensionsbezieher/innen durch ihre Eigenpension ein bestimmtes Mindesteinkommen nicht erreichen, leistet der Staat einen Zuschuss in Form einer **Ausgleichszulage.**

Generationenvertrag
Die aktuell arbeitende Bevölkerung zahlt die Pensionen der älteren Generation und kann dafür erwarten, dass dann die Nachfolgegeneration für ihre eigenen Pensionen aufkommt.

Es bestehen jedoch zunehmend Finanzierungsprobleme. Eine mögliche Abhilfe soll das **Drei-Säulen-Modell** bieten: Neben dem Staat (Absicherung der Mindestpension) sollen auch Arbeitgeber/innen (Betriebliche Vorsorgekasse) und die Versicherten (private Pensionsversicherung) zu den Pensionen beitragen.

Ü 3.39 Entwicklung des Pensionssystems `C`

Recherchiert, wie sich die Bevölkerung in den nächsten Jahrzehnten entwickeln wird. Diskutiert, wie das Pensionssystem auch in Zukunft die Altersversorgung abdecken kann.

Die Arbeitslosenversicherung

Die Arbeitslosenversicherung wird vom Bund verwaltet und vom Arbeitsmarktservice (AMS) durchgeführt.

unemployment insurance
Arbeitslosenversicherung

Arbeitslosenversicherung		
Versicherte Personen	**Aufgaben**	**Leistungen**
• alle krankenversicherten unselbständig Erwerbstätigen (außer Beamte und Beamtinnen) • Selbständige unter bestimmten Voraussetzungen	• Absicherung im Falle der Arbeitslosigkeit • Absicherung im Falle einer Notlage	• Arbeitslosengeld • Notstandshilfe • Bildungsteilzeitgeld • Umschulungsgeld

Je nach Beitragszeiten wird das **Arbeitslosengeld** für einen Zeitraum von 20 bis 39 Wochen gewährt. Bei Vollendung des 50. Lebensjahres kann es 52 Wochen bezogen werden. Besucht die arbeitslose Person eine Schulungsmaßnahme, kann das Arbeitslosengeld max. 4 Jahre bezogen werden.

Wenn der Anspruch auf Arbeitslosengeld ausgeschöpft ist, aber eine Notlage vorliegt, kann ein Antrag auf **Notstandshilfe** gestellt werden. Die Höhe beträgt 92 % bis 95 % des Grundbetrags des Arbeitslosengeldes.

Aufgaben des AMS
Neben der Auszahlung des Arbeitslosengeldes ist das AMS für die Jobvermittlung, Umschulungen und Weiterbildungsmaßnahmen zuständig.

Voraussetzungen für die Inanspruchnahme des Arbeitslosengeldes	
Arbeitslosigkeit	keine Erwerbstätigkeit über der Geringfügigkeitsgrenze
Arbeitsfähigkeit	keine Invalidität oder Berufsunfähigkeit
Arbeitswilligkeit	Bereitschaft, eine zumutbare Beschäftigung anzunehmen; innerhalb der ersten 100 Tage besteht ein Berufsschutz und innerhalb der ersten 120 Tage ein Beschäftigungsschutz
Verfügbarkeit	Schüler/innen und Studierende sind z. B. nicht für die Vermittlung verfügbar.
Erfüllung der Anwartschaft	• bei erstmaliger Inanspruchnahme: 52 Wochen arbeitslosenversicherungspflichtige Beschäftigung innerhalb von 2 Jahren • vor dem 25. Lebensjahr: 26 Wochen innerhalb von 1 Jahr • neuerliche Inanspruchnahme: 28 Wochen innerhalb von 1 Jahr

Ü 3.40 Fallbeispiel: Arbeitslosengeld `C`

Der Angestellte Bernhard Gruber wurde von seinem Arbeitgeber gekündigt und meldet sich beim AMS als arbeitslos.

a) Erkläre, wovon es abhängt, ob er Arbeitslosengeld beziehen kann.

b) Prüfe, wie lange er Arbeitslosengeld beziehen kann.

c) Erläutere, was passiert, wenn sein Anspruch auf Arbeitslosengeld ausgeschöpft ist und er noch immer keine Arbeit hat.

Kein Anspruch auf Arbeitslosengeld
Das Arbeitslosengeld kann nicht bezogen werden z. B. bei Auslandsaufenthalt, Bezug von Krankengeld, Bezug von Weiterbildungsgeld oder Bildungsteilzeitgeld.

② Systeme zur sozialen Absicherung der Familie

Um die Belastungen teilweise auszugleichen, die Familien mit Kindern im Vergleich zu Kinderlosen haben, wurde die Familienbeihilfe eingeführt.

family allowance
Familienbeihilfe

Familienbeihilfe

Der Staat unterstützt mit der Familienbeihilfe alle Eltern unabhängig davon, ob sie einen Arbeitsplatz haben und wie hoch ihr Einkommen ist. Voraussetzung für den Bezug ist deren **Wohnsitz oder gewöhnliche Aufenthalt in Österreich.**

LINK
Antrag auf Familienbeihilfe
Hier kannst du einen Antrag auf Familienbeihilfe herunterladen.
www.help.gv.at

Dauer des Anspruchs:

- Grundsätzlich besteht Anspruch **bis zum vollendeten 18. Lebensjahr.**

- Darüber hinaus besteht der Anspruch nur dann, wenn z. B. eine **Berufsausbildung** oder ein **Studium** absolviert wird. In diesem Fall muss eine Schulbesuchsbestätigung, ein Nachweis über eine laufende Berufsausbildung oder ein Studienerfolgsnachweis vorgelegt werden. Der Anspruch besteht **bis max. zum 24. Lebensjahr** (bzw. 25. Lebensjahr, wenn z. B. der Präsenz- oder Zivildienst oder ein freiwilliges soziales Jahr absolviert wurde).

Ein eigenes Einkommen von Studierenden ist erst ab dem Kalenderjahr relevant, in dem sie das 20. Lebensjahr vollenden. Das zu versteuernde Gesamteinkommen darf die **Grenze von € 15.000,–** nicht überschreiten. Ansonsten muss ein Teil der Familienbeihilfe zurückgezahlt werden.

Familienbeihilfe für Volljährige in Ausbildung
Unter Berufsausbildung werden alle Arten schulischer und kursmäßiger Ausbildung verstanden, die „ernsthaft und zielstrebig betrieben werden und auf das künftige Berufsleben abzielen".

Für **Kinder mit erheblicher Behinderung** (mind. 50 %) gebührt eine **erhöhte Familienbeihilfe.**

Die Mittel für die Familienbeihilfe stammen aus dem **Familienlastenausgleichsfonds.** Die Höhe ist abhängig von der **Anzahl der Kinder** (Geschwisterstaffel) und deren **Lebensalter.** Die Auszahlung erfolgt monatlich durch das Finanzamt. Ab Vollendung des 18. Lebensjahres kann die Auszahlung auf Antrag auch direkt an das Kind erfolgen. Mit der Familienbeihilfe wird für jedes Kind auch ein Kinderabsetzbetrag ausbezahlt.

Der Familienlastenausgleichsfonds wird hauptsächlich durch die Dienstgeberbeiträge und allgemeine Steuermittel gespeist. Finanziert werden daraus neben der Familienbeihilfe auch das Kinderbetreuungsgeld sowie die Schülerfreifahrt und die Schulbücher. Dieser Fonds wird vom Familienministerium verwaltet. **Grundgedanke:** Es soll ein finanzieller Ausgleich zwischen kinderreichen und kinderarmen Familien bzw. Familien ohne Kinder geschaffen werden.

Solange Familienbeihilfe bezogen wird, steht den Eltern auch der **Familienbonus Plus** zu. Dies ist ein Steuerabsetzbetrag.

Schulstartgeld
Im September erhalten Familien für Kinder zwischen 6 und 15 Jahren zusätzlich € 100,– Schulstartgeld.

Ü 3.41 Familienbeihilfe B

Daniel hat maturiert und möchte nun studieren. Beschreibe, wie lange und in welcher Höhe er Familienbeihilfe beziehen kann.

Kinderbetreuungsgeld

Das Kinderbetreuungsgeld ist eine finanzielle Unterstützung des Staates während der Zeit der Elternkarenz. Auch für Pflegekinder und Adoptivkinder kann Kinderbetreuungsgeld in Anspruch genommen werden.

Voraussetzungen für den Anspruch:

- Bezug von Familienbeihilfe
- gemeinsamer Haushalt mit dem Kind
- Durchführung der erforderlichen Mutter-Kind-Pass-Untersuchungen
- Beachtung der Zuverdienstgrenze (Die Einkünfte dürfen im Kalenderjahr je nach gewähltem Modell € 7.300,– bzw. € 16.200, nicht übersteigen.)
- Lebensmittelpunkt in Österreich

Familien können zwischen dem **Kinderbetreuungsgeld-Konto** und dem **einkommensabhängigen Kinderbetreuungsgeld** wählen. Für die Abwicklung ist der jeweilige Krankenversicherungträger zuständig.

- **Kinderbetreuungsgeld-Konto (KBG-Konto):** Die Bezugshöhe hängt davon ab, ob nur ein Elternteil (€ 12.366,20) oder beide (€ 15.449,28) das KBG-Konto in Anspruch nehmen.

  Die Bezugsdauer kann innerhalb eines Zeitrahmens gewählt werden und bestimmt die Höhe des Tagesbetrags: Bezieht nur ein Elternteil das KBG-Konto, kann die Bezugsdauer zwischen 365 Tagen und maximal 851 Tagen ab der Geburt des Kindes gewählt werden. Teilen sich die Eltern das KBG-Konto, kann die Bezugsdauer zwischen 456 und maximal 1.063 Tagen ab der Geburt des Kindes gewählt werden. Je nachdem, welche Anspruchsdauer gewählt wird, beträgt das KBG pro Tag zwischen € 14,53 und € 33,88: je länger die Anspruchsdauer, desto geringer ist der Tagesbetrag.

- **Einkommensabhängiges Kinderbetreuungsgeld (ea KBG):** Voraussetzung für den Bezug des ea KBG ist neben den allgemeinen Voraussetzungen, dass man als Mutter in den letzten 182 Tagen vor dem Mutterschutz bzw. als Vater vor der Geburt des Kindes durchgehend in Österreich kranken- und pensionsversichert war und dass man zum Zeitpunkt der Geburt des Kindes ein aufrechtes Arbeitsverhältnis hat.

  Die Bezugshöhe des ea KBG errechnet sich aus 80 % des Wochengeldes der Mutter bzw. aus 80 % eines fiktiven Wochengeldes für Väter. Die Bezugsdauer liegt zwischen 365 Tagen (wenn das ea KBG nur von einem Elternteil bezogen wird) und 426 Tagen ab der Geburt des Kindes (wenn sich beide Eltern das KBG teilen).

Partnerschaftsbonus

Beziehen beide Elternteile für dasselbe Kind in etwa gleich lang KBG, hat jeder Elternteil Anspruch auf einmalig € 500,– Partnerschaftsbonus.

Gleichzeitiger Bezug

Eltern können sich beim Bezug des KBG abwechseln, es ist ein Wechsel bis zu zwei Mal möglich. Anlässlich des ersten Bezugswechsels können sie das KBG bis zu 31 Tage überlappend beziehen.

Ü 3.42 **Unterstützung für Eltern** `C`

Eine 17-jährige Schülerin wird schwanger. Recherchiere, welche staatliche finanzielle Unterstützung es in dieser Situation für die werdende Mutter (und den betreuenden Vater) gibt.

child care allowance
Kinderbetreuungsgeld

 LINK

KBG-Rechner
Auf der Website des Bundeskanzleramts kann das einkommensabhängige Kinderbetreuungsgeld ausgerechnet werden.

www.frauen-familien-jugend.
bka.gv.at

Unterstützung für die Jüngsten
Kinderbetreuungsgeld wird immer nur für das jüngste Kind gewährt. Ein Zuschuss zum KBG ist möglich, wenn das Einkommen unter eine Mindestgrenze fällt.

Pflegegeld

In Österreich steigt die Lebenserwartung kontinuierlich, sie liegt heute bei ca. 81 Jahren. Nicht im gleichen Ausmaß steigt jedoch die Zahl der „gesunden Lebensjahre", d.h. die Anzahl der Jahre ohne Einschränkung der Aktivität. Dies bedeutet eine stetige Zunahme des Pflegebedarfs.

Der Mehraufwand, der für eine pflegebedürftige Person entsteht, kann durch das **Pflegegeld** zum Teil abgedeckt werden. Die zu pflegende Person soll damit über die Betreuungsform selbst entscheiden können.

Anspruchsvoraussetzungen:

- Es besteht ständiger Pflegebedarf wegen einer körperlichen, geistigen oder psychischen Behinderung.
- Der monatliche Pflegebedarf beträgt mehr als 65 Stunden.
- Dieser Zustand wird wahrscheinlich mindestens 6 Monate andauern.

Die **Höhe des Pflegegeldes** ist pauschaliert in sieben Stufen festgelegt und hängt vom geschätzten Pflegebedarf in Stunden ab. Die Auszahlung erfolgt monatlich. Der Antrag ist bei jener Stelle einzubringen, die auch für die Auszahlung der Pension zuständig ist.

nursing allowance, care allowance
Pflegegeld

Pflegebedarf
Eine pflegebedürftige Person braucht z.B. Hilfe beim Kochen, beim Essen, bei der Körperpflege oder beim Reinigen der Wohnung.

3 Soziale Auffangnetze

Hilfsbedürftige Personen, die für ihren Lebensunterhalt aus eigener Kraft nicht aufkommen können, sollen durch diese Unterstützung ein menschenwürdiges Leben führen können.

Sozialhilfe

Die Sozialhilfe beträgt für Alleinlebende und Alleinerziehende max. € 949,– und für Paare max. € 1.329,–.

Voraussetzungen für den Bezug:

- Eigenes Vermögen muss vorher verwertet werden. Es gibt jedoch Vermögensfreibeträge.
- Arbeitsfähige Personen müssen sich einen Arbeitsplatz suchen bzw. arbeitswillig sein (ansonsten kann die Leistung gestrichen werden).

ÜBEN

In dieser Lerneinheit hast du Grundlegendes zur sozialen Absicherung erfahren. Bearbeite nun die folgenden Aufgaben.

Ü 3.43 Sozialversicherung A

Skizziere die Struktur der Sozialversicherung.

Ü 3.44 Leistungen A

Beschreibe die Aufgaben und Leistungen

a) der Krankenversicherung

b) der Unfallversicherung

c) der Pensionsversicherung und

d) der Arbeitslosenversicherung.

Ü 3.45 Selbstverwaltung – staatliche Verwaltung **B**

Vergleiche die Selbstverwaltung mit der staatlichen Verwaltung und arbeite Unterschiede heraus.

Ü 3.46 Finanzierung des Sozialversicherungssystems **B**

Erkläre die beiden grundsätzlichen Verfahren zur Finanzierung eines Sozialversicherungssystems.

Ü 3.47 Finanzierungsverfahren **C**

Diskutiert in Gruppen über die Vor- und Nachteile der verschiedenen Finanzierungsverfahren des Sozialversicherungssystems.

Ü 3.48 Prämienunabhängigkeit **C**

Diskutiert die Tatsache, dass Sachleistungen aus der Krankenversicherung nicht prämienabhängig sind.

Ü 3.49 Sozialversicherung **B**

LINK
Ü 3.49 Sozialversicherung
interaktive Übung

Kreuze an, ob die folgenden Aussagen richtig oder falsch sind. Ist die Aussage falsch, korrigiere diese:

Aussage	Richtig	Falsch	Richtigstellung
Wer höhere Sozialversicherungsbeiträge bezahlt, erhält bessere Leistungen (z. B. Medikamente, ärztliche Hilfe).			
Kinder sind bis zum vollendeten 16. Lebensjahr bei ihren Eltern mitversichert.			
Die Finanzierung der Pensionen erfolgt zur Gänze durch den Staat.			
Jede arbeitslose Person bekommt Arbeitslosengeld.			
Die Beiträge zur Unfallversicherung zahlen nur die Arbeitnehmer/innen.			

Ü 3.50 Leistungen der gesetzlichen Krankenversicherung **B**

Beschreibe, welche Leistungen man aus der gesetzlichen Krankenversicherung beziehen kann.

Ü 3.51 Leistungen im Ausland **B**

Erkläre,

a) ob man im Ausland Leistungen aus der gesetzlichen Krankenversicherung beziehen kann.

b) mit welcher Karte man diese Leistungen in Anspruch nehmen kann.

Ü 3.52 Gesetzliche Unfallversicherung **A**

Beschreibe, für welche Unfälle die gesetzliche Unfallversicherung aufkommt.

Ü 3.53 Arbeitslosenversicherung `B`

Erläutere, welche Leistungen aus der Arbeitslosenversicherung bezogen werden können.

 # KÖNNEN

Bei den folgenden Aufgaben kannst du dein Wissen weiter anwenden.

K 3.8 Arztbesuch bei Arbeitslosigkeit `B`

Während Bernhard Gruber arbeitslos ist, bekommt er furchtbare Zahnschmerzen, sodass er einen Zahnarzt aufsuchen muss. Erläutere,

a) wer die Zahnarztrechnung bezahlt,

b) was der Zahnarzt von ihm benötigt, um ihn zu behandeln.

K 3.9 Unterstützung bei Schwangerschaft `C`

Maria Müller ist schwanger. Sie studiert im 3. Semester Wirtschaftsrecht und wird von ihren Eltern erhalten. Maria erkundigt sich nun nach verschiedenen Unterstützungsmöglichkeiten, da ihre Eltern andeuten, sie in Zukunft nicht mehr erhalten zu wollen.

Berate die Studentin, wo und in welcher Höhe sie Unterstützungen beantragen kann.

K 3.10 Pflege `C`

Martin Ott leidet an Altersdemenz und ist nicht mehr in der Lage, seinen Haushalt alleine zu bewältigen. Er braucht außerdem Hilfe bei der täglichen Körperpflege sowie beim Essen.

Suche nach Möglichkeiten der finanziellen Hilfe für Herrn Ott.

KOMPETENZCHECK

Meine Kompetenzen	Kann ich?	Aufgaben
Ich kann die verschiedenen Teilbereiche des sozialen Netzes in Österreich beschreiben.		Ü 3.43
Ich kann die Aufgaben und Leistungen der Sozialversicherung benennen.		Ü 3.44
Ich kann die Voraussetzungen für den Bezug des Arbeitslosengelds erläutern.		Ü 3.40
Ich kann die Voraussetzungen für den Bezug von Sozialleistungen überprüfen und bei Bedarf diese Leistungen auch beantragen.		Ü 3.37, Ü 3.41, Ü 3.42, K 3.8, K 3.9, K 3.10
Ich kann zur Bedeutung des Generationenvertrags im Rahmen der Finanzierung des sozialen Systems in Österreich Stellung nehmen.		Ü 3.39
Ich kann in Diskussionen meine eigene Meinung zu den Vor- und Nachteilen des Sozialstaates zum Ausdruck bringen.		Ü 3.47

Platz für Notizen

4 Zivilrechtliche Vorschriften für Unternehmen

Unternehmensgründung
Das Unternehmensrecht regelt u. a., wie mehrere Personen gemeinsam ein Unternehmen betreiben können.

Darum geht es in diesem Kapitel:

Wenn man mit einem Unternehmen Geschäfte macht, stellen sich oft Fragen, wie: Wer darf das Unternehmen vertreten? Wo hat es seinen Sitz? Und unter welcher Bezeichnung darf es im Geschäftsverkehr auftreten? Die Antworten darauf sind im Unternehmensrecht zu finden.

Das lernst du in den folgenden Lerneinheiten:

1 Was ist im **Unternehmensrecht** geregelt?
2 Welche **Rechtsformen** bietet das Recht zum Betrieb eines Unternehmens?

Aktiviere dein MEHR!-Buch
online: **lernenwillmehr.at**

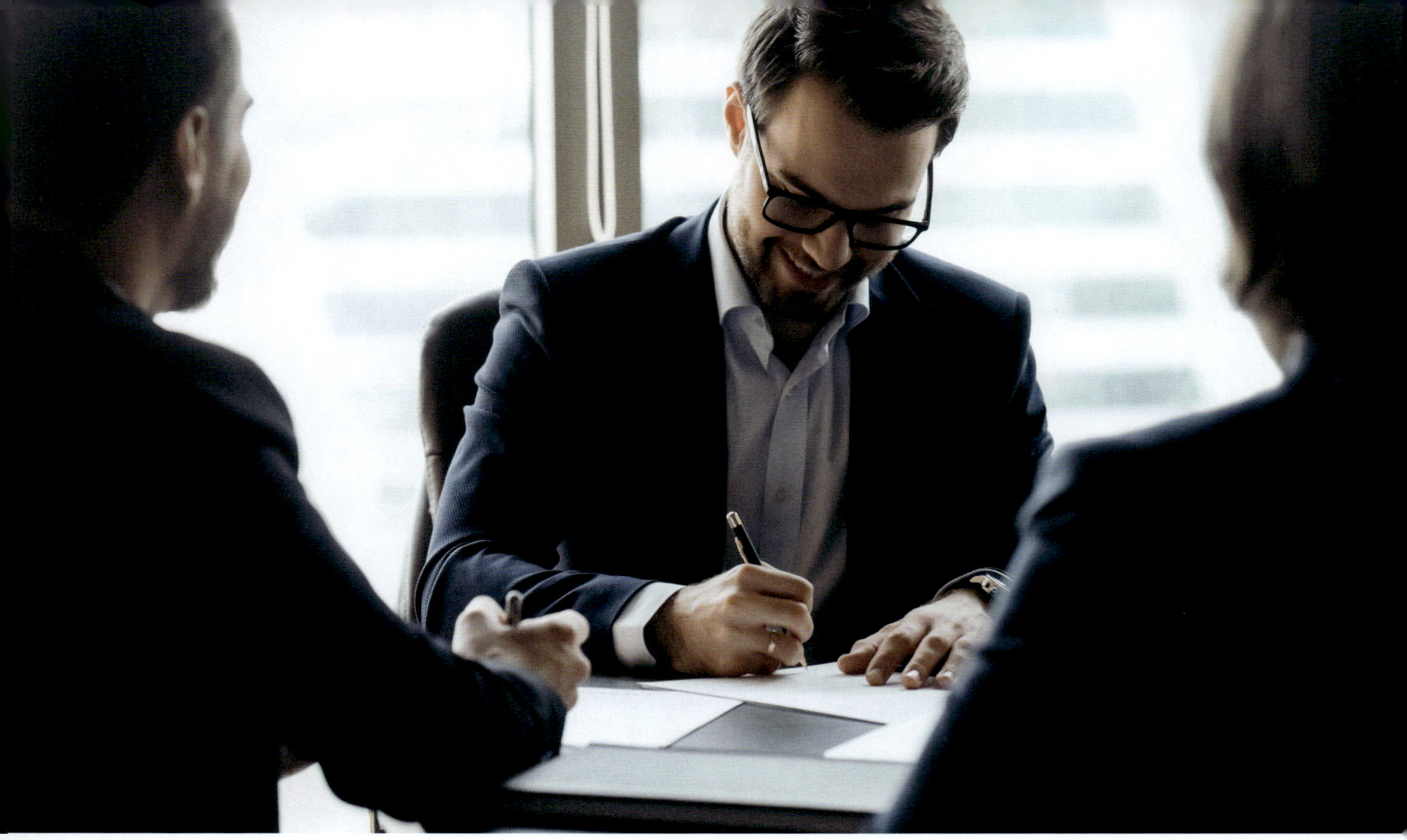

LERNEN

1 Unternehmens-recht

Im Unternehmensrecht sind speziell Unternehmen betreffende Fragen geregelt, z. B. wer für ein Unternehmen Verträge unterschreiben darf, unter welcher Bezeichnung ein Unternehmen im Geschäftsverkehr auftritt oder wo Informationen über ein Unternehmen zu finden sind.

Ü 4.1 Überlege, ob folgende Fragen eher im bürgerlichen Recht oder im Unternehmensrecht geregelt sind. Kennzeichne die richtigen Antworten.

Informationen	Bürgerliches Recht	Unternehmensrecht
Name von Unternehmen		
Vertretung eines Kindes		
Name von natürlichen Personen		
Vertretung eines Unternehmens		
Informationen über Unternehmen		
Altersstufen der Geschäftsfähigkeit		

1 Unternehmer/innen

Das Unternehmensgesetzbuch (UGB) gilt nur für Unternehmer und Unternehmerinnen. Daher ist zu klären, wer Unternehmer ist. Das Unternehmensgesetzbuch kennt folgende Möglichkeiten, Unternehmer/in zu werden:

Unternehmer/in		
kraft unternehmerischer Tätigkeit	**kraft Rechtsform**	**kraft Eintragung**
Wer eine unternehmerische Tätigkeit ausübt, ist Unternehmer/in.	Bestimmte juristische Personen sind Unternehmer aufgrund ihrer Rechtsform.	Wer zu Unrecht in das Firmenbuch eingetragen ist, gilt als Unternehmer/in.
gilt für:		
• Einzelunternehmen • Personengesellschaften (OG, KG)	• Aktiengesellschaften • Gesellschaften mit beschränkter Haftung • Genossenschaften • Sparkassen • Europäische wirtschaftliche Interessenvereinigung (EWIV)	

Eine **unternehmerische Tätigkeit** wird ausgeübt, wenn alle folgenden Merkmale erfüllt werden:

- **Selbständigkeit,** d. h., die Tätigkeit wird auf eigene Rechnung und eigenes Risiko ausgeübt. Selbständige können aus dieser Tätigkeit Verluste erzielen. Aus einer unselbständigen Tätigkeit kann kein Verlust erzielt werden.

- Die Tätigkeit wird **auf Dauer,** d. h. über einen längeren Zeitraum, ausgeübt.

- Leistungen werden **am Markt gegen Entgelt** angeboten.

- Das Unternehmen verfügt über eine entsprechende **Organisation,** d. h., es geht planmäßig vor.

Daher ist praktisch jede selbständig erwerbstätige Person Unternehmer bzw. Unternehmerin im Sinne des UGB. Auch Non-Profit-Organisationen, die nur ihre Kosten am Markt decken, sind Unternehmen.

Keine Unternehmen sind Organisationen, die ihre Kosten durch Mitgliedsbeiträge, Spenden o. Ä. decken.

Für **Angehörige freier Berufe** (u. a. Ziviltechnikerinnen, Ärzte, Rechtsanwältinnen, Notare, Steuerberaterinnen) sowie für **Land- und Forstwirte** gelten einige Teile des UGB immer:

- die Vorschriften über die Gesellschaften

- die Regeln über unternehmensbezogene Geschäfte

Die übrigen Vorschriften gelten für diese Unternehmer nur, wenn sie sich in das Firmenbuch eintragen haben lassen oder wenn sie Unternehmer kraft Rechtsform sind.

Nur Unternehmerinnen und Unternehmer, die **in das Firmenbuch eingetragen** sind,

- dürfen eine Firma führen,

- dürfen Prokuristen bestellen,

- müssen bestimmte Daten auf ihren Geschäftspapieren angeben.

business/entrepreneurial activity
unternehmerische Tätigkeit

Freie Berufe
Zu den freien Berufen zählen z. B. Künstler/innen oder Schriftsteller/innen.

Prokurist/in
Person mit einer besonderen unternehmensrechtlichen Vollmacht

Ü 4.2 Unternehmen im Sinne des UGB B

Liegt in den folgenden Fällen ein Unternehmen im Sinne des UGB vor? Kennzeichne die richtige Antwort und begründe deine Entscheidung.

LINK
Ü 4.2 Unternehmen im Sinne des UGB
interaktive Übung

Beispiel	Unternehmen im Sinne des UGB	Begründung
Techniker, der neben seiner Angestelltentätigkeit für andere Unternehmen Pläne zeichnen	☐ Ja ☐ Nein	
Tankstelle	☐ Ja ☐ Nein	
Sportverein, der seine Ausgaben durch Mitgliedsbeiträge finanziert	☐ Ja ☐ Nein	
Druckerei	☐ Ja ☐ Nein	
Museum, das seine Ausgaben durch Eintrittsgelder deckt	☐ Ja ☐ Nein	

Ü 4.3 Rechtlicher Unterschied B

Erkläre, welchen rechtlichen Unterschied es macht, ob jemand Unternehmer bzw. Unternehmerin ist oder nicht.

Ü 4.4 Gültigkeit des UGB B

Sind die folgenden Aussagen richtig oder falsch? Begründe deine Antwort.

LINK
Ü 4.4 Gültigkeit des UGB
interaktive Übung

Aussage	Richtig	Falsch	Begründung
Auch für Ärzte gelten sämtliche Vorschriften des UGB.			
Landwirtinnen können sich in das Firmenbuch eintragen lassen.			
Gründen Ziviltechniker eine GmbH, dann müssen sie sich in das Firmenbuch eintragen lassen.			
Jeder Architekt darf eine Firma führen.			
Für einen Patentanwalt gelten die Bestimmungen über unternehmensbezogene Geschäfte.			
Auch eine Steuerberaterin, die nicht in das Firmenbuch eingetragen ist, muss bestimmte Daten auf ihren Geschäftspapieren angeben.			

2 Firmenbuch

trade register (trade directory)
Firmenbuch

Das Firmenbuch ist ein öffentliches Verzeichnis, das rechtlich relevante Informationen über Unternehmen enthält.

In das Firmenbuch eintragen lassen **müssen** sich

- Gesellschaften (OG, KG, GmbH, AG) und
- Einzelunternehmer/innen, deren Umsätze in zwei aufeinanderfolgenden Jahren € 700.000,– übersteigen.

In das Firmenbuch eintragen **können** sich

- alle anderen Unternehmer/innen (Einzelunternehmer/innen mit einem Umsatz unter € 700.000,–, Land- und Forstwirte, Freiberufler)

Unternehmer/innen, die sich freiwillig eintragen haben lassen, können die Eintragung jederzeit wieder löschen lassen.

Geführt wird das Firmenbuch von Gerichten.

- in Wien: Handelsgericht
- in Graz: Landesgericht für Zivilrechtssachen
- sonst: eine Abteilung des zuständigen Landesgerichts

Die Eintragung in das Firmenbuch erfolgt nur auf Antrag der Unternehmer/innen. Sie wird auch **Protokollierung** genannt. „Protokollierte Unternehmen" sind daher in das Firmenbuch eingetragene Unternehmen.

Es gelten **folgende Grundsätze:**

- Was eingetragen ist, gilt.
- Wenn eine Tatsache nicht eingetragen und bekanntgemacht wurde, kann sich das Unternehmen nicht darauf berufen.

Beispiel: Ein Unternehmen hat die Prokura widerrufen, diese aber noch nicht im Firmenbuch löschen lassen. Ein Schuldner des Unternehmens zahlt dem Prokuristen eine fällige Schuld. Da der Schuldner nicht weiß, dass die Prokura widerrufen wurde, befreit ihn die Zahlung von seiner Schuld. Weiß hingegen der Schuldner vom Widerruf, weil ihm dies der Unternehmer beispielsweise erzählt hat, so befreit ihn die Zahlung nicht.

- Das Firmenbuch wird auf einer zentralen EDV-Anlage geführt. Berechtigte können Daten über sämtliche österreichische Unternehmen abfragen.

  Berechtigt sind z. B. Gerichte, andere Behörden, Notariate, Rechtsanwaltskanzleien, Banken, Wirtschaftstreuhänder, sofern sie über die notwendigen Einrichtungen verfügen.

- Jede Person kann ohne Angabe von Gründen Einsicht nehmen und Auszüge anfertigen lassen.

  Für Firmenbuchauszüge sind Gebühren zu bezahlen. Abfragen können auch über das Internet erfolgen. Auch hier fallen Gebühren an.

In das Firmenbuch eingetragen werden:

- die Firma
- die Rechtsform
- der Sitz des Unternehmens und die für Zustellungen maßgebliche Geschäftsanschrift
- kurze Bezeichnung des Geschäftszweiges, in dem das Unternehmen tätig ist (dies wird auch von der Gewerbebehörde überprüft)

Landesgericht für Zivilrechtssachen Graz
Für die Eintragung ins Firmenbuch ist jenes Gericht zuständig, in dessen Sprengel das Unternehmen seine Hauptniederlassung oder seinen Sitz hat.

- Zweigniederlassungen inkl. Ort, Geschäftsanschrift und Firma, wenn sie von der Firma der Hauptniederlassung abweicht
- Name und Geburtsdatum des Unternehmers bzw. der vertretungsbefugten Organe (Geschäftsführer, Vorstand)
- Name und Geburtsdatum der Prokuristen sowie Beginn und Art ihrer Vertretungsbefugnis
- Liquidation
- Eröffnung eines Insolvenzverfahrens

Liquidation
von lat. liquide (= flüssig – als „flüssige Mittel" werden Bargeld und sofort verfügbare Bankguthaben bezeichnet); Maschinen und Einrichtungen werden zu Geld gemacht und das Unternehmen wird aufgelöst

Beispiel für einen Firmenbuchauszug:

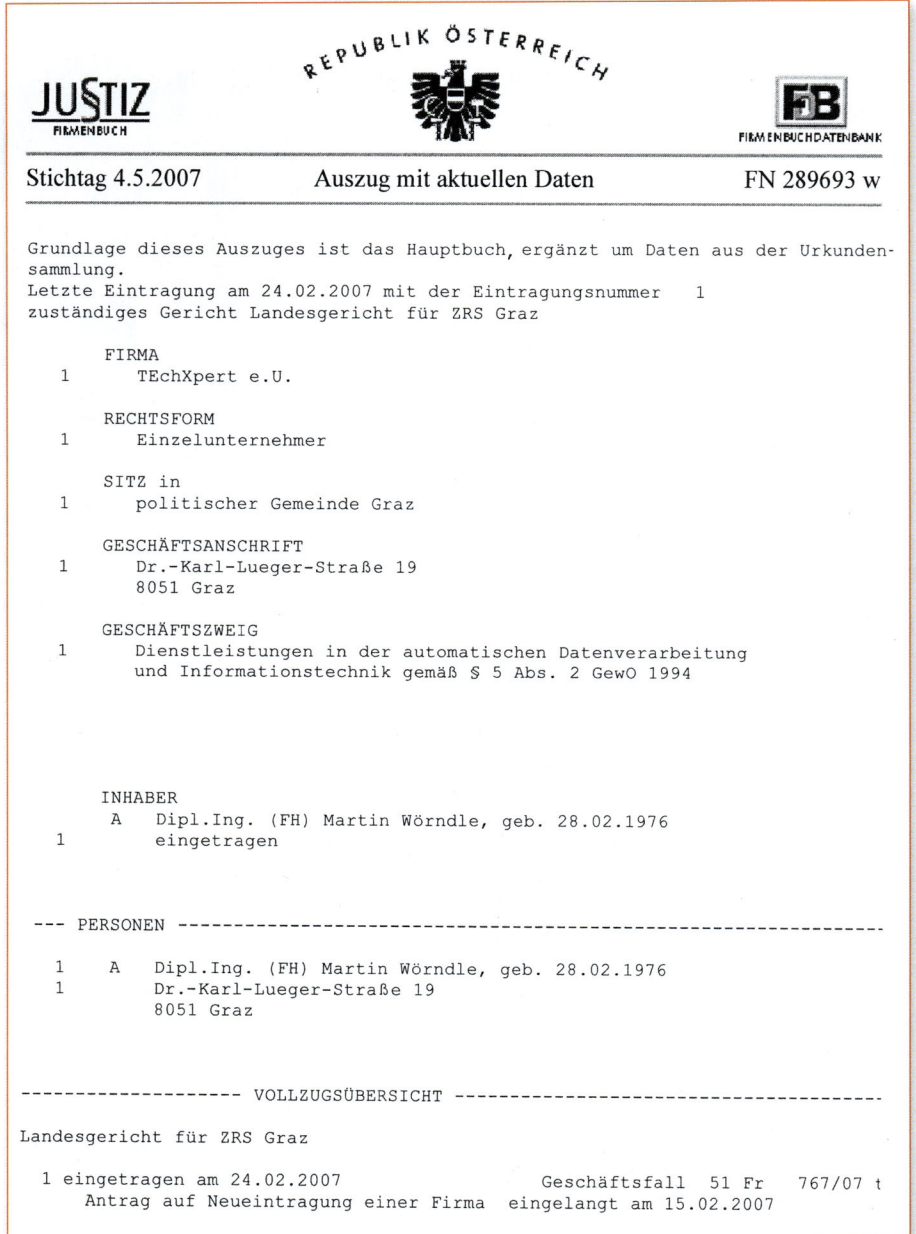

```
REPUBLIK ÖSTERREICH

JUSTIZ                                                    FB
FIRMENBUCH                                     FIRMENBUCHDATENBANK

Stichtag 4.5.2007        Auszug mit aktuellen Daten        FN 289693 w

Grundlage dieses Auszuges ist das Hauptbuch, ergänzt um Daten aus der Urkunden-
sammlung.
Letzte Eintragung am 24.02.2007 mit der Eintragungsnummer    1
zuständiges Gericht Landesgericht für ZRS Graz

          FIRMA
     1       TEchXpert e.U.

          RECHTSFORM
     1       Einzelunternehmer

          SITZ in
     1       politischer Gemeinde Graz

          GESCHÄFTSANSCHRIFT
     1       Dr.-Karl-Lueger-Straße 19
             8051 Graz

          GESCHÄFTSZWEIG
     1       Dienstleistungen in der automatischen Datenverarbeitung
             und Informationstechnik gemäß § 5 Abs. 2 GewO 1994




          INHABER
          A  Dipl.Ing. (FH) Martin Wörndle, geb. 28.02.1976
     1       eingetragen


  --- PERSONEN --------------------------------------------------------

     1    A  Dipl.Ing. (FH) Martin Wörndle, geb. 28.02.1976
     1       Dr.-Karl-Lueger-Straße 19
             8051 Graz


  -------------------- VOLLZUGSÜBERSICHT -------------------------------

  Landesgericht für ZRS Graz

     1 eingetragen am 24.02.2007              Geschäftsfall  51 Fr   767/07 t
        Antrag auf Neueintragung einer Firma  eingelangt am 15.02.2007
```

Bei **juristischen Personen (AG und GmbH)** sind zusätzlich einzutragen:

- die Höhe des Grund- oder Stammkapitals
- Name und Geburtsdatum der Aufsichtsratsmitglieder

Nur bei der GmbH sind überdies einzutragen:

- Name und Geburtsdatum der Gesellschafter sowie die Höhe ihrer Stammeinlagen

Jedem Unternehmen wird nach der Anmeldung eine **Firmenbuchnummer** (FN-Zahl) zugewiesen, die ihm bis zur Löschung erhalten bleibt und die das Auffinden des Unternehmens im Firmenbuch erleichtert.

Ü 4.5 Firmenbuch A

Kennzeichne, ob die Aussagen richtig oder falsch sind. Stelle die falschen Aussagen richtig.

LINK
Ü 4.5 Firmenbuch
interaktive Übung

Aussage	Richtig	Falsch	Richtigstellung
Jede Person, die eine selbständige Tätigkeit ausübt, muss sich in das Firmenbuch eintragen lassen.			
Einsicht in die im Firmenbuch gespeicherten Daten haben ausschließlich staatliche Behörden.			
Jede und jeder kann bei Gericht einen Firmenbuchauszug erhalten, wofür Gebühren zu zahlen sind.			
Für Eintragungen in das Firmenbuch ist keine Gebühr zu entrichten.			
Das Firmenbuch wird von der Gemeinde geführt.			
Wird ein neues Unternehmen eröffnet, wird es automatisch in das Firmenbuch eingetragen.			

3 Stellvertretung

representation
Stellvertretung

Stellvertreter schließen für eine andere Person Rechtsgeschäfte ab. Der bzw. die Vertretene wird dadurch berechtigt oder verpflichtet.

Handelt der/die Vertreter/in im fremden Namen, spricht man von **direkter Stellvertretung.** Dabei werden folgende Arten unterschieden:

direkte Stellvertretung
auch als offene Stellvertretung bezeichnet

Begründung der Stellvertretung		
Rechtsgeschäft	**Gerichtsbeschluss**	**Gesetz**
Vollmacht	z.B. Bestellung eines Erwachsenenvertreters	z.B. Vertretung der Kinder durch die Eltern

Soll der/die **Vertretene unmittelbar berechtigt** oder verpflichtet werden, müssen folgende Voraussetzungen erfüllt sein:

- Die Stellvertretung muss dem **Geschäftspartner gegenüber erkenntlich** gemacht (offen gelegt) werden.
- Der Vertreter muss die **Berechtigung** haben, für den Vertretenen tätig zu werden.
- Der Stellvertreter muss zumindest **beschränkt geschäftsfähig** sein. Das heißt, er muss das 14. Lebensjahr vollendet haben.

Überschreitet die bevollmächtigte Person ihre Vollmacht, sind ihre Rechtshandlungen grundsätzlich unwirksam:

power of attorney
Vollmacht

- Es kommt kein Vertrag zwischen Drittem und Vollmachtgeber zustande, weil die Vollmacht überschritten wurde.
- Es kommt kein Vertrag zwischen Drittem und Bevollmächtigtem zustande, weil der Bevollmächtigte erkennbar nicht für sich selbst handeln wollte.

Die Vollmacht

Grundsätzlich kann eine Person eine andere ermächtigen, für sie Rechtsgeschäfte abzuschließen. Diese Ermächtigung wird Vollmacht genannt. Sie **berechtigt** den Stellvertreter zum **Tätigwerden**, verpflichtet ihn aber nicht.

Beispiel: Thomas Lagler hat ein neues Auto gekauft. Er bittet eine Bekannte, die bei einer Versicherung arbeitet, für ihn eine gute Versicherung auszusuchen und das Auto anzumelden. Die Bekannte hat daher von Thomas Lagler eine Vollmacht zur Anmeldung des Autos bekommen.

Die Vollmacht ist eine **Willenserklärung,** die grundsätzlich formfrei erfolgen kann. Das heißt, sie kann schriftlich, mündlich oder durch schlüssige Handlung erteilt werden. Der/Die Bevollmächtigte übernimmt keine Verpflichtung, daher muss er/sie nicht zustimmen, sondern nur von der Vollmacht wissen.

Auftrag und Vollmacht
Von der Vollmacht ist der Auftrag zu unterscheiden, welcher die beauftragte Person verpflichtet, für den Auftraggeber tätig zu werden. Daher muss die beauftragte Person dem Auftrag zustimmen.

Arten von Vollmachten: Vollmachten können folgendermaßen eingeteilt werden:

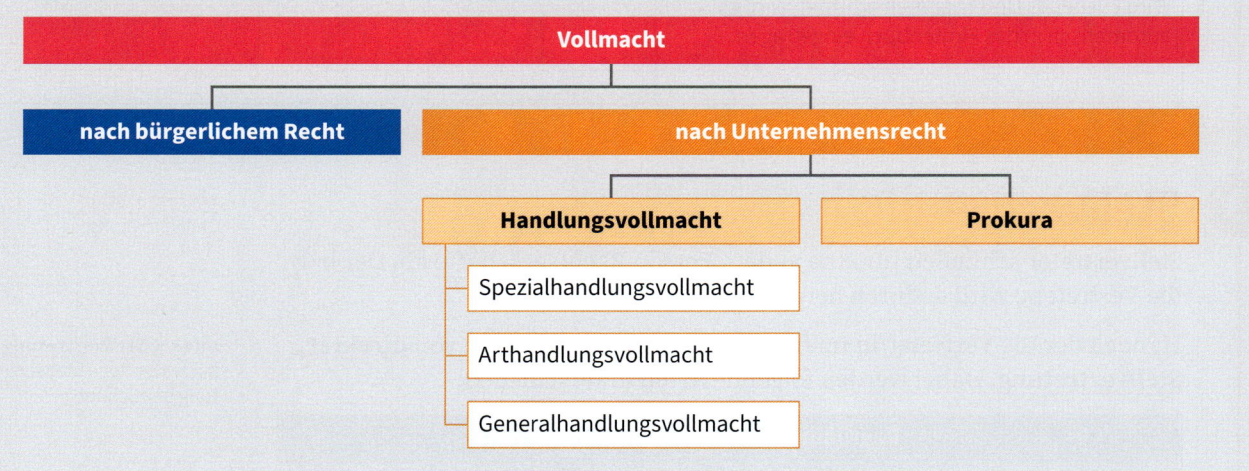

Vollmachten nach bürgerlichem Recht

Diese können von jeder Person – auch von Nichtunternehmern und Nichtunternehmerinnen – erteilt werden. Nach dem Umfang der Vollmacht wird unterschieden zwischen:

Vollmacht		
Spezialvollmacht	**Artvollmacht**	**Generalvollmacht**
berechtigt, ein einziges, konkret bezeichnetes Geschäft durchzuführen (z. B. Anmeldung eines Autos)	berechtigt zu einer bestimmten Art von Geschäften (z. B. Durchführung von Zahlungen)	umfasst sämtliche Geschäfte des Auftraggebers, die Gegenstand einer Vertretung sein können

Vollmachten nach bürgerlichem Recht können beliebig eingeschränkt werden, z. B. betraglich, zeitlich oder räumlich.

Ü 4.6 Vollmacht

Patricia Mühlberger verfügt über keinen Amazon-Account. Daher hat sie Michaela Trauner die Vollmacht erteilt, für sie Bücher für ihre Diplomarbeit zu bestellen. Michaela Trauner bestellt die Bücher genauso, wie sie es immer macht, ohne Hinweis auf die Stellvertretung. Die Waren werden geliefert, aber nicht bezahlt.

Analysiere,

a) ob Michaela Trauner verpflichtet ist, die Bestellung aufzugeben.

b) wer die Vertragspartner sind.

c) von wem der Verkäufer das Geld fordern kann.

Ü 4.7 Vollmachten nach bürgerlichem Recht A

Sind die folgenden Aussagen richtig oder falsch? Begründe deine Antwort.

Vollmacht zur Paketabholung
Jede Person kann z. B. eine Postvollmacht erteilen. Die bevollmächtigte Person kann dann alle Briefe, Päckchen und Express-Sendungen stellvertretend entgegennehmen.

Aussage	Richtig	Falsch	Richtigstellung
Vollmachten nach bürgerlichem Recht können auch von Personen, die nicht Unternehmerinnen und Unternehmer sind, erteilt werden.			
Die Spezialvollmacht umfasst sämtliche Geschäfte des Auftraggebers, die Gegenstand einer Vertretung sein können.			
Vollmachten nach bürgerlichem Recht können nicht eingeschränkt werden.			

Vollmachten nach Unternehmensrecht

Vollmachten nach Unternehmensrecht können nur von Unternehmerinnen und Unternehmern erteilt werden.

Prokura

Die Prokura ist eine spezielle Vollmacht, die nur in das Firmenbuch eingetragene Unternehmer/innen erteilen dürfen. Sie muss **ausdrücklich** (schriftlich oder mündlich) **erteilt und in das Firmenbuch eingetragen** werden.

Die Prokura umfasst sämtliche Geschäfte, die im Betrieb irgendeines Unternehmens vorkommen. Folgende Rechtsgeschäfte darf aber auch ein/e Prokurist/in nicht tätigen:

- Betriebsgrundstücke veräußern oder belasten (außer mit Spezialvollmacht)
- den Betrieb stilllegen oder veräußern
- Firmenbucheintragungen unterfertigen
- Inventar und Bilanz unterzeichnen
- die Prokura erteilen

Geschäfte, die nicht zum Unternehmen gehören, darf auch ein Prokurist nicht abschließen, z. B. Konkursanmeldung oder persönliche Geschäfte des Unternehmers, wie das Errichten eines Testaments.

Weitere inhaltliche Beschränkungen sind gegenüber Dritten unwirksam.
Im Innenverhältnis – im Verhältnis zwischen Unternehmer und Prokuristen

LINK
Ü 4.7 Vollmachten nach bürgerlichem Recht
interaktive Übung

veräußern
verkaufen

unterzeichnen
auch: zeichnen; unterschreiben

– können jedoch Beschränkungen vereinbart werden, deren Nichtbeachtung den Prokuristen schadenersatzpflichtig machen können.

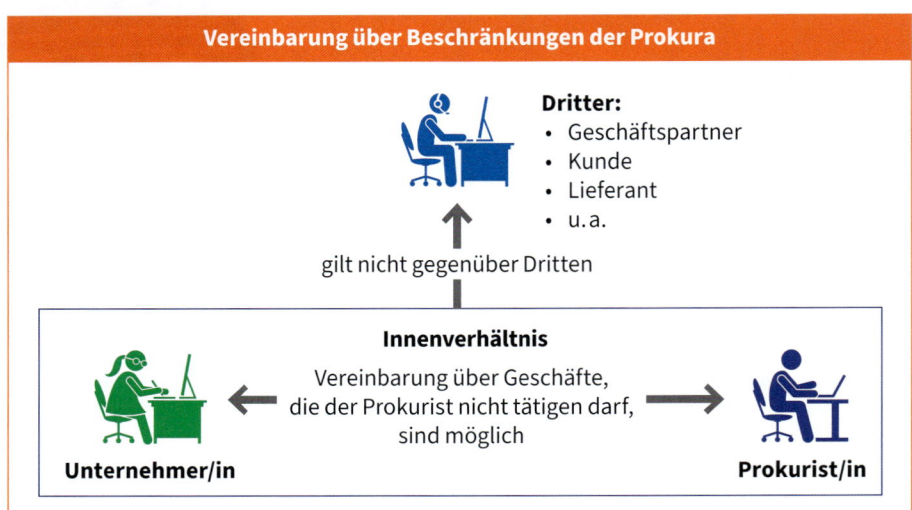

Vereinbarung über Beschränkungen der Prokura

Dritter:
• Geschäftspartner
• Kunde
• Lieferant
• u.a.

gilt nicht gegenüber Dritten

Innenverhältnis
Vereinbarung über Geschäfte, die der Prokurist nicht tätigen darf, sind möglich

Unternehmer/in

Prokurist/in

Zu seinem Schutz kann der Unternehmer **nur folgende Einschränkungen** in das Firmenbuch eintragen lassen:

- **Gesamtprokura:** Das Unternehmen wird nur verpflichtet, wenn mindestens zwei Prokuristen gemeinsam unterzeichnen.

- **Gemischte Prokura:** Der Prokurist ist nur gemeinsam mit einem Gesellschafter oder Geschäftsführer zeichnungsberechtigt.

- **Filialprokura:** Die Vertretungsbefugnis ist auf eine oder mehrere Zweigniederlassungen beschränkt. Die Zweigniederlassungen müssen selbst im Firmenbuch eingetragen sein. Die Haftung des Unternehmers für Handlungen des Prokuristen wird in diesem Fall aber nicht eingeschränkt.

Beispiel: Roland Weiß erhält Prokura. Dabei wurde ihm untersagt, Bestellungen über € 10.000,– zu unterzeichnen. Tätigt er eine Bestellung über € 30.000,–, wird das Unternehmen verpflichtet, es muss den Vertrag erfüllen, da eine derartige Einschränkung Dritten gegenüber wirkungslos ist. Der Unternehmer kann allerdings von Weiß Schadenersatz verlangen, wenn ein Schaden entstanden ist, und ihm die Prokura entziehen.

Der Prokurist bzw. die Prokuristin **(unter)zeichnet mit der Firma und seinem bzw. ihrem Namen,** vor den ein Zusatz gesetzt wird, der die Prokura andeutet. Meist ist das „ppa" oder „pp":

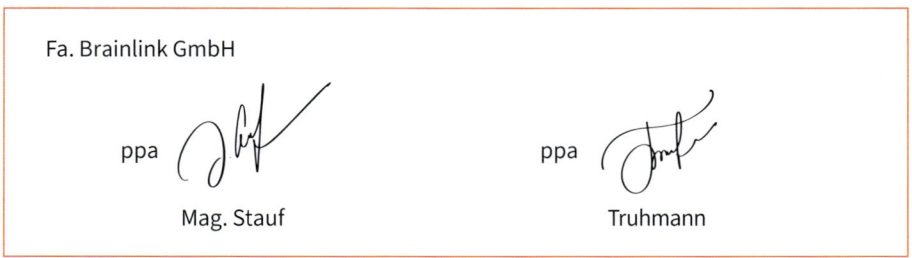

Fa. Brainlink GmbH

ppa   ppa

Mag. Stauf   Truhmann

Die **Prokura erlischt**:

- durch **jederzeitigen Widerruf**, wobei kein Grund angegeben werden muss. Ist ein Prokurist Arbeitnehmer des Unternehmens, endet der Arbeitsvertrag nicht. Der Arbeitnehmer hat nur nicht mehr die besonderen Berechtigungen eines Prokuristen.

- bei **Konkurseröffnung**

Die Unterschrift
Der Verwaltungsgerichtshof legt fest, dass eine Unterschrift individuell zu sein und die „Identität des Unterschreibenden ausreichend (zu) kennzeichnen" hat. Lesbar muss der Schriftzug nicht sein.

ppa
per procuram (lat.): in Vertretung

- durch **Tod des Prokuristen**, nicht jedoch des Unternehmers
- durch **Einstellung des Betriebes**
- durch **Löschung des Unternehmens aus dem Firmenbuch**

Bei Beendigung ist die Prokura auch im Firmenbuch zu löschen, sonst gilt sie gegenüber Dritten weiter.

Handlungsvollmacht

Die Handlungsvollmacht ist ebenfalls eine unternehmensrechtliche Vollmacht. Sie kann von protokollierten und von nicht protokollierten Unternehmen erteilt werden. Die Handlungsvollmacht berechtigt grundsätzlich nur zur Vornahme von Geschäften, die in jenem Gewerbe, in dem das Unternehmen tätig ist, gewöhnlich vorkommen.

Die Handlungsvollmacht kann **ausdrücklich oder schlüssig** vom Unternehmer oder einem Prokuristen erteilt werden. Sie wird nicht in das Firmenbuch eingetragen.

Folgende Arten der Handlungsvollmacht werden unterschieden:

Handlungsvollmacht		
Spezialhandlungsvollmacht	**Arthandlungsvollmacht**	**Generalhandlungsvollmacht**
berechtigt zum Abschluss eines bestimmten Geschäfts	umfasst eine bestimmte Art von Geschäften	umfasst alle gewöhnlich in einem derartigen Betrieb vorkommenden Geschäfte
Beispiel: Kauf eines Grundstückes. Dies umfasst grundsätzlich auch die Vorbereitung und Abwicklung.	**Beispiel:** • Unterzeichnung von Bestellungen durch Mitarbeiter der Einkaufsabteilung • Abrechnung von Vordienstzeiten durch Mitarbeiterin der Personalabteilung	

Handlungsbevollmächtigte dürfen keine Rechtsgeschäfte abschließen, die auch Prokuristen untersagt sind. Weiters benötigen sie für den Abschluss folgender Geschäfte eine **Spezialvollmacht,** auch wenn diese Geschäfte zum gewöhnlichen Geschäftsbetrieb gehören:

- Aufnahme eines Darlehens (Kredits)
- Eingehen von Wechselverbindlichkeiten
- Vertretung vor Gericht
- Weitergabe der Handlungsvollmacht an eine/n Dritte/n

Der/Die Handlungsbevollmächtigte (unter)zeichnet mit der Firma und ihrem/seinem Namen, vor den ein Zusatz gesetzt wird, der die Handlungsvollmacht andeutet; meist **i. V. (= in Vertretung) oder i. A. (= im Auftrag)**.

Beispiele:

a) Die Mitarbeiterin im Geschäftslokal nimmt Bestellungen entgegen und gibt Stammkunden geringfügige Preisnachlässe, was dem Eigentümer bekannt ist. Obwohl sie nie dazu ermächtigt wurde, ist der Unternehmer nie dagegen eingeschritten. Sie hat daher stillschweigend Artvollmacht zum Verkauf und zur Gewährung von Preisnachlässen erhalten.

b) Die Fa. Gmeiner ist ein Kleinbetrieb, der mit elektronischen Bauteilen handelt. Ernst Sieberer, Generalhandlungsbevollmächtigter der Fa. Gmeiner, möchte für das Unternehmen ein neues, größeres Geschäftslokal kaufen. Da dies kein gewöhnliches Geschäft ist – es wird von der Fa. Gmeiner nicht regelmäßig abgeschlossen –, ist er dazu nicht berechtigt.

Wechsel
Schuldschein, für den besondere gesetzliche Vorschriften gelten

Fa. Brainlink GmbH

i. A. Artur Ruf

Die **Handlungsvollmacht erlischt**:

- durch **jederzeitigen Widerruf**, wobei kein Grund angegeben werden muss
- bei **Konkurseröffnung**
- durch **Tod des Handlungsbevollmächtigten**, nicht jedoch des Unternehmers
- durch **Einstellung des Betriebes**

Laden- und Lagervollmacht

Wer in einer Verkaufsstätte (einem Laden) tätig ist, die von der Kundschaft für die Abwicklung von Geschäften betreten wird, gilt als ermächtigt,

- Waren zu verkaufen,
- den Kaufpreis in Empfang zu nehmen,
- Waren zu übernehmen,

soweit dies im Rahmen dieses Geschäftes gewöhnlich geschieht.

Will dies der/die Inhaber/in nicht, muss dies den Besuchern der Geschäftsräume entsprechend kundgemacht werden.

Beispiel: In einem Verkaufslokal ist eine Kassa eingerichtet und deutlich sichtbar ein Plakat angeschlagen. Darauf ist zu lesen, dass Zahlungen nur an der Kassa zu leisten sind. In diesem Fall haben die Verkäufer keine Inkassovollmacht.

Das Lager auffüllen
Ein Generalhandlungsbevollmächtigter darf Waren bestellen. Er ist aber nicht berechtigt, ein neues Geschäftslokal zu kaufen.

Ü 4.8 Prokura C

Darf der Prokurist einer kleinen Papierhandlung folgende Geschäfte tätigen? Kennzeichne die richtige Antwort und begründe deine Entscheidung.

LINK
Ü 4.8 Prokura
interaktive Übung

Geschäft	Ja	Nein	Begründung
Kauf von Waren			
Aufnahme eines Kredits für das Unternehmen			
Anmeldung der Änderung der Firma beim Firmenbuchgericht			
Vertretung des Unternehmens in einem Schadenersatzprozess vor Gericht			
Anmeldung eines Kfz für das Unternehmen			
Verkauf eines nicht mehr benötigten Grundstücks			
Kauf einer neuen Geschäftseinrichtung für das Unternehmen			

Ü 4.9 Handlungsvollmacht C

Darf eine Handlungsbevollmächtigte einer kleinen Papierhandlung folgende Geschäfte tätigen? Kennzeichne die richtige Antwort und begründe deine Entscheidung.

LINK
Ü 4.9 Handlungsvollmacht
interaktive Übung

Geschäft	Ja	Nein	Begründung
Kauf von Waren			
Aufnahme eines Kredits für das Unternehmen			
Anmeldung der Änderung der Firma beim Firmenbuchgericht			
Vertretung des Unternehmens in einem Schadenersatzprozess vor Gericht			
Anmeldung eines Kfz für das Unternehmen			
Verkauf eines nicht mehr benötigten Grundstücks			
Kauf einer neuen Geschäftseinrichtung für das Unternehmen			

Ü 4.10 Beschränkung der Prokura D

Jan Gratzer ist Angestellter der Fa. Eisenträger KG, die mit Metallwaren handelt. Vor 2 Jahren wurde ihm die Prokura erteilt. Dabei wurde vereinbart, dass er keine Bestellungen unterschreiben darf, deren Einstandspreis € 50.000,– übersteigt. Vorige Woche hat er ein Angebot über Metallteile erhalten, die das Unternehmen dringend benötigt. Die Teile werden nur in großen Mengen gehandelt, weshalb der Preis der bestellten Waren € 100.000,– betrug. Bis auf einen kleinen Teil konnten die Waren mit Gewinn verkauft werden. Auch für den restlichen Teil wird erwartet, dass sie zum geplanten Preis abgesetzt werden können.

Analysiere diesen Fall, indem du die richtige Antwort wählst und deine Entscheidung begründest.

LINK
Ü 4.10 Beschränkung der Prokura
interaktive Übung

Situation	Ja	Nein	Begründung
Das Unternehmen kann Jan Gratzer die Prokura entziehen. Jan Gratzer ist dann nicht mehr Mitarbeiter der Fa. Eisenträger KG.			
Die Fa. Eisenträger KG kann von Jan Gratzer Schadenersatz fordern, da die Bestellung das vereinbarte Limit von € 50.000,– überstiegen hat.			
Zwischen der Fa. Eisenträger KG und dem Lieferanten der Teile ist kein Vertrag zustande gekommen, da Jan Gratzer dieses Geschäft nicht hätte abschließen dürfen.			
Jan Gratzer hätte dieses Geschäft nur dann nicht abschließen dürfen, wenn die Beschränkung der erlaubten Bestellungen im Firmenbuch eingetragen worden wäre.			

4 Firma

Die Firma ist der **in das Firmenbuch eingetragene Name**, unter dem ein Unternehmer bzw. eine Unternehmerin

- Geschäfte betreibt,
- die Unterschrift abgibt,
- klagen und geklagt werden kann.

Die **Firma bezeichnet den Unternehmer bzw. die Unternehmerin**, nicht das Unternehmen. Sie stellt das wesentlichste Unterscheidungsmerkmal dar. Gut eingeführte, bekannte Firmen stellen einen wirtschaftlichen Wert (= good will) dar, da Kunden diesem Unternehmer Vertrauen entgegenbringen, seine Waren und Leistungen hoch schätzen. Daher ist es wesentlich, dass nicht jede Person die Firma oder sonstige Bezeichnungen des Unternehmers nutzen darf.

Die Firma
Menschen haben einen Namen, der sie von anderen unterscheidet. Dieselbe Aufgabe erfüllt die „Firma".

Bildung der Firma

Als Firma kann jede Bezeichnung gewählt werden, die

- zur Kennzeichnung des Unternehmers geeignet ist,
- geeignet ist, den Unternehmer von anderen zu unterscheiden,
- nicht irreführend ist,
- bei freien Berufen einen Hinweis auf den ausgeübten Beruf enthält.

Als Firma sind daher **auch Marken, Fantasiebezeichnungen und Namen von Personen** zulässig. Scheint in der Firma der Name einer Person auf, dann dürfen bei Einzelunternehmen oder eingetragenen Personengesellschaften nur die Namen des Einzelunternehmers oder unbeschränkt haftender Gesellschafter verwendet werden.

Die Firma muss einen Zusatz enthalten, der die **aktuelle Rechtsform**, in der das Unternehmen betrieben wird, zeigt. Dieser Zusatz wird auch als „Rechtsformzusatz" bezeichnet.

Name für ein Bauunternehmen
Reine Branchenbezeichnungen sind keine zulässigen Firmennamen. Ein Bauunternehmen kann sich also nicht einfach „Bau e.U." nennen.

Unternehmen	Rechtsformzusatz	Abkürzung
Einzelunternehmer/in	eingetragener Unternehmer bzw. eingetragene Unternehmerin	e.U.
offene Gesellschaft	offene Gesellschaft (bei freien Berufen: Partnerschaft oder & Partner)	OG
Kommanditgesellschaft	Kommanditgesellschaft (bei freien Berufen: Kommandit-Partnerschaft)	KG
Aktiengesellschaft	Aktiengesellschaft	AG
Gesellschaft mit beschränkter Haftung	Gesellschaft mit beschränkter Haftung	GmbH
Genossenschaft	eingetragene Genossenschaft	eGen

Die Firma muss in lateinischen Buchstaben ausgedrückt werden können. Daher sind Bilder, Sonderzeichen oder besondere grafische Gestaltungen nicht erlaubt. Weiters unzulässig sind unaussprechbare bzw. sinnlose Zeichen oder Buchstabenkombinationen und reine Branchenbezeichnungen.

Grundsätze des Firmenrechts

Die wichtigsten Grundsätze des Firmenrechts sind:

Firmenwahrheit: Es dürfen keine Angaben enthalten sein, die über Art, Umfang oder Verhältnisse des Unternehmens täuschen können, z. B.:

- Eine Spedition, die ausschließlich in Österreich tätig ist, nennt sich „Internationale Spedition".
- Eine Einzelunternehmerin führt die Firma Tamara Winter KG.
- Jemand, der wie der bekannte Ex-Schifahrer Hermann Maier heißt, möchte die Firma „Hermann Maier Ski-Equipment AG" registrieren lassen. Hier werden die Kunden getäuscht, da alle glauben, dass der bekannte Schifahrer Inhaber des Unternehmens ist.
- In ein Einzelunternehmen tritt ein Gesellschafter ein. Die Firma des Einzelunternehmers darf mit einem Rechtsformzusatz fortgeführt werden.
- Aus einer Personengesellschaft mit zwei Gesellschaftern tritt ein Gesellschafter aus, wodurch das Unternehmen zu einem Einzelunternehmen wird. In diesem Fall ist der Rechtsformzusatz anzupassen

Ändert sich der Name der Inhaberin oder Gesellschafterin, darf die Firma fortgeführt werden. Gründe für Namensänderungen können z. B. sein: Adoption, Heirat oder Scheidung.

Firmenausschließlichkeit: Jede neue Firma muss sich von den am selben Ort oder in derselben Gemeinde bereits bestehenden Firmen deutlich unterscheiden, z. B. durch einen Zusatz.

Verbot der Leerübertragung: Die Firmenbezeichnung darf nur gemeinsam mit dem Unternehmen übertragen werden. Enthält die Firma den Namen des Unternehmers, darf sie fortgeführt werden, wenn der bisherige Inhaber oder dessen Erben ausdrücklich einwilligen. Die übernehmende Person kann, muss aber nicht einen Zusatz, der die Nachfolge andeutet, beifügen.

Firmenschutz: Die Firma darf von keinem anderen Unternehmer verwendet werden.

Arten der Geschäftsbezeichnung

Es ist zu beachten, dass nicht jede Geschäftsbezeichnung die Firma ist, sondern dass im Geschäftsverkehr oft Schlagworte oder Abkürzungen benutzt werden. Auch diese anderen Bezeichnungen sind geschützt. Daher ist zu unterscheiden:

Die Erste
Die „Erste Bank der österreichischen Sparkassen AG" ist eine Aktiengesellschaft mit Sitz in Wien. Das Firmenschlagwort lautet „Erste".

Geschäftsbezeichnungen		
Firma	**Firmenschlagwort (Kurzbezeichnung)**	**Etablissement- oder Geschäftsbezeichnung**
Name des eingetragenen Unternehmers, dessen Bildung und Verwendung im UGB geregelt ist.	Frei gewählter Teil der Firma, der als Schlagwort im Geschäftsleben und in der Werbung genutzt wird. Ist durch das UGB oder das Gesetz gegen den unlauteren Wettbewerb geschützt.	Frei gewählte Bezeichnung des Unternehmens, die auch nicht in das Firmenbuch eingetragene Unternehmer verwenden können. Sie darf nicht täuschen oder zu Verwechslungen führen. Wird durch das Gesetz gegen den unlauteren Wettbewerb geschützt.
Beispiele: • AL-KO Kober Ges.m.b.H. • Rigips Austria GesmbH • Erste Bank der österreichischen Sparkassen AG	**Beispiele:** • AL-KO • Rigips • Erste	**Beispiele:** • Apotheke zur Hl. Maria • Gasthof zur Post • Pizzeria La Strada

Jedenfalls ist zu beachten, dass **jede Art von Geschäftsbezeichnung,** die ein bestimmtes Unternehmen kennzeichnet, **geschützt** ist und eine unbefugte Verwendung verboten und strafbar ist. Der/Die Berechtigte kann unter Umständen auch Schadenersatz verlangen.

Beispiel: Ein Unternehmen tritt im Geschäftsverkehr unter „GFB & Partner Unternehmensberatung Gesellschaft für betriebswirtschaftliche Beratung" auf. Wenn ein anderes Unternehmen später die Firma „GfB Treuhand Gesellschaft für Betriebswirtschaft Steuerberatungs GmbH" führt, dann kann die Unternehmensberatung verlangen, dass der Steuerberater die Buchstaben GfB nicht verwendet, da die beiden Unternehmen verwechselt werden könnten.

Ü 4.11 Firma B

Sind folgende Firmennamen zulässig? Kennzeichne die richtige Antwort und begründe deine Entscheidung.

LINK
Ü 4.11 Firma
interaktive Übung

Firmenname	Zulässig	Nicht zulässig	Begründung
Karl Richter – Wasserinstallationen			
Renate Sommer OG			
Fantasmus Ges.mbH			
X e.U.			
Foto KG			

Ü 4.12 Mc Donald's B

Darfst du die Bezeichnung Mc Donald's als Firma verwenden?

☐ Ja, weil _____

_____

☐ Nein, weil _____

_____

Angaben auf Geschäftsbriefen

Das UGB verpflichtet eingetragene Unternehmer/innen, auf **Geschäftsbriefen und Bestellscheinen** bestimmte Angaben zu machen.

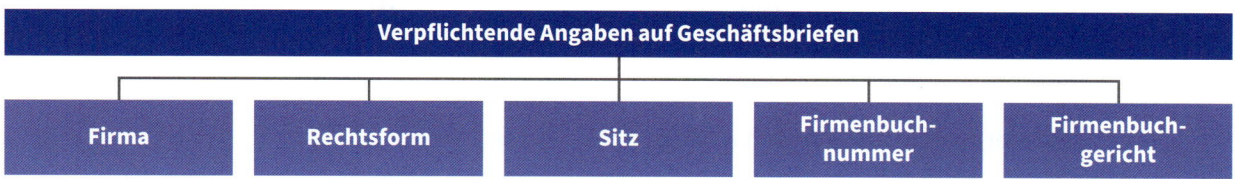

Verpflichtende Angaben auf Geschäftsbriefen				
Firma	Rechtsform	Sitz	Firmenbuchnummer	Firmenbuchgericht

Wenn das Unternehmen beendet wird, muss auch die Angabe **in Liquidation (i. L.)** gemacht werden.

Ist bei einem **Einzelunternehmen** die Firma nicht der Name des Unternehmers, dann muss auch der Name des Unternehmers aufscheinen.

Genossenschaften haben darüber hinaus die **Art der Haftung** anzugeben.

Daneben bestehen auch in anderen Gesetzen Verpflichtungen, bestimmte Informationen bekanntzugeben, z. B. muss auf Rechnungen die UID aufscheinen, bei Gewerbebetrieben ist außen auf dem Geschäftslokal der Name oder die Firma des Gewerbetreibenden anzubringen.

UID
Umsatzsteuer-Identifikationsnummer

5 Im Unternehmensrecht geregelte Vermittler

Einige Arbeiten in Unternehmen erfordern spezielles Wissen oder sind nicht oft zu erledigen. Dann kann es günstiger sein, diese Tätigkeiten an andere Unternehmen auszulagern. Im Unternehmensgesetzbuch sind einige dieser Unternehmen besonders geregelt, andere derartige Unternehmen haben sich in der Praxis herausgebildet.

Spediteur

Wenn Waren in ein Land außerhalb der EU versendet werden sollen, müssen das günstigste Transportmittel ausgewählt und die Zoll- und Transportpapiere ausgefüllt werden. Dies erfordert spezielles Know-how.

§ 47 UGB lautet:

> „Spediteur ist, wer es übernimmt, Güterversendungen durch Frachtführer oder durch Verfrachter von Seeschiffen für Rechnung eines anderen (des Versenders) im eigenen Namen zu besorgen."

Speditionsunternehmen
Aufgabe der Spediteure ist es, Transporte zu organisieren. Speditionen vermitteln zwischen Versender und Transporteur (Frachtführer). Daher besteht kein direktes Vertragsverhältnis zwischen Versender und Frachtführer.

Bei einem Speditionsgeschäft werden folgende Verträge abgeschlossen:

Verträge im Speditionsgeschäft		
Versender	— Speditionsvertrag → Spediteur — Frachtvertrag →	Frachtführer

Eine **Spedition** hat die Aufgabe, den **Warentransport** zu organisieren und damit verbundene **Nebenleistungen** zu erbringen:

- Auswahl des Transportmittels: Der Spediteur kann den Transport auch selbst mit eigenen Transportmitteln durchführen (Selbsteintrittsrecht).
- Abschluss des Frachtvertrags und Bearbeiten der Frachtpapiere
- Erledigung der Zoll- und Einfuhrformalitäten
- evtl. Abschluss einer Transportversicherung

forwarding trade, shipping trade
Speditionsgeschäft

carrying trade, freighting trade
Frachtgeschäft

- Organisation der Lagerleistungen, wie Zwischenlagerung, Verpacken, Umpacken, Wiegen der Ware
- Kontrolle der Waren und Dokumente am Bestimmungsort
- Vorfinanzierung der anfallenden Kosten
- evtl. Inkasso beim Kunden

Die Spedition hat wegen ihrer Kosten und Auslagen **ein gesetzliches Pfandrecht am Speditionsgut**, solange sie über die Sachen verfügen kann.

Speditionen stellen auch aus vielen kleinen Transportaufträgen einen Transport zusammen **(Sammelladeverkehr),** wodurch das Transportmittel besser ausgelastet wird und der Preis für den/die Auftraggeber/in sinkt.

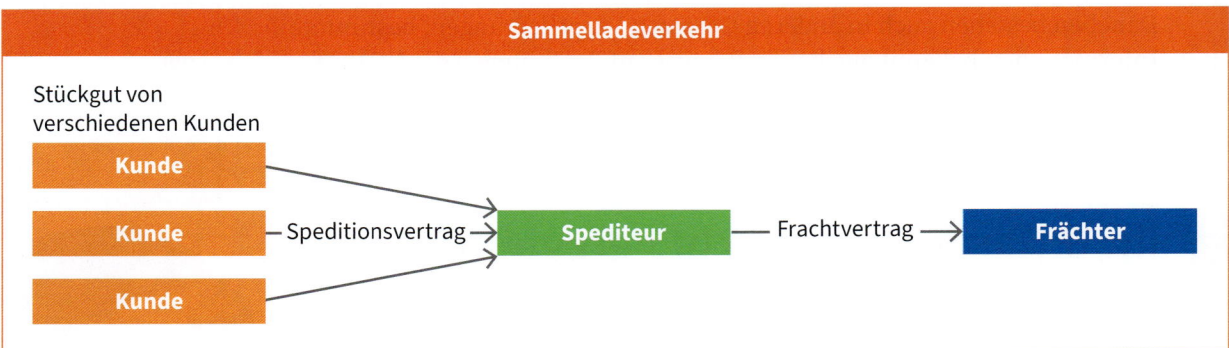

Absatzmittler

Dies sind selbständige Unternehmer/innen, die für andere Unternehmen oder Privatpersonen Waren ein- oder verkaufen oder Geschäfte vermitteln. Dadurch erspart sich der Auftraggeber sowohl Personal- als auch Sachkosten.

Kommissionäre

Der Kommissionär

- kauft oder verkauft
- im eigenen Namen
- für fremde Rechnung
- Waren oder Wertpapiere,

ohne ständig damit beauftragt zu sein.

Der Auftraggeber bzw. die Auftraggeberin wird als Kommittent bzw. Kommittentin bezeichnet.

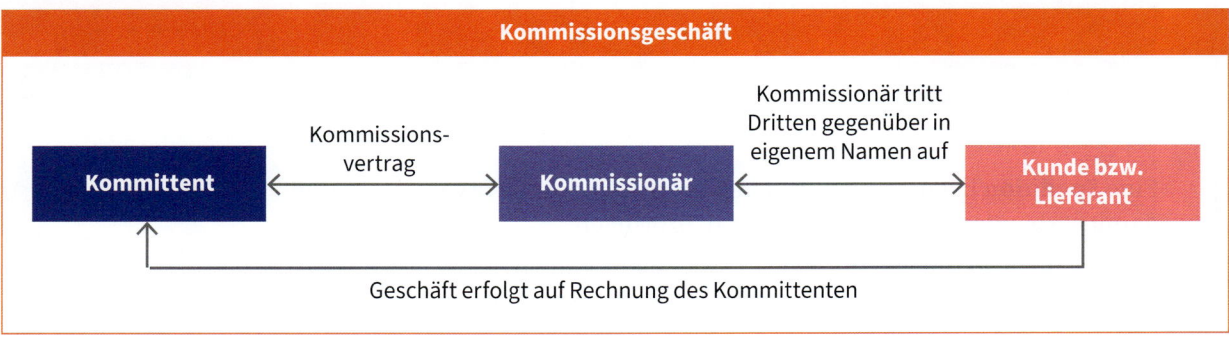

Da der Kommissionär im eigenen Namen auftritt, kommt das Geschäft zwischen ihm und dem Dritten zustande. Der Geschäftspartner kennt den Kommittenten nicht.

Der Kommissionär hat dabei

- die **Interessen des Kommittenten zu wahren**,
- die **Anordnungen des Auftraggebers zu befolgen** und ihm alle erforderlichen Nachrichten zu geben und
- dem Auftraggeber die **Waren herauszugeben und Rechenschaft abzulegen.**

Beispiel: Ein Unternehmen beauftragt eine Bank, Wertpapiere zu kaufen. Die Bank besorgt die Wertpapiere an der Börse. Dort tritt sie im eigenen Namen auf, d.h., der Kaufvertrag kommt zwischen der Bank und dem Verkäufer zustande. Allerdings ist sie verpflichtet, diese Papiere dem Auftraggeber herauszugeben, wobei dieser die Kosten und die vereinbarte Provision zu tragen hat. Es handelt sich daher bei diesem Geschäft um ein Kommissionsgeschäft.

Auch der Kommissionär hat ein **Selbsteintrittsrecht.** Die Bank kann dem Kunden eigene Wertpapiere verkaufen.

Maklerinnen und Makler
§ 1 Maklergesetz lautet:

> „Makler ist, wer aufgrund einer privatrechtlichen Vereinbarung (Maklervertrag) für einen Auftraggeber Geschäfte mit einem Dritten vermittelt, ohne ständig damit betraut zu sein."

Makler und Maklerinnen vermitteln daher z. B. Geschäfte über:

- An- oder Verkauf von beweglichen Waren
- An- oder Verkauf von Wertpapieren
- Versicherungen
- sonstige Gegenstände des Handelsverkehrs
- Immobilien
- Kredite

Dabei hat der Makler die **Interessen des Auftraggebers zu wahren.**

Aufgabe des Maklers ist es, **Personen, die ein Geschäft abschließen wollen**, zu suchen, mit dem Auftraggeber zusammenzubringen und die Vertragspartner zum Geschäftsabschluss zu bewegen. Das Geschäft wird dann direkt zwischen dem Auftraggeber und dem vom Makler gefundenen Vertragspartner geschlossen. Ein Makler schließt grundsätzlich keine Geschäfte für den/die Auftraggeber/in ab.

Aufgrund des Maklergesetzes hat der Makler **Anspruch auf Provision** (Courtage), wenn

- er aufgrund eines **Maklervertrages** mit der Geschäftsvermittlung beauftragt wird,
- er sich **verdienstlich gemacht** hat, d. h., für den Auftraggeber jemanden gefunden hat, der ein entsprechendes Geschäft abschließen möchte und
- das **Geschäft abgeschlossen** wird.

Der Makler ist **nicht verpflichtet, tätig zu werden** und einen Geschäftspartner zu suchen. Er hat dann aber auch keinen Anspruch auf Entgelt.

Der Anspruch auf Courtage besteht auch dann, wenn nicht das beauftragte, sondern ein wirtschaftlich gleichwertiges Geschäft abgeschlossen wird.

Geschäfte mit Kommissionsware
Im Kunst- und Antiquitätenhandel sowie im Wertpapierhandel hat das Kommissionsgeschäft große Bedeutung.

Maklerprovision
Wenn man sich entschließt, bei der Wohnungssuche einen Immobilienmakler zu beauftragen, wird unter Umständen eine Provision fällig.

Wahrt der Makler nicht die Interessen seiner Kunden und informiert sie nicht korrekt, kann er schadenersatzpflichtig werden.

Beispiel: Ernestine Richter möchte ein Unternehmen gründen und benötigt dafür ein Geschäftslokal. Sie beauftragt einen Makler mit der Suche nach passenden Räumlichkeiten. Hat der Makler ein Geschäftslokal gefunden, von dem er glaubt, dass es den Vorstellungen der Auftraggeberin entspricht, wird er es Ernestine Richter zeigen. Um die Interessen von Frau Richter zu wahren, muss er Informationen über die Räumlichkeiten einholen: Wer ist Eigentümer? Sind Baumaßnahmen am Haus geplant? Liegt die Immobilie in Hochwassergebiet? Wie hoch sind die Heizkosten? Ernestine Richter steht es frei, den Vertrag abzuschließen oder es zu unterlassen. Mietet sie aber das vom Makler vorgeschlagene Lokal, wird die Provision fällig. Dies kann sie auch nicht umgehen, indem sie das Lokal kauft statt mietet oder einen Freund bittet, das Lokal für sie zu mieten.

Da der Makler selbständiger Unternehmer ist, hat er **aus der Provision seine sämtlichen Unkosten abzudecken,** außer es ist ausdrücklich vereinbart, dass bestimmte Kosten (z. B. Zeitungsinserat) zusätzlich ersetzt werden.

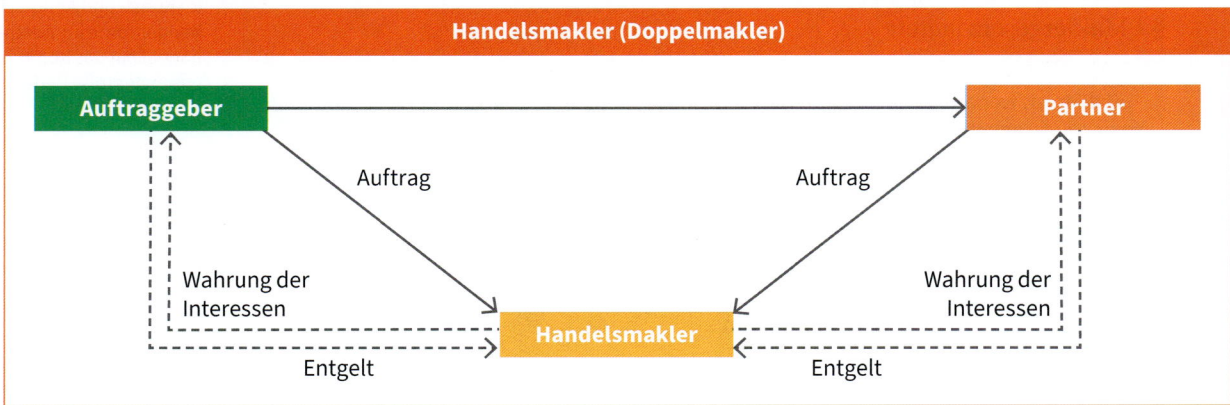

Makler können auch als **Doppelmakler** tätig werden. Dabei haben sie die Interessen beider Seiten zu wahren. Beide Vertragspartner müssen dann Maklerprovision zahlen. Immobilienmakler und Versicherungsmakler sind in der Regel als Doppelmakler tätig.

Handelsvertreterinnen und Handelsvertreter
§ 1 Handelsvertretergesetz lautet:

> „Handelsvertreter ist, wer von einem anderen mit der Vermittlung oder dem Abschluss von Geschäften, ausgenommen über unbewegliche Sachen, in dessen Namen und für dessen Rechnung ständig betraut ist und diese Tätigkeit selbständig und gewerbsmäßig ausübt."

Handelsvertreter sind

- **selbständige Unternehmer**, die
- **ständig** von einem oder mehreren Auftraggebern beauftragt sind,
- **Geschäfte zu vermitteln oder** im Namen und auf Rechnung des Auftraggebers **abzuschließen**.

Handelsvertreterinnen und Handelsvertreter haben

- sich zu bemühen, Geschäfte zu vermitteln bzw. abzuschließen.
- die Interessen des Auftraggebers mit der nötigen Sorgfalt zu wahren. Dazu gehört auch die Einholung von Informationen über die wirtschaftliche Lage des Geschäftspartners.

Vermittlung von Geschäften
Handelsvertreter werden auch Handelsagenten genannt. Sie haben in der Regel nur Vermittlungsvollmacht.

Recht für Technikerinnen und Techniker

- den Auftraggeber unverzüglich von jedem Geschäft in Kenntnis zu setzen.
- Anspruch auf Unterstützung durch den Auftraggeber (z. B. durch Aushändigung erforderlicher Unterlagen und entsprechender Informationen).

Für jedes durch seine Tätigkeit zustande gekommene Geschäft hat der Handelsvertreter **Anspruch auf Provision**. Dabei darf er in die Geschäftsbücher des Auftraggebers Einsicht nehmen, um die Provisionsabrechnung zu kontrollieren.

Dem Handelsvertreter kann für ein bestimmtes Gebiet **(Gebietsvertreter)** oder einen bestimmten Kundenkreis die alleinige Vertretung des Auftraggebers zugestanden werden. In diesem Fall hat er Anspruch auf Provision für alle Geschäfte mit diesen Kunden, auch wenn sie ohne sein Zutun zustande gekommen sind.

Beispiel: Ein Unternehmen schließt einen Vertrag mit einer selbständigen Handelsvertreterin, in dem es ihr das Alleinvertretungsrecht für Kärnten zugesteht. Das Unternehmen hat der Vertreterin die für die Kundeninformation nötigen Unterlagen, wie Prospekte, Preislisten, Referenzen oder technische Informationen, zur Verfügung zu stellen.

Eines Tages bestellt ein Unternehmen aus Villach bei dem Unternehmen eine Maschine. Die Handelsvertreterin hat mit diesem Unternehmen nie Kontakt gehabt. Trotzdem besteht Anspruch auf Provision, da die Bestellung aus dem ihr zugewiesenen Bundesland stammt.

Versicherungen vermitteln dürfen **Versicherungsmakler** und **Versicherungsagenten.** Für den Versicherungsmakler gelten die Maklerbestimmungen: Er wird für ein Geschäft beauftragt und soll die Interessen des Versicherungskunden wahren und den besten Versicherungsschutz suchen. Eine selbständige Versicherungsagentin hingegen ist ständig von einer Versicherung damit beauftragt, für diese Versicherungsverträge zu vermitteln oder abzuschließen. Sie hat daher die Interessen des Versicherers zu vertreten und übt eine ähnliche Tätigkeit aus wie ein Handelsvertreter.

Vertragshändler/innen

Ein Vertragshändler ist selbständiger Unternehmer, der

- ständig von einem Hersteller Waren kauft und
- diese in eigenem Namen
- auf eigene Rechnung verkauft.

Dabei entlastet der Vertragshändler das **Vertriebssystem** des Herstellers, indem er diesem Lagerhaltung und Kundenbetreuung abnimmt. Die Firma oder die Marke des Herstellers wird dabei oft besonders hervorgehoben, z. B.: Mazda Eder oder Pfaff-Nähmaschinen Brückl OG.

Die Tätigkeit der Vertragshändler ist nicht gesetzlich geregelt. Sie hat sich in der Praxis entwickelt. Häufig haben Vertragshändler einen **Gebietsschutz,** d. h., in einem bestimmten Umkreis darf kein anderes Unternehmen mit dem Verkauf derselben Waren betraut werden.

Franchising

Auch das Franchising ist nicht gesetzlich geregelt, sondern hat sich in der Praxis entwickelt. Beim Franchising stellt der **Franchisegeber** dem **Franchisenehmer** gegen Zahlung einer (Franchise-)Gebühr

- Know-how,
- Nutzungsrechte an einem Markennamen und

 LINK

Berufsbild Handelsvertreter
Hier kannst du dir einen Radiobeitrag über die Tätigkeiten und den Berufsalltag von Handelsvertreter/innen anhören.

www.wko.at

Kostenersatz für Handelsvertreter
Die allgemeinen Kosten seiner Tätigkeit (Büro, Fahrtkosten etc.) hat der Handelsvertreter aus seiner Provision zu bestreiten. Die entstandenen Spesen (Porti, Barauslagen) hat der Auftraggeber hingegen gesondert zu ersetzen.

 LINK

Franchisebörse
Die Franchisebörse des Gründerservice der WKO gibt einen Überblick über Franchise-Systeme. (Online-Services, Portale und Plattformen)

www.gruenderservice.at

- ein umfassendes Beschaffungs-, Organisations- und Marketingsystem zur Verfügung.

Der **Franchisenehmer**

- betreibt das Geschäft als selbständige Unternehmerin im eigenen Namen und auf eigene Rechnung,
- ist jedoch an die vorgegebenen Produkte und Dienstleistungen sowie
- an die vom Franchisegeber bzw. der Franchisegeberin entwickelte Ausstattung des Geschäfts gebunden.

Dem Franchisegeber kommen dabei zumeist weitgehende Überwachungs- und Weisungsrechte zu. Er hilft auch in betriebswirtschaftlichen Belangen, indem er das Marketing übernimmt, betriebswirtschaftliche Auswertungen und Vergleiche bietet sowie Hilfestellung leistet.

Beispiele für Franchising: Mc Donald's, Ankerbrot, Palmers oder Starbucks.

Franchising wird immer bedeutender. In den USA werden derzeit ca. 50 % der Gastronomiebetriebe im Franchising betrieben und 43 % des Einzelhandelsumsatzes mit Franchising erwirtschaftet.

Franchising bei Sonnentor
Die österreichische Firma Sonnentor ruft auf ihrer Website Interessierte dazu auf, sich um eine Franchise-Lizenz zu bewerben.

Ü 4.13 Vermittler A

Wie werden Unternehmen, die die folgenden Geschäfte abwickeln, fachlich korrekt genannt?

LINK
Ü 4.13 Vermittler
interaktive Übung

Unternehmen	Bezeichnung
selbständiges Unternehmen, das Geschäfte vermittelt, ohne ständig damit betraut zu sein	
Unternehmen, das Warentransporte durchführt	
selbständiges Unternehmen, das ständig für andere Unternehmen Geschäfte abschließt	
Unternehmen, das Warentransporte organisiert	
selbständiges Unternehmen, das Marke, Know-how und Marketing eines anderen nutzt	
selbständiges Unternehmen, das einmalig für ein anderes Unternehmen Waren verkauft	

Ü 4.14 Versicherungsabschluss B

Ein Unternehmen möchte eine Feuerversicherung abschließen. Erkläre, ob es einen Unterschied macht, ob der Vertrag mit einem Versicherungsmakler oder einem Versicherungsagenten abgeschlossen wird.

⊚ ÜBEN

In dieser Lerneinheit hat du viel über das Unternehmensrecht erfahren. Bearbeite nun die folgenden Aufgaben.

Ü 4.15 Unternehmensbezeichnung D

Reinhard Willers lässt über seinem Geschäftslokal die Bezeichnung „EDV-Doktor" anbringen. In einer Nebenstraße eröffnet ein anderes Unternehmen und wirbt als „EDV-Doktor".

Prüfe, ob Willers dagegen etwas unternehmen kann.

Ü 4.16 Fortführung der Firma `C`

Die Fa. Franz Eisenmann – Elektroinstallationen beendet ihre Tätigkeit. Da die Firma bekannt ist, will Franz Grüner den Namen weiterführen.

a) Prüfe, ob es zulässig ist, die Firma weiterzuführen.

b) Erkläre, welche Vorteile durch die Fortführung der Firma erlangt werden können.

c) Erläutere, ob aus der Fortführung der Firma auch Nachteile entstehen können.

Ü 4.17 Erteilung der Prokura `C`

Martina Schwarz ist Unternehmerin. Sie führt eine eingetragene Hausverwaltung. Da sie überlastet ist, sagt sie zu ihrem Mann, dass er ab nun Prokurist sei, und bittet ihn, das Unternehmen bei einem Prozess vor Gericht zu vertreten.

Kläre, ob Herr Schwarz dazu berechtigt ist, und begründe deine Antwort.

Ü 4.18 Umfang der Vollmacht `C`

Karin Tremmel kauft in einem Geschäft Kleidung, gibt dem Mitarbeiter des Unternehmens den Kaufpreis und verlässt das Geschäft. Als sie vor dem Geschäftslokal stehen bleibt, kommt der Unternehmer und verlangt den Kaufpreis, da er meint, der Mitarbeiter sei nicht berechtigt gewesen, den Kaufpreis in Empfang zu nehmen. Sie müsse nun sehen, dass sie das Geld vom Verkäufer zurückbekomme.

Prüfe, ob der Unternehmer im Recht ist, und begründe deine Antwort.

Ü 4.19 Erteilung einer Vollmacht `B`

Matea Antic, die Frau des Unternehmers Lukas Antic, erledigt für ihren Mann die Büroarbeiten und unterschreibt die Lieferscheine. Auch die Rechnungen wurden bisher immer pünktlich bezahlt. In einem Fall lehnt Lukas Antic die Bezahlung der Lieferung ab, da er behauptet, seine Frau sei nicht dazu berechtigt, Lieferscheine zu unterschreiben.

Kläre, ob Lukas Antic die Bezahlung mit Erfolg ablehnen kann, und begründe deine Antwort.

Ü 4.20 Umfang der Prokura `C`

Franz Grüner hat Richard Weiner zum Prokuristen bestellt, ihm aber untersagt, Darlehen aufzunehmen. Trotzdem nimmt Weiner bei der Bank einen Kredit über € 15.000,– für das Unternehmen auf.

Prüfe, ob der Kredit vom Unternehmen zurückbezahlt werden muss und ob eine derartige Einschränkung Dritten gegenüber zulässig ist.

Ü 4.21 Grundstücksverkauf `A`

Gerhard Bauer verkauft für die Karl Müller OG ein Grundstück. Auf dem Vertrag setzt er vor seinen Namen die Buchstaben ppa.

a) Erkläre, was ppa bedeutet.

b) Prüfe, ob er dieses Geschäft abschließen darf.

Ü 4.22 Generalhandlungsvollmacht `A`

Ein Generalhandlungsbevollmächtigter soll das Unternehmen in einem Schadenersatzprozess vor Gericht vertreten.

Prüfe, ob er dazu berechtigt ist.

Ü 4.23 Abschluss eines Versicherungsvertrages `B`

Ein Unternehmen möchte eine Feuerversicherung abschließen.

Erkläre, wer das Unternehmen beraten und unter den vielen Anbietern eine günstige Versicherung vermitteln kann.

Ü 4.24 Warentransport `C`

Du möchtest Waren nach Portugal versenden. Das Paket ist für die Post zu groß, füllt aber keinen Lkw.

Erkläre, wie das Paket günstig transportiert werden kann.

Ü 4.25 Wohnungskauf `C`

Karla Meitner benötigt eine Wohnung. Sie sieht in der Zeitung das Inserat eines Maklers und vereinbart mit ihm einen Besichtigungstermin. Da ihr die Wohnung gefällt, möchte sie diese mieten.

a) Kläre, wer die Parteien des Mietvertrags sind.

b) Prüfe, ob der Makler gegenüber Karla Meitner Anspruch auf Provision hat.

c) Muss der Makler Karla Meitner darüber informieren, wenn er weiß, dass an dem Haus in nächster Zeit größere Reparaturarbeiten durchgeführt werden, die die Betriebskosten erhöhen?

 # KÖNNEN

Bei den folgenden Aufgaben kannst du dein Wissen weiter anwenden.

K 4.1 Firmenbuch

Du planst, mit der Fa. Brainlink GmbH Geschäfte zu machen. Zur Vorbereitung für ein Gespräch mit Mitarbeitern dieses Unternehmens hast du dir einen Firmenbuchauszug besorgt.

a) Erkläre, wer die Eintragungen veranlasst hat.

b) Erläutere, wo du den Firmenbuchauszug bekommen hast und ob dafür Kosten angefallen sind.

c) Erkläre, was „Firma" bedeutet.

d) Prüfe, welche Tätigkeit die Fa. Brainlink GmbH ausübt.

e) Wie lautet die Firmenbuchnummer der Fa. Brainlink GmbH?

f) Gib an, in welcher Rechtsform die Fa. Brainlink geführt wird.

g) Prüfe, wer für die Fa. Brainlink GmbH zeichnen darf.

h) Du möchtest einen Brief an die Fa. Brainlink GmbH senden und schickst ihn an die Adresse 5020 Salzburg, Mohrstraße 6. Kann die Fa. Brainlink GmbH behaupten, dass sie dort nicht ihren Sitz hat?

i) Zum Gespräch erscheint Fr. Christine Weitinger und behauptet, Prokuristin der Fa. Brainlink GmbH zu sein. Prüfe, ob diese Behauptung richtig ist.

j) Gemeinsam mit Christine Weitinger kommt Hr. Dipl.Ing. Dieter Wohlfaringer und behauptet, Gesellschafter der Fa. Brainlink GmbH zu sein. Prüfe, ob diese Behauptung richtig ist.

k) Weitinger und Wohlfaringer erzählen im Gespräch, dass es sich um ein altes und gut eingeführtes Unternehmen handelt, das die Gesellschafter mit viel Eigenkapital ausgestattet haben. Prüfe, ob diese Behauptungen richtig sind.

l) Weitinger und Wohlfaringer sagen dir, dass sie zahlreiche Franchisenehmer haben. Kläre, ob du das anhand des Firmenbuchauszuges prüfen kannst.

Stichtag 7. 4. 2010	Auszug mit aktuellen Daten	FN 333212 v

```
Grundlage dieses Auszuges ist das Hauptbuch ergänzt um Daten aus der
Urkundensammlung.
Letzte Eintragung am 24.11.2009 mit der Eintragungsnummer        2
zuständiges Gericht    Landesgericht Salzburg

        FIRMA
   1    brainlink gmbh

        RECHTSFORM
   1    Gesellschaft mit beschränkter Haftung

        SITZ in
   1    politischer Gemeinde Salzburg

        GESCHÄFTSANSCHRIFT
   1    Mohrstraße 6
        5020 Salzburg

        GESCHÄFTSZWEIG
   1    Werbeagentur

        KAPITAL
   1    EUR 35.000

        STICHTAG für JAHRESABSCHLUSS
   1    31. Dezember

        VERTRETUNGSBEFUGNIS
   1      Die Generalversammlung bestimmt, wenn mehrere Geschäftsführer
           bestellt sind, deren Vertretungsbefugnis.

   1    Erklärung über die Errichtung der Gesellschaft            001
           vom 09.09.2009

        GESCHÄFTSFÜHRER (handelsrechtlich)
        A Nicole Pichler, geb. 18.07.1969
          vertritt seit 22.09.2009 selbständig

        GESELLSCHAFTER          STAMMEINLAGE          HIERAUF GELEISTET
        B Dr. Johannes Eckschlager, geb. 06.09.1969
   1    ........................ EUR 35.000
   2    .......................................... EUR 35.000
        _____
        Summen:                 EUR 35.000              EUR 35.000
```

```
   1      Mohrstraße 6
          5020 Salzburg
   1    B Dr. Johannes Eckschlager, geb. 06.09.1969
   1      Mühlbacherhofweg 4/1
          5020 Salzburg


----------------------- VOLLZUGSÜBERSICHT ----------------------------------

Landesgericht Salzburg

   1    eingetragen am 22.09.2009           Geschäftsfall 24 Fr 6895/09 w
           Antrag auf Neueintragung einer Firma eingelangt am 18.09.2009
   2    eingetragen am 24.11.2009           Geschäftsfall 24 Fr 8987/09 x
           Antrag auf Änderungeingelangt am 12.11.2009

---------- INFORMATION DER ÖSTERREICHISCHEN NATIONALBANK --------------------

  zum 07.04.2010 gültige Identnummer: 9454640


  erstellt über Verrechnungsstelle BRZG ********************************* HA021
  zur internen Verwendung ******** 7.4.2010 11:22:02, 511 93702964 *** ZEILEN: 42
```

KOMPETENZCHECK

Meine Kompetenzen	Kann ich?	Aufgaben
Ich kann erklären, für wen die Vorschriften des UGB gelten.		Ü 4.3, Ü 4.4, Ü 4.5
Ich kann erklären, welche Informationen im Firmenbuch zu finden sind.		Ü 4.6, K 4.1
Ich kann die Bedeutung der Firma erläutern.		Ü 4.12, Ü 4.13, Ü 4.14, Ü 4.16, Ü 4.17
Ich kann die im UGB geregelten Typen der Stellvertretung nennen.		Ü 4.8, Ü 4.9, Ü 4.10, Ü 4.11, Ü 4.18, Ü 4.19, Ü 4.20, Ü 4.21, Ü 4.22, Ü 4.23

⊙ LERNEN

2 Gesellschafts- recht

Die Rechtsordnung bietet verschiedene Rechtsformen zum Betrieb eines Unternehmens. Jede Rechtsform weist andere Besonderheiten auf und hat spezielle Vor- und Nachteile. Jeder Unternehmer und jede Unternehmerin kann zwischen den verschiedenen vom Gesetz vorgegebenen Rechtsformen frei wählen.

Ü 4.26 Einige Unternehmen sind juristische Personen, andere nicht. Fasse kurz zusammen: Wie entsteht und endet eine juristische Person? Welche Eigenschaften hat eine juristische Person?

1 Überblick über die Rechtsformen

Bei der Wahl der Rechtsform ist unter anderem Folgendes zu bedenken:

Kapitalbeschaffungs- möglichkeiten

Haftung

Mitarbeit

Geschäftsführungs- befugnis

Vertretung

Faktoren bei der Wahl der Rechtsform

Publizitätspflicht

Sozialversicherung

Mitbestimmungs- möglichkeiten

Gewerbeberechtigung

Steuern

Gründungkosten und laufende Kosten

Die Wahl der Rechtsform
Eine Person, die ein Unternehmen gründet, muss sich für eine Rechtsform entscheiden. Dabei kann nur zwischen jenen gewählt werden, die die Gesetze vorgeben.

legal form
Rechtsform

Rechtsformen: Das Gesetz stellt für Unternehmen verschiedene Rechtsformen zur Verfügung.

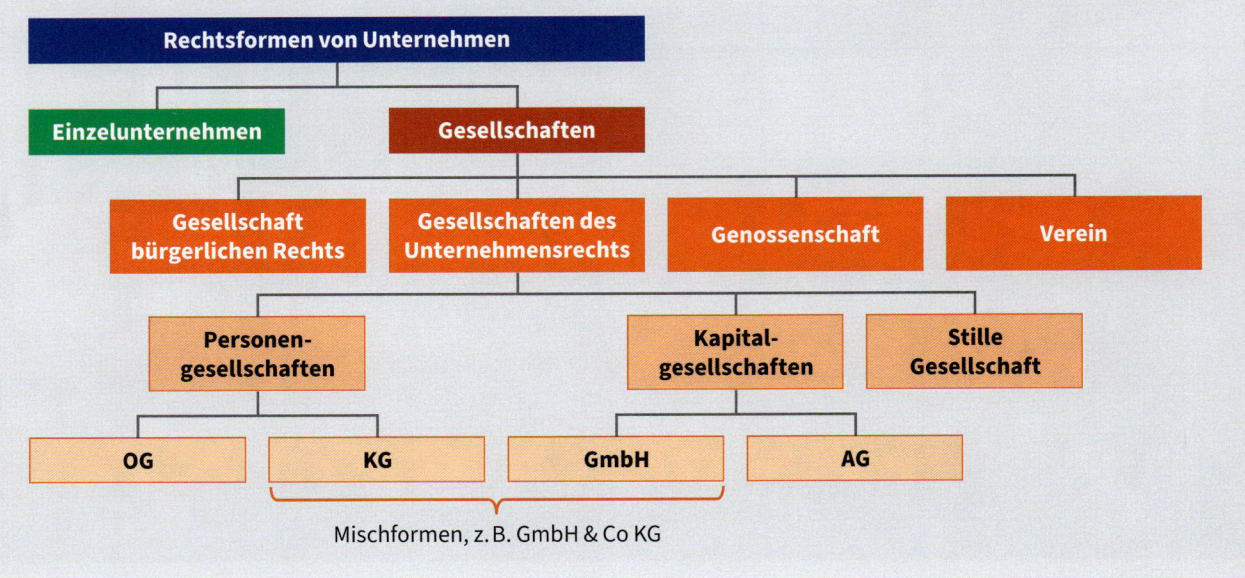

Daneben finden sich im EU-Recht Rechtsformen für Unternehmen, die in mehreren Mitgliedstaaten tätig sind.

Personengesellschaften	Kapitalgesellschaften
• keine juristische Person	• juristische Person
• mindestens 2 Gesellschafter	• auch 1 Gesellschafter möglich
• Unternehmen wird von den Gesellschaftern geführt	• Unternehmen kann von angestellten Managern geführt werden.
• Gesellschafter haften auch mit ihrem Privatvermögen für alle Schulden der Gesellschaft	• Gesellschafter haften nur mit ihrer Einlage; für Schulden der Gesellschaft haftet nur die Gesellschaft
• Vertrauen der Gesellschafter untereinander notwendig	• Abstimmung der Gesellschafter erfolgt in formeller Versammlung
• Gesellschafter haben Kontrollrechte	• Gesellschafter haben nur Anspruch auf Abschrift des Jahresabschlusses
• Gesellschafter zahlen für Gewinn der Gesellschaft Einkommensteuer	• Gesellschaft zahlt für Gewinn Körperschaftsteuer, bei Ausschüttung fällt zusätzlich Kapitalertragsteuer an

Personengesellschaften

Unternehmen	Ware	**Umwelt**
macht Gewinn	→	Kunden/ Lieferanten
	← Geld	

↓ ↓

Gesellschafter

Gewinn gehört Gesellschaftern; diese zahlen für den Gewinn Einkommensteuer

Kapitalgesellschaften

Unternehmen	Ware	**Umwelt**
macht Gewinn (zahlt 25 % Körperschaftsteuer)	→	Kunden/ Lieferanten
	← Geld	

↓

Einbehalt von Gewinn

↓

Ausschüttung an Gesellschafter (27,5 % KESt)

Die **Häufigkeit der Rechtsformen** zeigt folgende Statistik für das Jahr 2020 (nur Mitglieder der Wirtschaftskammer):

Rechtsform	Zahl der Unternehmen in Österreich
Einzelunternehmen	527.596
Gesellschaft mit beschränkter Haftung (Ges.m.b.H.)	111.966
Kommanditgesellschaft (KG)	21.651
Offene Gesellschaft (OG)	10.236
Verein	3.694
Aktiengesellschaft (AG)	1.250
Erwerbs- und Wirtschaftsgenossenschaften	768
Andere Rechtsformen	2.769

Quelle: wko.at/statistik/jahrbuch/mg-rf.pdf (Auszug), letzter Zugriff: 12.7.2021

2 Geschäftsführung und Vertretung

In jedem Unternehmen müssen unter anderem

- Beschlüsse gefasst werden,
- Anweisungen erteilt werden,
- Entscheidungen über die Herstellung oder Einstellung von Produkten gefällt werden,
- Verträge mit Kunden und Lieferanten geschlossen werden,
- Arbeitsverträge geschlossen und beendet werden,
- Ansuchen an Behörden gerichtet werden.

Die ersten drei Tätigkeiten haben keine Auswirkungen auf Personen außerhalb des Unternehmens, die letzten drei Handlungen wirken auch gegenüber Unternehmensexternen. Daher wird unterschieden:

Leitungsbefugnis	
Geschäftsführung	**Vertretung**
betrifft das Rechtsverhältnis der Gesellschafter untereinander und die Verwaltung der Gesellschaft **(= Innenverhältnis)**	umfasst alle Rechtshandlungen, die das Unternehmen gegenüber Dritten berechtigt oder verpflichtet **(= Außenverhältnis)**
Beispiele: • Führung der Bücher • Entscheidung über die Errichtung einer neuen Abteilung	**Beispiele:** • Kauf von Waren • Eingabe bei Gericht

Jede **Vertretungshandlung** umfasst auch eine **Geschäftsführungshandlung,** nicht aber umgekehrt. Je nach Rechtsform gibt es unterschiedliche Regeln, wer die Geschäfte führen und wer das Unternehmen vertreten darf.

 LINK

Neugründungen in Österreich

Hier findest du Informationen zu den Anteilen der Neugründungen von Unternehmen in Österreich nach Rechtsformen.

www.statistik.at

managing director
Geschäftsführung

representation
Vertretung

Neue Kräuterhalle bei Sonnentor
Die Entscheidung, in Sprögnitz (NÖ) eine weitere Halle zu errichten, wurde von der Geschäftsführung, d.h. im Innenverhältnis, getroffen. Die Beauftragung von Bauunternehmen oder der Kontakt mit den Behörden erfolgen durch Vertretung, d.h. im Außenverhältnis.

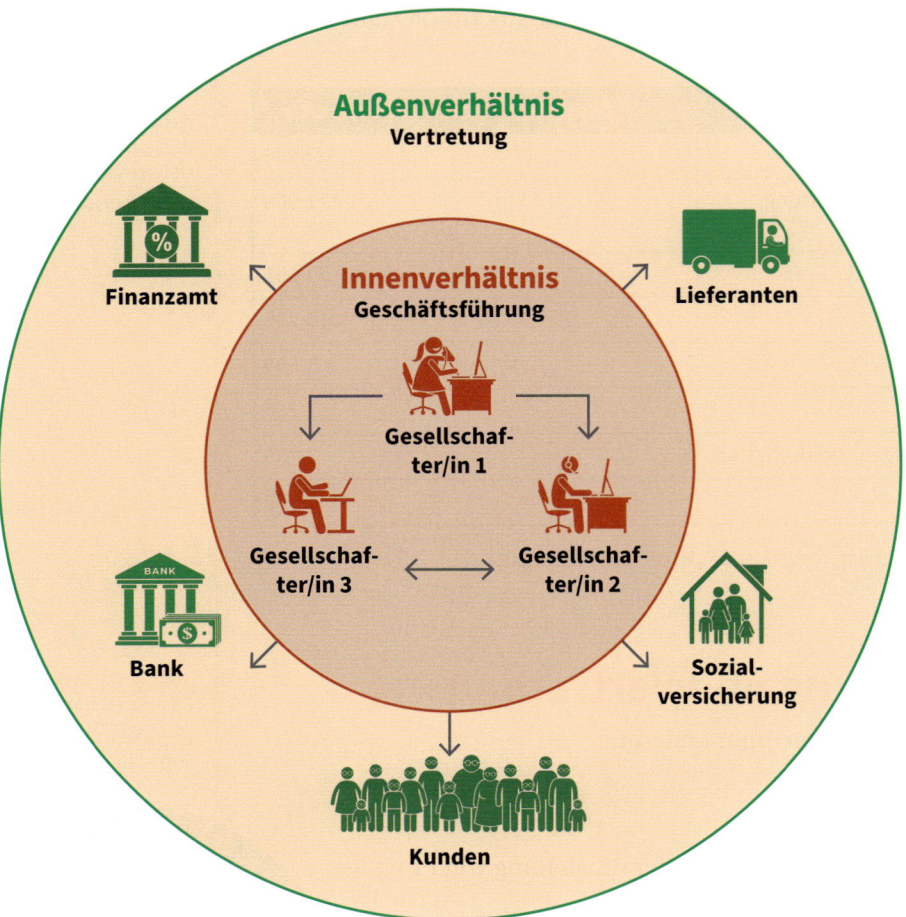

Außenverhältnis
Vertretung

Finanzamt

Lieferanten

Innenverhältnis
Geschäftsführung

Gesellschaf-
ter/in 1

Gesellschaf-
ter/in 3

Gesellschaf-
ter/in 2

Bank

Sozial-
versicherung

Kunden

③ Einzelunternehmen

Ein Einzelunternehmen **kann jede erlaubte Tätigkeit ausüben**. Das UGB ist uneingeschränkt nur anzuwenden, wenn das Einzelunternehmen unternehmerisch tätig wird.

Wird ein freier Beruf oder eine landwirtschaftliche Tätigkeit ausgeübt oder vermietet das Unternehmen Liegenschaften, dann gelten nur einzelne Bestimmungen des UGB.

Bei einem Einzelunternehmen gibt es **nur eine einzige Person,** die

- **allein das notwendige Kapital aufbringt**. Es gibt keine Bestimmungen, die ein bestimmtes Mindestkapital vorsehen.

- **allein das gesamte Risiko trägt** und auch mit dem eigenen Privatvermögen für die Verbindlichkeiten des Unternehmens haftet. Dabei ist es gleichgültig, ob sie das Geschäft unter der Firma oder ihrem bürgerlichen Namen abgeschlossen hat, das Unternehmen oder sie persönlich geklagt wird.

- **selbst das Unternehmen leitet** und dadurch die alleinige Entscheidungsbefugnis hat. Grundsätzlich steht ihr allein die Geschäftsführung und Vertretung zu, welche allerdings delegiert werden kann.

- **alleine den erwirtschafteten Gewinn erhält,** aber auch alleine allfällige Verluste zu tragen hat.

- nur Kredit erhält, wenn sie eine entsprechende **Bonität** aufweist.

Einzelunternehmerin
Wenn jemand ohne Partner ein Unternehmen betreibt, handelt es sich um ein Einzelunternehmen.

private trading form
Einzelunternehmen

Bonität
Kreditwürdigkeit einer Person oder eines Unternehmens; d.h., ob ein Schuldner fähig und willens ist, seinen Verpflichtungen aus dem Kreditverhältnis nachzukommen

Das Problem bei dieser Rechtsform ist, dass das Unternehmen ausschließlich vom Unternehmer abhängt. Kann er nicht (mehr) mitarbeiten, geht das Unternehmen häufig zugrunde, da der Unternehmer meist nicht vorsorgt, dass rechtzeitig eine Vertreterin bzw. ein Nachfolger vorbereitet wird.

4 Gesellschaft bürgerlichen Rechts (GesbR)

private company, private partnership
Gesellschaft bürgerlichen Rechts

Die Gesellschaft bürgerlichen Rechts ist im ABGB geregelt und liegt vor, wenn mindestens zwei Personen gemeinsam einen bestimmten Zweck verfolgen. Dieser Zweck kann

- ein **wirtschaftlicher** (Vermietung einer Wohnung, Betrieb eines kleinen Unternehmens) oder
- ein **ideeller,** nicht auf Gewinn gerichteter (Erhalt eines Museums) sein.

Die Gesellschaft bürgerlichen Rechts kommt durch **Abschluss eines formfreien Vertrages** zustande. Das heißt, der Vertrag kann schriftlich, mündlich oder durch schlüssige Handlung abgeschlossen werden. Die GesbR wird **nicht in das Firmenbuch** (oder ein anderes Register) eingetragen und führt auch keine Firma.

Auf die Gesellschaft bürgerlichen Rechts ist das UGB nicht anzuwenden. Werden jedoch Umsatzerlöse von mehr als € 700.000,– im Geschäftsjahr erzielt, dann bestimmt das UGB, dass die Gesellschaft im Firmenbuch als OG zu protokollieren ist.

Pilzkiste GesbR
Die beiden Unternehmerinnen Mercedes Springer und Jasmin Kabir haben sich zusammengeschlossen und in Graz eine Bio-Austernpilzzucht als Gesellschaft bürgerlichen Rechts gegründet.

Pflichten der Gesellschafter/innen

Zu den Pflichten der Gesellschafter/innen gehören die Mitwirkung in der Gesellschaft sowie die Treue- und Beitragspflicht.

- **Treuepflicht:** Die Gesellschafter/innen müssen die Interessen der Gesellschaft wahren und haben jede Schädigung der Gesellschaft zu unterlassen. Sie dürfen auch kein für die Gesellschaft schädliches Nebengeschäft betreiben.

- **Beitragspflicht:** Die Gesellschafter/innen müssen die vereinbarte Einlage leisten. Diese kann bestehen in
  - Geld,
  - Sachen,
  - Rechten oder
  - Arbeit.

Wurde nichts anderes vereinbart, haben alle Gesellschafter/innen

- im selben Ausmaß mitzuarbeiten und
- dasselbe Stimmrecht.

Jeder Gesellschafter und jede Gesellschafterin ist zur **Geschäftsführung und Vertretung** gegenüber Dritten berechtigt. Grundsätzlich gilt **Einzelgeschäftsführung** und **Einzelvertretung**, außer der Gesellschaftsvertrag sieht anderes vor. Widerspricht ein Gesellschafter einer Geschäftsführungs- oder Vertretungsmaßnahme, darf sie der Gesellschafter, der sie vornehmen wollte, nicht durchführen.

Die Gesellschafter/innen **haften solidarisch mit ihrem Privatvermögen** für sämtliche Schulden der Gesellschaft. Muss ein Gesellschafter für die Gesellschaft haften, kann er von den anderen Ersatz fordern.

solidarisch
Jeder Gesellschafter haftet für den gesamten Betrag. Der Gläubiger kann daher wählen, welchen Gesellschafter er zur Zahlung heranzieht.

Betreibt die Gesellschaft ein Unternehmen bzw. tritt sie gegenüber Dritten auf, dann kann dies unter einem **gemeinsamen Namen** geschehen. Dieser Name

- muss auf das Bestehen einer Gesellschaft hindeuten,
- muss zur Kennzeichnung geeignet sein,
- darf nicht irreführend sein.

Der Name ist **keine Firma**. Dem Geschäftspartner müssen die Namen bzw. Firmen und die Anschriften der Gesellschafter/innen offengelegt werden.

Die sich aus derartigen Geschäften ergebenden Rechte und Pflichten stehen nicht der Gesellschaft, sondern den Gesellschaftern zu.

Die Gesellschaft selbst kann **keine Rechte und Pflichten erwerben** und auch nicht in das Grundbuch eingetragen werden. Sie kann auch **keine Gewerbeberechtigung** erwerben. Am Vermögen der Gesellschaft besteht entweder Miteigentum oder ein Gesellschafter alleine ist Eigentümer der Sache.

Soll ein neuer Gesellschafter aufgenommen werden, müssen alle bisherigen Gesellschafter zustimmen.

Die **Gesellschaft wird unter anderem beendet** durch

- Zeitablauf,
- Beschluss der Gesellschafter,
- Tod eines Gesellschafters (außer im Vertrag wurde anderes vereinbart),
- Kündigung eines Gesellschafters,
- Verlust des Gesellschaftsvermögens.

5 Offene Gesellschaft (OG)

open partnership
offene Gesellschaft

Die offene Gesellschaft ist eine Vereinigung von **zwei oder mehreren Personen** zum Betrieb eines Unternehmens unter gemeinsamer Firma. Dabei haftet jede/r Gesellschafter/in mit dem Privatvermögen für die Gesellschaftsschulden – auch für jene, die andere Gesellschafter verursacht haben. Die Gesellschaft selbst kann Rechte und Pflichten erwerben und in das Grundbuch eingetragen werden.

Die offene Gesellschaft kann **für jeden erlaubten Zweck** gegründet werden. Daher kann sie auch freie Berufe, land- und forstwirtschaftliche Tätigkeiten, vermögensverwaltende Tätigkeiten, nicht auf Gewinn gerichtete Tätigkeiten, wie z. B. die Führung eines Museums, u. a. ausüben.

Die Gesellschaft wird durch einen **formfreien Vertrag** aller Gesellschafter/-innen und Gesellschafter begründet und entsteht mit der **Protokollierung im Firmenbuch.**

Haftung mit Privatvermögen
In einer OG haftet jeder Gesellschafter mit seinem Privatvermögen, z. B. mit der Wohnung, dem Auto, mit Sparbüchern bzw. anderen Vermögenswerten.

Rechte der Gesellschafter/innen

Geschäftsführung und Vertretung: Grundsätzlich ist jede Gesellschafterin und jeder Gesellschafter zur Mitarbeit, zur Geschäftsführung und zur Vertretung nach außen berechtigt und verpflichtet. Es gilt **Einzelgeschäftsführung** und **Einzelvertretung.**

Lediglich für **außerordentliche Geschäfte** muss die Zustimmung aller geschäftsführenden Gesellschafter/innen vorliegen. Die entsprechende Vertretungshandlung kann hingegen jede/r Gesellschafter/in alleine vornehmen. Außerordentliche Geschäftsführungsmaßnahmen sind z. B. Bestellung eines Prokuristen, Aufnahme eines neuen Geschäftszweiges, Stilllegung eines Teiles des Unternehmens.

Beispiel: An einer OG, die mit Radio- und Fernsehgeräten handelt, sind Franz Wegerer, Robert und Renate Grün beteiligt.

a) Robert Grün möchte neue Ware bestellen, da die Lager leer sind. Es handelt sich um eine Maßnahme der ordentlichen Geschäftsführung, daher ist er – sofern keine besonderen Vereinbarungen bestehen – alleine dazu berechtigt.

b) Renate Grün möchte eine Filiale gründen und dafür ein Geschäftslokal mieten. Es handelt sich um eine außerordentliche Geschäftsführungsmaßnahme, daher müssen sämtliche Gesellschafter zustimmen. Schließt sie den Mietvertrag für die OG ab, wird die OG dadurch verpflichtet, da Renate Grüns Vertretungsmacht dafür ausreicht. Allenfalls können die übrigen Gesellschafter Schadenersatz fordern.

Grundwald & Partner OG
Das Bauunternehmen Grundwald & Partner wurde im September 2005 von Friedrich Grundwald jun. und seinen Partnern Gerhard Horvath und Erich Potetz gegründet. Im Jahr 2010 wurde die Gesellschaft in eine OG umgewandelt.

Im **Gesellschaftsvertrag** kann vereinbart werden, dass

■ die Geschäftsführung allen oder mehreren Gesellschaftern gemeinsam zusteht **(Gesamtgeschäftsführung).** Bevor eine Geschäftsführungsmaßnahme gesetzt wird (z. B. Aufnahme eines neuen Mitarbeiters), ist die Zustimmung der anderen Gesamtgeschäftsführer/innen einzuholen.

■ die Gesellschaft nur von zwei oder mehr Gesellschaftern gemeinsam vertreten werden darf **(Gesamtvertretung).** Mit Dritten abgeschlossene Verträge verpflichten die Gesellschaft nur dann, wenn sämtliche zur Gesamtvertretung berechtigte Gesellschafter/innen gemeinsam unterschrieben haben. Eine Beschränkung der Vertretungsmacht gilt gegenüber Dritten nur, wenn **dies im Firmenbuch eingetragen** ist.

■ einzelne Gesellschafter/innen **keine Vertretungsbefugnis** haben.

Anteil am Erfolg der Gesellschaft: Das Gesetz sieht vor, dass der Gewinn oder Verlust den Gesellschaftern im Verhältnis ihrer Einlage zugewiesen wird. In der Praxis wird dies im Gesellschaftsvertrag genau geregelt.

Ersatz von Aufwendungen für die Gesellschaft: Wird ein/e Gesellschafter/in für die Gesellschaft tätig und fallen dabei Aufwendungen an, dann hat die Gesellschaft diese Zahlungen zu ersetzen.

Informationsrecht: Jede/r Gesellschafter/in kann sich über Angelegenheiten der Gesellschaft in den Büchern und Schriften der Gesellschaft informieren. Weiters hat er/sie das Recht, einen Jahresabschluss zu erhalten.

Gleichbehandlung: Die Gesellschafter/innen dürfen nicht willkürlich, ohne sachlichen Grund, ungleich behandelt werden. Im Gesellschaftsvertrag kann jedoch vereinbart werden, dass sie unterschiedliche Rechte und Pflichten übernehmen.

Pflichten der Gesellschafter/innen

Leistung der vereinbarten Einlage: Im Gesellschaftsvertrag wird festgelegt, welche Einlage die Gesellschafter/innen zu leisten haben. Dabei muss nicht jeder Gesellschafter dieselbe Einlage bzw. einen gleich hohen Betrag leisten. Es gibt kein gesetzlich festgelegtes Mindestkapital. Jedoch **haftet jede/r Gesellschafter/in auch mit dem eigenen Privatvermögen** für sämtliche Schulden des Unternehmens

■ unbeschränkt (ohne betragliche Grenze) und

■ solidarisch (für den gesamten Betrag).

Beispiel: Maria Traxler und Felix Grieser sind Gesellschafter einer OG. Traxler nimmt für die Gesellschaft einen Kredit über € 100.000,– auf. Ist im Firmenbuch keine Beschränkung eingetragen (z. B. Gesamtgeschäftsführung), ist sie zur Aufnahme des Kredits berechtigt. Die Bank kann die Rückzahlung des gesamten Kredits von der Gesellschaft oder von Maria Traxler oder von Felix Grieser – auch gerichtlich – fordern. Wird Felix Grieser zur Zahlung verurteilt, muss er sie aus seinem Privatvermögen bestreiten – auch wenn er dafür sein Sparbuch auflösen oder seine Wohnung verkaufen muss. Danach kann er versuchen, von der Gesellschaft oder von Traxler einen Ausgleich zu erhalten.

Wettbewerbsverbot (Konkurrenzverbot): Kein Gesellschafter darf ohne Zustimmung der übrigen Gesellschafter in dem Geschäftszweig, in dem die OG tätig ist, als Einzelunternehmer oder als persönlich haftender Gesellschafter tätig werden. Er darf auch nicht maßgeblichen Einfluss auf eine andere Gesellschaft, die Geschäfte in diesem Zweig tätigt, ausüben.

Treuepflicht: Die Gesellschafter/innen haben – wie bei der GesbR – die Pflicht, der Gesellschaft nicht zu schaden.

Architekturbüro als OG
Ein Gesellschafter der Architects Winter OG darf ohne Zustimmung der anderen Gesellschafter in keinem anderen Architekturbüro als Einzelunternehmer oder persönlich haftender Gesellschafter tätig sein.

Gesellschafterwechsel

Soll eine neue Gesellschafterin aufgenommen werden oder möchte ein Gesellschafter seinen Anteil einem Dritten übertragen, so muss dafür der **Gesellschaftsvertrag geändert** werden. Dafür ist ein einstimmiger Beschluss sämtlicher Gesellschafter/innen notwendig. Dies ist anschließend im Firmenbuch einzutragen.

Bei einem Gesellschafterwechsel haften Übergeber und Übernehmer für die vor dem Wechsel aufgenommenen Schulden der Gesellschaft solidarisch.

Beendigung der Gesellschaft
Die **Gesellschaft** wird **beendet** durch

- Zeitablauf
- Beschluss der Gesellschafter/innen
- Konkurs über das Vermögen der Gesellschaft oder eines Gesellschafters
- Tod eines Gesellschafters (außer im Vertrag wurde anderes vereinbart)
- Kündigung 6 Monate zum Ende des Geschäftsjahres (außer im Vertrag wurde anderes vereinbart)

Ü 4.27 Vertretung einer OG `C`

Karl Altmann und Reinhard Brüller sind Gesellschafter einer OG. Im Firmenbuch sind keine besonderen Vertretungsregeln eingetragen. Altmann, der üblicherweise sehr gewissenhaft ist, hat ohne Brüller zu fragen, ein Darlehen über € 35.000,– aufgenommen. Als Brüller davon erfährt, stellt er fest, dass die Bedingungen äußerst ungünstig sind.
a) Prüfe, ob Altmann Brüllers Zustimmung benötigt hätte.
b) Überlege, ob der Darlehensvertrag gültig ist.

6 Kommanditgesellschaft (KG)

limited partnership
Kommanditgesellschaft

Die Kommanditgesellschaft (KG) ist eine Sonderform der OG. Sie ist eine Personengesellschaft, bei der nur ein Teil der Gesellschafter für die Schulden der Gesellschaft persönlich haftet.

§ 161 UGB lautet:

> „(1) Die Kommanditgesellschaft ist eine unter eigener Firma geführte Gesellschaft, bei der die Haftung gegenüber den Gesellschaftsgläubigern bei einem Teil der Gesellschafter auf einen bestimmten Betrag (Haftsumme) beschränkt ist (Kommanditisten), beim anderen Teil dagegen unbeschränkt ist (Komplementäre).
> (2) Soweit dieser Abschnitt nichts anderes bestimmt, finden auf die Kommanditgesellschaft die für die offene Gesellschaft geltenden Vorschriften Anwendung."

Auch die **Kommanditgesellschaft (KG)**

- kann jede erlaubte Tätigkeit ausüben,
- kann selbst Rechte und Pflichten erwerben und in das Grundbuch eingetragen werden,
- wird durch einen formfreien Vertrag aller Gesellschafter/innen begründet,
- entsteht mit der Protokollierung im Firmenbuch.

Gesellschafter einer KG: Bei der Kommanditgesellschaft gibt es zwei Gruppen von Gesellschaftern.

Kommanditgesellschaft	
Komplementär	**Kommanditist**
Vollhafter wie OG-Gesellschafter	Teilhafter, haftet nur mit seiner Einlage

Es muss mindestens ein Komplementär und mindestens ein Kommanditist beteiligt sein.

Komplementäre haben **dieselbe Stellung wie Gesellschafter einer OG**, sie

- haften unbeschränkt mit ihrem Privatvermögen,
- haben die Geschäfte zu führen,
- vertreten die Gesellschaft nach außen,
- unterliegen dem Wettbewerbsverbot.

Kommanditisten hingegen sind Gesellschafter, deren **Haftung auf den Betrag der Haftsumme beschränkt** ist. Die Haftsumme wird im Gesellschaftsvertrag festgelegt und im Firmenbuch vermerkt.

Kommanditisten

- haben keine Vertretungs- und Geschäftsführungsbefugnis, sie müssen aber Maßnahmen der außerordentlichen Geschäftsführung zustimmen, sonst dürfen diese nicht gesetzt werden,
- unterliegen nicht dem Wettbewerbsverbot,
- sind berechtigt, eine Abschrift des Jahresabschlusses (Bilanz, GuV-Rechnung) zu verlangen und die Richtigkeit anhand der Bücher und Belege zu prüfen.

Haftung der Gesellschafter
Kommanditisten haften, anders als die uneingeschränkt haftenden Komplementäre, nur mit ihrer jeweiligen Kapitaleinlage für Schulden der Gesellschaft.

Gewinn- und Verlustverteilung

Das Gesetz sieht vor, dass den Komplementären zunächst ein ihrer Haftung angemessener Teil des Gewinns zusteht. Der Rest ist – wie bei der OG – im

Verhältnis der Beteiligung zu verteilen. Ein Verlust ist ebenfalls nach den Beteiligungsverhältnissen aufzuteilen.

In der Praxis wird die **Gewinn- und Verlustverteilung im Gesellschaftsvertrag** genau geregelt.

Die Gesellschaft wird aus denselben Gründen beendet wie die OG, jedoch ist der Tod eines Kommanditisten kein Endigungsgrund, da diesfalls die Gesellschaft mit den Erben fortgesetzt wird.

Ü 4.28 KG-Gesellschafter B

Melanie Willner ist Komplementärin und Sabine Meister ist Kommanditistin der Willner KG, die mit Elektrogeräten handelt.

a) Willner kauft günstig einen Posten Elektrogeräte. Meister widerspricht, da sie diese Geräte für nicht verkaufbar hält.

Prüfe, ob Willner die Zustimmung Meisters zu diesem Geschäft benötigt hätte.

b) Überlege, ob Meister auch Kommanditistin bei einer anderen KG sein darf, die mit Elektrogeräten handelt.

7 Stille Gesellschaft

Der stille Gesellschafter bzw. die stille Gesellschafterin ist nur Kapitalgeber/in und hat keine Geschäftsführungs- und Vertretungsbefugnisse. Sie verbessert damit die Eigenkapitalbasis.

Bei der stillen Gesellschaft beteiligt sich jemand am Unternehmen eines anderen so, dass die Einlage in das Vermögen des Unternehmers übergeht und der/die stille Gesellschafter/in dafür einen **Gewinnanteil** erhält. Die Höhe und Art der Beteiligung wird vertraglich festgelegt, eine Beteiligung an allfälligen Verlusten kann vertraglich auch ausgeschlossen werden.

Vertretung der stillen Gesellschaft
Die stille Gesellschaft ist eine reine Innengesellschaft. Nach außen tritt alleine der Unternehmens- bzw. Vermögensinhaber auf, der die Geschäfte im eigenen Namen abschließt.

Stille Gesellschaft		
	Unternehmer/in	
Gewinnanteil	↓ ↑	Beteiligung
	stille/r Gesellschafter/in	

Die Gesellschaft **tritt nicht nach außen in Erscheinung** und hat daher keine gemeinsame Firma. Rechte und Pflichten erwirbt nicht die stille Gesellschaft, sondern der Unternehmer bzw. die Unternehmerin.

silent partnership, sleeping partnership
stille Gesellschaft

Der/Die **stille Gesellschafter/in**

- scheint nirgends auf (und wird auch nicht in das Firmenbuch eingetragen),
- hat keine Geschäftsführungsbefugnisse,
- ist nicht befugt, das Unternehmen zu vertreten,
- haftet nur mit seiner/ihrer Einlage,
- ist berechtigt, eine Abschrift des Jahresabschlusses (Bilanz, GuV-Rechnung) zu verlangen und dessen Richtigkeit anhand der Bücher und Belege zu prüfen.

Wird die Gesellschaft aufgelöst, erhält der Stille nur seine Einlage. Für Verluste, die seine Beteiligung übersteigen, haftet er nicht.

Die Gesellschaft wird durch die **Eröffnung eines Konkurses** aufgelöst. Der typische Stille erhält in diesem Fall wie alle anderen Gläubiger die Quote.

Im Vertrag können die Rechte und Pflichten der Stillen jedoch anders geregelt werden, als dies das Gesetz vorsieht. Der/Die Stille kann z. B.:

- bei bestimmten Geschäften Mitspracherecht haben,
- am Verlust beteiligt sein,
- im Falle der Auflösung mehr als seine Einlage erhalten.

8 Gesellschaft mit beschränkter Haftung (GmbH)

Die GmbH ist eine **Kapitalgesellschaft.** Sie ist eine **juristische Person**, die mit der Eintragung ins Firmenbuch entsteht. Für sie gilt das UGB uneingeschränkt, da sie Unternehmer kraft Rechtsform ist.

Die GmbH kann für **jeden erlaubten Zweck gegründet** werden, ausgenommen für Versicherungen, bestimmte Bankgeschäfte, Apotheken, Notariate, Tabak-Trafiken, Rauchfangkehrer sowie die Tätigkeit politischer Parteien.

Der Gesellschaftsvertrag muss durch einen Notar errichtet werden. Die Gesellschaft entsteht mit der **Protokollierung im Firmenbuch.**

Kredite für kleine GmbHs
Da nur die Gesellschaft mit ihrem Vermögen haftet, ist besonders bei kleinen GmbHs die Kreditfähigkeit gering. Häufig wird daher eine persönliche Haftung des Geschäftsführers verlangt.

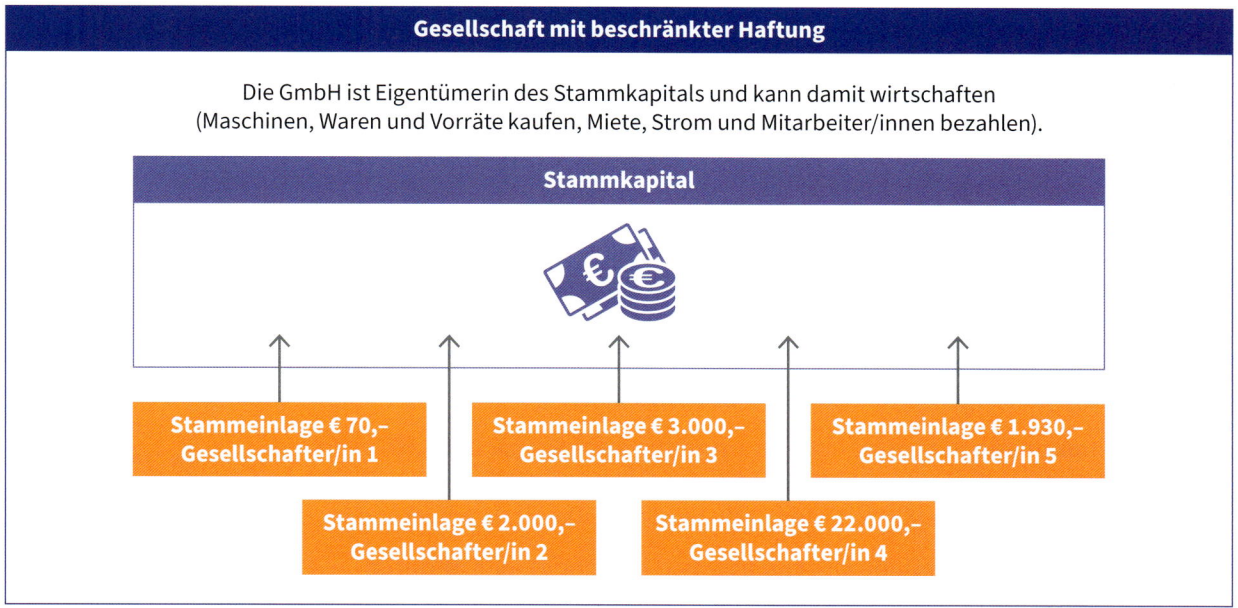

Gesellschaft mit beschränkter Haftung

Die GmbH ist Eigentümerin des Stammkapitals und kann damit wirtschaften (Maschinen, Waren und Vorräte kaufen, Miete, Strom und Mitarbeiter/innen bezahlen).

Stammkapital

Stammeinlage € 70,– Gesellschafter/in 1	Stammeinlage € 3.000,– Gesellschafter/in 3	Stammeinlage € 1.930,– Gesellschafter/in 5
Stammeinlage € 2.000,– Gesellschafter/in 2	Stammeinlage € 22.000,– Gesellschafter/in 4	

Jede/r Gesellschafter/in beteiligt sich mit einer **Stammeinlage** von mindestens € 70,– an der Gesellschaft, wobei die Stammeinlagen der Gesellschafter/innen verschieden hoch sein können. Die Summe aller Stammeinlagen ergibt das **Stammkapital.** Dieses muss **mindestens € 35.000,–** betragen. Eine Mindestanzahl an Gesellschaftern ist nicht vorgeschrieben. Daher kann auch ein Einzelunternehmen als „Ein-Mann-GmbH" geführt werden. Die Gesellschafter haften nicht mit ihrem Privatvermögen für Schulden der Gesellschaft. Daher können sie höchstens ihre Stammeinlage verlieren.

private limited company (Ltd.)
Gesellschaft mit beschränkter Haftung

Bei neu gegründeten Gesellschaften darf das **Stammkapital mit € 10.000,–** festgelegt werden. Dies wird **Gründungsprivilegierung** genannt. Nach spätestens 10 Jahren muss das Stammkapital auf € 35.000,– erhöht werden.

Wenn an der GmbH **nur eine natürliche Person als Gesellschafter/in beteiligt** ist, die **gleichzeitig auch einzige/r Geschäftsführer/in** ist und das Stammkapital € 35.000,– bzw. bei Ausnutzung der Gründungsprivilegierung € 10.000,– beträgt, kann die Gesellschaft elektronisch über das Unternehmensserviceportal gegründet werden. Dabei übernimmt die Bank die Prüfung der Identität des Gründers und die Weiterleitung bestimmter Unterlagen an das Firmenbuchgericht.

 Organe einer Gesellschaft mit beschränkter Haftung: Für eine juristische Person handeln ihre Organe. Eine GmbH muss folgende Organe haben:

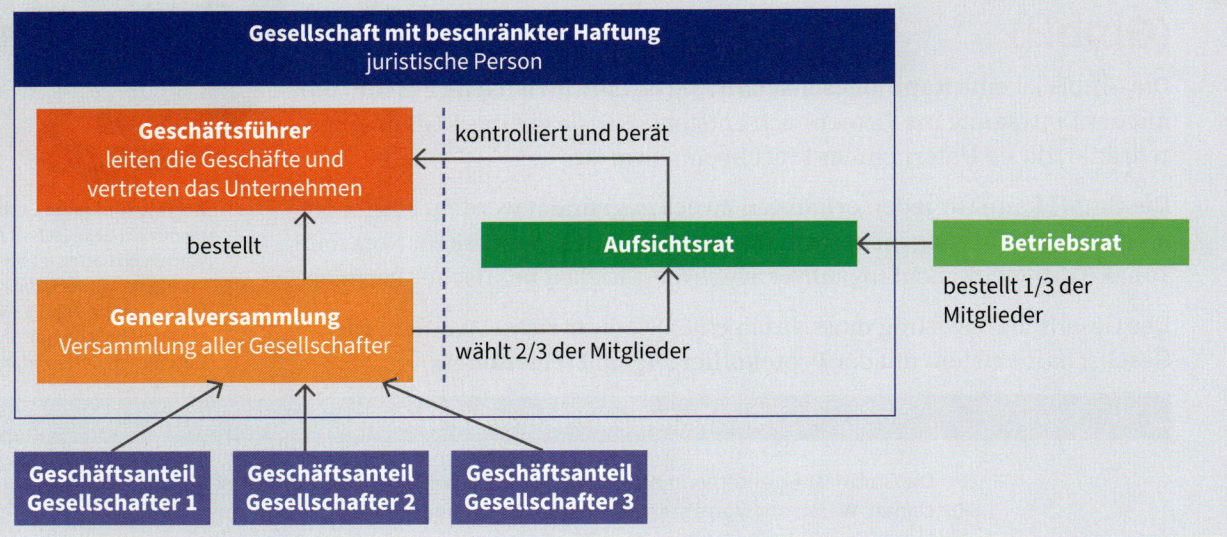

Generalversammlung

Die Generalversammlung ist die **Versammlung aller Gesellschafter/-innen.** Jede/r Gesellschafter/in besitzt aufgrund seiner/ihrer Stammeinlage einen **Geschäftsanteil** und dadurch Sitz und Stimme in der Generalversammlung. Sie hat mindestens einmal jährlich stattzufinden.

Abstimmungen in der Generalversammlung erfolgen nach der Höhe des Geschäftsanteils. In der Regel entscheidet die Mehrheit. Sie ist nur beschlussfähig, wenn mindestens 1/10 des Stammkapitals anwesend ist.

Die Generalversammlung ist grundsätzlich berechtigt, den **anderen Organen Weisungen** in allen Bereichen zu erteilen. Ihr obliegt jedenfalls

- Prüfung und Genehmigung des Jahresabschlusses sowie Beschlussfassung über die Verteilung des Gewinns,
- Entlastung der Geschäftsführer/innen,
- Geltendmachung von Ersatzansprüchen gegen Geschäftsführer/innen und Aufsichtsrat,
- Erteilung der Prokura,
- Abschluss von Verträgen über Liegenschaften und Betriebsanlagen, deren Preis 20 % des Stammkapitals übersteigt,
- Änderungen des Gesellschaftsvertrags, wofür eine Dreiviertelmehrheit notwendig ist.

Grundstock für Vermögen der Gesellschaft
Das Stammkapital darf den Gesellschaftern nicht zurückgezahlt werden, sie dürfen nur den erwirtschafteten Gewinn erhalten.

Der Generalversammlung können im Gesellschaftsvertrag auch weitere Aufgaben zugewiesen werden.

Aufsichtsrat

Der **Aufsichtsrat** kontrolliert die Geschäftsführer/innen und muss nur bei Gesellschaften errichtet werden, die

- mehr als 300 Arbeitnehmer/innen beschäftigen oder
- mehr als 50 Gesellschafter/innen mehr als € 70.000,– Stammkapital haben.

Freiwillig kann jedoch jede GmbH einen Aufsichtsrat errichten.

Die Arbeitnehmervertretung **(Betriebsrat)** entsendet ein Drittel der Mitglieder. Aufsichtsratsmitglieder müssen keine Geschäftsanteile besitzen und dürfen nicht Geschäftsführer/innen sein.

Geschäftsführung

Die **Geschäftsführer haben die Gesellschaft zu leiten**. Ihre Zahl wird durch die Satzung festgelegt. Die Geschäftsführer werden durch die Generalversammlung bestellt, die sie auch jederzeit wieder abberufen kann.

Gesamtgeschäftsführung: Geschäftsführungsmaßnahmen haben alle Geschäftsführer gemeinsam zu setzen. Dabei sind sie an Weisungen der Generalversammlung sowie an allfällige vertragliche Beschränkungen gebunden.

Gesamtvertretung: Die Gesellschaft wird von allen Geschäftsführern gemeinsam vertreten. Die Vertretungsmacht ist Dritten gegenüber nicht beschränkbar. Soll eine andere Vertretungsregelung gelten, z. B. Einzelvertretung, dann muss dies in das Firmenbuch eingetragen werden.

Leitung der GmbH
Die Geschäftsführer/innen einer Gesellschaft führen die Geschäfte gemeinsam.

Jeder Geschäftsführer haftet der GmbH, evtl. sogar Gläubigern, für die korrekte Erfüllung ihrer Aufgaben, zu der die Leitung und Überwachung der Gesellschaft gehört. Er darf auch nicht Geschäftschancen der Gesellschaft auf eigene Rechnung verwerten oder sich persönlich von Geschäftspartnern Vorteile versprechen lassen. Schließt ein Geschäftsführer bzw. eine Geschäftsführerin ein Geschäft mit der Gesellschaft, dann ist die Zustimmung des Aufsichtsrates, falls ein solcher nicht existiert, der Gesellschafter/innen einzuholen.

Die **Geschäftsführer/innen sind verpflichtet, die finanzielle Lage zu überwachen** und bei Problemen Maßnahmen einzuleiten. Tun sie dies nicht und wird die Gesellschaft zahlungsunfähig, können sie persönlich haften.

Gesellschafterwechsel

Grundsätzlich ist jede/r Gesellschafter/in berechtigt, über seinen/ihren Geschäftsanteil zu verfügen, d. h., ihn zu verkaufen, zu verschenken oder zu vererben. Ist im Gesellschaftsvertrag nichts Gegenteiliges vereinbart, benötigt er/sie dafür keine Zustimmung der Gesellschaft oder der Generalversammlung. Jedoch muss über das Geschäft ein **Notariatsakt** errichtet und der Gesellschafterwechsel **in das Firmenbuch eingetragen** werden. Erst mit der Eintragung erhält der/die Erwerber/in die Stellung eines Gesellschafters bzw. einer Gesellschafterin.

Wird ein **Anteil an einer gut gehenden Gesellschaft verkauft**, wird in der Regel ein höherer Wert als die Einlage, das **Nominale,** erzielt, da der/die Käufer/in an den Anlagen, die mit den Gewinnen finanziert wurden, und am Know-how der Gesellschaft beteiligt wird.

Die Gesellschaft wird **beendet** durch

- Erreichen des Gesellschaftszwecks
- Zeitablauf
- Beschluss der Generalversammlung mit einfacher Mehrheit
- Konkurseröffnung

Ü 4.29 Haftung bei GmbH A

Die Holzhaus GmbH kann ihre Schulden nicht bezahlen. Von wem können die Gläubiger ihr Geld verlangen?

9 Aktiengesellschaft (AG)

Die Errichtung großer Industrieanlagen, Eisenbahnen und ähnlicher Projekte ist teuer. Die Idee der Aktiengesellschaft ist, die Finanzierung derartiger Projekte zu ermöglichen, indem sich viele Personen mit kleinen Beträgen beteiligen können. Diese Beteiligung wird in **Aktien** verbrieft, die an der Börse gehandelt werden können. Von den ca. 1.300 österreichischen Aktiengesellschaften werden die Aktien von ca. 100 Unternehmen an der Börse gehandelt.

Die AG ist eine **Kapitalgesellschaft.** Sie ist eine **juristische Person,** die mit der Eintragung im Firmenbuch entsteht. Für sie gilt das UGB uneingeschränkt, da sie Unternehmer kraft Rechtsform ist.

Der **Gesellschaftsvertrag, die Satzung,** muss durch eine/n Notar/in errichtet werden.

Gesellschaftszweck einer Aktiengesellschaft kann jede erlaubte Tätigkeit sein, ausgenommen die Tätigkeit politischer Parteien.

Eine AG muss über ein **Grundkapital** von **mindestens € 70.000,–** verfügen, das in Aktien zerlegt wird. Daher kann man sich an einer AG auch mit kleineren Einlagen beteiligen. Dadurch können große Kapitalmengen aufgebracht werden.

Die **Haftung der Aktionäre ist auf ihre Einlage** (den Wert bzw. Kaufpreis der Aktien) **beschränkt.** Sie haften nicht mit ihrem Privatvermögen.

ÖBB-Personenverkehr
Ein Beispiel für eine Aktiengesellschaft ist die ÖBB-Personenverkehr AG mit Sitz im 10. Bezirk in Wien.

stock company, joint stock company
Aktiengesellschaft

Arten von Aktien: Das Gesetz unterscheidet folgende Aktienarten:

Aktien Einteilung aufgrund					
Übertragbarkeit		damit verbundener Rechte		Anteil am Grundkapital	
Namensaktien	Inhaberaktien	Stammaktien	Vorzugsaktien	Nennwertaktien	Quoten- oder Stückaktien

Namensaktien: Der Name des Aktionärs bzw. der Aktionärin ist auf der Aktie vermerkt. Zusätzlich hat die Gesellschaft das **Aktienbuch** zu führen, in dem die Namen der Inhaber/innen von Namensaktien zu verzeichnen sind. Nur im Aktienbuch eingetragene Aktionäre dürfen die Rechte aus der Aktie geltend machen und an der Hauptversammlung teilnehmen.

Inhaberaktien: Jede Person, die die Aktie innehat, ist berechtigt, die Rechte aus dem Papier geltend zu machen. Derartige Aktien dürfen nur von Gesellschaften ausgegeben werden, die an der Börse notieren. Das Eigentum an Inhaberaktien wird wie das Eigentum an anderen Sachen übertragen. Die Aktie muss dem neuen Eigentümer übergeben werden.

Stammaktien gewähren die gewöhnlich mit einer Aktie verbundenen Rechte.

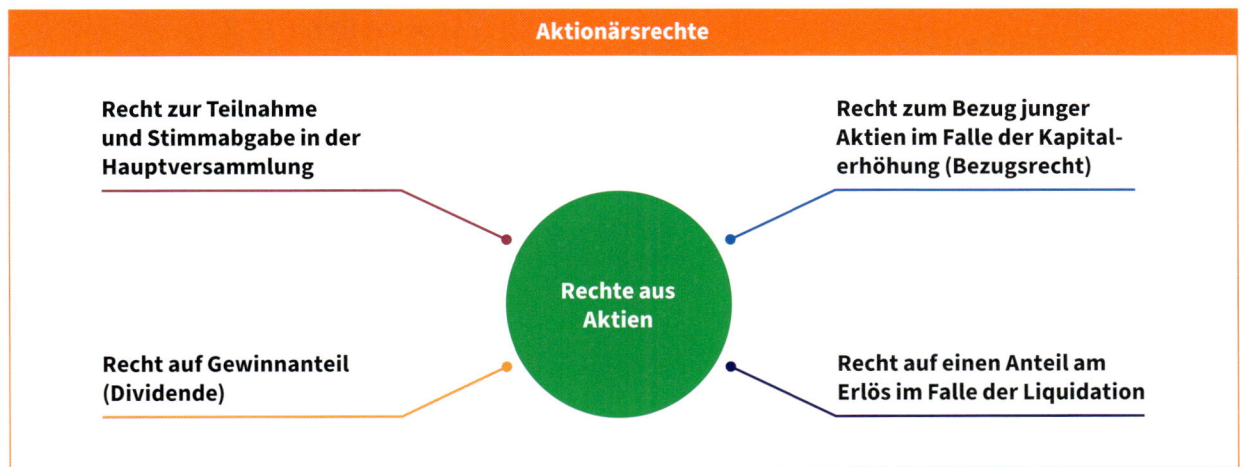

Vorzugsaktien: Vorzugsaktionäre erhalten im Vergleich zu den Stammaktionären einen besonderen Vorteil, der i. d. R. mit einem Nachteil verbunden ist. Häufig erhalten die Vorzugsaktionäre vor den Stammaktionären einen im Gesellschaftsvertrag festgelegten Gewinnanteil, haben dafür aber in der Hauptversammlung kein Stimmrecht. Sie dürfen jedoch teilnehmen und Fragen an den Vorstand stellen.

Vorzugsaktien dürfen maximal ein Drittel des Grundkapitals ausmachen.

Nennwertaktien: Jede Aktie lautet auf einen bestimmten Nennwert (Nominale). Die Summe der Nennwerte aller ausgegebenen Aktien entspricht dem Grundkapital. Der Mindestnennbetrag einer Aktie beträgt € 1,–.

Quotenaktien: Jede Aktie verbrieft einen Anteil (Quote, Prozentsatz) am Grundkapital, sie weist jedoch keinen Nennwert auf. Jede Aktie muss denselben Beteiligungsumfang haben. Auf der Urkunde scheint die Quote jedoch nicht auf.

Eigentum an einer AG
Stückaktien sind Aktien ohne Nennwert. Sie geben den Anteil am Grundkapital in Prozent an.

Nennwertaktien und Quotenaktien derselben Gesellschaft **dürfen nicht gleichzeitig im Umlauf sein.**

Beispiel: Eine AG hat ein Grundkapital von € 100.000,–. Sie kann

- 1.000 Nennwertaktien mit einem Nennwert von € 10,– und 900 Nennwertaktien mit einem Nennwert von € 100,– ausgeben oder

- 10.000 Quotenaktien ausgeben, wobei jede Aktie ein 10.000stel des Grundkapitals repräsentiert.

Organe einer Aktiengesellschaft: Eine AG muss die folgenden Organe haben, die für sie tätig werden:

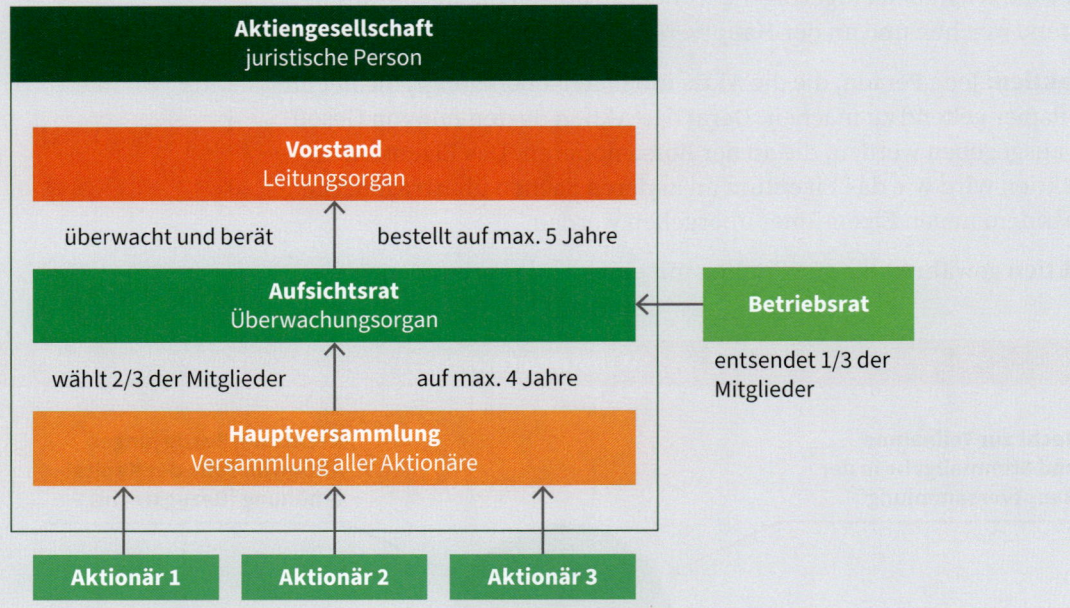

Hauptversammlung

Die **Hauptversammlung** ist die Versammlung aller Aktionäre und Aktionärinnen, die mindestens einmal jährlich stattfinden muss. Sie wird vom Vorstand einberufen, der den Termin in der „Wiener Zeitung" ankündigen muss.

Personen, die **an der Hauptversammlung teilnehmen** wollen, müssen am 10. Tag vor der Hauptversammlung Eigentümer von Aktien sein.

Aufgaben der Hauptversammlung sind u. a.:

- Wahl des Aufsichtsrats (Personen, die zur Wahl vorgeschlagen werden, müssen vor der Wahl ihre Qualifikation den Aktionären bekannt geben.)
- Beschlussfassung über die Verwendung des Gewinns
- Entlastung von Vorstand und Aufsichtsrat
- Beschlussfassung über Satzungsänderungen. Dafür ist eine 3/4-Mehrheit notwendig.

Die Satzung kann vorsehen, dass die Hauptversammlung in Bild und Ton aufgezeichnet wird und öffentlich (z. B. im Internet) übertragen wird. Auch eine Teilnahme oder Stimmabgabe per Telekommunikationseinrichtung, z. B. online, ist zulässig, sofern dies die Satzung vorsieht.

Aufsichtsrat

Der **Aufsichtsrat** überwacht die Geschäftsführung des Vorstands. Für wichtige Entscheidungen benötigt der Vorstand die Zustimmung des Aufsichtsrates, z. B.

- Erwerb und Veräußerung von Beteiligungen und Liegenschaften
- Errichtung und Schließung von Zweigniederlassungen
- Festlegung allgemeiner Grundsätze der Geschäftspolitik
- Erteilung der Prokura

(annual) general meeting
Hauptversammlung

 LINK
Wiener Zeitung
Im Amtsblatt zur Wiener Zeitung werden offizielle Verlautbarungen der Republik Österreich veröffentlicht.
www.wienerzeitung.at

board of supervisors, supervisory board
Aufsichtsrat

■ Abschluss von Verträgen mit Mitgliedern des Aufsichtsrats über weitere Tätigkeiten gegen Entgelt

Der Aufsichtsrat besteht aus 3 bis 20 Mitgliedern, die von der Hauptversammlung auf maximal 4 Jahre gewählt werden. Eine Wiederwahl ist zulässig. Für je zwei von der Hauptversammlung gewählte Mitglieder hat eines der Betriebsrat zu entsenden.

Aufsichtsratsmitglieder dürfen nicht Mitglied des Vorstands oder Angestellte der AG sein. Grundsätzlich darf eine Person in **nicht mehr als 10 Aufsichtsräten** Mitglied sein. Aufsichtsratsmitglieder unterliegen **nicht dem Wettbewerbsverbot**, sind aber für ihre Entscheidungen verantwortlich, d. h., sie können zur **Haftung** herangezogen werden.

Vorstand

managing director
Vorstand

Der **Vorstand** hat die Aufgabe, die Geschäfte weisungsfrei unter eigener Verantwortung zum Wohle der Gesellschaft zu leiten. Es gilt der Grundsatz der Gesamtgeschäftsführung und Gesamtvertretung, d. h., Geschäftsführungs- und Vertretungsmaßnahmen sind von allen Vorstandsmitgliedern gemeinsam zu setzen. Die Vertretungsmacht ist grundsätzlich unbeschränkt.

Der Vorstand wird vom Aufsichtsrat **auf längstens 5 Jahre bestellt**. Nach Ablauf der Periode kann der Vorstand wiederbestellt werden. Die Zahl der Vorstandsmitglieder wird durch die Satzung bestimmt. Für seine Tätigkeit ist er dem Aufsichtsrat gegenüber verantwortlich. Dieser kann ihn bei Vorliegen wichtiger Gründe jederzeit abberufen.

Für Vorstandsmitglieder gilt ein **Wettbewerbsverbot**.

Der Vorstand hat dem Aufsichtsrat regelmäßig über den Gang der Geschäfte zu berichten und die künftige Entwicklung der Vermögens-, Finanz- und Ertragslage darzustellen. Vorstandsmitglieder müssen nicht Aktionäre sein.

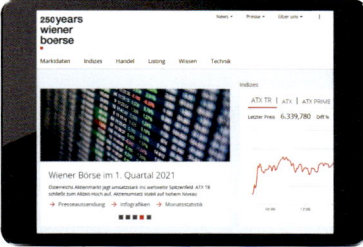

Die **Gesellschaft** wird u. a. **beendet** durch

■ Erreichen des Gesellschaftszweckes

■ Zeitablauf

■ Beschluss der Hauptversammlung mit Dreiviertelmehrheit

Wiener Börse Kalender
Auf der Website der Wiener Börse findest du u. a. Informationen zu börsenotierten Gesellschaften.
www.wienerborse.at

Ü 4.30 **Hauptversammlung** C

Suche im Internet die Einladung einer AG zu ihrer Hauptversammlung. Prüfe, ob Aufsichtsratsmitglieder gewählt werden und wenn dies der Fall ist, sieh dir den Lebenslauf des Bewerbers oder der Bewerberin an.

⑩ Genossenschaft

association, co-operative society
Genossenschaften

Erwerbs- und Wirtschaftsgenossenschaften sind juristische Personen und entstehen mit der Eintragung in das Firmenbuch. Ihr Ziel ist, den **Erwerb oder die Wirtschaft ihrer Mitglieder zu fördern.** Sie sind daher nicht primär auf Gewinn gerichtet.

Grundsätzlich kann **jede Person durch Abgabe einer schriftlichen Beitrittserklärung Genossenschaftsmitglied** werden. Diese Person wird dann in das Verzeichnis der Mitglieder eingetragen, das von der Genossenschaft geführt wird. Die Satzung kann jedoch Einschränkungen vornehmen, z. B. auf bestimmte Personengruppen, wie Landwirte oder

Taxiunternehmerinnen. Mit dem Beitritt übernimmt die beitretende Person gleichzeitig einen Geschäftsanteil, dessen Höhe in der Satzung festgelegt ist.

Ein **bestimmtes Mindestkapital** ist **nicht vorgesehen**. Das Grundkapital ist keine feste Größe, da sich die Zahl der Mitglieder und damit deren Einlagen laufend verändern können. Jedoch muss der Nennbetrag jedes Geschäftsanteils gleich hoch sein.

 Organe einer Genossenschaft: Eine Genossenschaft muss folgende Organe haben, wobei die Mitglieder sämtlicher Organe Genossenschafter/innen sein müssen:

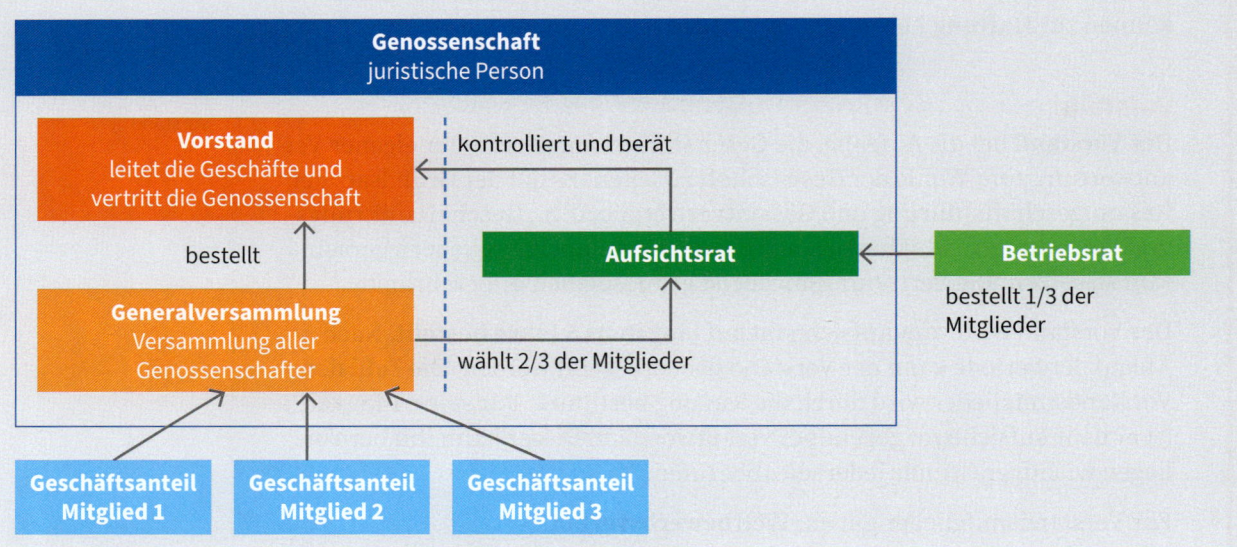

Vorstand

Der Vorstand besteht aus einer oder mehreren natürlichen Personen, welche die Geschäfte führen und die Genossenschaft vertreten. Ihre Vertretungsmacht ist grundsätzlich unbeschränkbar. Sie werden **von der Generalversammlung gewählt** und sind für ihre Tätigkeit der Genossenschaft gegenüber verantwortlich. Sie können jederzeit ohne Angabe von Gründen abberufen werden. Die Generalversammlung hat ein Weisungsrecht gegenüber dem Vorstand.

Grundsätzlich haben die Vorstände gemeinsam die Geschäfte zu führen und die Genossenschaft zu vertreten (**Gesamtgeschäftsführung** und **Gesamtvertretung**). Andere Vertretungsregeln gelten Dritten gegenüber nur, wenn sie im Firmenbuch eingetragen sind.

Genossenschaftswohnung
Eine Wohnung, die von einer gemeinnützigen Bauvereinigung in der Rechtsform einer Genossenschaft vermietet wird, bezeichnet man als Genossenschaftswohnung.

Aufsichtsrat

Der Aufsichtsrat muss nur bestellt werden, wenn die Genossenschaft dauernd mindestens 40 Arbeitnehmer/innen beschäftigt. Er besteht aus mindestens 3 Mitgliedern. Ein Drittel der Mitglieder wird vom Betriebsrat entsandt.

Er hat gegenüber dem Vorstand die Interessen der Genossenschafter und Arbeitnehmer zu vertreten und diesen zu überwachen. Prokuristen dürfen nur mit Zustimmung des Aufsichtsrates bestellt werden. Der Genossenschaftsvertrag kann vorsehen, dass auch andere Geschäfte nur mit Zustimmung des Aufsichtsrates abgeschlossen werden dürfen.

Generalversammlung

Die Generalversammlung ist die **Versammlung aller Genossenschafter/-innen.** Grundsätzlich kommt jedem Genossenschafter und jeder Genossenschafterin eine Stimme – unabhängig von der Anzahl seiner/ihrer Geschäftsanteile – zu. Eine Änderung des Genossenschaftsvertrages bedarf einer Zustimmung von zwei Drittel der abgegebenen Stimmen.

Bei Genossenschaften mit **mehr als 500 Mitgliedern** kann die Satzung vorsehen, dass die Genossenschafter/innen Abgeordnete wählen. Nur diese dürfen dann an der Generalversammlung teilnehmen.

Beispiel Genossenschaft: Raiffeisen
Raiffeisen ist der Marken- bzw. Namensteil von mehr als 330.000 Unternehmen. Das ursprüngliche Logo stellte zwei gekreuzte Pferdeköpfe dar und ist bekannt als „Giebelkreuz". Es sollte das Haus und seine Bewohner vor äußeren Gefahren schützen und Böses abwehren.

Hinsichtlich der Haftung ist zu unterscheiden:

- **Genossenschaften mit unbeschränkter Haftung**
  Die Genossenschafter/innen haften für die Verbindlichkeiten der Genossenschaft solidarisch mit ihrem gesamten Privatvermögen – auch für Verbindlichkeiten, die vor ihrem Eintritt entstanden sind. Diese Form der Genossenschaft hat heute keine praktische Bedeutung.

- **Genossenschaften mit beschränkter Haftung**
  Die Genossenschafter/innen haften für die Verbindlichkeiten der Genossenschaft mit ihrem Geschäftsanteil und mit ihrem Privatvermögen mit einem Betrag in Höhe des Geschäftsanteils. Die Genossenschafter können daher den doppelten Wert des Geschäftsanteils verlieren.

- **Haftung mit dem Geschäftsanteil**
  Bei Konsumgenossenschaften, deren Zweck die Beschaffung von Lebensmitteln und Waren für den Haushalt ist, kann die Haftung auf den Geschäftsanteil beschränkt werden.

Mitgliederwechsel und Kündigung

Genossenschafter/innen können ihren Geschäftsanteil mit Zustimmung des Vorstandes an andere Personen übertragen oder ihren Genossenschaftsanteil zum Ende des Geschäftsjahres unter Einhaltung einer mindestens 4-wöchigen Frist kündigen. Ihren Geschäftsanteil erhalten sie erst ein Jahr nach ihrem Ausscheiden ausbezahlt. Sie haben keinen Anspruch auf einen darüber hinausgehenden Anteil am Gesellschaftsvermögen.

Ü 4.31 Genossenschaftswohnung **B**

Du möchtest eine Genossenschaftswohnung von einer Genossenschaft mit beschränkter Haftung erwerben. Daher musst du Genossenschafter/in werden.

a) Überlege, ob du mit deinem Privatvermögen für Verbindlichkeiten der Genossenschaft haften musst.

b) Erkläre, wer die Geschäfte der Genossenschaft führt.

c) Erläutere, ob du bei Entscheidungen der Genossenschaft ein Mitspracherecht hast.

d) Erkläre, wie man aus einer Genossenschaft ausscheiden kann.

11 Übersicht über die Rechtsformen

Die folgende Tabelle bietet einen Überblick über die verschiedenen Rechtsformen sowie die Rechte und Pflichten der einzelnen Personen.

Rechtsform	Mindestanzahl von Gesellschaftern	Registrierung	Firma	Haftung	Geschäftsführung und Vertretung	Steuer auf Gewinn
Einzelunternehmer/in		zwingend, wenn Jahresumsatz über €700.000,–, sonst freiwillig möglich	jede Firma zulässig, Zusatz „e. U."	unbeschränkt	durch Unternehmer	Einkommensteuer
GesbR	2	nein	keine	Gesellschafter haften unbeschränkt	alle Gesellschafter gemeinsam	Einkommensteuer
OG	2	Firmenbuch	jede Firma zulässig, Zusatz „OG", bei freien Berufen Zusatz „Partnerschaft" oder „& Partner"	Gesellschafter haften unbeschränkt	Einzelgeschäftsführung und Einzelvertretung	Einkommensteuer
KG	1 Komplementär 1 Kommanditist	Firmenbuch	jede Firma zulässig, Zusatz „KG", bei freien Berufen Zusatz „Kommanditpartnerschaft"	Komplementäre haften unbeschränkt, Kommanditisten nur mit Hafteinlage	durch die Komplementäre	Einkommensteuer
stille Gesellschaft	1 Unternehmer 1 Stiller	nein	keine	Unternehmer je nach Rechtsform, Stiller nur mit Einlage	durch Unternehmer	Einkommensteuer
Ges.m.b.H.	1	Firmenbuch	jede Firma zulässig, Zusatz „GmbH"	beschränkte Haftung der Gesellschafter	Geschäftsführer	Körperschaftsteuer, für Ausschüttung KESt
AG	1	Firmenbuch	jede Firma zulässig, Zusatz „AG"	beschränkte Haftung der Gesellschafter	Vorstand	Körperschaftsteuer, für Ausschüttung KESt
Gen.		Firmenbuch	jede Firma zulässig, Zusatz „eGen" und Haftung z. B. „eGenmbH"	abhängig von Satzungsbestimmung	Vorstand	Körperschaftsteuer, für Ausschüttung KESt
Verein	1	Vereinsregister	keine	keine Haftung der Mitglieder	Leitungsorgan	Verein zahlt KSt, keine Gewinnausschüttung

ÜBEN

In dieser Lerneinheit hast du viel über das Gesellschaftsrecht erfahren. Bearbeite nun die folgenden Aufgaben.

Ü 4.32 Leitungsbefugnis – Kontrolle A

Kennzeichne, ob die folgenden Aussagen richtig oder falsch sind.

LINK
Ü 4.32 Leitungsbefugnis
– Kontrolle
interaktive Übung

Aussage	Richtig	Falsch
Die Gesellschafter/innen einer OG sind grundsätzlich zur Leitung der Gesellschaft berechtigt.		
Ein Kommanditist hat Vertretungsbefugnis.		
GmbHs müssen von den Gesellschaftern geführt und vertreten werden.		
Eine stille Gesellschafterin darf die Gesellschaft vertreten.		
Die Komplementäre einer KG haben dieselben Rechte und Pflichten wie Gesellschafter einer OG.		
Jede GmbH muss einen Aufsichtsrat haben.		
Die Leitungsbefugnis einer Gesellschafterin einer OG kann vertraglich eingeschränkt werden.		
Stille Gesellschafter/innen haben beim Ausscheiden aus der Gesellschaft Anspruch auf einen Anteil an den erwirtschafteten Reserven (= good will).		
Der stille Gesellschafter hat überhaupt keine Kontrollrechte.		
Die Leitungsbefugnis einer GesbR wird üblicherweise im Gesellschaftsvertrag geregelt.		

Ü 4.33 Rechtsformen von Unternehmen A

Schreibe zu jeder der folgenden Aussagen, auf welche Rechtsform sie zutrifft. Die Aussage kann auch auf mehrere Rechtsformen zutreffen.

LINK
Ü 4.33 Rechtsformen von
Unternehmen
interaktive Übung

Aussage	trifft zu auf …
Die Bezahlung von Schulden des Unternehmens kann – ohne betragliche Begrenzung – von jedem Gesellschafter gefordert werden.	
Darf nicht gegründet werden, wenn der Jahresumsatz € 700.000,– übersteigt.	
Der Gesellschaftsvertrag kann auch mündlich abgeschlossen werden.	
Wird nicht im Firmenbuch eingetragen.	
Notariatsakt ist zur Gründung notwendig.	
Ein Teil der Gesellschafter führt die Geschäfte, der andere Teil hat nur ein jährliches Kontrollrecht.	
Es gibt nur einen Inhaber, der mit seinem Privatvermögen haftet.	
Das Mindestkapital beträgt € 35.000,–.	
Die Gesellschafter dürfen das Unternehmen nicht vertreten.	

Ü 4.34 Haftung A

Kennzeichne, welche Haftung das Gesetz für folgende Personen vorsieht.

 LINK
Ü 4.34 Haftung
interaktive Übung

Gesellschafter	unbeschränkte persönliche und solidarische Haftung	auf die Einlage beschränkte Haftung
Kommanditist einer KG		
Einzelunternehmerin		
Stiller Gesellschafter		
Gesellschafterin einer GmbH		
Komplementär einer KG		
Gesellschafterin einer OG		
Aktionär		

Ü 4.35 Geschäftsführer A

Prüfe, ob die Geschäftsführer/innen bzw. Vorstände folgender Unternehmen Anteile am Unternehmen halten müssen.

 LINK
Ü 4.35 Geschäftsführer
interaktive Übung

Unternehmen	Anteile am Unternehmen	
Genossenschaft	☐ Ja	☐ Nein
GmbH	☐ Ja	☐ Nein
OG	☐ Ja	☐ Nein
AG	☐ Ja	☐ Nein
KG	☐ Ja	☐ Nein

Ü 4.36 Geschäftsführung – Vertretung B

Kennzeichne, ob die folgenden Tätigkeiten eher in den Aufgabenbereich der Geschäftsführung oder der Vertretung fallen.

 LINK
Ü 4.36 Geschäftsführung – Vertretung
interaktive Übung

Tätigkeit	Geschäftsführung	Vertretung
Kauf einer neuen Anlage		
Entscheidung, einen neuen Mitarbeiter bzw. eine neue Mitarbeiterin aufzunehmen		
Entscheidung, eine große Investition zu tätigen		
Abschluss eines Arbeitsvertrags mit neuem Mitarbeiter bzw. neuer Mitarbeiterin		
Führen der Bücher		
Abschluss von Kaufverträgen		
Führen eines Prozesses für das Unternehmen		
Eintragung eines Prokuristen in das Firmenbuch		

Ü 4.37 Haftung bei OG A

Die R. Trimmel OG hat ihre Schulden nicht bezahlt. Von wem kann der Gläubiger sein Geld verlangen?

Ü 4.38 Beteiligung an anderen Unternehmen A

Fritz Banner ist Kommanditist (Komplementär) der Baumaschinen KG. Er möchte sich an einer Gesellschaft beteiligen, die wie die KG mit Baumaschinen handelt.
Prüfe, ob dies zulässig ist.

Ü 4.39 Übertragung eines GmbH-Anteils `B`

Rebecca Kröpfl ist Gesellschafterin der Kimmel GmbH. Sie möchte sich von ihrem Geschäftsanteil trennen. Als du das hörst, trittst du mit ihr in Kontakt und ihr einigt euch über den Preis.

a) Kläre, was nun zu unternehmen ist, damit du Gesellschafter/in wirst.

b) Prüfe, wie der Unternehmenskauf abgelaufen wäre, wenn die Gesellschaft, an der Rebecca Kröpfl beteiligt ist, eine OG wäre.

Ü 4.40 Kapitalerhöhung bei einer AG `A`

Eine AG möchte ihr Grundkapital erhöhen. Kläre, welches Organ die Kapitalerhöhung beschließen muss.

Ü 4.41 Teilnahme an Hauptversammlung `C`

Du willst an der Hauptversammlung der OMV teilnehmen. Erkläre, unter welchen Voraussetzungen du das tun kannst.

Ü 4.42 Mitsprache im Aufsichtsrat `B`

Prüfe, ob Arbeitnehmer/innen einer AG bei wichtigen Entscheidungen des Unternehmens ein Mitspracherecht haben.

Ü 4.43 Organe der AG `B`

a) Überlege, ob der Vorstand einer AG Aktien dieses Unternehmens besitzen muss bzw. darf.

b) Prüfe, ob ein Aufsichtsratsmitglied gleichzeitig Mitglied des Vorstands einer AG sein darf.

c) Erkläre, welchen Nachteil Vorzugsaktionäre auf sich nehmen müssen und welchen Vorteil sie dafür erhalten können.

Ü 4.44 Gemeinsamer Einkauf `B`

Mehrere Gewerbetreibende wollen sich zusammenschließen und gemeinsam einkaufen, weil sie hoffen, beim Einkauf größerer Mengen billiger einzukaufen. Prüfe, welche Rechtsform dafür am besten geeignet ist.

 KÖNNEN

Bei den folgenden Aufgaben kannst du dein Wissen weiter anwenden.

 LINK
K 4.2 Rechtsformen von Unternehmen
interaktive Übung

K 4.2 Rechtsformen von Unternehmen `A`

Welche Rechtsform ist in den folgenden Fällen geeignet? Es sind auch mehrere Antworten möglich.

Situation	Rechtsform
Drei Bauunternehmer/innen wollen gemeinsam ein Haus errichten.	
Jemand benötigt Geld zur Produktion von Elektrogeräten, möchte aber selbst entscheiden können.	
Jemand möchte gemeinsam mit einem Freund elektrische Geräte erzeugen. Der Freund möchte sich nicht im Unternehmen betätigen und persönlich haften.	

Situation	Rechtsform
Es sollen Fitnessgeräte erzeugt werden. Der Unternehmer möchte sein persönliches Risiko beschränken, aber selbst die Geschäfte führen.	
In einem kleinem Schuhreparaturbetrieb möchte eine Unternehmerin die Geschäfte führen, die andere nur Geld anlegen.	
In einem technischen Büro, das von zwei Freunden betrieben wird, wollen beide mitarbeiten und sind auch bereit zu haften.	
Zwei Elektrogerätehändler wollen gemeinsam Waren beschaffen, damit sie bessere Konditionen bekommen.	

K 4.3 Übernahme eines GmbH-Anteils B

In der „Drimmel GmbH" gibt es zwei Gesellschafter, Ing. Drimmel und Frau Wieger. Frau Wieger möchte gerne den Geschäftsanteil Drimmels kaufen.

a) Könnte Frau Wieger das Unternehmen als GmbH weiterführen, wenn sie den Geschäftsanteil von Ing. Drimmel übernimmt?

b) Prüfe, ob die Firma geändert werden muss.

c) Erkläre, warum Frau Wieger das Unternehmen gerne als GmbH weiterführen möchte und nicht als Einzelunternehmen.

K 4.4 Rechtsformwahl C

Max Gruber ist Absolvent einer HTL und hat 10 Jahre als Vertriebsleiter in einem großen Unternehmen gearbeitet. Da er meint, dass ein großer Bedarf an Sicherheitsanlagen besteht, entschließt er sich, Türüberwachungsanlagen herzustellen. Er plant, diese Geräte in größerer Menge mithilfe entsprechender Fertigungsautomaten herzustellen und sie über den Fachhandel zu vertreiben.

Da er nicht über genügend Kapital verfügt, möchte er gemeinsam mit einem Freund eine Gesellschaft gründen.

1. Prüfe, welche Rechtsformen zulässig sind.

2. Zu welcher Rechtsform würdest du ihm raten,

    a) wenn er Kosten sparen möchte?

    b) wenn er seine Haftung minimieren möchte?

    c) wenn er seine Entscheidungen im Unternehmen ohne Einfluss seines Freundes treffen möchte?

KOMPETENZCHECK

Meine Kompetenzen	Kann ich?	Aufgaben
Ich kann die Rechtsformen, die das österreichische Recht Unternehmen zur Verfügung stellt, nennen.		Ü 4.33, Ü 4.44
Ich kann die Vor- und Nachteile der verschiedenen Rechtsformen nennen.		Ü 4.32, Ü 4.39, Ü 4.43
Ich kann die wichtigsten Rechte und Pflichten der Gesellschafter nennen.		Ü 4.27, Ü 4.28, Ü 4.34

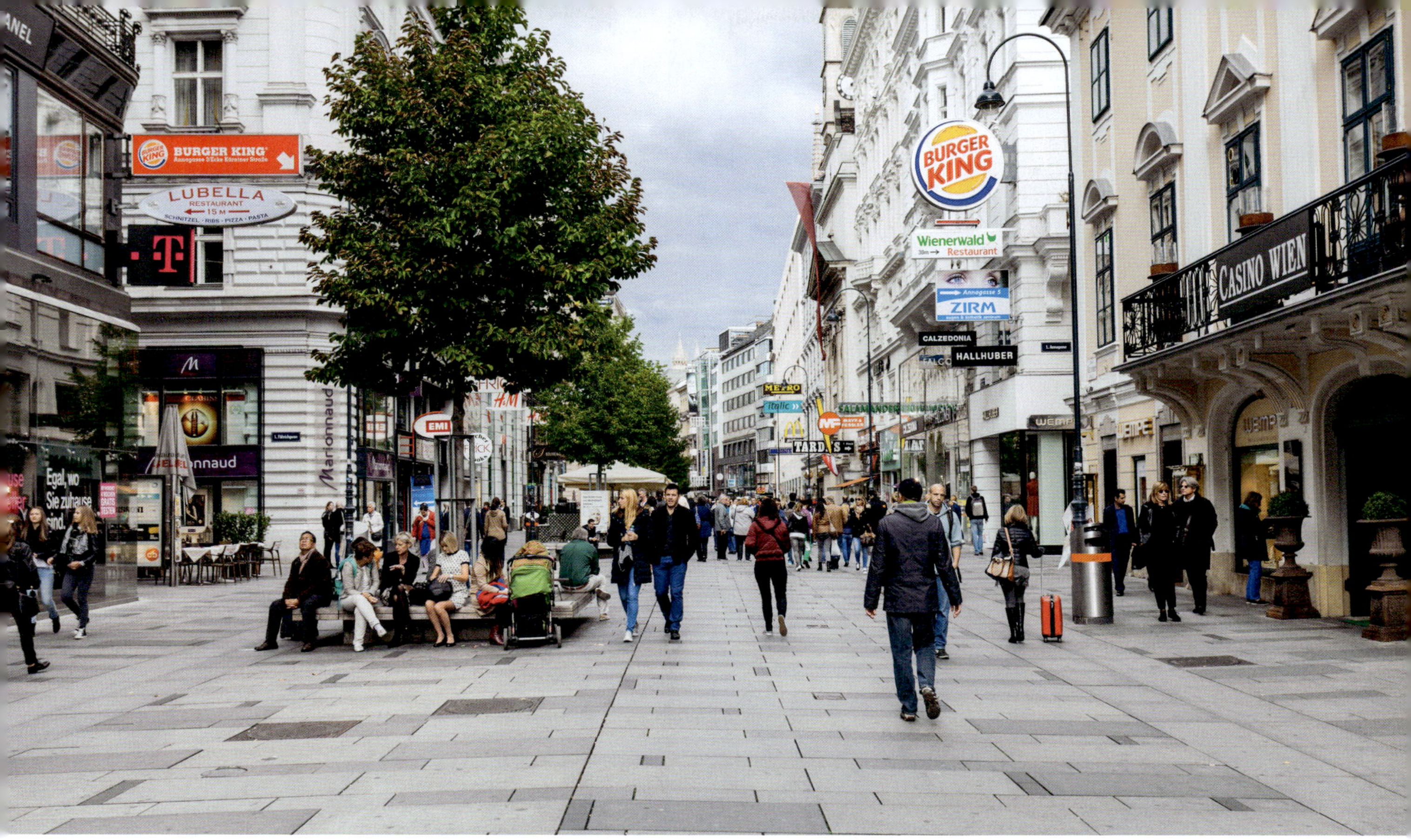

5 Wirtschaftsrecht

Darum geht es in diesem Kapitel:

Der Wettbewerb zwischen Unternehmen soll fair ausgetragen werden, Kunden und Umwelt sollen geschützt werden. Dies sind Aufgaben der Regelungen des Wirtschaftsrechts.

Das lernst du in den folgenden Lerneinheiten:

1 Welche Voraussetzungen müssen für einen **Gewerbeantritt** erfüllt werden?
2 Welche Bestimmungen tragen dazu bei, dass **Produkte sicher** sind?
3 Wie wird sichergestellt, dass der **Wettbewerb zwischen Unternehmen** fair abläuft?
4 Was ist durch ein **Immaterialgüterrecht** geschützt?
5 Unter welchen Voraussetzungen dürfen **Daten verwendet** und weitergegeben werden?
6 Welche Vorschriften gelten für **Online-Geschäfte**?

Aktiviere dein MEHR!-Buch online: **lernenwillmehr.at**

 LERNEN

1 Gewerberecht

Welche Person selbständig ein Unternehmen betreiben kann, welche Voraussetzungen sie erfüllen muss, wo ein Betrieb eröffnet werden darf und welche Vorschriften es zur Beschaffenheit der Anlagen gibt – diese und noch weitere Fragen sind im Gewerberecht geregelt.

Ü 5.1 Recherchiere, was man unter „Schwarzarbeit" versteht.

1 Gewerbliche Tätigkeiten

Die **Gewerbeordnung** ist ein Bundesgesetz, das

- den **Zugang,**
- die **Ausübung** und
- die **Beendigung**

gewerblicher Tätigkeiten regelt. Die Gewerbeordnung soll Unternehmer/-innen, Kundinnen und Kunden, Mitarbeiter/innen und die Umwelt vor Schäden durch einen Betrieb schützen.

Eine **gewerbliche Tätigkeit** liegt vor, wenn sämtliche folgende Punkte erfüllt werden:

- Die Tätigkeit wird **selbständig** ausgeübt. Selbständig ist, wer eine Tätigkeit auf eigene Rechnung und Gefahr ausübt, d.h. das wirtschaftliche Risiko und damit die Gefahr eines eventuellen Verlustes trägt.

Das eigene Unternehmen
Wer eine gute Geschäftsidee hat und ein Unternehmen gründen will, muss sich über die Voraussetzungen informieren.

trade law, industrial law
Gewerberecht

trade, profession
gewerbliche Tätigkeit

trade law, trade regulations
Gewerbeordnung

self-employed
selbständig

Gewerbeordnung
Die derzeit gültige Gewerbeordnung ist seit 1994 in Kraft.

- Die Tätigkeit wird **regelmäßig** ausgeübt. Das heißt, die Tätigkeit muss öfters ausgeübt werden oder länger andauern.

- Es besteht die **Absicht der Ertragserzielung.** Ein Ertrag wird erzielt, wenn geplant ist, zumindest die Kosten zu decken. Dabei ist es gleichgültig, für welche Zwecke der Ertrag gewidmet ist. Der Ertrag muss nicht in Geld bestehen, er kann auch ein sonstiger wirtschaftlicher Vorteil sein.

Nicht jede selbständige Tätigkeit wird durch die Gewerbeordnung geregelt. Für bestimmte Berufe (die sogenannten **freien Berufe** wie Ziviltechnikerinnen, Rechtsanwälte, Ärztinnen etc.) und **bestimmte Branchen** (z. B. Banken, Versicherungen, Eisenbahnen oder Güterbeförderung) gibt es eigene Gesetze.

Auch die **Land- und Forstwirtschaft** und die **Erteilung von Unterricht** unterliegen nicht der Gewerbeordnung.

Beispiel: Karl Grüner verkauft seinen 2 Jahre alten PC, den er bisher zu Hause verwendet hat, weil er sich ein neueres Modell kaufen möchte. Er bietet ihn daher auf einer Plattform im Internet an.

Die Tätigkeit wird **selbstständig,** d. h. auf eigene Rechnung und Gefahr ausgeübt: Karl Grüner weiß aber nicht, ob er überhaupt einen Käufer findet. Er weiß auch nicht, ob der Kaufpreis seine Kosten für Werbung, Telefon sowie die Fahrtspesen deckt.

Karl Grüner hat die **Absicht,** einen **Ertrag zu erzielen.** Er hat jedoch **nicht die Absicht, mehrere PCs** allein zum Zweck des Weiterverkaufs **anzuschaffen und zu verkaufen.** Die Tätigkeit wird nicht regelmäßig ausgeübt.

Daher liegt **keine gewerbliche Tätigkeit** vor. Eine gewerbliche Tätigkeit würde ebenso wenig vorliegen, wenn er drei eigene PCs und den seines Bruders verkaufen würde.

Beispiel: Anna Winter importiert fünf PCs aus Asien und vereinbart mit ihrem Lieferanten die Konditionen, zu denen sie weitere Geräte beziehen kann. Sie mietet einen Geschäftsraum, lässt Werbezettel drucken und schaltet mehrere Inserate in Zeitungen und im Internet. Als sie drei Geräte verkauft hat, erkennt sie, dass sie damit keinen Gewinn erzielen wird, und beendet diese Tätigkeit.

In diesem Fall liegt eine **gewerbliche Tätigkeit** vor, da Anna Winter für Außenstehende durch

- das Anbieten der Geräte,
- das Mieten der Räume und
- die Werbemaßnahmen

erkennbar gezeigt hat, dass sie diese Tätigkeit **mit Wiederholungsabsicht** ausüben möchte. Auch hatte sie vor, einen **Ertrag zu erzielen,** was jedoch misslungen ist. Sie muss den Verlust tragen, daher wurde die Tätigkeit selbständig ausgeübt.

Ü 5.2 Ist die Gewerbeordnung anwendbar? B

Prüfe, ob die folgenden Tätigkeiten der Gewerbeordnung unterliegen oder nicht. Begründe deine Entscheidung.

Tätigkeit	Ja	Nein	Begründung
Verkauf des eigenen Kfz			

regularly
regelmäßig

intention to generate earnings
Absicht der Ertragserzielung

Telekommunikationsdienste
Die Telekommunikationsdienste sind nicht durch die Gewerbeordnung, sondern durch das Telekommunikationsgesetz (TKG) geregelt.

LINK
Ü 5.2 Ist die Gewerbeordnung anwendbar?
interaktive Übung

Tätigkeit	Ja	Nein	Begründung
Betrieb eines Nachhilfeinstituts			
einmalige Reparatur eines PCs für einen Freund			
Vorstandsvorsitzender einer großen Aktiengesellschaft			
Anmieten eines Geschäftslokals und Import von Kleidung			
einmalige Veranstaltung eines Maturaballs			
Verteilung von Speisen an Bedürftige durch eine caritative Einrichtung			
Kauf eines großen Warenlagers und stückweiser Verkauf der Waren			
Aufzucht von Rindern und Verkauf an Fleischhauer			
wiederkehrende Installation von Elektroleitungen für verschiedene Kunden			

2 Einteilung der Gewerbe

Da von einigen Gewerben größere Gefahren ausgehen, von anderen geringere, unterscheidet die Gewerbeordnung verschiedene Kategorien von Gewerben:

Kategorien von Gewerben	
freie Gewerbe	**reglementierte Gewerbe**
Personen, die ein derartiges Gewerbe ausüben möchten, müssen **keine Befähigung** zur Ausübung dieser Tätigkeiten **nachweisen**.	Personen, die ein derartiges Gewerbe ausüben möchten, müssen die **Kenntnisse, Fähigkeiten und Erfahrungen** besitzen, die **für die Ausübung des Gewerbes** benötigt werden.

Zu den **reglementierten Gewerben** gehören insbesondere Tätigkeiten, bei deren Ausübung eine **Gefährdung von Leben und Gesundheit** von Personen sowie die Beschädigung fremder Sachen möglich ist.

Ob es sich um ein freies oder reglementiertes Gewerbe handelt, kann man nur dem Gesetz entnehmen. Alleine aus der Bezeichnung kann nicht auf die Zuordnung zu einer bestimmten Kategorie geschlossen werden. Die Einteilung eines Gewerbes in eine bestimmte Kategorie kann sich im Laufe der Zeit auch ändern.

classification of trades
Einteilung der Gewerbe

categories of trades
Kategorien von Gewerben

free trades, unregulated trades
freie Gewerbe

regulated trades
reglementierte Gewerbe

Nur die im § 94 der Gewerbeordnung ausdrücklich aufgezählten Tätigkeiten sind **reglementierte Gewerbe**. Um sie ausüben zu dürfen, müssen die entsprechenden Kenntnisse, Fähigkeiten und Erfahrungen nachgewiesen werden.

Unter den **reglementierten Gewerben** sind beispielsweise zu finden:

- Baumeister, Brunnenmeister
- Chemische Laboratorien
- Elektrotechnik
- Heizungstechnik; Lüftungstechnik (verbundenes Handwerk)
- Immobilientreuhänder (Immobilienmakler, Immobilienverwalter, Bauträger)
- Kälte- und Klimatechnik (Handwerk)
- Kommunikationselektronik (Handwerk)
- Karosseriebau- und Karosserielackiertechniker; Kraftfahrzeugtechnik (verbundenes Handwerk)
- Kunststoffverarbeitung (Handwerk)
- Mechatroniker für Maschinen- und Fertigungstechnik; Mechatroniker für Elektronik, Büro und EDV-Systemtechnik; Mechatroniker für Elektromaschinenbau und Automatisierung; Mechatroniker für Medizingerätetechnik (verbundenes Handwerk)
- Sicherheitsfachkraft; Sicherheitstechnisches Zentrum
- Ingenieurbüros (Beratende Ingenieure)
- Überlassung von Arbeitskräften
- Unternehmensberatung einschließlich Unternehmensorganisation

Alle nicht in § 94 der Gewerbeordnung angeführten Gewerbe sind **freie Gewerbe**, für deren Ausübung nur die allgemeinen persönlichen Voraussetzungen zu erbringen sind.

Beispiele für **freie Gewerbe:**

- Austausch von Standardindustriekomponenten von Personalcomputern unter Ausschluss der den Mechatronikern für Elektronik, Büro- und EDV-Systemtechnik vorbehaltenen Tätigkeiten
- Berufsfotograf
- Betrieb einer Tankstelle
- Dienstleistungen in der automatischen Datenverarbeitung und Informationstechnik
- Durchführung von Testkäufen zum Zwecke der Ermittlung des Verkäuferverhaltens anhand standardisierter Tests, ausgenommen die Auswertung der Tests (Mystery Shopping)
- Erzeugung von Kopien durch Anwendung eines nicht zur Massenherstellung geeigneten Verfahrens (Copyshop)
- Handelsgewerbe mit Ausnahme der reglementierten Handelsgewerbe
- Luftfahrzeugtechniker

Ü 5.3 Kategorien von Gewerben A

Erkläre,

a) welche Kategorien von Gewerben es gibt und worin sich diese unterscheiden.

b) wie man feststellen kann, in welche Kategorie eine Tätigkeit fällt.

Getreidewirtschaft
Das Gewerbe der Getreidemüller war früher ein Handwerk. Später wurde es ein gebundenes Gewerbe. Seit 2002 ist es ein reglementiertes Gewerbe.

LINK
Freie Gewerbe
Hier findest du weitere Beispiele für freie Gewerbe.
www.bmdw.gv.at

Berufsfotografie
Fotografie ist ein freies Gewerbe. Das bedeutet, dass man zur Anmeldung des Gewerbes keinen Befähigungsnachweis vorweisen muss.

LINK
**Ü 5.4 Freies oder reglemen-
tiertes Gewerbe?**
interaktive Übung

Ü 5.4 Freies oder reglementiertes Gewerbe? A

Überprüfe, ob die folgenden Tätigkeiten „freie Gewerbe" oder „reglementierte
Gewerbe" sind.

Tätigkeit	freies Gewerbe	reglementiertes Gewerbe
Rauchfangkehrer		
Vermögensberatung		
Reparatur von Fahrrädern		
Herstellung von Schuhen		
Bäckerin		
Sicherheitsfachkraft		

**Gebietsschutz für
Rauchfangkehrer**
Mit gesetzlich vorgeschriebenen
und sicherheitsrelevanten
Überprüfungsarbeiten (Brand-
und Betriebssicherheit sowie
Dichtheit von Rauchfängen)
dürfen nur Rauchfangkehrer des
eigenen Kehrgebiets beauftragt
werden.

3 Voraussetzungen zum Gewerbeantritt

Bei Antritt eines Gewerbes müssen bestimmte Voraussetzungen erfüllt
werden. Es gibt Voraussetzungen, die Gewerbetreibende erfüllen müssen,
und solche, die der Betrieb erfüllen muss:

Voraussetzungen zum Gewerbeantritt	
persönliche Voraussetzungen	**sachliche Voraussetzungen**
Diese müssen **Gewerbetreibende** persönlich erfüllen.	Diese muss der **Betrieb** erfüllen.
Nicht jede/r darf in Österreich einen Gewerbebetrieb eröffnen. Gewerbetreibende müssen ihre Geschäfte selbst abschließen dürfen und es soll sichergestellt werden, dass von ihnen keine Gefahren ausgehen.	Der Betrieb muss so eingerichtet sein, dass von ihm möglichst wenige Gefahren ausgehen. Dies wird im Rahmen der Betriebsanlagengenehmigung geprüft.

**requirements for the
registration of a trade**
Voraussetzungen zum
Gewerbeantritt

personal
persönlich

factual, professional
sachlich

Persönliche Voraussetzungen

Gewerbetreibende müssen selbst bestimmte Voraussetzungen erfüllen.

Persönliche Voraussetzungen zum Gewerbeantritt	
allgemeine Voraussetzungen	**besondere Voraussetzungen**
müssen auf jeden Fall erfüllt werden, gleichgültig, welches Gewerbe ausgeübt werden soll	müssen nur bei Ausübung eines reglementierten Gewerbes erbracht werden und sind abhängig vom Gewerbe, welches ausgeübt werden soll

Allgemeine persönliche Voraussetzungen

Folgende allgemeine Voraussetzungen müssen erfüllt werden:

- **Eigenberechtigung**, d.h. vollendetes 18. Lebensjahr

- **österreichische Staatsbürgerschaft oder Staatsbürgerschaft eines
  EWR-Mitgliedstaates.** Daneben bestehen auch Abkommen mit anderen
  Staaten, dass deren Staatsbürger/innen in Österreich ein Gewerbe ausüben dürfen (z.B. USA, Schweiz). Ausländer benötigen eine entsprechende
  Aufenthaltserlaubnis.

- **Unbescholtenheit (Fehlen von Ausschließungsgründen):** Personen, die
  bestimmte strafbare Handlungen begangen haben, sind von der Gewerbeausübung ausgeschlossen.

of full legal age and capacity
Eigenberechtigung

**integrity, no conviction in
the criminal record**
Unbescholtenheit

Ausschließungsgründe sind z. B. Verurteilungen wegen

- Betrugs,
- Diebstahls,
- organisierter Schwarzarbeit oder
- bestimmter Finanzdelikte.

Eine **Gewerbeberechtigung** kann durch ein Gericht oder die Gewerbebehörde auch **wieder entzogen** werden, wenn der/die Gewerbeinhaber/in schwerwiegend gegen Rechtsvorschriften verstößt.

Beispiel: Über einen Mechanikerbetrieb wurde mehrmals eine Verwaltungsstrafe verhängt, weil seine Anlagen nicht dem Bescheid entsprochen haben und er dadurch die Umwelt verschmutzt und die Nachbarn gefährdet hat. Aufgrund der mehrmaligen Bestrafung wird ihm die Gewerbeberechtigung wieder entzogen.

Hat eine **Geschäftsführerin einer GmbH** oder ein **Vorstand einer AG** einen Ausschließungsgrund gesetzt, dann muss die Gesellschaft jemand anderen zur Geschäftsführerin oder zum Vorstand bestellen.

trade licence, business licence
Gewerbeberechtigung

Konkurs und Gewerbeberechtigung
Zahlungsunfähigkeit oder die Eröffnung eines Insolvenzverfahrens (z. B. Konkurs) sind keine Ausschließungsgründe für die Gewerbeausübung.

LINK
Ü 5.5 Allgemeine persönliche Voraussetzungen
interaktive Übung

Ü 5.5 Allgemeine persönliche Voraussetzungen A

Prüfe, ob bei den folgenden Beispielen die allgemeinen persönlichen Voraussetzungen erfüllt werden. Kennzeichne die richtige Antwort und begründe deine Entscheidung.

Beispiel	Ja	Nein	Begründung
unbescholtener 17-jähriger österreichischer Schüler			
rechtskräftig verurteilter 40-jähriger Dieb, deutscher Staatsbürger			
30-jährige unbescholtene portugiesische Staatsbürgerin			
45-jährige Österreicherin, die bereits einmal Konkurs angemeldet hat			
50-jähriger unbescholtener georgischer Tourist			
unbescholtene 23-jährige österreichische Studentin			

Besondere persönliche Voraussetzungen

Soll ein reglementiertes Gewerbe ausgeübt werden, muss der/die Gewerbetreibende seine/ihre **Befähigung zur Ausübung des Gewerbes nachweisen.**

special personal requirements
besondere persönliche
Voraussetzungen

certificate of qualification
Befähigungsnachweis

Befähigungsnachweis	
genereller Befähigungsnachweis	**individueller Befähigungsnachweis**
Für jedes reglementierte Gewerbe legt das Wirtschaftsministerium fest, durch welche Zeugnisse der Gewerbeanmelder nachweisen kann, dass er die Befähigung zur Ausübung des Gewerbes besitzt.	Kann die Person, die ein Gewerbe ausüben möchte, nicht die entsprechenden Zeugnisse vorweisen, verfügt sie aber über die zur Gewerbeausübung notwendige Befähigung, dann kann sie diese auch anders nachweisen. Kann die Person nicht nachweisen, dass sie sämtliche Tätigkeiten beherrscht, dann kann die Behörde die Gewerbeberechtigung auf bestimmte Tätigkeiten einschränken.

Beispiel: Michael Walcher ist Absolvent einer höheren Lehranstalt für Elektronik. Er möchte sich nach der Reifeprüfung als Kommunikationselektroniker selbständig machen. Als Gewerbetreibender muss er die allgemeinen persönlichen Voraussetzungen erbringen:

- Eigenberechtigung
- österreichische bzw. Staatsbürgerschaft eines EWR-Staates oder entsprechender Aufenthaltstitel
- keine Ausschließungsgründe

Da das Kommunikationselektroniker-Gewerbe ein reglementiertes Gewerbe ist, muss auch die Befähigung nachgewiesen werden, z.B. durch eine Meisterprüfung oder den Abschluss einer entsprechenden Schule, wie der höheren Lehranstalt für Elektronik oder der Fachschule für Elektronik, und einschlägige Praxis.

Wird das Unternehmen in Form eines **Industriebetriebes** geführt, wird **kein Befähigungsnachweis** benötigt. Ein Industriebetrieb liegt vor, wenn

- große Stückzahlen hergestellt werden,
- vorwiegend Maschinen verwendet werden und die Mitarbeiter/innen die Maschinen hauptsächlich bedienen,
- angelerntes Personal beschäftigt wird bzw. die Mitarbeiter/innen nicht das Handwerk gelernt haben,
- der Arbeitsablauf genau geplant ist.

Auch **Patentinhaber/innen** können einen Betrieb eröffnen und ihr Patent nutzen, ohne dass sie dafür einen Befähigungsnachweis benötigen. Sie dürfen jedoch keine anderen Arbeiten durchführen.

Serienfertigung
Merkmale für einen Industriebetrieb sind der hohe Einsatz von Maschinen, standardisierte Arbeitsabläufe und die Produktion für einen anonymen Markt.

Beispiel: Rita Sima ist Buchhalterin und hat einen neuartigen Toaster erfunden. Diesen hat sie patentieren lassen. Die Herstellung und Reparatur elektrischer Geräte ist Teil des Gewerbes der Mechatroniker für Elektromaschinenbau und Automatisierung. Rita Sima darf diesen Toaster herstellen und vertreiben, sie darf aber keine anderen Tätigkeiten, die ein Mechatroniker für Elektromaschinenbau und Automatisierung erbringen darf, anbieten.

Würde Rita Sima diesen Toaster industriell herstellen, d.h. hoher Maschineneinsatz, starke Automatisierung, große Mengen für einen anonymen Markt, so läge ein Industriebetrieb vor. In diesem Fall dürfte sie das Gerät ebenfalls ohne Befähigungsnachweis herstellen. Sie benötigt dann auch kein Patent.

Ü 5.6 Befähigung **B**

Kennzeichne, ob in den folgenden Fällen die allgemeinen persönlichen Voraussetzungen bzw. ein Befähigungsnachweis erbracht werden müssen, und begründe deine Antwort.

LINK
Ü 5.6 Befähigung
interaktive Übung

Beispiel	Voraussetzungen	Begründung
Jemand hat eine neuartige Drucktechnik entwickelt, hat sie aber nicht patentieren lassen. (Das Druckergewerbe ist ein reglementiertes Gewerbe.)	☐ Allgemeine Voraussetzungen ☐ Befähigungsnachweis	
Jemand möchte Mehlspeisen und Torten in großen Mengen maschinell herstellen. Dafür wird hauptsächlich angelerntes Personal benötigt, da die Arbeitsabläufe genau geplant und vorgegeben sind. (Die Herstellung von Süßspeisen ist Sache der Konditoren [reglementiertes Gewerbe]).	☐ Allgemeine Voraussetzungen ☐ Befähigungsnachweis	
Jemand möchte bei vielen Kunden Service und Reparaturen von Heizungsanlagen durchführen. Dafür werden Fachkräfte benötigt. Die Routen, die die Techniker fahren, werden vom Unternehmen geplant. Dabei wird darauf geachtet, dass ähnliche Anlagen und ähnliche Fehler am selben Tag bearbeitet werden. (Service und Reparatur von Heizungsanlagen gehört zum reglementierten Gewerbe Heizungstechnik.)	☐ Allgemeine Voraussetzungen ☐ Befähigungsnachweis	

4 Befähigungsnachweis

Für die Ausübung eines reglementierten Gewerbes wird ein Befähigungsnachweis benötigt.

qualification examination
Befähigungsprüfung

trainer examination, instructor examination
Ausbilderprüfung

Genereller Befähigungsnachweis

Die im Gesetz vorgesehene Befähigungsprüfung besteht aus folgenden Teilen:

Befähigungsprüfung		
Ausbilderprüfung bzw. -kurs	Unternehmerprüfung	fachliche Prüfung oder einschlägige Tätigkeit bzw. Funktion

Ausbilderprüfung

Voraussetzung, dass ein Betrieb **Lehrlinge ausbilden** darf, ist unter anderem, dass der/die Gewerbeberechtigte oder die mit der Lehrlingsausbildung betraute Person die Ausbilderprüfung abgelegt hat. Dabei sind die zur Lehrlingsausbildung notwendigen rechtlichen und pädagogischen Kenntnisse nachzuweisen.

Die Ausbilderprüfung kann ohne Befähigungsprüfung abgelegt werden. Sie wird durch bestimmte andere Prüfungen ersetzt, z. B.

- Ziviltechnikerprüfung,
- Steuerberaterprüfung,
- Rechtsanwaltsprüfung u. a.

Lehrlingsausbilder
Die Lehrlinge werden von ihrem Ausbilder bei den Tätigkeiten im Betrieb fachgerecht angewiesen und mit den Maschinen und Werkzeugen vertraut gemacht.

Unternehmerprüfung

Das für die selbständige Gewerbeausübung notwendige **betriebswirtschaftliche und rechtskundliche Wissen** wird durch die Unternehmerprüfung nachgewiesen. Sie kann entweder im Rahmen der Befähigungs- bzw. Meisterprüfung oder aber als selbständige Einzelprüfung abgelegt werden.

Diese Prüfung umfasst folgende **Stoffgebiete:**

- Kommunikation und Verhalten innerhalb des Unternehmens und gegenüber nicht dem Unternehmen angehörigen Personen
- Marketing, Organisation
- unternehmerische Rechtskunde
- Rechnungswesen
- Mitarbeiterführung und Personalmanagement

Jede Person kann zur Unternehmerprüfung antreten, es müssen **keinerlei Voraussetzungen** (z. B. Praxis, Vorbildung, Kursbesuch) erfüllt werden.

Absolventinnen und Absolventen einer HTL sowie anderer berufsbildender Schulen wird die Unternehmerprüfung durch den Abschluss der Schule ersetzt.

entrepreneur examination, contractor examination
Unternehmerprüfung

HTL-Absolventen
Als Absolvent gilt nur jemand, der die Reife- und Diplomprüfung oder die Abschlussprüfung positiv abgelegt hat.

Fachliche Prüfung oder einschlägige Tätigkeit bzw. Funktion

Die für die Ausübung eines reglementierten Gewerbes notwendigen Kenntnisse, Fähigkeiten und Erfahrungen können durch folgende Zeugnisse nachgewiesen werden:

- Zeugnis über die erfolgreich abgelegte **Meisterprüfung** oder über eine sonstige **Befähigungsprüfung**. Die Prüfung wird je nach Art des Gewerbes anders genannt:

expert examination, specialist examination
fachliche Prüfung

trades, crafts
Handwerke

other regulated trades
sonstige reglementierte Gewerbe

Fachliche Prüfung	
Handwerke	**sonstige reglementierte Gewerbe**
Meisterprüfung	Befähigungsprüfung

Diese Prüfungen nimmt die **Meisterprüfungsstelle** der Wirtschaftskammer ab. Diese legt auch den Prüfungsstoff mittels Verordnung fest.

- Zeugnis über die erfolgreich abgelegte Unternehmerprüfung
- Zeugnis über den erfolgreichen Abschluss eines Universitätsstudiums
- Zeugnis über den erfolgreichen Besuch eines Fachhochschul-Studienganges
- Zeugnis über den erfolgreichen Besuch einer Schule
- Zeugnis über den erfolgreichen Besuch eines Lehrganges
- Zeugnis über die erfolgreich abgelegte Lehrabschlussprüfung
- Nachweis, dass eine bestimmte Zeit eine fachliche Tätigkeit ausgeübt wurde

Welcher Nachweis für ein bestimmtes Gewerbe zu erbringen ist, legt das **Wirtschaftsministerium** durch Verordnung fest.

Traktor am Motorenprüfstand
Metalltechniker müssen, um ein Gewerbe selbständig auszuüben, u.a. entweder die Meisterprüfung ablegen oder ihre fachlichen Kenntnisse auf andere Art nachweisen.

Handwerke

Einige reglementierte Gewerbe sind im Gesetz ausdrücklich als Handwerk bezeichnet, zum Beispiel:

- Bäcker (Handwerk)
- verbundenes Handwerk: Damenkleidermacher, Herrenkleidermacher, Wäschewarenerzeugung; verbundenes Handwerk: Kürschner, Säckler (Lederbekleidungserzeugung)

- Kommunikationselektronik (Handwerk)
- Konditor (Zuckerbäcker) einschließlich der Lebzelter und der Kanditen-, Gefrorenes- und Schokoladewarenerzeugung (Handwerk)
- Metalltechnik für Metall- und Maschinenbau; Metalltechnik für Schmiede und Fahrzeugbau; Metalltechnik für Land- und Baumaschinen (verbundenes Handwerk)

Die Befähigung zur Ausübung eines Handwerks wird durch die Meisterprüfung nachgewiesen. **Zur Meisterprüfung kann jede eigenberechtigte Person antreten.** Der Prüfungskandidat bzw. die -kandidatin muss **keinerlei fachliche Vorbildung**, z. B. Lehrabschlussprüfung oder Besuch einer Fachschule, nachweisen.

Die Meisterprüfung besteht aus folgenden Prüfungsgebieten:

Meisterprüfung		
fachtheoretischer Teil		**fachpraktischer Teil**
schriftlich	mündlich	Meisterarbeit

MEISTERPRÜFUNGSSTELLE
DER KAMMER DER GEWERBLICHEN WIRTSCHAFT FÜR WIEN

Prot. Nr. 1134/87/MPSt

MEISTER PRÜFUNGS ZEUGNIS

Ing. Mag. Wolfgang NEUBAUER

geboren am: 27.9.1959   in: Wien

hat sich am 30. November 1987 der

MEISTERPRÜFUNG

für das Handwerk / ~~konzessionierte Gewerbe~~ *)

ELEKTROMECHANIKER UND ELEKTROMASCHINENBAUER

(§ 94 Z.12 der Gewerbeordnung 1973)
unterzogen und diese Prüfung laut Beschluß der Kommission für die Abnahme dieser Prüfung einstimmig/~~mehrstimmig~~ *)

bestanden

Prüfungsteil Ausbilderprüfung bestanden *) ~~nicht bestanden~~ *)
~~entfällt gemäß § 23a Abs. 2 GewO x 1973 x~~

Wien, am 30.11.1987

Für die Meisterprüfungsstelle:

Vorsitzender: Beisitzer:

*) Nichtzutreffendes streichen

LINK
Prüfungsstatistik
Hier findest du Informationen zu den 2020 in Österreich durchgeführten Prüfungen.
wko.at/statistik

mastership examination
Meisterprüfung

Absolventen und Absolventinnen einschlägiger berufsbildender höherer Schulen können in der Regel nach einem oder eineinhalb Jahren einschlägiger Tätigkeit **selbständig einen Handwerksbetrieb eröffnen**. Sie müssen dann keine Meisterprüfung ablegen, da sie die fachliche Qualifikation durch den erfolgreichen Abschluss der Schule (Reife- oder Abschlussprüfung) und die Praxis nachweisen. Die Begünstigungen sind für jedes Handwerk etwas anders geregelt.

Beispiel: Absolventinnen und Absolventen einer höheren Lehranstalt für Elektronik können die zur Ausübung des Gewerbes der Kommunikationselektroniker notwendigen Kenntnisse, Fähigkeiten und Erfahrungen durch ihr Reifeprüfungszeugnis und eine mindestens eineinhalbjährige fachliche Praxis nachweisen. Sie benötigen keine weiteren fachlichen Prüfungen.

Verbundene Handwerke sind Gruppen von Gewerben, die ähnliche Leistungen erbringen bzw. mit ähnlichen Stoffen arbeiten. Erbringt eine Person die volle Befähigung für ein verbundenes Gewerbe, darf sie sämtliche Leistungen der anderen verbundenen Gewerbe erbringen.

Beispiel: Metalltechnik für Metall- und Maschinenbau; Metalltechnik für Schmiede und Fahrzeugbau sowie Metalltechnik für Land- und Baumaschinen sind verbundene Gewerbe. Hat jemand die Meisterprüfung „Metalltechnik für Schmiede und Fahrzeugbau" abgelegt, dann darf er sämtliche Arbeiten ausführen, die eigentlich dem Gewerbe Metalltechnik für Metall- und Maschinenbau zustehen.

Sonstige reglementierte Gewerbe

Auch für die Ausübung eines sonstigen reglementierten Gewerbes muss ein Befähigungsnachweis erbracht werden. Da in dieser Gruppe unterschiedlichste Tätigkeiten zusammengefasst sind, werden auch **unterschiedlichste Voraussetzungen** für die Erlangung des Befähigungsnachweises verlangt.

Hier bestehen ebenso Begünstigungen für Absolventinnen und Absolventen berufsbildender Schulen.

Beispiel: David Zadrobil ist Absolvent der Höheren Lehranstalt für Elektrotechnik. Er möchte das unbeschränkte Gewerbe der Elektrotechnik ausüben. Dafür muss er Folgendes nachweisen:

1. erfolgreiche Ablegung der Reifeprüfung
2. erfolgreicher Abschluss des Lehrgangs über elektrotechnische Sicherheitsvorschriften
3. erfolgreicher Abschluss des Lehrgangs über sicherheitstechnisches Fachwissen
4. für die Errichtung von Alarmanlagen: mindestens eineinhalbjährige fachliche Tätigkeit

Individueller Befähigungsnachweis

Kann jemand nicht die in der Verordnung vorgesehenen Zeugnisse als Nachweis der Befähigung beibringen, dann kann er seine **Befähigung auch auf andere Art nachweisen**. Die Person, die das Gewerbe anmelden möchte, muss der Behörde beweisen, dass ihre Kenntnisse, Fähigkeiten und Erfahrungen denen entsprechen, die im Rahmen der vorgesehenen Prüfung nachzuweisen sind.

Beispiel: Ein 32-jähriger Absolvent einer Handelsakademie hat den Lehrgang „Technik und Recht im Liegenschaftsmanagement" an der TU Wien

LINK
Befähigungsnachweise
Hier kannst du nachlesen, welche Schule welche Befähigungsnachweise ersetzt.
www.gewerbeordnung.at

certificate of individual qualification
individueller Befähigungsnachweis

Nachweis über die Kenntnisse
Der individuelle Befähigungsnachweis erleichtert insbesondere Personen, die ihre Qualifikation in anderen Mitgliedstaaten des EWR erworben haben, ein Gewerbe in Österreich zu eröffnen.

absolviert und 5 Jahre einschlägige Praxis gesammelt. Aufgrund seiner Ausbildung und bisherigen beruflichen Tätigkeit kann angenommen werden, dass er über die zur Gewerbeausübung erforderlichen Kenntnisse, Fähigkeiten und Erfahrungen verfügt. Er muss die vorgesehene Prüfung nicht ablegen, da er seine individuelle Befähigung bereits auf einem anderen Weg nachgewiesen hat.

Ü 5.7 Gewerbezugang `C`

Prüfe, welche Befähigungsnachweise dir deine Reifeprüfung ersetzt.

Geschäftsführer/in

Wird das Unternehmen in Form einer **Gesellschaft** betrieben, so ist der Gewerbeinhaber diese Gesellschaft. Da eine Gesellschaft den Befähigungsnachweis nicht selbst erbringen kann, benötigt sie eine/n **Geschäftsführer/in.** Hier ist zu unterscheiden zwischen gewerberechtlichen und unternehmensrechtlichen Geschäftsführern.

Geschäftsführer	
gewerberechtlicher Geschäftsführer	**unternehmensrechtlicher Geschäftsführer**
Person, die für ein Unternehmen die Befähigung zur Ausübung eines Gewerbes nachweist	Person, die ein Unternehmen leitet; diese ist meist im Firmenbuch eingetragen

Ein gewerberechtlicher Geschäftsführer muss auch bestellt werden, wenn der **Unternehmer nicht selbst die erforderliche Befähigung** nachweisen kann.

Eine **gewerberechtliche Geschäftsführerin**

- muss ihrer Bestellung ausdrücklich zustimmen,
- muss die notwendige Befähigung haben,
- ist der Behörde gegenüber für die Einhaltung der gewerberechtlichen Vorschriften verantwortlich,
- ist dem Gewerbeinhaber gegenüber für die fachlich einwandfreie Ausführung der Tätigkeiten verantwortlich,
- muss im Betrieb über Anordnungsbefugnisse verfügen, damit sie die Einhaltung ihrer Verpflichtungen gewährleisten kann,
- muss in der Lage sein, sich im Betrieb entsprechend zu betätigen. Daher muss sie mindestens die Hälfte der wöchentlichen Normalarbeitszeit im Betrieb beschäftigt und voll sozialversicherungspflichtig sein.

Bei Personengesellschaften (OG, KG) kann der Geschäftsführer auch ein persönlich haftender Gesellschafter sein.

Wird das Unternehmen in Form einer Kapitalgesellschaft (GmbH oder AG) betrieben, dann kann als gewerberechtlicher Geschäftsführer auch ein Vorstandsmitglied oder unternehmensrechtlicher Geschäftsführer tätig werden.

Beispiel: Lukas Blaimschein ist Absolvent einer höheren Lehranstalt für Elektronik. Er möchte Holzmöbel herstellen. Dafür benötigt er die Befähigung zur Ausübung des Tischlerhandwerks, die er nicht hat. Um den Betrieb trotzdem eröffnen zu dürfen, hat er folgende Möglichkeiten:

- Er könnte jemanden, der eine entsprechende Meisterprüfung abgelegt hat, mindestens 20 Stunden wöchentlich im Betrieb beschäftigen. Diese

managing director, general manager
Geschäftsführer

 LINK
Geschäftsführer ≠ Geschäftsführer
Hier kannst du den Beitrag „Gewerberechtlicher Geschäftsführer: Verantwortlichkeit & Sonderfälle" nachlesen.

www.wko.at

Person muss zur Sozialversicherung als Arbeitnehmer angemeldet sein, intern gegenüber anderen Mitarbeitern Anweisungsbefugnis haben und der Bestellung schriftlich zustimmen.

■ Er könnte eine GmbH gründen und selbst als unternehmensrechtlicher Geschäftsführer tätig werden. Dann benötigt er zusätzlich einen gewerberechtlichen Geschäftsführer, welcher – wie im vorherigen Punkt – mindestens 20 Stunden wöchentlich im Betrieb beschäftigt sein und gegenüber anderen Mitarbeitern Weisungsbefugnis haben muss.

■ Der Tischlermeister könnte auch als unternehmens- und gewerberechtlicher Geschäftsführer der GmbH bestellt und im Betrieb entsprechend tätig werden. Er ist dann als Geschäftsführer weisungsberechtigt und gegenüber der Behörde verantwortlich.

■ Lukas Blaimschein könnte mit einem Tischlermeister eine OG gründen, wobei der Tischlermeister persönlich haftender Gesellschafter sein muss. Der Tischlermeister (= gewerberechtlicher Geschäftsführer) muss sich im Betrieb entsprechend betätigen können. Das heißt, sein Wohnsitz darf nicht zu weit vom Betrieb entfernt sein und seine übrigen beruflichen Verpflichtungen müssen ihm genügend Zeit lassen. Er ist als persönlich haftender Gesellschafter gegenüber sämtlichen Mitarbeitern grundsätzlich weisungsberechtigt und gegenüber der Behörde verantwortlich. Überdies haftet er als Gesellschafter für sämtliche Schulden des Unternehmens mit seinem Privatvermögen. Lukas Blaimschein könnte in diesem Fall auch die Stellung eines Kommanditisten einnehmen.

Bild- und Tontechnik
Wenn jemand ein Unternehmen im Bereich Medientechnik eröffnen möchte, aber keine Befähigung zur Ausübung des Handwerks Kommunikationselektronik hat, kann er sich mit jemandem zusammenschließen, der eine solche vorweisen kann.

Ü 5.8 Befähigungsnachweis B

Kennzeichne, ob die Aussagen richtig oder falsch sind. Stelle die falschen Aussagen richtig.

Aussage	Richtig	Falsch	Richtigstellung
Die Ausbilderprüfung muss zusammen mit einer Befähigungsprüfung abgelegt werden.			
Die fachliche Prüfung nimmt die Meisterprüfungsstelle der Wirtschaftskammer ab.			
Qualifikationen, die in anderen EWR-Mitgliedstaaten erworben wurden, werden nicht als individueller Befähigungsnachweis anerkannt.			

5 Nebenrechte

Um die eigenen Leistungen besser an die Wünsche der Kundinnen und Kunden anpassen zu können, dürfen Gewerbetreibende auch **Tätigkeiten ausführen, die Teil eines anderen Gewerbes sind**. Dies wird **Nebenrecht** genannt.

Beispiel: Kauft ein Kunde bei einem Möbelhaus eine neue Küche, müssten

■ die Möbel von einer Tischlerei montiert werden,

■ die Gas- und Wasserleitungen von einem Installateur angeschlossen werden,

■ die Elektroleitungen von einer Elektrotechnikerin angeschlossen werden,

■ Fliesen von einem Fliesenleger verlegt werden.

subsidiary rights
Nebenrechte

Gewerbetreibende dürfen Leistungen anderer Gewerbe erbringen, wenn diese Leistungen die **eigene Leistung wirtschaftlich sinnvoll ergänzen**. Der damit erzielte Umsatz darf dabei bestimmte Grenzen nicht überschreiten.

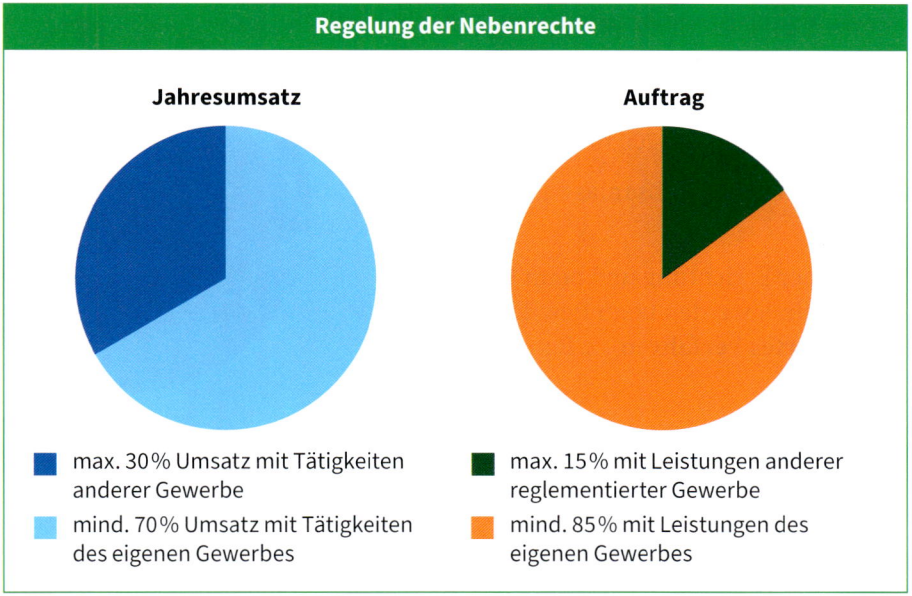

Regelung der Nebenrechte

Jahresumsatz

- max. 30 % Umsatz mit Tätigkeiten anderer Gewerbe
- mind. 70 % Umsatz mit Tätigkeiten des eigenen Gewerbes

Auftrag

- max. 15 % mit Leistungen anderer reglementierter Gewerbe
- mind. 85 % mit Leistungen des eigenen Gewerbes

Werden diese Grenzen überschritten, muss ein weiteres Gewerbe angemeldet werden. Bei der **Ausübung sämtlicher Nebenrechte** müssen

- der wirtschaftliche Schwerpunkt und die Eigenart des Betriebs erhalten bleiben,

- entsprechend ausgebildete und erfahrene Fachkräfte eingesetzt werden, wenn es aus Sicherheitsgründen notwendig ist.

Fortsetzung des Beispiels: Durch die Montage der Küche ändert sich der wirtschaftliche Schwerpunkt nicht, wenn der Großteil des Umsatzes mit dem Verkauf der Möbel erzielt wird. Für den Anschluss der Gas- und Wasserleitungen sowie der Elektroleitungen muss das Möbelhaus entsprechend ausgebildete Fachkräfte heranziehen.

6 Betriebsanlagen

Um Gefahren für die Kundschaft, Mitarbeiter/innen und die Umwelt gering zu halten, müssen bestimmte Anlagen von der Behörde genehmigt werden.

Eine **Betriebsanlage** im Sinne der Gewerbeordnung liegt vor, wenn die Einrichtung

- für die **Ausübung einer gewerblichen Tätigkeit** verwendet und

- **regelmäßig genutzt** wird (Wiederholungsabsicht reicht) und

- nicht nur vorübergehend **an diesem Standort bleiben soll** (örtlich gebundene Einrichtung).

Beispiel: Eine Baustelle wird in der Regel nicht als Betriebsanlage angesehen, da sie nur vorübergehend an diesem Standort bleiben soll.

Kann durch eine Betriebsanlage

- Leben, Gesundheit oder Eigentum **gefährdet werden** oder

- besteht die Gefahr, dass durch **Emission** von Gerüchen, Lärm, Rauch, Staub, Erschütterungen oder Ähnlichem **jemand belästigt** wird,

Food-Truck als Betriebsanlage
Ein Food-Truck, der nur kurzfristig an einem Ort verbleibt und seine Waren verkauft, wird trotzdem als Betriebsanlage angesehen, da Wiederholungsabsicht besteht.

factory equipment, installation
Betriebsanlage

endangers life, health or property
gefährdet Leben, Gesundheit oder Eigentum

so benötigt der/die Inhaber/in des Betriebes eine Genehmigung für den Betrieb der Anlage. Bestehen diese Gefahren nicht, so kann die Anlage ohne Genehmigung betrieben werden.

Für die Erteilung der Genehmigung ist die **Bezirksverwaltungsbehörde** zuständig.

Beispiele für nicht bewilligungspflichtige Betriebsanlagen: Büros, Einzelhandelsbetriebe mit einer Fläche bis zu 200 m², Fotografenbetriebe

Beispiele für bewilligungspflichtige Betriebsanlagen: Tankstelle, Maschinenfabrik, Werkstätte

Auch andere Gesetze, die bei der Errichtung und beim Betrieb von Betriebsanlagen zu beachten sind, werden beim Bewilligungsverfahren berücksichtigt (**konzentriertes Verfahren**), z. B.:

- Wasserrecht
- Abfallrecht
- Eisenbahngesetz
- Bundesstraßengesetz

Eine genehmigte Betriebsanlage ist **alle 5 Jahre** durch geeignete und fachkundige Personen **zu überprüfen,** ob sie noch dem Genehmigungsbescheid entspricht.

Daneben bestehen **weitere Prüfpflichten** z. B. für:

- Feuerlöscher,
- Stapler und Krane,
- Blitzschutzanlagen,
- Elektroinstallationen etc.

In der Gewerbeordnung ist überdies vorgesehen, dass jeder Gewerbebetrieb, der über eine genehmigungspflichtige Betriebsanlage verfügt, ein **Abfallwirtschaftskonzept** zu erstellen und alle 5 Jahre fortzuschreiben hat. Sinn dieses Konzepts ist es, Abfall zu vermeiden bzw. soweit wie möglich zu verwerten oder ordnungsgemäß zu entsorgen.

Betriebe, die bestimmte gefährliche Stoffe verwenden, müssen ein **Sicherheitskonzept** erstellen und potenziell gefährdete Einrichtungen mit Publikumsverkehr (z. B. Schulen) über das richtige Verhalten bei schweren Unfällen unterrichten.

Ü 5.9 Genehmigungspflicht C

Suche im Internet die 2. Genehmigungsfreistellungsverordnung des Bundesministers für Wissenschaft, Forschung und Wirtschaft. Diese regelt, welche Betriebsanlagen keiner Genehmigung bedürfen.

a) Prüfe anhand des Gesetzestextes, ob die folgenden Betriebsanlagen von der Verordnung erfasst sind oder nicht. Kennzeichne die richtige Lösung.

Betriebsanlage	erfasst	nicht erfasst
Kfz-Mechanikerwerkstätte		
Änderungsschneiderei		
Shopping-Mall		
Friseursalon		
Druckerei		

licence to operate a plant
Genehmigung für den Betrieb der Anlage

Bewilligung für Tankstellen
Eine Tankstelle ist aufgrund der Emission von Gerüchen und Lärm eine bewilligungspflichtige Betriebsanlage.

 factory equipment, machinery, installations not subject to a licence/for which a licence is not required
nicht bewilligungspflichtige Betriebsanlage

factory equipment, machinery, installations subject to a licence/for which a licence is required
bewilligungspflichtige Betriebsanlage

 LINK
Abfallwirtschaftskonzepte
Hier kannst du dir eine Vorlage für ein Abfallwirtschaftskonzept ansehen (Themen: Umwelt und Energie)
www.wko.at

LINK
Ü 5.9 Genehmigungspflicht
interaktive Übung

b) Erkläre, welche Vorteile Betriebe haben, die von der 2. Genehmigungsfreistellungsverordnung umfasst sind.

7 Verfahren zur Erlangung der Gewerbeberechtigung

procedure to obtain the necessary licence/approval
Verfahren zur Erlangung der Gewerbeberechtigung

Soll ein Gewerbe angemeldet werden, ist zuerst zu überlegen, **welche Gewerbeberechtigung** für eine bestimmte Tätigkeit erforderlich ist. Im Allgemeinen wird man nach folgendem Schema vorgehen:

Auswahl der benötigten Gewerbeberechtigung
1 Festlegen der Tätigkeit, die ausgeübt werden soll
2 Feststellen, welche Gewerbetreibenden zur Erbringung dieser Leistung befugt sind
3 Prüfen, ob Befähigungsnachweis notwendig ist
4 Klären, ob Befähigungsnachweis erbracht werden kann
5 Anmelden des Gewerbes

Welche Arbeiten ein/e Gewerbetreibende/r ausführen darf, ergibt sich aus

1. dem Wortlaut der Gewerbeanmeldung bzw. dem Auszug aus dem Gewerberegister; bestehen danach noch Zweifel, dann

2. aus den dem Gewerbe eigentümlichen Arbeitsvorgängen sowie den verwendeten Roh- und Hilfsstoffen sowie Werkzeugen,

3. der historischen Entwicklung,

4. den in den beteiligten Kreisen herrschenden Anschauungen und Vereinbarungen.

Auskünfte, welche Arbeiten mit einer bestimmten Gewerbeberechtigung erbracht werden dürfen, erteilt z. B. die Wirtschaftskammer.

Es ist jedoch zu beachten, dass unter Umständen eine Tätigkeit bzw. **sehr ähnliche Tätigkeiten mit verschiedenen Gewerbeberechtigungen** ausgeübt werden dürfen.

Beispiel: Möchte jemand EDV-Programme erstellen, so kann er/sie

- das reglementierte Gewerbe der „Unternehmensberater" anmelden. In diesem Fall darf er auch das Unternehmen analysieren und es beraten, welche Hard- und Software es kaufen bzw. wie der Betrieb organisiert werden soll.

- das freie Gewerbe „Dienstleistungen in der automatischen Datenverarbeitung und Informationstechnik" anmelden. Diese Gewerbetreibenden dürfen auch Systemanalysen durchführen und auf ihren EDV-Anlagen Programme für den Auftraggeber laufen lassen.

- das Programm ohne Auftraggeber herstellen und ohne Gewerbeberechtigung als „Urheber im Selbstverlag" vertreiben. In diesem Fall dürfen für einen Auftraggeber keine spezifischen Anpassungen vorgenommen werden.

 LINK
Gründerservice
Das Gründerservice der Wirtschaftskammern bietet Unternehmensgründern Unterstützung beim Start ins Unternehmertum.

www.gruenderservice.at

8 Gewerbebehörde

Das Gewerberecht wird von den **Bezirksverwaltungsbehörden** im Rahmen der **mittelbaren Bundesverwaltung** vollzogen. Das Gewerbe ist daher bei der für den Standort zuständigen Bezirksverwaltungsbehörde anzumelden. Dies ist

- in Städten mit eigenem Statut **der Magistrat** und
- sonst **die Bezirkshauptmannschaft.**

Für die **Anmeldung** eines Gewerbes ist kein besonderes Formular vorgeschrieben. Grundsätzlich genügt ein **formloses Schreiben** an die für den Standort zuständige Behörde.

Die Anmeldung des Gewerbes kann auch **elektronisch** erfolgen. Dabei müssen der Gewerbebehörde nur jene Unterlagen übermittelt werden, die sie nicht online abfragen kann.

Erfüllt der Anmelder bzw. die Anmelderin sämtliche Voraussetzungen, hat die Bezirksverwaltungsbehörde **innerhalb von drei Monaten** den neuen Gewerbetreibenden bzw. die neue Gewerbetreibende **in das Gewerbeinformationssystem Austria (GISA) einzutragen** und ihn/sie durch Zusendung eines Auszugs aus GISA davon zu verständigen.

Grundsätzlich darf ein **Unternehmen eröffnet** und betrieben werden, sobald das Gewerbe bei der zuständigen Behörde **angemeldet** wurde. Bei einigen Gewerben wird die Zuverlässigkeit des Gewerbeanmelders bzw. der Gewerbeanmelderin geprüft. Mit der Ausübung dieser Gewerbe muss gewartet werden, bis die Behörde zustimmt.

Statutarstadt Wels
In Österreich gibt es 15 Städte mit eigenem Statut. Dies sind alle Landeshauptstädte sowie Krems, Rust, Steyr, Villach, Waidhofen an der Ybbs und Wels.

Zeitpunkt, zu dem mit der Tätigkeit begonnen werden darf	
Anmeldungsgewerbe	**Gewerbe, bei denen die Zuverlässigkeit geprüft wird**
Das Gewerbe darf **sofort mit der Anmeldung** aufgenommen werden: • sämtliche freie Gewerbe • die meisten reglementierten Gewerbe	Die Gewerbebehörde muss mittels Bescheid feststellen, dass der Anmelder bzw. die Anmelderin zuverlässig ist. Erst wenn dieser **Bescheid rechtskräftig** ist, darf mit der Gewerbeausübung begonnen werden. Dies gilt für in der Gewerbeordnung ausdrücklich aufgezählte reglementierte Gewerbe, z. B. für: • Baumeister • Rauchfangkehrer • chemische Laboratorien • Reisebüros • Elektrotechnik • Vermögensberatung • Gas- und Sanitärtechnik • Waffengewerbe • Inkassoinstitute • Sprengungsunternehmen

Erfüllt der/die Anmelder/in die **Voraussetzungen nicht**, dann **untersagt** die **Gewerbebehörde** mit Bescheid die **Ausübung des Gewerbes**. Dagegen kann Beschwerde beim Verwaltungsgericht erhoben werden.

In jedem Bundesland ist ein **Verwaltungsgericht** eingerichtet. Dieses entscheidet über Beschwerden

- gegen den Bescheid einer Verwaltungsbehörde,
- gegen die Ausübung unmittelbarer Befehls- und Zwangsgewalt,
- wegen Verletzung der Entscheidungspflicht (Säumnisbeschwerde).

trade authority
Gewerbebehörde

district administrative authority
Bezirksverwaltungsbehörden

mittelbare Bundesverwaltung
Bundesgesetze werden von Landesbehörden vollzogen

LINK
Unternehmensservice Portal
Weitere Informationen findest du im Unternehmensservice Portal (USP).

www.usp.gv.at.

declared trades
Anmeldungsgewerbe

trades in which a person's reliability is examined
Gewerbe, bei denen die Zuverlässigkeit geprüft wird

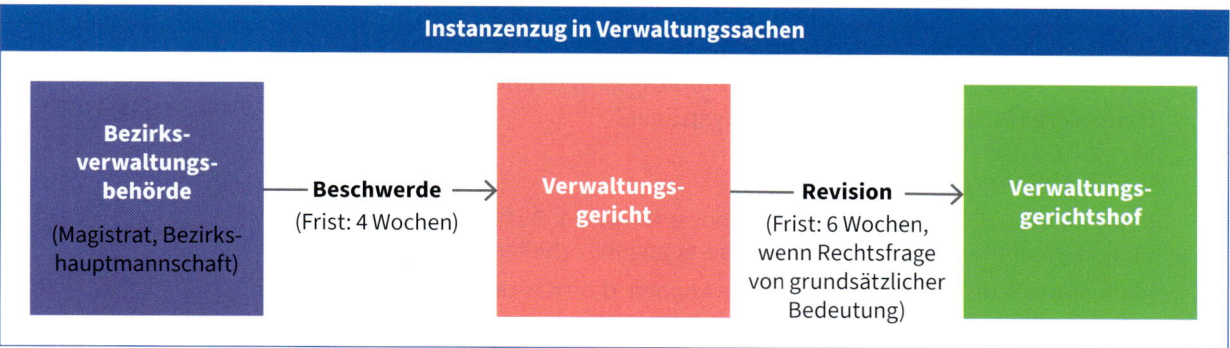

Ü 5.10 Gewerbeanmeldung C

Prüfe,

a) welche Behörde zuständig ist, wenn du ein Gewerbe in deinem Heimatort anmeldest,

b) ob es bei deiner Behörde möglich ist, ein Gewerbe elektronisch anzumelden,

c) was du unternehmen kannst, wenn dir die Gewerbebehörde die Ausübung des Gewerbes untersagt.

Gewerbeinformationssystem Austria (GISA)

Die Stadt Wien führt im Auftrag des Wirtschaftsministeriums das **Gewerbeinformationssystem.** Dies ist eine Datenbank, in der Informationen über sämtliche Gewerbetreibende gespeichert sind.

LINK

Einträge im GISA
Alle Einträge im Gewerbeinformationssystem Austria können online abgerufen werden.
www.gisa.gv.at (Abfrage)

Dies sind u. a.:

■ Rechtsform

■ Name, Geburtsdatum und Funktion, in der die Person tätig ist (Gewerbetreibende/r, Pächter/in, Geschäftsführer/in)

■ Bezeichnung des Gewerbes

■ Standort des Gewerbebetriebes

■ Datum des Entstehens und der Endigung der Gewerbeberechtigung

■ Firma und Firmenbuchnummer

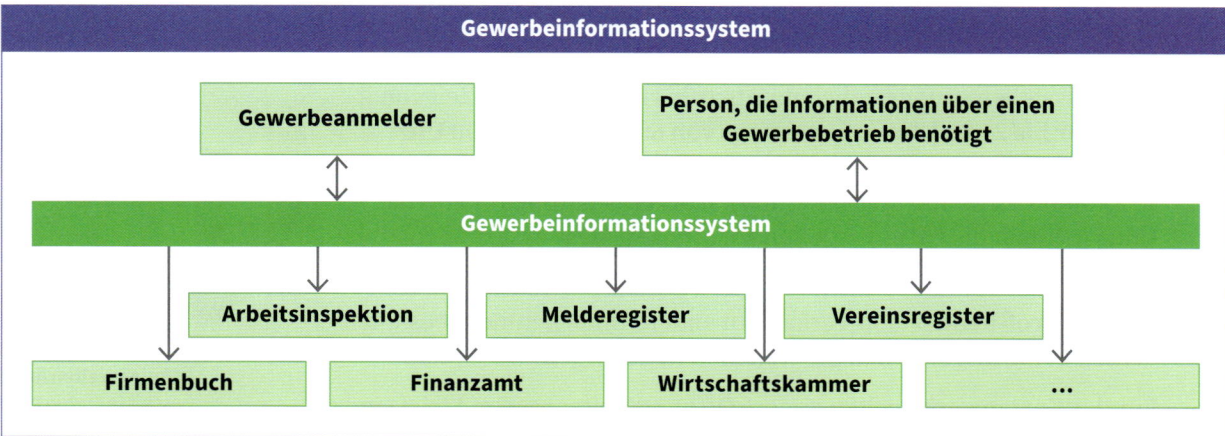

Jede Person kann von der Gewerbebehörde formlos **Auskunft** über bestimmte Daten verlangen. Die Behörde ist zur Auskunftserteilung verpflichtet. Dadurch ist es jedem und jeder möglich, sich zu informieren, ob ein Betrieb über eine Gewerbeberechtigung verfügt und welche Leistungen er erbringen darf. Nicht bekanntgegeben wird z. B., wie jemand die Befähigung nachgewiesen hat.

Weitergehende Einsichts- und Auskunftsrechte haben die Wirtschaftskammer und die Finanzbehörden sowie die Sicherheitsbehörden (Polizei). Unter anderem besteht auch eine Datenverbindung zum Grundbuch und zum Hauptverband der Sozialversicherungsträger.

Ü 5.11 Pfuscher C

Deine Eltern wollen das Badezimmer renovieren lassen. Du hast gehört, dass am Bau öfter Unternehmen ohne Gewerbeberechtigung arbeiten.

Kläre, wie sich deine Eltern vergewissern können, dass das Unternehmen über eine aufrechte Gewerbeberechtigung verfügt.

LINK
Pfusch in Österreich
Hier kannst du den Artikel „Pfusch bleibt in Österreich salonfähig" (Die Presse, 28. 6. 2019) nachlesen.
www.diepresse.com

Bezeichnung

Gewerbetreibende, die nicht im Firmenbuch eingetragen sind, haben auf Geschäftsbriefen und Bestellscheinen (auch auf E-Mails und Websites), die an eine/n bestimmte/n Empfänger/in gerichtet sind,

- ihren **Namen** und
- den **Standort ihrer Gewerbeberechtigung**

anzugeben.

Weiters sind Gewerbetreibende verpflichtet, ihre **Betriebsstätten**, auch Lager, Baustellen und Automaten, **außen mit einer Geschäftsbezeichnung** zu **versehen**. Diese Bezeichnung hat zumindest den Namen des Gewerbetreibenden und einen Hinweis auf den Gegenstand des Gewerbes in gut sichtbarer Schrift zu enthalten.

9 Öffnungszeiten und Betriebspflicht

Im Gesetz sind auch Vorschriften zu finden, die den laufenden Betrieb regeln, wie Betriebszeiten, Melde- und Überwachungspflichten.

Die Gewerbeordnung selbst enthält keine Regelungen über die zulässigen Betriebs- und Geschäftszeiten. Diese sind im **Öffnungszeitengesetz** zu finden, einem gewerberechtlichen Nebengesetz. Das **Arbeitszeitgesetz** regelt hingegen, wann Mitarbeiter/innen beschäftigt werden dürfen.

Für den Kleinhandel, d. h. den Verkauf von Waren an Private, dürfen Verkaufsstellen grundsätzlich **montags bis freitags** in der Zeit von **6:00 Uhr bis 21:00 Uhr** und **samstags von 6:00 Uhr bis 18:00 Uhr** offengehalten werden. Die Öffnungszeit pro Woche darf jedoch 72 Stunden nicht übersteigen. Innerhalb dieses Rahmens kann das Unternehmen die Öffnungszeiten so festlegen, dass es den höchstmöglichen Umsatz erzielt.

Für den **Großhandel** (den Verkauf an andere Unternehmen) bestehen derzeit **keine allgemeinen gesetzlichen Regelungen**.

Für das **Gastgewerbe** gelten andere Öffnungszeitenregeln. Meist sind sie durch eine **Verordnung des Landeshauptmannes oder der Landeshauptfrau** festgelegt.

Gewerbetreibende dürfen **an Jugendliche keinen Alkohol ausschenken** oder abgeben, wenn diesen aufgrund ihres Alters der Genuss von Alkohol verboten ist. Zur Kontrolle des Alters müssen sie sich einen Ausweis vorzeigen lassen.

Öffnungszeiten im Handel
Geschäfte dürfen pro Kalenderwoche maximal 72 Stunden offengehalten werden.

Zur Vermeidung von **Geldwäsche und Terrorismusfinanzierung** bestehen bei Barzahlungen von € 15.000,– oder mehr besondere Sorgfalts- und Meldepflichten.

Gewerbetreibende trifft grundsätzlich **keine Betriebspflicht.** Wird das Gewerbe jedoch 5 Jahre hindurch nicht ausgeübt und ist der/die Gewerbeinhaber/in unbekannten Aufenthalts, wird die Gewerbeberechtigung entzogen.

Möchten Gewerbetreibende ihr Gewerbe nur vorübergehend nicht ausüben, dann muss bei der zuständigen Landeskammer der gewerblichen Wirtschaft das **Ruhen der Gewerbeberechtigung** angezeigt werden.

Wird die Tätigkeit endgültig **beendet,** dann ist dies bei der zuständigen Gewerbebehörde zu melden. Damit endet das Recht zur Ausübung des Gewerbes. Möchte die Person später das Gewerbe wieder ausüben, muss sie es erneut bei der Behörde anmelden.

ÜBEN

In dieser Lerneinheit hast du viel über das Gewerberecht erfahren. Bearbeite nun die folgenden Aufgaben.

Ü 5.12 Gewerbeverfahren B

Gib an, ob die folgenden Aussagen richtig oder falsch sind. Stelle falsche Aussagen richtig.

LINK
Ü 5.12 Gewerbeverfahren
interaktive Übung

Aussage	Richtig	Falsch	Richtigstellung
Ein Anmeldungsgewerbe darf erst nach Erteilung einer behördlichen Bewilligung eröffnet werden.			
Die Eröffnung eines Gewerbes ist dem Bezirksgericht anzuzeigen.			
Kann derjenige, der ein reglementiertes Gewerbe ausüben möchte, die erforderliche Befähigung nicht nachweisen, darf er das Gewerbe nicht eröffnen.			
Jede Betriebsanlage muss von der Gewerbebehörde bewilligt werden.			
Jeder Betrieb muss einen gewerblichen Geschäftsführer bzw. eine gewerbliche Geschäftsführerin haben.			
Besitzt man eine Gewerbeberechtigung, muss das Gewerbe auch ausgeübt werden.			
Die allgemeinen persönlichen Voraussetzungen muss jeder Gewerbeanmelder erfüllen.			
Ein Gewerbe darf nur eröffnet werden, wenn Bedarf für diese Tätigkeit vorhanden ist.			

Ü 5.13 Verkauf von Backwaren `C`

Eine Freundin von dir bäckt gerne Kuchen und Kekse. Da diese Backwaren allen gut schmecken, überlegt sie, einen entsprechenden Betrieb zu eröffnen. Sie erzählt dir, dass sie demnächst zu Hause damit beginnen wird und schon die ersten Kunden akquiriert. Auf deine Bemerkung, dass dies eine gewerbliche Tätigkeit sei, reagiert sie erstaunt, da sie das Gewerberecht nicht kennt.

Erkläre ihr, wie sie zu einer entsprechenden Gewerbeberechtigung kommt.

Ü 5.14 Gartenzaun `C`

Ein Metalltechniker für Land- und Baumaschinen, der über eine entsprechende Gewerbeberechtigung verfügt, hat gehört, dass große Nachfrage nach eisernen Gartenzäunen (= Tätigkeit der Metalltechniker für Metall- und Maschinenbau) besteht. Er möchte diese daher anbieten.

Prüfe, ob er das darf.

Ü 5.15 Nebenrechte `C`

Auszug aus den Lieferbedingungen eines Möbelhauses:

> **„Lieferung/Montage**
> Sie haben die Wahl: Auf Wunsch liefern wir Ihnen Ihre neuen Möbel bequem bis nach Hause, bei Bedarf montieren wir diese auch vor Ort. Wählen Sie bei der Bestellung einfach die gewünschte Lieferoption aus und geben Sie Ihre Telefonnummer bekannt. Wenige Tage nach erfolgter Bestellung kontaktieren wir Sie telefonisch, um einen Termin für die Lieferung (und Montage) zu vereinbaren. Somit wissen Sie auch bei nicht lagernder Ware den genauen Zustelltermin frühzeitig. Lagernde Möbel werden in der Regel innerhalb von 1–2 Wochen zugestellt. Bei zusätzlicher Montage kann sich die Lieferzeit um eine Woche verlängern. Gerne können Sie bei der Bestellung voneinander abweichende Rechnungs- und Lieferadressen angeben."

Quelle: www.moebelix.at, letzter Zugriff: 1.4.2021

a) Kläre, welche Voraussetzungen für die Anmeldung eines Handelsgewerbes erbracht werden müssen.

b) Recherchiere, in welche Kategorie von Gewerben der „Zusammenbau von Möbelbausätzen" fällt.

c) Prüfe, ob das Möbelhaus die Tätigkeit erbringen darf.

d) Prüfe, ob das Möbelhaus Küchengeräte anschließen darf.

Selbstgebackenes verkaufen
Darf jemand selbstgemachte Backwaren ohne weiteres verkaufen? Oder muss in diesem Fall ein Gewerbe angemeldet werden?

 # KÖNNEN

Bei den folgenden Aufgaben kannst du dein Wissen weiter anwenden.

K 5.1 Handelsbetrieb `C`

Du willst nach deiner Reife- und Diplomprüfung einen Betrieb eröffnen und mit Hardware handeln.

a) Prüfe, in welche Kategorie von Gewerben der Handel eingereiht ist.

b) Kläre, welche persönlichen Voraussetzungen du erfüllen musst.

c) Prüfe, wann du mit der Ausübung des Gewerbes beginnen darfst.

d) Prüfe, ob eine Betriebsanlagenbewilligung benötigt wird.

e) Kläre ab, wer die Gewerbeberechtigung erteilt.

f) Prüfe, ob du einen Lehrling ausbilden darfst.

g) Prüfe, ob du die von dir verkauften Geräte reparieren darfst.

K 5.2 EDV-Peripherie **C**

Franz Gruber ist Absolvent einer HTL und hat 10 Jahre als Servicetechniker in einem großen Unternehmen gearbeitet. Da er meint, dass ein großer Bedarf an EDV-Peripherie besteht, plant er, Drucker herzustellen. Er möchte diese Geräte in großer Menge mithilfe entsprechender Fertigungsautomaten herstellen und sie über den Fachhandel vertreiben. Er selbst will die kaufmännische Abwicklung übernehmen.

a) Kläre, wie man einen derartig organisierten Betrieb nennt.

b) Prüfe, ob Franz Gruber einen Befähigungsnachweis benötigt. (Falls ja, wie kann er ihn bekommen?)

c) Prüfe, ob er die Gewerbeeröffnung melden muss. (Falls ja, wo?)

d) Prüfe, ob er auch Geräte zukaufen und diese unverändert weiterverkaufen darf.

e) Kläre ab, ob Franz Gruber eine Betriebsanlagengenehmigung benötigt.

K 5.3 Tischlerei **C**

Erna Müller, Absolventin einer höheren Lehranstalt für wirtschaftliche Berufe, möchte selbständige Tischlerin werden.

a) Prüfe, welche persönlichen Voraussetzungen sie erfüllen muss.

b) Kläre, ob es eine Möglichkeit gibt, diesen Betrieb zu eröffnen, wenn sie keine Meisterprüfung abgelegt hat.

c) Prüfe, ob sie die Gewerbeeröffnung melden muss.

d) Kläre, ab welchem Zeitpunkt Erna Müller mit der Ausübung des Gewerbes beginnen darf.

e) Beschreibe, was sie unternehmen kann, wenn ihr die Ausübung untersagt wird.

f) Prüfe, ob sie eine Betriebsanlagenbewilligung benötigt.

KOMPETENZCHECK

Meine Kompetenzen	Kann ich?	Aufgaben
Ich kann die verschiedenen Arten von Gewerben nennen.		Ü 5.3, Ü 5.4
Ich kann die Voraussetzungen für den Antritt eines Gewerbes nennen.		Ü 5.5, Ü 5.6, Ü 5.7, Ü 5.14, K 5.2, K 5.3
Ich kann ein Gewerbe anmelden.		Ü 5.10, Ü 5.12, Ü 5.13, K 5.1, K 5.2, K 5.3

LERNEN

2 Sicherheitsvorschriften für Produkte

Produkte dürfen bei bestimmungsgemäßem Gebrauch das Leben und die Gesundheit der Verbraucher/innen nicht gefährden. Gesetze sorgen dafür, dass Produkte, die am Markt angeboten werden, sicher sind.

Ü 5.16 Eine Person möchte Betonplatten kaufen, um sie in ihrer Einfahrt zu verlegen. Im Geschäft sind Betonplatten verschiedener Hersteller ausgestellt. Auf einigen Packungen ist „ÖNORM-geprüft" zu lesen, auf anderen nicht.

Erkläre, was ÖNORM bedeutet.

1 Normen

Auf Normen stößt man als Techniker/in immer wieder. Doch wer gibt sie heraus und müssen sie auch eingehalten werden?

Beispiele:

- Eine Glühlampe passt in jede Fassung, da ihr Gewinde genormt ist.
- Soll ein Haus gebaut werden, muss nicht jeder bauliche Verfahrensschritt neu definiert werden, es reichen Hinweise auf die einschlägigen Normen.

Normen vereinheitlichen:

- materielle Gegenstände, z. B. Schrauben, Stahlsorten
- immaterielle Dinge, z. B. Begriffe
- Vertragsinhalte

Geprüfte Sicherheit
Ob Maschinen oder Spielsachen – wenn ein neues Produkt auf den Markt gebracht wird, muss sichergestellt werden, dass es niemanden gefährdet.

product safety regulations
Sicherheitsvorschriften für Produkte
standards
Normen

Genormte Fassung
Bei den meisten Lampen werden Leuchtmittel mit der Fassung E27 benützt, d.h., der Außendurchmesser des Gewindes beträgt 27 mm. Das Leuchtmittel ist genormt und passt in jede Fassung.

Recht für Technikerinnen und Techniker

Nach dem **Geltungsbereich einer Norm** kann unterschieden werden:

Geltungsbereich		
International		National
Weltweit	Europaweit	Österreichweit
ISO International Organisation for Standardization Sitz: Genf	CEN Comité Européen de Normalisation Sitz: Brüssel	ASI Austrian Standards International (früher: Österreichisches Normungsinstitut) Sitz: Wien

In Österreich dürfen Normen nur von **Austrian Standards International – Standardisierung und Innovation (ASI)** herausgegeben werden. Dies ist ein Verein mit Mitgliedern aus der öffentlichen Verwaltung, den Sozialpartnern, Wirtschaft und Wissenschaft.

Grundsätzlich kann **jede Person**

- **Vorschläge** für Normen einbringen,
- an deren Erstellung **mitwirken,**
- zu Normentwürfen **Stellungnahmen** abgeben.

Prozess der Normerstellung: Die Erstellung einer Norm lässt sich in folgende Schritte gliedern.

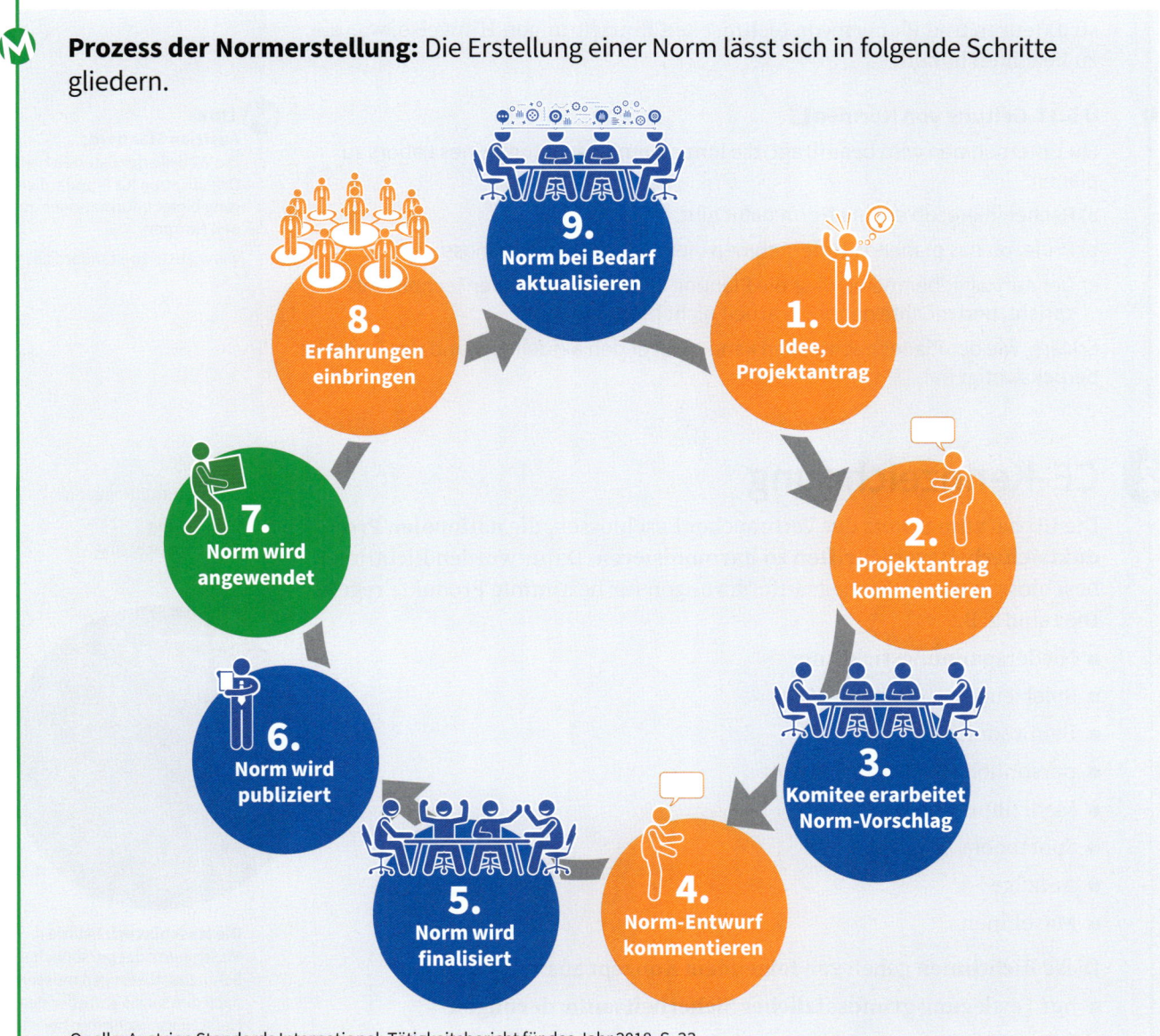

Quelle: Austrian Standards International: Tätigkeitsbericht für das Jahr 2018, S. 33

Eine **europäische Norm** muss **unverändert** in das österreichische Normenwerk **übernommen** werden.

Regelwerke anderer Organisationen haben eine ähnliche Bedeutung, dürfen aber nicht als Norm bezeichnet werden.

Beispiele:

- Regeln der österreichischen Vereinigung für das Gas- und Wasserfach
- Technische Richtlinien Vorbeugender Brandschutz des Österreichischen Bundesfeuerwehrverbandes

Die **ÖNORMEN und die anderen Regeln** sind grundsätzlich nur als **Empfehlungen** anzusehen. Ihre Einhaltung ist nur dann verpflichtend, wenn dies

- Verträge,
- Gesetze oder
- Verordnungen

ausdrücklich verlangen.

Normen und die anderen Regeln müssen laufend an den jeweiligen Stand der Wissenschaft und Technik sowie an wirtschaftliche Gegebenheiten angepasst werden. Sie zeigen den **Stand der Technik** und geben daher Konstrukteuren und Planern von technischen Einrichtungen Hinweise, was sie zu beachten haben.

Ü 5.17 Geltung von Normen B

Ein Unternehmen wird beauftragt, die Innenraumbeleuchtung eines Labors zu planen.

a) Recherchiere, ob es eine Norm dafür gibt.

b) Prüfe, ob das planende Unternehmen diese Norm einhalten muss.

c) Der Auftraggeber meint, dass die Planung nicht dem Stand der Technik entspricht, und möchte daher die Arbeit nicht bezahlen.

Erkläre, wie der Planer nachweisen kann, dass er den aktuellen Stand der Technik berücksichtigt hat.

2 CE-Kennzeichnung

Die EU hat zum Schutz der Verbraucher beschlossen, die **nationalen Produktsicherheitsvorschriften zu harmonisieren.** Dafür wurden Richtlinien beschlossen, die Sicherheitsanforderungen für bestimmte Produkte regeln. Dies sind z. B.:

- Niederspannungsrichtlinie
- Spielzeuge
- Bauprodukte
- persönliche Schutzausrüstung
- Medizinprodukte
- Sportboote
- Aufzüge
- Maschinen

Diese **Richtlinien** gehen von **folgendem Konzept** aus:

- nur Festlegung **grundsätzlicher Sicherheitsanforderungen**

LINK
Austrian Standards
Die Website der österreichischen Organisation für Standardisierung bietet Informationen zu den Normen.

www.austrian-standards.at

CE
Conformité Européenne

CE marking
CE-Kennzeichnung

Die Maschinenrichtlinie
Maschinen oder persönliche Schutzausrüstungen müssen nach den für sie zutreffenden Herstellervorschriften hergestellt und mit der CE-Kennzeichnung versehen werden.

- Ausarbeitung **harmonisierter Normen** durch die nationalen Normungsorganisationen

  - Werden diese befolgt, wird vermutet, dass die von der Richtlinie geforderten Sicherheitsniveaus eingehalten werden (**Konformitätsvermutung**).

  - Die Einhaltung des Sicherheitsniveaus der Richtlinie kann **auch anders als durch Einhaltung der Norm erfüllt** werden. Dies ist jedoch vom Hersteller nachzuweisen.

- Mitgliedstaaten können **Nachweise** hinsichtlich der **Übereinstimmung mit der Richtlinie** fordern durch:

  - Konformitätsbescheinigungen, die von Dritten ausgestellt sind

  - Prüfungen, die von Dritten ausgeführt wurden

  - Konformitätserklärungen des Herstellers

  - sonstige Bescheinigungen

Konformitätsbescheinigungen
Nachweis, dass die Produkte die Richtlinie einhalten

In einigen Richtlinien ist vorgesehen, dass der Hersteller eines Produktes die Übereinstimmung seines Erzeugnisses mit diesen Richtlinien **durch Anbringen der CE-Kennzeichnung bestätigt.**

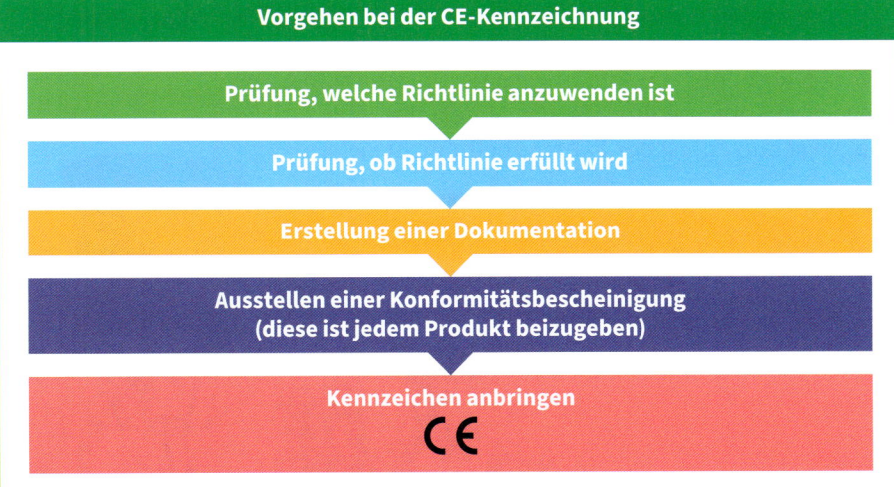

Vorgehen bei der CE-Kennzeichnung

Prüfung, welche Richtlinie anzuwenden ist

Prüfung, ob Richtlinie erfüllt wird

Erstellung einer Dokumentation

Ausstellen einer Konformitätsbescheinigung (diese ist jedem Produkt beizugeben)

Kennzeichen anbringen
CE

LINK
CE-Kennzeichnungspflicht
Hier kannst du überprüfen, ob ein bestimmtes Produkt CE-kennzeichnungspflichtig ist oder nicht.
www.wko.at

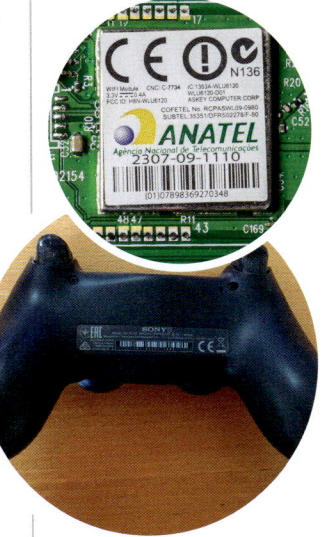

Wenn es für ein Produkt eine Richtlinie gibt, in der eine **Kennzeichnung vorgesehen** ist, **muss das Kennzeichen angebracht werden**, wenn das Produkt in der EU auf den Markt gebracht wird. Dabei ist es gleichgültig, ob es in einem Mitgliedstaat der EU oder in Drittstaaten hergestellt wurde.

Wird festgestellt, dass ein Produkt die geforderte CE-Kennzeichnung nicht aufweist oder dass ein Produkt, das mit dem CE-Kennzeichen versehen ist, die Gesundheit oder Sicherheit gefährdet bzw. zu gefährden droht, muss der Staat das Produkt aus dem Verkehr ziehen und die EU-Kommission davon informieren.

CE-Kennzeichnung auf Produkten
Das CE-Zeichen muss mindestens 5 mm groß und gut sichtbar, leserlich, unverwechselbar und dauerhaft auf dem Produkt angebracht werden.

Ü 5.18 CE-Kennzeichnung B

Ein Händler hat eine Ware gemäß den geltenden Normen hergestellt. Er überlegt, ob er aus Marketinggründen das CE-Kennzeichen auf dem Produkt anbringen soll. Die einschlägigen Bestimmungen enthalten keine Verpflichtung zur Anbringung des CE-Kennzeichens.

a) Prüfe, ob der Hersteller das CE-Kennzeichen anbringen darf.

b) Kläre, ob der Käufer durch die Anbringung des CE-Kennzeichens einen Vorteil hat.

Ü 5.19 Import B

Ein Unternehmen importiert Kühlschränke aus Asien, die an Konsumentinnen und Konsumenten verkauft werden. In der EU gibt es eine Richtlinie, die bestimmt, dass Haushaltskühlgeräte das CE-Kennzeichen aufweisen müssen.

a) Prüfe, ob auch importierte Geräte das CE-Kennzeichen aufweisen müssen.

b) Kläre, ob das CE-Kennzeichen zeigt, dass es sich um ein Produkt guter Qualität handelt.

3 Produktsicherheitsgesetz (PSG)

Product Safety Act
Produktsicherheitsgesetz

Gibt es für ein Produkt keine speziellen Sicherheitsbestimmungen, die einzuhalten sind, ist das **Produktsicherheitsgesetz** zu beachten. Ziel dieses Gesetzes ist, Leben und Gesundheit von Menschen vor gefährlichen Produkten zu schützen.

Spezielle Sicherheitsvorschriften sind z.B.

- das Lebensmittelgesetz
- das Medizinproduktegesetz
- das Chemikaliengesetz
- das Pyrotechnikgesetz

Beispiel: Ein Fahrradhelm soll den Kopf von Radfahrern bei Stürzen schützen. Daher muss er Schläge vom Kopf abhalten. Ist das Material zu dünn oder ungeeignet, den Kopf zu schützen, ist der Fahrradhelm nicht sicher.

Das Produktsicherheitsgesetz bestimmt, dass **nur sichere Produkte** auf den Markt gebracht werden. Wird ein Produkt

- angeboten,
- verkauft,
- importiert,
- verschenkt,

müssen

- Hersteller,
- Importeure bzw.
- Händler

Sicherheit nach Produktkategorie
Die Sicherheit von Möbeln, Sportgeräten oder Werkzeug ist nicht speziell gesetzlich geregelt. Es gilt das Produktsicherheitsgesetz.

prüfen, ob es sicher ist. Ein Produkt ist sicher im Sinne des Produktsicherheitsgesetzes, wenn es bei **bestimmungsgemäßem Gebrauch oder vorhersehbarer Verwendung keine Gefahren** birgt. Dabei ist auch auf Kinder oder gebrechliche Personen Bedacht zu nehmen. Für die **Beurteilung, ob ein Produkt sicher ist**, können herangezogen werden:

- europäische oder nationale Normen
- Empfehlungen der Europäischen Kommission zur Festlegung von Leitlinien für die Beurteilung der Produktsicherheit
- der Stand der Wissenschaft
- die Sicherheit, die von den Verbrauchern und Verbraucherinnen vernünftigerweise erwartet werden kann
- Empfehlungen des Produktsicherheitsbeirates

Stellt sich erst später heraus, dass das Produkt nicht sicher ist, müssen jene Personen, die das Produkt hergestellt, importiert bzw. gehandelt haben, Maßnahmen setzen, z. B. das Produkt zurückrufen.

Beispiel: Ein Sessel muss so konstruiert werden, dass er nicht umfällt, wenn eine Person darauf sitzt. Auch wenn ein Sessel zum Sitzen dient, wird manchmal eine Person hinaufsteigen und ihn als Leiter missbrauchen. Da mit dieser Belastung zu rechnen ist, muss der Sessel diese aushalten. Auch wenn dieser Sesseltyp bereits verkauft wurde, müssen Hersteller, Importeur bzw. Händler beobachten, ob die verkauften Sessel sicher sind. Sind sie es nicht, müssen Maßnahmen eingeleitet werden.

Die Sicherheit von Produkten wird auch durch besonders geschulte Aufsichtsorgane überwacht. Stellen diese fest, dass ein Produkt unsicher ist, können sie verlangen, dass **Maßnahmen gesetzt** werden, z. B.

- Anbringen von Warnhinweisen,
- Beigabe von Gebrauchsanweisungen,
- Verkaufsverbot für Waren,
- Rückruf der Waren oder
- Vernichtung der Waren.

 LINK
Produktwarnung
Die Österreichische Agentur für Gesundheit und Ernährungssicherheit (AGES) veröffentlicht Warnungen und Produktrückrufe bei Lebensmitteln, Medizinprodukten oder Produkten, die dem PSG unterliegen.
www.ages.at

 # ÜBEN

In dieser Lerneinheit hast du erfahren, welche Funktion Normen und die CE-Kennzeichnung haben, und was im Produktsicherheitsgesetz geregelt ist. Bearbeite nun die folgende Aufgabe.

Ü 5.20 Produktsicherheit A

Kennzeichne bei den folgenden Aussagen, ob sie richtig oder falsch sind, und stelle falsche Aussagen richtig.

 **LINK**
Ü 5.20 Produktsicherheit
interaktive Übung

Aussage	Richtig	Falsch	Begründung
Der Landeshauptmann bzw. die Landeshauptfrau kann veranlassen, dass unsichere Waren vernichtet werden.			
Für die Sicherheit eines Produktes ist nur der Hersteller verantwortlich.			
Produkte, die entsprechend den geltenden Normen hergestellt wurden, sind jedenfalls sicher.			
Entspricht ein Produkt nicht den geltenden Normen, kann der Hersteller bestraft werden.			
Wurden bei der Herstellung eines Produktes die einschlägigen Normen eingehalten, dann trifft den Hersteller im Schadenersatzfall kein Verschulden.			
Das Produktsicherheitsgesetz soll dafür sorgen, dass die Person, die das Produkt kauft, eine mangelfreie Sache erhält.			
Das Produktsicherheitsgesetz soll dafür sorgen, dass die Person, die das Produkt kauft, eine mangelfreie Sache erhält.			

KÖNNEN

Bei den folgenden Aufgaben kannst du dein Wissen weiter anwenden.

K 5.4 Beachtung von Normen C

Bei der Herstellung eines Fahrrades wurden sämtliche einschlägige Vorschriften und Normen beachtet.

a) Kläre, ob zu erwarten ist, dass das Produkt sicher ist.

b) Prüfe, ob es sein kann, dass das Produkt trotzdem unsicher ist.

K 5.5 Herstellung eines Sessels C

Bei der Herstellung eines Sessels wurden die einschlägigen Vorschriften und Normen nur teilweise beachtet.

a) Prüfe, ob das Produkt trotzdem sicher sein kann.

b) Erkläre, welchen Nachteil der Hersteller dafür auf sich nimmt.

KOMPETENZCHECK

Meine Kompetenzen	Kann ich?	Aufgaben
Ich kann die Bedeutung des CE-Zeichens darstellen.		Ü 5.18, Ü 5.19
Ich kann die wichtigsten Regelungen des Produktsicherheitsgesetzes erklären.		Ü 5.20

3 Wettbewerbsrecht

Im Sport ist Doping verboten, weil es der Gesundheit der Sportler/innen schadet und weil es gegenüber den anderen Teilnehmer/innen, die ohne unerlaubte Hilfsmittel an den Start gehen, unfair ist. Auch in der Wirtschaft ist unfaires Verhalten verboten. Es soll sich jenes Unternehmen durchsetzen, das bessere Leistungen und Produkte anbietet.

Ü 5.21 In einem Supermarkt stehen zwei Packungen Waschpulver nebeneinander. Eine Packung ist doppelt so groß wie die andere. Die größere Packung ist etwas teurer als die kleinere. Klein gedruckt ist auf beiden Packungen angegeben, dass sie 1 kg Waschpulver enthalten.

Begründe,

a) bei welcher Packung der Eindruck erweckt wird, dass sie eine größere Menge Waschpulver beinhaltet.

b) zu welcher Packung die Kunden eher greifen werden.

1 Gesetz gegen den unlauteren Wettbewerb (UWG)

Der Wettbewerb zwischen den Unternehmen soll fair sein. Ein Verstoß gegen das Wettbewerbsrecht liegt dann vor, wenn das unlautere Verhalten von einem Unternehmen im Wettbewerb auf dem Markt gesetzt wurde und es sich damit **Vorteile gegenüber anderen Unternehmen** verschaffen wollte.

Fairness im Wettbewerb
In der Wirtschaft gibt es, ebenso wie im Sport, Fairnessregeln. Ein fairer Wettbewerb setzt gleiche Bedingungen für alle Wirtschaftsakteure voraus.

competition law
Wettbewerbsrecht

fair trade act, restraint of trade law
Gesetz gegen den unlauteren Wettbewerb

 LINK
Lebensmittel-Check des VKI
Der Verein für Konsumenteninformation macht u. a. Produkte publik, bei denen bei der Verpackung getrickst wird.

www.lebensmittel-check.at

Es ist zu unterscheiden, wer bzw. was geschützt werden soll.

Ziele des gesetzlichen Schutzes	
fairer Wettbewerb	**Geschäftspartner**
UWG	Vertragsrecht (ABGB, KSchG …)
Verbot von • unlauteren • aggressiven • irreführenden Geschäftspraktiken	• regelt Rechte und Pflichten der Parteien • sorgt für ausgewogene Vertragsgestaltung

fair competition, fair trade
fairer Wettbewerb

prohibition of unfair, aggressive and misleading business practices
Verbot von unlauteren, aggressiven und irreführenden Geschäftspraktiken

Beispiel: Eine Website enthält Informationen über Musikbands. Dort können auch Songs heruntergeladen werden. Auf der Seite ist groß zu lesen, dass das Angebot gratis ist und man sich anmelden muss. Bei der Anmeldung müssen auch die allgemeinen Geschäftsbedingungen akzeptiert werden. Diese sind sehr lange und klein gedruckt. Nach langem Scrollen ist unscheinbar zu lesen, dass das Angebot nur innerhalb eines 14-tägigen „Testzeitraums" gratis ist. Danach sind € 14,50 pro Monat zu bezahlen. Will man dies nicht, muss man sich abmelden.

Das Wettbewerbsrecht schützt unter anderem vor derartigen Geschäftspraktiken. Wird das reißerische Angebot ausdrücklich als gratis bezeichnet, darf dies nicht durch einen Hinweis im Kleingedruckten, der nur durch Scrollen sichtbar wird, ungültig gemacht werden. Ein derartiges Vorgehen ist **irreführend** und verstößt gegen das Wettbewerbsrecht.

Im Rahmen der EU wurde eine Liste mit **irreführenden und aggressiven Geschäftspraktiken** beschlossen, die verboten sind. Diese **„schwarze Liste"** wurde von Österreich in das UWG übernommen. Darin ist unter „irreführende Geschäftspraktiken" u. a. Folgendes zu finden:

Fake-Bewertungen im Internet
Kundenbewertungen sind ein wichtiges Entscheidungskriterium beim Online-Einkauf. Gute Bewertungen lassen sich aber auch kaufen (Irreführung der Verbraucher).

> „Die Beschreibung eines Produktes als ‚gratis', ‚umsonst', ‚kostenfrei' oder ähnlich, obwohl der Umworbene weitergehende Kosten als die Kosten zu tragen hat, die im Rahmen des Eingehens auf die Geschäftspraktik und für die Abholung oder Lieferung der Ware unvermeidbar sind."

Quelle: Bundesgesetz gegen den unlauteren Wettbewerb (UWG) 1984

Bei der Prüfung, ob ein Verhalten gegen das UWG verstößt, ist nach folgendem Schema vorzugehen:

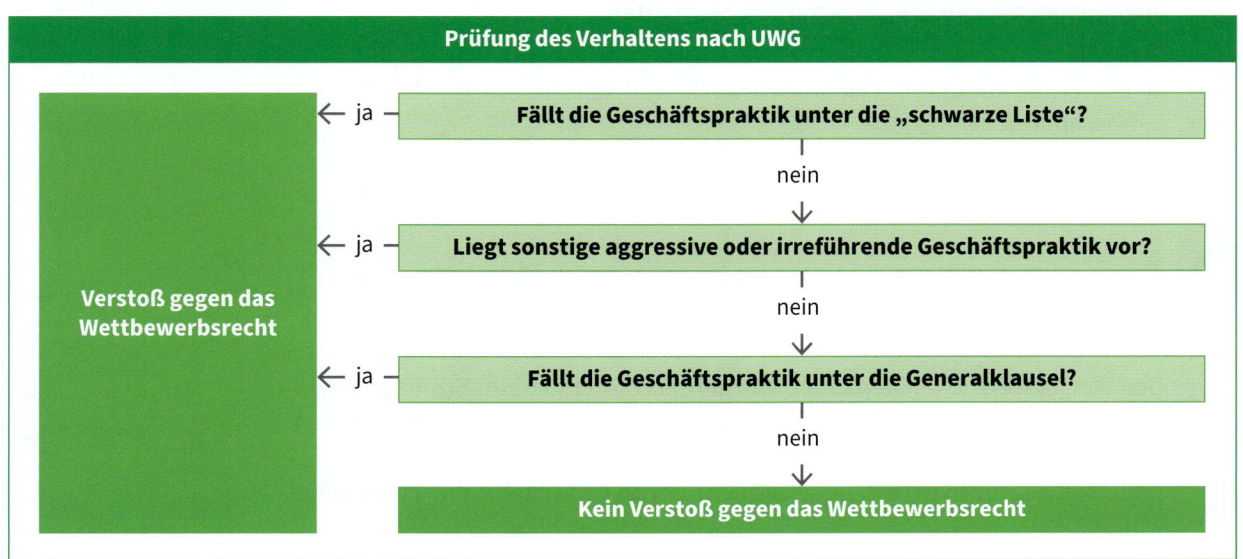

Klagen gegen Unternehmen, die gegen das Wettbewerbsrecht verstoßen, können Mitbewerber/innen sowie beispielsweise folgende Interessenvertretungen:

- Bundeskammer für Arbeiter und Angestellte
- Wirtschaftskammer Österreich
- Präsidentenkonferenz der Landwirtschaftskammern Österreichs
- Österreichischer Gewerkschaftsbund
- Bundeswettbewerbsbehörde
- Verein für Konsumenteninformation

Die Rechtsprechung hat u. a. **folgende Verhaltensweisen als unlauter** beurteilt:

1. Kundenfang (psychologische Beeinflussung der Entscheidungsfreiheit)

Beispiel: Kündigt ein Unternehmen an, dass es für jede verkaufte Packung Kaffee 10 Cent für Kinder in einem Kriegsgebiet spendet, dann ist dies sittenwidrig, da es eine planmäßige Ausnutzung von Mitgefühl und Hilfsbereitschaft darstellt, die mit der Ware in keinem Zusammenhang steht.

2. Rechtsbruch (Verschaffen von Vorteilen gegenüber den gesetzestreuen Mitbewerbern)

Beispiele:

- Hält ein Unternehmen am Sonntag sein Geschäft ohne entsprechende Genehmigung offen, begeht es Rechtsbruch, da das Offenhalten am Sonntag grundsätzlich verboten ist.
- Übt eine Person ein Gewerbe ohne die erforderliche Gewerbeberechtigung aus, dann verstößt sie sowohl gegen das Gesetz gegen den unlauteren Wettbewerb als auch gegen die Gewerbeordnung.

3. Behinderung (gezielte Maßnahmen, damit die Konkurrenz ihre Leistungen am Markt nicht zur Geltung bringen kann)

Beispiele:

- Ein Unternehmen macht sich die Fotografie eines bekannten Sportlers zunutze, indem es die fremden Firmenlogos auf der Kleidung des Sportlers wegretuschiert und durch die eigenen ersetzt.
- Ein Unternehmen veranlasst seine Lieferanten, einen Mitbewerber nicht zu beliefern, welcher dadurch in seiner Existenz gefährdet wird.

4. Ausbeutung (Übernahme fremder Ideen und Vertriebsformen ohne eigene Leistung; kann auch Verstöße gegen das Marken- bzw. Urheberrecht darstellen)

Beispiele:

- Eine schmarotzerische Ausbeutung liegt vor, wenn ein Energydrink BOSS genannt wird, da der Drink bewusst versucht, vom Bekanntheitsgrad und der Attraktivität der gleichnamigen Modemarke zu profitieren.
- Die 1:1-Kopie eines fremden EDV-Programms und dessen gewerblicher Verkauf ist sittenwidrig, da eigene Kosten und Mühen erspart werden und der Ersteller um die Früchte seiner Arbeit gebracht wird.

LINK
Bundeswettbewerbsbehörde
Hier findest du weitere Informationen.
www.bwb.gv.at

customer targeting/ canvassing
Kundenfang

breach of law, law-breaking
Rechtsbruch

obstruction, disruption
Behinderung

exploitation
Ausbeutung

attempt to mislead, deception
Irreführung

Unerlaubte Werbung
Es ist Unternehmen nicht erlaubt, unwahre Angaben über die Art und Verfügbarkeit einer Ware zu machen oder den Kunden Informationen vorzuenthalten.

5. Irreführung (Angaben, die Kunden in die Irre führen können)

Beispiel: In einem Flugblatt wird eine Ware mit einem besonders günstigen Preis beworben. Das Unternehmen hat davon jedoch nur ganz wenige Stück auf Lager, obwohl es mit viel mehr Käufern rechnen musste.

■ **Anschwärzen**

discredit, denigrate
anschwärzen

Beispiel: Es wird behauptet, dass ein Konkurrent minderwertiges Material verwendet, obwohl dies nicht wahr ist.

Ü 5.22 Geschäftspraktiken B

 LINK
Ü 5.22 Geschäftspraktiken
interaktive Übung

Prüfe, ob sich das Unternehmen in den folgenden Fällen korrekt verhält oder nicht. Kennzeichne die richtige Antwort, und begründe deine Entscheidung.

Situation	Korrekt	Nicht korrekt	Begründung
Bekleidungsstücke werden in derselben Aufmachung (inkl. Muster und Zeichen) wie jene der Konkurrenz auf den Markt gebracht.			
Im Werbeprospekt der Konkurrenz wird die Unternehmensbezeichnung geändert und das Prospekt dann als eigene Werbung verwendet.			
Der Sommerschlussverkauf wird ohne Bewilligung begonnen.			
Ein Unternehmen wird ohne Gewerbeberechtigung betrieben.			
Eine Ware wird mit geringem Preis beworben, wobei nur drei Stück davon vorhanden sind.			

Ü 5.23 Aggressive und irreführende Geschäftspraktiken B

LINK
Schwarze Liste
Hier findest du eine Auflistung der Geschäftspraktiken, die unter allen Umständen als unlauter gelten (UWG 1984).
www.ris.bka.gv.at

Kläre anhand der Liste der aggressiven und irreführenden Geschäftspraktiken, ob die folgenden Vorgangsweisen zulässig sind.

a) Ein Unternehmen führt das E-Commerce-Euro-Label, ohne die vorgeschriebenen Voraussetzungen zu erfüllen.

b) Eine Werbung enthält die Aussage, dass für Fehler, welche die Waren bei der Übergabe hatten und die spätestens 2 Jahre nach dem Kauf reklamiert werden, das Geld rückerstattet wird.

c) In einer Werbeaussendung an Konsumentinnen und Konsumenten wird ein Gewinn versprochen, wenn zuvor € 100,– eingezahlt werden.

② Unerlaubte Formen der Werbung

unauthorised forms of advertising
unerlaubte Formen der Werbung

Werbung erfüllt einerseits eine **wichtige wirtschaftliche Funktion**, andererseits können bestimmte Formen der Werbung

■ den Wettbewerb verfälschen und

■ die Privatsphäre des/der Umworbenen stören.

Daher sind zum Schutz der Allgemeinheit **bestimmte Formen der Werbung verboten.**

In Österreich muss **Werbung klar und eindeutig als solche erkennbar** sein. Das heißt, wenn Werbung in anderen Texten oder Inhalten (z. B. auf Websites, bei Werbebannern im Internet oder im redaktionellen Teil einer Zeitung oder Zeitschrift) „versteckt" ist, muss sie mit Hinweisen, wie „Anzeige", „entgeltliche Einschaltung" oder „Werbung" gekennzeichnet werden und den/die Auftraggeber/in erkennen lassen.

Bei Werbemaßnahmen sind **Preis- und Qualitätsvergleiche** des eigenen Produktes mit anderen **zulässig**.

price and quality comparisons
Preis- und Qualitätsvergleiche

Beispiel: Ein Händler wirbt in einer Zeitung mit besonders günstigen Preisen. Dabei ist zu lesen, dass ein Produkt € 9,90 statt € 14,20 kostet. In diesem Fall muss angegeben sein, worauf sich der Statt-Preis bezieht, ob es der zuletzt gültige Preis des Unternehmens oder ein anderer Vergleichspreis ist. Dann ist diese Werbemaßnahme zulässig.

Sittenwidrig und daher **verboten** sind:

- **Ansprechen** von Kunden und Kundinnen vor dem Geschäftslokal
- Einsatz eines **Kundenfängers** (Schlepper), der die Kundschaft einem Mitbewerber abspenstig macht
- Verteilen von **Reklamezetteln vor dem Geschäft des Konkurrenten** oder in dessen unmittelbarer Nähe

Zum Schutz der Konsumentinnen und Konsumenten sowie der Mitbewerber/-innen **verbietet das Telekommunikationsgesetz bestimmte Formen der Werbung.**

Unerbetene Telefonanrufe, in denen Werbung gemacht wird (Cold Calling) sind nicht erlaubt. Dazu zählt auch das Vereinbaren von Gesprächsterminen für den Verkauf von Waren oder Dienstleistungen sowie die Einholung der Zustimmung zu E-Mail-Werbung und SMS-Werbung.

Beispiel: Eine Versicherungsvertreterin sucht sich Namen und Telefonnummern aus dem Telefonbuch und ruft diese an. Sie erklärt, dass sie wichtige Informationen hat, und vereinbart einen Termin, zu dem sie den Angerufenen besucht. Bei diesem Besuch versucht sie, eine Versicherung zu verkaufen. Dies ist aufgrund des Telekommunikationsgesetzes verboten. Stimmt der Angerufene zu (z. B. auf einem Bestellformular, anlässlich der Teilnahme an einem Preisausschreiben), dann ist diese Form der Werbung erlaubt.

Auch Spamming, das massenhafte unverlangte Übermitteln von Werbe-E-Mails, **ist verboten.** Um die Belästigung gering zu halten, unterliegt die Übermittlung von Spams Beschränkungen:

LINK
Checkliste für Werbe-E-Mails
Hier findest du eine Darstellung, unter welchen Voraussetzungen die Zusendung von Werbe-E-Mails möglich ist.
www.wko.at

- **Werbemails sind als solche zu kennzeichnen**, weiters muss der Absender angegeben werden sowie eine Adresse, bei der die weitere Zusendung untersagt werden kann.

- Die Zusendung von E-Mails und SMS zu Zwecken der **Direktwerbung** ohne vorherige Zustimmung der Empfänger/innen ist nur erlaubt, wenn der Absender die Empfängerdaten anlässlich eines Kaufes oder der Erbringung einer Dienstleistung erhalten hat und die Werbung für eigene ähnliche Produkte oder Dienstleistungen erfolgt.

- Die Telekom-Regulierungsbehörde führt eine **„Robinson-Liste",** in die sich Personen und Unternehmen eintragen lassen können, die **keine Werbe-E-Mails** – auch nicht, wenn sie erlaubt sind – erhalten wollen. Der/Die Werbende hat diese jedenfalls zu beachten. Hält er/sie sich nicht daran, kann bestraft werden.

LINK
Robinson-Liste
Auch die WKO führt eine „Robinson-Liste", in die sich Personen eintragen lassen können, die keine persönlich adressierte Werbung per Post bekommen wollen.

Für das Zusenden von **unerwünschten Werbe-SMS** gelten dieselben Beschränkungen wie für das Zusenden von Werbe-E-Mails.

Der Vertrieb von Waren im **Schneeballsystem** bzw. der Betrieb von **Ketten- oder Pyramidenspielen** ist verboten und strafbar. Bei einem Pyramiden- oder Schneeballsystem bezahlt eine Person eine Ware oder Dienstleistung. Diese erhält sie nur, wenn sie weitere Personen anwirbt, die ebenfalls diese Ware oder Dienstleistung bezahlen.

Beispiel: Ulli Wimmler wollte Geld als Verkäufer verdienen. Dafür musste er € 200,– für die Einschulung bezahlen. Neben dem Verkauf von Waren sollte er auch weitere Freunde als Verkäufer anwerben. Diese mussten ebenfalls € 200,– für Schulungen bezahlen. Dafür sollte Ulli Wimmler an ihren Umsätzen mitverdienen. Wenn seine Freunde weitere Verkäufer anwerben, sollte Ulli Wimmler auch daran verdienen.

Bei **Ausverkäufen** ist zu unterscheiden:

Ausverkauf		
bewilligungspflichtig	**anzeigepflichtig**	**frei**
Wird ein Ausverkauf mit „Aufgabe des Geschäftes" beworben, ist eine Bewilligung der Bezirksverwaltungsbehörde erforderlich. Mit dem Ausverkauf darf erst nach Erteilung der Bewilligung begonnen werden. Mit Ablauf des Bewilligungsbescheides endet auch die Gewerbeberechtigung für diesen Standort.	Die Ankündigung eines Ausverkaufes wegen eines Elementarereignisses ist vor Beginn des beabsichtigten Ausverkaufs bei der zuständigen Bezirksverwaltungsbehörde anzuzeigen.	Für übliche Saisonausverkäufe ist keine Bewilligung oder Anzeige erforderlich.
Beispiele: • Geschäftsauflösung • Standortverlegung	**Beispiele:** • Hochwasser • Feuer	**Beispiele:** • Saisonschlussverkäufe • Inventurverkaufe • Räumungsverkäufe

Ü 5.24 Ausverkauf B

LINK
Ü 5.24 Ausverkauf
interaktive Übung

Kennzeichne, ob die folgenden Aussagen richtig oder falsch sind. Stelle falsche Aussagen richtig.

Aussage	Richtig	Falsch	Richtigstellung
Mit dem Saisonschlussverkauf darf erst begonnen werden, wenn eine Bewilligung der Behörde vorliegt.			
Ein Unternehmen darf mit „Ausverkauf wegen Wasserschadens" werben. Dafür benötigt es keine Bewilligung.			
Wird mit „Ausverkauf wegen Geschäftsauflösung" geworben, endet nach dem Ausverkauf die Gewerbeberechtigung.			

Das **Zusenden von Zahlungsanweisungen** für Eintragungen in ein Verzeichnis ist unzulässig, wenn nicht eindeutig darauf hingewiesen wird, dass es sich nur um ein **Vertragsangebot** handelt und die Bezahlung freiwillig erfolgt.

Beispiel: Ein neu im Firmenbuch eingetragenes Unternehmen erhält eine Zahlungsanweisung samt Begleitschreiben, das wie ein Schreiben des Gerichts aussieht. Darin wird der Unternehmer aufgefordert, einen bestimmten Betrag für die Einschaltung in ein Branchenregister zu zahlen. Das Schreiben hinterlässt den Eindruck, dass es von einer Behörde kommt und der Empfänger zur Zahlung verpflichtet ist. Auch wenn das Zusenden unzulässig ist, wird schlüssig ein Vertrag abgeschlossen. Das Unternehmen kann nur versuchen, den Vertrag nach den Regeln des bürgerlichen Rechts aufheben zu lassen.

Wird einer Person, ohne dass sie dies veranlasst, **eine Sache zugesandt**, ist sie nicht verpflichtet, die Ware zu bezahlen oder zurückzusenden. Der/Die Empfänger/in kann die Waren sogar vernichten.

Beispiel: Marco erhält per Post ein Buch samt Zahlungsanweisung, das er nie bestellt hat. Er ist weder verpflichtet, das Buch zurückzusenden oder aufzubewahren, noch muss er es bezahlen. Er kann es auch lesen oder vernichten. Handelt es sich offensichtlich um einen Irrtum, z. B. weil ein anderer Name auf dem Paket steht, dann muss Marco das Buch auf Kosten des Unternehmens zurücksenden oder den Absender informieren.

Nicht bestellt, trotzdem bekommen
Eine unbestellte Warenlieferung muss weder angenommen noch bezahlt werden.

Sendet ein Unternehmen einem **Konsumenten** eine **Gewinnzusage** und erweckt es damit den Eindruck, der Empfänger der Mitteilung habe einen Preis gewonnen, muss es aufgrund der Bestimmungen des Konsumentenschutzgesetzes diesen auch übergeben.

Beispiel: Anna hat von einem Verlag einen Brief bekommen, in dem ihr zum Gewinn einer Reise gratuliert wird. Bevor sie den Preis erhält, muss sie noch eine Mitteilung an den Verlag schicken. Gleichzeitig wird sie aufgefordert, Waren von diesem Verlag zu bestellen. Mit den bestellten Waren erhält sie wiederum einen Brief, in dem ihr gratuliert wird. Weiters wird sie in diesem Brief wieder aufgefordert, neue Waren zu bestellen. Wenn sie den Gewinn nicht erhält, kann sie das Unternehmen auf Herausgabe des Gewinns klagen.

Das **Internet** bietet **neue Möglichkeiten der Werbung**, die bisher nicht möglich waren.

Beispiel: Karin hat in einer Internetsuchmaschine „OMV" eingegeben, da sie die Öffnungszeiten einer Tankstelle sucht. Die Suchmaschine hat aber auch Werbung für Kfz-Reparaturwerkstätten und Nachtlokale angezeigt.

Weitere Formen von Werbung im Internet sind:

- **Keyword Advertising:** Suchmaschinenbetreiber bieten Werbekunden gegen Bezahlung an, deren Werbebanner einzublenden, wenn nach einem bestimmten Begriff gesucht wird.

- **Keyword Buying:** Dabei wird der Betreiber der Suchmaschine dafür bezahlt, dass bei Eingabe eines bestimmten Suchbegriffes die Person, die bezahlt hat, an erster Stelle oder weit vorne gereiht wird. Dadurch wird die Wahrscheinlichkeit, dass diese Website angeklickt wird, erhöht.

- **Meta Tagging:** In den einleitenden Zeilen einer HTML-Seite können Begriffe eingegeben werden, die Besucher/innen der Seite nicht sehen, die aber von Suchmaschinen erkannt und ausgewertet werden.

Werbung durch Keywords
Die Verwendung eines Gattungsbegriffes wie „Heizung" oder „Solar" für Keyword Advertising oder Meta Tagging ist zulässig, wenn die User/innen nicht in die Irre geführt werden.

- **Word Stuffing**: Auf einer Internetseite sind fremde Kennzeichen zu finden, die für den Betrachter unsichtbar sind, da sie in derselben Farbe wie der Hintergrund gehalten sind.

Diese Formen der Werbung sind **unlauter und daher verboten,** wenn eine fremde Marke oder ein sonstiges fremdes Kennzeichen verwendet wird, um

- Kunden und Kundinnen, die nach dem fremden Kennzeichen suchen, auf die eigene Website umzuleiten,
- den guten Ruf des fremden Zeichens für eigene Zwecke auszubeuten.

thirdparty trademark
fremde Marke

other thirdparty trade names
sonstiges fremdes Kennzeichen

Großabnehmer erhalten üblicherweise günstigere Preise als Kunden, die nur geringe Mengen kaufen. Beim **Powershopping** wird versucht, viele Kundinnen und Kunden zu finden, die jede/r für sich zwar nur eine kleine Menge kaufen, gemeinsam aber den günstigen Großkundenpreis erhalten. Rechtlich problematisch wird Powershopping, wenn auf Kunden ein psychologischer Kaufdruck ausgeübt wird, z. B. durch:

- Einblenden der Zahl der fehlenden Käufer/innen
- hohe Preisreduktionen
- Ausnutzen der Spielleidenschaft der Kundinnen und Kunden

Ü 5.25 Spamming ■B■

Eine Konsumentin hat bei einem Preisausschreiben ihre E-Mail-Adresse bekanntgegeben. Daraufhin erhält sie regelmäßig Werbe-E-Mails.

Prüfe, ob

a) die Zusendung der Werbe-E-Mails zulässig ist.

b) es Möglichkeiten gibt, damit die Konsumentin zukünftig keine Werbe-E-Mails erhält.

Ü 5.26 Telefon ■B■

Ein Unternehmen wirbt mit dem Slogan „Fernsehen über die Telefonleitung – Das Fernsehen der Zukunft ab € 4,90 pro Monat ein Leben lang". Um das Angebot nutzen zu können, ist ein Festnetzanschluss erforderlich, der € 35,– pro Monat kostet, was in der Werbung nicht erwähnt wird.

Prüfe, ob dies rechtlich zulässig ist.

③ Preisauszeichnung

Der Gesetzgeber fördert den Wettbewerb und unterstützt Nachfrager/-innen bei **Preisvergleichen**, indem er Unternehmen verpflichtet, die verlangten Preise für

- sichtbar ausgestellte Produkte (z. B. Waren im Schaufenster) oder
- Güter, die in den Geschäftsräumen zum Verkauf bereitgehalten werden (z. B. Pullover auf Kleiderpuppe),

ersichtlich zu machen. Ein durchschnittlicher Betrachter muss die Preise den Waren leicht zuordnen können.

Bestimmte Betriebe müssen überdies die Preise für ihre anderen Waren und Dienstleistungen auszeichnen.

- **Gastgewerbebetriebe** müssen ihre Preise in Form von Speisekarten und deutlich sichtbar im Lokal angeben. Wenn Gastgewerbe warme Speisen anbieten, müssen die Preise auch von außen lesbar angebracht sein.
- **Tankstellen** haben die Preise für Treibstoffe so anzubringen, dass sie von der Straße aus gesehen werden können.

Preise im Supermarkt
Im Lebensmittelhandel erfolgt die Auszeichnung von Preisen durch Etiketten, Preisschienen auf den Regalen oder Aufdrucken auf der Verpackung.

- **Radio- und Fernsehtechniker** haben ihre Preise pro Arbeitsstunde anzugeben.

- **Friseure** haben die Preise für die jeweiligen Leistungen (z. B. „Männer-haarschnitt" oder „Dauerwelle") auszuzeichnen. Die Preise müssen innerhalb und außerhalb des Geschäftslokals lesbar sein.

Um **Preisvergleiche** zu erleichtern, muss für bestimmte Waren zum Preis je Verpackungseinheit zusätzlich der Preis je Kilogramm, Meter o.Ä. ausgezeichnet werden.

Ü 5.27 Preisauszeichnung B

Ein Unternehmen hat Computerkassen. Daher sind auf den Regalen keine Preise, sondern nur die Artikelnummern angeschrieben. Auch auf der Rechnung sind nur die Artikelnummer und der Preis zu finden.

a) Kläre, welches Problem sich dabei für die Kunden ergibt.

b) Prüfe, ob dies rechtlich korrekt ist.

Auszeichnung von Preisen
Bestimmte Betriebe, wie Tankstellen, Restaurants oder Friseure, sind verpflichtet, ihre Preise deutlich sichtbar auszeichnen.

Ü 5.28 Preis für Cornflakes C

In einem Supermarkt steht eine 375-g-Packung Cornflakes neben einer 525-g-Packung.

Erkläre, wie man einen Preisvergleich anstellen kann.

ÜBEN

In dieser Lerneinheit hast du das Gesetz gegen den unlauteren Wettbewerb kennengelernt und etwas über unerlaubte Formen der Werbung erfahren. Bearbeite nun die folgenden Aufgaben.

Ü 5.29 Werbemaßnahmen B

Kennzeichne, ob die folgenden Werbemaßnahmen zulässig sind oder nicht, und begründe deine Antwort.

LINK
Ü 5.29 Werbemaßnahmen
interaktive Übung

Werbemaßnahme	Zulässig	Nicht zulässig	Begründung
Werbemails an Kunden, die ihre E-Mail-Adresse bei Preisausschreibungen bekannt gegeben haben			
bezahlter Bericht im redaktionellen Teil der Zeitung über neue Produkte des Unternehmens ohne besondere Kennzeichnung			
Versenden von Preislisten per Fax an Nummern, die aus dem Telefonbuch herausgesucht wurden			
Bezeichnung „BMW" wird so in den HTML-Text eines Waschmittelherstellers integriert, dass sie unlesbar bleibt, aber die Website bei Eingabe von „BMW" aufscheint			

LINK
Ü 5.30 Werbung
interaktive Übung

Ü 5.30 Werbung [B]

Kennzeichne, ob die folgenden Aussagen richtig oder falsch sind.

Aussage	Richtig	Falsch
Werbung im redaktionellen Teil von Zeitungen ist ohne weiteres zulässig.		
Es ist zulässig, in der Werbung die Preise des eigenen Produktes mit jenen der Konkurrenz zu vergleichen.		
Das Anrufen von fremden Personen zum Abschluss von Verträgen ist ohne deren Zustimmung unzulässig.		
Räumungsverkäufe dürfen ohne Bewilligung durchgeführt werden.		

KÖNNEN

Bei der folgenden Aufgabe kannst du dein Wissen weiter anwenden.

K 5.6 Absatzsteigerung [C]

Ein Unternehmen setzt zur Steigerung des Absatzes folgende Maßnahmen:

a) Kunden, die gut verhandeln, erhalten 10 % Preisnachlass. Die übrigen zahlen den angeschriebenen Preis.

b) Kunden erhalten beim Kauf von T-Shirts um € 25 gratis 15 Brieflose.

c) Der Saisonausverkauf wird eine Woche vor den übrigen Mitbewerbern ohne Zustimmung der Behörde gestartet.

Erkläre, ob diese Vorgehensweisen zulässig sind.

KOMPETENZCHECK

Meine Kompetenzen	Kann ich?	Aufgaben
Ich kann überprüfen, ob eine Geschäftspraktik unlauter ist.		Ü 5.22, Ü 5.23, Ü 5.24, Ü 5.25, Ü 5.26, Ü 5.29, Ü 5.30, K 5.6
Ich kann Preise richtig auszeichnen.		Ü 5.27, Ü 5.28

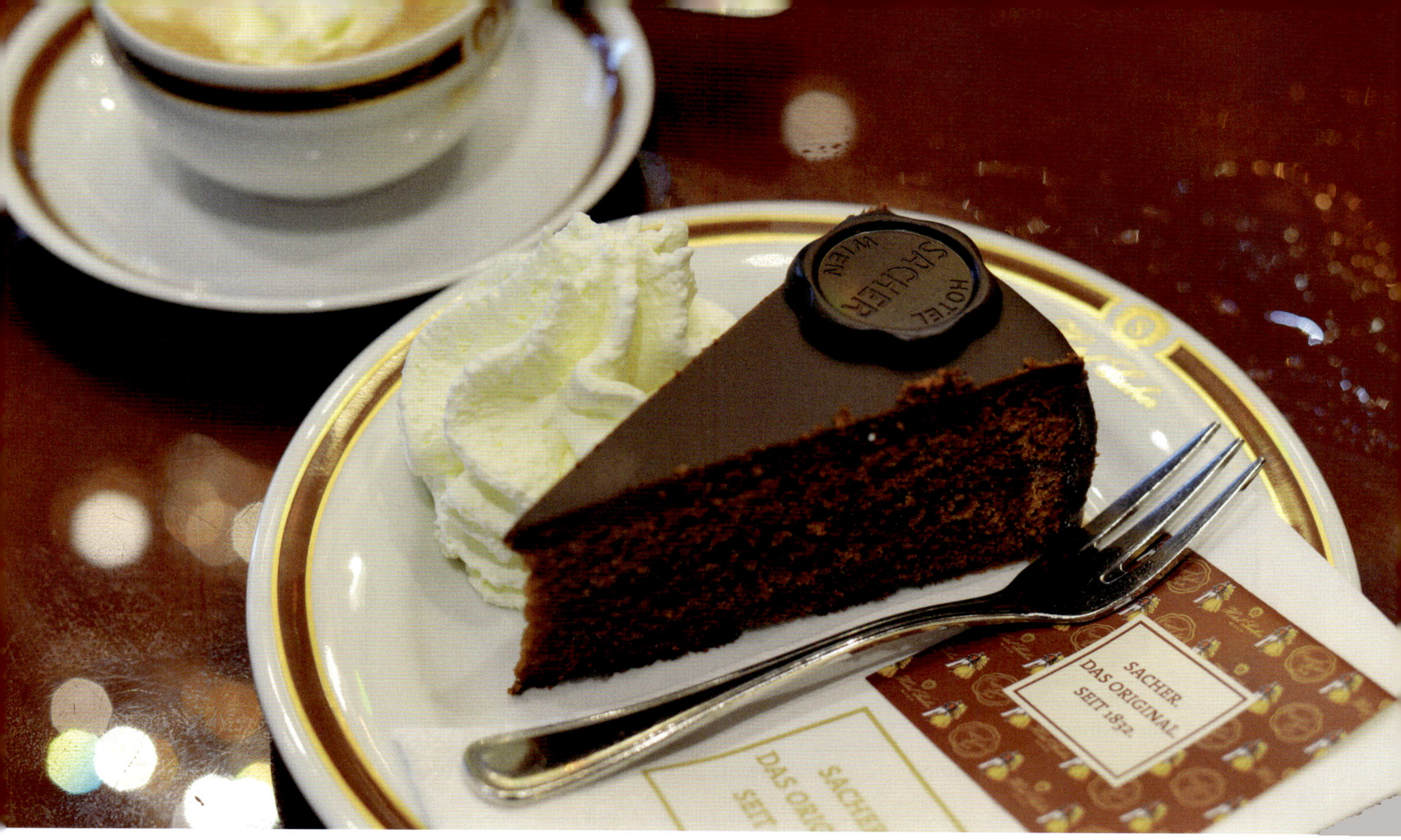

LERNEN

4 Immaterialgüterrecht

Das Schreiben von EDV-Programmen, die Entwicklung neuer Mobiltelefone oder das Bekanntmachen einer Marke erfordern Anstrengung und kosten Zeit und Geld. Daher schützt der Gesetzgeber Personen, die derartige geistige Leistungen erbringen.

Ü 5.31 **Die Fa. Winter KG hat einen Käse mit Lavendelgeschmack entwickelt. Damit kein anderes Unternehmen Käse mit gleichartigem Geschmack auf den Markt bringt und der Fa. Winter KG Umsatz und Gewinn wegnimmt, möchte sie den Geschmack schützen lassen. Recherchiere, ob dies möglich ist.**

 Schutz geistiger Leistungen: Die Rechtsordnung bietet verschiedene Möglichkeiten zum Schutz geistiger Leistungen.

Das Gesetz schützt			
Zeichen	Aussehen von Produkten	Technische Erfindungen	Werke
Der Gesetzgeber bezeichnet dies als			
Marke	Muster	Patent	Urheberrecht
Schutzvorschriften finden sich im			
Markenschutzgesetz	Musterschutzgesetz	Patentgesetz	Urheberrechtsgesetz
Schutz wird erworben durch			
Anmeldung beim Patentamt			Schaffung des Werkes

❶ Markenrecht

Marken sind für viele Unternehmen **das Wertvollste,** das sie besitzen.

Beispiel Marke Ferrari: Wer dieses Zeichen sieht, denkt an schnelle und teure Autos, Grand-Prix-Rennen, Italien … Es ruft bei vielen Personen positive Gefühle hervor. Das Bekanntmachen des Zeichens hat viel Geld, Zeit und Mühe gekostet. Daher ist es für das Unternehmen wichtig, dass dieses Zeichen nicht jeder nutzen darf.

Namen, Bezeichnungen oder Zeichen, die ein Unternehmen nutzt, werden durch verschiedene Gesetze geschützt:

Bezeichnungen	Schutz durch
Firma (Name des Unternehmens)	Unternehmensrecht (UGB)
Geschäftsbezeichnung, Firmenschlagwort	Gesetz gegen den unlauteren Wettbewerb (UWG)
Grafik, die das Unternehmen kennzeichnet	Gesetz gegen den unlauteren Wettbewerb (UWG), Urheberrechtsgesetz (UrhG)
Registrierte Marke	Markenschutzgesetz (MSchG)

Hinsichtlich des **Umfangs des Schutzes von Kennzeichen** bzw. der **Beweisbarkeit im Streitfall** ist zu unterscheiden:

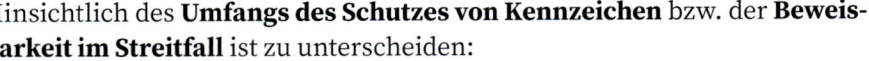

Kennzeichen von Waren und Dienstleistungen	
Marken	**Sonstige**
• in das Markenregister eingetragen • geschützt durch das Markenschutzgesetz	• nicht als Marke registriert • Schutz aufgrund des – Gesetzes gegen den unlauteren Wettbewerb – Urheberrechtsgesetzes

Marken sind besondere, **in das Markenregister eingetragene Zeichen,** die dazu dienen, Waren oder Dienstleistungen zu kennzeichnen. Durch die Registrierung sind das Aussehen und der Inhaber bzw. die Inhaberin einer Marke bekannt. Das Recht kann im Streitfall vor Gericht leichter durchgesetzt werden.

Marken können **verschiedene Zwecke** erfüllen:

Arten von Marken		
Individualmarken	**Verbandsmarken**	**Gewährleistungsmarken**
Diese kennzeichnen Waren oder Dienstleistungen. Dadurch sollen sich diese Waren oder Dienstleistungen von den Waren oder Dienstleistungen anderer Hersteller unterscheiden. Die Herkunft soll erkennbar werden.	Diese zeigen, dass der Hersteller einer Ware oder Dienstleistung Mitglied eines Verbandes bzw. einer Vereinigung ist. Die Ware wird als Mitglied des Verbandes vermarktet.	Diese zeigen, dass die Ware oder Dienstleistung eine bestimmte Qualität hat. Diese Qualität wird vom Markeninhaber kontrolliert.

Marke Ferrari
Der Rennfahrer Enzo Ferrari (1898–1988) gründete das Unternehmen im Jahr 1947. Heute gehört es zu den wertvollsten Marken der Welt.

trademark, brand
Marke

trademark register
Markenregister

Marken sollen bei den Kunden **positive Emotionen** aufbauen und das Unternehmen sowie die Produkte versinnbildlichen. Das Unternehmen gewinnt durch die Verwendung einer Marke eine **monopolähnliche Stellung,** da kein gleiches oder ähnliches Produkt mit derselben oder einer ähnlichen Marke auf den Markt gebracht werden darf, wenn dadurch die Gefahr von Verwechslungen gegeben ist. So unterscheiden sich die eigenen Produkte von der Konkurrenz und es können höhere Preise verlangt werden.

word mark, brand name
Wortmarke

figurative trademark
Bildmarke

combined trademark/brand
kombinierte Marke

physical form/shape
körperliche Form

Marken, die geschützt werden können	Beispiel
Wortmarke	Milka
Bildmarke	
kombinierte Marke (Kombination aus Wort und Bild)	
körperliche Form	
Klang, Melodie	
Mustermarke (regelmäßige Wiederholung von Elementen)	
Multimediamarke (Videodatei, z.B. animiertes Logo)	
Hologrammmarke	

Nicht als Marke registrierbar sind:

■ Marken, die nur **Angaben über die Beschaffenheit** oder Ähnliches enthalten. Beispiel: „WEISSE SEITEN" als Marke für Papier- und Druckerzeugnisse beschreibt die Ware und ist daher nicht als Marke registrierbar. Diese Bezeichnung kann auch nicht für Dienstleistungen eines Verlages oder eines Redakteurs geschützt werden.

■ Marken, denen die **Unterscheidungskraft fehlt,** ausgenommen, sie haben Verkehrsgeltung. Beispiel: Keine Unterscheidungskraft hat die Zifferngruppe 4711. Ein Großteil der Kunden verbindet mit dieser Zifferngruppe jedoch eine Parfümsorte. Daher hat sie Verkehrsgeltung und kann als Marke registriert werden.

■ **Hoheitszeichen** und **Zeichen internationaler Organisationen.** Beispiel: Bundeswappen

■ Marken, die **unsittlich, ärgerniserregend** oder zur **Täuschung geeignet** sind

sound, melody, tune
Klang, Melodie

pattern trademark
Mustermarke

multimedia mark
Multimediamarke

hologram trademark
Hologrammmarke

Verkehrsgeltung
wenn der Großteil der Kundschaft mit einer Bezeichnung eine bestimmte Ware verbindet

- **Irreführende Zeichen.**
  Beispiel: „Wolltraum" für Kunststoffgewebe
- Formen, die sich **aus der Technik des Gegenstands ergeben.**
  Beispiel: Bei der Form von LEGO-Steinen handelt es sich nach Ansicht des EuGH um eine technische Lösung. Diese ist nicht als Marke schützbar.

Der **Schutz nach dem Markenschutzgesetz**
- beginnt mit der **Eintragung in das Markenregister**
- gilt nur in **Österreich**
- dauert **10 Jahre** (eine immer wiederkehrende Verlängerung ist möglich)

Das Markenregister wird vom **Patentamt** geführt. Bei der Anmeldung ist auch anzugeben, für welche Art von Waren oder Dienstleistungen der Schutz beantragt wird. Dafür gibt es eine Einteilung, die 45 Klassen von Waren oder Dienstleistungen unterscheidet. Diese Einteilung wird **„Klassifikation von Nizza"** genannt.

Nur für diese Waren genießt der Markeninhaber Schutz. Grundsätzlich können Dritte dieselbe Marke für andere Waren oder Dienstleistungen verwenden. Nur besonders bekannte Marken dürfen auch für andere Waren oder Dienstleistungen nicht verwendet werden.

Beispiel für eine besonders bekannte Marke: Wenn eine Zeitschrift einen Oscar als Preis für die besten Fernsehsendung vergibt, verletzt sie das Markenrecht der Academy of Motion Picture Arts and Sciences.

Bei der Anmeldung wird nicht geprüft, ob ein gleiches oder ähnliches Zeichen bereits eingetragen ist. Daher kann eine Marke auch registriert werden, wenn eine andere Person bereits zuvor ein ähnliches Zeichen eintragen ließ. Es gilt aber der **Prioritätsgrundsatz:** Die Person, deren Marke zuerst eingetragen wurde, kann die Löschung der später eingetragenen Marke beantragen.

Das **Markenrecht** wird mit der **Registrierung** erworben. Ein gesonderter Hinweis auf das Markenrecht ist nicht erforderlich. Einige Markeninhaber/-innen bringen jedoch Zeichen wie ® an. Damit soll verhindert werden, dass die Marke zum Gattungsbegriff wird.

Jeder und jede kann die **Löschung einer Marke** beantragen, wenn diese im Inland fünf Jahre nicht genutzt wird.

LINK
Klassifikation von Nizza
Hier findest du die Einteilung in 45 Klassen von Waren und Dienstleistungen.
www.patentamt.at

Marke „Kornspitz" ist endgültig Geschichte

Die Firma Backaldrin in Asten hat den Markenstreit um ihre Erfindung „Kornspitz" verloren. Der Oberste Gerichtshof hat laut Berichten der „Oberösterreichischen Nachrichten" und des „Volksblatts" vom Mittwoch endgültig entschieden, dass der Name eine Gattungsbezeichnung für Gebäck ist. Das heißt, dass Backaldrin gegenüber Konsumenten keine Markenrechte auf „Kornspitz" mehr genießt. Alle Backbetriebe könnten künftig im Verkauf diese Bezeichnung verwenden. Anders ist es im geschäftlichen Verkehr von Backaldrin mit Kunden: Gegenüber Abnehmern seiner Backmi-

schungen kann das Unternehmen weiterhin auf den Namen pochen. […]
Der Rechtsstreit zieht sich schon seit 2011. Damals hatte ein Mitbewerber die Löschung der Marke beantragt. Der Oberste Patent- und Markensenat entschied seinerzeit dafür. Dagegen berief das Unternehmen in allen nur möglichen Instanzen, auch der Europäische Gerichtshof wurde um Entscheidungshilfe angerufen. Nunmehr wies der Oberste Gerichtshof eine außerordentliche Revision gegen das Urteil des Oberlandesgerichts Wien ab, das gegen Backaldrin entschieden hatte.

Quelle: derstandard.at/2000021926769/Marke-Kornspitz-ist-endgueltig-Geschichte, 9. 9. 2015; letzter Zugriff: 31.07.2019

Ü 5.32 Markenschutz D

a) Erkläre, unter welchen Umständen ein Markenrecht gelöscht werden kann.

b) Prüfe, ob § 33b MSchG auf die Bezeichnung „Kornspitz" anwendbar ist.

c) Analysiere, was die Firma Backaldrin hätte tun müssen, um die Löschung der Marke „Kornspitz" zu verhindern.

Marken, für die ein Schutz erteilt wurde, werden im **„Österreichischen Markenanzeiger"** veröffentlicht:

M LINK

Markenanzeiger
Hier kannst du Patent- und Gebrauchsmusterblätter sowie Marken- und Musteranzeiger downloaden (Publikationen).

www.patentamt.at

Wird eine Ware innerhalb des Europäischen Wirtschaftsraums (EWR) mit Zustimmung des Markeninhabers auf den Markt gebracht, dann ist das **Markenrecht erschöpft.** Der/Die Markeninhaber/in kann dann nicht verbieten, dass die Ware in einem anderem Mitgliedsstaat angeboten wird.

Beispiele:

■ Ein österreichisches Unternehmen kauft Markenwaren nicht beim Generalimporteur, sondern importiert diese Waren selbst aus Portugal. In diesem Fall ist das Markenrecht des Markeninhabers erschöpft – er hat keine rechtlichen Möglichkeiten, sich dagegen zu wehren.

■ Das österreichische Unternehmen kauft diese Waren in Ägypten und importiert sie nach Österreich. Hier ist das Markenrecht nicht erschöpft, da die Waren aus einem Land außerhalb des EWR importiert werden, der Markeninhaber kann rechtlich gegen den Importeur vorgehen.

Damit eine Marke leichter in mehreren Staaten geschützt werden kann, wurden **internationale Abkommen** geschlossen:

- Innerhalb der EU kann eine Marke als „**Unionsmarke**" durch Anmeldung beim **Amt der Europäischen Union für geistiges Eigentum (EUIPO)** in Alicante (Spanien) geschützt werden. Dadurch erlangt der/die Anmelder/in einen einheitlichen Schutz für sämtliche Mitgliedstaaten der EU.

- Aufgrund des „Madrider Markenabkommens" kann ein Markenschutz in mehreren Staaten durch Hinterlegung der Marke bei der **Weltorganisation für geistiges Eigentum (WIPO)** in Genf erlangt werden. Dieser Schutz gilt 20 Jahre.

Ü 5.33 Schutz von Marken B

Kennzeichne, ob die folgenden Aussagen richtig oder falsch sind, und korrigiere bei Bedarf.

LINK
Ü 5.33 Schutz von Marken
interaktive Übung

Aussage	Richtig	Falsch	Richtigstellung
Durch eine Marke erhält man eine Stellung, die der eines Monopolisten ähnlich ist.			
Eine Marke kann in Österreich längstens 20 Jahre geschützt werden.			
Der Schutz einer Marke kann bei der Wirtschaftskammer beantragt werden.			
Das österreichische Bundeswappen kann als Marke registriert werden.			
Zeichen, die nicht als Marke registriert sind, können frei verwendet werden.			
Als Marke können nur bildliche Darstellungen geschützt werden.			
Marken können international nicht geschützt werden.			

2 Musterrecht

Durch den Musterschutz wird das **Design (Aussehen) eines gewerblichen Gegenstandes** geschützt. Dieser Schutz wird

- für **neue Muster** erteilt.
- dauert **5 Jahre.** Eine Verlängerung auf bis zu 25 Jahre ist möglich.
- durch **Eintragung in das Musterregister** begründet. Dieses wird ebenfalls vom Patentamt geführt.

Als **Muster** können beispielsweise **geschützt werden:**

- Form einer Flasche
- Design eines Vorhangs
- Form einer Verpackung
- Flaschenetikett

Nicht schützbar ist ein Muster, wenn es

- der Öffentlichkeit bereits bekannt ist,
- sich aufgrund seiner technischen Funktion nicht anders herstellen lässt.

Musterschutz für Design
Die Verpackungsform eines Produkts kann als Muster geschützt werden. Hohen Wiedererkennungswert hat z. B. die Konturflasche von Coca-Cola.

design
Muster

design protection
Musterschutz

Ein in der gesamten EU geltender Musterschutz kann durch Registrierung beim **Amt der Europäischen Union für geistiges Eigentum (EUIPO)** erworben werden.

Der Musterschutz wird auch **Geschmacksmusterschutz** oder **Designmusterschutz** genannt.

③ Patentrecht

Durch ein **Patent** erhält man das Recht, als Einzige/r einen patentierten Gegenstand

- betriebsmäßig herzustellen,
- damit zu handeln,
- ein patentiertes Verfahren zu nutzen.

Voraussetzungen, damit ein Produkt oder Verfahren als Erfindung patentiert wird, sind:

- Es muss sich um eine technische Entwicklung handeln.
- Die Erfindung muss gewerblich nutzbar sein.
- Die Erfindung darf der Öffentlichkeit nicht bekannt sein.
- Es muss ein technisches Problem so gelöst werden, dass es auch für einen Fachmann überraschend ist. Technische Neuerungen einfacherer Art können als Gebrauchsmuster geschützt werden.

Keine Erfindungen sind:

- Entdeckungen von Dingen, die in der Natur vorkommen, ebenso wissenschaftliche Theorien und mathematische Methoden
- Formen und ästhetische Kreationen
- Pläne, Regeln und Verfahren für gedankliche Tätigkeiten, für Spiele oder geschäftliche Tätigkeiten
- Programme für Datenverarbeitungsanlagen
- Wiedergabe von Informationen

Nicht patentierbar sind:

- Erfindungen, deren Veröffentlichung oder Verwertung gegen die öffentliche Ordnung oder die guten Sitten verstoßen würde
- Verfahren zur chirurgischen oder therapeutischen Behandlung von Menschen oder Tieren. Dies gilt nicht für Medikamente.
  Beispiel: Jemand entwickelt ein Verfahren, wie gebrochene Beine rascher heilen. Dafür wird eine spezielle Vorrichtung benötigt. Das Verfahren ist nicht patentierbar, die Vorrichtung hingegen schon.
- Pflanzensorten, Tierarten und Verfahren zur Züchtung von Pflanzen oder Tieren. Dies gilt nicht für Mikroorganismen.
- Programme für Datenverarbeitungsanlagen als solche

Ü 5.34 Patent für Software **C**

Ein Unternehmen hat ein Programm entwickelt, das sehr rasch Preise an die Nachfrage anpassen kann. Da es nicht will, dass andere Unternehmen auch derartige Programme nutzen, möchte das Unternehmen das Programm durch ein Patent schützen lassen.

Prüfe, ob das Unternehmen das Programm patentieren lassen kann.

Wiener Schneekugeln
Der Chirurgen-Instrumentenmacher Erwin Perzy wollte eigentlich die Beleuchtung für Operationssäle optimieren. Erfunden hat er dann die „Glaskugel mit Schneeeffekt" und ließ sie patentieren.

patent
Patent

to manufacture industrially
betriebsmäßig herstellen

ästhetisch
schön/harmonisch gestaltet

for trading purposes
damit handeln

to use a patented process
ein patentiertes Verfahren nutzen

technical development
technische Entwicklung

industrially applicable
gewerblich nutzbar

Erteilung eines Patents: Von der Patentanmeldung bis zur Patenterteilung sind mehrere Schritte zu durchlaufen.

Verfahren zur Patenterteilung
Anmeldung beim Patentamt (= Prioritätszeitpunkt und Beginn der 20-jährigen Schutzfrist)
Prüfung durch Patentamt auf
• Patentierbarkeit • Neuheit
Veröffentlichung der Unterlagen (vorläufiger Schutz)
Möglichkeit der Öffentlichkeit, Einwände gegen die Patentierbarkeit zu erheben
Bei positiver Vorprüfung
• Erteilung des Patents • Bekanntmachung im Patentblatt • Ausgabe der Patentschrift • Eintragung ins Patentregister

Einen **Patentschutz für Österreich** erteilt das Patentamt. Der Schutz dauert **maximal 20 Jahre** ab Anmeldung. Diese Frist ist nicht verlängerbar. Zur Aufrechterhaltung des Patentschutzes muss der/die Patentinhaber/in jährlich eine **Gebühr** an das Patentamt entrichten.

Wird von mehreren Personen Patentschutz für dieselbe Erfindung beantragt, so erhält diejenige Person das Patentrecht, die den Schutz früher beim Patentamt beantragt hat. Auch im Patentrecht bestehen internationale Abkommen, die die Erlangung eines Patentschutzes in mehreren Staaten erleichtern.

Ü 5.35 Patentrecht A

Kennzeichne, ob die Aussagen richtig oder falsch sind. Korrigiere bei Bedarf.

LINK
Ü 5.35 Patentrecht
interaktive Übung

Aussage	Richtig	Falsch	Richtigstellung
Jede Person darf in Patentschriften Einsicht nehmen.			
Ein Patent kann in Österreich längstens 10 Jahre geschützt werden.			
Als Erfindungen können auch mathematische Formeln geschützt werden.			
Ein Bastler darf eine Sache, die jemand patentieren ließ, für sich selbst nachbauen.			
Wurden zwei Pflanzen gekreuzt und dadurch eine neue Pflanze gezüchtet, kann diese patentiert werden.			
Nach Ablauf der Patentfrist kann diese Idee jede Person nutzen.			

4 Urheberrecht

copyright law
Urheberrecht

Beispiel: Du besuchst ein Konzert deiner Lieblingsband. Wie einige andere Besucher auch zückst du dein Smartphone und nimmst einen Teil des Konzertes auf. Zu Hause freust du dich über den schönen Abend und veröffentlichst die Aufnahme auf Facebook. Einige Zeit später erhältst du einen Brief, in dem von dir Geld für die Veröffentlichung und außerdem das Löschen des Mitschnitts verlangt wird. Musst du wirklich zahlen und das Video löschen?

 Urheberrechtsgesetz: Im Urheberrechtsgesetz (UrhG) ist der Schutz bestimmter Leistungen geregelt.

Das Urheberrechtsgesetz enthält	
Urheberrecht	**Leistungsschutzrecht**
schützt Personen, die ein im Urheberrecht genanntes Werk geschaffen haben **Beispiel:** Autorin, die ein Theaterstück schreibt	schützt Personen, die ein Werk vortragen oder dabei mitwirken **Beispiel:** Künstler, die bei einer Theateraufführung mitwirken

Fortsetzung des Beispiels: Durch das Filmen des Konzerts hast du gegen das Leistungsschutzrecht verstoßen. Du musst das geforderte Geld zahlen und den Mitschnitt von deiner Facebook-Seite löschen.

Das **Urheberrecht** schützt folgende Arten von Werken:

- **Literatur,** das sind
  - Sprachwerke aller Art, wie z. B. Bücher, Aufsätze, Zeitschriftenartikel, Skripten, Dokumentationen, Programmbeschreibungen – unabhängig vom Inhalt
  - wissenschaftliche und belehrende Werke, wie Landkarten, Reliefs, Modelle
  - Bühnenwerke, z. B. Theaterstücke
  - Computerprogramme, sowohl Quellcode als auch Maschinencode
- **Tonkunst**, z. B. Musikstücke
- **bildende Künste**, das sind
  - Kunstwerke, z. B. Malereien, Zeichnungen, Plastiken
  - Lichtbildwerke, z. B. Fotografien (auch Urlaubsfotos)
  - Baukunst, z. B. Architektur
  - Kunstgewerbe, angewandte Kunst, z. B. Keramiken
- **Filmkunst**

literary works, literature
Literatur

music, songs
Tonkunst

visual arts, fine arts
bildende Künste

films, movies
Filmkunst

Damit ein **Werk Urheberrechtsschutz erhält,**

- muss es nicht registriert oder gekennzeichnet werden. **Der Schutz entsteht mit der Schaffung des Werkes.**
- muss es nicht auf Papier oder einem sonstigen Träger vorhanden sein, es muss aber für Dritte erkennbar sein, z. B. ein Theaterstück oder ein Vortrag.
- muss es etwas Neues sein und eine gewisse Individualität aufweisen.

Copyright-Zeichen
In manchen Staaten der USA sind Werke nur dann urheberrechtlich geschützt, wenn das Zeichen © angebracht wurde.

Beispiele, wie der Oberste Gerichtshof die Individualität beurteilt:

Beispiel für urheberrechtlich geschützte Werke	Beispiel für urheberrechtlich nicht geschützte Werke
Der Oberste Gerichtshof hat bei folgenden Werken festgestellt, dass sie eine gewisse Individualität aufweisen und daher durch das UrhG geschützt sind.	Diese Arbeiten weisen nicht genügend Individualität auf. Daher hat ihnen der Oberste Gerichtshof (bzw. in einem Fall das Landgericht Frankfurt) keinen Schutz nach dem UrhG zugesprochen.
Beispiel Literatur „Voll Leben und voll Tod ist diese Erde" (Jura Soyfer: Gedicht „Das Lied von der Erde") Quelle: OGH 10.7.1990, 4 Ob 72/90	**Beispiel Literatur** „Tausendmal berührt, tausendmal ist nix passiert, tausend und eine Nacht und es hat Zoom gemacht" (Refrain des Liedes „1001 Nacht") Quelle: LG Landgericht Frankfurt/Main 2.12.1993, O 736/92
Beispiel Grafik Zeichnung eines Felsritzbildes (Ausschnitt)   Quelle: OGH 17.12.2002, 4 Ob 274/02a	**Beispiel Grafik** Logo City Funk Klagenfurt  Quelle: OGH 18.5.1993, 4 Ob 34/93

Auch Teile von Werken und Übersetzungen können urheberrechtlich geschützt sein, wenn sie ein Werk darstellen.

Bei **Fotografien** fordert der Oberste Gerichtshof in der Regel keine besondere Individualität. Daher stellt praktisch jedes Foto ein Werk dar.

Urheber/innen haben das **ausschließliche Recht, ihre Werke zu verwerten.** Die Verwertung kann erfolgen durch:

- Gestattung der Bearbeitung oder Übersetzung des Werks
- Entscheidung, ob, wann und wo das Werk erstmals der Öffentlichkeit zugänglich gemacht wird
- Bestimmen, wann und wie das Werk vervielfältigt und verbreitet wird
- Gestattung, das Werk im Rundfunk zu senden
- Erteilung der Erlaubnis, das Werk im Inter- oder Intranet zu veröffentlichen

Ein Urheber kann daher auch die Verwertung seines Werkes ganz oder in bestimmten Formen verbieten.

Beispiele:

- Ein französischer Schriftsteller verbietet die Übersetzung seines Werkes ins Deutsche und die öffentliche Lesung im deutschen Sprachraum.
- Eine Hobbyfotografin verbietet die Veröffentlichung ihrer Fotos in einer Zeitung.

Wird dagegen verstoßen, kann der/die Urheber/in gerichtlich gegen den Verstoß vorgehen und **Unterlassung** sowie die **Zahlung eines angemessenen Entgelts** verlangen.

Das Urheberrecht sieht für bestimmte Fälle vor, dass das Werk ohne Zustimmung des Urhebers oder der Urheberin und ohne Abgeltung genutzt werden darf **(freie Werknutzung)**. Z. B.:

- zur Berichterstattung über Tagesereignisse (z. B. in Zeitungen)
- für Unterrichtszwecke in Klassenstärke
- Gesetze, Verordnungen, amtliche Erlässe

Buchkauf
Hat jemand ein Buch gekauft, so kann er oder sie das Eigentumsrecht geltend machen, d. h. das Buch z. B. weiterverkaufen. Er bzw. sie hat aber nicht die übrigen Rechte, die dem Urheber vorbehalten sind.

■ Auf Papier dürfen **einzelne Vervielfältigungen für den eigenen Gebrauch** oder unentgeltlich für den Gebrauch einer anderen Person hergestellt werden. **Auf digitalen Trägern gespeicherte Daten** (z. B. EDV-Programme, Musik-CD, Video-DVD) dürfen nur natürliche Personen zum privaten Gebrauch kopieren. Wird hingegen zu beruflichen Zwecken digital kopiert, dann wird die Zustimmung des Urhebers bzw. der Urheberin benötigt.

Beispiel: Ein Steuerberater erhält eine CD, die neben anderen Informationen eine Karikatur zum Thema „Steuern zahlen" enthält. Da sie ihm gut gefällt, kopiert er sie, ohne den Urheber um Erlaubnis zu fragen.

■ Bildet er die Kopie in seinem Fotobuch neben Urlaubsfotos ab, verwendet er sie privat und verstößt nicht gegen das Urheberrecht des Zeichners.

■ Nutzt er dieselbe Grafik für eine Klienteninformation, nutzt er sie beruflich. Dies verbietet das UrhG.

Von **Computerprogrammen** dürfen auch Private nur Kopien für Sicherungszwecke herstellen. **Musiknoten** sowie **ganze Bücher** oder ganze Zeitschriften dürfen nie kopiert werden.

Wenn ein Urheber sein Recht **durch technische Maßnahmen schützt** (z. B. Kopierschutz einer CD oder DVD), dann wird das Urheberrecht auch durch Umgehung dieses Schutzes verletzt. Ebenso verletzt ein Hersteller, Verkäufer, Importeur oder Vermieter des Kopierprogrammes den Urheberrechtschutz.

Wird **aus fremden Werken zitiert,** müssen das Werk und dessen Autor/in genannt werden und darauf hingewiesen werden, dass es sich um ein Zitat handelt.

Grundsätzlich dürfen Werke, auch deren Titel, ohne Zustimmung des Urhebers nicht verändert werden. Eine Ausnahme besteht für Computerprogramme: Diese dürfen bearbeitet und den Bedürfnissen des Nutzungsberechtigten angepasst werden.

Urheber/innen können ihre **Rechte auch durch andere Personen** ausüben lassen:

Schutz von Computerspielen
Es ist nicht erlaubt, Computerspiele, z. B. FIFA, für einen Freund zu kopieren.

use of works
Werknutzung

Werknutzungen	
Werknutzungsrecht	**Werknutzungsbewilligung**
Berechtigte erhalten das ausschließliche Recht, das Werk zu nutzen. Dieses Recht kann auf einzelne Nutzungsarten, zeitlich oder örtlich begrenzt werden. Keine andere Person – auch nicht der/die Urheber/in – darf das Werk in diesem Rahmen nutzen.	Berechtigte erhalten das Recht, das Werk zu nutzen, jedoch ist ihr Recht nicht ausschließlich, d. h., der/die Urheber/in kann gleichzeitig auch Dritte zur selben Nutzung ermächtigen.
Beispiel: Der Urheber überlässt einem Verlag das Recht, sein Manuskript weltweit zu vervielfältigen und zu verbreiten. Verbreitet der Urheber sein Werk z. B. in der Schweiz, kann der Verlag verlangen, dass er dies unterlässt.	**Beispiel:** Die Urheberin überlässt einem Theater das Recht, ihr Bühnenstück aufzuführen. Gleichzeitig überlässt sie das Recht auch einem anderen Theater.

Das Urheberrecht erlischt **70 Jahre nach dem Tod des Urhebers.** Dies gilt auch für Computerprogramme.

Im Urheberrechtsgesetz ist auch **der Schutz des Abgebildeten** vor ungewollter Veröffentlichung des eigenen Bildes geregelt. Aufgrund dieser Bestimmung ist die Veröffentlichung von Bildern ohne Zustimmung des Abgebildeten untersagt, sofern dadurch dessen berechtigte Interessen verletzt werden.

Beispiel: Wird von jemandem ein Bild ohne dessen Zustimmung für einen Werbefolder verwendet, dann sind berechtigte Interessen verletzt und der Abgebildete kann dagegen vorgehen; ebenso wenn von jemandem Bilder veröffentlicht werden, die ihn auf einem FKK-Strand zeigen.

Wird hingegen ein Landschaftsbild veröffentlicht, auf dem zufällig eine wandernde Person abgebildet ist, dann werden deren Interessen nicht verletzt.

 **ÜBEN**

In dieser Lerneinheit hast du Grundlegendes über das Marken-, Muster-, Patent- und Urheberrecht erfahren. Bearbeite nun die folgenden Aufgaben.

Ü 5.36 Urheberrecht A

LINK
Ü 5.36 Urheberrecht
interaktive Übung

Kennzeichne, ob die folgenden Aussagen richtig oder falsch sind, und korrigiere bei Bedarf.

Aussage	Richtig	Falsch	Richtigstellung
Das Urheberrecht besteht 50 Jahre ab Schaffung des Werkes.			
Von urheberrechtlich geschützten Werken darf jede/r private Kopien auf Papier anfertigen.			
Hält jemand einen Vortrag, können Mitschnitte angefertigt und im Internet veröffentlicht werden.			
Eine Rechtsanwältin darf Gesetzestexte in ihren Newsletter kopieren und per E-Mail versenden.			
Jede schriftliche Äußerung ist urheberrechtlich geschützt.			
Urheberschutz besteht nur für Werke, die das Zeichen © tragen.			
Hat man ein Werk gekauft, kann es beliebig verändert und verwendet werden.			
Für die Erstellung der Website eines Naturkostladens darf ein Bild eines Gemüsefeldes, das du in einem Kalender gefunden hast, eingescannt werden.			

Ü 5.37 Copyright B

Für die Diplomarbeit suchst du Unterlagen. Eine Freundin zeigt dir verschiedene Bücher und meint, dass der Inhalt eines Buches geschützt sei, da darin das Zeichen © abgedruckt ist. Das andere Buch kannst du kopieren und die Kopien verkaufen, da kein © enthalten ist.

Prüfe, ob die Meinung der Freundin richtig ist.

Ü 5.38 **Was ist schützbar?** B

 LINK
Ü 5.38 Was ist schützbar?
interaktive Übung

Entscheide, ob folgende Ideen geschützt werden können oder nicht. Falls ja, trage ein, nach welchem Gesetz der Schutz besteht, wo der Schutz zu beantragen ist und wie lange sie geschützt werden können.

Ideen	schützbar?		Gesetz	zu beantragen bei	Schutzdauer
Bezeichnung eines Unternehmens als „EDV-Doktor"	☐ Ja	☐ Nein			
EDV-Programm	☐ Ja	☐ Nein			
Firmenlogo	☐ Ja	☐ Nein			
Aussehen einer Verpackung	☐ Ja	☐ Nein			
gedruckte Anleitung für ein Computerspiel	☐ Ja	☐ Nein			
neues Medikament	☐ Ja	☐ Nein			

Ü 5.39 **Musiknoten** B

Karin Sieberer hat ein Musikstück komponiert und spielt es ihren Freundinnen vor. Einer Freundin gefällt das Stück so gut, dass sie die Noten von Karin erbittet. Diese Noten veröffentlicht die Freundin unter ihrem eigenen Namen.

Prüfe, ob Karin Sieberer Freundin gegen ein Gesetz verstoßen hat.

Ü 5.40 **Schutz eines Zeichens** D

Du hast für dein Unternehmen ein Zeichen entworfen, das du exklusiv nutzen willst.

a) Kläre, nach welchen Gesetzen ein Zeichen geschützt werden kann.

b) Prüfe, ob der Schutz beantragt werden muss.

Ü 5.41 **Kopierprogramm** B

Du entwickelst ein Programm, das jede CD bzw. DVD kopieren kann.

a) Analysiere, ob dieses Programm geschützt ist (falls ja, nach welchem Gesetz, ab wann).

b) Prüfe, ob dieses Programm verwendet werden darf, um kopiergeschützte CDs und DVDs zu kopieren. Begründe deine Entscheidung.

 # KÖNNEN

Bei den folgenden Aufgaben kannst du dein Wissen weiter anwenden.

K 5.7 **Datenspeicher** C

Du hast ein neues Verfahren zur Speicherung von Daten erfunden, wofür du viel Geld aufgewendet hast.

a) Erkläre, wie du dich davor schützen kannst, dass jemand anderer dieses Verfahren nutzt.

b) Prüfe, wie lange du dich schützen kannst.

c) Prüfe, ob der Schutz verlängerbar ist.

K 5.8 Kopie eines EDV-Programms B

Ein Freund erzählt, dass er ein neues Programm für seinen PC gekauft hat, und bietet dir an, eine Kopie für dich anzufertigen.

Analysiere, ob dies rechtlich zulässig ist.

K 5.9 Urlaubsfotos B

Du veröffentlichst im Internet ein Urlaubsfoto, das ein Freund aufgenommen hat, ohne seine Zustimmung. Damit soll Werbung für eine Dienstleistung gemacht werden.

Prüfe, ob dies zulässig ist.

KOMPETENZCHECK

Meine Kompetenzen	Kann ich?	Aufgaben
Ich kann Marken schützen lassen.		Ü 5.32, Ü 5.33, Ü 5.38, Ü 5.40
Ich kann das Verfahren zur Erteilung eines Patents erläutern.		Ü 5.34, Ü 5.35, K 5.7
Ich kann prüfen, ob ein Internetauftritt gegen das Urheberrecht verstößt.		Ü 5.36, K 5.9

LERNEN

5 Datenschutzrecht

Viele unserer Daten sind gespeichert und werden weitergegeben – oft ohne, dass wir davon wissen. Manchmal bezahlen wir mit Daten und bekommen dafür Gutschriften, Aktionen oder Rabatte. Was darf aber tatsächlich mit meinen Daten passieren? Datenschutz ist notwendig, damit unsere Privatsphäre gewahrt wird. Gut, dass es das Datenschutzgesetz und die DSGVO gibt.

Ü 5.42 Nenne einige Websites oder Apps, bei denen du in letzter Zeit persönliche Daten angegeben hast. Welche Daten waren das? Wozu wurden die Daten gebraucht? Welches Gefühl hattest du bei der Zustimmung zur Weitergabe deienr persönlichen Daten, Bilder oder Videos?

1 Das Grundrecht auf Datenschutz

Gesetzliche Grundlage

„Jedermann hat, insbesondere auch im Hinblick auf die Achtung seines Privat- und Familienlebens, Anspruch auf Geheimhaltung seiner personenbezogenen Daten, soweit ein schutzwürdiges Interesse daran besteht."
(§ 1 Datenschutzgesetz – DSG, Verfassungsbestimmung)

Mit der **Datenschutz-Grundverordnung (DSGVO)** wurden die Regelungen für die Verarbeitung von personenbezogenen Daten durch private Unternehmen und öffentliche Stellen EU-weit vereinheitlicht. Dadurch soll einerseits das Grundrecht auf Datenschutz und andererseits der uneingeschränkte freie Verkehr personenbezogener Daten in der EU gewährleistet werden.

Das „Kleingedruckte" im Internet
Wir alle nutzen Onlineshops, WhatsApp, Instagram & Co., – einfach, weil sie bequem sind. Wollen wir uns aber auch mit Privacy und Datensicherheit befassen?

data protection
Datenschutz

Datenschutz-Grundverordnung
als EU-Verordnung in allen EU-Staaten unmittelbar anwendbar – im Gegensatz dazu muss eine EU-Richtlinie erst in nationales Recht umgesetzt werden.

Auch in den Bestimmungen der **Europäischen Menschenrechtskonvention (EMRK)** und der **EU-Grundrechtscharta (EU-GRCh)** sind im Zusammenhang mit dem Grundrecht auf Achtung des Privat- und Familienlebens Regeln zum **Grundrecht auf Datenschutz** enthalten.

Das Grundrecht auf Datenschutz besteht für alle personenbezogenen Daten **unabhängig vom Datenträger:** neben elektronisch gespeicherten Informationen auch für gedruckte und handschriftliche Daten sowie Fotos und Filme.

2 Wichtige Begriffe des Datenschutzrechts

Die folgende Grafik zeigt welche Arten von Daten es gibt, wie diese Daten verwendet werden und welche Personen an der Datenverarbeitung beteiligt sind.

personal data
personenbezogene Daten

sensitive data
sensible Daten

use of data
Datenverwendung

Datenschutzrecht – Wichtige Begriffe

personenbezogene Daten

sensible Daten

Arten von Daten

pseudonymisierte Daten

Sämtliche Schritte der Datenverarbeitung:

ordnen   weitergeben

Daten-verwendung   speichern

erfassen

verknüpfen

Betroffene: Personen, deren Daten verwendet werden

Beteiligte an der Daten-verarbeitung

Auftrag-geber: verarbeiten die Daten

Verantwortliche: treffen die Entscheidung zur Datenverarbeitung

Arten von Daten

Der Schutz des Datenschutzgesetzes (DSG) gilt für **personenbezogene Daten.** Das sind alle Informationen, die sich auf eine identifizierte oder identifizierbare Person beziehen.

Beispiele für personenbezogene Daten: Name, Adresse, Geburtsdatum, Mailadresse, IP-Adresse, IBAN, Kfz-Kennzeichen, Einkommen, Sozialversicherungsnummer, Interessen und Vorlieben.

Beispiele für personenbezogene Unternehmensdaten: Umsatz, Gewinn, Beschäftigte, Bilanzkennzahlen.

Pseudonymisierte Daten werden so verarbeitet, dass sie ohne zusätzliche Informationen nicht mehr einer bestimmten Person zugeordnet werden können. Beispiel: Kundennamen werden durch Zufallscodes ersetzt.

Fingerabdrücke
Jeder Mensch hat einen einzigartigen Fingerabdruck und kann durch diesen identifiziert werden. Mithilfe eines Fingerabdruckscanners können Smartphone-Nutzer/innen z.B. ihr Handy entsperren.

Besonderen Schutz genießen sogenannte **sensible Daten** von natürlichen Personen, d.h. Angaben über rassische und ethnische Herkunft, politische Meinung, Gewerkschaftszugehörigkeit, religiöse oder philosophische Überzeugung, Gesundheit, Sexualleben, genetische und biometrische Daten zur Identifizierung. Beispiele: Fingerabdruck, Krankengeschichte.

Profiling

Als **Profiling** wird die **automatisierte Erstellung von Nutzerprofilen** mit automatisch erhobenen personenbezogenen Daten zur **Optimierung von Kundenangeboten** bezeichnet.

Unternehmen wie Amazon, Google oder Facebook erfassen das **Nutzerverhalten** (welche Seiten werden aufgerufen, welche Suchbegriffe werden eingegeben) und errechnen mit **Algorithmen,** welche Produkte die Nutzer/-innen interessieren können (zielgerichtete Werbung). Nutzerinnen und Nutzer erhalten nur noch solche Informationen, die sie laut den erstellten Profilen interessieren. Die Annahme, dass sich Nutzerinteressen aus dem bisherigen Verhalten mathematisch ableiten lassen, wird häufig kritisiert.

Zielgruppen erfassen
Unternehmen analysieren zu Werbezwecken personenbezogene Daten von Nutzerinnen und Nutzern.

Algorithmen
Rechenvorgang nach einem bestimmten Schema

zielgerichtete Werbung
auch häufig als „targeted advertising" bezeichnet

Ü 5.43 Sensible Daten B

Entscheide, bei welchen Daten es sich um sensible Daten handelt, und kennzeichne diese durch Ankreuzen.

- [ ] Mailadresse
- [ ] HIV-Infizierung
- [ ] elektronischer Fingerabdruck
- [ ] Kontostand
- [ ] Homosexualität
- [ ] Religionsbekenntnis

disclosure
Auskunft

deletion
Löschung

rectification
Richtigstellung

objection
Widerspruch

3 Rechte der Betroffenen

Jede von einer Datenverarbeitung betroffene Person hat folgende Rechte:

Rechte auf Datenschutz: Von der Datenverarbeitung Betroffene können ihre Rechte geltend machen.

Auskunft
über Daten, Empfänger, Zweck, Rechtsgrundlage, Speicherdauer, Kopie

Information
z.B. über Name und Kontaktdaten des Verantwortlichen, über den Zweck der Datenverarbeitung etc.

Löschung
z.B. wenn Daten für die Verarbeitung nicht mehr notwendig sind, bei unrechtmäßiger Verarbeitung

Rechte der Betroffenen

Richtigstellung
von falschen oder unvollständigen Daten

Transparenz
Alle Informationen müssen präzise, transparent, verständlich und leicht zugänglich in einer klaren und einfachen Sprache übermittelt werden.

Widerspruch
bei Verarbeitungen im öffentlichen Interesse, bei Interessenabwägung oder bei Direktmarketing

Ein **Auskunftsersuchen** ist innerhalb eines Monats zu beantworten, eine Datenkopie ist kostenlos.

Die betroffene Person kann **begründeten Widerspruch** erheben, wenn die Datenverarbeitung im öffentlichen Interesse, zur Wahrung berechtigter Interessen der/des Verantwortlichen oder zu Direktmarketing-Zwecken erfolgt. Ein Widerspruch führt zu einer Beendigung der Datenverarbeitung, außer die Verantwortlichen weisen nach, dass die Verarbeitung aufgrund des Überwiegens ihrer eigenen berechtigten Interessen zulässig oder zur Rechtsverteidigung notwendig ist. Bei Direktwerbung führt ein Widerspruch immer zur Beendigung der Datenverarbeitung.

Es besteht ein **Recht auf Vergessenwerden.** Dieses Grundrecht bezieht sich auf Suchergebnisse, die Suchmaschinendienste zu einzelnen Personen anzeigen. Betroffene können eine Löschanfrage an die Suchmaschinenanbieter stellen, wenn einzelne Suchergebnisse zu ihrer Person nicht aufgelistet werden sollen, die ihre Interessen verletzen.

LINK
Muster für Widerspruch
Hier findest du ein beispielhaftes Schreiben für einen Widerspruch. Bei Ablehnung kann innerhalb eines Jahres Beschwerde bei der Datenschutzbehörde eingereicht werden.
www.dsb.gv.at

LINK
Antragsformular von Google
Hier findest du ein Formular, mit dem du bei Google personenbezogene Daten löschen lassen kannst.

4 Pflichten von Unternehmen

Um den Datenschutz im Unternehmen zu gewährleisten, bestehen folgende Pflichten:

Pflichten von für die Datenverarbeitung Verantwortlichen: Zur Erfüllung der Unternehmenspflichten kann ein/e Datenschutzbeauftragte/r bestellt werden.

Datenverarbeitungsverzeichnis führen: Verantwortliche müssen laufend ein aktuelles Verzeichnis aller Tätigkeiten der Datenverarbeitung bereithalten.

Technische und organisatorische Sicherheitsmaßnahmen ergreifen:

- **„Privacy by design"-Maßnahmen** (Datenschutz durch Technikgestaltung), z. B. werden bei der Software-Entwicklung Datenschutzmaßnahmen von Anfang an berücksichtigt (Passwortsicherung, Zugriffsbeschränkung u. a.)

- **„Privacy by default"-Maßnahmen** (Datenschutz durch datenschutzfreundliche Voreinstellungen) für Nutzer, die weniger technikversiert sind. „Datenschutz ab Werk": Soft- und Hardware müssen bei Auslieferung datenschutzfreundlich voreingestellt werden (Rücksicht auf **„Privacy Paradox"**).

- **Organisatorische Maßnahmen,** z. B. Zugangskontrolle im Unternehmen, interne Datenschutz-Leitlinien, System für den Umgang

organisatorische Sicherheitsmaßnahmen
klare Aufgabenverteilung, Schulungen, Zutritts- und Zugriffsbeschränkungen, Protokollierungs- und Dokumentationspflicht

Privacy Paradox
Userin bzw. User befürwortet Datenschutz, weiß aber gleichzeitig nicht über Privatsphäre-Einstellungen Bescheid

mit Datenzwischenfällen, regelmäßige Kontrollen der Daten-schutz-Compliance, Formulare für Einwilligungserklärungen, Vertraulichkeitsvereinbarungen.

Compliance
Einhaltung aller gesetzlichen Vorschriften durch Unternehmen

Datenschutz-Folgenabschätzung durchführen: Besteht bei der Datenverarbeitung voraussichtlich ein hohes Risiko für die Rechte und Freiheiten natürlicher Personen, muss noch vor der Datenverarbeitung eine sogenannte Datenschutz-Folgenabschätzung durchgeführt werden. Beispiele: Einsatz neuer Technologien, Kombination aus Fingerabdruck- und Gesichtserkennung für verbesserte Zugangskontrollen, Erfassung von Daten aus sozialen Netzwerken zur Profilerstellung.

Ergibt die Datenschutz-Folgenabschätzung, dass die Datenverarbeitung ein hohes Risiko zur Folge hätte, muss der/die Verantwortliche grundsätzlich noch vor der Datenverarbeitung die **Datenschutzbehörde kontaktieren.**

Informationen geben: Verantwortliche müssen die Betroffen informieren über Namen und Kontaktdaten des/der Verantwortlichen, Zwecke der Datenverarbeitung, Speicherdauer u. a.

Datenschutzbeauftragte bestellen: Wenn die Kerntätigkeit eines Unternehmens aus der regelmäßigen und systematischen Überwachung von Personen oder der Verarbeitung sensibler Daten besteht (Banken, Versicherungen, Krankenhäuser, Berufsdetektive), muss ein eigener Datenschutzbeauftragter bzw. eine Datenschutzbeauftragte bestellt werden. Aufgaben: Beratung des Unternehmens und der Beschäftigten sowie Überwachung der Einhaltung von Datenschutzvorschriften.

Datenklau im Internet
Bei Hackerangriffen werden E-Mail-Adressen, Kreditkarten- und Telefonnummern oder Passwörter gestohlen.

Datenschutzverletzungen melden: Bei Vernichtung, Verlust, Veränderung oder unbefugtem Zugang muss eine **Meldung an die Datenschutzbehörde** und bei voraussichtlich hohem Risiko auch an die **betroffene Person** ergehen. Beispiele: Datenverlust, Hackerangriff.

Ü 5.44 Pflichten von Unternehmen C

Gib an, ob die folgenden Aussagen richtig oder falsch sind. Korrigiere bei Bedarf.

Ⓜ **LINK**
Ü 5.44 Pflichten von Unternehmen
interaktive Übung

Aussage	Richtig	Falsch	Richtigstellung
Jede Datenverarbeitung muss der Datenschutzbehörde gemeldet werden.			
Mit „Privacy by design"-Maßnahmen sollen grafisch ansprechende Werbeunterlagen für Kunden erstellt werden.			
Ein neues Betriebssystem muss vor der Auslieferung datenschutzfreundlich voreingestellt werden.			
„Privacy by default"-Maßnahmen sollen Kunden schützen, die zwar Wert auf Datenschutz legen, denen aber das technische Wissen dazu fehlt.			
Geringe Verluste von Kundendaten müssen nur der Unternehmensleitung gemeldet werden.			
Jedes Unternehmen muss eine/n Datenschutzbeauftragte/n beschäftigen.			

⑤ Rechtmäßige Datenverarbeitung

Nur in den folgenden Fällen dürfen personenbezogene Daten weitergegeben werden:

- wenn es eine **gesetzliche Ermächtigung** dazu gibt,
- mit **Zustimmung der/des Betroffenen** oder
- wenn **überwiegende berechtigte Interessen** anderer vorliegen.

Dabei müssen immer **allgemeine Grundsätze** eingehalten und die **Rechte der Betroffenen** geschützt werden.

Ⓜ Allgemeine Grundsätze für die Datenverarbeitung: Bei der Datenverarbeitung haben Verantwortliche die allgemeinen Grundsätze einzuhalten.

Weiters ist zu prüfen, auf welcher **Rechtsgrundlage** die Datenverarbeitung rechtmäßig durchgeführt werden kann. Dabei wird zwischen sensiblen und nicht sensiblen Daten unterschieden.

Verarbeitung nicht sensibler Daten

Nicht sensible Daten können aus folgenden Gründen verwendet bzw. weitergegeben werden:

- Vertragserfüllung, z. B. Kundendatenbank
- rechtliche Verpflichtung, z. B. arbeitsrechtliche Verpflichtung
- Interessenabwägung: Grundrechte der betroffenen Person beachten
- Schutz lebenswichtiger Interessen
- öffentliche Interessen

Verarbeitung sensibler Daten

Sensible Daten dürfen nur in den Fällen verwendet werden, die das **Gesetz ausdrücklich vorsieht.** Dies sind u. a. folgende:

- im lebenswichtigen Interesse der betroffenen Person oder von Dritten, wenn die Einwilligung nicht gegeben werden kann

- zur Ausübung oder Verteidigung von Rechtsansprüchen
- wenn die betroffene Person die Daten selbst veröffentlicht oder der Verwendung zugestimmt hat
- Sonderregelungen für gemeinnützige Einrichtungen
- für Zwecke der Wissenschaft, Forschung und Statistik
- im Arbeitsverhältnis
- zur Gesundheitsvorsorge unter der Verschwiegenheitspflicht

Einwilligung

Wenn keine der oben angeführten Gesetzesgrundlagen vorliegen, ist eine Einwilligung der betroffenen Person erforderlich. Die betroffene Person muss mit der Verarbeitung ihrer Daten für einen bestimmten Zweck **aktiv, freiwillig und unmissverständlich einverstanden** sein.

Voraussetzungen für die Einwilligung in die Datenverarbeitung			
Freiwilligkeit	**Form**	**umfassende Information**	**Verständlichkeit, leichte Zugänglichkeit**
ohne Zwang	schriftlich, mündlich, elektronisch, konkludent	Daten, Zweck, Empfänger, Widerrufsrecht	klare und einfache Sprache

Bei der Verarbeitung sensibler Daten muss jedenfalls eine **ausdrückliche Einwilligungserklärung** vorliegen. Die Einwilligung muss **aktiv erfolgen.** Ist das Kästchen bereits vorangeklickt, liegt keine gültige Einwilligung vor. Die Einwilligung ist nicht freiwillig, wenn der Vertragsabschluss von einer Zustimmung zur Zusendung von Werbung abhängig gemacht wird.

Beispiel für eine elektronisch abgegebene Einwilligungserklärung: Anklicken eines Kästchens zu einer vorformulierte Einwilligungserklärung auf einer Website.

Einwilligungserklärung in Allgemeine Geschäftsbedingungen: AGB enthalten üblicherweise viele verschiedene Bestimmungen, u. a. zu den Lieferbedingungen, der Haftung und den Rechten von Kunden. Wenn die datenschutzrechtliche Einwilligungserklärung in die AGB integriert wird, könnte das ein **Verstoß gegen das Prinzip der Freiwilligkeit** sein. Besser sind separate Einwilligungserklärungen der betroffenen Personen. Beispiel:

Mindestalter für Social Media
Jugendliche können ab dem Alter von 14 Jahren in „Dienste der Informationsgesellschaft, die ihnen direkt angeboten werden" selbst einwilligen (z. B. Social-Media-Anbieter).

Formulierungsvorschlag einer Einwilligungserklärung der WKO:

„Der Vertragspartner stimmt zu, dass seine persönlichen Daten, nämlich

_____ (die Datenarten genau aufzählen, z. B. „Name", „Adresse" etc.)

zum Zweck der _____ (genaue Zweckangabe z. B „zur Zusendung von

Werbematerial über die Produkte der Firma _____") bei der Firma NN

verarbeitet werden und die Daten _____ (die Datenarten genau auf-

zählen, z. B. „Name", „Adresse", etc.) zum Zweck der _____ (genaue

Zweckangabe, z. B. „zur zentralen Abwicklung des Kunden-Beschwerdemanage-

ments") an _____ (genaue Angabe des Dritten, z. B. Name der

Konzernmutter mit Anschrift) weitergegeben werden. Diese Einwilligung kann

jederzeit bei _____ (Angabe der entsprechenden Kontaktdaten)

widerrufen werden."

Quelle: www.wko.at, letzter Zugriff: 20.3.2021

Eintragung in die Robinson-Liste: Diese bewirkt, dass kein persönlich adressiertes Werbematerial versandt oder verteilt wird. Die Daten werden von der WKO an die Adressverlage und Direktwerbeunternehmen weitergeleitet, die dann die Anschrift aus ihren Datenbeständen streichen. Die Telekom-Regulierungsbehörde führt eine Liste, in die sich Personen und Unternehmen kostenlos eintragen können, die keine Werbemails erhalten möchten.

Ü 5.45 Rechtmäßige Datenverarbeitung I `C`

Gib an, ob die Aussagen richtig oder falsch sind. Korrigiere bei Bedarf.

LINK
Ü 5.45 Rechtmäßige Datenverarbeitung I
interaktive Übung

Aussage	Richtig	Falsch	Richtigstellung
Personenbezogene Daten dürfen unter keinen Umständen weitergegeben werden.			
Zur Wahrung berechtigter Interessen anderer dürfen Daten übermittelt werden.			
Sensible Daten dürfen nie weitergegeben werden.			
Die einmal erteilte Zustimmung zur Datenverarbeitung kann nicht mehr widerrufen werden.			

Ü 5.46 Einwilligung `B`

Nenne Beispiele, wie ein Unternehmen die Einwilligung der Kunden und Kundinnen zur Datenverarbeitung einholen kann.

Ü 5.47 Rechtmäßige Datenverarbeitung II `C`

Gib an, ob die Aussagen richtig oder falsch sind. Korrigiere bei Bedarf.

LINK
Ü 5.47 Rechtmäßige Datenverarbeitung II
interaktive Übung

Aussage	Richtig	Falsch	Richtigstellung
Ein Unternehmen darf die Kundendaten an befreundete Unternehmen weitergeben.			
Wenn es die Unternehmensinteressen erfordern, können Daten von Kunden und Kundinnen eingeholt und ausgewertet werden.			
Kundendaten dürfen so lange gespeichert werden, wie es das Unternehmen für notwendig hält.			
Einwilligungserklärungen von Kunden und Kundinnen können am besten in die bestehenden AGBs integriert werden.			

6 Einrichtungen zur Wahrung des Datenschutzes

Die **Datenschutzbehörde** sorgt für die Einhaltung des Datenschutzes in Österreich. Sie ist **unabhängig und weisungsfrei.** Jede Person kann sich wegen Datenschutzverletzungen an die Datenschutzbehörde wenden.

Die Datenschutzbehörde kontrolliert die Einhaltung des Datenschutzes und kann bei Verletzungen auch Strafen verhängen.

LINK
Datenschutzbehörde
Hier findest du weitere Informationen über die Arbeit der Datenschutzbehörde.
www.dsb.gv.at

Befugnisse der Datenschutzbehörde		
Überprüfen von Datenverarbeitungen	**Einschränkung oder Verbot der Datenverarbeitung**	**Verhängen von Geldbußen**
Betreten von Geschäftsräumen, Inbetriebnahme von Datenverarbeitungsanlagen, Kopieren von Datenträgern etc.	bei wesentlicher und unmittelbarer Gefährdung schutzwürdiger Geheimhaltungsinteressen der Betroffenen	Bis zu € 20 Mio. oder bis zu 4 % des weltweit erzielten Umsatzes „Beraten statt Strafen" (zuerst Verwarnung, Geldstrafe erst bei Wiederholung)

Konsequenzen bei Verletzungen des Datenschutzes

Strafen bei Datenschutzverletzungen sollen **wirksam, verhältnismäßig und abschreckend** sein (siehe o. Grafik).

Gegen **juristische Personen** können Geldstrafen verhängt werden, wenn die Verletzung durch ein **Organ in Führungsposition** begangen wurde, oder wegen mangelnder Überwachung oder Kontrolle durch ein Organ in Führungsposition (z. B. Strafen gegen das Unternehmen selbst wegen fehlendem Datenschutz-Managementsystem oder fehlender Implementierung eines Kontrollsystems).

Beim **Straftatbestand der Datenverarbeitung in Gewinn- oder Schädigungsabsicht** droht eine Freiheitsstrafe bis zu einem Jahr oder eine Geldstrafe bis zu 720 Tagessätzen.

Schadenersatzansprüche wegen Datenschutzverletzung müssen **zivilrechtlich** geltend gemacht werden. Datenschutzverletzungen durch Unternehmen können auch als **Wettbewerbsverletzung** eingeklagt werden.

7 Fotos und Videoüberwachung

Die **Aufnahme von Fotos sowie Videoüberwachung** sind nur zulässig im **lebenswichtigen Interesse** einer Person, wenn **gesetzlich erlaubt,** wenn überwiegende **berechtigte Interessen** bestehen bzw. bei **Verhältnismäßigkeit** und **mit Einwilligung.**

Jedenfalls **zulässig** sind **Aufnahmen**

- zum vorbeugenden Schutz von Personen oder Sachen auf privaten Liegenschaften (dürfen räumlich nicht über die Liegenschaft hinausreichen, ausgenommen eine unvermeidbare Einbeziehung öffentlicher Verkehrsflächen)
- bei besonderer Gefährdung in der Vergangenheit (z. B. Überfälle)
- von Objekten mit besonderem Gefährdungspotential (z. B. Banken oder Juweliere)
- privater Natur (z. B. Urlaubsfotos)

Bei Fotos und Videoüberwachung gelten folgende besondere **Datensicherheitsmaßnahmen und Kennzeichnungsvorschriften:**

- Der Zugang zur Bildaufnahme und eine nachträgliche Veränderung durch Unbefugte muss ausgeschlossen sein.
- Jede Verarbeitung, außer bei Echtzeitüberwachung, muss protokolliert werden.
- Daten müssen gelöscht werden, wenn sie nicht mehr benötigt werden – eine länger als 72 Stunden andauernde Aufbewahrung muss

Filmen verboten
Ein absolutes Verbot von Videoüberwachung besteht z. B. zur Mitarbeiterkontrolle und in höchstpersönlichen Lebensbereichen oder der Umkleidekabine im Kaufhaus.

CCTV (closed circuit television)
Videoüberwachung

verhältnismäßig sein und ist gesondert zu protokollieren und zu begründen.

- Bildaufnahmen müswsen gekennzeichnet werden. Der/Die Verantwortliche muss eindeutig hervorgehen.

Jede von einer Verarbeitung potentiell betroffene Person kann vom Eigentümer bzw. von der Eigentümerin oder dem/der Nutzungsberechtigten einer Liegenschaft oder eines Gebäudes, von dem aus eine solche Verarbeitung augenscheinlich ausgeht, Auskunft über die Identität des/der Verantwortlichen verlangen.

Wer gegen die Regeln der Bildverarbeitung und Videoüberwachung verstößt, kann mit einer **Geldstrafe bis zu € 50.000,–** bestraft werden.

Spezielle Datenschutzfälle

Speziell im Internet ist es leicht, User-Daten zu sammeln, zu verknüpfen und auszuwerten („Data Mining", „Profiling") – oft ohne Wissen der Betroffenen. Dies erfolgt z. B. durch Cookies, Logfiles oder Web-Bugs.

Beispiel: „**Google Street View**" macht Straßenansichten im Internet zugänglich. Nach Anklicken des Straßenzuges auf einer Karte oder Eingabe der Adresse in „Google Maps" erscheint eine 360-Grad-Ansicht der Örtlichkeit. Für die Urlaubsplanung ist das hilfreich, für die betroffenen Anwohner/innen aber möglicherweise eine Verletzung der Privatsphäre.

Laut Datenschutzbehörde ist Google Street View **unter mehreren Auflagen** in Österreich **zulässig**: Unkenntlichmachung der Gesichter und Autokennzeichen vor Veröffentlichung im Internet und Information der Öffentlichkeit. Zudem sind bei Aufnahmen von Personen in besonders sensiblen Bereichen nicht nur die Gesichter, sondern auch die Gesamtbilder der Personen unkenntlich zu machen (z. B. Eingangsbereiche von Kirchen, Gebetshäusern, Krankenhäusern, Frauenhäusern und Gefängnissen). Aufnahmen privater, für Spaziergänger nicht einsehbarer Immobilien, wie umzäunte Privatgärten und -höfe, sind vor Veröffentlichung unkenntlich zu machen.

Dashcams: Auch für die in PKWs installierten Kameras gelten die Vorschriften für Bildverarbeitung. Wird eine Dashcam-Aufzeichnung ins Internet gestellt, ohne dass Personen und Fahrzeugkennzeichen unkenntlich gemacht wurden, liegt ein Verstoß gegen das Recht auf den Schutz personenbezogener Daten vor. Der Einsatz von Kameras in Autos, welche die Straße und den Verkehr zum Zwecke der Beweissicherung bei Unfällen aufnehmen, ist unzulässig.

Drohnen: Die datenschutzrechtlichen Vorschriften für die Videoüberwachung sind auf Drohnen anwendbar, die Personen aufnehmen. Auch das Ausspionieren fremder Grundstücke ist als Eingriff in die Privatsphäre Dritter verboten.

Actioncams: Es wird davon ausgegangen, dass Actioncam-Videos für private Zwecke erstellt werden. Diese dürfen jedoch nicht ohne Zustimmung der gefilmten Personen online gestellt oder an Dritte weitergeleitet werden. Es darf auch zu keiner gezielten Erfassung von Objekten kommen.

LINK
Verwendung von Dashcams
Hier findest du Informationen zu den gesetzlichen Bestimmungen für Dashcams (Vorschriften und Strafen).
www.oeamtc.at

Filmen mit Actioncams
Videobeweise aus Helmkameras, die zufällig beim Filmen der schönen Landschaft entstanden sind, wurden bereits vor Gericht als Beweis zugelassen.

8 Datenschutz in sozialen Netzwerken

Vielen Jugendlichen und auch Erwachsenen ist nicht bewusst, dass die von ihnen auf Facebook, Instagram, Twitter oder andere Netzwerke gestellten

Daten von anderen eingesehen und von den sozialen Netzwerken selbst gespeichert und weitergegeben werden. Einmal gepostete Texte oder Fotos **bleiben im Internet verfügbar,** auch wenn man diese dort nicht mehr haben will. Wenn Arbeitgeber/innen freizügige Fotos sehen oder abfällige Äußerungen lesen, kann dies unter Umständen sogar zur Kündigung führen. Das Mindeste ist, sich mit den Bedingungen zum Datenschutz des sozialen Netzwerkes auseinanderzusetzen und alle möglichen Einstellungen zum Schutz der Privatsphäre zu nutzen.

Der **Wiener Jurist und Datenschutzaktivist Max Schrems** setzt sich besonders für den **Datenschutz in sozialen Netzwerken** ein. Er hat auch erreicht, dass Facebook die Daten europäischer Nutzer/innen nicht mehr aufgrund des „Safe-Harbor-Beschlusses" der Europäischen Kommission in die USA übermitteln darf. Mit dem Safe-Harbor-Beschluss sollte der Datenaustausch zwischen den USA und der EU ermöglicht werden. Aufgrund der Enthüllungen von Edward Snowden bestanden jedoch Zweifel am Schutz des Grundrechts auf Datenschutz in den USA.

Danach hat die EU mit den USA neue Regeln für den Datenaustausch vereinbart („EU-US Privacy Shield") die jedoch wieder von Datenschützern und Datenschützerinnen kritisiert werden. Max Schrems hat auch die Datenschutz-Plattform „noyb" gegründet, um private Datenschutzklagen effektiver einbringen zu können sowie „strategische Klagen, um die Zukunft der digitalen Rechte und Freiheiten zu maximieren". Allerdings wurde in Österreich die Möglichkeit der DSGVO für Datenschutz-NGOs verhindert, Schadenersatzansprüche durch Gemeinschaftsklagen einzubringen.

 LINK
Safer Internet
Hier findest du Tipps zum sicheren Umgang mit sozialen Medien.

 LINK
NOYB
Der Verein NOYB (Abkürzung für „none of your business") hat die Durchsetzung des Datenschutzes in der EU zum Ziel.
www.noyb.eu

 # ÜBEN

In dieser Lerneinheit hast du Grundlegendes über die Rechte und Pflichten von Beteiligten an der Datenverarbeitung erfahren. Bearbeite nun die folgenden Aufgaben.

Ü 5.48 Grundrecht auf Datenschutz B

Erkläre in eigenen Worten, was das Grundrecht auf Datenschutz bedeutet.

Ü 5.49 Pseudonymisierte Daten B

Entscheide, bei welchen Daten es sich um pseudonymisierte Daten handelt, und kennzeichne diese durch Ankreuzen.

- ☐ Künstler- oder Decknamen
- ☐ Patientennamen, die durch Zahlen ersetzt wurden
- ☐ Klientendatei einer Rechtsanwältin

Ü 5.50 Rechte der Betroffenen B

a) Erkläre das Recht auf Vergessenwerden.

b) Wann können Kunden Widerspruch gegen eine Datenverarbeitung erheben?

c) Erläutere, ob ein Unternehmen bei einem Widerspruch eines Kunden die Datenverarbeitung beenden muss.

Ü 5.51 Profiling B

Entscheide, wann man von Profiling im Sinne des DSG spricht, und kreuze die richtige/n Lösung/en an.

☐ Erstellung von Täterprofilen zur Verfolgung von Serienverbrechern

☐ Automatisierte Auswertung des Nutzerverhaltens für zielgerichtete Werbung

☐ Schärfung des Unternehmensauftrittes

LINK
Ü 5.52 Wahrung des Datenschutzes
interaktive Übung

Ü 5.52 Wahrung des Datenschutzes C

Gib an, ob die folgenden Aussagen richtig oder falsch sind. Korrigiere bei Bedarf.

Aussage	Richtig	Falsch	Richtigstellung
Die zuständige Behörde für den Datenschutz ist das Justizministerium.			
Die Strafen für Datenschutzverletzungen sind nicht hoch genug, um abschreckend zu wirken.			
Das Unternehmen selbst kann wegen Datenschutzverletzungen nicht bestraft werden, nur die/der Datenschutzverantwortliche.			
Die Datenschutzbehörde muss für die Untersuchung einer Datenschutzverletzung die Staatsanwaltschaft beiziehen.			
Jede private Videoüberwachung muss von der Datenschutzbehörde genehmigt werden.			
Für eine Videoüberwachung muss die Zustimmung der Nachbarn eingeholt werden.			
Alle Bereiche eines Unternehmens dürfen videoüberwacht werden.			
Banken dürfen Videoüberwachungen einsetzen.			
Eine gesetzwidrige Videoüberwachung hat keine Folgen.			

KÖNNEN

Bei den folgenden Aufgaben kannst du dein Wissen weiter anwenden.

K 5.10 Grundrecht auf Datenschutz C

Erkläre, was es bedeutet, dass der Datenschutz in Österreich durch ein Gesetz im Verfassungsrang geschützt wird.

K 5.11 Rechtmäßige Datenverarbeitung C

Du hast neulich über einen Webshop ein Smartphone gekauft und dabei deine E-Mail-Adresse angegeben. Seit einer Woche erhältst du nun täglich E-Mails mit Angeboten über Elektronikprodukte von verschiedenen Unternehmen. Durfte der Webshop deine Daten weitergeben? Analysiere die rechtliche Situation.

K 5.12 Rechtmäßige Datenverarbeitung (Fortsetzung von K 5.11) D

Du hast recherchiert und bist sicher, dass du der Datenweitergabe an fremde Unternehmen nicht zugestimmt hast. Was kannst du tun?

K 5.13 Einwilligung C

Sammelt Beispiele für Zustimmungserklärungen zur Datenweitergabe (auf Papier oder elektronisch) und bewertet in Partnerarbeit, ob diese den gesetzlichen Vorgaben entsprechen. Berichte der Klasse.

K 5.14 Datenschutz C

Sind personenbezogene Daten deiner Meinung nach in Österreich ausreichend geschützt? Sollen personenbezogene Daten im Krisenfall (z.B. Terroranschläge) weitergegeben werden dürfen? Diskutiert diese sowie gerade aktuelle Problemfälle des Datenschutzes (z.B. Dashcams, Drohnen) in Partnerarbeit und berichtet der Klasse.

K 5.15 Videoüberwachung C

Besucht die Website der Datenschutzbehörde und informiert euch über

a) die Regelungen zur Videoüberwachung im privaten Bereich im Detail.

b) die Aufgaben und Tätigkeiten dieser Behörde.

Erstellt jeweils eine kurze Zusammenfassung.

KOMPETENZCHECK

Meine Kompetenzen	Kann ich?	Aufgaben
Ich kenne die wichtigsten Rechtsquellen für den Datenschutz und kann den Rang des Datenschutzes im österreichischen Recht einordnen.		Ü 5.48, K 5.10
Ich kenne die Rechte von betroffenen Personen.		Ü 5.50, K 5.11
Ich kann erklären, welche Pflichten Unternehmen zur Einhaltung des Datenschutzes haben.		Ü 5.44
Ich kann erläutern, unter welchen Voraussetzungen Daten verwendet und weitergegeben werden dürfen.		Ü 5.45, Ü 5.46, Ü 5.47, K 5.11, K 5.12, K 5.13, K 5.14, K 5.15
Ich weiß, an welche Einrichtung ich mich bei Datenschutzverletzungen werden kann.		Ü 5.52

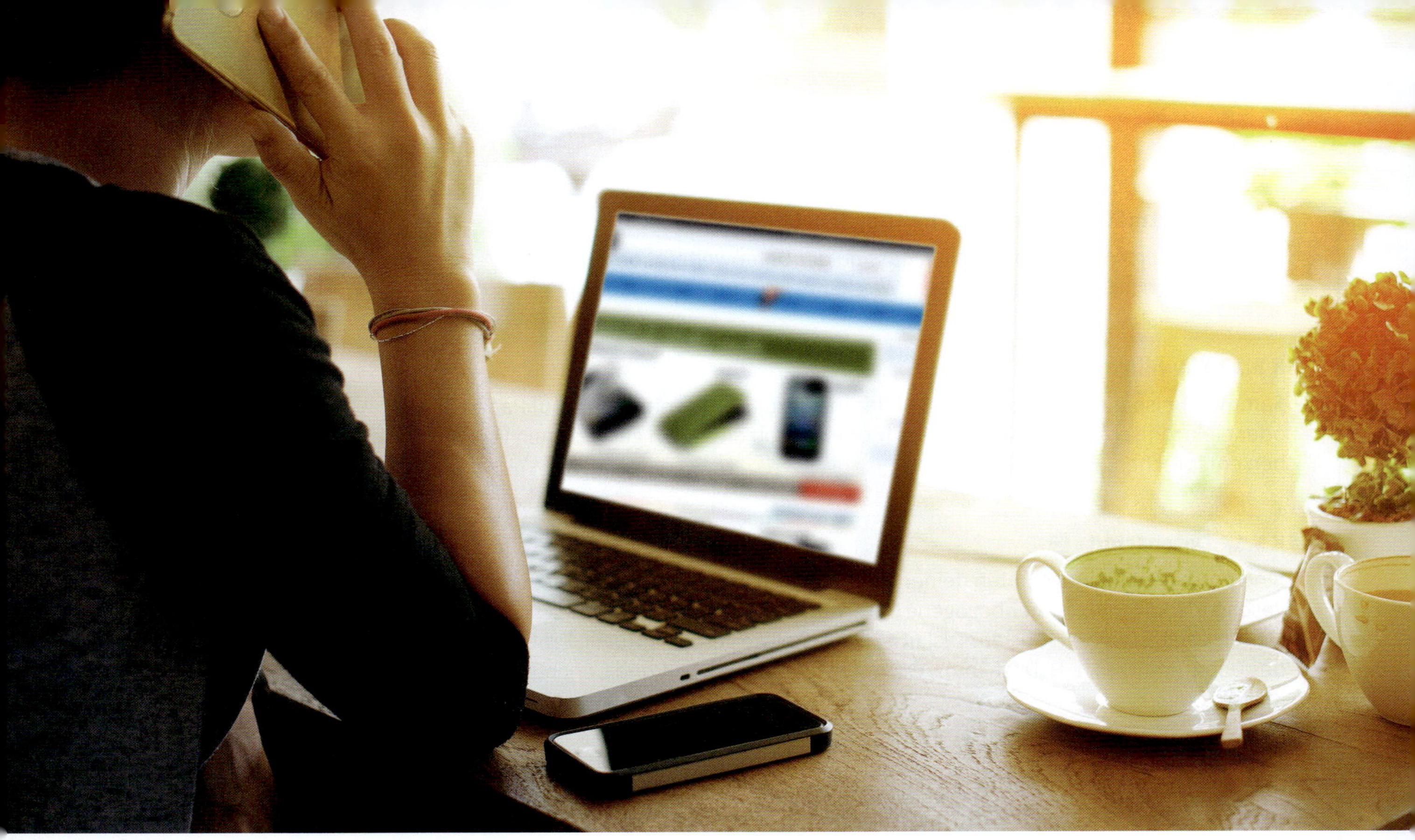

LERNEN

6 Recht im Internet

Mit der Entwicklung des Internets als Marketing- und Vertriebskanal zeigte sich, dass für viele Besonderheiten die bestehenden Gesetze nicht ausreichten. Daher wurden auf EU-Ebene und in Folge im österreichischen Recht dafür Regelungen geschaffen, z. B. das E-Commerce-Gesetz, das Signaturgesetz, die Signaturverordnung, neue Strafbestimmungen u. v. m.

Ü 5.53 Nenne ein Beispiel für einen Webshop, bei dem du oder deine Eltern in letzter Zeit Waren gekauft hast bzw. haben. Bewerte den Bestellvorgang (Eingabemaske, Übersichtlichkeit, Informationen über die Waren sowie Liefer- und Zahlungsbedingen, Rücksendekosten usw.).

1 Das E-Commerce-Gesetz (ECG)

Das E-Commerce-Gesetz (ECG) enthält spezielle **Regelungen für den elektronischen Geschäftsverkehr,** die einen erweiterten Schutz für Konsumentinnen und Konsumenten bieten. Daneben gelten jedoch auch die Vorschriften des ABGB, UGB und KSchG für Online-Geschäfte.

E-Commerce-Gesetz
Gesetz, mit dem die E-Commerce-Richtlinie der EU in Österreich umgesetzt wurde

Das E-Commerce-Gesetz regelt				
Zulassung von Diensteanbietern	Informationspflichten von Diensteanbietern	Abschluss von Verträgen (Cyber Contracts)	Haftung von Providern, Suchmaschinen und für Links	grenzüberschreitende Dienstleistungen im EU-Binnenmarkt

Zulassungsfreiheit

Anbieter/innen von E-Commerce-Dienstleistungen benötigen keine besondere, zusätzliche behördliche Genehmigung. Es genügt die **übliche Gewerbeberechtigung.**

Informationspflichten

Jede **geschäftliche Website** muss folgende Informationen ständig, leicht und unmittelbar zugänglich bieten:

information obligations
Informationspflichten

Verpflichtende Informationen einer Unternehmenswebsite

Informationen über das Unternehmen

- Name oder Firma
- geografische Adresse (Internetadresse reicht nicht)
- E-Mail-Adresse und Telefonnummer
- Berufsverband, dem das Unternehmen angehört, **Beispiel:** Wirtschaftskammer, Kammer der Wirtschaftstreuhänder
- Firmenbuchnummer und Firmenbuchgericht (sofern vorhanden)
- Aufsichtsbehörde (sofern vorhanden), **Beispiel:** Finanzmarktaufsicht
- UID-Nummer (sofern vorhanden)
- Info über Verhaltenskodex, dem sich das Unternehmen freiwillig unterworfen hat, und Link dazu, **Beispiele:** Internet-Ombudsstelle, E-Commerce-Gütesiegel

Informationen zum Vertragsabschluss

- Erklärung der einzelnen technischen Schritte zum Vertragsabschluss
- Angaben über Speicherung des Vertrags und Zugang für Verbraucher/innen
- Erklärung der Korrekturmöglichkeit von Eingabefehlern
- Sprachen, in denen der Vertrag abgeschlossen werden kann
- deutlicher Hinweis auf ABG, leicht zugänglich und speicherbar
- Bestätigung der Bestellung des Kunden bzw. der Kundin unverzüglich per E-Mail

Erkennbarkeit von Werbung

- Werbung muss klar und eindeutig erkennbar sein, z. B. mit einem Banner
- Info, dass es sich um Zugaben, Geschenke, Preisausschreiben oder Gewinnspiele handelt – mit einfachem Zugang zu den Teilnahmebedingungen

Preisangaben

- leichte Lesbarkeit und Zuordenbarkeit der Preise
- Erkennbarkeit von Brutto- oder Nettopreisen
- Angabe, ob Versandkosten enthalten sind und welche zusätzlichen Kosten entstehen
- Pflicht zur Preisangabe zwar nicht nach ECG, aber für Geschäfte mit Verbrauchern nach dem Fernabsatzgesetz

Diese Bestimmungen sind nur bei **nicht-individueller Kommunikation** anzuwenden, egal ob der Vertragspartner Unternehmer/in oder Konsument/in ist.

Beispiele:

- Eine Konsumentin sieht im Internet ein Software-Angebot und möchte die Software bestellen. Die Seite muss sämtliche o. a. Informationen enthalten.
- Ein Konsument schreibt an ein Unternehmen ein E-Mail und bestellt einen PC. Die Informationspflichten gelten nicht, da es sich um individuelle Kommunikation handelt.

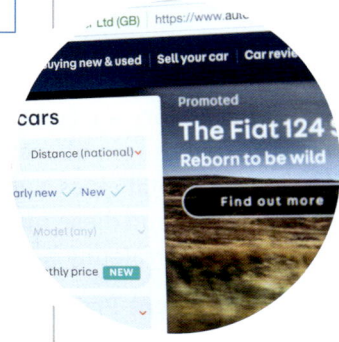

Websites mit Werbung
Werbebanner müssen optisch klar erkennbar und zum übrigen Seiteninhalt abgegrenzt sein.

Haftungsregelungen

Das Internet als globales Informationsmedium ist leider auch ein Ort für Kriminalität und andere illegale Tätigkeiten, wie z. B. Wettbewerbs- und Urheberrechtsverletzungen (Produktpiraterie, verbotene Downloads u. a.). Diese sind nach den jeweiligen zivil- und strafrechtlichen Bestimmungen zu beurteilen und bewirken Schadenersatzansprüche oder Strafen.

Bei der **Providerhaftung** geht es darum, ob und wie Internet-Diensteanbieter für **rechtswidriges Verhalten ihrer Kunden oder Dritter** zivil- und strafrechtlich haftbar sind, weil sie dieses Verhalten – meist unbewusst – fördern.

Oft ist es schwierig, gegen die Täterinnen und Täter vorzugehen oder diese ausfindig zu machen – sie tauchen in den „Weiten des Internet" unter. Das ECG sieht daher vor, dass Diensteanbieter den Namen und die Adresse eines Nutzers offenlegen müssen, wenn ein überwiegendes rechtliches Interesse an der Feststellung der Identität eines Nutzers und eines bestimmten rechtswidrigen Sachverhalts besteht und die Informationen für die Rechtsverfolgung notwendig sind. Es bestehen jedoch für Provider unterschiedliche Haftungsbefreiungen, je nachdem welche Art von Dienstleistungen bereitgestellt werden.

Haftung von Providern, von Suchmaschinen und für Links		
Access-Provider und Suchmaschinen	**Host-Provider**	**Links**
vermitteln einen Internet-Zugang, Daten werden nur übertragen oder kurz gespeichert (Caching)	bieten Speicherplatz für Websites ihrer Kunden	Durch Verbindungen verschiedener Websites („Hyperlinks") wird deren Inhalt verbreitet.
keine Haftung, wenn kein Einfluss auf den Übermittlungsvorgang, die Information und die Empfänger besteht (automatische Weiterleitung ohne Veränderung)	**keine Haftung,** wenn Provider keine Kenntnis von rechtswidrigem Inhalt hat und bei Hinweis darauf sofort löscht oder sperrt	**Grundsätzliche Haftung,** außer: • der rechtswidrige Inhalt war nicht bekannt und für einen juristischen Laien nicht erkennbar • Link wurde nach Kenntnis sofort entfernt

Bei Kenntnis des rechtswidrigen Inhaltes nützen auch sogenannte **Disclaimer** (Hauftungsausschlusserklärungen) nichts.

Nachforschungs- und Mitwirkungspflichten

Provider sind zwar nicht verpflichtet, die von ihnen gespeicherten und übermittelten Informationen allgemein zu überwachen oder von sich aus auf rechtswidrige Inhalte zu überprüfen. Sie müssen jedoch bei Anordnung durch ein Gericht oder Verwaltungsbehörden **umfassende Informationen zur Ausforschung von Nutzern und Nutzerinnen zur Verfügung stellen.** Auch an private Personen müssen Informationen herausgegeben werden, wenn diese ein überwiegendes rechtliches Interesse an der Feststellung der Identität eines Nutzers bzw. einer Nutzerin oder Sachverhalts glaubhaft machen und diese Information eine wesentliche Voraussetzung für die Rechtsverfolgung bildet (Rechtsquellen: §§ 13 bis 18 ECG).

Für **Content-Provider** (Bereitstellung von Beiträgen oder Inhalten, z. B. Chat-Forum) gibt es keine Haftungsbefreiung im ECG. Sie haften nach den allgemeinen zivilrechtlichen Regeln.

liability
Haftung

LINK
Checkliste für Links
Auf der Website der WKO findest du eine Übersicht zur Haftung für Links auf fremde Websites.
www.wko.at

Anwendbares Recht bei grenzüberschreitenden Verträgen

Grundsätzlich gilt für E-Commerce innerhalb des EU-Binnenmarktes und des EWR das **Herkunftslandprinzip,** d. h. das **Recht des Niederlassungsstaates** des Anbieters. Das ist jener Ort, an dem der Anbieter seinen Sitz hat bzw. an dem die Tätigkeit ausgeübt wird (unabhängig davon, wo der Server steht). Von diesem Grundsatz gibt es allerdings einige Ausnahmen:

Für grenzüberschreitende Verträge mit Unternehmen außerhalb des EWR gelten die Regeln des **Internationalen Privatrechts (IPR).** Oft gelten besondere Regeln für Verbrauchergeschäfte.

Onlineshops in der EU
Wenn österreichische Kunden bei einem deutschen Webshop kaufen, gelten Teile des österreichische Konsumentenrechts, wenn sie für die Konsumenten vorteilhafter als die deutschen sind.

Strafbestimmungen

Bei Verstoß gegen die ECG-Vorschriften droht eine **Verwaltungsstrafe bis zu € 3.000,–** Die Strafe entfällt, wenn der gesetzmäßige Zustand innerhalb einer von der Behörde festgesetzten Frist hergestellt wird.

LINK
Ü 5.54 Vorschriften des ECG
interaktive Übung

Ü 5.54 Vorschriften des ECG B

Gib an, ob die folgenden Aussagen richtig oder falsch sind. Korrigiere bei Bedarf.

Aussage	Richtig	Falsch	Richtigstellung
Ein Unternehmen, das seine Produkte künftig auch online verkaufen möchte, muss eine Erweiterung der Gewerbeberechtigung beantragen.			
Versandkosten müssen auf jeder Website extra angeführt werden.			
Für Werbung auf einer Website gibt es keine besonderen Vorschriften.			
Es genügt, wenn ein Webshop darauf hinweist, dass es allgemeine Geschäftsbedingungen gibt.			
Alle österreichischen Anbieter/innen müssen sich einem Verhaltenskodex unterwerfen.			

Neben den bisher dargestellten Pflichten nach dem ECG bestehen für Verbrauchergeschäfte ohne persönlichen Kontakt vor Vertragsabschluss noch **weitere Schutzbestimmungen im Konsumentenschutzgesetz.**

Rücktritt bei Online-Geschäften
Bei Kauf in einem Webshop steht Konsumentinnen und Konsumenten ein 14-tägiges Rücktrittsrecht zu.

electronic signature
elektronische Signatur

2 Die elektronische Signatur

Bei **Geschäften im Internet** gibt es im Unterschied zu „normalen" Vertragsabschlüssen einige **Unsicherheiten:**

- kein direkter Kontakt zwischen den Vertragsparteien
- kein Geschäftslokal
- mangelnde Identifizierbarkeit des virtuellen Vertragspartners
- kein schriftlicher Vertrag mit Unterschriften

Zur Lösung dieser Probleme wurde aufgrund einer EU-Richtlinie durch das Signaturgesetz die **elektronische Signatur** geschaffen. Sie ist ein Ersatz für die Unterschrift des Vertragspartners und soll Sicherheit und Vertrauen bei der Datenübertragung schaffen.

Elektronische Signatur: Die digitale Identität einer Person kann eindeutig zugeordnet werden, indem ihre Unterschrift verschlüsselt mit dem Dokument verknüpft wird.

Arten von elektronischen Signaturen	
qualifizierte elektronische Signatur	**einfache elektronische Signatur**
• strenge gesetzliche Vorgaben • qualifiziertes Zertifikat • nur mit Identitätsfeststellung • höchste technische Anforderungen	• einfaches Zertifikat • geringe Anforderungen an Vertrauensdiensteanbieter (VDA)
hohe Beweiskraft	**niedrigere Beweiskraft**

Durch **Verschlüsselung** und **Zertifizierung** kann sichergestellt werden, dass

- die Nachricht vom Absender stammt (Authentizität) und
- die Nachricht nicht verändert wurde (Integrität).

Qualifizierte elektronische Signatur – Anwendung und Vorteile

- **Ersatz der eigenhändigen Unterschrift:** Wenn die Schriftform eines Vertrags oder die eigenhändige Unterschrift gesetzlich oder vertraglich vorgeschrieben ist, wird diese durch die qualifizierte elektronische Signatur ersetzt. Ausnahmen sind das Testament oder die Verbraucherbürgschaft. Diese sind nur gültig mit zusätzlicher Aufklärung durch eine/n Rechtsanwalt/Rechtsanwältin oder Notar/in.

- **E-Commerce**
  - sicherer Vertragsabschluss
  - einfaches Login
  - Überprüfung der Echtheit von Dokumenten
  - PDF-Signatur
  - E-Tresor: elektronischer Datensafe für Dokumente und Verträge

- **E-Business**
  - E-Billing (elektronische Rechnungslegung)
  - E-Procurement (elektronische Beschaffung, B2B oder A2B)
  - Secure E-Mail: Verschlüsselung von E-Mails
  - E-SV (Anträge an die Sozialversicherung)

- **E-Government** (A2B, A2C)
  - Online-Amtswege: FinanzOnline (elektronische Steuererklärung), Versicherungsdatenabfrage, neues Pensionskonto, Strafregisterauszug
  - Elektronische Zustellung von Bescheiden
  - An-, Ab- und Ummeldung von Personen, Fahrzeugen etc.

- **E-ID (ID Austria, elektronischer Identitätsnachweis, „Ausweis")**
  - elektronischer Identitätsnachweis
  - Signatur von digitalen Dokumenten
  - digitales Amtsservice, höchste Datensicherheit
  - Identifikation gegenüber Betreibern eines Internetdienstes

Unterschrift am Computer
Durch eine elektronische Signatur werden die Identität des Unterzeichners und die Integrität des Dokuments festgestellt. Zur Klarstellung: Die elektronische Signatur hat nichts mit einer gescannten eigenhändigen Unterschrift zu tun.

A2B
Administration-to-Business
A2C
Administration-to-Citizen

Parlament in Tallin
Bei der Parlamentswahl in Estland im März 2019 gab ein Viertel der Wahlberechtigten die Stimme per E-Voting ab. In Österreich kann die Stimme bei Wahlen noch nicht elektronisch abgegeben werden.

Recht für Technikerinnen und Techniker

- Zuordnung von Lizenzrechten beim Download von Software
- gesicherter Altersnachweis
- elektronischer Impfpass

HANDY-SIGNATUR
Der digitale Ausweis

Praktische Umsetzung

- **Handy-Signatur:** Die Aktivierung erfolgt online oder in einer Registrierungsstelle mit gültigem Lichtbildausweis.
- **Bürgerkarte:** Auch die Bürgerkarte bietet eine qualifizierte elektronische Signatur. Dafür kann z. B. die e-card nach Registrierung und Freischaltung verwendet werden. Ein Kartenlesegerät und eine spezielle Signatur-Software sind erforderlich.

Handy-Signatur und Bürgerkarte werden zu einem **„elektronischen Identitätsnachweis" (E-ID)** weiterentwickelt.

Ⓜ LINK
Elektronische Unterschrift
Hier findest du alle Informationen zu Handy-Signatur, Bürgerkarte und Elektronischer Identität (ID Austria).

www.buergerkarte.at

③ Domain-Recht

Jedem Rechner ist im Internet eine Binärzahl (z. B. 193.80.248.12) als **IP-Adresse** zugeordnet. Da diese nicht leicht zu merken ist, weist das **Domain-Name-System (DNS)** der IP-Adresse eine **Buchstabenkombination** zu. Diese Buchstabenkombination wird **Domain-Name** genannt, kann nur einmal vergeben werden und ist zumeist „sprechend". Das heißt, sehr oft wird die Firma oder eine sonstige Unternehmensbezeichnung als Domain-Name gewählt.

Ein **Domain-Name** hat in der Regel folgenden Aufbau:

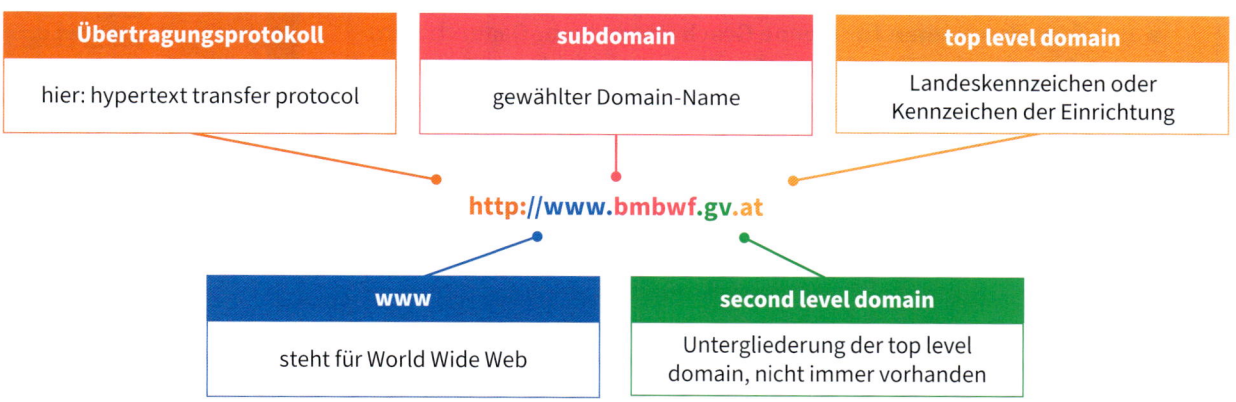

Bei den **Top-Level-Domains** wird zwischen Geografischen (Country Code Top Level Domain, ccTLD) und Generischen (Generic Top Level Domain, gTLD) unterschieden.

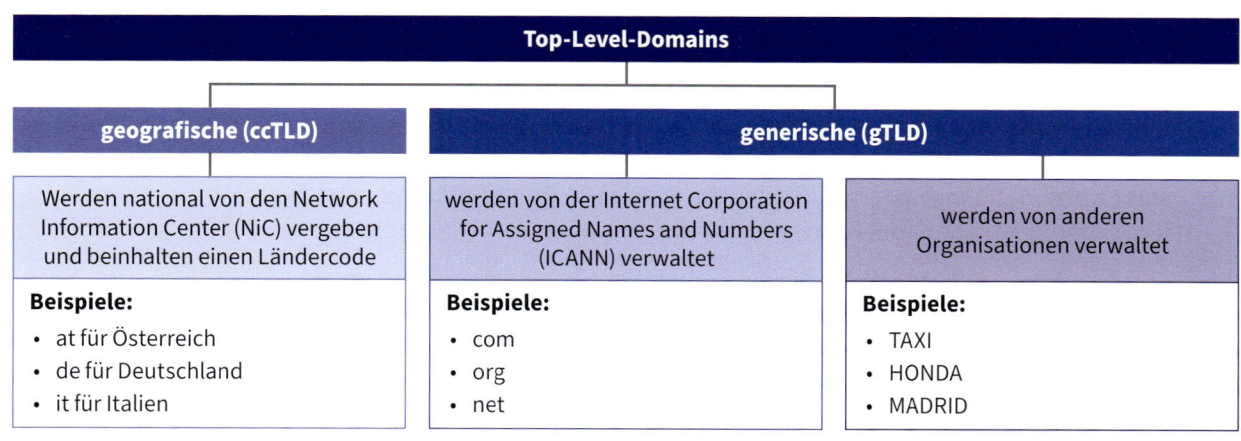

- Die **Internet Corporation for Assigned Names and Numbers (ICANN)** koordiniert weltweit die **Domain-Namen und Zuteilung der IP-Adressen.** Sie hat ihren Sitz in den USA. Einige generische Domain-Namen, die bereits vor Gründung der ICANN existierten, werden direkt von ihr verwaltet. Die Verwaltung weiterer gTLD hat sie anderen Organisationen und Unternehmen übertragen. Dazu führte sie ein Bewerbungsverfahren durch, bei dem von den Bewerbern TLD-Namen vorgeschlagen werden konnten. Daher sind auch Städtenamen, Firmen oder Marken als gTLD möglich.

- Für die **Verwaltung der geografischen Top-Level-Domains** sind nationale **Network Information Centers (NiC)** zuständig, die private Organisationen sind. Jede Person kann bei der NiC gegen Bezahlung einer Gebühr einen Domain-Namen registrieren lassen. Grundsätzlich erhält die Person den gewünschten Domain-Namen, die ihn zuerst beantragt. Ob sie einen Domain-Namen registrieren lässt und damit in das Namens- oder Kennzeichenrecht eines anderen eingreift, wird nicht geprüft.

Unberechtigte Nutzung eines Domain-Namens

Wenn im Internet nach einem Unternehmen gesucht wird, gibt man häufig den Namen bzw. die Firma ein, in der Hoffnung, das entsprechende Unternehmen zu finden. Lässt nun jemand eine bekannte Firma als Domain registrieren, dann kann er **auf Kosten dieses Unternehmens Geschäfte machen** und dem/der eigentlich berechtigten Namensträger/in schaden.

Lässt nun eine Person einen **Domain-Namen** für sich registrieren, welcher die **Firma oder eine sonstige Unternehmensbezeichnung eines anderen Unternehmens** ist, so kann sie

- den **fremden Namen für eigene Geschäfte nutzen.** Dadurch wird eine Bezeichnung ausgebeutet, für die jemand anderer viel Geld und Mühe aufgewendet hat.

- dem, der die **Bezeichnung zu Recht verwenden darf, schaden.** Dies kann z. B. durch den Inhalt bzw. die Gestaltung der Website geschehen.

- den Domain-Namen dem Unternehmen, dem dieser Name zusteht, gegen Bezahlung eines hohen Entgelts überlassen. Dies ist eine Form wirtschaftlicher Erpressung, welche **Domain-Name-Grabbing** genannt wird.

Namensschutz für Bundesbehörden
Ein Privater betrieb unter bundesheer.at eine bundesheerkritische Website. Die Republik Österreich klagte auf Unterlassung und bekam Recht, da damit die schutzwürdigen Interessen des Namensträgers verletzt wurden.

Alle diese Formen der unberechtigten Nutzung einer fremden Bezeichnung sind in Österreich verboten. Der/Die eigentlich Berechtigte kann gerichtlich durchsetzen, dass der unberechtigte Nutzer ihm/ihr den Domain-Namen unentgeltlich überlässt.

Da Gerichtsverfahren langwierig und teuer sind, hat die ICANN **Schiedsgerichte** eingerichtet, die **Streitigkeiten um generische Top-Level-Domain-Namen** nach einheitlichen, international gültigen Regeln schlichten sollen. Eine ähnliche Regelung wurde für die Top-Level-Domain „.eu" geschaffen.

Ist ein Name (Firma, Marke, Zeitschriftentitel) sehr bekannt, dann kann der Anspruch auf die Domain **auch gegen berechtigte Namensträger durchgesetzt** werden. Ebenso können öffentliche Einrichtungen (Bundesdienststellen, Gemeinden oder Tourismusverbände) ihre Namensrechte durchsetzen.

Beispiel: Jakob soll für seine Schwester eine Website einrichten und gestalten. Da sie den Vornamen Mercedes trägt, wäre www.mercedes.at als Domain-Name gut geeignet.

Der Name Mercedes ist sehr bekannt und wird in erster Linie mit Autos in Verbindung gebracht. Daher kann das Unternehmen anderen verbieten, diese Bezeichnung zu nutzen. Mercedes Benz wird das Recht auf diesen Domain-Namen auch vor Gericht durchsetzen können. Wählt Jakob hingegen www. jakob.at, wird es keine Probleme geben, da es kein bekanntes Unternehmen dieses Namens gibt. Daher gilt das Prinzip: „Wer zuerst kommt, mahlt zuerst."

Ü 5.55 Domain-Name A

LINK
Ü 5.55 Domain-Name
interaktive Übung

Kennzeichne, ob die folgenden Aussagen richtig oder falsch sind. Stelle falsche Aussagen richtig.

Aussage	Richtig	Falsch	Richtigstellung
Hat Karina Shell den Domain-Namen www.shell.at registrieren lassen, kann das Unternehmen Shell nichts dagegen unternehmen.			
Hat jemand www.kinder.at als Domain-Namen registrieren lassen, kann das Unternehmen Kinder (Schokolade) nichts dagegen unternehmen.			
Domain-Namen werden vom Bundeskanzleramt vergeben.			
Streitigkeiten um Domain-Namen können nur vor Gericht ausgetragen werden.			
Bei privaten Websites muss nicht erkennbar sein, wo der Medieninhaber wohnt.			
Entgeltliche Werbeeinschaltungen auf einer Unternehmenswebsite müssen nicht als solche erkennbar sein.			
Wird die Inhaberin einer Unternehmenswebsite geklagt, kann sie auch verpflichtet werden, das Urteil auf ihrer Website zu veröffentlichen.			

Ü 5.56 Domain-Name B

Du hast ein Unternehmen gegründet und willst eine Website zur Information der Kunden errichten. Damit viele User zugreifen, wählst du „www.kurier.at" als Domain-Name.

a) Wie kommst du zu einem Domain-Namen?

b) Wirst du den Domain-Namen führen dürfen?

4 Mediengesetz

media law
Mediengesetz

In jeder Zeitschrift findet man ein **Impressum.** Dort kann man die Namen der für die Zeitschrift Verantwortlichen finden, deren Anschrift sowie grundsätzliche Informationen zu den Eigentümern und Eigentümerinnen. Gelten diese Vorschriften auch im Internet und für E-Mails?

Ein **Medium** im Sinne des Mediengesetzes ist jedes **Mittel zur Verbreitung von Mitteilungen oder Darbietungen mit gedanklichem Inhalt in Wort, Schrift, Ton oder Bild.** Das Mediengesetz gilt somit auch für elektronische Medien. Abhängig davon, ob mit dem Medium politische Ideen verbreitet werden oder nicht, müssen bestimmte Informationen auffindbar sein.

Angaben in elektronischen Medien				
Art des Mediums	**„kleine" Websites**	**„kleine" Newsletter**	**übrige Newsletter**	**übrige Websites**
Häufigkeit des Erscheinens		muss wenigstens viermal im Kalenderjahr in vergleichbarer Gestaltung mit geänderten Inhalten verbreitet werden (z. B. Newsletter, Werbe-E-Mails)		
Inhalte	Diese Medien enthalten **keine Inhalte, die die öffentliche Meinung beeinflussen können.** **Beispiele:** • Informationen über Leben, Hobbys und Ausbildung einer Person • Leistungen und Produkte eines Unternehmens werden präsentiert, ohne die öffentliche Meinung zu beeinflussen (z. B. Werbung für ein Produkt)		Diese Medien enthalten **Inhalte, die die öffentliche Meinung beeinflussen können**. **Beispiele:** • Informationen einer Bürgerinitiative • Informationen einer Gärtnerei, wobei auch Umweltpolitik behandelt wird • Nachrichten	
Impressum	kein Impressum erforderlich	• Name oder Firma • Anschrift des Medieninhabers und des Herausgebers		kein Impressum erforderlich
Offenlegung (diese Angaben sind ständig leicht und unmittelbar auffindbar zur Verfügung zu stellen)	• Name oder Firma • gegebenenfalls der Unternehmensgegenstand • Wohnort oder Sitz der Medieninhaber/innen		• Name oder Firma • Unternehmensgegenstand • Wohnort, Sitz oder Niederlassung • Art und Höhe der Beteiligung der Medieninhaber-/innen • vertretungsbefugte Organe und Mitglieder des Aufsichtsrates • bei einem Verein: Vorstand und Vereinszweck • Erklärung über die grundlegende Richtung eines periodischen Druckwerks (Blattlinie) oder sonst eines periodischen Mediums	
Weitere Bestimmungen, die anzuwenden sind			• Verpflichtung zur Veröffentlichung einer Gegendarstellung • Verpflichtung zur Kennzeichnung entgeltlicher Einschaltungen • Verpflichtung zur Urteilsveröffentlichung	

Informationspflichten, die in anderen Gesetzen zu finden sind (z. B. ECG, UGB, GewO, UStG), müssen ebenfalls eingehalten werden.

legal notice
Impressum

Haftung für die Website

Für den **Inhalt einer Website** haftet diejenige Person, die **die Website inhaltlich gestaltet** hat und deren **Abrufbarkeit veranlasst**. Dies muss nicht der/die Domaininhaber/in sein. Access- und Serviceprovider sowie Webdesigner sind grundsätzlich keine Medieninhaber im Sinne des Mediengesetzes. Daher haften sie nicht nach Medienrecht.

Das Mediengesetz verpflichtet Medieninhaber bzw. -hersteller, bestimmten Bibliotheken **Exemplare der von ihnen hergestellten Medienwerke** (Druckwerke, Schallträger, Filmwerke, Onlineinhalte, die durch Passwort geschützt sind und an denen ein Bewahrungsinteresse besteht) **abzuliefern.** Die Bibliotheken haben sie zu sammeln und zu archivieren, sodass alle in Österreich verlegten bzw. erschienenen Druckwerke in der Österreichischen Nationalbibliothek, in den Landes- und Universitätsbibliotheken auffindbar sind und dort erhalten bleiben. Frei zugängliche Onlineinhalte müssen von der Österreichischen Nationalbibliothek mittels entsprechender Programme (Webcrawler, Webspider) automatisch gesammelt und archiviert werden.

Ablieferung an die Nationalbibliothek
Besteht an Medienwerken ein Bewahrungsinteresse, so richtet die Österreichische Nationalbibliothek eine entsprechende Aufforderung zur Ablieferung an den Medieninhaber.

Ü 5.57 Offenlegung von Daten bei Gestaltung einer Unternehmenswebsite A

Du sollst den Internetauftritt eines Unternehmens gestalten. Dabei werden die Produkte des Unternehmens präsentiert und es wird auf eine Liste von Händlern verwiesen.

Kläre, welche Daten du aufgrund des Mediengesetzes offenlegen musst.

Ü 5.58 Offenlegung von Daten bei Gestaltung einer privaten Website A

Du bist Mitglied eines Vereins, der sich für die Erhaltung der Wölfe einsetzt und daher Gewehre verbieten möchte. Du gestaltest dafür eine Website.

Kläre, welche Daten du aufgrund des Mediengesetzes offenlegen musst.

ÜBEN

In dieser Lerneinheit hast du u. a. das E-Commerce-Gesetz und das Mediengesetz kennengelernt. Bearbeite nun die folgenden Aufgaben.

Ü 5.59 E-Commerce-Gesetz B

Welche Bereiche werden durch das ECG geregelt? Kreuze die richtige/n Lösung/en an und korrigiere bei Bedarf.

LINK
Ü 5.59 E-Commerce-Gesetz
interaktive Übung

Bereich	Richtig	Falsch	Richtigstellung
die Haftung von Google für Gesetzesverstöße			
welches Recht für den Online-Kauf bei einem deutschen Unternehmen anwendbar ist			
wie der Kauf abgewickelt wird, wenn ein Unternehmen per E-Mail Waren bestellt			
Preisangabe bei B2B-Geschäften			
Verantwortlichkeit für den Link zu einer rechtswidrigen Homepage			

Ü 5.60 E-Commerce-Gesetz B

Erkläre,

a) drohende Konsequenzen für ein Unternehmen, das gegen die Vorschriften des ECG verstößt.

b) welches Recht anwendbar ist, wenn Bücher über den Webshop eines italienischen Unternehmens gekauft werden.

Ü 5.61 Elektronische Signatur B

a) Nenne Bereiche für die Anwendung der qualifizierten elektronischen Signatur

   – von Privaten und

   – von Unternehmen.

b) Nenne ein konkretes Beispiel dafür, wie du persönlich die qualifizierte elektronische Signatur praktisch anwenden kannst.

Ü 5.62 Domain-Name `C`

Du hast ein Unternehmen gegründet und willst eine Website zwecks Information der Kunden errichten. Damit viele User zugreifen, wählst du „www.billa.at" als Domain-Name.

a) Erkläre, was du unternehmen musst, damit du diese Website erhältst.

b) Prüfe, ob du diesen Domain-Namen führen darfst.

KÖNNEN

Bei den folgenden Aufgaben kannst du dein Wissen weiter anwenden.

K 5.16 Informationspflichten `C`

Du willst mehrere Funktionsshirts bestellen und findest einen Webshop mit auffallend günstigen Preisen. Auf der Website ist nur ein Schriftzug „Super Sport Champion" enthalten.

Du möchtest mehr über diesen Anbieter wissen. Analysiere die rechtliche Lage.

K 5.17 Haftung für Links `C`

Der Sportverein, in dem du Mitglied bist, hat auf seiner Website mehrere Links, u. a. auch zu einem Mitglied, das privat Sportausrüstung verkauft.

a) Analysiere die rechtliche Lage.

b) Vorsichtshalber hat der Sportverein auf seiner Website einen Hinweis angebracht: „Unsere Homepage enthält Links zu externen Websites Dritter, für deren Inhalt wir keine Haftung übernehmen." Wie nennt man einen derartigen Hinweis? Beschreibe die Wirkung des Hinweises.

K 5.18 Vertragsabschluss über Webshops `C`

Überprüfe bei deinem nächsten Kauf in einem Webshop, ob alle Bestimmungen des ECG für den Vertragsabschluss im Internet eingehalten werden, und dokumentiere die einzelnen Schritte. Beurteile auch das Impressum. Berichte der Klasse.

 **LINK**
Elektronische Identitätsnachweise
Informationen zur Entwicklung der ID Austria (E-ID) findest du hier.
www.a-trust.at

K 5.19 Handy-Signatur `C`

Besuche die Websites zur Handysignatur bzw. zur ID Austria und informiere dich über die Nutzungsmöglichkeiten der ID-Austria.

Erstelle eine kurze Präsentation für deine Mitschüler/innen, wie diese am einfachsten zu einer Handy-Signatur kommen und was sie damit machen können.

KOMPETENZCHECK

Meine Kompetenzen	Kann ich?	Aufgaben
Ich kann mindestens drei Regelungsbereiche des E-Commerce-Gesetzes erklären.		Ü 5.54, Ü 5.59
Ich kann beschreiben, welche Informationen auf Websites mit Bestellfunktion enthalten sein müssen.		Ü 5.53
Ich kann mindestens drei Anwendungsmöglichkeiten der qualifizierten elektronischen Signatur erklären.		Ü 5.61

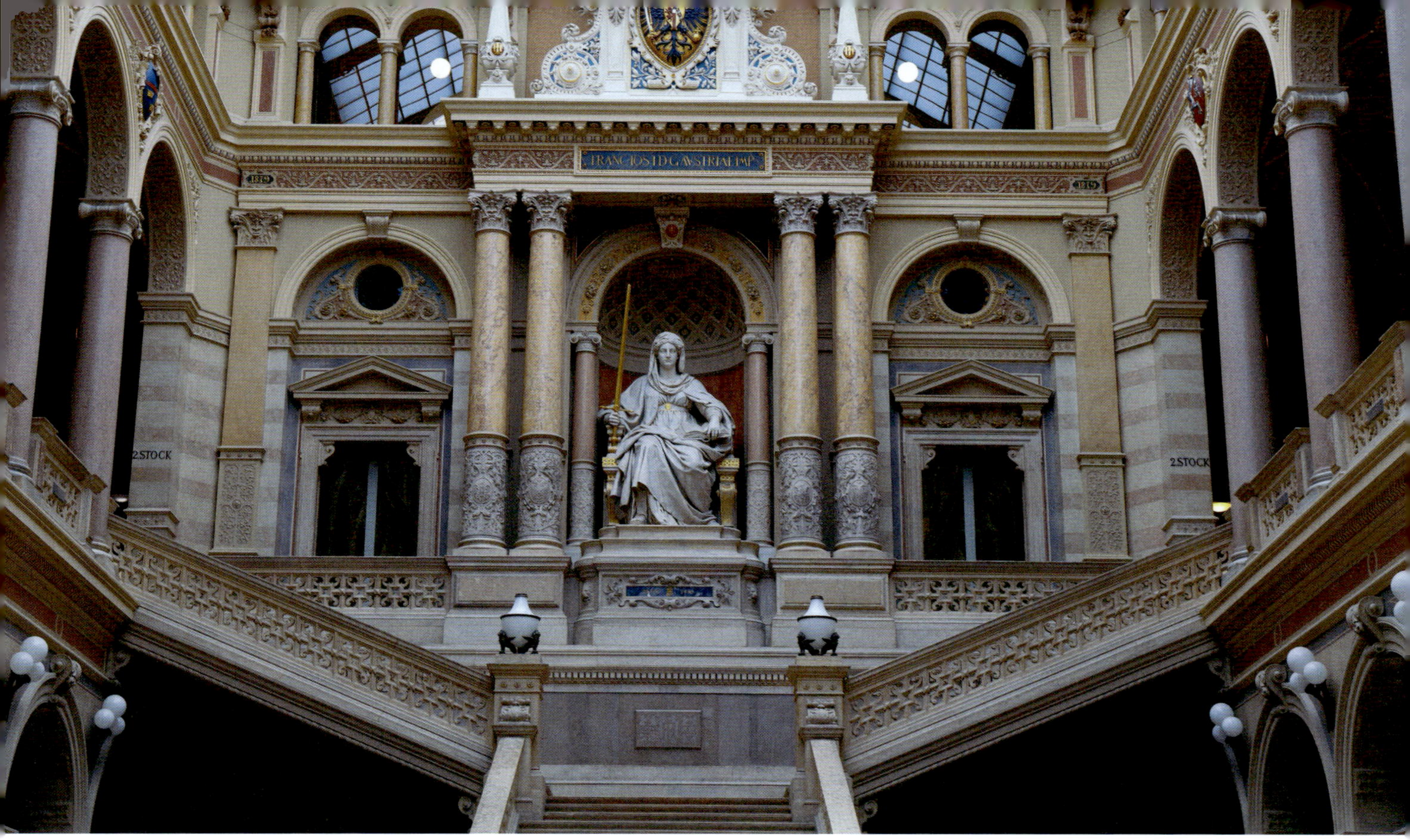

6 Zivilverfahren

Darum geht es in diesem Kapitel:

Wenn eine Person im Recht ist, muss gewährleistet werden, dass sie ihr Recht auch durchsetzen kann. Dafür braucht es Regeln und Institutionen. Der Staat, dem das Rechtsdurchsetzungsmonopol zukommt, räumt den Bürgerinnen und Bürgern mit den Zivilgerichten einen Anspruch auf Gewährung von Rechtsschutz ein.

Das lernst du in den folgenden Lerneinheiten:

1 Wie läuft ein **Zivilgerichtsverfahren** ab?
2 Auf welche Weise können **Ansprüche exekutiert** werden?
3 Was passiert bei **Zahlungsunfähigkeit**?

Aktiviere dein MEHR!-Buch
online: **lernenwillmehr.at**

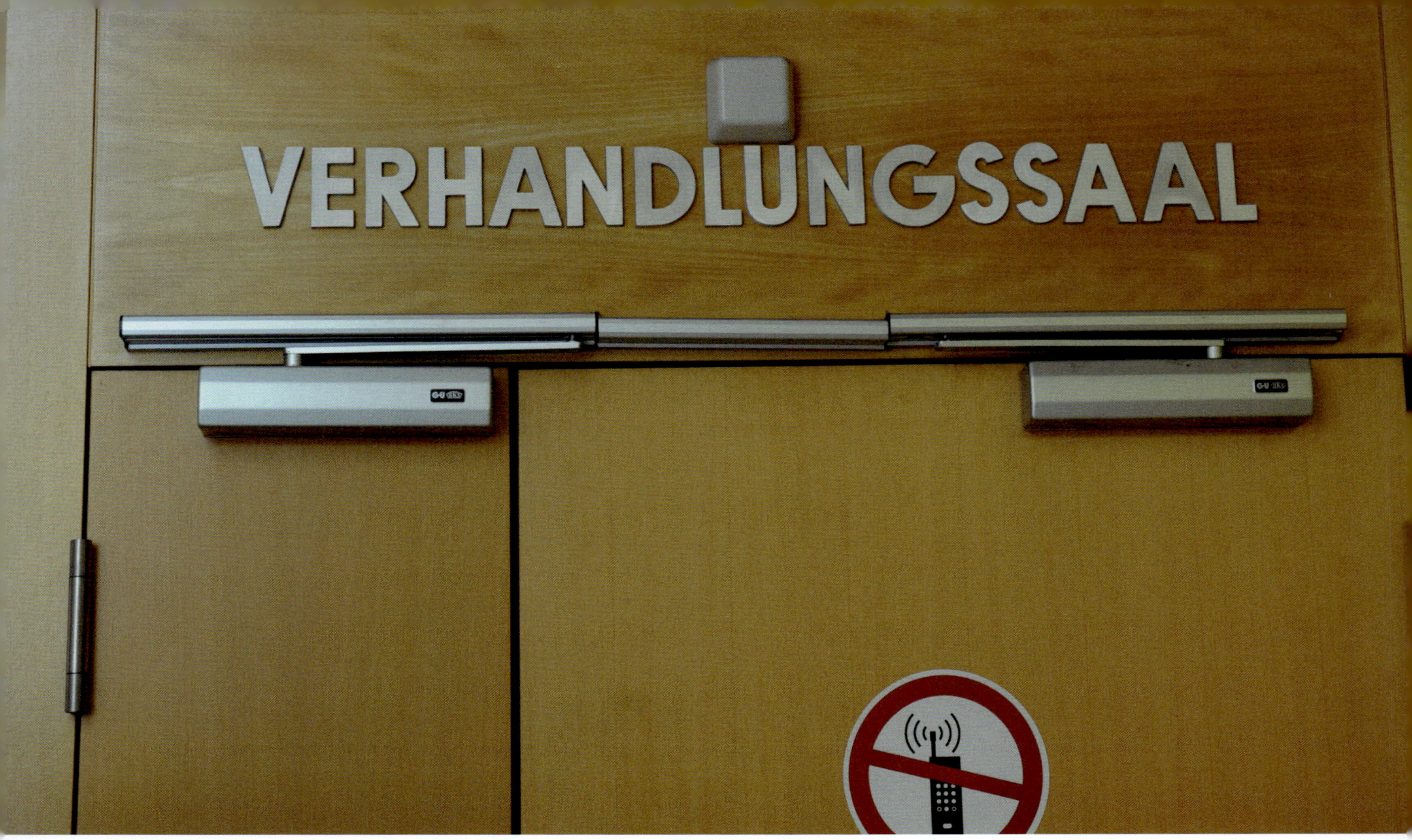

![VERHANDLUNGSSAAL]

Im Verhandlungssaal
Das Zivilgericht entscheidet
u. a. bei Streitigkeiten mit
dem Arbeitgeber oder
bei Scheidungs- und
Unterhaltsangelegenheiten.

LERNEN

1 Zivilgerichts-
verfahren

Während Strafgerichte darüber zu entscheiden haben, ob Beschuldigte eine mit gerichtlicher Strafe bedrohte Handlung begangen haben, entscheiden Zivilgerichte über privatrechtliche Streitigkeiten.

courts
Gerichte

Ü 6.1 Katharina hat per Post eine Ladung vom Gericht erhalten. Sie soll in zwei Monaten als Zeugin einvernommen werden.

Der gerichtlichen Ladung kann Katharina entnehmen, dass sie zu einem Verkehrsunfall befragt werden soll. Sie erinnert sich daran, einen Autounfall mit Blechschaden beobachtet und einem der Autofahrer ihren Kontaktdaten gegeben zu haben. Muss sie bei Gericht erscheinen?

1 Arten von Zivilgerichtsverfahren

Vor die Zivilgerichte gelangen Auseinandersetzungen aus verschiedensten **privaten Lebensbereichen,** z. B.

- über Kaufverträge,
- wegen Besitzstörung,
- aus Miet- und Pachtverhältnissen,
- wegen Eheangelegenheiten (z. B. Scheidung, Unterhalt),
- über Begehren auf Schadenersatz und Schmerzengeld,
- über Streitigkeiten aus Arbeitsverhältnissen.

Entschädigung für Schmerzen
Nach einem Verkehrsunfall,
einem körperlichen Angriff
oder einer medizinischen
Fehlbehandlung kann
Schmerzengeld eingeklagt
werden.

Die wesentliche Aufgabe des Zivilprozesses besteht in der **Wiederherstellung und Bewahrung des Rechtsfriedens.** Der Prozess ist das letzte Mittel, wenn zuvor eine außergerichtliche Einigung zwischen den Streitparteien gescheitert ist.

 Zivilgerichtsverfahren: Es werden zwei Arten von Verfahren unterschieden:

Zivilgerichtsverfahren	
streitiges Verfahren	**außerstreitiges Verfahren**
Entscheidung bürgerlicher Rechtssachen im Zivilprozess	Verfahren, das von Rechtsfürsorgegedanken geprägt ist

Das **streitige Verfahren** dient der Entscheidung über Ansprüche zwischen Streitparteien, die sich als **Kläger/in** und **Beklagte/r** gegenüberstehen. Dazu zählen etwa Rechtsstreitigkeiten über

- Schadenersatz,
- Gewährleistung,
- Besitzstörung,
- Eigentumsrechte,
- Lohn- und Gehaltsfragen,
- Darlehen etc.

civil proceedings
Zivilprozess

Im **außerstreitigen Verfahren** wird jener Teil der bürgerlichen Rechtssachen entschieden, der von Rechtsfürsorgegedanken geprägt ist. In diesen Verfahren gibt es nur **Antragsteller/innen** und keine klagende oder beklagte Person. Dabei handelt es sich beispielsweise um

Darlehen
Geldbetrag, den eine Person einer anderen für eine gewisse Zeit zur Verfügung stellt, wofür auch Zinsen vereinbart werden können

- Pflegschaftssachen (Kindschafts- und Erwachsenenschutzangelegenheiten),
- Scheidungen im Einvernehmen,
- Grund- und Firmenbuchsachen,
- Verlassenschaftsabhandlungen,
- Todes- und Kraftloserklärungen,
- Beglaubigungen etc.

Kraftloserklärung
Feststellen der Ungültigkeit von Urkunden oder Wertpapieren durch ein Gericht

Ü 6.2 Streitiges oder außerstreitiges Verfahren A

Kreuze an, ob die nachstehenden Rechtssachen im streitigen oder außerstreitigen Verfahren entschieden werden.

LINK
Ü 6.2 Streitiges oder außerstreitiges Verfahren
interaktive Übung

Rechtssache	streitiges Verfahren	außerstreitiges Verfahren
Eintragung des Erwerbs einer Eigentumswohnung ins Grundbuch		
Blechschaden nach einem Verkehrsunfall		
Eintragung einer neu gegründeten Firma		
Unterhalt für Minderjährige		
nicht bezahlte Handygebühren		

② Grundsätze des Zivilprozesses

Ein Gerichtsverfahren läuft nach bestimmten Grundsätzen und Prinzipien ab.

1. Prinzip der Parteiendisposition

- Die Prozessparteien leiten das Verfahren durch **Klageerhebung** ein. Zu einem zivilgerichtlichen Verfahren kommt es grundsätzlich nur, wenn eine der Streitparteien das Gericht anruft.

- Die Parteien bestimmen über den Gegenstand der gerichtlichen Verhandlung und Entscheidung. Das Gericht entscheidet nur über die von den Parteien vorgebrachten Sachverhalte und Beweismittel. Es ist nicht befugt, einer Partei etwas zuzusprechen, was nicht begehrt wird.

- Die Prozessparteien trifft zur Beschleunigung des Verfahrens eine **Prozessförderungspflicht.** Sie sind zu einem zeitgerechten und vollständigen Vorbringen von Sachverhalt und Beweismitteln angehalten.

- Die Parteien haben die Fortführung und Beendigung des Verfahrens selbst in der Hand.

Parteiendisposition		
Die Parteien bleiben untätig.	Eine Partei kann den gegnerischen Standpunkt anerkennen.	Die Parteien erzielen durch gegenseitiges Nachgeben eine Einigung.
Ruhen des Verfahrens	**Anerkenntnis**	**Vergleich**

2. Prinzip der Mündlichkeit

Entscheidungsgrundlage des Gerichts ist nur das, was in der Verhandlung mündlich vorgebracht wird.

3. Prinzip der Öffentlichkeit

- Jede Person kann an den Verhandlungen samt Entscheidungsverkündungen des Gerichts teilnehmen. Der Ausschluss der Öffentlichkeit ist nur in Ausnahmefällen vorgesehen.

- Nur die Prozessparteien haben das Recht, Akteneinsicht zu nehmen.

- Fernseh- und Hörfunkaufnahmen und deren Übertragung sowie Filmaufnahmen öffentlicher Verhandlungen sind in allen Verfahren ausnahmslos verboten.

Besuch bei Gericht
Wenn der Richter oder die Richterin die Öffentlichkeit nicht aus besonderen Gründen ausgeschlossen hat, ist eine Verhandlung für alle zugänglich.

4. Rechtliches Gehör

Im Zivilprozess muss beiden Parteien die Möglichkeit gegeben werden, in dem zur Entscheidung führenden Verfahren mündlich oder schriftlich gehört zu werden.

5. „Waffengleichheit" der Parteien

Die klagende und die beklagte Person sind einander formell rechtlich gleichgestellt.

③ Zivilgerichte

Zivilverfahren finden vor verschiedenen Gerichten statt, nämlich vor Bezirksgerichten, Landesgerichten, Oberlandesgerichten oder vor dem Obersten Gerichtshof.

Bezirksgerichte (BG) üben die Zivilgerichtsbarkeit ausschließlich durch Einzelrichter/innen aus. **Die Bezirksgerichte sind zuständig:**

- für Streitigkeiten bis zu einem Streitwert von € 15.000,–
- für Streitigkeiten über die Grenzen von Liegenschaften, wegen Besitzstörungen, aus Miet- oder Pachtverhältnissen und Eheangelegenheiten (Eigenzuständigkeiten der Bezirksgerichte, ohne Rücksicht auf den Wert des Streitgegenstandes)
- für außerstreitige Verfahren

Landesgerichte (LG) üben die Zivilgerichtsbarkeit überwiegend

- durch Einzelrichter/innen aus,
- teilweise durch Senate von drei Berufsrichtern bzw. Berufsrichterinnen (z. B. in Rechtssachen über € 100.000,–, sofern es eine Partei beantragt, und in Rechtsmittelsachen) sowie
- unter Beteiligung von Laienrichtern und Laienrichterinnen in Handelssachen und Arbeits- und Sozialrechtssachen.

Die Landesgerichte sind zuständig:

- für Streitigkeiten ab einem Streitwert von mehr als € 15.000,–
- als Handelsgerichte für Streitigkeiten aus unternehmensbezogenen Geschäften, zur Führung des Firmenbuchs, für gesellschaftsrechtliche Streitigkeiten etc.
- als Arbeits- und Sozialgerichte für Streitigkeiten im Zusammenhang mit Arbeitsverhältnissen und aus dem Sozialrecht (Versicherungsleistungen der Sozialversicherungsträger)
- als Rechtsmittelgerichte über die Entscheidungen der Bezirksgerichte

Die **Oberlandesgerichte (OLG)** werden als Rechtsmittelgerichte gegenüber den Gerichtshöfen erster Instanz tätig.

Oberlandesgerichte sind eingerichtet:
- in Wien für Wien, Niederösterreich und Burgenland
- in Graz für Steiermark und Kärnten
- in Linz für Oberösterreich und Salzburg
- in Innsbruck für Tirol und Vorarlberg

Der **Oberste Gerichtshof (OGH)** ist in Wien im Justizpalast zu finden. Er entscheidet als oberste Instanz in Zivilsachen überwiegend in Senaten aus fünf Berufsrichterinnen und Berufsrichtern.

Örtliche Zuständigkeit der Gerichte

Eine Klage muss beim **sachlich und örtlich zuständigen Gericht** eingebracht werden. Jedes Gericht ist für ein genau festgelegtes Gebiet zuständig. Das komplexe System der Gerichtsstände unterscheidet zwischen dem allgemeinen Gerichtsstand und den besonderen Gerichtsständen.

district court
Bezirksgericht

regional court (high court)
Landesgericht

Die Gartengrenze
Zu den häufigsten Streitigkeiten in der Nachbarschaft gehören jene um den Verlauf der Grundstücksgrenzen.

second instance court
Oberlandesgericht

supreme court
Oberster Gerichtshof

Gerichtsstände	
allgemeiner Gerichtsstand	**besonderer Gerichtsstand**
richtet sich nach • dem Wohnsitz oder gewöhnlichen Aufenthalt (bei natürlichen Personen) • dem Sitz des Unternehmens (bei juristischen Personen)	• ausschließliche Gerichtsstände • Zwangsgerichtsstände • Wahlgerichtsstände

Die **ausschließlichen Gerichtsstände** schließen den allgemeinen Gerichtsstand aus (z. B. Gerichtsstand für Streitigkeiten in Ehesachen, in Vaterschaftssachen, um unbewegliches Gut, aus gewerblichem Rechtsschutz und Urheberrecht, für Verlassenschaftsangelegenheiten). Sie können aber durch Gerichtsstandsvereinbarung abgeändert werden.

Gerichtsstände, die nicht abgeändert werden können, werden als **Zwangsgerichtsstände** bezeichnet. Beispielsweise dürfen Verbraucher/innen nach dem KSchG nur an einem Gericht geklagt werden, in dessen Sprengel ihr Wohnsitz, gewöhnlicher Aufenthalt oder ihr Beschäftigungsort liegt. Sozialrechtssachen, wie Streitigkeiten über Leistungen der Sozialversicherungen, gehören an das Gericht des Wohnsitzes oder gewöhnlichen Aufenthalts des bzw. der Versicherten.

Wahlgerichtsstände geben dem/der Kläger/in die Möglichkeit, zwischen dem allgemeinen Gerichtsstand oder dem Wahlgerichtsstand zu wählen, z. B. Gerichtsstand der Zweigniederlassung, für Warenforderungen zwischen Unternehmern, des Erfüllungsortes, des Wechselzahlungsortes, der Besitzstörung, der Schadenszufügung, der Widerklage, der Arbeitsleistung und der Lohnzahlung.

Gerichtsstandsvereinbarung
Vereinbarung der Prozessparteien

Anfechtung der Kündigung
Für arbeitsverfassungsrechtliche Streitigkeiten, z. B. die Anfechtung einer unrechtmäßigen Kündigung, ist das Gericht zuständig, in dessen Sprengel sich der Betrieb befindet.

proceedings, litigation, action
Prozess

4 Ablauf eines Verfahrens

Von der Einbringung der Klage bis zur Fällung eines Urteils sind verschiedene Schritte möglich.

Das Zivilverfahren: Ein Prozess läuft folgendermaßen ab:

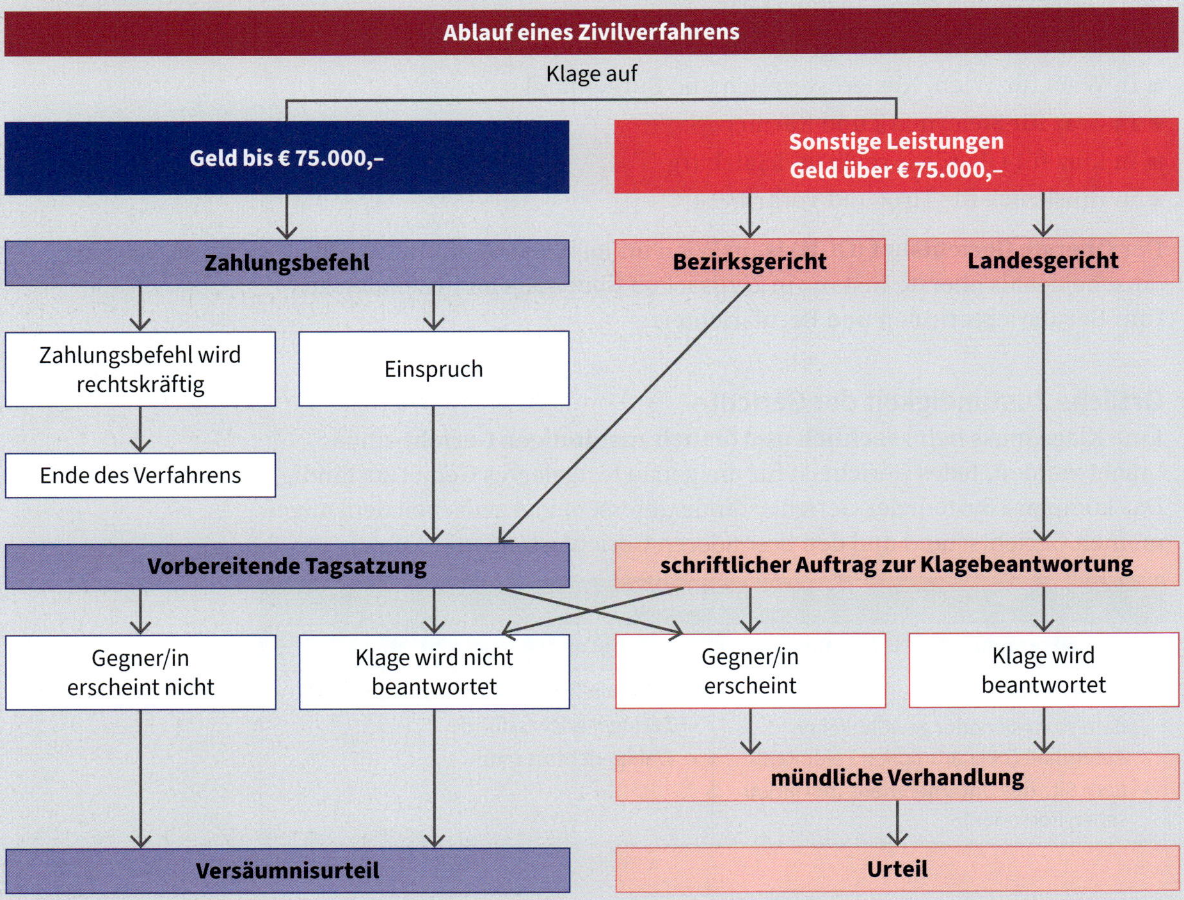

Ablauf eines Zivilverfahrens

Klage auf

Geld bis € 75.000,–	Sonstige Leistungen Geld über € 75.000,–

Zahlungsbefehl	Bezirksgericht	Landesgericht

Zahlungsbefehl wird rechtskräftig	Einspruch

Ende des Verfahrens

Vorbereitende Tagsatzung	schriftlicher Auftrag zur Klagebeantwortung

Gegner/in erscheint nicht	Klage wird nicht beantwortet	Gegner/in erscheint	Klage wird beantwortet

mündliche Verhandlung

Versäumnisurteil	Urteil

Die bei Gericht eingebrachte Klage leitet den Zivilprozess ein. Sofern eine Geldforderung bis € 75.000,– geltend gemacht wird, erlässt das Gericht ohne Anhörung der gegnerischen Partei einen bedingten **Zahlungsbefehl**. Erhebt der/die Beklagte binnen vier Wochen ab Zustellung des Zahlungsbefehles keinen Einspruch, wird der Zahlungsbefehl rechtskräftig und das Verfahren ist beendet.

Muster für einen Zahlungsbefehl:

www.justiz.gv.at	**Arbeits- und Sozialgericht Wien** Althanstraße 39-45 1091 Wien Tel.: 01/401 27 – 0	**16 Cga 18/19y** Bitte obige Geschäftszahl in allen Eingaben anführen

DVR: 0000000054321

A-Z Bau GmbH
Industriestraße 11
1120 Wien

Soweit in diesem Formular personenbezogene Ausdrücke verwendet werden, umfassen sie Frauen und Männer gleichermaßen.

ACHTUNG! Um ungewollte Rechtsfolgen zu vermeiden, beachten Sie bitte unbedingt die angeschlossenen Hinweise und die Rechtsmittelbelehrung!

RECHTSSACHE:

Kläger:
Hans Fleißig
Waldsiedlung 22
2244 Orth

vertreten durch:
Dr. Herbert Rechthaber, Rechtsanwalt
Walfischgasse 5A
1010 Wien
Tel.: 555 123 45
Vollmacht einschließlich der Vollmacht, den eingeklagten Betrag entgegenzunehmen, wurde erteilt. Gemäß § 19a RAO wird die Bezahlung der Kosten zu Handen des Klagevertreters begehrt.

Girokonto-Nr.: 7.65432.111
Bankleitzahl: 65.432

Beklagter:
A-Z Bau GmbH
Industriestraße 11
1120 Wien

WEGEN: EUR 2.138,29 brutto samt 8,58 % Zinsen ab 1.12.2018 samt Anhang

16 Cga 18/19y-2
Datum 22. April 2019

Aufgrund der vom Gericht **nicht überprüften Behauptungen** der klagenden Partei/en ergeht folgender

B E D I N G T E R   Z A H L U N G S B E F E H L :

AUFTRAG AN DIE BEKLAGTE PARTEI

Aufgrund der Klage vom 18.4.2019 wird der beklagten Partei aufgetragen, der klagenden Partei die Forderung von EUR 2.138,29 brutto samt 8,58 % Zinsen jährlich ab 1.12.2018 und die mit EUR 437,41 bestimmten Kosten innerhalb von 14 Tagen nach Zustellung dieses Zahlungsbefehls bei sonstiger Exekution zu zahlen oder, wenn die geltend gemachten Ansprüche bestritten werden, gegen den Zahlungsbefehl binnen vier Wochen Einspruch zu erheben.

KOSTENAUFGLIEDERUNG:

Normalkosten TP 3:		
Verdienstsumme	287,84 EUR	159,50
Umsatzsteuer	57,57 EUR	31,90
Pauschalgebühr	92,00 EUR	171,00
	-------------------------------	----------
SUMME:	437,41 EUR	362,40

Beeinsprucht die beklagte Person fristgerecht den Zahlungsbefehl, tritt dieser außer Kraft und es kommt zur Einleitung des ordentlichen Verfahrens.

Vom Gericht wird eine **Verhandlung** angesetzt bei Klagen

- auf Zahlung von mehr als € 75.000,–,
- die auf Feststellungen oder Gestaltung von Rechten oder Rechtsverhältnissen gerichtet sind.

beeinspruchen
Berufung einlegen, gegen etwas Einspruch erheben

In den Verfahren vor den Landesgerichten ist zuvor eine schriftliche Klagebeantwortung zu erstatten.

In der vorbereitenden Tagsatzung erörtert der/die Richter/in mit den Parteien das Sach- und Rechtsvorbringen und gibt das Prozessprogramm bekannt. Dabei werden die Beweisaufnahmen festgelegt.

Gegenstand des **Beweisverfahrens** sind nur jene Tatsachen, die von den Parteien vorgebracht wurden. Jede Partei hat die für ihren Rechtsstandpunkt günstigen Tatsachen vorzubringen (Behauptungslast) und zu beweisen (Beweislast).

Dabei gilt der **Grundsatz der freien Beweiswürdigung.** Ein/e Richter/in hat nach eigener persönlicher, freier Überzeugung die Beweisergebnisse zu prüfen und zu beurteilen, ob ein Beweis gelungen ist oder nicht.

Beweismittel sind:

- **Urkunden** (z. B. Verträge, schriftliche Mitteilungen, Fotos, Aufzeichnungen)
- **Zeuginnen und Zeugen**, d. h. Personen, die im Prozess über ihre Wahrnehmungen von Tatsachen aussagen. Sie haben die Pflicht, vor Gericht zu erscheinen. Falsche Aussagen vor Gericht sind strafbar! Ein Recht zur Verweigerung der Aussage (Entschlagungsrecht) besteht bei Drohen persönlicher Nachteile (Schande oder Gefahr strafgerichtlicher Verfolgung) oder vermögensrechtlicher Nachteile für sich oder Angehörige oder aufgrund besonderer Verschwiegenheitspflichten.
- **Sachverständige**, d. h. Personen, die dem/der Richter/in aufgrund besonderer Sachkunde bei der Klärung des Sachverhaltes helfen (z. B. Ärzte oder Ärztinnen, Techniker/innen, Buchhalter/innen)
- **der gerichtliche Augenschein**, d. h. der/die Richter/in macht sich selbst einen Eindruck von wesentlichen Umständen (z. B. vom Unfallort bei einem Lokalaugenschein)
- **die Vernehmung der Parteien**, d. h. die Anhörung der Parteien zu Beweiszwecken

Schweigepflicht
Einer besonderen Verschwiegenheitspflicht unterliegen Geistliche hinsichtlich des Beichtgeheimnisses und Staatsbeamte hinsichtlich des Amtsgeheimnisses.

Lässt sich eine Partei nicht auf den Rechtsstreit ein, indem sie beispielsweise im Gerichtshofverfahren keine Klagebeantwortung erstattet oder trotz ordnungsgemäßer Ladung unentschuldigt nicht erscheint, fällt das Gericht über Antrag des Gegners ein **Versäumungsurteil**, ohne ein Beweisverfahren durchzuführen.

Neben der Berufung bei Versäumungsurteilen stehen zur Beseitigung von Säumnisfolgen der Widerspruch und der Antrag auf Wiedereinsetzung in den vorigen Stand zur Verfügung.

Am Ende der Beweisaufnahme legen die Parteienvertreter und -vertreterinnen ihre Kostenverzeichnisse vor. Dann erklärt der/die Richter/in den Schluss der Verhandlung. Anschließend wird das Urteil **„Im Namen der Republik"** verkündet oder die Entscheidung wird mit schriftlichem Urteil gefällt und den Parteien mit der Post zugestellt.

Neben der Entscheidung in der Rechtssache selbst enthält das Urteil auch die **Entscheidung über die Prozesskosten.** Grundsätzlich hat die obsiegende Partei Anspruch auf Ersatz ihrer Verfahrenskosten gegen die unterliegende Partei. Bei teilweisem Obsiegen besteht ein verhältnismäßiger Kostenersatz.

Beispiel: Der Kläger klagt € 10.000,– ein und siegt mit € 7.500,–. Er hat also mit 3/4 gewonnen und mit 1/4 verloren, weshalb er nur die Hälfte seiner

Kosten zugesprochen bekommt. Wenn der Kläger nur mit € 5.000,– gewinnt, kommt es zur Kostenaufhebung. Das bedeutet, dass jede Partei ihre Kosten selbst trägt und keinen Ersatz bekommt.

Die Höhe des zu ersetzenden Rechtsanwaltshonorars regelt das **Rechtsanwaltstarifgesetz (RATG)** nach dem Streitwert und den anwaltlichen Leistungen (Anzahl der Schriftsätze und Verhandlungen). Hat die Person, die den Prozess gewonnen hat, mit ihrer Rechtsvertretung ein höheres Honorar vereinbart, muss sie die Differenz selbst tragen.

In **Arbeits- und Sozialrechtssachen** gibt es einige Besonderheiten. Bei betriebsverfassungsrechtlichen Streitigkeiten (z. B. Kündigungs- und Entlassungsanfechtung, Anfechtung einer Betriebsratswahl) trägt in den Verfahren erster und zweiter Instanz jede Partei ihre Kosten selbst, unabhängig vom Prozessausgang. In Sozialrechtsverfahren trägt der/die beklagte Sozialversicherungsträger/in die eigenen Prozesskosten immer selbst.

Rechtsvertretung
Im Berufungsverfahren müssen die Parteien anwaltlich vertreten sein, sonst kann der Prozess nicht stattfinden.

Ü 6.3 Zahlungsbefehl C

Herr Winter hat sein Konto bei der Bank überzogen und Schulden in der Höhe von € 28.000,–. Die Bank klagt diesen Betrag bei Gericht ein.

a) Vor welchem Gericht findet dieser Prozess statt?

b) Was passiert, wenn Herr Winter gegen den gegen ihn erlassenen Zahlungsbefehl keinen Einspruch erhebt?

c) Für den Fall, dass Herr Winter alles bestreitet: Mit welchem Beweismittel könnte die Bank im Verfahren das Bestehen des Anspruches beweisen?

d) Vor der ersten Verhandlung einigt sich Herr Winter mit der Bank auf eine Ratenzahlung. Daher erscheint niemand zur Verhandlung. Was passiert im Verfahren weiter?

5 Anwaltspflicht und Verfahrenshilfe

In den meisten Zivilgerichtsverfahren brauchen die Streitparteien einen Rechtsanwalt bzw. eine Rechtsanwältin.

Anwaltspflicht besteht

- vor dem Bezirksgericht, wenn der Streitwert mehr als € 5.000,– beträgt,
- vor dem Landesgericht und
- im Rechtsmittelverfahren.

Bei Anwaltspflicht kann eine Prozesspartei ohne Rechtsanwalt/Rechtsanwältin keine wirksamen Prozesshandlungen setzen.

Mittellose Parteien haben Anspruch auf **Verfahrenshilfe** zur gerichtlichen Durchsetzung ihrer Ansprüche. Die Verfahrenshilfe umfasst Gerichtsgebühren, Barauslagen für Sachverständige und Dolmetscher/innen und die eigenen Anwaltskosten. Die Verfahrenshilfe befreit aber nicht davor, bei Prozessverlust die Kosten des Gegners zu ersetzen.

Anwälte in Österreich
Auf dieser Website findest du u. a. Informationsbroschüren zum kostenlosen Download.
www.rechtsanwaelte.at

obligation to be legally represented by a lawyer
Anwaltspflicht

legal aid (letters rogatory)
Verfahrenshilfe

6 Das Rechtsmittelverfahren

Ist eine Prozesspartei mit dem Urteil oder einer sonstigen Entscheidung des Gerichtes nicht einverstanden, kann sie **Rechtsmittel** erheben. Wird kein Rechtsmittel erhoben, wird das Urteil rechtskräftig und vollstreckbar.

Der Weg durch die Instanzen: Die Berufung ist das Rechtsmittel gegen Urteile der ersten Instanz. Gegen Urteile der zweiten Instanz kann unter bestimmten Voraussetzungen Revision an den Obersten Gerichtshof eingebracht werden.

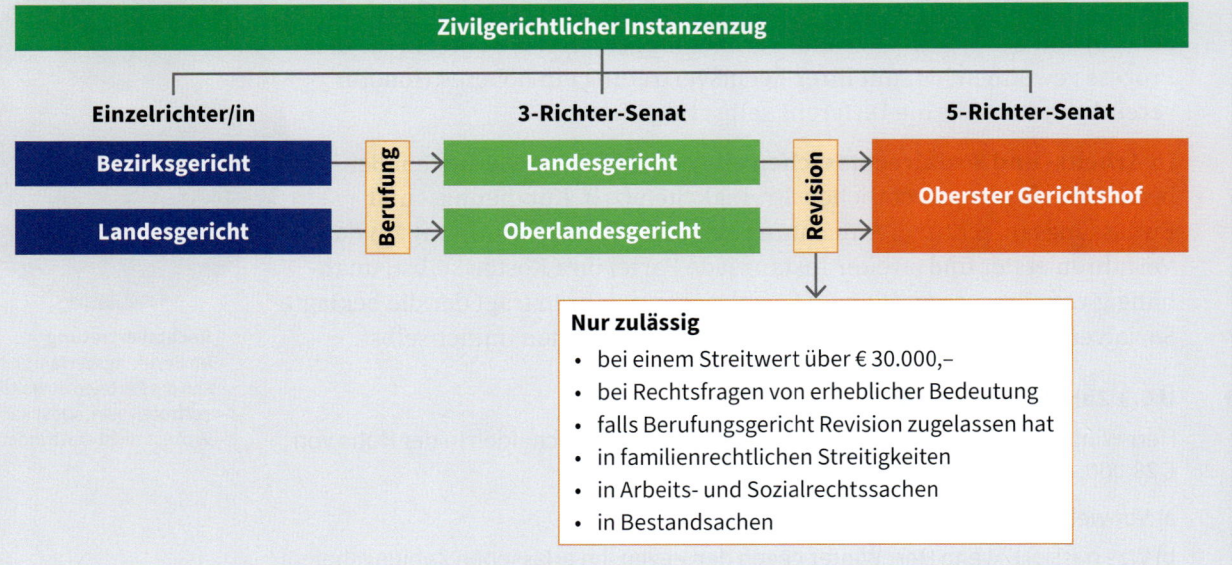

Die nächste Instanz **überprüft das Urteil** und kann dieses

- bestätigen,
- abändern oder
- aufheben und zur neuerlichen Verhandlung und Entscheidung an die erste Instanz zurückverweisen.

ÜBEN

In dieser Lerneinheit hast du die Grundlagen eines Zivilprozesses kennengelernt. Bearbeite nun die folgenden Aufgaben.

Ü 6.4 Zivilverfahren **A**

LINK
Ü 6.4 Zivilverfahren
interaktive Übung

Kreuze bei den folgenden Aussagen an, ob sie richtig oder falsch sind. Ist die Aussage falsch, stelle sie richtig.

Aussagen	Richtig	Falsch	Richtigstellung
Im Zivilverfahren muss man sich immer von einem Anwalt bzw. einer Anwältin vertreten lassen.			
Die Kosten eines Zivilverfahrens trägt die Republik Österreich.			
Zu einem Zivilverfahren kommt es nur, wenn eine Partei Klage einbringt.			

Recht für Technikerinnen und Techniker

Aussagen	Richtig	Falsch	Richtigstellung
Das Gericht kann der klagenden Person auch einen Betrag zusprechen, der höher ist als der in der Klage begehrte.			
Setzen im Zivilverfahren die Parteien keine Schritte, bestimmt das Gericht den Fortgang des Verfahrens.			
Wer sich keinen Anwalt bzw. keine Anwältin leisten kann, kann keinen Prozess führen.			
Jemand, der als Zeuge geladen ist, muss vor Gericht erscheinen.			
Gegen einen gerichtlichen Zahlungsbefehl erhebt man das Rechtsmittel der Berufung.			

Ü 6.5 Zivilprozess A

a) Erkläre den Grundsatz der Parteiendisposition im Zivilprozess.

b) Skizziere den Ablauf eines Zivilverfahrens.

c) Nenne die verschiedenen Gerichte, vor denen Zivilverfahren stattfinden.

Ü 6.6 Begriffserklärung A

Erläutere die Begriffe Anwaltspflicht und Verfahrenshilfe.

Ü 6.7 Beweismittel A

Notiere mindestens drei verschiedene Beweismittel.

Beweismittel

KÖNNEN

Bei der folgenden Aufgabe kannst du dein Wissen weiter anwenden.

K 6.1 Schaden nach Verkehrsunfall `C`

Das Auto von Frau Sorger wurde bei einem Verkehrsunfall beschädigt. Der gegnerische Lenker, Herr Reininger, will den Reparaturschaden von € 6.000,– nicht bezahlen. Er behauptet, am Unfall keine Schuld zu haben. Frau Sorger wendet sich an ein Gericht.

a) Ist in diesem Fall ein Straf- oder Zivilgericht zuständig?

b) Welches Gericht ist in erster Instanz für diesen Rechtsstreit zuständig?

c) Braucht Frau Sorger für die Einbringung der Mahnklage einen Rechtsanwalt bzw. eine Rechtsanwältin?

d) Was kann sie tun, wenn sie sich mit ihrem Einkommen keine Rechtsvertretung leisten kann?

e) Was kann der beklagte Herr Reininger gegen den bedingten Zahlungsbefehl unternehmen?

f) Mit dem Urteil stellt das Gericht fest, dass das Verschulden am Verkehrsunfall zu gleichen Teilen besteht und Herr Reininger nur den halben Schaden ersetzen muss. Wer trägt die Prozesskosten?

g) Frau Sorger ist mit dem Urteil nicht zufrieden. Was kann sie dagegen unternehmen?

KOMPETENZCHECK

Meine Kompetenzen	Kann ich?	Aufgaben
Ich kann mindestens drei Beispiele für außerstreitige Verfahren nennen.		Ü 6.2
Ich kann den Grundsatz der Parteiendisposition im Zivilprozess erklären.		Ü 6.4, Ü 6.5 a)
Ich kann den Ablauf eines Zivilverfahrens beschreiben.		Ü 6.5 b)
Ich kann mindestens drei Beweismittel nennen.		Ü 6.7
Ich kann die Begriffe Anwaltspflicht und Verfahrenshilfe erläutern.		Ü 6.6
Ich kann die einzelnen Gerichtsinstanzen nennen.		Ü 6.5 c)

Pfändung von Gegenständen
Wenn ein Schuldner die Forderungen eines Gläubigers nicht begleichen kann, ist der letzte Schritt die Pfändung, die Beschlagnahmung von Gegenständen des Schuldners.

execution law
Exekutionsrecht

execution (enforcement order)
Zwangsvollstreckung

LERNEN

2 Exekutionsrecht

Das zivilgerichtliche Verfahrensrecht unterscheidet zwei Stadien der Rechtsverwirklichung, nämlich das Erkenntnisverfahren (Zivilprozess) und das Exekutionsverfahren. Während das Erkenntnisverfahren dazu dient, strittige Rechtslagen zu klären, erfolgt im Exekutionsverfahren die Durchsetzung der gerichtlichen Entscheidungen.

Ü 6.8 Diskutiert das Sprichwort „In der Zwangsvollstreckung wird gehandelt und nicht verhandelt." Was bedeutet es? Worin liegt die Unschärfe des Sprichworts?

1 Überblick

Die Exekution oder Zwangsvollstreckung dient der **Durchsetzung von Ansprüchen**. Eine Forderung, deren Richtigkeit ein Gericht oder eine Verwaltungsbehörde bereits festgestellt hat, soll mithilfe einer Exekution einbringlich gemacht werden. Die Exekution ist nur erforderlich, wenn der Schuldner bzw. die Schuldnerin nicht freiwillig die geschuldete Leistung erbringt.

Im Exekutionsverfahren werden die Parteien als

- **betreibende Partei** und
- **verpflichtete Partei**

bezeichnet.

Gesetzliche Grundlage
Das Exekutionsverfahren ist gesetzlich in der Exekutionsordnung (EO) geregelt.

Die betreibende Partei ist der Gläubiger, der aus einer Entscheidung eines Gerichts oder einer Verwaltungsbehörde berechtigt ist, etwas einzufordern.

Bei der verpflichteten Partei handelt es sich um den Schuldner, der gegen eine Anordnung eines Gerichts oder einer Verwaltungsbehörde verstoßen hat.

Zur **Einbringung von Geldforderungen** kann Exekution geführt werden, und zwar auf

- Fahrnisse (bewegliche Sachen),
- Forderungen (z. B. Lohnpfändung) oder
- Liegenschaften.

Schuldet die verpflichtete Person nicht Geld, sondern eine bestimmte Handlung oder Unterlassung, so kann sie durch Geld- und sogar Haftstrafen vom Gericht dazu gezwungen werden.

- Eine geschuldete **Handlung** kann beispielsweise die Herausgabe eines Gegenstandes oder der öffentliche Widerruf einer Behauptung sein.
- Bei einer geschuldeten **Unterlassung** kann es um die Einhaltung des Verbots einer weiteren Besitzstörung gehen.

Üble Nachrede
Wenn jemand eine unwahre Behauptung verbreitet, die die Ehre einer anderen Person verletzt, hat die geschädigte Person Anspruch auf Widerruf der Äußerung.

2 Grundsätze des Exekutionsverfahrens

Auch das Exekutionsverfahren läuft nach bestimmten Prinzipien ab.

Prinzipien des Exekutionsverfahrens
1 **Rangprinzip:** Die Befriedigung mehrerer Gläubiger erfolgt nacheinander nach dem Prinzip „Wer zuerst kommt, mahlt zuerst." In erster Instanz besteht noch keine Anwaltspflicht.
2 **Schuldnerschutz:** Unter diesem Begriff sind jene Regelungen zusammengefasst, die den Schuldner vor übermäßigen Belastungen durch den Gläubiger sowie die Gerichte schützen. • Der in Schuld stehenden Person muss das **Existenzminimum** erhalten bleiben. • Bestimmte Gegenstände, die der Schuldner zur **Deckung der notwendigen Lebensbedürfnisse** (Haushaltsgegenstände, Nahrungsmittel und Gegenstände des persönlichen Gebrauchs) oder zur Berufsausübung braucht, dürfen nicht gepfändet werden. Unpfändbar sind auch Gegenstände (bzw. Tiere), zu denen für gewöhnlich eine besondere affektive Bindung besteht.
3 **Untersuchungsgrundsatz:** Das Exekutionsgericht kann zur Aufklärung von Sachverhalten von Amts wegen Erhebungen durchführen.
4 **Öffentlichkeit:** Das Exekutionsverfahren ist grundsätzlich nicht öffentlich. Nur Versteigerungstermine von gepfändeten Gegenständen und Liegenschaften finden öffentlich statt.

LINK
Pfändungstabellen
Hier erfährst du, bis zu welchem Betrag ein Einkommen gepfändet werden kann (Thema: Berechnungen).
www.schuldnerberatung-wien.at

3 Ablauf des Exekutionsverfahrens

Ein Exekutionsverfahren kann nur bei Vorliegen eines **Exekutionstitels** eingeleitet werden. Das heißt:

1. Der/Die Gläubiger/in stellt einen Exekutionsantrag beim Bezirksgericht.

2. Das Gericht fasst einen Exekutionsbewilligungsbeschluss.

Schritte im Exekutionsverfahren: Liegt ein Exekutionstitel vor, werden folgende Schritte eingeleitet:

Vollstreckbarer Exekutionstitel
(Gerichtsurteil, Vergleich, Bescheid, Zahlungsbefehl)

Schuldner leistet nicht.

Antrag der betreibenden Partei

Vollstreckbarkeitsbestätigung durch Gericht, das Urteil erlassen hat

Exekutionsbewilligung durch Exekutionsgericht

Vollzug der Exekution

Je nachdem, ob es sich um bewegliche oder unbewegliche Sachen handelt, stehen verschiedene Exekutionsmittel zur Verfügung.

Exekution auf bewegliche Sachen

Bei der Exekution beweglicher Sachen **(Fahrnisexekution)** pfändet das Gericht Gegenstände der verpflichteten Partei. Die Pfändung läuft folgendermaßen ab:

- Der Gerichtsvollzieher oder die Gerichtsvollzieherin erstellt ein Pfändungsprotokoll. Das ist eine Liste, in der die gepfändeten Gegenstände genau bezeichnet werden.

- Gleichzeitig wird der voraussichtlich erzielbare Erlös aus einer Verwertung der Gegenstände geschätzt. Diese Schätzung ist der sogenannte **Bleistiftwert.**

- Die Pfändung wird auf den Gegenständen mit **Pfändungsmarken** – im Volksmund auch „Kuckuck" genannt – ersichtlich gemacht. Die gepfändeten Gegenstände werden in der Folge verwertet, d. h. zum Kauf angeboten. Es kommt zu einer öffentlichen Versteigerung, einer Versteigerung im Internet oder zu einem Freihandverkauf. Den Erlös erhält der/die betreibende Gläubiger/in.

Exekution auf unbewegliche Sachen

Die Verwertung von Grundstücken und Häusern ist besonders geregelt. Die Exekution auf Liegenschaften kann folgendermaßen erfolgen:

- **zwangsweise Pfandrechtsbegründung:** Der/Die betreibende Gläubiger/in kann die zwangsweise Pfandrechtsbegründung verlangen. Dadurch wird ein Pfandrecht an der Liegenschaft durch Eintragung in das Grundbuch begründet. Die Forderung ist damit besonders gesichert.

- **Zwangsverwaltung:** Vollzogen wird die Zwangsverwaltung einer Liegenschaft durch einen vom Gericht bestellten Zwangsverwalter, der die Liegenschaft bewirtschaftet. Mieter/innen oder Pächter/innen leisten ihren Zins an den Zwangsverwalter. Den Erlös aus der Zwangsverwaltung erhält der/die betreibende Gläubiger/in.

- **Zwangsversteigerung:** Der Wert der Liegenschaft wird von einem/einer vom Gericht bestellten Sachverständigen geschätzt. In einer öffentlichen

Gerichtsvollzieher
besonders ausgebildeter Beamter der Justiz, der Urteile zwangsweise vollstreckt

Unpfändbare Erinnerungen
Familienbilder dürfen genauso wenig gepfändet werden wie z. B. Eheringe oder auch Haustiere – das legt der Schuldnerschutz fest.

LINK
Justizediktsdatei
Versteigerungstermine werden in der Justizediktsdatei veröffentlicht.
www.ediktsdatei.justiz.gv.at

Versteigerungstagsatzung erfolgt die Versteigerung der Liegenschaft. Die meistbietende Person erhält den Zuschlag. Den Versteigerungserlös bekommt der/die betreibende Gläubiger/in.

Exekution auf Forderungen

Geldforderungen können auch durch die Pfändung von Forderungen befriedigt werden, die die in der Schuld stehende Person gegen andere hat. In der Praxis ist die Lohnpfändung von größter Bedeutung.

Der Arbeitgeber des Schuldners hat die Verpflichtung, jenen Teil des Lohnes, der das Existenzminimum übersteigt, direkt an den betreibenden Gläubiger zu zahlen. Er muss als **Drittschuldner** dem Gericht und dem Gläubiger Auskunft über die Höhe des Lohnes des Schuldners geben.

Der pfändbare Betrag ist vom Arbeitgeber bzw. von der Arbeitgeberin anhand von **Lohnpfändungstabellen** selbst zu errechnen und regelmäßig an den Gläubiger zu überweisen, bis dessen Forderung befriedigt ist. Verstößt der Drittschuldner gegen diese Pflichten, kann er vom Gläubiger in einem Zivilprozess vor dem Arbeits- und Sozialgericht selbst geklagt werden. Es kommt zu einem sogenannten Drittschuldnerprozess.

Das Exekutionsverfahren ist beendet, wenn die Forderungen des betreibenden Gläubigers befriedigt wurden.

Die Kosten des Exekutionsverfahrens sind von der verpflichteten Person zu bezahlen. Dazu zählen z. B. Gerichtsgebühren, Gebühren des Gerichtsvollziehers, Kosten für Aufsperrdienste, Transportkosten, Aufwandsersatz des Drittschuldners oder gegnerische Anwaltskosten.

LINK
Exekution auf Arbeitseinkommen
Hier kannst du die „Informationsbroschüre für Arbeitgeber als Drittschuldner" herunterladen (unter Publikationen).
www.bmj.gv.at

ÜBEN

In dieser Lerneinheit hast du die Grundlagen des Exekutionsrechts kennengelernt. Bearbeite nun die folgenden Aufgaben.

Ü 6.9 Exekutionsrecht B

Kreuze bei den folgenden Aussagen an, ob sie richtig oder falsch sind. Stelle falsche Aussagen richtig.

LINK
Ü 6.9 Exekutionsrecht
interaktive Übung

Aussage	Richtig	Falsch	Richtigstellung
Im Exekutionsverfahren muss man sich immer von einem Anwalt oder einer Anwältin vertreten lassen.			
Die Kosten der Exekution trägt die Republik Österreich.			
Zur Exekutionsführung bedarf es eines Exekutionstitels.			
Das Gericht kann dem Verpflichteten auch sein Haustier, den Ehering oder sein Bett wegnehmen.			

Aussage	Richtig	Falsch	Richtigstellung
Liegenschaften werden vor ihrer Versteigerung von der Gerichtsvollzieherin auf ihren Wert geschätzt.			
Das Arbeitseinkommen des Schuldners kann unbeschränkt gepfändet werden.			
Gegen die Entscheidungen der Bezirksgerichte in Exekutionsverfahren gibt es keine Rechtsmittel.			

Ü 6.10 Exekutionsarten und -mittel `C`

Herr Frey wurde vom Gericht verurteilt, es künftig zu unterlassen, Frau Radinger eine Lügnerin und Betrügerin zu nennen. Bei nächster Gelegenheit bezeichnet er sie in der Öffentlichkeit erneut so.

Wie kann sich Frau Radinger dagegen zur Wehr setzen?

Ü 6.11 Exekutionsverfahren `A`

Erkläre,

a) wie die Parteien in einem Exekutionsverfahren genannt werden.

b) was ein Bleistiftwert ist.

Ü 6.12 Prinzipien des Exekutionsverfahrens `A`

Erläutere die Begriffe Rangprinzip und Schuldnerschutz.

Ü 6.13 Lohnpfändung `A`

Skizziere den Ablauf einer Lohnpfändung.

KÖNNEN

Bei den folgenden Aufgaben kannst du dein Wissen weiter anwenden.

K 6.2 Vollstreckung eines Urteils `C`

Herr Winter hat seinen Prozess gegen die Bank verloren und wurde vom Gericht schuldig erkannt, € 28.000,– samt Prozesskosten von € 5.000,– zu zahlen. Das Urteil des Gerichts ist bereits rechtskräftig und vollstreckbar.

a) Herr Winter bezahlt die Forderungen fristgerecht. Wird ein Exekutionsverfahren eingeleitet?

b) Herr Winter bezahlt seine Schuld aus dem Gerichtsurteil nicht. Herr Winter wohnt in einer Mietwohnung. Er besitzt unter anderem eine wertvolle Sammlung von Briefmarken und einen zwei Jahre alten Pkw, den er für die Ausübung seines Berufes als Versicherungsvertreter im Außendienst benötigt. Er verdient bei dem Versicherungsunternehmen, bei dem er als Angestellter beschäftigt ist, im Monat € 2.500,–. Welche Möglichkeiten hat die Bank, um zu ihrem Geld zu kommen?

K 6.3 Versteigerung `C`

Frau Sieberer hat ein wenig gespart und sucht ein Wochenendhaus im Grünen. Sie hat gehört, dass man bei Versteigerungen das eine oder andere Schnäppchen ergattern kann, weiß aber nicht, wo etwas versteigert wird und wann Versteigerungstermine sind. Wie kann sie sich darüber informieren?

KOMPETENZCHECK

Meine Kompetenzen	Kann ich?	Aufgaben
Ich kann die Parteien eines Exekutionsverfahrens nennen.		Ü 6.11 a)
Ich kann das Rangprinzip im Exekutionsverfahren erläutern.		Ü 6.12
Ich kann beschreiben, was Schuldnerschutz bedeutet.		Ü 6.12
Ich kann den Begriff „Bleistiftwert" erklären.		Ü 6.11 b)
Ich kann den Ablauf einer Lohnpfändung darstellen.		Ü 6.13

 LERNEN

3 Insolvenzrecht

Unternehmerisches Handeln ist auch mit wirtschaftlichen Risiken verbunden. Was passiert, wenn sich ein Unternehmen nicht so entwickelt wie erwartet und wenn es pleitegeht? Wie rechtlich zu verfahren ist, wenn ein/e Schuldner/in zahlungsunfähig ist, regelt das Insolvenzrecht.

Die folgende Tabelle zeigt einen Überblick über die Unternehmensinsolvenzen im Jahr 2020:

Unternehmensinsolvenzen 2020	
Eröffnete Insolvenzen	1.804
Nicht eröffnete Insolvenzverfahren (mangels kostendeckenden Vermögens)	1.230
Insolvenzen gesamt	3.034
Insolvenzverbindlichkeiten	3.057 Mio.

Ü 6.14 Recherchiere die Herkunft des Begriffs „Konkurs".

1 Insolvenzverfahren

Im Gegensatz zur Exekution, bei der nur auf bestimmte Vermögensgegenstände zugegriffen wird, ist im Insolvenzverfahren das **gesamte Vermögen des Schuldners** zur Befriedigung der Forderungen der Gläubiger heranzuziehen. Das Insolvenzverfahren wird deshalb auch „**Generalexekution**" genannt.

Zahlungsunfähigkeit
Wenn ein Unternehmen nicht mehr in der Lage ist, seinen Zahlungspflichten nachzukommen, dann wird von einer Zahlungsunfähigkeit gesprochen. Das Unternehmen ist insolvent.

insolvency law
Insolvenzrecht

LINK
Insolvenzstatistik
Die Wirtschafskammer (WKO) veröffentlicht auf ihrer Website Statistiken zu Unternehmensinsolvenzen in Österreich.
www.wko.at

insolvency proceedings
Insolvenzverfahren

Im Insolvenzverfahren gilt nicht der Grundsatz „Wer zuerst kommt, mahlt zuerst". **Alle Gläubiger/innen werden gleich behandelt.**

Es gibt drei Arten von Insolvenzverfahren:

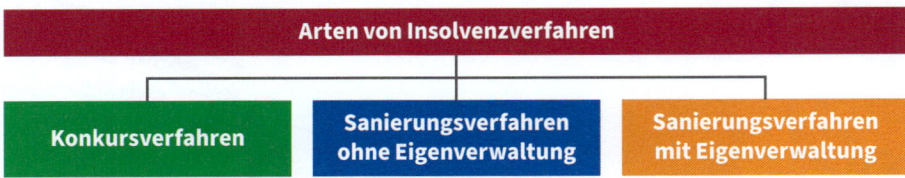

Arten von Insolvenzverfahren		
Konkursverfahren	Sanierungsverfahren ohne Eigenverwaltung	Sanierungsverfahren mit Eigenverwaltung

Während das **Konkursverfahren** die Vermögensverwertung und -verteilung an die Gläubiger/innen zum Ziel hat, ist das **Sanierungsverfahren** auf die Erhaltung der Vermögenssubstanz gerichtet.

Insolvenzverfahren haben die drohende oder bereits eingetretene Zahlungsunfähigkeit oder die Überschuldung zur Voraussetzung.

Ein/e Schuldner/in ist **zahlungsunfähig**, wenn fällige Verbindlichkeiten nicht mehr in angemessener Frist beglichen werden können. Anzeichen für das Vorliegen von Zahlungsunfähigkeit sind:

- zahlreiche gegen den Schuldner anhängige Exekutionsverfahren
- das Fehlen pfändbarer Gegenstände
- nicht eingehaltene Ratenzahlungen
- Nichtbezahlung regelmäßig wiederkehrender Abgaben wie Sozialversicherungsabgaben oder Steuern

Überschuldung ist gegeben, wenn die Passiva einer juristischen Person höher sind als das vorhandene Vermögen und zu erwarten ist, dass das Unternehmen auch zukünftig seine Verpflichtungen nicht erfüllen kann.

Der/Die Schuldner/in ist verpflichtet, **innerhalb von 60 Tagen** ein Insolvenzverfahren zu beantragen, wenn Zahlungsunfähigkeit oder Überschuldung vorliegt. Wird kein Antrag auf Eröffnung eines Insolvenzverfahrens gestellt, so wird ein gerichtlich strafbarer Tatbestand verwirklicht, die sogenannte **Krida.** Das Verfahren findet vor dem örtlich zuständigen Landesgericht vor einem/einer Einzelrichter/in statt.

Die Eröffnung eines Insolvenzverfahrens wird durch das Gericht in die **Insolvenzdatei** eingetragen. Das ist ein EDV-unterstützt geführtes Ediktsregister, in das jede Person im Internet Einsicht nehmen kann.

Handelsgericht Wien
Das Handelsgericht (HG) in Wien ist auf das Unternehmensrecht spezialisiert und unter anderem für insolvenzrechtliche Sachverhalte zuständig.

Handelsgericht Wien (007), Aktenzeichen 4 S 148/21h	
Bekannt gemacht am 09.02.2021	
Firmenbuchnummer:	FN 168335b
Schuldner:	Pleintner Bau GmbH.
	Gesellschaft m.b.H.
	Hauptstraße 1
	1190 Wien
	FN 168335 b
Masseverwalter:	Dr. Julius Schwarz
	Rechtsanwalt
	Nebenstraße 34
	1130 Wien

Eröffnung:	Eröffnung des Konkurses: 09.02.2021
	Anmeldungsfrist: 08.6.2021
Geringfügig:	Der Konkurs ist geringfügig.
Tagsatzung:	Datum: 17.08.2021
	um: 09:00 Uhr
	Ort: Zimmer 373
	Prüfungstagsatzung
	Berichtstagsatzung
Beschluss vom 09.02.2021	
Bekannt gemacht am 09.02.2021	
Unternehmen:	Die Schließung des Unternehmens wird angeordnet.

Während Insolvenzgläubiger/innen nach Eröffnung des Insolvenzverfahrens nach dem Grundsatz der Gleichbehandlung nur **eine quotenmäßige Befriedigung** ihrer Forderung erlangen können, sind aussonderungsberechtigte bzw. absonderungsberechtigte Gläubiger/innen begünstigt. Sie können auch nach Eröffnung des Insolvenzverfahrens ihre Rechte klageweise geltend machen.

Aussonderungsrechte

Wer an einer Sache, die sich in der Insolvenzmasse befindet, ein **dingliches oder persönliches Recht** hat (z. B. Eigentum oder Miteigentum) und die Sache dem/der Schuldner/in daher nicht oder zum Teil nicht gehört, hat ein Recht auf Aussonderung (Herausgabe) dieser Sache. Eigentümer/innen oder sonst zur Herausgabe Berechtigte, z. B. Vermieter/innen, können die Aussonderung begehren, da die Sache nicht in die Masse gehört.

Ein Aussonderungsrecht besteht auch bei Sachen, die vor der Eröffnung des Insolvenzverfahrens dem/der Gläubiger/in unter **Eigentumsvorbehalt** geliefert wurden. Ist eine Sache, deren Aussonderung hätte verlangt werden können, nach der Insolvenzeröffnung veräußert worden, so kann der oder die Aussonderungsberechtigte die Aussonderung des bereits geleisteten Entgelts aus der Masse bzw. die Abtretung des Rechts auf das ausstehende Entgelt verlangen, falls dieses noch nicht gezahlt worden ist. Dieser Vorgang wird **Ersatzaussonderung** genannt.

Absonderungsrechte

Zur Absonderung berechtigt sind Gläubiger, die **ein Recht auf eine bevorzugte abgesonderte Befriedigung** aus bestimmten Sachen des Schuldners oder der Schuldnerin haben. Dies sind vor allem Gläubiger, die an einer Sache ein Pfandrecht oder Zurückbehaltungsrecht haben. Im Gegensatz zu den Aussonderungsrechten machen absonderungsberechtigte Gläubiger keinen Anspruch auf den Gegenstand selbst geltend, sondern verfolgen mit ihrem Recht die Befriedigung aus dem Wert des Gegenstandes.

Lässt die Befriedigung des Absonderungsgläubigers keine volle Deckung erwarten, kann er seine ungesicherte Restforderung als Insolvenzforderung geltend machen. In den letzten 60 Tagen vor der Eröffnung des Insolvenzverfahrens erworbene richterliche Pfandrechte zur Befriedigung oder Sicherstellung erlöschen, mit Ausnahme zugunsten öffentlicher Abgaben, mit der

Gläubigerschutzverband
Der Kreditschutzverband von 1870 (KSV1870) bietet Wirtschaftsauskünfte und vertritt private Kunden und Unternehmen bei Insolvenz.
www.ksv.at

Verfahrenseröffnung. Das Absonderungsrecht wird durch ein laufendes Insolvenzverfahren nicht berührt.

Ü 6.15 Zahlungsunfähigkeit C

Die Fa. Ziegelmeister GmbH beliefert seit geraumer Zeit das Bauunternehmen Scheffer GmbH mit Baustoffen. Dem Geschäftsführer der Ziegelmeister GmbH kommt zu Ohren, dass die Scheffer GmbH in wirtschaftlichen Schwierigkeiten steckt. Es heißt, sie könnte zahlungsunfähig werden.

Welchen Ratschlag kann man dem Geschäftsführer der Ziegelmeister GmbH geben, der befürchtet, dass die Scheffer GmbH die Rechnungen für künftige Lieferungen nicht mehr bezahlen kann?

2 Konkursverfahren

Gesetz über Insolvenz-Entgelt
Ansprüche von Arbeitnehmern und Arbeitnehmerinnen sind durch das Insolvenz-Entgeltsicherungsgesetz (IESG) geschützt. Die Ansprüche werden in vollem Umfang aus dem Insolvenz-Entgelt-Fonds beglichen.

bankruptcy proceedings
Konkursverfahren

Das Konkursverfahren ist in der **Insolvenzordnung (IO)** geregelt.

Der/Die Schuldner/in wird im Konkursverfahren **Gemeinschuldner/in** genannt, das Vermögen, das zur Abdeckung der Forderungen zur Verfügung steht, **Konkursmasse**. Im Konkurs wird das noch vorhandene Vermögen verwertet und an die Gläubiger/innen verteilt.

Bei Vorliegen von **Zahlungsunfähigkeit** oder **Überschuldung** können

- ein/e oder mehrere Gläubiger/innen oder
- der/die Schuldner/in

die **Eröffnung des Konkursverfahrens beantragen.** Bei Vorhandensein von kostendeckendem Vermögen wird vom Gericht das Konkursverfahren eröffnet.

Verfahrensablauf	
1 Das Gericht bestellt einen **Masseverwalter**. Er wird als Vertreter der Masse anstelle des Gemeinschuldners tätig.	**4** In der **Prüfungstagsatzung** wird geprüft, ob die angemeldeten Forderungen tatsächlich bestehen.
2 Die Gläubiger müssen ihre **Forderungen** innerhalb einer bestimmten Frist **anmelden**.	**5** Der Masseverwalter **verwertet die Konkursmasse.**
3 Der **Masseverwalter** hat sich Kenntnis über die wirtschaftliche Lage, die bisherige Geschäftsführung und die Ursachen des Vermögensverfalls zu verschaffen. In der **Berichtstagsatzung** hat er den Gläubigern und dem Gericht Vorschläge zu unterbreiten, ob • das Unternehmen weitergeführt werden soll oder • ein Sanierungsplan vorgeschlagen werden soll oder • das Unternehmen geschlossen werden soll.	**6** Der Erlös aus der Verwertung der Konkursmasse wird unter den **Gläubigern verteilt.** **7** Der Konkurs wird **vom Gericht aufgehoben,** • wenn sich herausstellt, dass nicht einmal die Verfahrenskosten aus der Verwertung der Konkursmasse gedeckt werden können, oder • nach erfolgter Schlussverteilung oder • bei Vorliegen des Einverständnisses der Gläubiger.

Mit der **Eröffnung des Verfahrens**

- werden alle anhängigen Zivilprozesse des Gemeinschuldners unterbrochen und neue Klagen können nicht eingebracht werden **(Prozesssperre),**
- sind Einzelexekutionen unzulässig **(Exekutionssperre),**
- sind sämtliche Sendungen (z. B. Briefe), die an den Gemeinschuldner gerichtet sind, dem Masseverwalter auszufolgen **(Postsperre),**

- kann der Gemeinschuldner **nicht mehr über die Masse verfügen** und der Masseverwalter handelt für ihn.

Ist der Gemeinschuldner **Arbeitgeber** und soll das Unternehmen geschlossen werden, können die Arbeitnehmer/innen innerhalb eines Monats ihren vorzeitigen Austritt erklären. Der/Die Masseverwalter/in hingegen hat die gesetzlichen, kollektivvertraglichen oder zulässigen kürzeren vertraglichen Kündigungsfristen – nicht jedoch die Kündigungstermine – zu beachten.

Nach Aufhebung des Konkurses erlangt der Gemeinschuldner wieder die freie Verfügungsbefugnis über das eigene Vermögen. Nicht voll befriedigte Gläubiger/innen können gegen ihn wieder mit Klage oder Exekution vorgehen. Der **Gemeinschuldner** ist von der **Restschuld nicht befreit!**

③ Sanierungsverfahren ohne Eigenverwaltung (Sanierungsplan)

Das Ziel ist die Sanierung und Fortführung des Unternehmens. Das Sanierungsverfahren ohne Eigenverwaltung (Sanierungsplan) wird über **Antrag des Schuldners bzw. der Schuldnerin** eröffnet,

- wenn den Insolvenzgläubigern eine **Quote von 20 %**
- zahlbar **innerhalb von 2 Jahren** (bei Nichtunternehmern bis 5 Jahre) angeboten wird.

Ein **Antrag auf Abschluss eines Sanierungsplans** ist unter anderem **unzulässig,** wenn

- der/die Schuldner/in wegen betrügerischer Krida rechtskräftig verurteilt worden ist,
- über sein/ihr Vermögen in den letzten 5 Jahren ein Insolvenzverfahren eröffnet worden ist oder
- der Antrag offenbar Verschleppungszwecken dient.

Der/Die vom Gericht bestellte **Insolvenzverwalter/in** hat das Unternehmen fortzuführen und die erforderlichen Informationen aufzubereiten.

Wirkungen der Eröffnung des Sanierungsverfahrens

Mit der Eröffnung des Verfahrens beginnt der **Konkurs- und Exekutionsschutz:**

- Es muss – auch bei Vorliegen der Voraussetzungen – kein Antrag auf Konkurseröffnung gestellt werden.
- Einzelexekutionen sind unzulässig.
- Der Mietvertrag für die Geschäftsräume darf nicht wegen nicht bezahlter Miete gekündigt werden.

Zur **Annahme des Sanierungsplans** ist es erforderlich, dass in der Sanierungsplantagsatzung

- die Mehrheit der anwesenden Insolvenzgläubiger/innen dem Antrag zustimmt (**Kopfmehrheit**) und
- die Gesamtsumme der Forderungen der zustimmenden Insolvenzgläubiger/innen mehr als die Hälfte der Gesamtsumme der anwesenden Insolvenzgläubiger/innen beträgt (**Kapitalmehrheit**). So wird sichergestellt, dass Insolvenzgläubiger mit hohen Forderungen nicht von Insolvenzgläubigern mit geringen Forderungen überstimmt werden können.

Der Weg aus der Krise
Der Gemeinschuldner kann anbieten, zumindest 20 % der Konkursforderungen binnen zwei Jahren zu zahlen, und so das Konkursverfahren stoppen. Bei Zustimmung der Gläubiger wird das Sanierungsverfahren eröffnet.

reconstruction (reorganisation) proceedings (plan)
Sanierungsverfahren

betrügerische Krida
Schuldner vereitelt oder schmälert die Befriedigung der Gläubiger durch die Verheimlichung oder Verringerung seines Vermögens

Scheitert der Sanierungsplan, wird das Verfahren als **Konkursverfahren** fortgeführt. Das Unternehmensvermögen wird verwertet und die Erlöse werden an die Gläubiger/innen verteilt.

Wird der Sanierungsplan vom Insolvenzgericht nach Erfüllung aller Bedingungen bestätigt, ist der Schuldner **von der Restschuld befreit**. Nur Gläubiger, die aus Verschulden des Schuldners im Sanierungsplan unberücksichtigt blieben, können nach Aufhebung des Insolvenzverfahrens die Bezahlung ihrer Forderungen in voller Höhe vom Schuldner fordern.

Nach vollständiger Erfüllung des Sanierungsplans kann der/die Schuldner/-in die **Löschung der Insolvenz aus der Insolvenzdatei** und im Firmenbuch bewirken, um im Geschäftsverkehr nicht mehr durch Bekanntmachung eines früheren Insolvenzverfahrens behindert zu sein.

4 Sanierungsverfahren mit Eigenverwaltung

Wenn ein Schuldner anlässlich seines Antrags auf Eröffnung des Insolvenzverfahrens über das eigene Vermögen einen **Sanierungsplan** vorlegt, besteht Anspruch auf **eigene Verwaltung**.

Der Schuldner kann weiterhin selbst rechtsverbindlich handeln, wenn …
für die Gläubiger/innen eine **Mindestquote von 30 %**
zahlbar **innerhalb von zwei Jahren** ab Annahme dieses Plans angeboten und
ein strukturiertes **Finanzierungskonzept** angeschlossen werden.

Das Gericht bestellt eine/n **Sanierungsverwalter/in** zur Überwachung des Schuldners während des Sanierungsverfahrens.

In der **Berichtstagsatzung** entscheidet sich, ob das Unternehmen weitergeführt werden kann. Dem Gericht obliegt nur eine formelle Prüfung des Finanzplans bzw. der Erfüllbarkeit des Sanierungsplans.

Die **Eigenverwaltung** ist **zu entziehen,**

■ wenn ein Sanierungsplan mit der angebotenen Quote aufgrund der wirtschaftlichen Lage des Unternehmens nicht erreichbar ist oder

■ wenn Nachteile für die Gläubiger zu erwarten sind.

Die Eigenverwaltung ist auch zeitlich beschränkt. Wird der Sanierungsplan nicht innerhalb von 90 Tagen angenommen, so ist sie zu entziehen. Die Bezeichnung des Verfahrens wird dann auf **Konkursverfahren** abgeändert.

Eine **Befreiung von den Restschulden** findet nur gegenüber den Gläubigern und Gläubigerinnen statt, die bei der Erfüllung des Sanierungsplans berücksichtigt wurden.

Beispiel: In einem Sanierungsverfahren bietet der Schuldner eine Quote von 40 % zahlbar innerhalb von 2 Jahren an, die von den Gläubigern angenommen wird. Gelingt es dem Schuldner, innerhalb der 2-Jahres-Frist 40 % seiner Schulden den Gläubigern zurückzuzahlen, so werden ihm die restlichen 60 % erlassen. Er kann nie mehr gezwungen werden, sie zu bezahlen.

Sanierungsplan
Hat ein Unternehmen z. B.
€ 7.500.000,– Verbindlichkeiten und ein Sanierungsplan mit 30 % wird angenommen, so sind € 2.250.000,– zu zahlen und € 5.250.000,– erlöschen.

Ü 6.16 Sanierungsverfahren A

Fasse den Unterschied zwischen Sanierungsverfahren mit und ohne Eigenverwaltung zusammen.

5 Unternehmensreorganisation

Das Verfahren nach dem **Unternehmens-Reorganisations-Gesetz (URG)** steht Unternehmen offen, die zwar Reorganisationsbedarf haben, aber noch nicht zahlungsunfähig oder überschuldet sind. Dabei soll einem im Bestand gefährdeten Unternehmen durch betriebswirtschaftliche Maßnahmen die nachhaltige Weiterführung ermöglicht werden. Das Verfahren zur Unternehmensreorganisation ist **in der Praxis sehr selten.**

6 Schuldenregulierungsverfahren („Privatkonkurs")

Dem/Der Schuldner/in soll durch ein Schuldenregulierungsverfahren einerseits ein Anreiz gegeben werden, einen möglichst großen Teil der Schulden abzudecken, und andererseits soll die Möglichkeit eines wirtschaftlichen Neubeginns geboten werden.

Aus der Schuldenfalle
Ein erfolgreicher Privatkonkurs stellt sehr harte Ansprüche an den Schuldner bzw. die Schuldnerin und wird vom Gericht wie von den Gläubigern streng überwacht.

- Die Kosten eines Privatkonkurses sind wesentlich geringer als bei einem „normalen" Verfahren.
- Ein Privatkonkurs kann bereits eröffnet werden, wenn der/die Schuldner/in glaubhaft machen kann, dass die eigenen Einkünfte die Kosten des Verfahrens voraussichtlich decken werden.

Das Schuldenregulierungsverfahren findet vor den **Bezirksgerichten** statt und wird bis zum einem Aktiva-Stand von € 50.000,– von Rechtspflegern und Rechtspflegerinnen geführt.

Ablauf eines Privatkonkurses: Zum Privatkonkurs kommt es, wenn die Gläubiger/innen einem außergerichtlichen Ausgleich nicht zustimmen. Der Privatkonkurs läuft in mehreren Phasen ab.

Außergerichtlicher Ausgleich
bei Nichtzustandekommen

Schuldenregulierungsverfahren
bei Nichtannahme durch die Gläubiger/innen

Sanierungsplan
bei Nichtzustandekommen

Zahlungsplan
bei Nichtannahme durch die Gläubiger/innen

Abschöpfungsverfahren mit Restschuldbefreiung

Vor Einleitung des gerichtlichen Schuldenregulierungsverfahrens kann der Schuldner versuchen, eine einvernehmliche Lösung mit seinen Gläubigern herbeizuführen (**außergerichtlicher Ausgleich**). Es ist die Zustimmung aller Gläubiger/innen notwendig.

Eröffnung des Insolvenzverfahrens

Scheitert der **außergerichtliche Ausgleich,** kann der/die Schuldner/in beim Bezirksgericht des Wohnsitzes die **Einleitung des Schuldenregulierungsverfahrens** beantragen. Dabei kann er/sie sich durch eine anerkannte Schuldenberatungsstelle vertreten lassen. Durch die Verfahrenseröffnung werden alle Exekutionen und der Zinsenlauf gestoppt.

Sanierungsplan

Ein Schuldner kann den Gläubigern bei laufendem Verfahren in einem Sanierungsplan **die Zahlung von mindestens 20 % der Forderungen** innerhalb von 2 Jahren anbieten. Die Frist kann bis zu 5 Jahre ausgedehnt werden. Der Sanierungsplan gilt als angenommen, wenn die Gläubigermehrheit damit einverstanden ist. Der Vorteil des Sanierungsplans liegt darin, dass vorhandenes Vermögen erhalten bleibt. Wird der Sanierungsplan von den Gläubigern nicht angenommen, kann ein Zahlungsplan oder das Abschöpfungsverfahren beantragt werden.

Zahlungsplan

Der Schuldner muss das eigene **Vermögen verwerten** und den Gläubigern mindestens eine Quote anbieten, die seiner Einkommenslage in den folgenden fünf Jahren entspricht. Die **Zahlungsfrist** darf **7 Jahre** nicht übersteigen. Verfügt der Schuldner über kein pfändbares Einkommen bzw. ist der pfändbare Teil des Einkommens sehr gering, muss kein Zahlungsplanangebot gemacht werden.

Der Zahlungsplan muss **durch die Gläubigermehrheit angenommen** werden. Der Schuldner darf das eigene Vermögen selbst verwalten, außer das Gericht bestimmt anderes. Kann der Schuldner die Zahlungen, zu denen der Zahlungsplan verpflichtet, einhalten, erlöschen nach Ablauf der vereinbarten Laufzeit die Restforderungen der Gläubiger.

Abschöpfungsverfahren

Stimmen die Gläubiger dem Zahlungsplan nicht mehrheitlich zu oder musste der Schuldner keinen Zahlungsplan anbieten, weil kein oder nur geringes pfändbares Einkommen verfügbar ist, wird vom Gericht über Antrag des Schuldners das Abschöpfungsverfahren mit Restschuldbefreiung eingeleitet. Die Gläubiger haben kein Mitspracherecht.

Der/Die Schuldner/in

- muss sich verpflichten, den pfändbaren Teil der eigenen Einkünfte 5 Jahre lang einem/einer **Treuhänder/in** zu übergeben. Während dieser Zeit bleibt der schuldenden Person nur der unpfändbare Teil des Einkommens, das Existenzminimum.
- ist während des Verfahrens verpflichtet, einer **Beschäftigung nachzugehen** bzw., bei Arbeitslosigkeit, sich um eine Stelle zu bemühen.
- ist verpflichtet, **Erbschaften und Schenkungen anzunehmen** und dem/der Treuhänder/in zur Befriedigung der Gläubiger/innen auszuhändigen.
- darf während des Verfahrens **keine neuen Schulden** aufnehmen, die er oder sie bei Fälligkeit aus den verbleibenden Geldern nicht bezahlen kann.

Nach Ende der Laufzeit hat das Gericht das Abschöpfungsverfahren für beendet zu erklären und auszusprechen, dass der/die Schuldner/in **von den nicht beglichenen Verbindlichkeiten befreit** wird. Dies gilt gegenüber

 LINK
Ausweg gesucht
Auf der Website des Sozialministeriums kannst du die Informationsbroschüre „Ausweg gesucht. Schulden und Privatkonkurs" kostenlos downloaden.

broschuerenservice.
sozialministerium.at

 **LINK**
Formulare
Hier findest du Formulare und Anträge für Schuldner/innen.

www.schuldenberatung.at

Recht für Technikerinnen und Techniker

sämtlichen Konkursgläubigern und auch gegenüber Gläubigern, die ihre Forderungen nicht angemeldet haben.

Wenn ein Schuldner **seine Verpflichtungen verletzt,** z. B. durch

- betrügerische Krida,
- Gläubigerbegünstigung,
- Unterfertigung eines falschen Vermögensverzeichnisses (Offenbarungseides),
- schuldhafter Verletzung der Verpflichtungen aus dem Abschöpfungsverfahren (z. B. keine Erwerbstätigkeit trotz entsprechender Möglichkeiten),
- Eingehen neuer Schulden,

leben sämtliche noch nicht bezahlten Schulden auf. Die Restschuldbefreiung kann nicht wirksam werden.

ÜBEN

In dieser Lerneinheit hast du die Grundlagen des Insolvenzrechts kennengelernt. Bearbeite nun die folgenden Aufgaben.

Ü 6.17 Insolvenzrecht B

Kreuze an, ob die folgenden Aussagen richtig oder falsch sind. Ist die Aussage falsch, stelle sie richtig.

LINK
Ü 6.17 Insolvenzrecht
interaktive Übung

Aussagen	Richtig	Falsch	Richtigstellung
Im Konkursverfahren erhält jeder Gläubiger einen gleich hohen Betrag aus der Konkursmasse zur Abdeckung seiner Forderungen.			
Im Sanierungsverfahren wird das gesamte Vermögen der Schuldnerin verwertet und verteilt.			
Nach Abschluss des Konkursverfahrens schuldet der Gemeinschuldner niemandem mehr etwas.			
Nach dem Ende des Abschöpfungsverfahrens im Privatkonkurs muss die Schuldnerin an die Gläubiger/innen noch so lange Zahlungen leisten, bis keine Forderungen mehr offen sind.			

Ü 6.18 Konkurs- und Schuldenregulierungsverfahren A

Skizziere den Ablauf

a) eines Konkursverfahrens.

b) eines Schuldenregulierungsverfahrens.

Ü 6.19 Restschuldbefreiung A

Erkläre deinem Sitznachbarn oder deiner Sitznachbarin den Begriff „Restschuldbefreiung".

Ü 6.20 Sanierungsverfahren B

Welches Angebot muss ein Schuldner in einem Sanierungsverfahren den Gläubigern machen, um eine Restschuldbefreiung zu erreichen?

KÖNNEN

Bei den folgenden Aufgaben kannst du dein Wissen weiter anwenden.

K 6.4 Konkurs C

Die Fa. Grasegger GmbH hat noch Forderungen von mehr als € 30.000,– gegen ihre Geschäftspartnerin Fa. Reiterer GmbH. Der Geschäftsführer der Fa. Grasegger GmbH hört von anderen Geschäftspartnern, dass die Fa. Reiterer GmbH keine Rechnungen mehr bezahle. Auch die Dienstnehmer und Dienstnehmerinnen würden auf ihr Gehalt warten.

a) Was ist dem Geschäftsführer der Fa. Grasegger GmbH zu raten?

b) Bei der Überprüfung zeigt sich, dass über das Vermögen der Fa. Reiterer GmbH der Konkurs eröffnet wurde. Kann die Fa. Grasegger GmbH die ausständigen € 30.000,– einklagen?

c) Was muss die Fa. Grasegger GmbH tun, damit ihre Forderungen gegen die Fa. Reiterer GmbH im Konkursverfahren berücksichtigt werden?

d) Bei der Schlussverteilung erhält die Fa. Grasegger GmbH aufgrund der Konkursquote nur € 3.000,–. Kann sie die restlichen € 27.000,– noch von der Fa. Reiterer GmbH verlangen?

K 6.5 Privatkonkurs C

Frau Violetta Zent hat insgesamt € 90.000,– Schulden bei verschiedenen Versandhäusern und Banken. Mit ihrem Einkommen aus einer Teilzeitbeschäftigung kann sie nicht einmal die Zinsen bezahlen. Was ratest du ihr?

KOMPETENZCHECK

Meine Kompetenzen	Kann ich?	Aufgaben
Ich kann erklären, was Zahlungsunfähigkeit bedeutet.		Ü 6.15
Ich kenne den Unterschied zwischen Sanierungsverfahren mit und ohne Eigenverwaltung.		Ü 6.20
Ich kann den Ablauf eines Konkursverfahrens beschreiben.		Ü 6.18 a)
Ich kann den Begriff Restschuldbefreiung erklären.		Ü 6.19
Ich kann den Ablauf eines Schuldenregulierungsverfahrens erläutern.		Ü 6.18 b)

7 Steuerrecht

Finanzierung über Steuern
Mit unseren Steuern finanzieren wir den Bau von Straßen, Krankenhäusern, Schulen und vielem mehr.

Darum geht es in diesem Kapitel:

Der Staat benötigt zur Finanzierung seiner Aufgaben Geld. Die wichtigste Einnahmenquelle sind Steuern. Was besteuert wird und die Höhe der Steuern beeinflusst viele unternehmerische Entscheidungen. Auch das Verhalten von Privatpersonen kann durch Steuern beeinflusst werden.

Das lernst du in den folgenden Lerneinheiten:

1 Welche **Steuern** gibt es in Österreich?
2 Wie werden **Erträge** besteuert?
3 Wie werden **Umsätze** besteuert?
4 Wie läuft das **Abgabeverfahren** ab?

Aktiviere dein MEHR!-Buch
online: **lernenwillmehr.at**

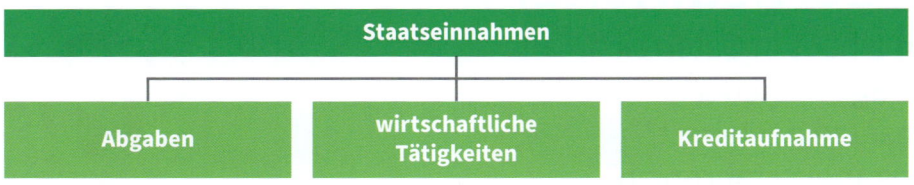

 **LERNEN**

1 Die Einnahmen des Staates

Der Staat erhält u. a. Schulen und Krankenhäuser, er sorgt für Sicherheit und die notwendige Infrastruktur. Zur Finanzierung dieser Aufgaben müssen an den Staat Abgaben geleistet werden. Dies ist seine wichtigste Einnahmequelle. Daneben erhält er noch Einnahmen aus anderen Quellen, deren Erträge allerdings geringer sind.

Ü 7.1 Erstellt eine Übersicht, wofür der Staat sein Geld verwendet. Klärt, wem die dadurch finanzierte Leistung zugutekommt.

1 Finanzierungsquellen des Staates

Staaten können aus folgenden Quellen Einnahmen erzielen:

Staatseinnahmen		
Abgaben	wirtschaftliche Tätigkeiten	Kreditaufnahme

Radwege, Straßen, öffentliche Verkehrsmittel
Zu den Aufgaben des Staates gehört auch die Schaffung und Instandhaltung der öffentlichen Infrastruktur.

state income, government revenue
Einnahmen des Staates

infrastructure
Infrastruktur

sources of financing
Finanzierungsquellen

commercial activities
wirtschaftliche Tätigkeiten

taking out a credit/loan, borrowing
Kreditaufnahme

Die wichtigste Einnahmenquelle des Staates bilden die **Abgaben.** Dabei wird unterschieden:

Abgaben		
Steuern	**Beiträge**	**Gebühren**
Sie dienen zur Deckung des allgemeinen Finanzbedarfs des Staates. Die Person, die die Steuer bezahlt, erhält dafür keine besondere Gegenleistung.	Dies sind Zahlungen für öffentliche Leistungen, die einer bestimmten Gruppe zugutekommen. Die Person, die den Beitrag bezahlt, muss keine für sie bestimmte Gegenleistung erhalten.	Dies sind Entgelte für die Inanspruchnahme von Leistungen der öffentlichen Hand. Die Person, die die Gebühr bezahlt, erhält dafür eine bestimmte Leistung.
Beispiele: • Einkommensteuer • Körperschaftsteuer • Umsatzsteuer • Kraftfahrzeugsteuer	**Beispiel:** • Sozialversicherungs-beitrag	**Beispiele:** • Gebühr für die Ausstel-lung eines Reisepasses • Gebühr für die Nutzung der Kanalisation

levies
Abgaben

taxes
Steuern

fees
Beiträge

charges
Gebühren

income tax
Einkommensteuer

corporate (income) tax
Körperschaftsteuer

value added tax (VAT), turnover tax
Umsatzsteuer

motor vehicle tax
Kraftfahrzeugsteuer

social security contribution
Sozialversicherungsbeitrag

Die für den Staat **ertragreichsten Steuern** sind:

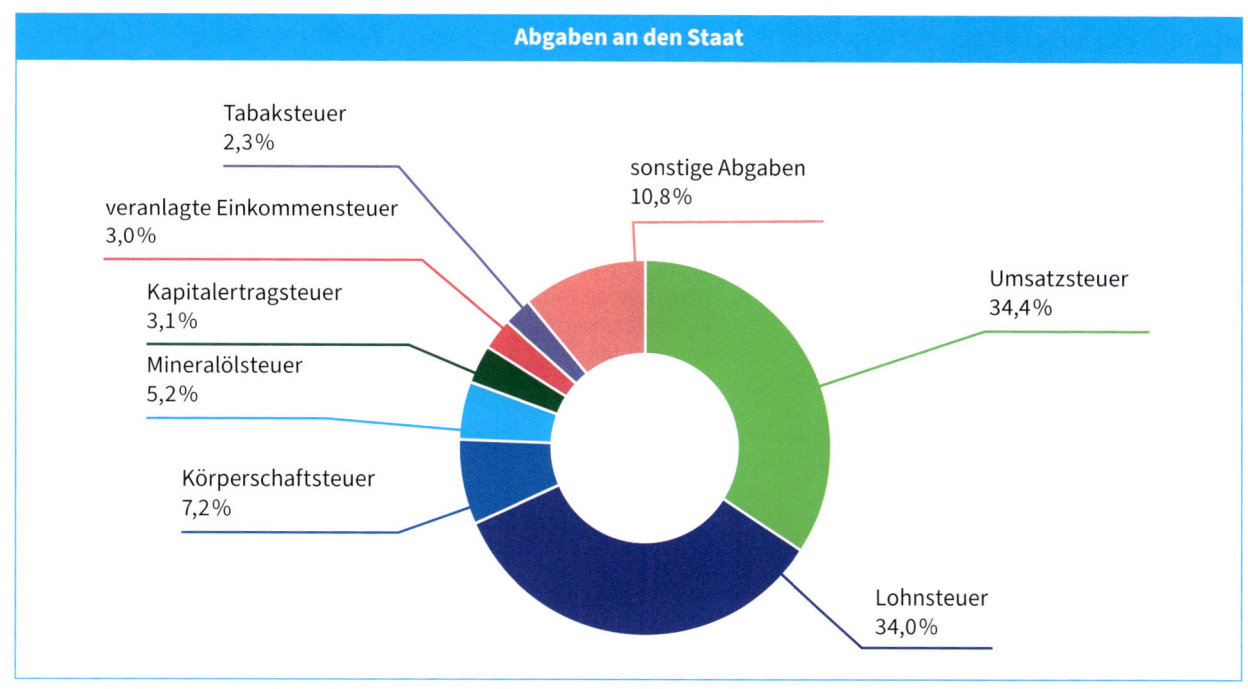

Quelle: BMF, Das Budget 2021 im Überblick

charges for the utilisation of the public sewage system
Gebühr für die Nutzung der Kanalisation

mineral oil tax/fuel tax
Mineralölsteuer

assessed income tax
veranlagte Einkommensteuer

capital gains tax
Kapitalertragsteuer

Der Staat tritt auch **wie ein Unternehmen** am Markt auf und erzielt dadurch Einnahmen.

■ Er besitzt Anteile an Unternehmen und erhält dafür einen Anteil am Gewinn (z. B. OMV, ÖBB oder Post).

■ Er betreibt selbst Einrichtungen, für deren Nutzung ein Entgelt zu zahlen ist (Pflegeheime, Versorgungsunternehmen)

■ Er veranlagt Teile seines Vermögens und erhält dafür Zinsen.

Wie jeder andere Wirtschaftsteilnehmer kann auch der Staat **Kredit aufnehmen**.

Grenzen der Besteuerung

Die Möglichkeiten des Staates, die Steuern zu erhöhen, sind begrenzt.

Abgaben sind die **Gegenleistung der Bevölkerung** für die Leistungen des Staates. Empfinden die Bürger/innen die Steuern im Vergleich zu den erhaltenen Leistungen als zu hoch oder ungerecht, werden sie versuchen, diese zu vermeiden.

Ist z. B. die Einkommensteuer in Österreich wesentlich höher als in anderen Ländern, werden Personen, die sehr viel Steuer bezahlen, ihren Wohnsitz ins Ausland verlegen, damit sie weniger Steuer bezahlen müssen. Gibt es in diesem Land aber keine funktionierende Polizei, müssen die Menschen einen privaten Wachdienst bezahlen, der teurer werden kann als die Steuern, die sie in Österreich bezahlen müssen.

Außerdem möchte der Staat mit den Steuern auch die Wirtschaft beeinflussen. Senkt er die Steuern, haben die Bürger/innen mehr Geld und werden mehr einkaufen. Dadurch steigt die Beschäftigung. Unternehmen werden sich in dem Land niederlassen, in dem sie weniger Steuern bezahlen.

Der Besteuerung sind also Grenzen gesetzt.

LINK
Abgabenquoten
Hier findest du eine Statistik zur Höhe der Steuerabgaben 2021 im EU-Vergleich.
www.wko.at/statistik

2 Einteilung der Steuern

Steuern können nach verschiedenen Gesichtspunkten gegliedert werden.

Arten von Steuern			
Ertragsteuern	**Substanzsteuern**	**Verkehrsteuern**	**Verbrauchsteuern**
besteuern den Vermögenszuwachs	besteuern den Besitz	besteuern die Übertragung von Vermögenswerten und Rechten	besteuern den Verbrauch bestimmter Sachen
Beispiele: • Einkommensteuer • Körperschaftsteuer	**Beispiele:** • Grundsteuer • Kfz-Steuer	**Beispiele:** • Umsatzsteuer • Grunderwerbsteuer	**Beispiele:** • Mineralölsteuer • Tabaksteuer • Branntweinsteuer

Eine andere häufig verwendete Gliederung ist die folgende:

Einteilung der Steuern			
Art der Einhebung	**Empfänger**	**Berücksichtigung der persönlichen Verhältnisse**	**Art der Erhebung**
• direkte Steuern • indirekte Steuern	• Bundesabgaben • Landesabgaben • Gemeindeabgaben	• Personensteuern • Sachsteuern	• Veranlagungssteuern • Selbstbemessungsabgaben

classification of taxes
Einteilung der Steuern

income taxes, profit taxes
Ertragsteuern

asset taxes, property taxes
Substanzsteuern

transfer taxes
Verkehrsteuern

excise duty/-ies
Verbrauchsteuer

Direkte und indirekte Steuern

■ **Steuerschuldner** ist die Person, die die Steuer an das Finanzamt einzahlen muss.

■ **Steuerträger** ist die Person, die die Steuer wirtschaftlich trägt.

tax debtor, person liable to pay tax
Steuerschuldner

tax payer
Steuerträger

Ist geplant, dass der Steuerschuldner die Steuer auch wirtschaftlich trägt, sind Steuerschuldner und Steuerträger dieselbe Person, dann spricht man von **direkter Steuer,** z. B. Einkommensteuer, Körperschaftsteuer.

Soll der Steuerschuldner die Steuer nicht selbst tragen, sondern auf andere überwälzen, dann liegt eine **indirekte Steuer** vor, z. B. Umsatzsteuer, Tabaksteuer oder Mineralölsteuer.

Bundesabgaben, Landesabgaben und Gemeindeabgaben

Grundsätzlich darf jede Gebietskörperschaft Steuern selbst erheben. Viele Steuern werden vom Bund durch die Finanzämter erhoben, der Ertrag wird jedoch zwischen den Gebietskörperschaften geteilt. Rechtsgrundlage dafür ist das **Finanzausgleichsgesetz**, das in regelmäßigen Abständen neu verhandelt wird. Im Zuge dieser Verhandlungen wird auch die Aufteilung neu festgelegt.

federal government revenues/taxes
Bundesabgaben

provincial taxes
Landesabgaben

municipal/community taxes
Gemeindeabgaben

Personensteuern und Sachsteuern

Bei **Personensteuern** wird die Höhe der Steuer nach persönlichen Merkmalen (z. B. Höhe des Einkommens, Familienstand usw.) festgelegt.

Bei **Sachsteuern** orientiert sich die Steuerhöhe nur an objektbezogenen Merkmalen (z. B. verschiedene Steuersätze bei der Umsatzsteuer für bestimmte Kategorien von Waren und Dienstleistungen, Berechnung der Normverbrauchsabgabe nach dem Treibstoffverbrauch von Pkw). Die persönliche Situation des betroffenen Steuerpflichtigen spielt dabei grundsätzlich keine Rolle.

propertybased taxes
objektbezogene Steuern

payable taxes
Veranlagungssteuern

self-assessment (self-assessed) taxes
Selbstbemessungsabgaben

standardised consumption tax
Normverbrauchsabgabe

tax return/declaration
Steuererklärung

Veranlagungssteuern und Selbstbemessungssteuern

Bei **Veranlagungssteuern,** z. B. der Einkommensteuer, setzt das Finanzamt auf Grundlage einer Steuererklärung die Steuer für ein bestimmtes Kalenderjahr mit Bescheid fest.

Bei **Selbstbemessungsabgaben** (z. B. Versicherungssteuer, Normverbrauchsabgabe) muss der/die Steuerpflichtige bzw. die zur Einbehaltung verpflichtete Person die Steuer selbst berechnen und an das Finanzamt einzahlen.

 ÜBEN

In dieser Lerneinheit hast du erfahren, welche Einnahmen und Ausgaben der Staat hat. Bearbeite nun die folgende Aufgabe.

Ü 7.2 Steuer – Beitrag – Gebühr B

Handelt es sich in den folgenden Fällen um eine Steuer, einen Beitrag oder eine Gebühr? Kennzeichne die richtige Antwort.

 LINK
Ü 7.2 Steuer – Beitrag – Gebühr
interaktive Übung

Beispiel	Steuer	Beitrag	Gebühr
Der Staat verlangt Geld für die Ausstellung eines Reisepasses.			
Arbeitnehmer/innen sind Mitglied der Arbeiterkammer und müssen dafür zahlen.			
Die Gemeinde erhebt Geld für die Nutzung des Kanals.			
Der Staat erhebt Geld, wenn eine Sache gekauft wird.			

 KÖNNEN

Bei den folgenden Aufgaben kannst du dein Wissen weiter anwenden.

K 7.1 Staatsverschuldung und Zinsbelastung D

Viele Euro-Staaten nehmen Kredite (Anleihen) auf.

a) Stelle fest, wie hoch die Zinsen sind, die die Staaten dafür zahlen müssen.

b) Erstelle eine Tabelle, welche die Staatsverschuldung und die Zinsen, die die Staaten zu zahlen haben, zeigt.

c) Versuche zu erklären, warum einige Staaten höhere Zinsen zahlen müssen und andere weniger hohe.

K 7.2 Steuerquote B

Recherchiere die Steuerquoten der EU-Mitgliedstaaten und stelle fest, wie hoch die österreichische Steuerquote im Vergleich zu jenen der übrigen EU-Staaten ist.

K 7.3 Wirtschaftliche Tätigkeit des Staates A

Nenne drei Beispiele für wirtschaftliche Tätigkeiten des Staates, die ihm Geld einbringen.

K 7.4 Direkte und indirekte Steuern D

Steuern werden meist nicht gerne bezahlt. Der Finanzminister will bei den Steuerpflichtigen möglichst wenig Widerstand hervorrufen.

Analysiere, ob der Widerstand bei direkten oder bei indirekten Steuern höher sein wird.

K 7.5 Landes- und Gemeindeabgaben C

Recherchiere, welche Abgaben das Bundesland und welche die Gemeinde, in der du lebst, erheben.

KOMPETENZCHECK

Meine Kompetenzen	Kann ich?	Aufgaben
Ich kann den Unterschied zwischen Steuern, Beiträgen und Gebühren erklären.		Ü 7.2
Ich kenne die verschiedenen Einteilungsmöglichkeiten der Steuern.		K 7.3, K 7.4, K 7.5

LERNEN

Mitten im Job
Nach deinem erfolgreichen Schulabschluss startest du ins Berufsleben. Für deinen Verdienst wird Einkommensteuer fällig.

2 Ertragsteuern

Einkommensteuer müssen sowohl Selbständige für den erzielten Gewinn bezahlen als auch unselbständig Beschäftigte für ihren Bezug. Für den Gewinn juristischer Personen fällt Körperschaftsteuer an.

Ü 7.3 Recherchiere, was man im Mittelalter unter „Zehent" verstand.

1 Wer ist steuerpflichtig?

Je nachdem, ob das Einkommen von einer natürlichen oder juristischen Person erwirtschaftet wurde, wird eine andere Steuer erhoben. Es gelten verschiedene Rechtsvorschriften:

taxable, liable to pay tax
steuerpflichtig

Einkommen			
Juristische Personen (GmbH, AG, Vereine ...)		**Natürliche Personen und Personengesellschaften (OG, KG)**	
Kapitalgesellschaft 💵 **Gewinn** ↓ ↓ **Gesellschafter**	Der Gewinn gehört der Gesellschaft; diese zahlt für den Gewinn Körperschaftsteuer. Wird der Gewinn an die Gesellschafter ausgeschüttet, zahlen diese dafür Kapitalertragsteuer.	💵 **Gewinn** ↓ ↓ **Gesellschafter**	Der Gewinn gehört den Gesellschaftern; diese zahlen dafür Einkommensteuer.

Nicht alle Einkommen natürlicher Personen sind in Österreich einkommensteuerpflichtig. Damit in Österreich Einkommensteuer zu zahlen ist, muss eine **Verbindung zu Österreich** gegeben sein. Für die Begründung der Steuerpflicht spielt die Staatsbürgerschaft keine Rolle.

Persönliche Einkommensteuerpflicht	
unbeschränkte Steuerpflicht	**beschränkte Steuerpflicht**
Personen, die ihren **Wohnsitz oder gewöhnlichen Aufenthalt in Österreich** haben. Ein Aufenthalt in Österreich von mehr als 6 Monaten in einem Jahr begründet jedenfalls die unbeschränkte Steuerpflicht.	Personen, die **weder Wohnsitz noch gewöhnlichen Aufenthalt in Österreich** haben. Wird eine inländische Wohnung nicht mehr als 70 Tage pro Jahr genutzt, ist der Eigentümer bzw. die Eigentümerin wegen der Wohnung nicht unbeschränkt steuerpflichtig.
Für sämtliche Einkünfte, die diese Personen weltweit erwirtschaften, ist in Österreich Einkommensteuer zu zahlen.	Diese Personen müssen nur für bestimmte, in Österreich erwirtschaftete, Einkommen Einkommensteuer zahlen.
Beispiel: Karl Grüner wohnt in der Steiermark und betreibt dort ein Ziviltechnikbüro. Er hat Aufträge von österreichischen Unternehmen, aber auch von spanischen und brasilianischen Unternehmen. Dafür muss er nach Spanien und Brasilien reisen und dort seine Leistungen erbringen. Sämtliche Einkünfte muss er in Österreich versteuern.	**Beispiel:** Claire Saunders wohnt in Schottland und betreibt dort ein Unternehmen. Sie hat eine Wohnung in Österreich geerbt, die sie vermietet. Zweimal im Jahr kommt sie für zwei Tage nach Österreich und hält einen Vortrag. In Österreich muss sie nur für die Miete und das Vortragshonorar Einkommensteuer zahlen.

Steuerlicher Wohnsitz
Personen, die sich mehr als sechs Monate im Jahr in Österreich aufhalten, müssen sämtliche Einkünfte, die sie weltweit erwirtschaften, in Österreich versteuern.

place of residence
Wohnsitz

unlimited, full tax liability
unbeschränkte Steuerpflicht

limited tax liability
beschränkte Steuerpflicht

Österreich hat mit vielen anderen Staaten Abkommen abgeschlossen, damit dasselbe Einkommen nicht von beiden Staaten besteuert wird **(Doppelbesteuerungsabkommen).**

double taxation agreement
Doppelbesteuerungsabkommen

Ü 7.4 Beschränkte oder unbeschränkte Steuerpflicht

Kennzeichne, ob die folgenden Fälle in Österreich beschränkt oder unbeschränkt steuerpflichtig sind, und begründe deine Antwort:

 **LINK**
Ü 7.4 Beschränkte oder unbeschränkte Steuerpflicht
interaktive Übung

Situation	Steuerpflicht?	Begründung
Rita Wittner lebt in Paris und besitzt in Österreich Felder, die sie verpachtet hat.	☐ beschränkt ☐ unbeschränkt	
Reiner Zimmel ist beruflich ca. 4 Monate pro Jahr im Ausland unterwegs. Er besitzt in Graz eine Wohnung, die er bewohnt, wenn er in Österreich ist.	☐ beschränkt ☐ unbeschränkt	
Kai Meyer lebt und arbeitet in Mailand. Er besitzt eine Wohnung in Tirol, die er nur im Winter für einen Schiurlaub nutzt, ca. 3 Wochen im Jahr.	☐ beschränkt ☐ unbeschränkt	
Dejan Gubic lebt und arbeitet in Linz. Er vermietet eine Wohnung in Serbien.	☐ beschränkt ☐ unbeschränkt	

2 Wofür ist Einkommensteuer zu zahlen?

Die Besteuerung des Einkommens beachtet folgende Prinzipien:

Periodenprinzip: Zur Berechnung der Einkommensteuer werden die **Einkünfte eines Jahres** herangezogen.

Leistungsfähigkeitsprinzip: Bei der Besteuerung werden **persönliche Verhältnisse berücksichtigt**. Der Tarif ist progressiv: Je höher das Einkommen, desto höher ist der Prozentsatz, welcher der Steuerberechnung zugrunde gelegt wird.

Beispiele:

- Hat eine Person ein Einkommen von € 900,–, so wird sie damit ihre wichtigsten Lebensbedürfnisse befriedigen können. Wünsche, die nicht zum Überleben notwendig sind, können nur schwer erfüllt werden. Ein zusätzliches Einkommen von € 50,– wird sie vielleicht in die Lage versetzen, sich einen kleinen Wunsch erfüllen zu können.

- Erhält eine Person ein Einkommen von € 5.000,–, so wird ein zusätzliches Einkommen von € 50,– ihre Lage nicht verändern.

Der **Nutzen von zusätzlichem Einkommen sinkt mit steigendem Einkommen**. Stellt man diesen Nutzenverlauf grafisch dar, entsteht folgende Kurve:

Steuerprogression
Je höher das zu versteuernde Einkommen einer Person, desto höher ist der Steuersatz.

progressive tax rate
progressiver Tarif

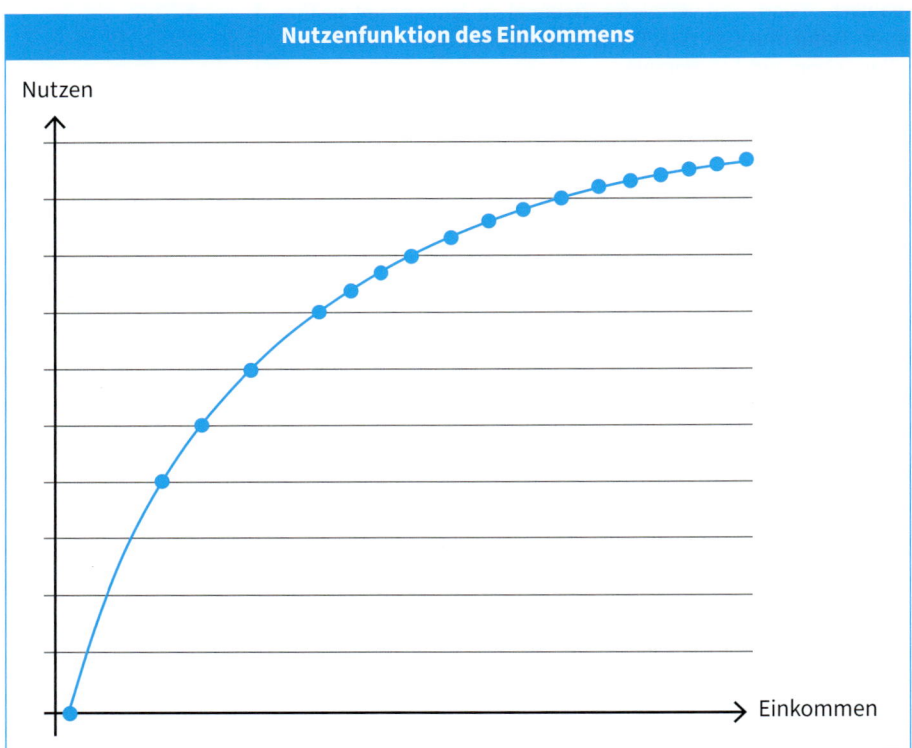

Nutzenfunktion des Einkommens

Nutzen

Einkommen

Jede Person soll ein gleich großes Opfer für die Finanzierung der öffentlichen Aufgaben leisten. Jemand, der ein hohes Einkommen hat, kann einen höheren Beitrag leisten als jemand, der nur über ein niedrigeres Einkommen verfügt. Der Nutzenverlust ist dabei bei beiden gleich hoch, obwohl der absolute Betrag, der an Steuern bezahlt wird, unterschiedlich hoch ist.

Einkunftsarten

Nicht für alles, was eine Person erhält, fällt Einkommensteuer an. Der Gesetzgeber hat festgelegt, dass nur Einkünfte, die aus einer der **sieben im Gesetz** aufgezählten Einkunftsarten stammen, steuerpflichtig sind.

Einkunftsart	Beispiele
1. Einkünfte aus Land- und Forstwirtschaft	Einkünfte aus • Land- und Forstwirtschaft • Tierzucht mit eigenen landwirtschaftlichen Produkten • Jagd
2. Einkünfte aus selbständiger Arbeit	Freiberufliche Tätigkeiten, wie • Rechtsanwalt oder Rechtsanwältin • Steuerberater/in • Ziviltechniker/in • Hausverwalter/in • Aufsichtsratsmitglied
3. Einkünfte aus Gewerbebetrieb	Tätigkeiten, die • selbständig, • wiederholt, • mit Gewinnerzielungsabsicht ausgeübt werden und der Allgemeinheit gegenüber erbracht werden
4. Einkünfte aus nichtselbständiger Arbeit	Einkünfte als • Arbeiter/in, • Angestellte/r, • Beamter oder Beamtin, • Lehrling
5. Einkünfte aus Kapitalvermögen	• Sparbuchzinsen • Dividenden • GmbH-Gewinnanteile • Verkauf von Wertpapieren
6. Einkünfte aus Vermietung und Verpachtung	Einkünfte aus • Vermietung von Wohnungen, Grundstücken, Häusern • Überlassung von Marken- oder Patentrechten
7. sonstige Einkünfte	Einkünfte aus • Renten • privaten Grundstücksverkäufen • Spekulationsgeschäften • gelegentlicher Vermietung beweglicher Sachen • private Grundstücksverkäufe

Für Einkünfte, die unter keine dieser sieben Einkunftsarten fallen, ist **keine Einkommensteuer** zu entrichten. Nicht steuerbare Einkünfte sind z. B.:

- Lottogewinne
- Erbschaften
- Schmerzengeld

Gewinneinkünfte

Bei den **Einkunftsarten 1 bis 3** sind die Einkünfte der Gewinn. Dieser wird ermittelt:

> **Einkünfte = Betriebseinnahmen – Betriebsausgaben**
> **Betriebseinnahmen** sind alle Zuflüsse von Geld oder Geldeswert, die durch den Betrieb veranlasst sind. **Betriebsausgaben** sind Aufwendungen oder Ausgaben, die durch den Betrieb veranlasst sind.

agriculture and forestry
Land- und Forstwirtschaft

livestock breeding
Tierzucht

hunting
Jagd

lawyer, attorney at law, solicitor
Rechtsanwalt

tax consultant, tax adviser
Steuerberater

registered engineering consultant, registered engineer
Ziviltechniker

property manager
Hausverwalter

supervisory board members
Aufsichtsratsmitglieder

business, commercial enterprise
Gewerbebetrieb

assignment of trademark and patent laws
Überlassung von Marken- oder Patentrechten

Spekulationsgeschäft
eine bewegliche Sache des Privatvermögens wird innerhalb eines Jahres gekauft und wieder verkauft

earnings
Einkünfte

operating revenues
Betriebseinnahmen

operating expenses
Betriebsausgaben

Ermittelt wird der Gewinn mittels einer **Einnahmen-Ausgaben-Rechnung** oder mithilfe einer doppelten Buchführung.

Beispiele für Betriebseinnahmen:

■ Entgelt für Waren, die ein Unternehmen verkauft

■ Eintrittspreis, den ein Festivalveranstalter erhält

■ Honorar, das eine Architektin bekommt

Beispiele für Betriebsausgaben:

■ Miete für ein Geschäftslokal

■ Entlohnung der Mitarbeiter/innen

■ Entgelt für Waren, die weiterverkauft oder verarbeitet werden sollen

Unternehmen können bei der Gewinnermittlung als Betriebsausgabe einen **Gewinnfreibetrag** abziehen. Übersteigt der gesamte betriebliche Gewinn € 30.000,–, müssen für die Geltendmachung des Freibetrags für den Betrieb bestimmte Wirtschaftsgüter oder Wertpapiere angeschafft und vier Jahre im Betrieb behalten werden.

Der Gewinnfreibetrag beträgt:

Aufwendungen durch den Betrieb
Die Zahlungen an das Energieversorgungsunternehmen (EVU) sind Betriebsausgaben.

annual tax-free profit allowance
Gewinnfreibetrag

Betriebliche Einkünfte		Gewinnfreibetrag
von	bis	
€ 0,00	€ 175.000,00	13,00 %
€ 175.000,01	€ 350.000,00	7,00 %
€ 350.000,01	€ 580.000,00	4,50 %
über € 580.000,00		0,00 %

LINK
Betriebsausgaben
Hier findest du die Broschüre „Das Steuerbuch" des Finanzministeriums.
www.bmf.gv.at

Der Gewinnfreibetrag soll einen Ausgleich für die günstiger besteuerten sonstigen Einkünfte der unselbständig Beschäftigten schaffen.

Überschusseinkünfte

Bei den **Einkunftsarten 4 bis 7** werden die Einkünfte ermittelt:

> **Überschuss = Einnahmen – Werbungskosten**
> Ausgaben zum Erwerb, zur Sicherung oder zum Erhalt der Einnahmen werden **Werbungskosten** genannt.

Beispiele für Werbungskosten:

Einkünfte aus

■ **nichtselbständiger Tätigkeit:** Bezahlung der Kurskosten eines Weiterbildungskurses durch eine/n Angestellte/n

■ **Kapitalvermögen:** Kontoführungskosten

■ **Vermietung und Verpachtung:** Ausmalen einer Wohnung, um diese besser vermieten zu können

income-related expenses
Werbungskosten

Ü 7.5 **Einkommensteuerpflicht** D

Kennzeichne, ob folgende Sachverhalte einkommensteuerpflichtig sind oder nicht.
Falls ja, gib an, unter welche Einkunftsart diese fallen.

LINK
**Ü 7.5 Einkommensteuer-
pflicht**
interaktive Übung

Sachverhalt	einkommen-steuerpflichtig?	Einkunftsart
Erhalt von Schadenersatz	☐ ja ☐ nein	
Entgelt für Ferialjob	☐ ja ☐ nein	
Erhalt von Finderlohn	☐ ja ☐ nein	
Honorar eines Ziviltechnikers	☐ ja ☐ nein	
Erhalt von Lizenzen für Nutzung eines Markenrechts	☐ ja ☐ nein	
Kauf eines Autos durch eine Privatperson, welches nach acht Monaten mit Gewinn weiterverkauft wird	☐ ja ☐ nein	
Erhalt der Miete für Grundstück	☐ ja ☐ nein	

3 Berechnung der Einkommensteuer

Das **Einkommen** wird errechnet, indem die in einem Jahr erzielten **Einkünfte sämtlicher Einkunftsarten addiert** werden. Davon können Sonderausgaben und außergewöhnliche Belastungen abgezogen werden. Auf dieses Einkommen wird dann der **Einkommensteuertarif** angewandt. Dazu wird folgendes Rechenschema verwendet:

receiving of compensation for damages, damages payments
Erhalt von Schadenersatz

finder's reward
Finderlohn

use of a trademark right
Nutzung eines Markenrechts

Rechenschema Einkommensteuer

1. Einkünfte aus Land- und Forstwirtschaft
2. Einkünfte aus selbständiger Arbeit
3. Einkünfte aus Gewerbebetrieb
4. Einkünfte aus nichtselbständiger Arbeit
5. Einkünfte aus Kapitalvermögen
6. Einkünfte aus Vermietung und Verpachtung
7. sonstige Einkünfte
   Gesamtbetrag der Einkünfte
– Sonderausgaben
– außergewöhnliche Belastungen
   steuerpflichtiges Einkommen
   (= Bemessungsgrundlage, auf die der Tarif anzuwenden ist)
   ↓
   Einkommensteuer lt. Tarif (= Einkommen × Steuersatz)
– Absetzbeträge
   Jahresbetrag der Einkommensteuer
– Vorauszahlungen
   Steuerschuld (zu zahlender Betrag)

Die bei einer Einkunftsart erzielten **Einkünfte** können auch **negativ** sein. Dann **mindern** sie die **Bemessungsgrundlage, und die zu zahlende Steuer** wird geringer.

Die Steuerbemessungsgrundlage selbst kann keinen negativen Wert annehmen.

Sonderausgaben

tax base, assessment basis
Bemessungsgrundlage

Sonderausgaben stehen in **keinem Zusammenhang mit der Einkommenserzielung**. Diese Ausgaben werden steuerlich berücksichtigt, um den/die Steuerpflichtige/n zu einem bestimmten, gesellschaftlich erwünschten Verhalten zu veranlassen oder um die steuerliche Leistungsfähigkeit zu berücksichtigen. Sie können von allen unbeschränkt Einkommensteuerpflichtigen geltend gemacht werden.

special expenses
Sonderausgaben

Die **wichtigsten Sonderausgaben** sind:

- bestimmte Renten und dauernde Lasten
- Beiträge an gesetzlich anerkannte Kirchen und Religionsgesellschaften
- Steuerberatungskosten, sofern sie keine Betriebsausgaben oder Werbungskosten sind
- bestimmte Spenden
- Verluste aus Vorjahren, die noch nicht mit positiven Einkünften ausgeglichen werden konnten

Kirchenbeiträge und Spenden sind **vom Empfänger bzw. der Empfängerin** dem Finanzamt **zu melden**. Diese werden dann automatisch bei der Steuerberechnung berücksichtigt.

Kirchenbeitrag
Es gibt insgesamt 16 anerkannte Kirchen und Religionsgesellschaften. Beiträge an diese sind als Sonderausgaben bis zu einem Höchstbeitrag von € 400,– absetzbar.

Außergewöhnliche Belastungen

Dies sind Zahlungen, denen sich der/die Steuerpflichtige **nicht entziehen kann** und die seine/ihre **steuerliche Leistungsfähigkeit mindern**. Voraussetzung, dass die Belastungen steuermindernd wirken, sind:

extraordinary expenses/ burdens
außergewöhnliche Belastungen

- Sie müssen **außergewöhnlich** sein, d.h., sie sind höher als bei anderen Steuerpflichtigen mit gleichen Einkommens- und Vermögensverhältnissen.
- Sie müssen **zwangsläufig** erwachsen. Der Steuerpflichtige kann sich aus tatsächlichen, rechtlichen oder sittlichen Gründen der Belastung nicht entziehen.
- Sie müssen die **wirtschaftliche Leistungsfähigkeit wesentlich beeinträchtigen**. Die Leistungsfähigkeit wird beeinträchtigt, wenn ein im Gesetz festgelegter Selbstbehalt überschritten wird. Die Höhe des Selbstbehalts hängt von der Höhe des Einkommens ab und beträgt zwischen 6 % und 12 %. Bei Behinderungen ist kein Selbstbehalt zu tragen.

Beispiele für außergewöhnliche Belastungen:

- Krankheits- und Diätkosten
- Mehraufwendungen für ein erheblich behindertes Kind
- Katastrophenschäden
- Kosten für ein auswärtiges Studium eines Kindes
- Begräbniskosten, die nicht durch den Nachlass gedeckt sind

Steuertarif

Auf die Bemessungsgrundlage (das Einkommen) wird folgender Tarif angewandt:

Einkommensteuertarif		
Einkommen		**Steuersatz**
von	**bis**	
€ 0,00	€ 11.000,00	0 %
€ 11.000,01	€ 18.000,00	20 %
€ 18.000,01	€ 31.000,00	35 %
€ 31.000,01	€ 60.000,00	42 %
€ 60.000,01	€ 90.000,00	48 %
€ 90.000,01	€ 1.000.000,00	50 %
über € 1.000.000,00		55 %*

* Diese Regelung gilt befristet bis 2025.

Absetzbeträge

Von der berechneten Steuer können nach Anwendung des Tarifs **folgende Absetzbeträge abgezogen werden:**

Bezeichnung des Absetzbetrages	Höhe
Familienbonus Plus steht für Kinder zu, für die Familienbeihilfe bezogen wird.	• bis zum vollendeten 18. Lebensjahr: € 1.500,– / Jahr • nach Vollendung des 18. Lebensjahres: € 500,– Alleinerziehende und Alleinverdienende, bei denen sich der Absetzbetrag nicht auswirkt, erhalten eine Steuergutschrift bis zu € 250,– je Kind und Jahr.
Alleinverdiener- und Alleinerzieherabsetzbetrag steht Steuerpflichtigen mit mindestens 1 Kind zu, die • ohne Partner leben oder • deren Partner Einkünfte von höchstens € 6.000,– im Jahr bezieht.	1 Kind € 494,– / Jahr 2 Kinder € 669,– / Jahr für jedes weitere Kind zusätzlich € 220,– / Jahr Ist die nach Abzug der Absetzbeträge errechnete Einkommensteuer negativ, wird der Alleinverdiener-/Alleinerzieherabsetzbetrag bis zu einer Höhe von € 364,– gutgeschrieben, wenn mindestens 1 Kind vorhanden ist.
Unterhaltsabsetzbetrag steht Steuerpflichtigen zu, die gesetzlichen Unterhalt für ein Kind zahlen, • das nicht ihrem Haushalt angehört und • für das sie oder ihr im gemeinsamen Haushalt lebender Partner keine Familienbeihilfe bezieht.	1. Kind € 29,20 / Monat 2. Kind € 43,80 / Monat für jedes weitere Kind zusätzlich € 58,40 / Monat
Verkehrsabsetzbetrag steht Steuerpflichtigen zu, die Einkünfte aus einem Dienstverhältnis beziehen als Abgeltung für die Fahrtkosten Wohnung – Arbeitsstätte	€ 400,– / Jahr Bei geringem Einkommen erhöht sich der Verkehrsabsetzbetrag.

Der Familienbonus und die Absetzbeträge werden für Kinder, die **in einem anderen EWR-Staat oder der Schweiz** leben, an das Preisniveau des Landes angepasst. Lebt das Kind in einem anderen Staat, stehen weder der Familienbonus Plus noch die Absetzbeträge zu.

LINK
Ü 7.6 Minderung der Einkommensteuer
interaktive Übung

Ü 7.6 Minderung der Einkommensteuer B

Mindern die folgenden Ausgaben die Höhe der zu zahlenden Einkommensteuer oder nicht? Kennzeichne die richtige Antwort. Falls ja, wie werden sie steuerlich korrekt bezeichnet?

Ausgaben	Ja	Nein	steuerlich korrekte Bezeichnung
Kirchenbeitrag			
Kosten für ein auswärtiges Studium eines Kindes			
Kauf von Fachbüchern, die eine Angestellte für ihren Beruf benötigt			
Kosten des im gemeinsamen Haushalt lebenden Kindes			
Kosten für Diätverpflegung			
Ausgaben eines Arbeitnehmers für die Fahrt Wohnung – Arbeitsstätte			
Bezahlung der Stromrechnung eines Unternehmens			

4 Beispiele zur Berechnung der Einkommensteuer

LINK
Steuersätze der EU-Länder
Hier findest du einen Überblick über Steuersätze und Steuersysteme in den einzelnen EU-Ländern (Thema: Einkommensteuer und Körperschaftsteuer).
www.wko.at

L 7.1 Berechnung der Einkommensteuer – Unternehmerin

Sabine Seiter betreibt ein Handelsunternehmen. Voriges Jahr haben die Kunden € 158.700,– für ihre Einkäufe bezahlt. Frau Seiter hat für Wareneinkäufe, Miete für das Geschäftslokal und sonstige Ausgaben für das Unternehmen € 113.750,– aufgewendet. Sie hat Anschaffungen getätigt, damit sie den Gewinnfreibetrag zur Gänze ausschöpfen kann. Sonderausgaben oder außergewöhnlichen Belastungen macht sie nicht geltend.

Einkünfte aus dem Handelsunternehmen zählen steuerlich zu den Einkünften aus Gewerbebetrieb.

Wie hoch ist die Einkommensteuer, die Sabine Seiter zahlen muss?

Lösung:

Zur Ermittlung der Steuer ist folgende Rechnung anzustellen:

Betriebseinnahmen	€ 158.700,00
Betriebsausgaben	– € 113.720,00
Gewinn	€ 44.980,00
13 % Gewinnfreibetrag	– € 5.847,40
Einkünfte aus Gewerbebetrieb	€ 39.132,60
Sonderausgaben	– € 0,00
Außergewöhnliche Belastungen	– € 0,00
Einkommen (= Bemessungsgrundlage)	€ 39.132,60

Einkommen		Steuerprozentsatz	Steuerbetrag
von	bis		
€ 0,00	€ 11.000,00	0 %	€ 0,00
€ 11.000,01	€ 18.000,00	20 %	€ 1.400,00
€ 18.000,01	€ 31.000,00	35 %	€ 4.550,00
€ 31.000,01	€ 60.000,00	42 %*	€ 3.415,69
Einkommensteuer lt. Tarif			€ 9.365,69

* (= 39.132,60 – 31.000,00)

Absetzbeträge können nicht abgezogen werden:

- Sabine Seiter hat keine Kinder. Daher hat sie auch keinen Anspruch auf den Familienbonus plus oder den Alleinverdiener- und Alleinerzieherabsetzbetrag.
- Sabine Seiter ist weder Arbeiterin noch Angestellte oder Beamtin, daher steht kein Verkehrsabsetzbetrag zu.

Gewinnermittlung für Unternehmen
Architekten und Architektinnen können ihren Gewinn mithilfe einer Einnahmen-Ausgaben-Rechnung ermitteln.

L 7.2 Berechnung der Einkommensteuer – Architekturbüro

Herr Ingenius betreibt ein Architekturbüro. Die Honorare, die er von seinen Auftraggebern voriges Jahr bekam, betrugen € 281.600,–. Seine Betriebsausgaben für die Miete und den Betrieb des Büros, für die Gehälter seiner Mitarbeiter/innen, für die Fahrten zu den Baustellen und sonstigen Zahlungen machten € 198.340,– aus. Er hat keine Anschaffungen zur Ausnutzung des Gewinnfreibetrags getätigt.

Daneben unterrichtet Herr Ingenius auf einer Fachhochschule. Dafür erhielt er voriges Jahr € 11.500,–. Für Bücher und einen Kurs, den er dafür besuchen musste, bezahlte er € 1.650,–.

Zusätzlich vermietet er eine Wohnung. Der Mieter ist im Mai vorigen Jahres ausgezogen. Daher hat er nur € 4.350,– Miete erhalten. Damit Herr Ingenius die Wohnung wieder vermieten kann, musste er sie renovieren lassen. Dafür hatte er € 7.580,– zu bezahlen.

Herr Ingenius war vergangenes Jahr krank und musste einen Teil der dabei anfallenden Kosten selbst tragen. Dafür kann er € 9.500,– als außergewöhnliche Belastungen geltend machen.

Seine Frau führt den Haushalt und hatte daher vergangenes Jahr kein Einkommen. Das Ehepaar Ingenius hat ein Kind, das heuer den 16. Geburtstag gefeiert hat.

Wie hoch ist die Einkommensteuer, die Herr Ingenius zahlen muss?

Lösung:

Herr Ingenius hat aus seinem Architekturbüro Einkünfte aus selbständiger Arbeit erzielt. Ihm steht nur der Gewinnfreibetrag für € 30.000,– zu, da er keine entsprechenden Anschaffungen vorgenommen hat.

Die Einkünfte für seine Unterrichtstätigkeit an der Fachhochschule sind Einkünfte aus nichtselbständiger Arbeit.

Bei der Vermietung ist der Überschuss der Einnahmen über die Werbungskosten für die Vermietung zu errechnen.

Wenn bei einer Einkunftsart positive Einkünfte und bei einer anderen Einkunftsart negative Einkünfte erzielt werden, können diese zusammengerechnet werden. Dadurch vermindert sich die Steuerbemessungsgrundlage.

Einkünfte aus selbständiger Arbeit

Betriebseinnahmen	€ 281.600,00	
Betriebsausgaben	– € 198.340,00	
Gewinn	€ 83.260,00	
13 % von € 30.000,– Gewinnfreibetrag	– € 3.900,00	
Einkünfte aus selbständiger Arbeit		€ 79.360,00

income from self-employment
Einkünfte aus selbständiger Arbeit

income from (dependent) employment
Einkünfte aus nichtselbständiger Arbeit

Einkünfte aus nichtselbständiger Arbeit

Einnahmen	€ 11.500,00	
Werbungskosten	– € 1.650,00	
Einkünfte aus nichtselbständiger Arbeit		€ 9.850,00

Einkünfte aus Vermietung und Verpachtung

Einnahmen	€ 4.350,00	
Werbungskosten	– € 7.580,00	
Einkünfte aus Vermietung und Verpachtung		– € 3.230,00

Gesamtbetrag der Einkünfte	**€ 85.980,00**
außergewöhnliche Belastungen	– € 9.500,00
Einkommen (Bemessungsgrundlage)	**€ 76.480,00**

Auf das errechnete Einkommen ist der Steuertarif anzuwenden.

Einkommen		Steuerprozentsatz	Steuerbetrag
von	**bis**		
€ 0,00	€ 11.000,00	0 %	€ 0,00
€ 11.000,01	€ 18.000,00	20 %	€ 1.400,00
€ 18.000,01	€ 31.000,00	35 %	€ 4.550,00
€ 31.000,01	€ 60.000,00	42 %	€ 12.180,00
€ 60.000,01	€ 90.000,00	48 %*	€ 7.910,40
Einkommensteuer lt. Tarif			€ 26.040,40

*(76.480,00 – 60.000,00)

Herrn Ingenius stehen aber auch Absetzbeträge zu:

- der Alleinverdienerabsatzbetrag, weil die Familie ein Kind hat und Frau Ingenius kein Einkommen bezieht, und auch der Familienbonus Plus.
- der Verkehrsabsetzbetrag, weil er Einkünfte als Angestellter der Fachhochschule erzielt.

Einkommensteuer lt. Tarif	€ 26.040,10
Alleinverdienerabsetzbetrag	– € 494,00
Familienbonus Plus	– € 1.500,00
Verkehrsabsetzbetrag	– € 400,00
Jahresbetrag der Einkommensteuer	**€ 23.646,40**

Fälligkeit der Steuer
Die offene Steuerschuld ist nach Zustellung des Bescheids innerhalb eines Monats fällig.

L 7.2 Berechnung der Einkommensteuer – Architekturbüro (Fortsetzung)

Herr Ingenius bekommt das Angebot für die Planung eines Neubaus. Sein Einkommen würde dadurch um € 30.000,– steigen. Er würde in die nächste Steuerklasse kommen und mehr Einkommensteuer zahlen.

Bleibt Herrn Ingenius bei Annahme des Auftrages weniger übrig, als wenn er den Auftrag nicht annehmen würde?

Lösung:

Nein, nur der Teil, der die Tarifstufe übersteigt, wird mit dem höheren Steuersatz besteuert. Hr. Ingenius zahlt 48 % Steuer nur für € 16.480,00 (= 76.480,00 – 60.000,00). Dieser Steuersatz, der auf den letzten Teil des Einkommens angewandt wird, wird **Grenzsteuersatz** genannt.

Setzt man die von Herrn Ingenius bezahlte Steuer in ein Verhältnis zu seinem gesamten Einkommen, kann man die Steuer berechnen, mit der sein Einkommen im Durchschnitt belastet ist:

$$\frac{\text{Steuerschuld}}{\text{Einkommen}} = \frac{23.646,40}{76.480,00} = 30,92\,\%$$

Dies bedeutet, dass jeder Euro, den Herr Ingenius zusätzlich verdient, mit 48 % Einkommensteuer besteuert wird. **(Grenzsteuersatz)**

Betrachtet man aber das gesamte Einkommen von Herrn Ingenius, wird dieses mit 30,92 % Einkommensteuer belastet. **(Durchschnittsteuersatz)**

Für die € 30.000,–, die er für den Auftrag bekommen könnte, bedeutet dies:

Sein gesamtes Einkommen steigt auf € 106.480,–.

Von den € 30.000,– Einkommen werden € 13.520,00 (= 90.000,00 – 76.480,00) mit 48 % besteuert. Der Teil des Einkommens, der über € 90.000,– liegt (109.480,00 – 90.000,00 = 19.480,00), wird mit 50 % besteuert. Sein neuer Grenzsteuersatz beträgt daher 50 %.

marginal effective tax rate
Grenzsteuersatz

Ü 7.7 Höhe der Einkommensteuer `C`

Richard Krenn betreibt einen Mechanikerbetrieb. Er hat vergangenes Jahr Einnahmen von € 379.256,– und Ausgaben von € 240.030,– erzielt. Den Gewinnfreibetrag kann er voll ausnutzen. Daneben hat er ein Buch geschrieben, wofür er € 3.200,– erhielt und € 4.600,– ausgab. Als Beitrag an die Kirche hat er vergangenes Jahr € 250,– gezahlt. Er ist unverheiratet und lebt alleine.

Berechne die von Richard Krenn zu zahlende Einkommensteuer.

5 Erhebungsformen der Einkommensteuer

Die Art der Berechnung und der Erhebung der Einkommensteuer hängt von der Einkunftsart ab:

Erhebungsformen der Einkommensteuer		
Kapitalertragsteuer	**Lohnsteuer**	**veranlagte Einkommensteuer**
Einkünfte aus Kapitalvermögen	Einkünfte aus nichtselbständiger Arbeit	alle übrigen Einkünfte
Das Geldinstitut berechnet die Steuer und führt sie für die steuerpflichtige Person an das Finanzamt ab.	Der Arbeitgeber berechnet die Steuer und zahlt sie für den Arbeitnehmer an das Finanzamt ein.	Die steuerpflichtige Person übermittelt dem Finanzamt die Steuererklärung und führt die Steuer selbst ab.

capital gains tax
Kapitalertragsteuer

Kapitalertragsteuer

Werden in Österreich

- Gewinnanteile oder Dividenden aus Aktien, GmbH- oder Genossenschaftsanteilen oder
- Erträge aus festverzinslichen Wertpapieren (z. B. Anleihen, Pfandbriefe) oder
- Erträge aus (in- oder ausländischen) Investmentfonds oder
- Einkünfte aus realisierten Wertsteigerungen von Kapitalvermögen

ausbezahlt oder gutgeschrieben, so hat der/die Schuldner/in von diesen Kapitalerträgen **27,5 %** als **Kapitalertragsteuer** (KESt) einzubehalten und an das Finanzamt abzuführen. Damit ist die Einkommensteuer abgegolten, die für diese Erträge zu bezahlen ist.

Das veranlagte Kapital wird nicht besteuert.

Beispiel:

Jemand kauft Wertpapiere um € 1.000,– und verkauft diese nach 3 Jahren um € 1.600,–. Für die Wertsteigerung von € 600,– sind 27,5 % KESt zu zahlen:

27,5 % von € 600,00 = € 165,00

Die € 165,– KESt werden von der Bank an das Finanzamt abgeführt. Der/Die Wertpapierverkäufer/in muss den Gewinn nicht in die Einkommensteuererklärung aufnehmen.

Für **Zinsen aus Spareinlagen** bei Banken beträgt die **KESt 25 %**.

Beispiel:

Jemand hat € 100.000,– auf einem Sparbuch und erhält dafür 1 % Zinsen. Auf diesem Sparbuch wird daher gebucht:

Zinsen 1 % von € 100.000,–	€ 1.000,–
davon 25 % KESt	– € 250,–
Gutschrift	**€ 750,–**

Die € 250,– KESt werden vom Geldinstitut an das Finanzamt abgeführt. Die Person, die das Sparbuch besitzt, muss die Zinsen nicht in ihre Einkommensteuererklärung aufnehmen.

Allfällige Werbungskosten (z. B. Kontoführungsgebühren, Spesen für Wertpapierdepot, An- und Verkaufsspesen von Wertpapieren) dürfen nicht abgezogen werden. Verluste, die beim Verkauf von Wertpapieren erzielt wurden, dürfen nicht mit Gewinnen aus anderen Einkunftsarten ausgeglichen werden. Diese Verluste dürfen nur mit Gewinnen aus anderen Wertpapierverkäufen im Rahmen einer Veranlagung ausgeglichen werden.

Beim **Verkauf von Immobilien** im Privatbesitz fallen **30 % Immobilienertragsteuer** (ImmoESt) für die Differenz Verkaufspreis abzüglich Ankaufspreis an. Auch diese Verkäufe müssen nicht in der Einkommensteuererklärung angegeben werden.

Veranlagte Einkommensteuer

Die Einkommensteuer wird im Wege der Veranlagung erhoben, d. h., Einkommensteuerpflichtige müssen dem Finanzamt eine **Steuererklärung** übermitteln. Dies ist eine Auflistung der in einem Jahr erzielten steuerpflichtigen Einnahmen und Ausgaben.

Kursgewinn
Steigt der Kurs eines Wertpapieres über den Kurs, zu dem es gekauft wurde, entsteht ein Kursgewinn. Dieser wird auch Wertsteigerung genannt.

real estate sale, property sales
Immobilienverkauf

assessed income tax
veranlagte Einkommensteuer

Immobilienertragsteuer
Der Verkauf einer privaten Immobilie muss versteuert werden.

Die Steuererklärung muss bis spätestens 30. Juni elektronisch dem Finanzamt übermittelt werden.

Das Finanzamt berechnet daraufhin die zu bezahlende Einkommensteuer und schreibt sie der/dem Steuerpflichtigen mittels Bescheid vor.

Jede/r Einkommensteuerpflichtige hat zum 15. Februar, 15. Mai, 15. August und 15. November eine **Vorauszahlung auf die Einkommensteuer** zu leisten. Diese Vorauszahlungen werden dann mit der vom Finanzamt berechneten Steuer gegengerechnet.

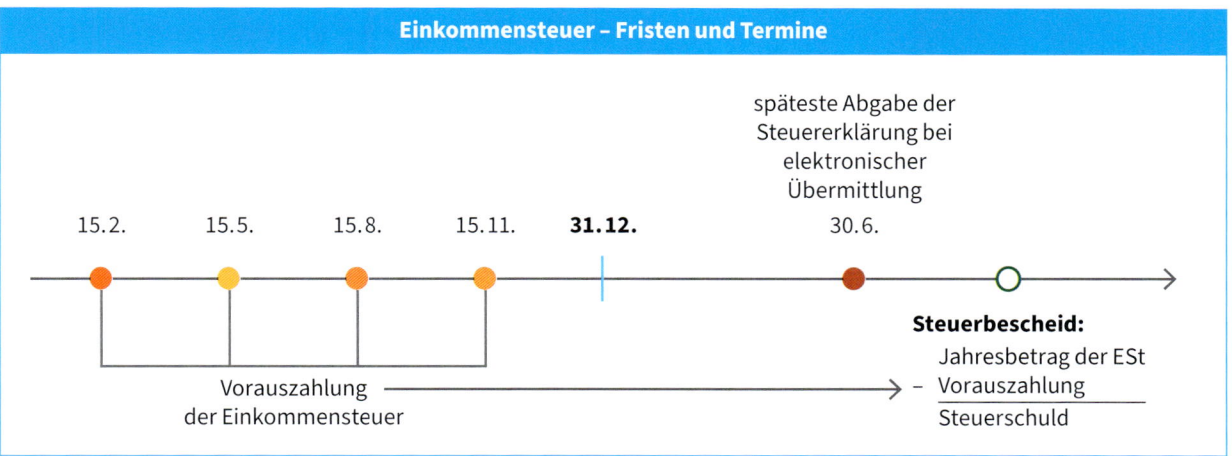

6 Körperschaftsteuer

Der **Körperschaftsteuer (KSt)** unterliegen die Einkünfte **juristischer Personen** (AG, GmbH, Vereine). Die Einkünfte werden für die Berechnung der Körperschaftsteuer nach denselben Grundsätzen ermittelt wie für die Einkommensteuer. Da die Gewinnausschüttung an die Gesellschafter keine Betriebsausgabe darstellt, ist auch für den ausgeschütteten Gewinn KSt zu zahlen.

Die **KSt beträgt 25 %,** unabhängig von der Höhe des Gewinns der Gesellschaft.

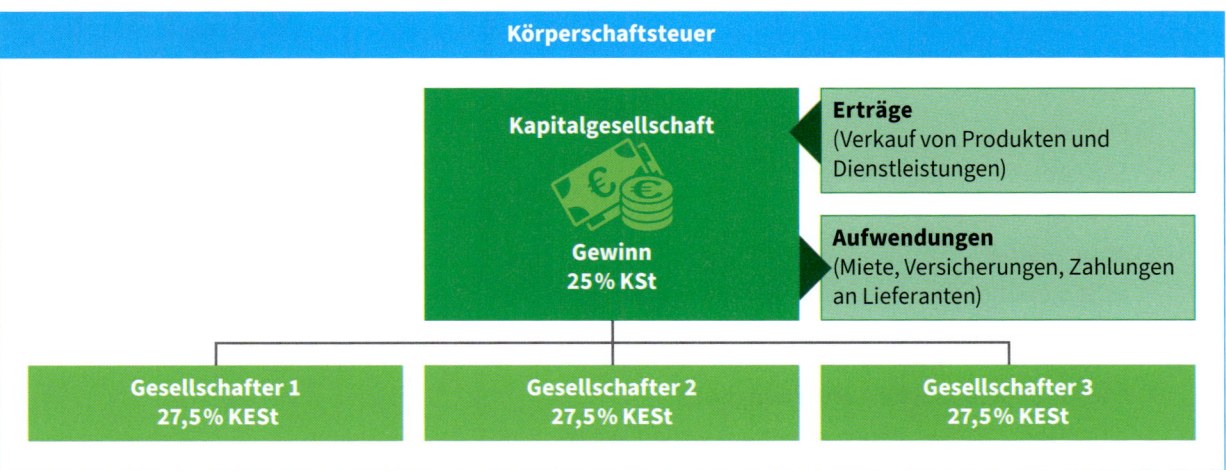

Die ausgeschütteten Gewinne unterliegen beim Empfänger der Einkommensteuer als **Einkünfte aus Kapitalvermögen**. In der Regel sind sie durch den KESt-Abzug endbesteuert.

Einem Gesellschafter verbleiben daher von € 100,– Gewinn der Gesellschaft:

	Gewinn der Gesellschaft	€ 100,00
25 %	Körperschaftsteuer	– € 25,00
	Ausschüttung an Gesellschafter	€ 75,00
27,5 %	Kapitalertragsteuer	– € 20,63
	Gewinnanteil nach Steuern	€ 54,37

Die gesamte Steuerbelastung beträgt daher:

Körperschaftsteuer	€ 25,00
Kapitalertragsteuer	€ 20,63
Gesamte Steuerbelastung	€ 45,63

Drückt man dies als Prozentsatz des Gewinns aus, errechnet sich:

$$\frac{\text{Steuerbetrag}}{\text{Gewinn}} = \frac{45,63}{100} = 45,63\,\%$$

Der an die Gesellschafter ausgeschüttete Gewinn einer Kapitalgesellschaft wird mit 45,63 % Steuern belastet.

Für AG und GmbH besteht eine **Mindestkörperschaftsteuer** von 5 % des Mindestkapitals. Daher beträgt die Mindestkörperschaftsteuer für GmbH € 1.750,– (= 5 % von € 35.000,–), für AG € 3.500,–.

ÜBEN

In dieser Lerneinheit hast du viel über die Ertragsteuern erfahren. Bearbeite nun die folgenden Aufgaben.

Ü 7.8 Progressiver Verlauf A

Erkläre, warum die Einkommensteuer einen progressiven Verlauf hat.

Ü 7.9 Definitionen A

Erkläre, was das Steuerrecht unter

a) Werbungskosten

b) Einkünften

c) Steuerbemessungsgrundlage

d) Gewinnfreibetrag

e) Absetzbetrag

f) außergewöhnlichen Belastungen

versteht.

Ü 7.10 Unterschiedliche Auswirkungen B

Judith Weber hat eine Steuerbemessungsgrundlage von € 18.650,–. Die Steuerbemessungsgrundlage von Franziska Sommer beträgt € 67.830,–. Beide können

• € 1.000,– als außergewöhnliche Belastung

• € 400,– als Verkehrsabsetzbetrag

geltend machen.

Prüfe, wie sich dies für die beiden Steuerpflichtigen auswirkt, und erkläre, warum es zu unterschiedlichen Auswirkungen kommt.

Die Spar AG
SPAR muss als Aktiengesellschaft für seinen Gewinn Körperschaftsteuer zahlen.

Ü 7.11 Steuerermittlung in einem Kleinbetrieb C

Ein Kleinbetrieb ermittelt seinen Gewinn mittels Einnahmen-Ausgaben-Rechnung. Die Differenz Betriebseinnahmen abzüglich Betriebsausgaben beträgt € 38.520,–.

Einkommen	Steuer
für die ersten € 11.000,–	0%
für Einkommensteile über € 11.000,– bis € 18.000,–	20%
für Einkommensteile über € 18.000,– bis € 31.000,–	35%
für Einkommensteile über € 31.000,– bis € 60.000,–	42%
für Einkommensteile über € 60.000,– bis € 90.000,–	48%
für Einkommensteile über € 90.000,–	50%
für Einkommensteile über eine Million Euro	55%

a) Berechne die Steuerbemessungsgrundlage, wenn der Betrieb den Gewinnfrei-betrag zur Gänze ausnützt.

b) Berechne die Einkommensteuer (in Euro).

c) Ermittle, wie hoch der Durchschnittsteuersatz ist.

d) Ermittle, wie hoch der Grenzsteuersatz ist.

average tax rate
Durchschnittsteuersatz

Ü 7.12 Höhere Steuerklasse B

Das Einkommen (= Steuerbemessungsgrundlage) von Ricarda Wimmer beträgt € 30.850,–. Ihr wird angeboten, durch zusätzliche Arbeiten das Einkommen auf € 33.500,– zu steigern. Ricarda Wimmer fürchtet, dass sie dadurch in eine höhere Tarifstufe fällt, sie mehr Einkommensteuer zahlen muss und ihr daher nach Bezahlung der Steuer weniger übrig bleibt als zuvor.

Prüfe, ob die Befürchtung von Ricarda Wimmer richtig ist.

tax class
Steuerklasse

KÖNNEN

Bei den folgenden Aufgaben kannst du dein Wissen weiter anwenden.

LINK
K 7.6 Steuerpflichtig
interaktive Übung

K 7.6 Steuerpflichtig A

Kennzeichne, ob in den folgenden Fällen eine Steuer anfällt oder nicht. Falls ja, welche Steuer ist abzuführen?

Situation	steuer-pflichtig	Bezeichnung der Steuer
Ausschüttung von Gewinnanteilen einer GmbH	☐ ja ☐ nein	
Auszahlung des Monatslohns	☐ ja ☐ nein	
Verkauf eines Grundstücks	☐ ja ☐ nein	
Gewinn, den Offene Gesellschaft erwirtschaftet hat	☐ ja ☐ nein	
Gutschrift von Zinsen durch Bank	☐ ja ☐ nein	

Situation	steuer-pflichtig	Bezeichnung der Steuer
Gewinn, den AG erwirtschaftet hat	☐ ja ☐ nein	
Gewinn, den Einzelunternehmer erwirtschaftet hat	☐ ja ☐ nein	

K 7.7 Besteuerung der GmbH B

Eine GmbH hat € 85.000,– Gewinn vor Steuern erwirtschaftet.

a) Erkläre, welche Steuer für den Gewinn anfällt.

b) Berechne die zu zahlende Steuer, wenn

- der gesamte Gewinn einbehalten wird,
- der gesamte Gewinn an die Gesellschafter ausgeschüttet wird,
- die Hälfte des Gewinns einbehalten und die andere Hälfte an die Gesellschafter ausgeschüttet wird.

K 7.8 Besteuerung von Zinsen B

Du bekommst € 500,– Zinsen auf deinem Sparbuch gutgeschrieben.

Prüfe, ob du die Zinsen in deiner Einkommensteuererklärung angeben musst.

K 7.9 Gehaltserhöhung oder Nebentätigkeit? B

Franz Dietrich verdient als Mitarbeiter eines Unternehmens € 31.400,– (= Steuerbemessungsgrundlage) im Jahr. Er könnte eine Gehaltserhöhung von € 6.000,– erhalten oder einen selbständigen Nebenjob betreiben, mit dem er € 6.000,– Gewinn (= Steuerbemessungsgrundlage) erwirtschaftet.

Prüfe, bei welcher Alternative mehr Einkommensteuer zu bezahlen ist.

K 7.10 Ausschüttung an Gesellschafter B

Ein Unternehmen hat einen Gewinn (= Steuerbemessungsgrundlage) von € 69.300,– erzielt, der zur Gänze ausgeschüttet wird.

a) Berechne die zu zahlende Steuer, wenn das Unternehmen ein Einzelunternehmen ist.

b) Berechne die zu zahlende Steuer, wenn das Unternehmen eine GmbH ist.

KOMPETENZCHECK

Meine Kompetenzen	Kann ich?	Aufgaben
Ich weiß, wer in Österreich einkommensteuerpflichtig ist.		Ü 7.5, K 7.6
Ich kann die Einkommensteuer in einfachen Fällen berechnen.		Ü 7.7, Ü 7.10, Ü 7.11, K 7.8, K 7.9
Ich weiß, wie die Einkommensteuer erhoben wird.		Ü 7.8, Ü 7.9, Ü 7.10

Einen Teil erhält der Staat
Wir bezahlen so gut wie täglich Umsatzsteuer. Ihre Höhe und der Betrag sind bei jedem Einkauf auf der Rechnung ausgewiesen.

LERNEN

3 Umsatzsteuer

Die Idee der Umsatzsteuer ist, den Konsum von Privatpersonen im Inland zu besteuern. Daher ist beim Kauf einer Kinokarte, bei der Reparatur des Handys oder beim Eintritt ins Schwimmbad Umsatzsteuer zu zahlen. Sie zählt zu den ertragreichsten Steuern für den Staat.

Ü 7.13 Recherchiere, wie hoch die Einnahmen des Staates aus der Umsatzsteuer vergangenes Jahr waren.

1 Für welche Umsätze ist Umsatzsteuer zu zahlen?

Das Umsatzsteuergesetz (UStG) unterscheidet folgende Arten von Umsätzen:

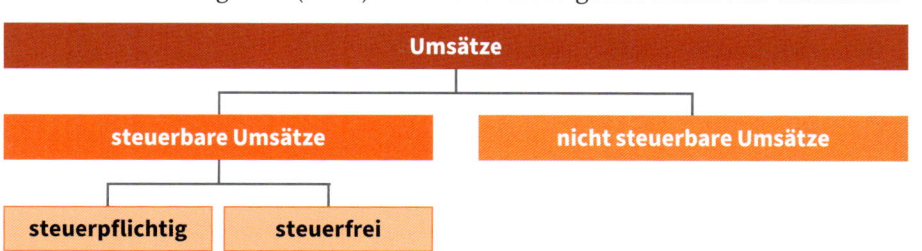

value added tax (VAT)
Umsatzsteuer

Gesetzliche Grundlage
Das Umsatzsteuergesetz regelt beispielsweise, welche Bestandteile eine Rechnung enthalten muss.

Steuerbare Umsätze

Umsätze sind steuerbar, wenn sie einen **Tatbestand des UStG** erfüllen. Es kann zu einer Steuerpflicht kommen. Folgende Voraussetzungen müssen erfüllt sein, damit ein Umsatz steuerbar ist:

- **Lieferungen und sonstige Leistungen,** die sämtliche folgende Punkte erfüllen:

  Ausführung durch
  - einen Unternehmer
  - im Rahmen seines Unternehmens
  - im Inland
  - gegen Entgelt

- **Einfuhr von Waren (Import)** in das Inland aus Ländern außerhalb der EU
- **innergemeinschaftlicher Erwerb,** d.h. der Erwerb von Gütern oder Dienstleistungen aus anderen EU-Staaten
- **Entnahme von Gegenständen oder Leistungen** für
  - Zwecke außerhalb des Unternehmens, z.B. für private Zwecke (Eigenverbrauch)
  - den Bedarf des Personals, sofern keine Aufmerksamkeiten vorliegen
  - andere Arten von unentgeltlichen Zuwendungen, ausgenommen Geschenke von geringem Wert und Warenmuster für Zwecke des Unternehmens

Beispiele für steuerpflichtige unentgeltliche Zuwendungen:

- Bei einem Preisausschreiben wird eine Reise verlost.
- Ein Unternehmen verschenkt Waren anlässlich einer Sportveranstaltung.

Beispiel für nicht steuerpflichtige unentgeltliche Zuwendungen:

- Weihnachtsgeschenk für Kunden mit einem Wert unter € 40,–
- Ein Unternehmen, das Kopfhörer herstellt, gibt ein Muster an andere Unternehmen. Diese sollen die Kopfhörer in ihr Sortiment aufnehmen.

Geringwertige Werbeträger
Ausgaben für Kugelschreiber, Feuerzeuge etc. können vernachlässigt werden und sind in die 40-Euro-Grenze für Geschenke von geringem Wert nicht einzubeziehen.

Selbst wenn ein Umsatz steuerbar ist, d.h. der Steuerpflicht unterliegt, kann er aufgrund besonderer gesetzlicher Bestimmungen **steuerfrei** bleiben. Dann ist keine Umsatzsteuer zu zahlen. Diese Steuerbefreiungen sind im UStG zu finden, z.B.:

- Ausfuhrlieferungen (in ein Land außerhalb der EU)
- Lieferungen in einen anderen EU-Mitgliedstaat
- Umsätze aus Bankgeschäften
- Umsätze von Ärzten, Dentisten und Psychotherapeuten
- Umsätze von Grundstücken (beim Kauf eines Grundstückes fällt allerdings Grunderwerbsteuer an)
- Umsätze aus Versicherungsgeschäften
- Umsätze von Kleinunternehmen. Das sind Unternehmen, deren Jahresumsatz € 35.000,– nicht übersteigt.

  Der Betrag von € 35.000,– ist exkl. USt, daher dürfen die Einnahmen bei 20 % USt tatsächlich € 42.000,– betragen. Weiters kann innerhalb von 5 Jahren die Grenze einmalig um bis zu 15 % überschritten werden, ohne die Befreiung zu verlieren.

Beispiele für steuerbare und steuerpflichtige Umsätze:

a) Lukas Tomic, wohnhaft in Linz, kauft bei der E-Tech GmbH ein Fernsehgerät. Die Lieferung wird durch

- ein Unternehmen

- im Inland (Österreich)

- gegen Bezahlung (Entgelt)

- im Rahmen des Unternehmens

ausgeführt. Daher muss der Unternehmer Umsatzsteuer verrechnen.

b) Lukas Tomic kauft von der IMMO GmbH ein Grundstück in Kärnten. Der
Verkäufer ist ein Unternehmer, der eine Übertragung des Eigentums-
rechts gegen Entgelt ausführt. Das Entgelt ist steuerbar, da das Geschäft
durch

- ein Unternehmen

- im Inland (Österreich)

- gegen Bezahlung (Entgelt)

- im Rahmen des Unternehmens

ausgeführt wird. Wegen der Befreiungsbestimmung ist es allerdings
steuerfrei. Die IMMO GmbH darf keine Umsatzsteuer verrechnen.

Nicht steuerbare Umsätze

Falls bei einem Verkauf mindestens eine der Voraussetzungen:

- Kauf von Unternehmen

- im Rahmen des Unternehmens

- gegen Entgelt

- im Inland

nicht erfüllt wird, sind die Umsätze nicht steuerbar.

Beispiele für nicht steuerbare Umsätze:

- Eva Lackner verkauft ihren Privat-Pkw an einen Gebrauchtwarenhändler.
Der Umsatz ist nicht steuerbar, da der Verkauf nicht durch eine Unternehmerin erfolgt ist.

- Ein Unternehmer verkauft seinen privaten Fernseher. Der Umsatz ist nicht
steuerbar, da das Geschäft nicht im Rahmen des Unternehmens abgewickelt wurde.

Ü 7.14 Steuerpflichtig oder nicht? B

Prüfe, ob folgende Umsätze steuerbar und steuerpflichtig sind oder nicht:

Verteilen statt wegwerfen
Durch die Initiative
Le+O (Lebensmittel und
Orientierung) der Caritas
unterstützen Unternehmen
armutsbetroffene Menschen
mit Warenspenden. Da Le+O
die Waren verschenkt, sind die
Umsätze der Initiative nicht
steuerbar.

LINK
**Ü 7.14 Steuerpflichtig
oder nicht?**
interaktive Übung

Umsatz	Steuerbar?	Steuerpflichtig?	Begründung
Kauf einer Computertastatur am Flohmarkt von einer Privatperson	☐ ja ☐ nein	☐ ja ☐ nein	
Kauf eines Fachbuches in einer Salzburger Buchhandlung	☐ ja ☐ nein	☐ ja ☐ nein	
Kauf einer Drohne bei einem Händler in Rom	☐ ja ☐ nein	☐ ja ☐ nein	
Zahlung der Versicherungs-prämie für ein in Villach ange-meldetes Auto	☐ ja ☐ nein	☐ ja ☐ nein	

② Umsatzsteuerberechnung

Der Steuersatz und die Bemessungsgrundlage sind im UStG geregelt:

Steuersätze		
Normalsteuersatz	**Begünstigter Steuersatz**	
Dem Normalsteuersatz unterliegen alle steuerpflichtigen Umsätze, die nicht einem begünstigten Steuersatz unterliegen.	Die Umsätze, die dem begünstigten Steuersatz unterliegen, sind im Umsatzsteuergesetz vollständig aufgelistet.	
20 % **Beispiele:** • Möbel • elektronische Geräte • Kaffee und Tee • alkoholische Getränke • Maschinen • Dienstleistungen (z. B. Beratungsleistung)	**13 %** **Beispiele:** • Schnittblumen • Umsätze aus der Tätigkeit als Künstlerin oder Künstler • Eintrittskarten für Sportveranstaltungen und Filmvorführungen • Badeintritt	**10 %** **Beispiele:** • Vermietung zu Wohnzwecken • Personenbeförderung • Leistungen der Rundfunkunternehmen • Lieferung von Büchern, Zeitungen, Zeitschriften (auch elektronische Werke) • Lebensmittel (Ausnahme: alkoholische Getränke 20 %)

Die Steuer ist vom **Wert der Gegenleistung** zu berechnen, d. h. vom Entgelt, welches der Käufer bzw. die Käuferin zu bezahlen hat. Zum Entgelt zählt alles, was der Käufer aufzuwenden hat, damit er die Leistung erhält, auch die Kosten der Nebenleistungen. Nicht zum Entgelt ist hingegen die Umsatzsteuer selbst zu rechnen.

Rabatte und Skonti mindern das Entgelt.

L 7.3 Bemessungsgrundlage

Fritz Müller kauft einen Fernsehapparat um € 550,– (exkl. USt). Für den Transport und das Aufstellen werden € 50, – (exkl. USt) verrechnet. Als Stammkunde erhält er 5 % Rabatt. Wie hoch ist die Bemessungsgrundlage?

Lösung:

Das Entgelt (die Bemessungsgrundlage) beträgt: $(550 + 50) \times 0{,}95 = 570$. Insgesamt hat Fritz Müller € 684,00 ($= 570 + 20\%$) inkl. USt zu bezahlen.

Ü 7.15 Die Umsatzsteuer **A**

Kennzeichne, ob die folgenden Aussagen richtig oder falsch sind, und stelle falsche Aussagen richtig.

Aussage	Richtig	Falsch	Richtigstellung
Die Idee der Umsatzsteuer ist, die Gewinne von Unternehmen im Inland zu besteuern.			
Weihnachtsgeschenke, die ein Unternehmen an seine Kunden verteilt, sind grundsätzlich umsatzsteuerpflichtig.			
Lebensmittel unterliegen in Österreich dem Normalsteuersatz von 20 %.			

LINK
Umsatzsteuersätze in der EU
Hier findest du die Steuersätze aller EU-Staaten (Umsatzsteuer bei Auslandsgeschäften).
www.wko.at

Umsatzsteuer in der EU
Aufgrund einer EU-Richtlinie darf der Normalsteuersatz nicht weniger als 15 %, der begünstigte Steuersatz nicht weniger als 5 % betragen.

Nebenleistungen
z. B. auf der Rechnung ausgewiesene Verpackungs- und Transportkosten, Bedienungszuschläge, die verschiedenen Verbrauchsteuern, wie z. B. Getränkesteuer

LINK
Ü 7.15 Die Umsatzsteuer
interaktive Übung

3 Vorsteuerabzug

Auch bei Geschäften zwischen Unternehmen fällt Umsatzsteuer an. Damit es nicht zu einer Mehrfachbesteuerung kommt, erhalten Unternehmen die Umsatzsteuer, die sie an ihre Lieferanten bezahlt haben, vom Finanzamt zurück. Dies wird **Vorsteuerabzug** genannt:

input tax
Vorsteuer

input tax deduction
Vorsteuerabzug

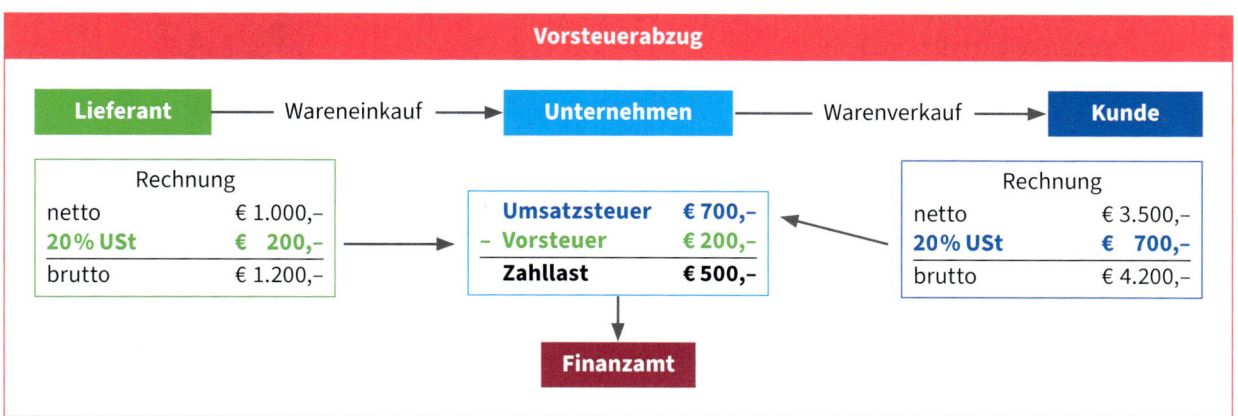

Unternehmer bekommen jene Umsatzsteuerbeträge, die

- von anderen Unternehmen
- für Lieferungen oder sonstige Leistungen
- an das eigene Unternehmen
- in einer Rechnung, die besonderen Formvorschriften genügen muss,
- gesondert ausgewiesen wurden,

vom Finanzamt als Vorsteuer rückerstattet. Dabei ist es grundsätzlich gleichgültig, ob die Ware vom Unternehmen weiterveräußert oder im Unternehmen verbraucht wird.

supplier
Lieferant

customer
Kunde

Beispiele **für Umsätze, für die ein Vorsteuerabzug zusteht:**

- Ein Unternehmen kauft Fernsehgeräte, die weiterverkauft werden sollen.
- Ein Unternehmen kauft Formulare, die im Unternehmen verwendet werden.

In beiden Fällen kann das Unternehmen – sofern alle übrigen Voraussetzungen erfüllt sind – die Vorsteuer vom Finanzamt gutgeschrieben erhalten.

Tatsächlich hat das Unternehmen daher nur den Nettobetrag zu tragen, die USt ist ein Durchlaufposten. Durch den Abzug der Vorsteuer ist **nur für den Mehrwert** effektiv Umsatzsteuer zu zahlen. Daraus leitet sich der Begriff „Mehrwertsteuer" ab.

Beispiele **für Umsätze, für die kein Vorsteuerabzug zusteht:**

- Ein Unternehmer kauft ein Fernsehgerät für seine Kinder.
- Ein Unternehmen kauft einen PC, den es einem Verein spendet.

In beiden Fällen wurde das Gerät nicht für das Unternehmen angeschafft.

Voraussetzungen für den Vorsteuerabzug

Voraussetzung für den Vorsteuerabzug	
Erhalt der Lieferung oder Leistung	Vorliegen einer dem UStG entsprechenden Rechnung

Die Lieferung oder Leistung muss **für den Unternehmensbereich** (und nicht für den privaten Bereich) bestimmt sein.

Beispiele zu „für den Unternehmensbereich bestimmt":

■ Ein Unternehmen kauft Fernsehgeräte ein, die weiterverkauft werden sollen.

■ Ein Unternehmen kauft Formulare, die im Unternehmen verwendet werden.

■ Ein Unternehmen kauft Holzkugelschreiber, die es als Werbegeschenke verteilen möchte.

Das Gesetz bestimmt, dass Pkw als nicht für das Unternehmen angeschafft gelten. Daher ist ein Vorsteuerabzug nicht zulässig. Ausnahmen:

■ Fahrschulfahrzeuge

■ Taxifahrzeuge

■ Pkw ohne CO_2-Ausstoß (z. B. E-Autos)

E-Bike für Unternehmensfahrten
Der Vorsteuerabzug kann auch bei Krafträdern, die kein CO_2 ausstoßen, geltend gemacht werden, also z. B. bei E-Bikes.

Beispiel zu „nicht für den Unternehmensbereich bestimmt":
Ein Unternehmen kauft einen Ford Focus als Dienstfahrzeug für einen Mitarbeiter. Der Kauf eines Pkw gilt als nicht für das Unternehmen ausgeführt, daher kann das Unternehmen für den Kauf und für laufende Aufwendungen keinen Vorsteuerabzug beanspruchen. Dies gilt auch, wenn das Fahrzeug geleast wird.

Umsatzsteuergerechte Rechnung

Unternehmer/innen sind aufgrund des UStG verpflichtet, eine Rechnung auszustellen, wenn der Geschäftspartner Unternehmer ist oder eine juristische Person – gleichgültig ob diese Unternehmer ist oder nicht. Weiters besteht eine **Pflicht zur Rechnungsausstellung** bei bestimmten Bauleistungen. Dies gilt auch, wenn der Empfänger der Lieferung oder Leistung ein Privater ist.

Als Rechnung im Sinne des UStG gelten **alle Dokumente, welche die notwendigen Angaben enthalten,** wie Fahrscheine oder Mietverträge. Das Wort „Rechnung", „Faktura" o.Ä. muss nicht aufscheinen.

 Formgerechte Rechnung: Die Rechnung kann nur dann als Grundlage für den Vorsteuerabzug dienen, wenn sie die folgenden Angaben enthält:

❶ Name und Anschrift des Lieferanten bzw. des leistenden Unternehmens

❷ Name und Anschrift des Empfängers

❸ Menge und handelsübliche Bezeichnung der gelieferten Gegenstände oder Art und Umfang der sonstigen Leistung

❹ Tag bzw. Zeitraum der Lieferung oder sonstigen Leistung

❺ Nettoentgelt (Wert der Lieferung oder Leistung ohne USt)

❻ auf das Entgelt entfallender Steuerbetrag

❼ angewandter Steuersatz

❽ Ausstellungsdatum der Rechnung

❾ fortlaufende Nummer

❿ UID-Nummer des liefernden Unternehmens

⓫ UID-Nummer des Empfängers, wenn der Gesamtbetrag der Rechnung mehr als € 10.000,– ausmacht

Der Bruttobetrag muss nicht ausgewiesen sein, wird aus Gründen der Zweckmäßigkeit aber meist angeführt.

LINK

Rechnungsbestandteile
Den Gesetzestext zu
den Bestandteilen einer
Rechnung findest du im
Rechtsinformationssystem.

www.ris.bka.gv.at

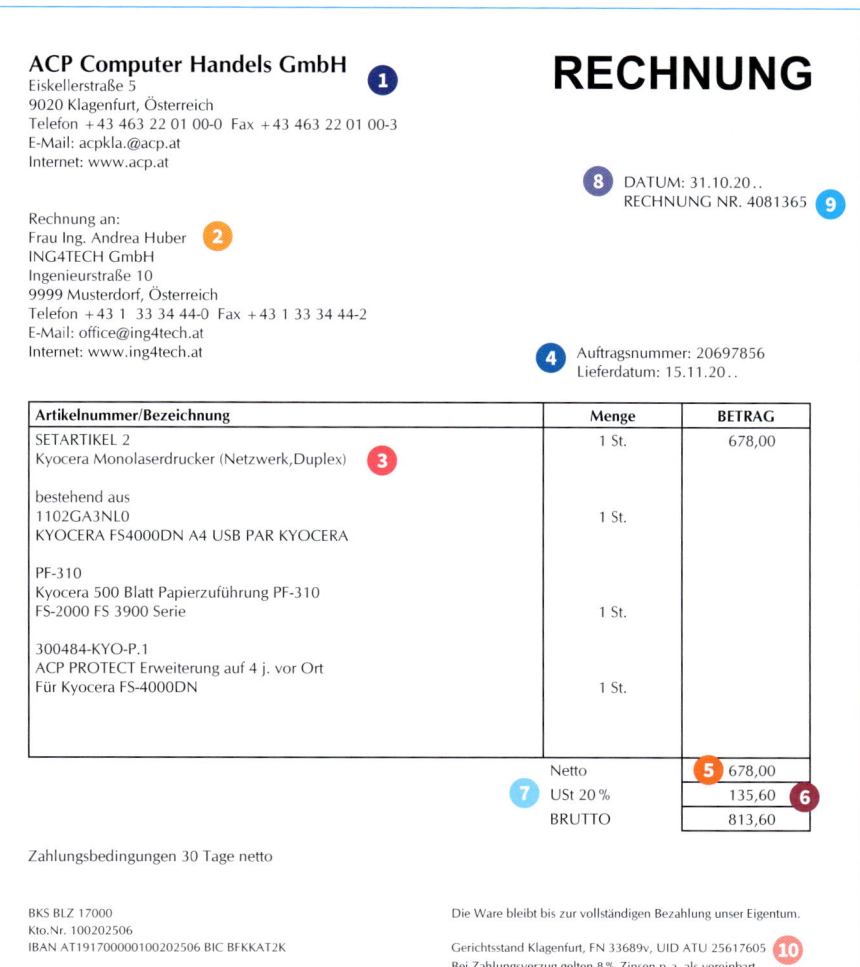

Kleinbetragsrechnungen: Für Rechnungen, deren Gesamtbetrag (inkl. USt) € 400,– nicht übersteigt, gelten vereinfachte Formvorschriften.

1. Name und Anschrift des Lieferanten bzw. des leistenden Unternehmens
2. Ausstellungsdatum der Rechnung
3. Menge und handelsübliche Bezeichnung der gelieferten Gegenstände oder Art und Umfang der sonstigen Leistung
4. Tag bzw. Zeitraum der Lieferung oder sonstigen Leistung
5. Bruttopreis
6. Angabe des angewendeten Steuersatzes

Wenn die Rechnung nicht alle gesetzlichen Bestandteile aufweist, kann der Rechnungsempfänger verlangen, dass die Rechnung korrigiert wird.

Weniger Angaben, weniger Aufwand
Bei Rechnungen bis zu einem Gesamtbetrag von € 400,– sind weniger Angaben als bei einer höheren Rechnung erforderlich.

L 7.4 Kauf eines Druckers

Ein Unternehmen benötigt einen neuen Drucker. Bei der Suche fällt der Blick auf folgendes Inserat, bei dem der Preis inkl. USt angegeben ist:

brillante Ausdrucke

WiFi

EPSON
Expression Home XP2100
drucken, scannen, kopieren, randlosdruck bis DIN A4,
E-Mail-Print, optionale XL-Patrone

20 € Ersparnis
69,99
statt 89,99

Wie hoch sind die Umsatzsteuer und der Nettopreis (exkl. USt)?

Lösung:

Preis brutto (inklusive Umsatzsteuer) 120%	
Preis netto (exklusive Umsatzsteuer) 100%	USt 20%

Der Bruttopreis wird nach folgendem Schema kalkuliert:

100%	Nettopreis
20%	USt
120%	**Bruttopreis**

Die angeschriebenen € 69,99 entsprechen 120%.

$$1\% = \frac{69,99}{120} = 0,58325$$

Soll der Nettopreis berechnet werden, muss das Ergebnis mit 100 multipliziert werden. Ist die USt gefragt, muss mit 20 multipliziert werden.

100%	Nettopreis	58,33
20%	USt	11,66
120%	**Bruttopreis**	**69,99**

Ü 7.16 Umsatzsteuergerechte Rechnung? B

Überprüfe, ob der auf der rechten Seite abgebildete Beleg zum Vorsteuerabzug berechtigt. Der Käufer ist Schuster und verwendet die Bürsten in seinem Unternehmen.

Ü 7.17 Berechnung der USt B

Ein Unternehmen erhält eine Rechnung über € 137,50 inkl. 20% USt.

a) Wie hoch ist der Nettobetrag?

b) Wie hoch ist die USt?

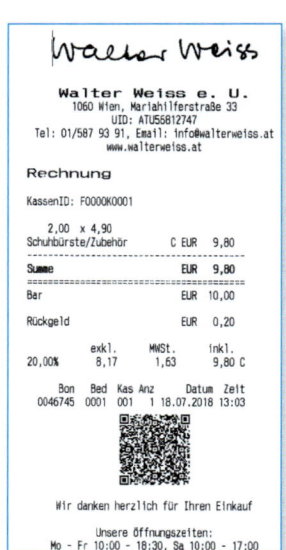

Walter Weiss

Walter Weiss e. U.
1060 Wien, Mariahilferstraße 33
UID: ATU56812747
Tel: 01/587 93 91, Email: info@walterweiss.at
www.walterweiss.at

Rechnung

KassenID: F0000K0001

2,00 x 4,90
Schuhbürste/Zubehör   C EUR   9,80

Summe   EUR   9,80
===
Bar   EUR 10,00

Rückgeld   EUR   0,20

          exkl.   MWSt.   inkl.
20,00%   8,17   1,63   9,80 C

  Bon   Bed Kas Anz   Datum   Zeit
0046745 0001 001 1 18.07.2018 13:03

Wir danken herzlich für Ihren Einkauf

Unsere Öffnungszeiten:
Mo - Fr 10:00 - 18:30, Sa 10:00 - 17:00

Preisangaben
Bei Waren und Dienstleistungen müssen Bruttopreise angegeben werden, d.h. die Preise einschließlich der Umsatzsteuer und aller sonstigen Abgaben und Zuschläge, wenn sie sich an Private richten.

Vorsteuerabzug bei Umsatzsteuerbefreiung

Bei den steuerfreien Umsätzen kann unterschieden werden:

Umsatzsteuerbefreiung	
unechte Steuerbefreiung	**echte Steuerbefreiung**
Das Unternehmen darf für seine Umsätze keine Umsatzsteuer in Rechnung stellen. Es bekommt aber keine Vorsteuer rückerstattet.	Für die Umsätze wird keine Umsatzsteuer in Rechnung gestellt. Das Recht auf Vorsteuerabzug bleibt bestehen.
Beispiele: Umsätze von Versicherungen, Banken, Ärztinnen, Kleinunternehmern	**Beispiele:** Exportumsätze, grenzüberschreitende Güterbeförderung

Kleinunternehmer/innen sind unecht steuerbefreit. Von ihnen ausgestellte Rechnungen

- dürfen keine Umsatzsteuer enthalten und
- müssen einen Hinweis auf die Umsatzsteuerbefreiung aufweisen (z. B. „Umsatzsteuerfrei aufgrund der Kleinunternehmerregelung").

Kleinunternehmer/innen können **auf die Befreiung verzichten** („Optionserklärung", für fünf Jahre bindend). Der Verzicht auf Befreiung ist z. B. dann vorteilhaft, wenn hohe Vorsteuerbeträge geltend gemacht werden sollen.

Beispiel: Die Technik AG lässt von Carina Weiss einen Plan zeichnen. Carina Weiss ist Angestellte und betreibt nebenbei ein technisches Büro. Ihre Umsätze (Entgelt, das die Kunden für die Zeichnungen bezahlten) betrugen im vergangenen Jahr € 10.500,–. Da sie Kleinunternehmerin ist, darf sie ihren Kunden keine Umsatzsteuer in Rechnung stellen, sie ist umsatzsteuerbefreit. Sie kann jedoch auf die Befreiung verzichten, d. h. die Umsatzsteuer verrechnen und an das Finanzamt abführen. Dadurch bleibt ihr der Vorsteuerabzug für ihre betrieblichen Anschaffungen erhalten.

Kleinunternehmer/in
Unternehmer/in, die im Jahr weniger als € 35.000,– Umsatz exkl. Umsatzsteuer erwirtschaftet

Ü 7.18 Vorsteuerabzug [B]

Prüfe, ob in folgenden Fällen ein Vorsteuerabzug geltend gemacht werden kann oder nicht, wenn die Käuferin Unternehmerin ist.

LINK
Ü 7.18 Vorsteuerabzug
interaktive Übung

Geschäftsfall	Vorsteuerabzug?	Begründung
Kauf von Mobiltelefonen und Zubehör zur Weiterveräußerung	☐ ja ☐ nein	
Kauf von Getränken für den Haushalt der Unternehmerin	☐ ja ☐ nein	
Bezahlung der Stromrechnung des Unternehmens	☐ ja ☐ nein	
Bezahlung einer Betriebsversicherung	☐ ja ☐ nein	

Geschäftsfall	Vorsteuerabzug?	Begründung
Kauf von Fachbüchern, wenn das Unternehmen jährlich € 19.200,– umsetzt	☐ ja ☐ nein	
Bezahlung des Treibstoffes für den Pkw, der betrieblich genutzt wird	☐ ja ☐ nein	

4 Abrechnung mit dem Finanzamt

Die Steuerschuld entsteht mit Ablauf des Monats, in dem die Lieferung oder sonstige Leistung erfolgt ist. Wird die Rechnung erst in einem späteren Monat gelegt, entsteht die Steuerschuld erst im Monat nach der Lieferung oder Erbringung der sonstigen Leistung.

Der Unternehmer hat **für jeden Monat** die Umsatzsteuer

- **selbst** zu **berechnen** und
- **bis zum 15. des zweitfolgenden Monats**
  - eine **„Umsatzsteuervoranmeldung" (UVA)** dem Finanzamt zu übermitteln.
  - die **Zahllast** an das Finanzamt einzuzahlen.

Frist für die Umsatzsteuervoranmeldung
Eine Ausnahme bei der Abrechnung mit dem Finanzamt liegt vor, wenn der Vorjahresumsatz max. € 100.000, – beträgt. Dann ist der Voranmeldungszeitraum das Kalendervierteljahr.

L 7.5 Umsatzsteuervoranmeldung

Ein Unternehmer hat im Mai Waren zum Preis von € 25.000,– netto + 20 % USt verkauft und entsprechende Rechnungen ausgestellt. Die Einkäufe für das Unternehmen betrugen im Mai € 12.000,– + € 2.400,– USt. Die Selbstbemessung der Umsatzsteuer ergibt für Mai eine Zahllast:

Umsatzsteuer	€ 5.000,00
Vorsteuer	– € 2.400,00
Zahllast Mai	**€ 2.600,00**

Bis zu welchem Termin muss die Umsatzsteuervoranmeldung eingereicht werden?

Lösung:

Die UVA muss bis zum 15. Juli eingereicht und die Zahllast an das Finanzamt überwiesen werden.

 LINK
Umsatzsteuervoranmeldung
Das UVA-Formular ist in der Formulardatenbank des BMF abrufbar.
formulare.bmf.gv.at

Ü 7.19 Voraussetzungen für den Vorsteuerabzug B

Darf ein Unternehmen in den folgenden Fällen die Vorsteuer abziehen oder nicht? Kennzeichne jeweils die richtige Antwort.

LINK
Ü 7.19 Voraussetzungen für den Vorsteuerabzug
interaktive Übung

Situation	Ja	Nein
Es hat die Ware erhalten und die Rechnung bezahlt.		
Es hat die Rechnung erhalten und die Rechnung bezahlt.		
Es hat die Ware und die Rechnung erhalten.		
Es hat die Ware bestellt.		

5 Umsatz über die Grenze

Beim **grenzüberschreitenden Warenverkehr** ist zu unterscheiden:

- **Inland:** Gebiet der Republik Österreich
- **Gemeinschaftsgebiet:** Inland und die Gebiete der übrigen EU-Mitgliedstaaten
- **übriges Gemeinschaftsgebiet:** Gemeinschaftsgebiet ohne Inland
- **Drittlandsgebiet:** Gebiete, die nicht zum Gemeinschaftsgebiet gehören, d. h. Staaten, die nicht Mitglied der EU sind

Je nachdem, wo das andere Unternehmen seinen Sitz hat, sind andere Vorschriften zu beachten:

Sitz des Partners	Umsatzsteuer		
	Inland	übriges Gemeinschaftsgebiet	Drittland
Bezeichnung der Steuer	Umsatzsteuer (USt)	Erwerbsteuer (ErwSt)	Einfuhrumsatzsteuer (EUSt)
Erhebung	Verkäufer führt USt ans Finanzamt ab	Käufer berechnet ErwSt und führt sie ans Finanzamt ab	wird anlässlich des Grenzübertritts vom Zoll erhoben

Kauf von Waren aus Drittlandsgebieten

Bei der **Einfuhr einer Ware in die EU** ist diese dem Zoll zur zollrechtlichen Behandlung zu stellen. Diese Aufgabe wird häufig vom Spediteur wahrgenommen. Dabei wird von den Zollbehörden auch die Anmeldung zur Einfuhrumsatzsteuer (EUSt) entgegengenommen und die Steuer vorgeschrieben. Es wird derselbe Steuersatz angewendet, der beim Kauf der Ware in Österreich Anwendung finden würde.

Beispiel: Sonja Berger importiert ein Musikinstrument aus Tunesien. Beim Kauf dieses Instruments in Österreich wären 20 % Umsatzsteuer vom Verkäufer einzuheben und an das Finanzamt abzuführen. Daher sind anlässlich der Einfuhr 20 % Einfuhrumsatzsteuer (EUSt) zu bezahlen.

Ist der **Importeur Unternehmer**, kann die EUSt als Vorsteuer geltend gemacht werden. Es handelt sich daher um ein „Nullsummenspiel", welches die Liquidität nicht belastet.

Werden **Dienstleistungen von Unternehmen** aus einem Drittland auf elektronischem Weg (z. B. über das Internet) an Private erbracht, dann ist dafür in Österreich USt zu bezahlen.

Beispiel: Ein Privater lädt in Österreich von einem US-amerikanischen Server ein Programm herunter. Sofern das amerikanische Unternehmen nur Umsätze mit Privaten abwickelt, muss es sich in irgendeinem Mitgliedstaat für die USt registrieren lassen und dort die USt für sämtliche Umsätze in der Gemeinschaft abführen. Es ist jedoch jener USt-Satz anzuwenden, der für das jeweilige Land gilt.

Werden die Leistungen an ein Unternehmen erbracht, dann hat der Empfänger die USt zu berechnen und abzuführen.

Versandhandel
Werden Waren aus einem Drittstaat nach Österreich gesendet, wird vom Zoll die Einfuhrumsatzsteuer erhoben.

Kauf von Waren aus anderen EU-Ländern

Ziel der EU ist u. a. die Schaffung eines einheitlichen Binnenmarktes ohne Grenzen, in dem der freie Warenverkehr gewährleistet ist. Werden Waren aus einem Mitgliedstaat der EU gekauft oder in einen anderen EU-Mitgliedstaat verkauft, handelt es sich um einen innergemeinschaftlichen Erwerb (ig Erwerb) bzw. eine innergemeinschaftliche Lieferung (ig Lieferung).

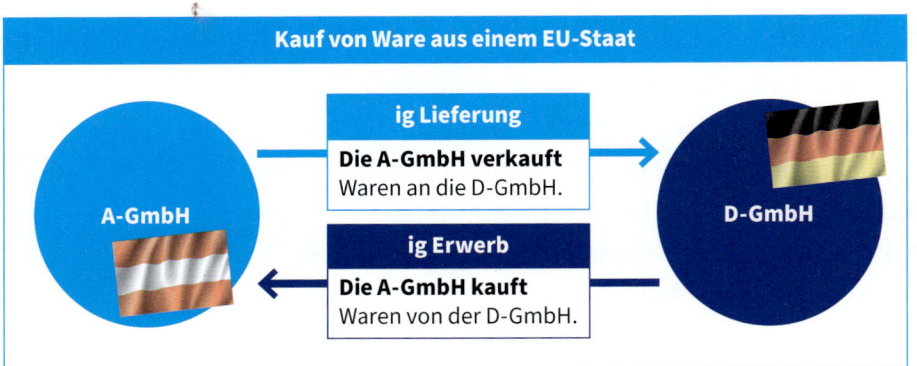

Grundsätzlich kann die Umsatzsteuer im Land, in dem gekauft wird **(Ursprungsland)**, oder in dem Land, in dem die Ware verbraucht wird **(Bestimmungsland)**, erhoben werden. Wo die Besteuerung bei einem Geschäft, bei dem die Partner in unterschiedlichen Mitgliedstaaten ihren Sitz haben, erfolgt, hängt davon ab, ob der Käufer ein Unternehmen oder eine Privatperson ist:

Erhebung der Umsatzsteuer		
Prinzip	**Ursprungslandprinzip** (Land, in dem **gekauft** wird)	**Bestimmungslandprinzip** (Land, in dem **verbraucht** wird)
Definition	Besteuerung einer Lieferung oder Leistung im Ursprungsland mit dem Steuersatz dieses Landes	Besteuerung einer Lieferung oder Leistung im Bestimmungsland mit dem Steuersatz dieses Landes
Eigenschaft des Käufers bzw. der Käuferin	Käufer ist **kein umsatzsteuerpflichtiges Unternehmen**	Käufer ist **umsatzsteuerpflichtiges Unternehmen** oder **juristische Person**, die nicht Unternehmer ist, sofern ihre **innergemeinschaftlichen Erwerbe mehr als € 11.000,–** jährlich betragen (Erwerbschwelle)
Ort, an dem die USt bezahlt wird	Die USt wird vom Verkäufer im Ursprungsland entrichtet.	Die USt wird vom Käufer im Bestimmungsland bezahlt (Erwerbsteuer).
Gilt für	• den privaten Reiseverkehr • den privaten Kauf einer Software im Internet	• gewerblichen Warenverkehr
Dienstleistungen	Grenzüberschreitende Dienstleistungen an Private: Die Besteuerung erfolgt in dem Land, in dem das leistende Unternehmen sein Unternehmen betreibt. (Leistungsort = Besteuerungsort)	Grenzüberschreitende Dienstleistungen an Unternehmen: Die Besteuerung erfolgt in dem Land, in dem das Unternehmen, das die Leistung erhält, sein Unternehmen betreibt. (Empfängerort = Besteuerungsort)

Umsatzsteuer-Identifikationsnummer (UID)

Der Lieferant ist nur dann von der Umsatzsteuer befreit, wenn sichergestellt ist, dass im Bestimmungsland Erwerbsteuer gezahlt wird. Der Nachweis, dass der Käufer steuerpflichtiger Unternehmer ist, erfolgt mithilfe der **Umsatzsteuer-Identifikationsnummer (UID).** Diese besteht aus einem **Länder-Code** und **8 bis 12 Ziffern.** In Österreich ist sie folgendermaßen aufgebaut: ATU 12345678.

Der Käufer bzw. die Käuferin muss die UID-Nummer bei der Bestellung dem Verkäufer bzw. der Verkäuferin bekanntgeben. Diese/r muss die Richtigkeit der UID-Nummer des Kunden überprüfen. Die Überprüfung erfolgt in einem in der EU einheitlichen Bestätigungsverfahren.

VAT identification number
Umsatzsteueridentifikationsnummer

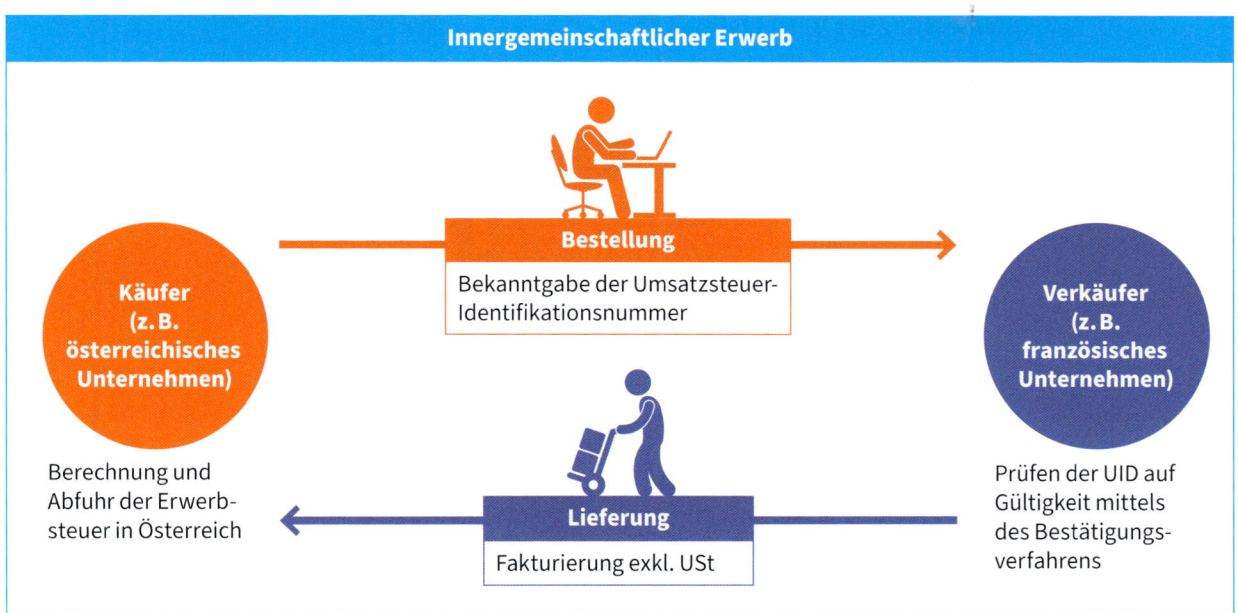

Beim innergemeinschaftlichen Erwerb muss **Erwerbsteuer** gezahlt werden. Diese hat der Käufer zu berechnen und an seine Finanzverwaltung abzuführen. Sie kann als Vorsteuer geltend gemacht werden, wenn der Unternehmer die Ware für sein Unternehmen erworben hat.

 ## ÜBEN

In dieser Lerneinheit hast du erfahren, unter welchen Voraussetzungen Umsatzsteuer zu entrichten ist und wie sie berechnet wird. Bearbeite nun die folgenden Aufgaben.

Ü 7.20 Abrechnung mit dem Finanzamt B

Entscheide, ob die folgenden Aussagen richtig oder falsch sind. Stelle falsche Aussagen richtig.

LINK
Ü 7.20 Abrechnung mit dem Finanzamt
interaktive Übung

Aussage	Richtig	Falsch	Richtigstellung
Kauft eine Privatperson Waren in einem Geschäft im übrigen Gemeinschaftsgebiet, erspart sie sich, in Österreich USt zu zahlen.			
Umsatzsteuerpflichtige Unternehmen erhalten die USt, die sie an ihre Lieferanten bezahlt haben, vom Finanzamt als Vorsteuer zurück.			
Die Zahllast muss bis 15. des Folgemonats an das Finanzministerium abgeführt werden.			
Waren können umsatzsteuerfrei in ein Drittland exportiert werden, der Vorsteuerabzug bleibt dabei erhalten.			
Importiert ein Unternehmen Waren aus dem übrigen Gemeinschaftsgebiet, muss in Österreich EUSt bezahlt werden.			

Ü 7.21 Selbstbemessung der Umsatzsteuer `C`

Ein Büromaschinenmechaniker tätigt im März folgende Geschäfte (sämtliche Geschäfte unterliegen dem Normalsteuersatz):

Geschäftsfall	Preis exkl. USt	USt	Vorsteuer
Barverkauf eines PC	€ 1.400,00		
Einkauf von Reinigungsmitteln zur Reinigung des Verkaufsraums	€ 70,00		
Verkauf von Druckerpatronen	€ 500,00		
Einkauf einer Bohrmaschine für Reparaturarbeiten im Unternehmen	€ 75,00		
Einkauf einer Reinigungsmaschine für den Haushalt des Unternehmers	€ 250,00		
Summe			
Gutschrift/Zahllast			

a) Berechne die Zahllast bzw. den Vorsteuerüberhang, die/der sich ergibt, wenn in diesem Unternehmen im März nur obige Geschäftsfälle angefallen sind. (Die Berechnung kann in der Tabelle erfolgen.)

b) Gib an, zu welchem Termin eine eventuelle Zahllast zu überweisen ist.

c) Erkläre, an wen die Überweisung erfolgt.

d) Erläutere, welche Umsatzsteuersätze es derzeit in Österreich gibt, und für welche Waren sie erhoben werden.

Ü 7.22 Kleinbetragsrechnung `A`

Beschreibe die Merkmale einer Kleinbetragsrechnung.

Ü 7.23 Umsatz über die Grenze `A`

Beschreibe die Bedeutung der UID-Nummer.

Ü 7.24 Umsatzsteuer und Vorsteuerabzug `B`

Die Fa. Richter e. U. hat am 25.4. der Fa. Lagler GmbH 500 St. Schweißelektroden geliefert. Als Rechnungsdatum scheint der 3.6. auf der Rechnung auf. Es wurde ein Zahlungsziel von 3 Monaten vereinbart, welches der Käufer auch tatsächlich in Anspruch genommen hat.

a) Berechne den Tag, an dem der Verkäufer den Kaufpreis erhalten wird.

b) Erkläre, wann der Verkäufer die Umsatzsteuer für dieses Geschäft an das Finanzamt abführen muss, und gib das Datum an.

c) Erläutere, wann der Käufer den Vorsteuerabzug geltend machen darf, und gib das Datum an.

KÖNNEN

Bei den folgenden Aufgaben kannst du dein Wissen weiter anwenden.

K 7.11 Vorsteuer **A**

Erläutere den Begriff und die Voraussetzungen des Vorsteuerabzugs.

K 7.12 Umsatzsteuerbefreiung **C**

Eine Start-up-Unternehmerin schätzt ihren Jahresumsatz für das kommende Geschäftsjahr auf € 17.000,–.

a) Erläutere die Kleinunternehmerregelung.

b) Erläutere die Vor- und Nachteile der Kleinunternehmerregelung im Zusammenhang mit einem Start-up-Unternehmen.

K 7.13 Abrechnung mit dem Finanzamt **A**

Erkläre die Berechnung der Umsatzsteuerschuld und jene Schritte, auf die der Unternehmer bei der Abrechnung mit dem Finanzamt zu achten hat.

KOMPETENZCHECK

Meine Kompetenzen	Kann ich?	Aufgaben
Ich kenne die Voraussetzungen, die einen Umsatz steuerbar machen.		Ü 7.14
Ich kann die Bemessungsgrundlage für die Umsatzsteuer ermitteln und kenne den gültigen Steuersatz.		Ü 7.21
Ich kann den auf einer Rechnung ausgewiesenen Brutto- und Nettobetrag erklären und berechnen.		Ü 7.17
Ich kenne die Bestandteile einer Rechnung, die zum Vorsteuerabzug berechtigen.		Ü 7.16, K 7.11
Ich kenne die Auswirkungen der Kleinunternehmerregelung.		K 7.12
Ich kenne die Formalitäten im Zusammenhang mit der Abfuhr der Umsatzsteuer an das Finanzamt.		K 7.13
Ich kenne die Vorschriften, die ein Privater und ein Unternehmer zu beachten haben, wenn Waren ins Ausland verkauft werden oder vom Ausland bezogen werden.		Ü 7.23

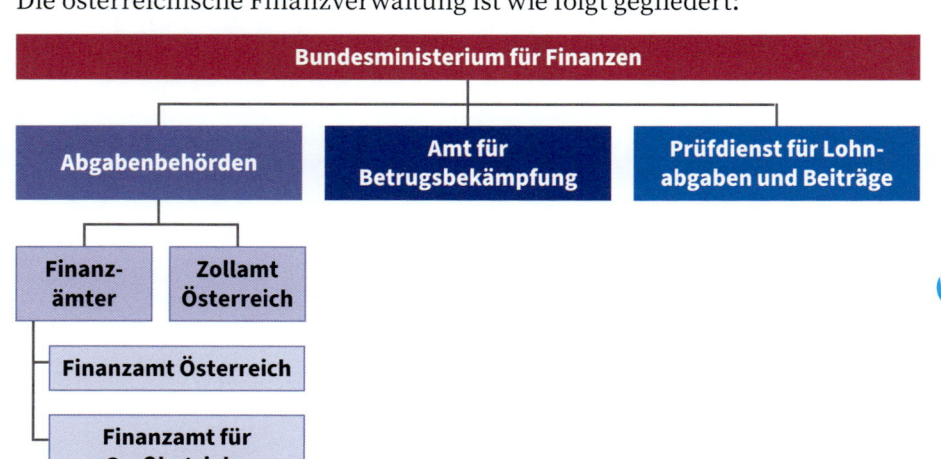

 **LERNEN**

4 Das Abgabenverfahren

Das Legalitätsprinzip besagt, dass die gesamte staatliche Verwaltung nur aufgrund der Gesetze ausgeübt werden darf. Dadurch soll der bzw. die Einzelne vor Willkür geschützt werden. Dies gilt auch für die Erhebung von Abgaben. In Gesetzen ist genau geregelt, wer für die Erhebung zuständig ist und wie vorzugehen ist.

Ü 7.25 Recherchiere, wo das Legalitätsprinzip zu finden ist und ob es rechtlich verbindlich ist.

1 Abgabenbehörden

Die österreichische Finanzverwaltung ist wie folgt gegliedert:

```
            Bundesministerium für Finanzen
          ┌──────────────┬──────────────────┐
    Abgabenbehörden     Amt für          Prüfdienst für Lohn-
                        Betrugsbekämpfung  abgaben und Beiträge
    ┌──────────┬──────────┐
  Finanz-    Zollamt
  ämter      Österreich
    │
  Finanzamt Österreich
    │
  Finanzamt für
  Großbetriebe
```

Das Finanzamt
Das Finanzamt ist für die Festsetzung und Erhebung von Steuern zuständig.

Bundesabgabenordnung
Die Bundesabgabenordnung (BAO) regelt das Abgabenverfahren.

tax authorities
Abgabenbehörden

 LINK
Finanzministerium
Hier findest du Informationen zu den Aufgaben und der Funktion des Bundesministeriums für Finanzen.
www.bmf.gv.at

Recht für Technikerinnen und Techniker

Das Amt **für Betrugsbekämpfung** in Wien hat folgende Aufgaben:

- Abwicklung von Finanzstrafverfahren
- Durchführung von Kontrollen, um Steuerhinterziehung, Sozialbetrug und illegales Glücksspiel aufzudecken (**Finanzpolizei**)
- Bekämpfung von Abgabenbetrug sowie Aufdeckung von Steuerhinterziehung (**Steuerfahndung**)
- Zentralstelle für Internationale Zusammenarbeit

Der **Prüfdienst für Lohnabgaben und Beiträge** ist eine Behörde mit Sitz in Wien. Sie hat folgende Aufgaben:

- Lohnsteuerprüfung
- Sozialversicherungsprüfung
- Kommunalsteuerprüfung

Beamter der Finanzpolizei
Die Finanzpolizei führt Kontrollen durch, um Steuerhinterziehung und Sozialbetrug aufzudecken.

Abgabenbehörden		
Finanzamt Österreich	**Finanzamt für Großbetriebe**	**Zollamt Österreich**
Sitz in Linz mit österreichweit 32 Dienststellen	Sitz in Wien	Sitz in Graz mit österreichweit 5 Dienststellen
Zuständig für • alle Abgaben, für die nicht eine andere Behörde zuständig ist	Zuständig für • Unternehmen, die zu einer Unternehmensgruppe gehören, die in mehreren Staaten tätig ist • Großbetriebe, das sind Unternehmen mit mehr als € 10 Mio. Jahresumsatz	Zuständig für • Erhebung der Zölle • Erhebung von Verbrauchsteuern • Kontrolle, ob Zölle richtig abgeführt wurden

Da die Abgabenbehörden für ganz Österreich zuständig sind, kann sich eine Person **an jede Dienststelle der zuständigen Behörde** wenden. Es gibt in Österreich keine Abgabenbehörde, die nur für einen bestimmten örtlichen Bereich (Gemeinde, Bezirk, Bundesland) zuständig ist.

Wird eine Eingabe (Steuererklärung, sonstige Meldung) beim unzuständigen Finanzamt eingebracht, hat dieses sie an das zuständige Finanzamt weiterzuleiten. Die Gefahr, dass die Eingabe zu spät beim zuständigen Finanzamt einlangt oder bei der Übermittlung verloren geht, trägt die Person, die die Eingabe eingebracht hat.

② Das Abgabenverfahren

tax proceedings
Abgabenverfahren

tax office, revenue office
Finanzamt

Das Finanzamt hat von Amts wegen die **Besteuerungsgrundlagen zu ermitteln.** Dabei sind sämtliche Tatsachen, die für und gegen den/die Steuerpflichtige/n sprechen, zu berücksichtigen. Das Finanzamt darf nicht nur nach Tatsachen suchen, damit der/die Steuerpflichtige mehr Steuern zahlt, sondern es muss auch von sich aus jene Tatsachen feststellen, die die zu zahlende Steuer mindern. Vor Festsetzung der Abgabe hat der/die Steuerpflichtige das Recht, zu den Ermittlungen der Behörde Stellung zu nehmen.

Beispiel: Dem Finanzamt wird mitgeteilt, dass eine Person Geschäfte gemacht hat und den dabei erzielten Gewinn nicht in die Steuererklärung aufgenommen hat. Vor Festsetzung der Steuer muss dieser Person die Möglichkeit gegeben werden, eine Stellungnahme abzugeben.

Obliegenheiten der Abgabepflichtigen

Abgabepflichtige treffen folgende Pflichten:

- **Offenlegungspflicht:** Steuerpflichtige haben die für die Abgabenpflicht bedeutsamen Umstände der Abgabenbehörde gegenüber vollständig und wahrheitsgemäß offenzulegen. Sie müssen daher z. B. die Steuererklärungen korrekt und wahrheitsgemäß ausfüllen und der Abgabenbehörde übermitteln.

- **Anzeigepflicht:** Umstände, die eine Steuerpflicht begründen, ändern oder beenden, sind dem Finanzamt innerhalb eines Monats anzuzeigen.

- **Buchführungspflicht:** Hat jemand aufgrund unternehmensrechtlicher Vorschriften Bücher zu führen, so sind diese auch im Interesse der Abgabenerhebung zu führen. Daneben verpflichten die Abgabengesetze die Steuerpflichtigen zur Führung von Büchern bzw. Aufzeichnungen, wenn sie diese nicht bereits aufgrund der Vorschriften des Unternehmensrechts führen müssen.

- **Aufbewahrungspflicht:** Bücher und Aufzeichnungen sowie die zugehörigen Belege sind mindestens sieben Jahre aufzubewahren. Diese Frist beginnt mit dem Ende des Kalenderjahres, in dem die Aufzeichnungen geführt wurden.

- **Erklärungspflicht:** Abgabepflichtige haben, wenn sie den entsprechenden Sachverhalt verwirklicht haben oder von der Abgabenbehörde aufgefordert werden, eine Abgabenerklärung abzugeben. Dabei sind folgende Fristen einzuhalten:

Obliegenheiten
Rechtspflicht minderer Art; ein Verstoß dagegen wird nicht nach dem Finanzstrafgesetz bestraft.

Anzeigepflicht für Gewerbetreibende
Eröffnet eine Person einen Betrieb, wird sie dadurch einkommensteuerpflichtig. Dies muss sie binnen eines Monats dem Finanzamt melden.

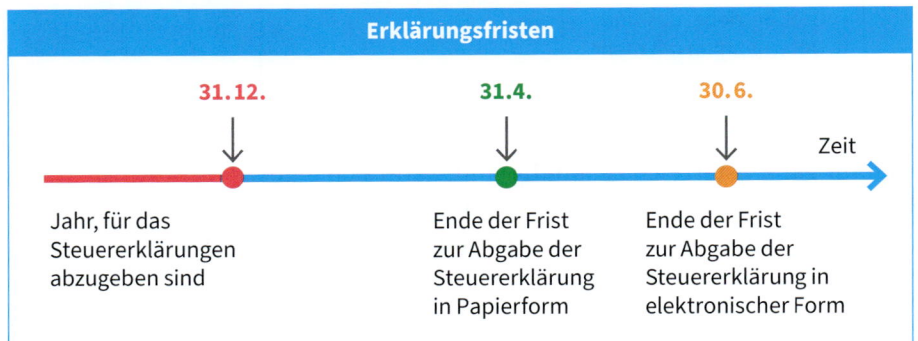

Erklärungsfristen		
31.12.	**31.4.**	**30.6.**
Jahr, für das Steuererklärungen abzugeben sind	Ende der Frist zur Abgabe der Steuererklärung in Papierform	Ende der Frist zur Abgabe der Steuererklärung in elektronischer Form

Wird eine Erklärung unentschuldigt verspätet abgegeben, kann ein **Verspätungszuschlag** eingehoben werden.

Befugnisse der Abgabenbehörde

Insbesondere darf die Behörde

- **Auskünfte** sowohl bei dem/der Steuerpflichtigen als auch bei anderen Personen oder Behörden einholen.

  Die Abgabenbehörde führt ein Register sämtlicher Bankkonten und ihrer Eigentümer/innen sowie ein Verzeichnis der Eigentümer/innen von Unternehmen. In bestimmten Fällen kann die Behörde Einsicht nehmen, um Abgabenhinterziehungen und Geldwäsche zu verhindern.

- **Prüfungen vor Ort** vornehmen. Diese sind grundsätzlich mindestens eine Woche vorher anzukündigen, sofern dadurch der Prüfungszweck nicht vereitelt wird. Nach erfolgter Prüfung ist eine Schlussbesprechung abzuhalten.

  Das Recht der Behörde, eine Abgabe festzusetzen, verjährt spätestens 10 Jahre nach Entstehen des Abgabenanspruchs.

Urlaubsreise als Dienstreise?
Ein Unternehmer, der private Ausgaben als Betriebsausgaben absetzt, macht sich der Abgabenhinterziehung schuldig.

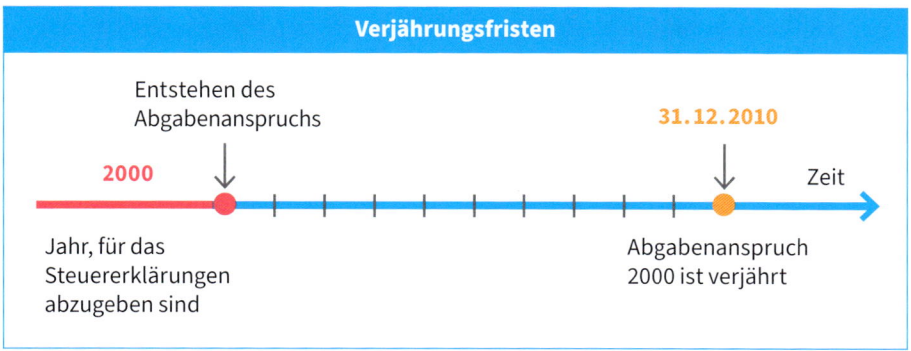

3 Rechtsmittelverfahren

Die zu entrichtende Steuer wird vom Finanzamt mittels Bescheid festgesetzt. Gegen diesen Bescheid können Abgabepflichtige **binnen 1 Monats ab Zustellung** Beschwerde erheben. Die Berufung hat keine aufschiebende Wirkung. Die im Bescheid vorgeschriebene Steuer ist zum angegebenen Zeitpunkt fällig.

Aufgrund der Beschwerde hat das Finanzamt die Entscheidung zu überprüfen und eine **Berufungsvorentscheidung** zu erlassen. Mit dieser kann

- der Beschwerde entsprochen werden oder
- die Beschwerde abgewiesen werden.

Abgabepflichtige können im Fall der Abweisung den Antrag stellen, dass über die Beschwerde das **Bundesfinanzgericht** entscheidet **(Vorlageantrag).**

Gegen die **Entscheidung des Bundesfinanzgerichts** kann

- **Revision** an den **Verwaltungsgerichtshof** (VwGH) eingebracht werden. Eine Revision ist nur zulässig, wenn es sich um eine Rechtsfrage von grundsätzlicher Bedeutung handelt.

- **Beschwerde** beim **Verfassungsgerichtshof** (VfGH) erhoben werden. Eine Beschwerde kann eingebracht werden, wenn sich der/die Steuerpflichtige in einem verfassungsgesetzlich gewährleisteten Recht verletzt fühlt.

appeal procedure
Rechtsmittelverfahren

Federal Finance Court
Bundesfinanzgericht

Supreme Administrative Court
Verwaltungsgerichtshof

Constitutional Court
Verfassungsgerichtshof

 **LINK**
Verwaltungsgerichtshof
Hier findest du Informationen zu den Aufgaben des VwGH.
www.vwgh.gv.at

LINK
Verfassungsgerichtshof
Hier findest du Informationen zu den Aufgaben des VfGH.
www.vfgh.gv.at

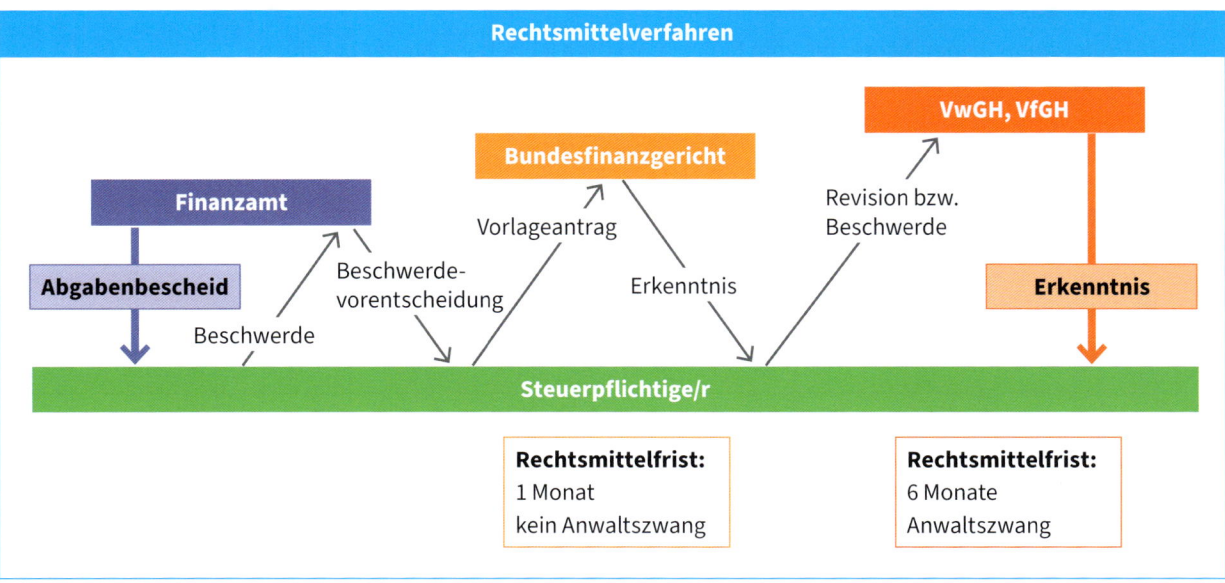

ÜBEN

In dieser Lerneinheit hast du die wichtigsten Grundsätze des Abgabenverfahrens kennengelernt. Bearbeite nun die folgenden Aufgaben.

Ü 7.26 Zusendung von Formularen `A`

Du erhältst per Post vom Finanzamt einen Brief, der Formulare für die Einkommensteuererklärung enthält.

Was hast du zu tun?

Ü 7.27 Obliegenheiten von steuerpflichtigen Personen `A`

Beschreibe die Obliegenheiten von steuerpflichtigen Personen im Abgabenverfahren.

Ü 7.28 Rechte der Abgabenbehörden `A`

Beschreibe die Rechte der Abgabenbehörden im Abgabenverfahren.

Ü 7.29 Eröffnung eines Betriebes `C`

Du hast vorige Woche einen Betrieb eröffnet. Recherchiere im Internet, welche Verpflichtungen du gegenüber dem Finanzamt anlässlich der Betriebseröffnung hast.

KÖNNEN

Bei der folgenden Aufgabe kannst du dein Wissen weiter anwenden.

K 7.14 Einkommensteuerbescheid `B`

Rainer Richter hat eine Einkommensteuererklärung abgegeben. Darin wurde ein steuerpflichtiges Einkommen von € 28.890,– angegeben. Das Finanzamt erlässt einen Einkommensteuerbescheid, in dem von einem steuerpflichtigen Einkommen von € 35.123,– ausgegangen wird.

a) Kläre, was Rainer Richter unternehmen kann.

b) Prüfe, wann Rainer Richter die vom Finanzamt vorgeschriebene Steuer bezahlen muss.

KOMPETENZCHECK

Meine Kompetenzen	Kann ich?	Aufgaben
Ich kenne die wichtigsten Grundsätze des Abgabenverfahrens.		Ü 7.25, Ü 7.27, Ü 7.28, Ü 7.29
Ich kann den grundsätzlichen Ablauf eines Rechtsmittelverfahrens beschreiben.		K 7.14

Anhang

Stichwortverzeichnis

Fachbegriffe Deutsch – Englisch

In diesem Buch hast du u. a. wesentliche Bereiche des bürgerlichen Rechts, Voraussetzungen zur Unternehmensgründung und steuerrechtliche Vorschriften kennengelernt. Im Folgenden findest du eine Liste mit den wichtigsten Begriffen auf Deutsch und Englisch, geordnet nach Kapiteln und Lerneinheiten.

Kapitel 1: Recht und Staat – die Grundlagen

Lerneinheit 1: Die Rechtsordnung

Jurist/in	*legal expert, lawyer, solicitor, legal attorney*
Verfassung	*constitution*
Gesetz	*law*
Gerichtsurteil	*judgement, verdict, court decision*
Gewohnheitsrecht	*customary (common) law*
Partei	*party*
Rechtsmittel	*appeal, recourse*
Instanzenzug	*order of instances*
rechtskräftig	*legally effective*
Judikatur	*judicature, precedence*
Völkerrecht	*law of nations, international law*
innerstaatliches Recht	*domestic law*
Angeklagter	*defendant, respondent*
Rechtsanwalt	*lawyer, legal attorney, solicitor*
Zeuge	*witness*
Sachverständiger	*expert*
Kläger	*plaintiff, claimant, petitioner*
Urteil	*verdict, judgment, court decision*
Vergleich	*out-of-court settlement*
Berufung an die nächste Instanz	*appeal (recourse) to the next higher instance*
Bezirksgericht	*district court*
Landesgericht	*regional court (high court)*
Rechtsanwendung	*application of law*
Absatz (Abs.)	*paragraph (para.)*
Ziffer (Z)	*figure (fig.), number (no.)*
litera (lit.)	*litera (lit.)*
Beweise	*evidence*
Sachverhalt	*facts of the case*
Tatbestand	*circumstances*
rechtliche Konsequenzen	*legal consequences*
Gewaltentrennung	*separation of powers*
Gesetzgebung	*legislation*
Verwaltung	*administration*
Gerichtsbarkeit	*jurisdiction*
Rechtsordnung	*legal order*
Verfassungsgrundsätze	*basic provisions in the constitution*
Verfassungsgesetz	*constitutional law*
Verordnung	*regulation*
Bescheid	*official notice, order*
Vollstreckung	*execution*

Rechtsabteilung	*legal department*

Lerneinheit 2: Aufbau und Grundlagen des Verfassungsrechts

Verfassungsrecht	*constitutional law*
Die österreichische Verfassung	*the Austrian Constitution*
Staatszielbestimmungen	*state objectives, state goals*
Stufenbau der Rechtsordnung	*hierarchy of the legal system*
Demokratie	*democracy*
Volksherrschaft	*government by the people, governance of the people*
Diktatur	*dictatorship*
Wahlrecht	*right to vote in elections*
Bundesstaat	*federal state*
Einheitsstaat	*centralised state*
rechtsstaatliches Prinzip	*principle of the rule of law, principle by the justice, constitutional principle*
Legalitätsprinzip	*principle of legality*
Grund- und Freiheitsrechte	*fundamental rights and freedoms, fundamental and civil rights*
die drei Staatsgewalten	*the three governmental/constitutional/state powers*

Kapitel 2: Bürgerliches Recht

Lerneinheit 1: Einführung ins bürgerliche Recht

Privatrecht	*private law*
Allgemeines bürgerliches Gesetzbuch (ABGB)	*Austrian Civil Code*

Lerneinheit 2: Personenrecht

Rechtsfähigkeit	*legal capacity*
natürliche Person	*natural, individual person*
juristische Person	*legal person*
Verein	*club, society, association*
Handlungsfähigkeit	*capacity to act*
Deliktsfähigkeit	*responsibility for an offence (tort)*
Schaden	*damage*
Delikt	*offence, crime*
unmündig	*minor*
mündig	*of full age, major*

Lerneinheit 3: Rechtsfragen beim Kauf

Käufer	*buyer, purchaser*
Verkäufer	*seller, vendor*
Angebot	*offer*
Annahme	*acceptance*
Sachenrecht	*law of property*
Innehabung	*occupation (habitation)*
Besitz	*possession*
Eigentum	*ownership*
Miteigentum	*co-ownership*
Vertrag	*contract*

Schuldner	*debtor*
Gläubiger	*creditor*
Zustandekommen eines Vertrags	*conclusion/formation of a contract*
Vertragsfreiheit	*freedom of contract*
Kostenvoranschlag	*costing, quotation, estimate of costs*
Ware	*goods, commodities*
allgemeine Vertragsbedingungen	*general terms of the contract*
Geschäftsbedingungen	*terms of business, trading conditions*
Vertragserfüllung	*performance (fulfilment) of a contract*
Erfüllungszeitpunkt	*terms of performance (date of fulfilment)*
Erfüllungsort	*place of performance*
Zahlung	*payment*
Anzahlung	*advance payment*
Zahlungsziel	*term of payment*
Leistungsstörung	*defaults of service*
Absprache	*agreement, verbal arrangement*
Fixgeschäft	*firm bargain (deal), fixed transaction, time bargain*
Mahnung	*reminder*
Zahlungsverzug	*default of payment*
Beschreibungen	*descriptions*
Proben	*samples, specimens*
Muster	*samples, prototypes*
Prospekte	*leaflets, brochures*
Mängel	*deficiencies, faults, errors*
bewegliche Sachen	*movables, chattels*
Beweislast	*burden of proof*
Beweislastumkehr	*reversal of the burden of proof*
unbeweglich	*immovable*
Mängelbehebung	*corrective action*
Reparatur	*repair*
Nachtrag fehlender Teile	*shipment of missing parts*
Austausch	*replacement, substitution, exchange*
Nebenabrede	*subsidiary agreement*
Eigentumsvorbehalt	*title retention*
Konventionalstrafe	*penalty (for breach of contract)*
Haftungsrücklass	*deduction, retention*
Pfand	*pledge, security, mortgage*
Bürgschaft	*security, guaranty*
Grundbuch	*land register*
Grundbucheintrag	*land register entry*
Hypothek	*mortgage, pledge on real estate*
Dienstbarkeit	*encumbrance, easement, servitude*

Lerneinheit 4: Schadenersatzrecht

Schadenersatzrecht	*law of damages, tort law*
Schädiger	*person claimed to be liable*
Geschädigter	*person sustaining the damage*

Schadenersatzanspruch	*claim for damages, claim of indemnification, claim for compensation*
Verursachung	*causation, causality*
Rechtswidrigkeit	*illegality, unlawfulness*
Verschulden	*fault, blame*
Vorsatz	*intention, deliberate action, deliberately*
Fahrlässigkeit	*negligence*
leichte Fahrlässigkeit	*light negligence*
grobe Fahrlässigkeit	*gross negligence*
Schadenersatz	*payment of damages, indemnity, damages, compensation*
Vermögensschaden	*damage to property, financial damage*
Personenschaden	*personal injury*
ideeller Schaden	*immaterial damage*
Verjährung	*limitation period*
Haftung	*liability, responsibility*
Produkthaftung	*product liability*
Produkthaftungsgesetz	*product liability law*

Kapitel 3: Rechte und Pflichten der Mitarbeiter/innen

Lerneinheit 1: Überbetriebliche Interessenvertretungen

Sozialpartnerschaft	*social partnership*
Interessenvertretung	*syndicate, representation of interest, lobby group*
freie Berufe	*unregulated profession*
Pflichtmitgliedschaft	*compulsory membership*
freiwillige Mitgliedschaft	*voluntary membership*
Arbeiterkammer	*Austrian Chamber of Labour*
Gewerkschaft	*trade union*
Wirtschaftskammer	*Austrian Economic Chambers*
Industriellenvereinigung	*Federation of Austrian Industries*

Lerneinheit 2: Arbeitsrecht

Arbeitsrecht	*labour law*
Dienstvertrag	*employment contract*
Werkvertrag	*contract of work and material*
Kollektivvertrag	*collective (group) contract*
Betriebsrat	*work committee, shop council*
Arbeitsverhältnis	*employment*
Lehrling	*apprentice*
Angestelltengesetz	*law for employees*
Berufsausbildungsgesetz	*vocational education law*
Angestellter	*employee*
Arbeiter	*worker*
Rechte	*rights*
Pflichten	*obligations, duties*
Verschwiegenheitspflicht	*secrecy (confidentiality)*
Wettbewerbsverbot	*restrained of trade*
Konkurrenzklausel	*non-competition clause*

Schadenersatzpflicht	*obligation to pay damages (obligation to indemnify)*
leichte Fahrlässigkeit	*light negligence*
grobe Fahrlässigkeit	*gross negligence*
Vorsatz	*intention, deliberate action*
entschuldbare Fehlleistung	*excusable mistake (error), fault*
Schulung	*training, schooling*
Urlaub	*leave (of absence)*
Pflegefreistellung	*nursing leave*
Karenz	*maternity leave*
Mutterschaft (Elternschaft)	*maternity (parentship)*
Überstunden	*overtime*
Gleitzeit	*flexi-time*
Beendigung eines Arbeitsverhältnisses	*termination of employment*
einvernehmliche Lösung	*by mutual agreement*
Kündigungsfrist	*period of notice*
Kündigung	*dismissal (notice to quit)*
Arbeitszeugnis	*certificate of employment*
allgemeiner Entlassungsschutz	*general dismissal protection*

Lerneinheit 3: Sozialrecht

Sozialrecht	*social law*
Sozialversicherung	*social security institutions*
Krankenversicherung	*health insurance*
Unfallversicherung	*accident insurance*
Pensionsversicherung	*pension insurance*
Arbeitslosenversicherung	*unemployment insurance*
Familienbeihilfe	*family allowance*
Kinderbetreuungsgeld	*child care allowance*
Pflegegeld	*nursing allowance, care allowance*

Kapitel 4: Zivilrechtliche Vorschriften für Unternehmen

Lerneinheit 1: Unternehmensrecht

Unternehmensrecht	*corporate/company law*
Unternehmer/in	*entrepreneur*
unternehmerische Tätigkeit	*business/entrepreneurial activity*
Firmenbuch	*trade register (trade directory)*
Stellvertretung	*representation*
Vollmacht	*power of attorney*
Firma	*company name, firm*

Lerneinheit 2: Gesellschaftsrecht

Rechtsform	*legal form*
Geschäftsführung	*managing director*
Vertretung	*representation*
Einzelunternehmen	*private trading form*
Gesellschaft bürgerichen Rechts	*private company, private partnership*
offene Gesellschaft	*open partnership*

Kommanditgesellschaft	limited partnership
stille Gesellschaft	silent partnership, sleeping partnership
Gesellschaft mit beschränkter Haftung	private limited company (Ltd.)
Aktiengesellschaft	stock company, joint stock company
Hauptversammlung	(annual) general meeting
Aufsichtsrat	board of supervisors, supervisory board
Vorstand	board of directors, managing director
Genossenschaften	association, co-operative society

Kapitel 5: Wirtschaftsrecht

Lerneinheit 1: Gewerberecht

Gewerberecht	trade law, industrial law
gewerbliche Tätigkeit	trade, profession
Gewerbeordnung	trade law, trade regulations
selbständig	self-employed
regelmäßig	regularly
Absicht der Ertragserzielung	intention to generate earnings
Einteilung der Gewerbe	classification of trades
Kategorien von Gewerben	categories of trades
freie Gewerbe	free trades, unregulated trades
reglementierte Gewerbe	regulated trades
Voraussetzungen zum Gewerbeantritt	requirements for the registration of a trade
persönlich	personal
sachlich	factual, professional
Eigenberechtigung	of full legal age and capacity
Unbescholtenheit	integrity, no conviction in the criminal record
Gewerbeberechtigung	trade licence, business licence
besondere persönliche Voraussetzungen	special personal requirements
Befähigungsnachweis	certificate of qualification
Befähigungsprüfung	qualification examination
Ausbilderprüfung	trainer examination, instructor examination
Unternehmerprüfung	entrepreneur examination, contractor examination
fachliche Prüfung	expert examination, specialist examination
Handwerke	trades, crafts
sonstige reglementierte Gewerbe	other regulated trades
Meisterprüfung	mastership examinat
individueller Befähigungsnachweis	certificate of individual qualification
Geschäftsführer	managing director, general manager
Nebenrechte	subsidiary rights
Betriebsanlage	factory equipment, installation
gefährdet Leben, Gesundheit oder Eigentum	endangers life, health or property
Genehmigung für den Betrieb der Anlage	licence to operate a plant
nicht bewilligungspflichtige Betriebsanlage	factory equipment, machinery, installations not subject to a licence/for which a licence is not required
bewilligungspflichtige Betriebsanlage	factory equipment, machinery, installations subject to a licence/for which a licence is required
Verfahren zur Erlangung der Gewerbeberechtigung	procedure to obtain the necessary licence/approval

Gewerbebehörde	*trade authority*
Bezirksverwaltungsbehörde	*district administrative authority*
Anmeldungsgewerbe	*declared trades*
Gewerbe, bei denen die Zuverlässigkeit geprüft wird	*trades in which a person's reliability is examined*

Lerneinheit 2: Sicherheitsvorschriften für Produkte

Sicherheitsvorschriften für Produkte	*product safety regulations*
Normen	*standards*
CE-Kennzeichnung	*CE marking*
Produktsicherheitsgesetz	*Product Safety Act*

Lerneinheit 3: Wettbewerbsrecht

Wettbewerbsrecht	*competition law*
Gesetz gegen den unlauteren Wettbewerb	*fair trade act, restraint of trade law*
fairer Wettbewerb	*fair competition, fair trade*
Verbot von unlauteren, aggressiven und irreführenden Geschäftspraktiken	*prohibition of unfair, aggressive and misleading, business practices*
Kundenfang	*customer targeting/canvassing*
Rechtsbruch	*breach of law, law-breaking*
Behinderung	*obstruction, disruption*
Ausbeutung	*exploitation*
Irreführung	*attempt to mislead, deception*
anschwärzen	*discredit, denigrate*
unerlaubte Formen der Werbung	*unauthorised forms of advertising*
Preis- und Qualitätsvergleiche	*price and quality comparisons*
fremde Marke	*thirdparty trademark*
sonstiges fremdes Kennzeichen	*other thirdparty trade names*

Lerneinheit 4: Immaterialgüterrecht

Immaterialgüterrecht	*intellectual property*
Marke	*trademark, brand*
Markenregister	*trademark register*
Wortmarke	*word mark, brand name*
Bildmarke	*figurative trademark*
kombinierte Marke	*combined trademark/brand*
körperliche Form	*physical form/shape*
Klang, Melodie	*sound, melody, tune*
Mustermarke	*pattern trademark*
Multimediamarke	*multimedia mark*
Hologrammmarke	*hologram trademark*
Muster	*design*
Musterschutz	*design protection*
Patent	*patent*
betriebsmäßig herstellen	*to manufacture industrially*
damit handeln (zu Handelszwecken)	*for trading purposes*
ein patentiertes Verfahren nutzen	*to use a patented process*
technische Entwicklung	*technical development*
gewerblich nutzbar	*industrially applicable*

Urheberrecht	copyright law
Literatur	literary works, literature
Tonkunst	music, songs
bildende Künste	visual arts, fine arts
Filmkunst	films, movies
Werknutzung	use of works

Lerneinheit 5: Datenschutzrecht

Datenschutz	data protection
personenbezogene Daten	personal data
sensible Daten	sensitive data
Datenverwendung	use of data
Auskunft	disclosure
Löschung	deletion
Richtigstellung	rectification
Widerspruch	objection

Lerneinheit 6: Recht im Internet

Informationspflichten	information obligations
Haftung	liability
elektronische Signatur	electronic signature
Mediengesetz	media law
Impressum	legal notice

Kapitel 6: Zivilverfahren

Lerneinheit 1: Zivilgerichtsverfahren

Zivilverfahren	civil court proceedings
Gerichte	courts
Zivilprozess	civil proceedings
Bezirksgericht	district court
Landesgericht	regional court (high court)
Oberlandesgericht	second instance court
Oberster Gerichtshof	supreme court
Prozess	proceedings, litigation, action
Anwaltspflicht	obligation to be legally represented by a lawyer
Verfahrenshilfe	legal aid (letters rogatory)

Lerneinheit 2: Exekutionsrecht

Exekutionsrecht	execution law
Zwangsvollstreckung	execution (enforcement order)

Lerneinheit 3: Insolvenzrecht

Insolvenzrecht	insolvency law
Insolvenzverfahren	insolvency proceedings
Konkursverfahren	bankruptcy proceedings
Sanierungsverfahren	reconstruction (reorganisation) proceedings (plan)

Kapitel 7: Steuerrecht

Lerneinheit 1: Die Einnahmen des Staates

Einnahmen des Staates	*state income, government revenue*
Infrastruktur	*infrastructure*
Finanzierungsquellen	*sources of financing*
wirtschaftliche Tätigkeiten	*commercial activities*
Kreditaufnahme	*taking out a credit/loan, borrowing*
Abgaben	*levies*
Steuern	*taxes*
Beiträge	*fees*
Gebühren	*charges*
Einkommensteuer	*income tax*
Körperschaftsteuer	*corporate (income) tax*
Umsatzsteuer	*value added tax (VAT), turnover tax*
Kraftfahrzeugsteuer	*motor vehicle tax*
Sozialversicherungsbeitrag	*social security contribution*
Gebühr für die Nutzung der Kanalisation	*charges for the utilisation of the public sewage system*
Mineralölsteuer	*mineral oil tax, fuel tax*
veranlagte Einkommensteuer	*assessed income tax*
Kapitalertragsteuer	*capital gains tax*
Einteilung der Steuern	*classification of taxes*
Ertragsteuern	*income taxes, profit taxes*
Substanzsteuern	*asset taxes, property taxes*
Verkehrsteuern	*transfer taxes*
Verbrauchsteuer	*excise duty/-ies*
Steuerschuldner	*tax debtor, person liable to pay tax*
Steuerträger	*tax payer*
Bundesabgaben	*federal government revenues/taxes*
Landesabgaben	*provincial taxes*
Gemeindeabgaben	*municipal/community taxes*
objektbezogene Steuern	*propertybased taxes*
Veranlagungssteuern	*payable taxes*
Selbstbemessungsabgaben	*self-assessment (self-assessed) taxes*
Normverbrauchsabgabe	*standardised consumption tax*
Steuererklärung	*tax return/declaration*

Lerneinheit 2: Ertragsteuern

steuerpflichtig	*taxable, liable to pay tax*
Wohnsitz	*place of residence*
unbeschränkte Steuerpflicht	*unlimited, full tax liability*
beschränkte Steuerpflicht	*limited tax liability*
Doppelbesteuerungsabkommen	*double taxation agreement*
progressiver Tarif	*progressive tax rate*
Land- und Forstwirtschaft	*agriculture and forestry*
Tierzucht	*livestock breeding*
Jagd	*hunting*
Rechtsanwalt	*lawyer, attorney at law, solicitor*

Steuerberater	*tax consultant, tax adviser*
Ziviltechniker	*registered engineering consultant, registered engineer*
Hausverwalter	*property manager*
Aufsichtsratsmitglieder	*supervisory board members*
Gewerbebetrieb	*business, commercial enterprise*
Überlassung von Marken- oder Patentrechten	*assignment of trademark and patent laws*
Einkünfte	*earnings*
Betriebseinnahmen	*operating revenues*
Betriebsausgaben	*operating expenses*
Gewinnfreibetrag	*annual tax-free profit allowance*
Werbungskosten	*income-related expenses*
Erhalt von Schadenersatz	*receiving of compensation for damages, damages payments*
Finderlohn	*finder's reward*
Nutzung eines Markenrechts	*use of a trademark right*
Bemessungsgrundlage	*tax base, assessment basis*
Sonderausgaben	*special expenses*
außergewöhnliche Belastungen	*extraordinary charges*
Steuertarif	*tax rate, tariff*
Absetzbetrag	*tax credit, deductible amount*
Grenzsteuersatz	*marginal effective tax rate*
Kapitalertragsteuer	*capital gains tax*
Immobilienverkauf	*real estate sale, property sales*
veranlagte Einkommensteuer	*assessed income tax*
Steuerbescheid	*tax assessment, tax statement*
Steuerschuld	*tax liability, tax debt*
Gewinnausschüttung	*distribution of profit (to the shareholders)*
Einkünfte aus Kapitalvermögen	*income from capital assets*
Mindestkörperschaftsteuer	*minimum corporate income tax*
Steuerbemessungsgrundlage	*tax base, tax rate*
Durchschnittsteuersatz	*average tax rate*
Steuerklasse	*tax class*

Lerneinheit 3: Umsatzsteuer

Umsatzsteuer	*value added tax (VAT)*
Vorsteuer	*input tax*
Vorsteuerabzug	*input tax deduction*
Lieferant	*supplier*
Kunde	*customer*
Umsatzsteueridentifikationsnummer	*VAT identification number*

Lerneinheit 4: Abgabenverfahren

Abgabenbehörden	*tax authorities*
Abgabenverfahren	*tax proceedings*
Finanzamt	*tax office, revenue office*
Rechtsmittelverfahren	*appeal procedure*
Bundesfinanzgericht	*Federal Finance Court*
Verwaltungsgerichtshof	*Supreme Administrative Court*
Verfassungsgerichtshof	*Constitutional Court*

Bildnachweis

Umschlagbild: AleksandarNakic / istockphoto.com

S. VIII: connel / shutterstock.com; kurhan / shutterstock.com; S. IX: gpointstudio / shutterstock.com; VGstockstudio / shutterstock.com; S. X: Ivanko80 / shutterstock.com; vvoe / shutterstock.com; Seite XI: VGstockstudio / shutterstock.com; Mila Supinskaya Glashchenko / shutterstock.com; S. XII: JasaShmasa / Shutterstock.com; 3000ad / shutterstock.com; S. 1: connel / shutterstock.com; S. 2: IndustryAndTravel / shutterstock.com; Elnur / shutterstock.com; S. 3: Oleksandr Nagaiets / shutterstock.com; S. 4: Radovan1 / shutterstock.com; S. 7: l i g h t p o e t / shutterstock.com; S. 8: MANZ'sche Verlags- und Universitätsbuchhandlung GmbH; LexisNexis Verlag; S. 9: Magdalena Sturm; S. 10: Aquarius Studio / shutterstock.com; S. 11: Aleksandr Lupin / shutterstock.com; Al Khadafi / shutterstock.com; Leremy / shutterstock.com; darsi / shutterstock.com; Parlamentsdirektion; Wikimedia / Public Domain; S. 12: Jastrow (2006)/wikimedia.org; S. 13: Österreichische Post AG; S. 14: Asier Romero / shutterstock.com; S. 19: VfGH / Achim Bieniek; S. 20: Unsere Verfassung als Magazin / Neubau Editorial Design; S. 21: Jacob Lund / shutterstock.com; S. 22: I'm friday / shutterstock.com; S. 24: LVwG OÖ / Haider; Everett Historical / shutterstock.com; S. 25: Parlamentsdirektion; Al Khadafi / shutterstock.com; Wikimedia / Public Domain; S. 29: kurhan / shutterstock.com; S. 30: MJTH / shutterstock.com; S. 31: Stephan Huger Studio Huger Wiedner Hauptstrasse 46 1040 Wien; S. 33: KieferPix / shutterstock.com; S. 34: Yulia Serova / shutterstock.com; S. 36: Dmitrii Malyshkin; S. 37: Leremy / shutterstock.com; S. 38: OtmarW / shutterstock.com; S. 39: Pixel-Shot / shutterstock.com; S. 40: pikselstock / shutterstock.com; S. 41: Tekkol / shutterstock.com; S. 43: gpointstudio / shutterstock.com; S. 44: MANZ'sche Verlags- und Universitätsbuchhandlung GmbH; S. 46: Titipong Chumsung / shutterstock.com; Photoillustrator / shutterstock.com; S. 47: Lolostock / shutterstock.com; PIXEL to the PEOPLE / shutterstock.com; S. 49: Leremy / shutterstock.com; Kwangmoozaa / shutterstock.com; S. 50: Leremy / shutterstock.com; weedezign / shutterstock.com; S. 52: Dmitry Kalinovsky / shutterstock.com; S. 53: Gorodenkoff / shutterstock.com; fizkes / shutterstock.com; S. 54: Drazen Zigic / shutterstock.com; S. 55: Leremy / shutterstock.com; Magdalena Sturm; S. 56: MJTH / shutterstock.com; Dmytro Zinkevych / shutterstock.com; S. 57: Leremy / shutterstock.com; rungrote /shutterstock.com; fizkes / shutterstock.com; asnstudio / shutterstock.com; ESB Professional / shutterstock.com; S. 58: Stokkete / shutterstock.com; S. 59: Photographee.eu / shutterstock.com; S. 60: insta_photos / shutterstock.com (bearb.); S. 61: fizkes / shutterstock.com; S. 62: pikselstock / shutterstock.com; Syda Productions / shutterstock.com; S. 63: LadyPhotos / shutterstock.com; S. 64: Leremy / shutterstock.com; Frank Heikkinen / shutterstock.com; Aha-Soft / shutterstock.com; Kazin Sergey / shutterstock.com; S. 65: Leremy / shutterstock.com; Frank Heikkinen / shutterstock.com; S. 66: Ekkaluck Sangkla / shutterstock.com; Dean Drobot / shutterstock.com; S. 67: Lisa-S / shutterstock.com; S. 68: Roman Chazov / shutterstock.com; S. 71: rzoze19 / shutterstock.com; S. 72: FabrikaSimf / shutterstock.com; S. 73: Supan Sukreep / shutterstock.com; S. 74: insta_photos / shutterstock.com; S. 75: Roman Samborskyi / shutterstock.com; S. 76: Africa Studio / shutterstock.com; S. 77: fizkes / shutterstock.com; S. 78: MBLifestyle / shutterstock.com; S. 79: LightField Studios / shutterstock.com; Leremy / shutterstock.com; puruan / shutterstock.com; Aha-Soft / shutterstock.com; Frank Heikkinen / shutterstock.com; S. 80: fizkes / shutterstock.com; S. 83: LDprod / shutterstock.com; S. 84: Gorlov-KV / shutterstock.com; Leremy / shutterstock.com; graficriver_icons_logo / shutterstock.com; S. 91: tommaso79 / shutterstock.com; ER_09 / shutterstock.com; S. 92: Lisa-S / shutterstock.com; S. 95: note2photo / shutterstock.com; Brian Clifford / shutterstock.com; S. 97: Andrii Medvednikov / shutterstock.com; S. 98: Aleksandr Rybalko / shutterstock.com; S. 99: komokvm / shutterstock.com; S. 101: Hölzel Verlag, mit freundlicher Unterstützung des Café 7 Brunnen; Radu Bercan / shutterstock.com; S. 102: wavebreakmedia / shutterstock.com; S. 103: Alice Chen / shutterstock.com; Lisa-S / shutterstock.com; S. 105: Albert Nowicki / shutterstock.com; S. 107: VGstockstudio / shutterstock.com; S. 108: Olga Besnard / shutterstock.com; S. 110: Bundesarbeitskammer (AK); VKI – Verein für Konsumenteninformation; S. 111: Österreichischer Gewerkschaftsbund (ÖGB); Wirtschaftskammer Österreich (WKO); S. 112: Christina Haeusler; © BFI Wien; S. 116: Roman Samborskyi / shutterstock.com; sutadimages / shutterstock.com; S. 118: MANZ'sche Verlags- und Universitätsbuchhandlung GmbH; S. 119: Firma V / shutterstock.com; S. 120: industryviews / shutterstock.com; S. 121: LightField Studios / shutterstock.com; S. 123: CebotariN / shutterstock.com; S. 125: Dmitry Kalinovsky / shutterstock.com; S. 126: Halfpoint / shutterstock.com; Rudenkois / shutterstock.com; S. 127: franco lucato / shutterstock.com; S. 128: macgyverhh / shutterstock.com; S. 129: Victor Maschek / shutterstock.com; S. 132: Iakov Filimonov / shutterstock.com; S. 134: ldutko / shutterstock.com; S. 135: NavinTar / shutterstock.com; S. 136: Andrey_Popov / shutterstock.com; S. 138: Alina Demidenko / shutterstock.com; S. 140: r.classen / shutterstock.com; S. 141: Rawpixel.com / shutterstock.com; SFIO CRACHO / shutterstock.com; S. 142: fizkes / shutterstock.com; S. 144: BAZA Production / shutterstock.com; S. 146: Savvapanf Photo / shutterstock.com; S. 147: Africa Studio / shutterstock.com; nimito / shutterstock.com; S. 149: Dean Drobot / shutterstock.com; S. 150: New Africa / shutterstock.com; S. 154: edwardolive / shutterstock.com; Bojan Milinkov / shutterstock.com; S. 156: SVC / Georg Wilke; S. 158: AMS; boonchoke / shutterstock.com; S. 159: industryviews / shutterstock.com; Monkey Business Images / shutterstock.com; S. 160: fizkes / shutterstock.com; S. 161: Rido / shutterstock.com; S. 165: Ivanko80 / shutterstock.com; S. 166: fizkes / shutterstock.com; S. 167: Kozlik / shutterstock.com; S. 169: Roman Babakin / shutterstock.com; S. 172: Freedomz / shutterstock.com; S. 173: canonzoom / shutterstock.com; S. 174: Tymonko Galyna / shutterstock.com; Leremy / shutterstock.com; Billion Photos / shutterstock.com; S. 175: Tymonko Galyna / shutterstock.com; S. 176: Nordroden / shutterstock.com; S. 178: rjmiguel / shutterstock.com; Bannafarsai_Stock / shutterstock.com; S. 179: Nazar Skladanyi / shutterstock.com; S. 181: industryviews / shutterstock.com; S. 183: Marbury / shutterstock.com; BalanceFormCreative / shutterstock.com; S. 184: StockLite / shutterstock.com; S. 185: Ivanko80 / shutterstock.com; S. 186: Robert Ruidl / shutterstock.com; S. 19100: ImageFlow / shutterstock.com; S. 193: © SONNENTOR; S. 194: Leremy / shutterstock.com; antoniodiaz / shutterstock.com; S. 195: Pilzkiste / Mario Hainzl; S. 196: Imagenet / shutterstock.com; S. 197: Lisa-S / shutterstock.com; S. 198: goodluz / shutterstock.com; S. 199: marvent / shutterstock.com; S. 200: djile / shutterstock.com; S. 201: Aha-Soft / shutterstock.com; Freedomz / shutterstock.com; S. 202: MathieuLphoto / shutterstock.com; S. 203: fizkes / shutterstock.com; S. 204: BalkansCat / shutterstock.com; S. 205: Generali Holding Vienna AG; S. 208: PIXEL to the PEOPLE / shutterstock.com; S. 209: Wikimedia / Public Domain; Raiffeisen; S. 215: vvoe / shutterstock.com; S. 216: VGstockstudio / shutterstock.com; MANZ'sche Verlags- und Universitätsbuchhandlung GmbH; S. 217: juerginho / shutterstock.com; S. 219: Breedfoto / shutterstock.com; Guitar photographer / shutterstock.com; S. 220: Landesinnung Wien der Rauchfangkehrer; S. 221: chainarong06 / shutterstock.com; S. 222: Volkova / shutterstock.com; S. 223: industryviews / shutterstock.com; S. 224: pajtica / shutterstock.com; S. 226: Bacho / shutterstock.com; S. 228: guruXOX / shutterstock.com; S. 229: OlegRi / shutterstock.com; S. 230: ThePowerPlant / shutterstock.com; S. 232: Florian Augustin / shutterstock.com; S. 234: Bihlmayer Fotografie / shutterstock.com; S. 236: Andrey_Popov / shutterstock.com; S. 238: Mila Supinskaya Glashchenko / shutterstock.com; Rasstock / shutterstock.com; S. 239: Leremy / shutterstock.com; S. 240: eakkachai halang / shutterstock.com; S. 241: Conformité Européenne; Wikimedia Commons / Raimond Spekking; Ulrike Zdimal-Lang; S. 242: Refat / shutterstock.com; Andrey_Popov / shutterstock.com; Golubovy / shutterstock.com; S. 245: sirtravelalot / shutterstock.com; S. 246: HAKINMHAN / shutterstock.com; S. 247: KYNA STUDIO / shutterstock.com; S. 251: Prostock-studio / shutterstock.com; Monster Ztudio / shutterstock.com; S. 252: Gabi D / Shutterstock.com; S. 253: Sergiy Palamarchuk / shutterstock.com; YAKOBCHUK VIACHESLAV / shutterstock.com; Dmitrii Malyshkin; S. 255: Kollawat Somsri / shutterstock.com; S. 256: Frank11 / Shutterstock.com; Sonnentor; Bundesinnung der chemischen Gewerbe und der Denkmal-, Fassaden- und Gebäudereiniger; Agrarmarkt Austria; S. 257: Rose Carson / shutterstock.com; tanuha2001 / shutterstock.com; solomon7 / shutterstock.com; Haribo GmbH & Co. KG; Click Images / shutterstock.com; monticello / shutterstock.com; privat; S. 260: focal point / shutterstock.com; S. 261: Alena Gan / shutterstock.com; S. 263: Ulrike Zdimal-Lang; S. 264 OGH Entscheidung 17.12.2002, 4 Ob 274/02a;